Preface

CATIA를 공부하고자 하는 많은 사람들은 대부분 처음에 어떻게 시작해야 할지 몰라 망설이는 경우가 많다. 기존의 2차원 CAD 프로그램과 CATIA는 확연히 다른 작업 방식과 사용자 인터페이스를 가지고 있으며 단순히 모델링에서 그치지 않고 보다 다양한 업무 수행 기능을 담고 있다. 그러나 CATIA는 오늘날 제품 설계 엔지니어라면 누구나 알고 있어야 하는 표준에 가장 가까운 설계 프로그램이기 때문에 배우기 어렵다거나 이해하기 힘들다고 해서 간단히 포기할 수 없는 일이다.

그럼 여기서 의문을 가질 것이다. 그럼 어떻게 해야 CATIA를 좀 더 능숙히 다룰 수 있는가? 가장 최선의 방법은 전문적인 교육기관에서의 교육과정을 이수하는 것이라고 할 수 있다. 물론 교육기관에서 수업만을 이수하는 것을 말하는 것이 아니다. 본인 스스로가 이해하고 몸에 익혀야만 내 것이 되는 것이다. 따라서 충분히 방향을 제시할 수 있는 교육 일정과 함께 자신의 내공을 쌓을 수 있는 연습이 절실히 필요하다. 충분히 연습한 후, 몸에 익힌 작업 방법이나 명령 구조는 쉽게 잊히지 않는 법이다.

따라서 이번 교재에서는 독자가 충분한 모델링 연습을 수행할 수 있도록 2차원 Sketch에서부터 3차원 솔리드, 서피스 형상을 모델링 실습할 수 있는 다양한 도면을 준비하였다. 그리고 조립 객체를 설계하는 방법에 대해서도 공부할 것이며 이렇게 공부한 도면을 다시 직접 그려보는 시간을 가질 것이다. 이 도면들을 연습하면서 많은 시행착오를 겪게 될 것이며 이러한 시행착오 속에서 자기 자신도 놀랄만한 발전을 거듭할 수 있으리라 확신한다. 한장 한장의 도면을 완성해 가면서 완성 자체에 관심을 두는 것은 당연하겠지만 이와 더불어 작업상의 효율성과 에러에 대한 대처 등을 터득하는 것 역시 목표로 하기 바란다.

본 교재의 도면들은 각 Workbench에서의 작업과 연관성을 두어 분류를 하였으며 도면과 함께 완성된 형상을 제시하여 작업의 이해를 도왔다. 그러나 완성 형상의 참고는 작업을 마친 후나 정말 하루를 밤새우고도 모를 경우에 참고하기를 권한다. 답을 보고 문제를 푸는 것은 학창 시절이나 지금이나 마찬가지로 좋지 않은 습관이다. 또한 교재 특성상 연습에 필요한 도면들만을 모아놓았으므로 모델링에 익숙지 않아 매뉴얼이 필요한 독자라면 기본서의 내용을 먼저 습득하기를 권장한다.

특별히 이번 교재에서는 각 실습 예제에 대한 동영상 강좌를 준비하였다. 처음 작업은 강좌를 보지 않고 직업 작업해 보는 것을 권장하지만 실습의 과정에서 겪게 되는 어려움이나 다른 작업자의 설계 과정을 참고하면서 자신의 모델링 방식과 비교해 볼 수 있는 좋은 자료가 될 것이다. 각 장의 실습 예제 동영상 강좌는 ASCATI 유튜브 채널을 통하여 확인할 수 있다.

각 도면의 제시와 함께 작업을 진행할 수 있는 작업 순서나 키워드, 명령들을 언급하였으므로 이를 주의 깊게 읽는다면 쉽게 작업할 수 있을 것이다. 각 도면들에 대한 실습 강좌를 온라인을 통해 별도로 업로드 하였다. 기타 도면에 대한 문의 및 강좌, 또는 지적 사항에 대해서는 2만명의 사용자가 함께 하는 대한민국 최고의 CATIA 사용자 모임인 ASCATI (cafe.daum.net/ASCATI)의 교재 게시판을 활용해 주기 바란다.

모델링을 연습하면서 머릿속으로 작업하고자 하는 대상의 형상을 그리는 연습을 수행해 보기 바란다. 머릿속으로 그릴 수 있다면 그것을 CATIA라는 도구로 꺼내기만 하면 된다.

2019년 1월 용현동에서
필자 일동

Contents

CHAPTER 01
도면 읽는 법

1. 제도란? · 6
2. 제도의 규격 · 6
3. 도면의 종류 · 8
4. 도면의 크기 · 9
5. 도면의 형식 · 9
6. 선의 종류 · 10
7. 도면기호 · 12
8. 투상법 · 13

CHAPTER 02
2D Sketcher

1. Sketcher란? · 22
2. Sketcher Toolbar · 28
3. Useful Tips · 61
4. 실습 예제 · 61

CHAPTER 03
3D Part

1. Part Design · 142
   1. Workbench 소개 · 142
   2. Toolbar 소개 · 145
   3. Useful Tips · 178
   4. 실습 예제 · 179

2. Generative Shape Design (G.S.D.) · · · · · · · · · · · · · · · · · · 351
   1. Workbench 소개 · 351
   2. Toolbar 소개 · 354
   3. Useful Tips · 409
   4. 실습 예제 · 409

Contents

CHAPTER 04
Assembly Design

1. Assembly Design이란? · 432
2. Sketcher Toolbar · 434
3. Useful Tips · 444
4. 실습 예제 · 444

CHAPTER 05
Drafting

1. Drafting이란? · 450
2. Drafting Toolbar · 455
3. Drawing Properties · 473
4. Sheet Frame 및 Title Block · 479
5. Useful Tips · 485
6. 실습 예제 · 486

APPENDIX

1. Catalog Editor · 490
2. Geometrical Set · 508

CHAPTER 01

도면 읽는 법

3차원 물체의 형상을 모델링을 하여 제작을 하거나 혹은 2차원 제작 도면을 이용하여 3차원 모델링을 하기 위해서는 도면의 선, 기호, 치수 읽는 법이 필요하다. 이러한 기호들을 통하여 각 작업자들 상호 간의 의사소통이 제대로 될 수 있기 때문이다.

본 장에서는 기본적인 도면 보는 법에 대한 이론적인 내용을 공부하여 다음 장부터 준비된 도면들을 어떻게 이해하고 정보를 받아들여야 할지에 대해서 소개하도록 하겠다. 기본적인 도면 이해 능력을 갖춘 독자라면 이 부분을 간단히 읽어 넘기거나 생략해도 무방하다.

1. 제도란?

- **설계(Design)** : 어떤 기계나 구조물 등을 제작하려고 하면 먼저 세밀히 검토하여 확실히 제작계획을 세워야 한다. 따라서 이 계획을 실제로 종합하는 기술을 설계라고 한다.
- **제도(Drawing)** : 기계가 설계대로 제작되자면 설계자의 요구사항이 도면에 의하여 각 부서 및 제작자에게 빈틈없이 전달되어야 하다. 그래서 기계의 모양이나 구조등 은 정해진 도법에 따라 선으로서 제도지상에 도형으로 표시되고. 치수는 숫자로, 재료다듬질정도 및 공정은 기호나 문자로 도형에 표시된다. 이와 같이 2차원의 제도지상에 3차원의 기계를 도형 및 기호로 표시하여 나타내는 것을 제도라 한다.
- **CAD (Computer Aided Drafting)** : 예전의 종이위에 연필과 펜을 이용하여 도면을 그리던 것을 컴퓨터를 이용하여 제도하는 것을 말한다. 도형, 기호, 문자 등을 작성하는 작업을 컴퓨터를 이용하여 하는 것으로 정밀 설계와 정확한 수치설계 그리고 기하학적도형을 이용한 설계가능하고 수정과 편집이 자유롭다. 또한 CAD에 의해 생성된 데이터는 각종 NC(수치제어) 공작기계에 입력되어 정확한 작업동작을 지시하며 제품의 가공, 생산, 조립, 검사 등의 모든 공정을 컴퓨터를 이용해 관리하여 제품 생산의 신속성과 정밀성을 높일 수 있게 되었다.

2. 제도의 규격

도면의 기능은 제품의 제작자가 제품설계자의 의도를 직접적인 지시가 없이도 도면의 의문을 가지거나 잘못 이해하지 않도록 하기 위해 제도에 대한 규약(제도규격)이 필요하다. 도면은 기계, 기구, 구조물 등의 모양과 크기, 공정도, 공작법 등을 언제, 누가 그리더라도 똑같은 모양과 형태가 되어야 한다. 그렇기 때문에 도면을 그리는 사람은 정해진 규칙에 따라 그려야하고 이러한 규칙들을 국제적, 국가적으로 규정하고 있다.

국가별 공업규격 기호 및 설정연도		
국가별	규격기호(약자)	설정연도
영국 공업규격	BS(British Standards)	1901
독일 공업규격	DIN(Deutsche Industrie Normen)	1917
스위스 공업규격	VSM(Normen des Vereins Schweizerischer Machineninduserieller)	1918
미국 공업규격	ANSI(American National Standards Institute)	1918
프랑스 공업규격	NF(Norme Francaise)	1918
일본 공업규격	JES, JIS(Japanese National Standards Institute)	1921
국제 공업규격	ISO(International Organization Standards)	1928
한국 공업규격	KS(Korean Industrial Standards)	1966

KS의 부문별 기호			
분류기호	부문	분류기호	부문
KS A	기본부문	KS K	섬유부문
KS B	기계부문	KS L	요업부문
KS C	전기부문	KS M	화학부문
KS D	금속부문	KS P	의료부문
KS E	광산부문	KS R	수송 기계부문
KS F	토건부문	KS V	조선부문
KS G	일용품부문	KS W	항공부문
KS H	식료품부문	KS X	정보 산업부문

KS규격에 의한 기계 부문의 분류	
KS 규격번호	분류
B 0001 ~ 0905	기계기본
B 1001 ~ 2809	기계요소
B 3001 ~ 4000	공구
B 4001 ~ 4920	공작기계
B 5201 ~ 5361	측정계산용 기계기구, 물리기계
B 6003 ~ 6831	일반기계
B 7001 ~ 7916	산업기계, 농업기계
B 8101 ~ 8161	철도용품

3. 도면의 종류

1. 사용목적에 따른 분류

계획도	물품제작의 계획을 나타낸 도면
제작도	물품을 제작하기 위한 도면, 설계자의 의도를 작업자에게 충분히 전달
주문도	발주자가 제작자에게 제시하는 도면
승인도	발주자의 승인을 얻기 위한 도면
견적도	견적을 내기 위한 도면
설명도	물품의 기능, 구조, 원리, 취급법 등을 표시한 도면, 카탈로그, 취급설명서등에 사용

2. 내용에 따른 분류

조립도	전체적인 조립을 나타내는 도면
부분조립도	복잡한 물품을 부분으로 나누어 조립도를 나타내는 도면
부품도	물품을 구성하는 각 부품을 자세히 그린 도면
공정도	제조과정에서 공정마다 처리해야 하는 방법을 그림 도면
상세도	필요한 부분을 상세히 표시한 도면
접속도	전기기기의 내부, 상호간의 접속 상태를 나타낸 도면
배선도	전기기기를 설치하기 위한 도면
배관도	배관 작업을 하기 위한 도면
계통도	물, 기름, 전기 등의 접속과 작동을 나타내는 도면
기초도	기계를 설치하기 위하여 콘크리트, 철강작업 등을 하기 위한 도면
설치도	물품을 설치하기 위한 도면
배치도	물품의 배치를 나타내는 도면
장치도	플랜트 등 장치산업에 쓰이는 도면
전개도	판금 등 구조물의 펼친 그림
외형도	물품의 전체 외형을 나타낸 도면
구조선도	구조물의 선도로 나타내는 도면
스케치도	프리핸드로 작업한 도면
곡면선도	차체, 항공기, 선박 등의 곡면의 단면 곡선으로 나타낸 도면

4. 도면의 크기

도면의 크기는 일반적으로 A열 사이즈를 사용하고, 특히 연장하는 경우에는 연장 사이즈를 사용한다. 복사한 도면을 접을 때의 크기는 원칙적으로 A4(297×210)가 되도록 접는다.

A열 사이즈					연장 사이즈				
호칭 방법	치수 (세로×가로)	왼쪽 여백	여백		호칭 방법	치수 (세로×가로)	왼쪽 여백	여백	
			철하지 않을 때	철할 때				철하지 않을 때	철할 때
–	–	–	–	–	A0×2	1189×1682	20	20	25
A0	841×1189	20	20	25	A1×3	841×1783			
A1	594×841				A2×3	594×1261			
					A2×4	594×1682			
A2	420×594	10	10		A3×3	420×891	10	10	
					A3×4	420×1189			
A3	297×420				A4×3	297×630			
					A4×4	297×841			
					A4×5	297×1051			
A4	210×297				–	–	–	–	–

5. 도면의 형식

1. 도면 윤곽

윤곽선을 그을시 0.8 ~ 1mm의 굵기의 실선으로 긋는다.

2. 표제란

도면번호, 명칭, 척도, 투상법, 제도회사명, 작성년월일, 설계자, 검도자, 승인란 등을 기입한다.

3. 부품란

- 도면에 그려진 전 부품의 번호 혹은 사양과 명칭, 재질, 수량, 공정, 중량, 비고 등을 기입한다.
- 위치는 표제란 위에 연결하여 그리며, 만약 공간이 부족하면 우측상단에 그린다.
- 부품번호 기입순서
  - 표제란 위에 있는 경우 : 아래에서 위로 기입한다.
  - 우측상단에 있는 경우 : 위에서 아래로 기입한다.

4. 중심마크

도면의 마이크로 필름 촬영, 복사등의 편의를 도모하기 위하여 작성한다.

5. 치수단위

- 길이 : 모두 mm이며 단위를 붙이지 않는다. 특별히 다른 단위인 경우 명시해야 한다.
- 각도 : 일반적으로 도(°)로 표시하고 필요한 경우 분('), 초(")를 함께 사용한다.

6. 척도

척도는 'A : B'로 표시한다. 이때 A는 그린 도형의 길이를, B는 실제 대상물의 길이를 의미한다.
① 실척(현척) : 실물과 같은 크기, 독도시 치수나 모양에 대한 오차가 적다.
② 축척 : 실물보다 작게 그릴 경우의 척도, 크기나 모양을 정확히 알 수 있는 축척을 선택한다.

- 축척으로 많이 쓰는 척도

  [1 : $\sqrt{2}$] [1 : 2] [1 : 2.5] [1 : 2$\sqrt{2}$] [1 : 3] [1 : 4] [1 : 5] [1 : 5$\sqrt{2}$]
  (KS) [1 : 10] [1 : 20] [1 : 25] [1 : 50] [1 : 100] [1 : 200] [1 : 250]

③ 배척 : 실물보다 크게 그릴 경우의 척도, 작고 복잡한 부품의 제도 시 사용한다.

- 배척으로 많이 쓰는 척도

  [$\sqrt{2}$: 1] [2 : 1] [2.5$\sqrt{2}$: 1] [5 : 1] [10 : 1] [20 : 1] [50 : 1] [100 : 1]

- 축척 또는 배척을 하였더라도 도면의 치수는 실제치수를 기입 한다
- 도면이 치수에 비례하지 않을 때에는 도면의 적당한 장소에 "비례척이 아님" 또는 "NS"로 표시하여 그 이유를 명기한다.

6. 선의 종류

1. 모양에 의한 선의 종류

실선	———————	연속된 선
파선	- - - - - - - - -	일정한 간격으로 짧은 선이 규칙적으로 반복되는 선
1점 쇄선	— · — · — · —	길고 짧은 2종류의 선이 번갈아 반복되는 선
2점 쇄선	— · · — · · —	긴 선과 2개의 짧은 선이 번갈아 반복되는 선

2. 굵기에 따른 선의 종류

① 실선 [———————]
- 외형 부분의 모양을 표시하는 굵은 실선 : 0.8~0.4
- 치수선, 치수보조선, 지시선, 해칭선 등 : 0.3이하

② 파선 [- - - - - - - - - -]
- 외형 부분의 모양을 표시하는 실선의 약 1/2로 하고, 치수선보다는 굵게 한다.

③ 쇄선 [·——·——·——]
- 가는 쇄선 : 0.3이하
- 굵은 쇄선 : 0.8~0.4
- 절단부 쇄선 : 가는 1점 쇄선으로 끝부분 및 방향이 변하는 부분은 굵은 실선으로 한다.

④ 파단선

파단선이나 자유 실선은 자를 사용하지 않고 프리핸드로 그리는 것을 원칙으로 하며 외형선 굵기의 약 1/2로 한다.

3. 용도에 따른 선의 종류

용도에 의한 명칭	선의 종류	용 도
외형선	굵은 실선	대상물의 보이는 부분의 모양을 표시하는 선
치수선	가는 실선	치수를 기입하기 위한 선
치수보조선		치수를 기입하기 위하여 도형으로부터 끌어내는 데 쓰는 선
지시선		기술,기호등을 표시하기 위하여 끌어내는 선
회전단면선		도형내에 그 부분의 끊은 곳을 90° 회전하여 표시하는 선
중심선		도형의 중심선을 간략하게 표시하는 선
수준면선		수면,유면등의 위치를 표시하는 선
숨은선	가는 파선 또는 굵은 파선	대상물의 보이지 않는 부분의 모양을 표시하는 선
중심선	가는 1점 쇄선	(1) 도형의 중심을 표시하는 선
기준선		(2) 중심이 이동한 궤적을 표시하는 선
피치선		위치결정의 근거가 된다는 것을 명시할 때 쓰는 선
특수지정선	굵은 1점 쇄선	되풀이 하는 도형의 피치를 취하는 기준을 표시하는 선

용도에 의한 명칭	선의 종류	용도
가상선	가는 2점 쇄선	특수한 가공을 하는 부분 등 특별한 요구사항을 적용할 수 있는 범위를 표시
무게중심선	가는 2점 쇄선	(1) 인접부분을 참고로 표시하는 선 (2) 공구,지그등의 위치를 참고로 나타내는 선 (3) 가동부분을 이동 중의 특정한 위치 또는 이동한계의 위치로 표시 (4) 가공전 또는 가공후의 모양을 표시하는 선 (5) 되풀이하는 것을 나타내는 선 (6) 도시된 단면의 앞부분을 표시하는 선 단면의 무게중심을 연결한 선을 표시하는 선
파단선	불규칙한 파형의 가는 실선 또는 지그재그 선	대상물의 일부를 파단한 경계 또는 일부를 떼어낸 경계를 표시
절단선	가는 1점 쇄선으로 끝 부분 및 방향이 변하는 부분을 굵게 한 것	단면도의 절단된 부분을 나타낸다
해칭	가는 실선으로 규칙적으로 줄을 늘어놓은 것	도형의 한정된 특정부분을 다른부분과 구별하기 위하여 사용 예를 들어 단면도의 절단된 부분
특수 용도선	가는 실선	(1) 외형선 및 숨은선의 연장을 표시하는 선 (2) 평면이란 것을 나타내는 선 (3) 위치를 명시하는 선
	아주 굵은 실선	얇은 부분의 단선도시를 명시하는 선

7. 도면기호

구분	기호	읽기	사용법
지름	∅	파이	지름 치수의 치수 수치 앞에 붙인다.
반지름	R	알	반지름 치수의 치수 수치 앞에 붙인다.
구의 지름	S∅	에스 파이	구의 지름 치수의 치수 수치 앞에 붙인다.
구의 반지름	SR	에스 알	구의 반지름 치수의 치수 수치 앞에 붙인다.
정사각형의 변	□	사각	정사각형의 한 변의 치수 수치 앞에 붙인다.
판의 두께	t	티	판 두께의 치수 수치 앞에 붙인다.
원호의 길이	⌒	원호	원호의 길이 치수의 치수 수치 위에 붙인다.
참고 치수	( )	괄호	참고 치수의 치수 수치(치수 보조 기호를 포함한다)를 둘러싼다.

8. 투상법

공간에 있는 입체를 평면에 도시하거나 평면상에 그려진 도형을 보고 입체를 상상하여 그리는 법을 말한다. 제작도(물품제작을 위하여 사용되는 도면)에는 반드시 다음의 2가지가 명시되어야 한다.

> (1) 물품 각 부의 실제 모양
> (2) 물품의 가로×세로×높이 3방향의 치수

평면인 종이위에 위와 같은 조건을 만족시키는 제작도를 작성하기 위해 투상법을 필요로 한다.

1. 정투상의 기본원리

아래 그림 (가)와 같이 물체로부터 나온 투상선들은 모두 하나의 정점에서 모아진다. 그림 (나)에서와 같이 물체와 시점 중간에 투상면을 세웠다고 가정하고, 관찰자가 뒷걸음질 쳐서 이론적으로 정점이 무한대 거리에 이르면, 이 투상선들은 상호 평행하여 투상면에는 수직이 될 것이다. 이때 투상면에 형성되는 그림이 정투상이다.

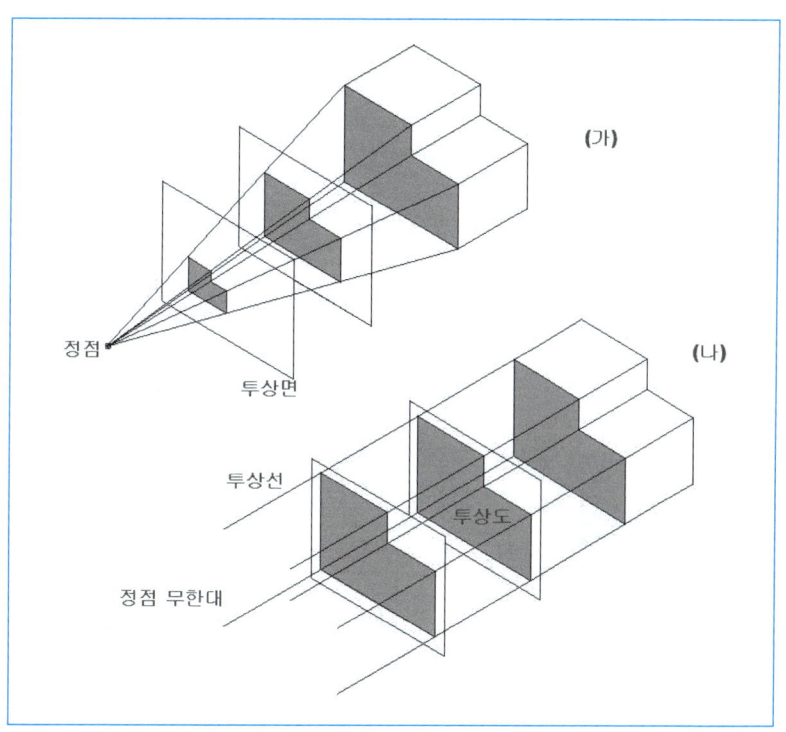

2. 정투상법

한 투상도에서 물체의 앞,뒤 사이의 형체 (점, 선, 축선면 등)와 크기는 나타낼 수 없으므로 물체의 형체를 정확히 표현하기 위해서는 2개 이상의 투상도가 필요하다. 즉, 2개 이상의 투상도로 3차원의 물체를 2차원의 평면 위에 정확하게 표현한다. 정투상에 의해 직립 투상면 및 수평면에서 얻은 그림을 정투상도라 한다.

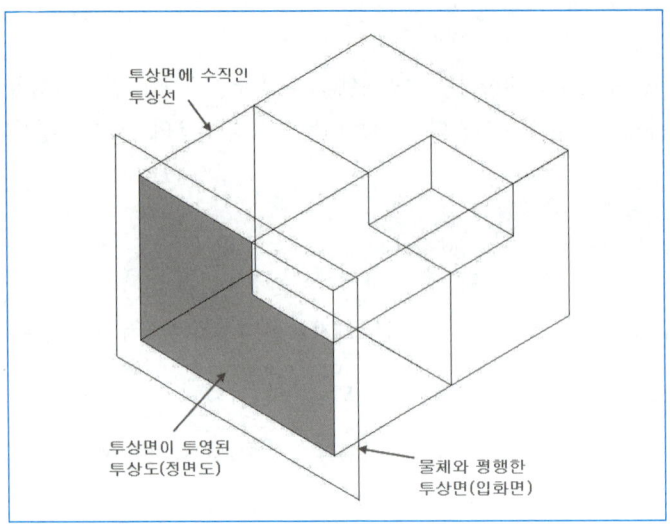

3. 3개의 기본 투상면

정투상법에 사용되는 3개의 기본 투상면은 입화면, 평화면, 측화면이다.

- 입화면은 그림에서와 같이 물체의 특징을 가장 잘 나타낼 수 있는 쪽에 수직으로 세워진 투상면이며, 이 입화면에 투상된 정투상도를 정면도라 한다. 그러므로 정면도는 물체의 모양, 크기, 기능 등을 가장 잘 표현한 정투상도이다.
- 평화면은 그림의 (가)처럼 입화면의 위쪽에 수평으로 놓여있는 투상면이며 이 평화면에 투상된 정투상도를 평면도라 한다.
- 측화면은 (나)와 같이 입화면의 오른쪽 또는 왼쪽에 세워진 투상면이다. 측화면에 투상된 정투상도를 측면도라 한다.

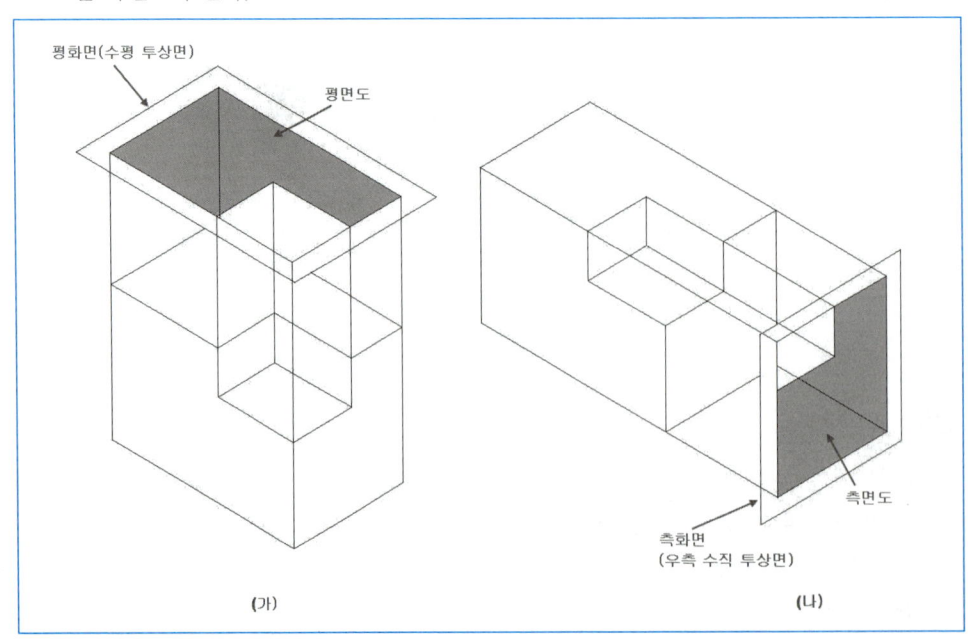

입화면, 평화면, 측화면은 아래 그림(가)와 같이 서로 직각으로 연결되어있다. 평화면과 측화면을 입화면과 같은 평면이 되도록 회전시키면, (나)와 같이 정면도, 평면도, 측면도가 하나의 평면 위에 놓이게 된다. 이것은 제도 용지에 정투상도를 그릴 때 정면도와 평면도, 정면도와 측면도의 모든 대응점이 일직선 위에 있어야 한다는 것을 의미한다. 정면도, 평면도, 측면도는 서로 다른 물체를 나타낸 것이 아니라 하나의 물체를 각각 다른 방향에서 투상한 것이다.

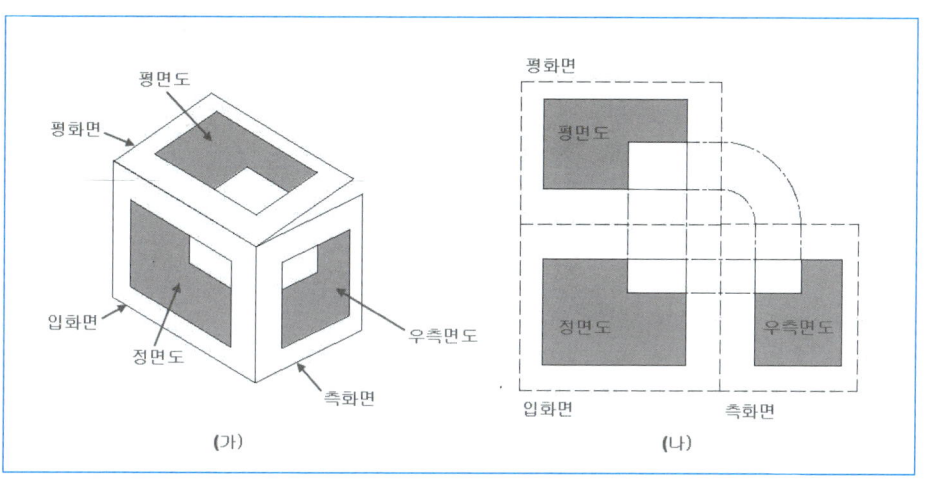

4. 제 1각법과 제 3각법

① 제1각법

가상의 공간에 두 개의 평면이 수직으로 교차하는 공간을 만들고 교차하는 공간을 경계로 4등분된 공간을 오른쪽 위의 공간부터 1사분면 혹은 제 1각이라 하고 반시계방향으로 회전하며 제 2각, 제 3각, 제 4각이라 정한다.

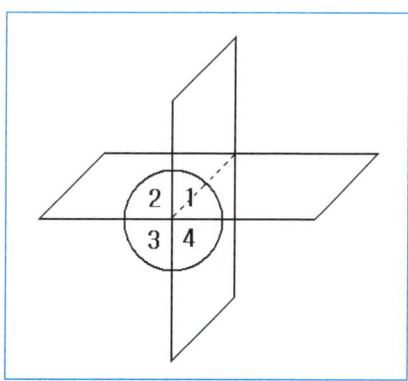

제 1각법은 아래그림의 (A)처럼 제 1각에 물체를 위치시키고 정투상하는 방법이다. 그러므로 물체는 관찰자의 눈과 투상면 사이에 위치하게 된다.

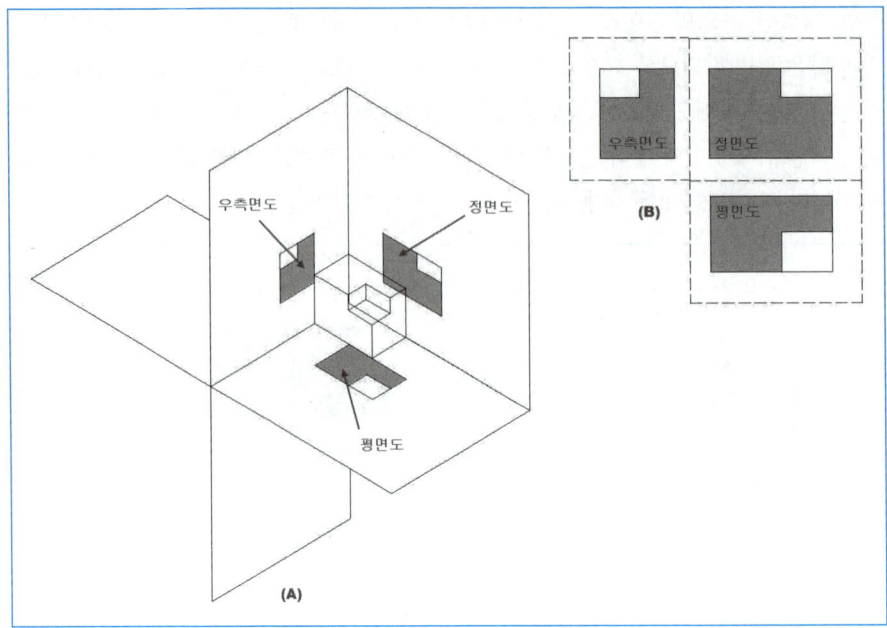

측화면과 평화면을 입화면과 같은 면으로 전개하면 (B)처럼 평면도는 정면도 아래에 우측면도는 정면도의 왼편에 위치하게 된다.

② 제3각법

3각법은 아래그림의 (A)처럼 물체를 3각의 위치에 위치시키고 정투상하는 방법이다. 그러므로 관찰자의 눈과 물체 사이에 투상면이 존재하게 된다.

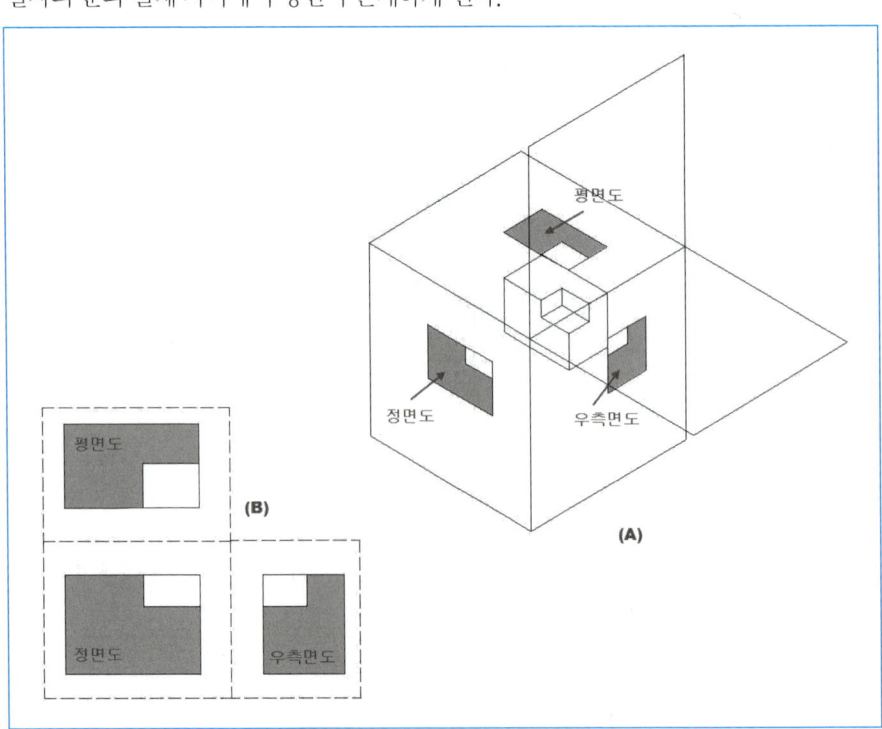

측화면과 평화면을 입화면과 같은 평면으로 전개시키면 (B)처럼 평면도는 정면도 위에, 우측면도는 정면도의 오른편에 위치하게 된다.

③ 제 1각법과 제 3각법의 비교

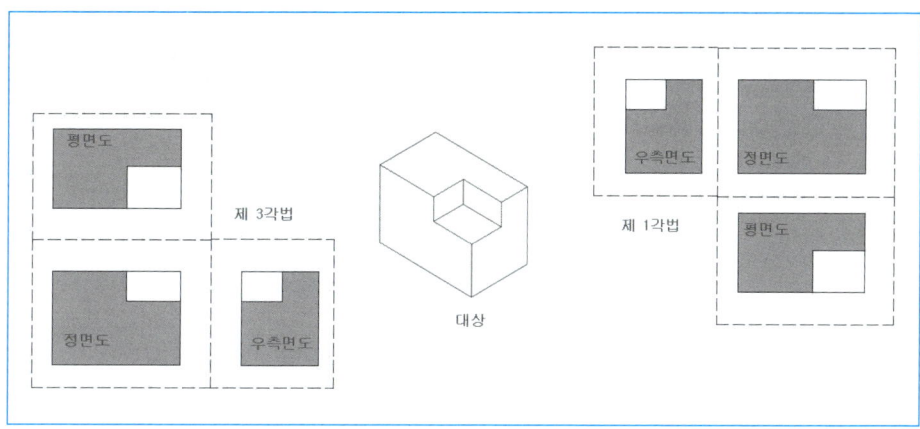

제 3각법은 도면의 배열이 실제로 사물을 보는 것과 같은 위치에 있기 때문에 도면을 이해하기가 쉽다. 특히 길이가 긴 물체나 경사면을 갖는 물체는 제 3각법으로 표현하는 것이 편리하기 때문에 복잡한 형상의 물체도 보조투상도를 사용하여 이해하기 쉽고 정확하게 나타낼 수 있다. 제 1각법은 관련형상을 표현한 투상도가 멀리 떨어져 있기 때문에 도면의 이해도가 떨어지고, 치수판독 시 잘못 판독하기 쉽다. 이러한 이유로 한국산업규격(KS)는 기계제도에 원칙적으로 제 3각법을 사용하도록 규정하고 있다.

④ 투상법의 혼용

원칙적으로 동일한 도면 내에서는 제 1각법과 제 3각법의 혼용을 피해야 하나 부득이하게 혼용하여 사용할 경우 투시방향을 화살표로 명시해야 한다. 기계 제도시 한국, 미국, 캐나다 등은 제 3각법을, 독일은 제 1각법을 사용하는 것을 원칙으로 하고, 일본, 영국 및 국제규격은 제 1각법과 제 3각법을 혼용하여 사용하고 있다.

5. 정면도의 선정

물체의 특징을 가장 잘 알 수 있는 방향에서 투상한 것을 정면도로 한다. 다음 그림은 캐스터를 구성하는 부품 중 하나인 지지대이며, 해당 모양을 가장 잘 나타내는 투상도는 방향(가)에서 투상한 것이다. 따라서 방향(가)에서 투상한 것을 정면도로 하고, 방향(나)에서 투상한 것을 평면도, 방향(다)에서 투상한 것을 우측면도로 한다.

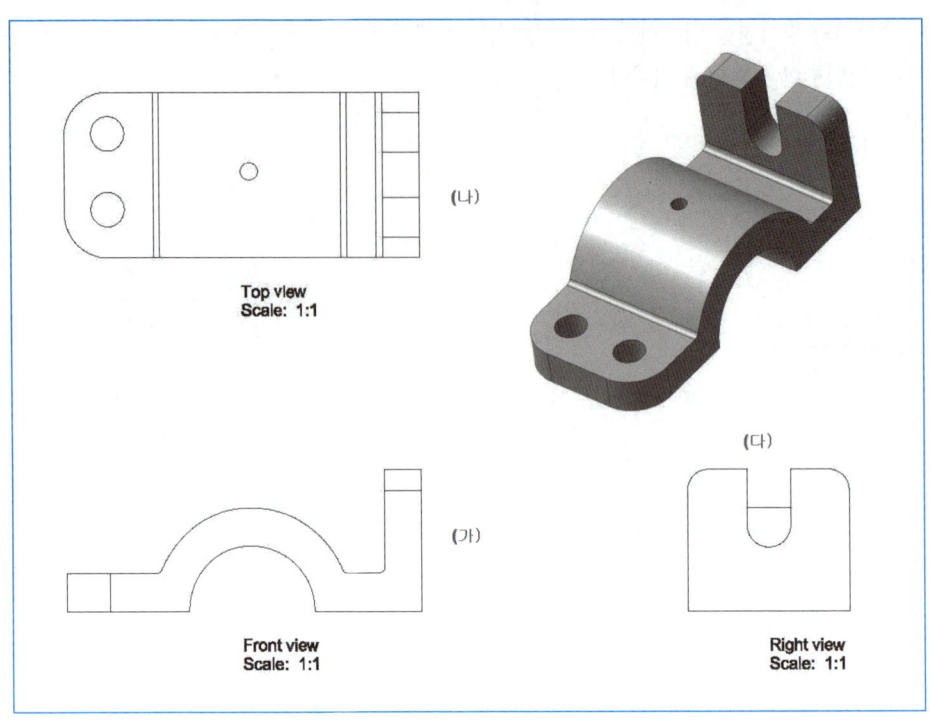

아래 그림(가)처럼 바퀴나 롤러와 같이 둥근 물체는 방향(B)에서 투상한 것을 정면도로 하는 것이 좋다. 방향(A)에서 투상한 것을 정면도로 하게 되면 치수 기입이 어려울 때가 많다. 그림(나)의 부시와 같은 모양의 물체를 선반으로 가공할 때에는 방향(B)에서 보는 것과 같은 상태로 놓고 가공한다. 축, 부시와 같은 물체는 가공할 때와 같은 방향으로 놓인 상태를 정면도로 하는 것이 좋다.

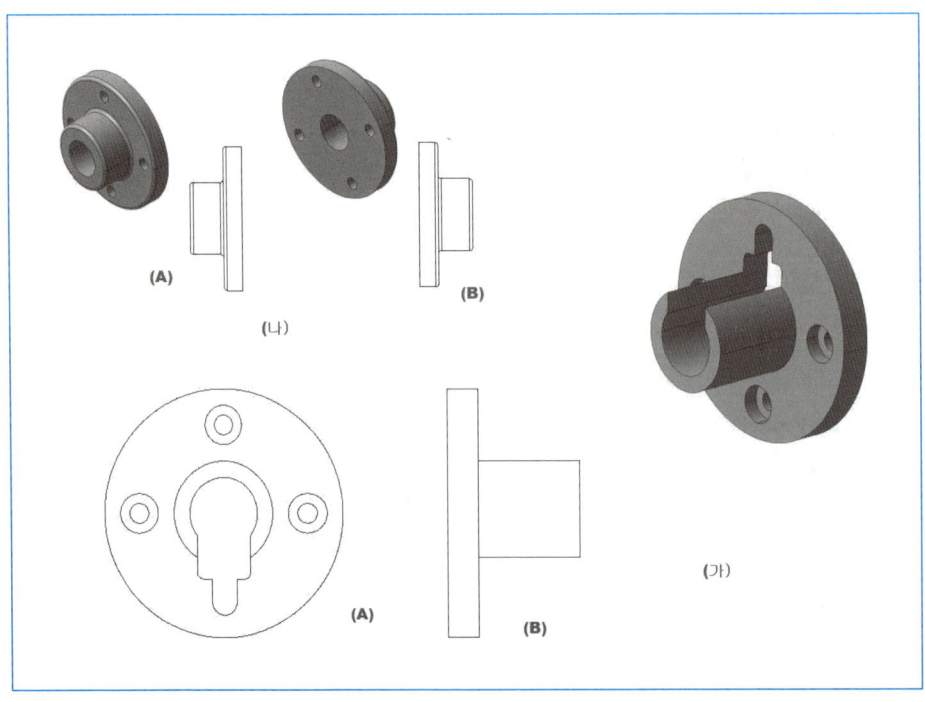

① 부분 확대도

부분 확대도는 도형의 일부분이 너무 작아서 알아보기 어렵거나 치수 기입을 하기 곤란한 경우에 그 부분만을 확대해서 그리는 것이다. 부분 확대도를 그릴 때에는 다음과 같이한다.

ⓐ 그림(가)처럼 확대하려는 부분을 가는 실선으로 둘러싸고 알파벳 대문자로 확대도 구분 표시 (A)를 한 다음 (나)와 같이 다른 곳에 확대해서 그린다.
ⓑ 확대도에 A(2 : 1)과 같은 형식으로 확대도 구분 표시와 척도를 기입한다.
ⓒ 치수를 기입할 때에는 원래의 치수를 기입한다.

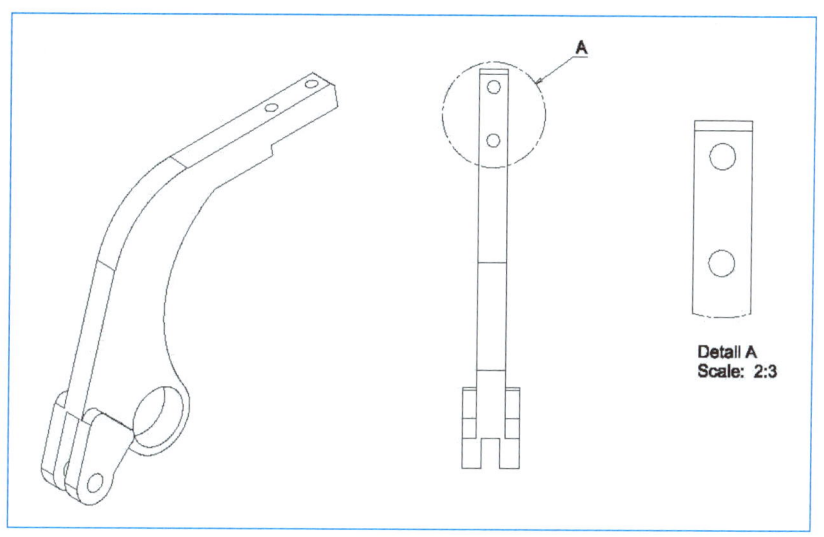

② 단면도

아래 그림의 (가)는 V-벨트 풀리를 자르지 않고 숨은선을 사용하여 내부 형상을 나타낸 것이고, (나)는 V-벨트 풀리를 반으로 잘라서 내부 형상을 외형선으로 표시한 것이다.

단면도를 사용하는 이유는 그것이 훨씬 간단하고 알아보기 쉽기 때문이다. 물체를 절단할 때에는 원칙적으로 기본 중심선을 따라 자른다. 이때에는 절단선을 그리지 않는다.

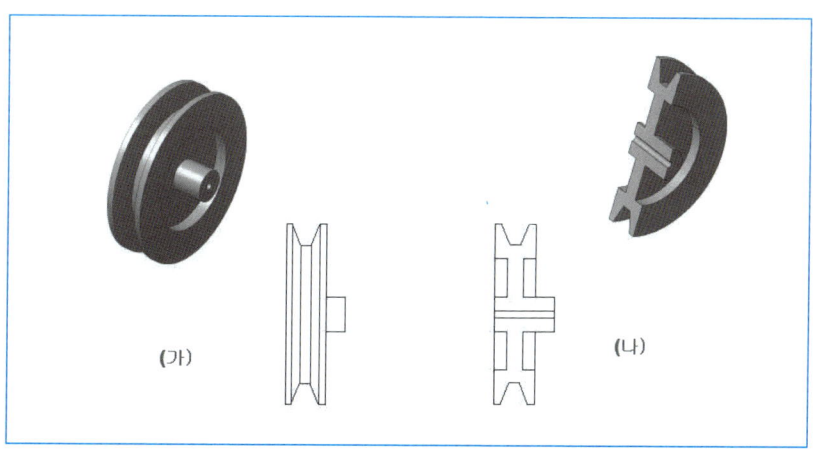

그러나 기본 중심선이 아닌 곳에서 절단할 때에는 다음과 같이 한다.

ⓐ 절단 위치에 가는 1점 쇄선으로 절단선을 그린다. (양쪽 끝부분은 굵은 실선)
ⓑ 투상 방향과 같은 방향으로 화살표를 그리고 알파벳 대문자로 단면 구분 표시(A)를 한다.
ⓒ 단면도에도 A-A 형식으로 단면 구분 표시를 한다.

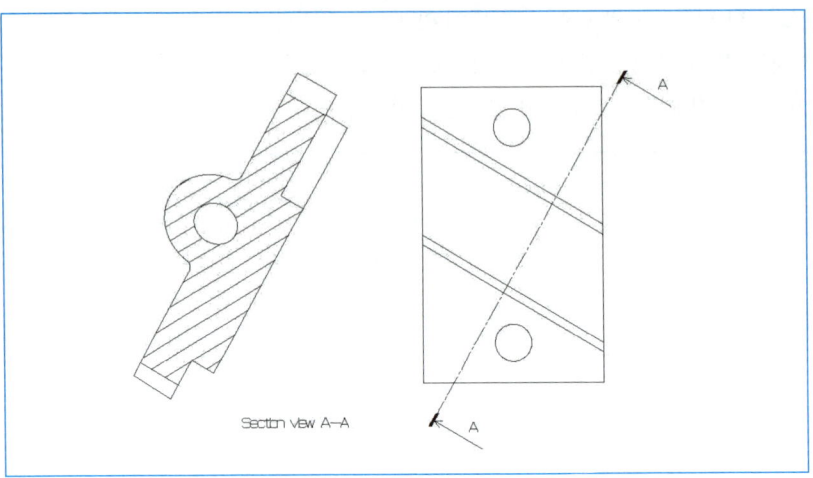

③ 대칭 도형의 생략

대칭인 도형의 한쪽을 생략하여 그릴 때에는 아래 그림과 같이 중심선 양 끝에 대칭 도시 기호를 그려 넣어야 한다. 대칭 도시 기호는 가는 실선으로 그린다.

CHAPTER **02**

2D Sketcher

본 장에서는 CATIA에서 2차원 단면 형상을 작업하는 Sketcher 워크벤치에 대한 이론학습과 실습 예제를 공부하도록 할 것이다. 도면 예제집인 만큼 이론 부분에 대한 설명은 가능한 최소화 하였으며 실제적인 도면들을 통해 설계 접근 방법을 공부할 수 있을 것이다. 각 도면들에 대한 실습 설명은 다음 페이지의 작업 순서를 참고하기 바란다.

Self Note 부분에는 반드시 자신이 작업하면서 중요하게 생각한 점이나 실수한 점, 또는 강의에서 핵심으로 지적한 사항을 메모해 두기 바란다.

1. Sketcher란?

1. Workbench 소개

Sketcher Workbench란 CATIA에서 3차원 형상 모델링 기능을 수행하는데 있어 기본이 되는 단면 프로파일이나 가이드 형상을 작업해 주는 Workbench라 할 수 있다. 일반적으로 Sketcher 하나를 독립된 Workbench로 작업하지 않으며 3차원 형상을 작업하기 위해서 서브로 복잡한 단면 형상을 그리는데 사용된다. 따라서 작업자는 3차원 형상을 올바르게 작업하기 위해서 반드시 Sketcher를 이용한 프로파일링 작업을 능숙하게 사용할 수 있어야 하겠다. Sketcher Workbench는 Part 도큐먼트를 사용하므로 Part 도큐먼트를 사용하는 모든 Workbench들과 작업을 공유할 수 있다. 즉, Part Design, GSD 등의 모델링 Workbench에서 사용할 프로파일은 모두 Sketcher를 사용한다고 생각하면 된다. 또한 스케치 형상을 사용하여 Assembly Design이나 Digital Mock Up의 시뮬레이션 구현 시 가이드 커브 등의 용도로 Sketcher Workbench를 이용할 수 있다는 점을 기억해 두기 바란다. 간혹 시작하는 단계에서 Sketcher를 일반 CAD의 투상도와 혼동하는 경우가 있는데, Sketcher의 형상 작업은 단순한 View 형상이 아닌 3차원 형상의 기본 베이스라는 것을 여기서 확실히 굳히기 바란다.

Sketcher에서의 2차원 형상을 그리는 작업에 있어서는 우선적으로 작업 기준면을 선택하는 게 중요하다. 즉, 원하는 평면상에 올바르게 스케치를 들어갈 수 있어야 한다는 것인데 Plane을 사용하거나 Axis의 평면, 물체의 평면(Face)을 선택해 스케치 작업에 들어갈 수 있다. 이를 위해 작업자는 Positioned Sketch라는 명령을 사용하여 스케치 작업의 기준을 정의 내리고 스케치 작업을 수행하는 방식도 알고 있어야 한다. Positioned Sketch를 사용하면 Part의 원점이 아닌 자신이 지정하고자 하는 특정한 위치를 스케치의 원점으로 하여 형상을 그리고 구속하는 것이 가능하며 업데이트 및 데이터 수정에도 잘 적용할 수 있는 스케치를 만들 수 있다.

2. Geometry와 Constraints

다음으로 Sketcher에서 프로파일 작업은 Geometry을 그리는 작업과 각 Geometry에 Constraints를 부여하는 작업으로 나눌 수 있다. 일반 캐드와 달리 CATIA에서는 형상(Geometry)을 그리는 작업과 구속(Constraints)을 주는 과정이 서로 독립적으로 구분되기 때문에 Geometry를 그리고 나서 Constraints를 사용하여 각각의 Geometry를 구속하는 작업이 반드시 필요하다. 만약에 Geometry를 그린 상태에서 구속을 주지 않는다면 그것은 기계 제도의 설계를 한다고 할 수 없다는 것을 명심하기 바란다.

여기서 구속은 스케치의 원점에 대한 외부 구속과 형상 자체에 대한 구속으로 나누어 생각할 수 있다. 즉, 우리가 하나의 스케치에 들어가게 되면 이 스케치 상에서 형상을 그리게 되는데, 이 형상 자체의 길이나 거리, 반지름 등과 같은 형상에 대한 구속이 필요한 것과 함께 형상을 그리고 있는 스케치의 평면상에 정의된 원점 상에서 형상이 어느 위치에 자리하고 있는지를 정의하기 위한 구속이 필요하다는 것이다. 가끔 형상 자체의 구속만을 완성하고 3차원 형상을 만드는 학생들이 많은데 이는 굉장히 위험한 습관이다. 자신이 정의한 평면 공간상에서 형상의 위치를 정의하지 않는다는 것은 임의의 위치에 형상을 내팽개친 것과 같다. 반드시 원점 또는 수평, 수직축과의 구속을 정의하고 바르게 구속이 된 것을 확인한 후에야 스케치를 완성했다고 할 수 있다. 스케치 연습을 하는 동안 여러분들이 명심할 것은 정확히 형상을 그리는 것과 완전히 구속을 주는 것이라 할 수 있다.

CATIA에서는 이러한 스케치에서 구속 작업을 돕기 위하여 형상과 구속에 색상으로 현재 구속의 상태를 알려주는 기능을 제공하고 있다.(Visualization of diagnose) 여기서 올바르게 구속된 상태를 '녹색'으로 나타내고 있으므로 항상 스케치 형상을 그리면서 녹색이 되는지를 확인하기 바란다. '보라색'이나 '붉은색'이 나오는 경우는 피해야 하겠다.

구속은 또다시 수치 형태의 구속값(Dimensional Constraints)과 문자 형태의 구속값(Geometrical Constraints)으로 나누어 형상에 적용시킬 수 있다. 여기서의 수치 구속이란 형상이 가지는 치수를 수치적으로 표현할 수 있는 것을 말하며 길이나 거리, 각도, 지름, 반지름 등을 말한다. 또한 문자 구속은 형상이 가지는 구속의 특징을 문자적인 표현으로 나타낼 수 있는 경우를 말한다. 수평, 수직, 직교, 평행, 등심, 일치 등과 같은 구속 형태를 문자로 표현할 경우 구속을 좀 더 간편하게 정의내릴 수 있다는 이점을 활용한 것이라 생각하기 바란다. 수치에 의한 구속은 Constraints라는 명령을, 문자에 의한 구속은 Constraints defined in dialog box라는 명령을 각각 사용하여 정의할 수 있다.

이러한 Geometry와 Constraints의 특징을 잘 이해한 후에 Geometry와 Constraints의 관계를 잘 생각하여 원하는 형상을 올바르게 구속하는 연습을 충분히 들이기 바란다.

3. Workbench 들어가기/나가기

Sketcher 작업은 Part 도큐먼트를 사용한다. Sketcher는 2차원 단면 프로파일을 생성하는 작업을 하기 때문에 우선 이 Workbench에서 작업을 위해서는 기준면(Support)이 필요하다. 기준면을 선택하여 그 평면상에서 작업을 시작하는 것이다.

새로 Part 도큐먼트를 열었을 때, 기본적으로 화면에 나타나는 평면을 이용하여 작업을 시작할 수 있고 또는 직접 원하는 위치에 평면을 만들어 그 평면에서 스케치 작업을 시작할 수도 있다. 그리고 작업이 진행되면서 Part 도큐먼트 내에 형상이 만들어 지면서 이러한 형상의 면(Face)을 평면처럼 선택하여 스케치에 사용할 수 있다.

Sketcher 작업을 시작하기 위해 우선 다음과 같이 Part 도큐먼트 상에서 평면을 선택해 보도록 한다.(CATIA 실행 후 시작 메뉴나 단축키를 사용하여 Part Design, GSD Workbench를 실행시키면 Part 도큐먼트가 실행된다.) 평면의 선택은 앞서 말한 대로 원점에 위치한 3개의 평면을 직접 선택하거나 또는 Spec Tree에서 선택할 수 있다.

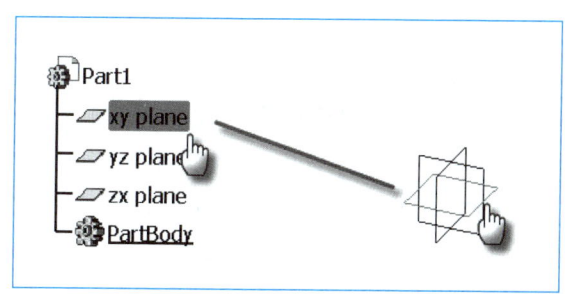

이렇게 원하는 평면을 선택한 후 Sketcher 아이콘을 누르거나 앞서 설정 부분에서 만든 단축키를 누르게 되면 Sketcher 명령이 활성화 되어 원하는 스케치 기준면으로 스케치 작업에 들어갈 수 있다.

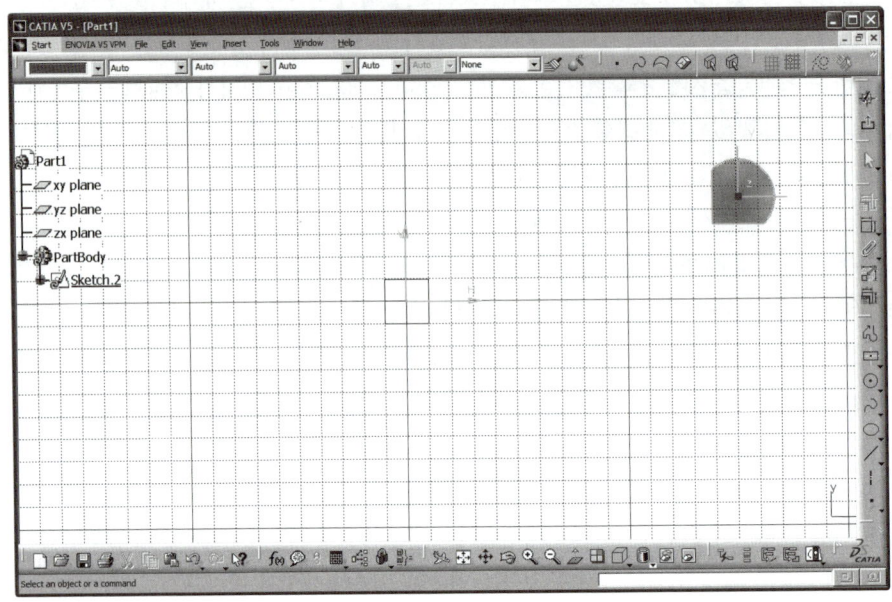

만약 단축키를 누른 상태에서 스케치에 들어갈 평면을 선택하지 않으면 Sketcher 아이콘이 활성화 된 상태로 대기하고 있으니 이 때 원하는 기준면을 선택해 준다.

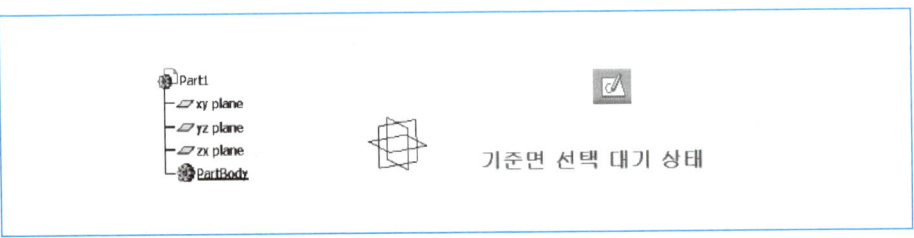

> **Remember..** 앞으로 스케치 작업과 이를 이용한 3차원 Solid 또는 Surface 작업을 진행하다 보면 Plane을 이용하는 것과 더불어 형상의 평평한 면을 직접 Sketch의 기준면으로 사용해도 된다는 것을 알게 될 것이다. 물론 이와 같이 직접적으로 형상의 면을 선택하여 스케치 작업을 할 경우 이 스케치는 이 형상과 종속 관계가 만들어져 형상에 수정이 생기면 그 영향이 이 스케치에도 적용이 된다는 것을 알고 있어야 한다.

Sketcher Workbench에 들어가는 또 다른 방법으로 Positioned Sketch 라는 명령이 있다. 이 명령을 사용하면 단순히 지정한 평면으로 스케치 작업이 들어가는 것이 아니라 사용자가 원하는 지점에 여러 가지 방식을 사용하여 원하는 원점과 스케치 상에서 수평, 수직 방향 등을 선택할 수 있다. 스케치 상에서 원점의 위치가 어디냐에 따라 작업에서 효율성은 크게 달라진다.(스케치의 각 수평·수직 축의 + 방향과 − 방향에 대해서도 작업에서 중요한 영향을 준다.) 따라서 자신이 원하는 지점을 스케치의 원점으로 설정할 수 있는 이 명령을 알아 둔다면 도움이 될 것 이다.

과거에 스케치에 들어가면서 자신이 의도한 기본 방향으로 스케치 평면의 방향이 지정되지 않고 상하좌우가 임의의 위치로 돌아간 상태로 스케치에 들어갔을 때 짜증을 내면서 화면을 억지로 돌리고 스케치를 하던 기억이 있는 독자라면 솔깃할 내용일 것이다.

일반적으로 Sketch 는 Simple Geometry를 제작하거나 단순 설계의 경우에, Positioned Sketch 는 스케치의 재사용 및 Sketch로 지정할 수 없는 난이도 있는 위치에 프로파일을 그리고자 할 경우에 사용한다. 기본적으로 Positioned Sketch 는 다음과 같은 순서로 스케치의 기준을 잡는 과정을 진행한다.

> 1. 기준면 선택(Sketch Positioning)
> 2. 프로파일 원점 선택(Origin)
> 3. 프로파일 원점의 축 방향(H, V)의 결정(Orientation)

1번의 기준면을 선택하는 과정은 일반적인 Sketch를 실행하는 것과 동일하게 단순히 평면을 선택하기만 하면 된다.

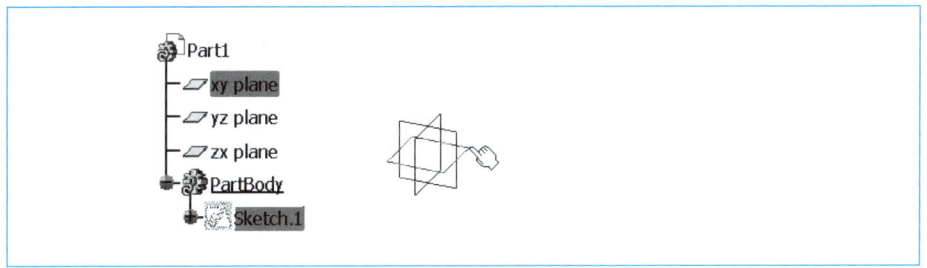

Positioned Sketch를 실행시키면 바로 스케치가 실행되지 않고 다음과 같은 Dialog Box가 나타난다.

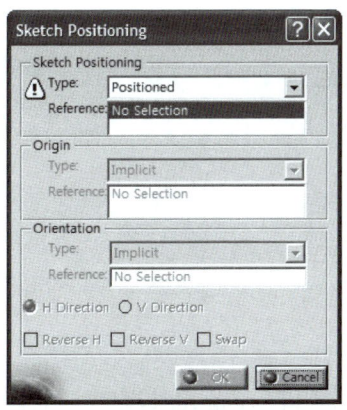

여기서 Sketch Positioning의 Type에서는 'Positioned'와 'Sliding' 두 가지 Type이 있는데 'Sliding'은 Positioned Sketch가 아닌 일반 스케치를 의미하는 것이고 'Positioned'로 선택을 해야 작업자가 위치를 선택할 수 있다. 작업자가 원하는 위치에 스케치를 하고자 하는 경우이므로 반드시 'Positioned'로 설정을 해주도록 한다.

여기서 2번의 프로파일의 원점을 잡아주는 일이 가장 중요하다. Part의 원점이 아닌 현재 프로파일의 생성 목적에 맞게 원점을 잡아줌으로써 작업자는 보다 쉽게 그리고 능동적으로 형상의 변경과 수정이 가능해진다.

Definition 창의 Origin에서는 프로파일의 원점의 위치를 잡아준다. 여기서 일반적인 Sketch와 확연히 구별되는 점이 나타난다. Part의 원점을 단순히 이용하는 Sketch와 달리 작업자가 지정한 Origin 설정 방식으로 형상이 가진 요건을 따라 Sketch에서의 원점을 정의할 수 있다.

- **Origin Type**

    Origin의 설정은 여러 가지 방식으로 정의할 수 있는데 그 Type을 보면 다음과 같다.

    - Implicit
    - Part origin
    - Projection point
    - Intersection between 2 lines
    - Curve intersection
    - Middle point
    - Barycenter

- **Origin Orientation**

    다음 단계로 프로파일의 기준면을 선택하기 위해서 추가적인 기준 방향(수평·수직)을 잡아줄 수 있다. 일반적인 절대 축 방향으로의 수직·수평 축의 설정이 아닌 작업상 필요로 되는 임의 위치로의 설정이 가능하다.

    다음은 기준 방향을 잡기위한 Type들이다.

    - Implicit
    - X Axis
    - Y Axis
    - Z Axis
    - Components
    - Through point
    - Parallel to line
    - Intersection plane
    - Normal to surface

여기서 Type을 선택해 수평·수직의 기준을 정의하는 것 외에도 수평 축 방향(H Direction)과 수직 축 방향(V Direction)의 +, - 방향을 전환하는 것도 가능하며, 또한 Swap을 클릭하여 각 축 방향을 반전(Reverse) 시키는 것 또한 가능하다.

물론 수평·수직축의 기본 방향을 잡아주는 것이 반드시 필요한 것은 아니며 기준 방향을 잡아주지 않았을 경우에는 Default 상태로 정의가 된다.

이와 같은 Positioned Sketch 과정이 다소 번거롭거나 불편하게 느껴질 수 있다. 그러나 이러한 프로파일 선정과정을 통하여 작업자는 유용한 작업 과정의 결과를 추후 데이터 변경이나 수정에 있어서 그 유용함을 경험할 수 있을 것이다.

스케치 작업이 끝나고 Sketch Workbench를 나가려면 Exit Workbench 아이콘을 사용하거나 Part Design이나 GSD, FMP처럼 3차원 Workbench의 단축키를 누르게 되면 Sketch Workbench에서 나와 해당 3차원 작업 Workbench로 바로 이동하게 된다.

> **Remember..** Part 도큐먼트를 공유하는 Workbench들끼리는 작업 영역을 공유한다.
> 즉, 형상을 작업하는 사이사이 언제라도 다른 Workbench로 전환하여 작업할 수 있다.

4. Sketch 작업의 순서

앞서 Sketcher Workbench는 2차원 프로파일 형상을 그리는데 사용한다고 설명 한 바 있다. 복잡한 형상을 효율적으로 그려내기 위해서는 작업의 순서를 몸에 익히고 있어야 하며 이러한 작업의 순서나 작업 방식은 각 프로그램들 마다 차이가 조금씩 있다.

CATIA Sketcher Workbench의 작업 순서는 다음과 같다.

> - Profile Toolbar로 형상의 개략적인 모습을 그려낸다. 완벽한 형상을 그리기에 앞서 형상을 간단하게 보았을 때 핵심이 되는 형상을 그리는 것이다. 주로 직선 프로파일이나 원과 같은 1차적인 형상으로 구성된다.
> - Operation Toolbar를 이용하여 형상의 Detail 한 부분을 다듬거나 수정하여 형상을 잡는다. 앞서 작업한 대략적인 형상에 Detail을 가해주는 작업으로 선 요소들이 만나는 지점에서의 곡률 처리나 형상의 이동, 회전, 복사 등과 같은 과정을 처리해 준다.
> - Constraints Toolbar를 사용하여 모습이 갖추어진 형상에 구속을 주어 완전한 프로파일을 만든다. 형상이 잡히면 이제 치수 구속을 주어 형상의 데이터를 입력해 준다. 구속을 해주지 않는 한 프로파일은 완성되지 않는다.
> - 완성된 스케치 형상을 이용하여 3차원 형상을 만들기 위해 해당 Workbench로 이동한다.

물론 작업 중간에 이들 개개의 Toolbar은 혼합하여 사용할 수 있으나 전체적인 윤곽은 이를 벗어나 작업 하지 않는다. 그리고자 하는 형상과 구속을 잘 떠올리기 바란다.

5. Open Profile & Closed Profile

우리가 Sketcher Workbench에서 형상을 그리게 되면 다음과 같이 Open Profile & Closed Profile 두 가지 부류로 나눌 수 있다. Open Profile은 말 그대로 단면 형상이 열려있다는 말이 된다. 이러한 열려있는 형상은 3차원 형상을 만드는데 있어 제약이 많다. 그리고 여기서 하나의 닫혀있는 형상을 반대로 Closed Profile 이라 부른다. 이 두 Profile의 차이는 3차원 작업을 하는데 있어 중요한 변수로 작용함으로 잘 파악해야 한다.

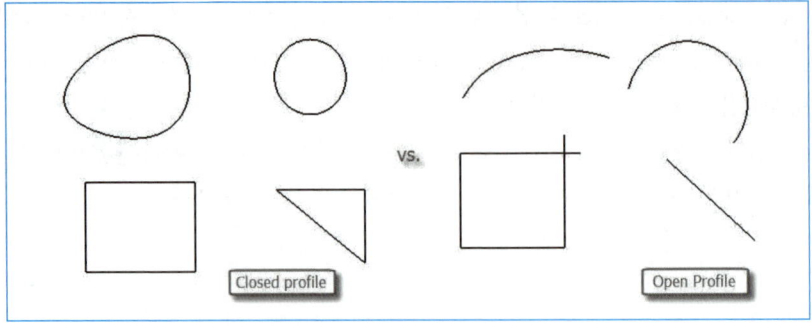

6. Domains

3차원 형상을 만드는데 있어 Sketch에서 몇 개의 형상 요소를 가지는지도 중요하게 여겨지는데 하나의 프로파일 상에서 각각의 구별되는 요소들을 각각 도메인(Domain)이라 부른다. 간단한 예로 다음 스케치는 도메인이 3개 이다.

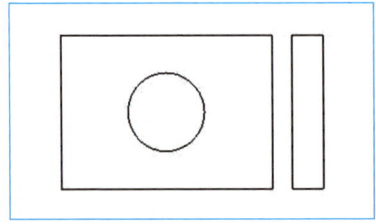

각각의 도메인의 상태나 조건에 따라 3차원 상에서 작업이 가능한 것도 있고 그렇지 못한 것도 있다. 이에 대한 설명은 추후 Sketch 작업 아이콘 설명에서 추가적으로 하도록 하겠다. 이제 다음 장에서 각각의 Sketcher Toolbar들의 학습을 통하여 스케치의 세부 기능을 익히도록 하겠다.

2. Sketcher Toolbar

Sketcher Workbench를 학습한다고 하면 다음의 4가지 Toolbar는 반드시 그 기능을 익혀두어야 한다. 다른 Toolbar 들은 알아두면 도움이 되는 정도이지만 이 4개의 Toolbar는 반드시 익히고 있어야 올바른 2차원 형상 제도가 가능하다.

1. Sketch Tools

Sketch Tools Toolbar는 Sketcher Workbench의 기본 설정 몇 가지와 Profile Toolbar, Operation Toolbar 등 Toolbar에서 각각의 아이콘이 가지는 부가적인 기능에 대해서 표시를 해준다. 우선은 다음의 명령에 대해서 설명을 하겠다.

- **Grid**

    이 옵션을 체크해 놓게 되면 Sketcher Workbench에 들어왔을 때 화면에 격자가 표시되어 2차원 형상을 제도하는데 도움을 준다. 만약 작업에 방해가 된다면 해제해 두어도 상관없다.

- **Snap to point**

    Snap 기능이란 Sketcher Workbench에 들어갔을 때 격자 간격으로만 포인트를 찍을 수 있게 하는 옵션이다. 이 기능을 체크해 둘 경우 임의의 지점에 선이나 포인트를 그리기 위해 마우스를 움직이면 포인터가 격자와 격자 사이로만 움직이는 것을 볼 수 있다.

    - 옵션 활성화 : 형상을 그리는데 사용되는 포인터들의 위치가 격자 사이를 벗어나지 않는다.
    - 옵션 비활성화 : 형상을 그리는데 사용되는 포인터들의 이동이 자유롭다. 마우스를 따라 포인터가 자유롭게 움직이는 것을 확인할 수 있다.

    일반적으로 Snap 기능은 자유롭게 스케치를 하는데 방해되는 감이 있어 활성화하지 않고 사용하는 경향이 강하다.

- **Construction/Standard Element**

    이 명령의 사용은 3차원 설계가 처음인 독자에게 다소 어려운 개념일 수 도 있다. 간단한 개념이기는 하나 그 적용 및 이해가 어려울 수 있기 때문이다. 우선은 이 명령을 설명하기 위해 다음의 두 개념이 대해서 설명을 하도록 하겠다.

    - Standard Element

        Standard Element는 일반적인 2차원 스케치 요소로 보면 되는데 Sketcher Workbench에서 작업을 마치고 3차원 작업 Workbench로 이동하여서도 그 요소를 사용할 수 있는 것을 말한다. 우리가 일반적으로 스케치에서 그리고 구속한 후에 3차원 형상을 만들기 위해 이용하는 대상이다.

    - Construction Element

        Construction Element는 Standard Element와 달리 Sketcher Workbench에서만 그 기능을 하고 3차원 Workbench 상에서는 화면에 나타나지 않으며 그 요소를 3차원 형상을 만드는데 사용할 수 없게 된다. 이는 Construction Element가 보조 도구로의 역할을 하기 때문이며 Sketcher Workbench에서 사용되는 모든 지오메트리에 관계하고 있다. Construction Element는 Sketcher Workbench 상에서 회색의 가는 점선으로 나타나며 이 Workbench를 나가면 화면에 나타나지 않는다.

    이와 같은 두 지오메트리 요소의 성질을 잘 이용하면 형상을 제도하는데 있어 효율적인 작업을 할 수 있다. 가령 형상을 만드는데 있어 보조선이나 형상이 필요하다고 하면 Standard Element 와 Construction Element를 적절히 조합하여 작업할 수 있을 것이다.

Standard Element 와 Construction Element 사이의 전환은 간단하다. 이 아이콘을 누른 상태로 🔧 형상을 그리면 그 요소는 모두 Construction Element 가 되며 다시 이러한 대상을 선택한 후 이 아이콘을 해제하면 🔧 Standard Element로 돌아온다. 또한 형상을 다 만든 후 대상을 선택하고 🔧 아이콘을 누르면 선택한 대상을 Construction Element로 만들수도 있다.

스케치 작업을 하다 보면 3차원 형상을 구성하는데 필요하지 않지만 2차원 상에서 형상을 구속시키거나 만드는데 보조도구로써 필요할 경우가 있을 것이다. 이런 경우 형상을 Construction Element로 변환하여 이용할 수 있다.

여기서 한 가지 부연 설명을 하자면 우리가 스케치에서 프로파일을 그리는 과정에 형상 요소에 따라 그에 맞추어 Construction Element가 자동으로 만들어진다. 가령 원을 그린다고 하면 원의 중심점을 나타내는 포인트가 만들어지고, 직선을 그린다면 양 끝점이 Construction Element로 만들어 진다. 그리고 Hexagon이라는 정육각형 형상을 만들 경우에도 Construction을 형상 정의의 보조 도구로 이용하고 있음을 확인할 수 있다.

■ Geometrical Constraints

Sketcher Workbench에서 우리는 단면 프로파일을 그리고 구속한다고 하였다. CATIA의 이런 스케치 상에서 구속은 크게 두 가지로 나눌 수 있는데, 그 중 하나가 바로 이 Geometrical Constraints 이다. Geometrical Constraints는 간단히 말해 형상에 대한 구속으로 보면 되는데 수치로 나타나는 구속이 아닌 수직, 수평, 평행, 직교 와 같은 명령이라고 생각하면 된다.

이 아이콘이 활성화 되어 있지 않으면 이러한 Geometrical Constraints를 줄 수 없게 된다. 따라서 반드시 Sketch Tools에서 이 아이콘을 활성화 해두도록 한다.

■ Dimensional Constraints

Dimensional Constraint는 앞서 Geometrical Constraints 와 같이 sketch 상에서 구속을 제어하는 역할을 하는데 앞서 말한 내용과 다른것은 이 아이콘은 수치로 나타나는 구속을 제어한다는 것이다. 이 수치 구속이 CATIA에서 두 번째 구속의 종류로 숫자로 나타낼 수 있는 길이, 거리, 지름과 같은 구속을 의미한다.

이 아이콘 역시 반드시 Sketch Tools에 활성화 되어 있어야 한다는 점을 명심하기 바란다. 이 아이콘이 해제 되어 있으면 구속이 되지 않는다.

Geometrical Constraints 와 Dimensional Constraints가 해제된 상태에서 구속을 주게 되면 다음과 같은 경고 메시지가 뜰 것이다.

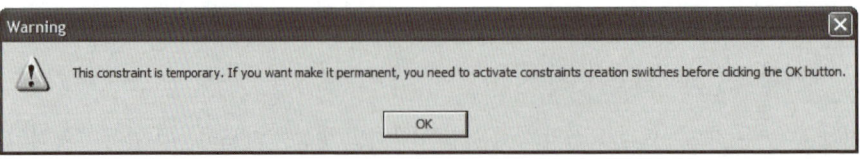

이와 같이 Sketch Tools Toolbar의 경우 직접 어떤 작업을 하는 명령이 아닌 Sketch 명령들의 세부 옵션 및 설정의 기능을 가지고 있다는 것을 알았을 것이다.

특별히 지오메트리 형상을 그리거나 구속하는 역할이 있는 것은 아니나 Sketch Tools는 앞서 언급한 대로 다른 Toolbar 들의 작업 아이콘에 대해서 부가적인 옵션이 있을경우 이를 나타내 주는 역할을 하기 때문에 Sketch에 속한 명령들을 실행할 때 마다 유심히 살펴야 한다. 다음은 Sketch 명령을 실행하였을 때 부가적인 옵션을 나타내는 Sketch Tools Toolbar 모습이다.

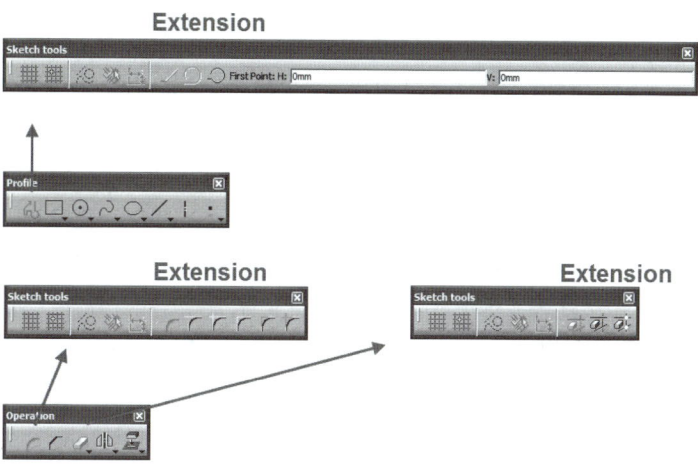

2. Profile

Toolbar에서 검은색 화살표시 ▼ 가 있는 부분에는 항상 그 하위 Sub Toolbar 가 있다는 것을 기억해야 한다. 그리고 이 부분을 클릭하면 그 Sub Toolbar 가 따라 나오게 된다.

① Profile

- Profile

    스케치에서 형상을 그리는데 가장 사용빈도가 높은 명령이다. 이 명령을 사용하면 다각형을 한 번에 연속적으로 그릴 수 있다. 필요에 따라 옵션을 변경하여 Tangent Arc 또는 Three point Arc로 변경하여 호 형상을 그릴 수 있다.
    Profile은 다음과 같은 3가지 부가적인 옵션이 있다. 따라서 Profile 아이콘을 클릭하면 Sketch Tools Toolbar의 뒷부분이 다음과 같이 확장된다. 그리고 여기서 형상을 화면에 그리면서 필요에 따라 옵션을 변환해 가면서 작업해 주면 된다.

- Line

선택한 점과 점을 어어 만들어 지는 직선들로 다각형을 그리는 방식이다. 물론 그리는 도중 다른 옵션으로 변경이 가능하다. 여러 개의 직선들로 이루어진 다각형을 그리는데 탁월한 기능을 한다. Profile 명령을 실행시켰을 때 디폴트로 선택된 그리기 모드이며 원하는 지점과 지점을 클릭하면 그 사이를 직선으로 이어주는 방식이다.

Profile을 사용하면서 스케치 화면상에 나타나는 두 개의 숫자는 스케치의 원점을 기준으로 하였을 때 현재 가리키는 포인트의 수평, 수직 좌표를 나타낸다. (SmartPick 기능)

- Tangent Arc

이전 Line 옵션 상태에서 그려진 직선과 접하도록 다음 부분을 Arc 형태로 그려 준다. Profile 이 활성화된 상태에서 Sketch Tools에 확장되어 있는 옵션 부위에서 아이콘을 누르면 변경이 되며 또 다른 방법으로 Profile로 직선을 그리고 그 다음으로 Tangent Arc 를 그리고자 할 경우 직선의 끝점에서 가 떴을 때 마우스를 누른 상태로 아래 혹은 위로 드래그 하면(드래그 상자를 만든다고 생각하고 마우스 동작을 한다.) Profile 타입이 변경 되는 것을 볼 수 있다.

- Three Point Arc

3개의 점으로 만들어지는 Arc 형상을 만들어 주며 처음 시작 하는 부분에 대해서는 이전 형상의 끝점이 첫 번째 점이 되며 나머지 두 개의 점을 화면에 찍어주면 Arc가 그려진다.

이렇게 이 세 가지 모드를 적절히 이용하면 원하는 거의 대부분의 기본 형상을 만들어 낼 수 있다.

- Profile 명령의 종료

일반적인 명령들은 한번 클릭하여 작업을 수행하면 한번 형상을 그리는 것으로 명령이 종료 된다. 그러나 Profile로 형상을 그리게 되면 그리는 작업이 무한정 반복이 되는데 Profile 시 작 후 시작점과 끝점이 만나거나 또는 Esc 키를 두 번 연속으로 누르거나, 화면상에서 종료 하고자 하는 지점에서 클릭을 두 번 연속으로 해주어야 Profile 작업이 정지한다.

- SmartPick

SmartPick 기능은 CATIA의 스케치 작업을 보다 수월하게 도와주는 기능을 한다. 형상 프 로파일을 그리는 과정에서 현재 그리는 대상에 적용할 수 있는 다른 요소들과의 일치점이나 수평, 수직, 직교, 평행, 중점과 같은 구속들을 스스로 찾아 준다.

특히 이러한 유용성은 프로파일을 이용해 형상을 그릴 때 유용한데 다각형을 그리는데 있어 이러한 보조 구속 도구의 역할은 매우 유용하다. 다음은 일부 SmartPick를 이용한 예 이다.

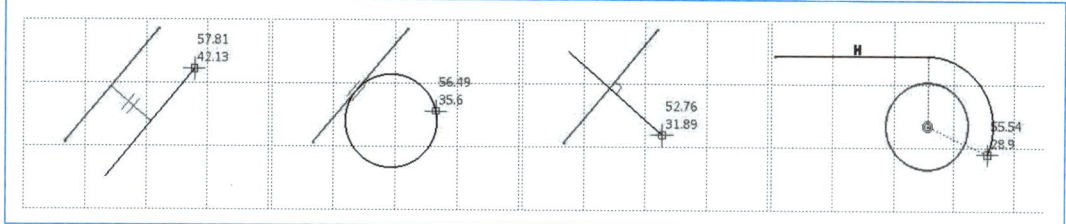

이러한 SmartPick를 사용하지 않으려면 옵션에서 끄거나 Shift 키를 누른 상태에서 지오메트리를 그리면 된다.

다음은 SmartPick에서 잡을 수 있는 geometrical Constraints의 종류이다.

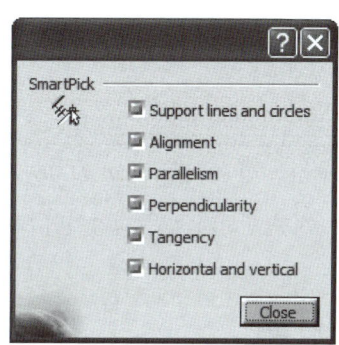

종종 이러한 SmartPick의 기능으로 인해 의도하지 않은 곳에 구속이 잡히는데 이런 경우에는 반드시 해당 구속을 선택하여 삭제(Delete)해 주어야 한다. SmartPick에 의한 의도하지 않은 구속은 형상의 불필요한 제약을 주어 스케치가 바르게 그려지지 않거나 작업에 방해를 줄 수 있으니 주의해야 한다.

② Predefined Profile sub Toolbar

Predefined Profile Toolbar는 사용빈도가 높은 형상에 대해서 미리 정의되어있는 몇 가지 명령들을 가지고 있다. 물론 이들 모두를 자주 사용하는 것은 아니며 필자의 경험에 따라 중요한 것과 그렇지 않은 것에 대해서 설명하도록 하겠다.

■ Rectangle

일반적인 사각형 형상을 그리는데 사용된다. 시작점과 끝점 이렇게 두 번 클릭해 사각형을 만든다. Rectangle은 사각형인 성질과 함께 기준 좌표에 대해서 수직, 수평인 성질을 가진다. 만들어진 사각형의 모서리에 있는 **H**, **V** 표시로 이를 알 수 있다.(**H**, **V** 표시는 Geometrical Constraints로 각각 직선 요소의 수평 수직을 가리킨다.)

- Oriented Rectangles

Oriented Rectangle은 앞서 Rectangle의 모서리가 각각 수직, 수평이었던 것과 달리 임의의 기준선을 가지고 사각형을 그릴 수 있다. 3회의 마우스 동작으로 형상을 그린다. 임의의 기준 면에 기울어진 사각형을 그리고자 할 경우에는 Positioned Sketch를 사용하여 기울어진 방향으로 기준을 잡고 사각형을 그리는 것이 더 간편하다.

- Parallelogram

Parallelogram은 평행사변형 형태의 프로파일을 그릴 수 있게 해준다. 3회의 마우스 동작으로 만들어지며, 앞서 Oriented Rectangle에서 직교 구속이 사라지면 평행사변형이 된다. 자주 사용하지는 않는다.

- Elongated Hole

Elongated Hole은 이름에서도 알 수 있듯이 원 형상에서 원의 중심이 직선 방향으로 늘어난 모양을 하고 있다. 의외로 사용 빈도가 높은 형상이며 그리는 순서는 '시작점 → 끝점 → 반경'과 같다.

- Cylindrical Elongated Hole

앞서 설명한 Elongated Hole과 비슷하나 원이 연장된 중심의 경로가 Arc 형상을 이루고 있다는 점이 다르다. 구부러진 Elongated Hole이라 보아도 된다. 이 역시 사용 빈도가 높으며 '중점 → 시작점 → 끝점 → 반경'의 순서를 가진다.

- Keyhole Profile

열쇠 구멍 모양을 하고 있으며 그리는 순서는 시작점 → 끝점 → 탄젠트 한 작은 반경 → 큰 반경 순으로 작업 한다. Elongated Hole에서 한쪽 반원과 두 직선의 Tangent 구속을 제거하고 호의 구속을 따로 주면 같은 형상을 만들 수 있다.

- Hexagon

정육각형을 만드는 명령이다. 중점 → 반경 순으로 작업한다. 여기서 Hexagon을 통해서 육각형을 그렸을 때 Construction Element는 육각형 형상을 유지하기 위해 만들어진 보조 도구이므로 지우지 말아야 한다.

- Centered Rectangle

Rectangle과 같이 직각 사각형을 그리는 명령이나 만드는 방법이 중점 → 꼭지점으로 중점에 대해서 대칭인 직각 사각형이 만들어 진다. 대칭 구속을 가지고 만들어 지며 사용 빈도가 높다. 이렇게 만들어진 사각형은 대칭 구속을 상징하는 기호에 의해 한 변을 잡아당기거나 이동시키면 대칭인 변 역시 변형이 된다.(여기서의 대칭 구속은 Equidistance을 의미한다.)

- Centered Parallelogram

  임의의 교차하는 두 개의 기준선 사이로 평행사변형을 만드는 명령으로 순서는 기준선 1 ➔ 기준선 2 ➔ 꼭지점 순이다. 사용빈도는 매우 적다.

③ Circle sub Toolbar

원과 호 형상을 만드는데 사용되는 여러 가지 방식의 명령어가 들어 있는 Sub Toolbar 이다.

- Circle

  가장 일반적이고 많이 사용되는 원 생성 방식으로 명령을 실행하여 중점 ➔ 반경 순으로 선택한다. 여기서 원의 중점을 찍을 때 SmartPick을 적절히 이용하여 원하는 위치에 맞게 그려주도록 한다. 원의 중심이 원점이나 다른 원과 일치할 경우에는 SmartPick으로 ⊙ 과 같이 표시가 된다.

- Three Point Circle

  3 개의 포인트를 클릭하여 원을 생성하는 명령으로 시작점 ➔ 중간 점 ➔ 끝점 순으로 점을 찍어주면서 원을 만든다. 특별히 이 명령을 사용하는 경우는 이미 3개의 포인트(또는 Vortex)가 스케치 상에 존재할 경우 이것을 이용하여 원을 그리는 경우에 사용할 수 있다. 사용빈도가 높지는 않다.

- Circle Using Coordinates

  원을 생성 시 원의 중점 좌표와 반지름을 Definition 창에 값을 입력한다. 명령을 실행시키면 다음과 같은 Definition창이 나타난다. Cartesian 방식(H, V)이나 Polar 방식(R, Ang)으로 값을 입력할 수 있다. 사용빈도는 높지 않다.

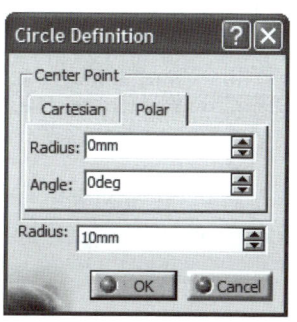 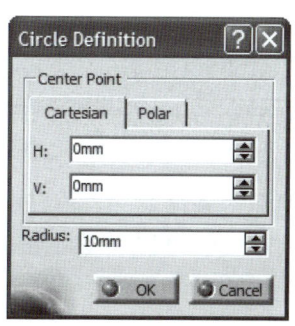

- Tri-tangent Circle

    이 원 역시 Three Point Circle처럼 이미 스케치에 사용할 수 있는 스케치 요소가 있을 경우에 사용 가능한 명령으로 선택한 3개의 지오메트리 요소와 접하는 원을 만든다.

- Three Point Arc

    이 명령은 앞서 Three Point Circle와 만드는 방법은 동일하나 결과물이 완전한 원이 아닌 호 형상이라는 것이 다르다.

- Three Point Arc Starting with Limits

    이 호 형상 역시 3개의 점을 사용하는 방법을 사용하나 선택 순서가 약간 다르다. 시작점 ➡ 끝 점 ➡ 중간점의 순이다.

- Arc

    Arc는 호 형상을 그리는 가장 간단한 방법으로 원 다음으로 많이 사용되는 명령이다. 그리는 순서는 중점 ➡ Arc 시작점 ➡ Arc 끝 점이다.

④ Spline sub Toolbar

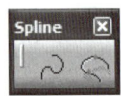

여기서는 Spline곡선을 그리는 명령인 Spline과 형상 요소 사이를 연결해 주는 Connect에 대해 살펴보도록 할 것이다.

- Spline

    곡선을 구성하기 위해 정의한 점들(Control Points)을 지나면서 구성되는 곡선 생성 명령이다. 곡선을 이루는 각각의 점들을 구속 시킬 수 있으며 곡선 생성 후 수정이 용이하다. Spline 아이콘을 누른 상태에서 원하는 지점들을 클릭하면 그 지점들을 지나는 곡선이 만들어 진다. 여기서 곡선을 이루는 점들은 곡선 형상을 결정짓는 Control Point 요소가 되며 나중에 스케치 밖으로 나갔을 시에는 보이지 않는다.

    이러한 Spline은 아이콘을 누르고 원하는 형상을 그린 후 명령을 종료하기 위해 Esc 키를 두 번 연속으로 누르거나 화면의 끝나는 점에서 두 번 연속 클릭을 해야 한다. 시작점과 끝 점이 일치하여도 Spline은 명령이 끝이 나지 않음을 기억하기 바란다.

    Spline을 완전히 닫힌 형상으로 만들기 위해서는 마지막 선택 점 위치에서 MB3 버튼 (Contextual Menu)을 눌러 'Close Spline'을 클릭해 준다.

- Connect

    Connect는 두 형상 요소 간을 이어주는 명령으로 다음과 같은 부가 옵션을 가지고 있다. Sketch Tools Toolbar의 확장된 부분이다.

    여기서 Connection Option은 Connect with Arc 와 디폴트값인 Connect with Spline 이 있다. Connect with Arc를 사용하게 되면 연결하고자 하는 두 형상 요소 사이를 호 형상으로 이어주게 되는데 두 대상 간에 탄젠트 한 호가 들어 갈 수 있는 값이 정해져 있으므로 그 값에 맞추어 만들어 진다.

⑤ Conic sub Toolbar

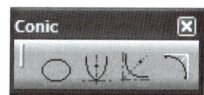

이 Sub Toolbar에서는 타원이나 포물선과 같은 형상을 그리는 명령어들이 들어 있다. 약간은 수학적인 형상으로 많은 부분에 사용하지는 않으며 직접적인 수식을 사용하지는 않는다. (직접 수식을 사용하여 형상을 그리는 방법은 Knowledge를 이용하여 만들 수 있다.)

- Ellipse

    이 명령은 타원 형상을 그려주는 명령이다. 타원은 장축과 단 축의 값을 따로 입력해준다. (이 둘이 같으면 원이 된다.) 따라서 그리는 순서는 중점 ➡ 장 축(또는 단 축) ➡ 단축(또는 장 축) 이다. 타원은 나중에 구속을 줄 때 장축(Semi-major axis)과 단축(Semi-minor axis)에 대해서 따로 구속을 주어야 한다.

- Parabola by Focus

    포물선을 그려주는 명령으로 포물선의 정의에 따라 하나의 초점(Focus)과 정점(Apex)를 사용하여 포물선을 정의하고 시작점과 끝점으로 그 경계를 잡는다. 함수에 의한 수치를 이용하여 포물선을 그리는 경우 사용할 수 있는 명령이다. 일반적인 모델링에서는 사용하는 일이 드물다.

- Hyperbola by Focus

    쌍곡선을 그려주는 명령으로 두 정점과 중점을 사용하여 쌍곡선을 정의하고 그 다음으로 두 번 점을 찍어 그 양 끝을 정의한다.

■ Conic

원뿔 형상을 그려주는 명령으로 부가적인 옵션으로 다음과 같은 타입들이 있다. 아래 Toolbar 는 Sketch Tools Toolbar 가 확장된 것이다.

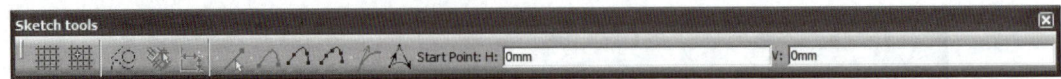

일반적으로 사용하는 경우는 극히 드물다.

⑥ Line sub Toolbar

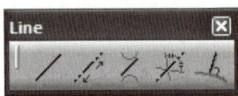

이 Sub Toolbar에서는 직선을 그리는 여러 가지 방법을 소개한다. 특별한 경우를 제외하고 가장 앞의 line을 제외한 다른 명령은 자주 사용하지 않는다는 것을 미리 알아두기 바란다.

■ Line

가장 일반적인 직선을 만드는데 사용한다. 시작점과 끝점을 클릭하여 직선을 정의한다. 물론 하나의 직선을 그린 후에 명령은 종료되므로 여러 개의 다각형으로 이루어진 형상을 그리고자 할 경우에는 Profile 을 사용하기를 권장한다.

■ Infinite Line

화면상의 무한히 긴 직선을 그리는 명령이다. 부가 옵션에는 다음과 같이 수평 , 수직 , 사선 타입이 있다. 그리 활용도가 높은 명령은 아니다.

■ Bi - tangent Line

이름 그대로 두 개의 형상 요소와 접하는 직선을 그려 주는 명령이다. 두 개의 원사이나 곡선 사이에 접하는 직선을 그려줄 경우에 매우 유용하다.

■ Bisecting Line

교차하는 두 직선의 이등분선을 그려주는 명령이다. 그러나 필자의 경우 이 명령을 사용하지 않고 구속 중에 Symmetry라는 명령을 사용하여 작업을 한다. 만들어지는 이등분선이 일정한 길이를 가지지 않고 무한 직선처럼 나타나기 때문이다. 기호가 대칭을 나타내는 표시이다. 이것을 지우면 대칭인 성질이 사라진다.

■ Line Normal to Curve

어떤 선택한 곡선에 대해서 임의의 지점에서 수직인 직선을 그려주는 명령이다.(법선을 그려 준다고 생각하면 된다.) 큰 쓰임이 있는 건 아니다.

⑦ Axis

- Axis

Axis란 회전체의 중심 축 역할을 하는 2차원 요소로 만들어질 당시부터 Construction Elements의 성질을 가진다. 스케치 상에서만 확인 할 수 있고 3차원 Workbench로 이동해서는 보이지 않는다. 물론 3차원 상에서 축을 이용한 작업에 바로 사용 될 수 있다. 만드는 방법은 Line을 만드는 방법과 동일하다. 시작점과 끝점을 이용하여 만든다.

⑧ Point sub Toolbar

이 Sub Toolbar에서는 점을 생성하는 여러 방법에 대해서 설명할 것이다.

- Point by Clicking

가장 일반적인 포인트 생성 명령으로 원하는 지점을 클릭하여 점을 생성한다. Snap to Point가 활성화 된 경우에는 Grid가 교차하는 지점에만 포인트를 만들어 줄 수 있다.

- Point by Using Coordinates

포인트를 생성하기 전에 Definition 창에서 좌표 위치로 입력하여 구속까지 함께한다. Cartesian과 polar 두 가지 방법으로 값을 입력할 수 있다.

- Equidistant Points

매우 유용한 포인트 생성 명령으로 선택한 형상 요소에 등 간격으로 포인트를 생성해 주는 굉장히 유용한 명령이다. 그러나 여기서 유의할 점이 한 가지 있다. 그것은 등 간격으로 포인트를 생성할 때 요소의 양 끝은 포함되지 않는다는 것이다. 즉, 양 끝에는 포인트가 찍히지 않으므로 이를 감안하여 포인트의 수를 조절하거나 명령 실행 후 양 끝은 따로 찍어 주어야 한다. Profile이 완전히 이어지지 않고 중간에 마디가 나누어진 다각형의 경우 각각의 요소에 대해서 명령을 사용하여야 한다.

- Intersection Point

이 명령은 교차하는 두 요소간의 교차점을 만들어 주는 명령이다. 아이콘을 누른 상태에서 교차하는 요소를 차례대로 선택한다. 만약에 두 선택한 대상이 여러 곳에서 교차하고 있다면 그 교차하는 모든 지점에 포인트가 만들어 진다.

- Projection Point

이 명령을 사용하면 포인트를 커브나 직선에 투영시켜 그 커브나 직선 위에 놓여있는 점을 만들어 준다.

3. Operation

Operation Toolbar는 앞서 언급한 대로 Profile로 형상을 개략적으로 만든 후에 이를 다듬는 일을 한다. 또는 이동을 한다거나 복제를 할 수 도 있으며 다른 스케치나 3차원 형상을 스케치 요소로 가져올 수 도 있다. 이 Toolbar 역시 그 안에 Sub Toolbar를 가지고 있다.

① Corner

- **Corner**

  Corner는 프로파일 형상 중에 탄젠트 하지 않고 꼭지점이 있는 부분에 대해서 곡률 처리를 해 주는 명령어이다. 꼭지점을 직접 선택하거나 양쪽 모서리를 차례대로 선택하여 Corner 할 부분을 선택한다. 부가적인 옵션은 Sketch Tools에서 확인할 수 있다.

  - Trim All Elements

    Corner주고자 하는 뾰족한 모서리 부분을 선택하면 Tangent한 Arc가 만들어지면서 원래 선을 Corner 들어간 만큼 잘라내어 버린다. (이 잘라내는 동작은 Trim 이라 부른다.) 즉 이 옵션으로 작업을 하면 선택한 양 쪽 모서리 모두가 Trim 되어 버린다. 일반적으로 가장 많이 사용한다.

  - Trim First Elements

    이 Type을 선택하면 Corner를 하기 위해 두 개의 모서리를 선택할 때 첫 번째 모서리에 대해서만 Trim 작업을 하고 다른 모서리는 그대로 놔둔다.

  - No Trim

    Trim All Elements 다음으로 많이 사용하는 Type으로 Corner 하는 부분의 양 쪽 모서리 모두 그대로 유지한 채 Corner만 넣어준다. 원과 원 사이에 Corner를 주고자 할 때 유용하다.

  - Standard Lines Trim

    이 Type은 Corner주고자 하는 부분의 선 요소가 서로 교차점을 지나 확장된 경우 교차하는 지점까지 선형 요소를 절단해 주면서 Corner 작업을 수행한다.

  - Construction Lines Trim

    이 Type은 Corner를 하면서 Trim 되는 부분을 Construction Element로 만들어 준다. Corner 가 생기는 탄젠트 한 부분을 기준으로 둘로 나눠진다.

- Construction Lines No Trim

    이 Type은 위의 것과 유사하다고 할 수 있으나 다만 차이라면 Corner 후에 교차되어 확장된 부분을 Trim 하느냐 안 하느냐의 차이이다. 이 옵션은 확장된 부분을 Trim 하지 않는다.

② Chamfer

- **Chamfer**

    일명 '모따기'라 불리는 Chamfer는 모서리 사이를 평평하게 일정 길이와 각도를 주어 다듬는다. 부가 옵션과 사용법은 Corner와 동일하다.

③ Relimitations

이 Sub Toolbar에는 형상 요소를 끊거나 잘라내는 등의 Profile로 만든 형상에서 불필요한 부분을 제거하거나 수정하는 작업을 한다.

- **Trim**

    Trim 이란 만은 앞서 Corner 와 Chamfer 명령을 설명하면서 처음 언급이 되었는데 Trim은 형상 요소를 잘라내는 역할을 한다. 스케치에 그려진 형상 중에 불필요한 부분이 있다면 그 부분을 Trim을 통하여 제거시킬 수 있다.

    Trim에는 다음의 Sketch Tools에서 보는바와 같이 두 가지 옵션이 있는데 Trim All Elements 는 선택한 두 개 요소를 모두 Trim 해 내는 것이고 다른 하나 Trim First Element 는 처음 선택한 요소만을 Trim 시키고 다른 요소는 기준으로만 사용하고 수정하지 않는 것이다.

- Trim All Elements

    Trim은 선택한 요소들 중에 남아있을 부분을 클릭하여 두 요소의 교차점을 기준으로 필요 없는 부분을 제거해 준다. Trim 아이콘을 누른 상태에서 Sketch Tools에서 Trim All Elements 를 선택한다. 이 옵션을 선택하면 Trim을 하기 위해 선택한 두 개의 요소 모두에 Trim 된다.

- Trim First Element ✂

    이 옵션을 사용하게 되면 요소를 선택할 때 처음 선택한 요소만을 두 요소의 교차점을 기준으로 Trim 한다.

    우리가 형상을 프로파일링하는 과정에서 완전히 일치되지 않게 끝이 닿거나 복잡한 형상으로 하나의 작업 명령만으로 만들 수 없을 때 여러 개의 명령으로 형상을 작업한 후에 이와 같은 Trim으로 다듬는 작업을 한다. 그러나 나중에 배우겠지만 이 Trim 명령 보다 Quick Trim ✐ 을 사용하는 것이 훨씬 효율적이라는 것이 필자의 견해이다.

■ Break ✻

하나의 직선 또는 곡선과 같은 2차원 지오메트리 요소를 임의의 기준을 사용하여 끊어주는 기능을 한다. 즉, Line을 명령을 사용해 직선을 만든 뒤 이 직선을 Break를 이용하여 여러 개로 나누는 작업이 가능하다. 또는 원은 원래 마디가 없는 도형인데 이것을 Break를 사용하여 여러 개의 조각들로 구성된 원을 만들 수도 있다.

이 명령을 사용하기 위해서는 우선 화면에 Break할 대상과 Break할 기준이 필요하다. 대상이 준비 되었다면 Break 명령을 누르고 처음으로 Break 할 대상을 다음으로 Break 할 기준을 선택 하도록 한다.

Break의 결과를 확인하면 처음 선택한 선이 두 개로 나누어져 따로 선택이 되고 있음을 확인할 수 있다. Break의 기준 요소는 대상을 교차하여 지나가는 선이나 선 위에 놓인 포인트 등이 가능하며 기준이 없을 때 Break 할 대상을 선택하고 이 대상의 임의의 지점을 클릭하면 그 지점을 기준으로 Break가 만들어 진다. 이렇게 Break된 선 요소는 스케치를 벗어나도 이와 같은 속성이 이어져 선의 마디가 나누어진 상태로 표현된다.

형상에 이러한 마디가 필요한 경우에 이에 맞추어 마디를 만들어 주는 것도 중요하지만 필요하지 않은 부위에 생기는 마디에 대해서 제거해 줄 수 도 있어야 한다.

한 가지 더 생각해 두어야 할 게 있는데 원과 같이 하나의 도형 요소로 완전히 닫힌 Spline 형상 경우 Break를 하게 되면 두 곳에서 Break 가 일어나는데 이는 형상을 정의하는 단계에서 하나의 도형 요소로 완전히 닫혀있는 형상으로 정의했기 때문으로 파악된다.

따라서 이를 감안하여 Break 작업을 수행할 때는 절단의 기준이 되는 지오메트리 요소를 적절하게 그려주어야 한다. 닫혀있는 형상과 완전히 교차하는 기준 형상을 만들게 되면 교차되는 두 지점을 따라 Break가 들어갈 것이다.(완전히 닫힌 형상을 한 곳에서만 교차하는 기준 요소를 사용하여 Break하면 H축의 +방향과 교차하는 지점에 Break가 한 번 더 들어갈 것이다.)

Break라는 명령은 앞으로 배울 3차원 작업에서 중요하게 사용되는데 추후에 Multi-Pad 🗇 나 Multi-Section Solid 🎨 /Surface 🎨 등을 배울 때 이 개념을 잘 활용해야 하며 이 때 다시 한 번 더 설명하도록 할 것이다.

■ Quick Trim ✐

Quick Trim이란 앞서 Trim과 같이 불필요한 부분을 제거할 때 사용하는 명령으로 Trim 보다 쉽게 Trim이 가능하다. 부가 옵션은 다음과 같다. 이 3가지 옵션 역시 Sketch Tools에서 선택한다.

- Beak and Rubber In

    불필요한 부분, 즉 제거할 부분을 선택하여 없앤다. 즉, 요소의 클릭한 부분이 다른 요소들과 교차하는 부위를 기준으로 제거된다. 디폴트일 경우 이 Type을 사용한다.

- Beak and Rubber Out

    선택한 부분을 기준으로 바깥 부분을 제거한다. 즉, 교차하고 있는 부분이 있다고 하면 그 부분을 기준으로 마우스를 클릭한 부분을 남기고 다른 부분을 제거한다.

- Break and Keep

    이 옵션을 사용하면 요소를 교차하는 부분을 기준으로 Break만 해주고 잘라버리지는 않는다.

    필자는 작업 시 불필요한 부분을 제거할 때 Beak and Rubber In 를 사용하는데 불필요한 부분만 선택해면 되므로 매우 간단하다. 또한 CATIA에서는 명령을 반복해서 사용하고자 하면 그 아이콘을 더블 클릭하면 된다. 따라서 Quick Trim 명령을 더블 클릭하여 불필요한 부분들을 잘라내고 다시 이 아이콘을 클릭하여 명령을 해제 시킨다.

■ Close

Close는 원이나 타원, 닫힌 Spline 같은 단일 요소의 닫힌 형상에 대해서 일부분이 잘려나간 경우 이를 다시 처음의 닫혀 있던 상태로 돌려주는 기능이다. 원이나 타원, 닫힌 Spline 형상에 대해서만 사용이 가능하며 사용법은 단순히 이러한 형상을 클릭해 주면 된다. 종종 스케치에서 Trim한 지오메트리를 다시 원상 복귀시키고자 할 경우에 사용한다.

■ Complement

Complement는 원이나 타원, 닫힌 Spline 과 같은 형상의 일부가 잘려져 나갔을 때 현재 부분을 현재 남아있는 부분의 반대 부분으로 바꾸어 주는 작업을 한다. 큰 쓰임새는 없다.

④ Transformation

■ Mirror

Mirror는 선택한 대상을 임의의 기준선이나 축을 대칭으로 복제해 주는 명령이다. 대칭 복사로 보면 된다. 사용 방법은 대칭 복사하고자 하는 대상을 먼저 선택한 후 Mirror 아이콘을 누르고 다음으로 대칭 기준이 되는 선이나 축 요소를 선택한다.

Mirror 명령으로 형상이 복사되면 다음과 같은 표시가 생기는데 이 표시가 대칭의 구속이다. 이 구속이 존재하는 한 원본 형상이 움직이거나 치수가 바뀌면 복사 된 형상 역시 같은 값을 가지게 된다. 여기서 위와 같이 여러 개의 대상을 동시에 선택할 경우에는 드래그 하여 대상을 선택하거나 또는 Contextual Menu(MB3)를 사용하여 Auto Search기능을 이용하여 작업하면 효과적이다.

실제로 복잡한 형상을 작업할 경우에는 Sketch의 Mirror 기능을 사용하는 것 보다 3차원 Workbench의 Mirror 기능을 활용하기를 권장한다.

■ Symmetry

앞서 Mirror와 비슷한 형상을 가지고 있으나 이 명령은 대칭 이동의 기능을 가진다. 원본 형상을 임의의 기준선이나 축을 기준으로 대칭 이동 시켜준다. 사용 방법은 동일하나 결과는 원본 형상이 이동된다.

■ Translate

Translate는 선택한 대상을 다른 지점으로 옮기거나 하나의 원본 대상을 스케치에 여러 개 복사할 때 사용하는 명령이다. 그리고 반드시 Translate하기 위해 기준점이 되는 위치를 찍어 주어야 한다는 것을 잊지 말아야 한다.

ⓐ Translate 명령 실행
ⓑ Translate할 대상 선택(ⓐ, ⓑ는 순서 변경 가능)
ⓒ 이동 기준점 선택

Translate를 하기 위해 대상을 선택하고 Translate 아이콘을 누르면 다음과 같은 Translation Definition 창이 나타난다.

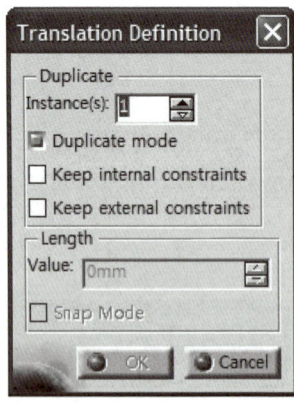

• Duplicate mode

원본 형상을 단순히 옮기고자 할 경우에는 이것을 체크 해제하여 사용한다. 만약에 원본 형상을 스케치 상에 여러 개를 복사하고자 한다면 이를 체크 하고 위의 Instance에 복사하고자 하는 원본의 개수를 입력한다.

- Keep internal constraints

    만약에 옮기고자 하는 대상에 구속이 주어진 경우 이 구속을 복제하는 형상들에도 그대로 적용을 하고자 한다면 체크한다. 이 옵션을 체크 하게 되면 원본 형상 자체에 대한 구속은 모두 복제되는 대상들에도 그대로 유지 된다.

- Keep External constraints

    이 역시 원본 형상을 복제하는 과정에서 구속을 함께 가져갈지 아닐지를 설정해 주는 옵션으로 이 옵션은 원본 형상이 가지는 외부 대상(또는 기준)들과의 구속을 함께 가져갈 지를 결정한다.

    > Internal과 External 구속을 유지한 채 Translate를 실행할 때 복제된 형상의 외부 구속은 괄호가 쳐있는데 구속을 더블 클릭하여 Reference로 체크된 것을 해제해야 실제 구속처럼 사용 할 수 있다. (Constraints 부분 참고)

- Length

    Translate를 하기 위해 명령을 누르고 형상을 선택하면 원본 형상과 간격을 설정해 줄 수 있는데 여기에 직접 그 값을 입력하여 이동을 시킬 수도 있다.

■ Rotate

Rotate는 원본 형상을 회전 이동 시키거나 회전 방향으로 복사를 시킬 때 사용한다.

ⓐ Rotate 명령 실행
ⓑ Rotate할 대상 선택(ⓐ, ⓑ는 순서 변경 가능)
ⓒ 회전 기준점 선택

Rotate를 하기 위해 대상을 선택하고 Rotate 아이콘을 누르면 다음과 같은 Rotation Definition 창이 나타난다.

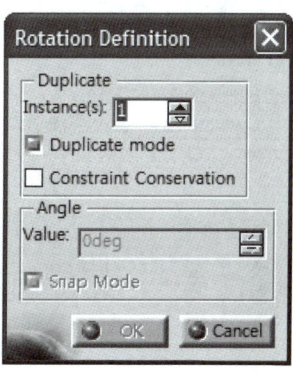

- Duplicate mode

    원본 형상을 단순히 회전시키고자 할 경우에는 이것을 체크 해제하여 사용한다. 만약에 원본 형상을 스케치 상에 여러 개를 복사하고자 한다면 이를 체크 하고 위의 Instance에 복사하고자 하는 원본의 개수를 입력한다.

- Conservation of the constraints

    현재 회전 복사하려는 원본 대상의 치수 구속 또한 같이 복사가 된다. 물론 간단한 길이나 각도, 지름 같은 값만이 복사되며 원점과의 구속은 의도한대로 실제 원점과 구속이 복사 되지 않고 임의로 Construction Element를 만들어 복사한다. 쓸모없는 값이 만들어 진다.

- Angle

    Rotate하고자 하는 대상을 선택한 원점을 기준으로 얼마큼 회전하여 이동시킬지를 입력한다.

■ Scale

Scale 기능은 현재 스케치의 형상 요소의 크기를 일정 비율을 가지고 크게 하거나 작게 할 때 사용한다. 주로 형상을 모두 완성하거나 도면 파일에서 형상 요소를 가져왔을 때 그 스케일이 잘못 되었을 때 전체 스케치의 크기를 크게 하거나 작게 할 때 사용한다. Scale 하고자 하는 대상을 먼저 선택하고 Scale 아이콘을 누른 뒤 역시나 Scale의 기준이 될 지점을 선택해 주어야 명령이 활성화 된다. 아이콘만 누르고 대상을 선택하고 명령이 실행 안 된다고 하는 학생들이 무척 많았는데 기준점을 잡는 것을 자주 잊는 것 같다.

ⓐ Scale 명령 실행
ⓑ Scale할 대상 선택(ⓐ, ⓑ는 순서 변경 가능)
ⓒ Scale 기준점 선택

Scale 명령을 누르면 다음과 같은 Scale Definition 창이 나타난다.

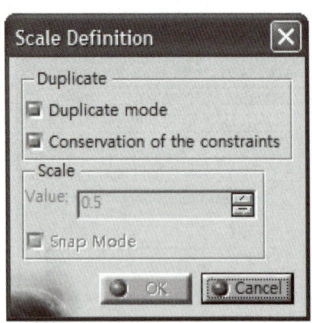

- Duplicate mode

    원본 형상을 그대로 두고 크기를 조절한 형상을 복제하여 만든다.

- Conservation of constraints

    Scale 하고자 하는 형상에 구속이 들어가 있으면 그 구속 역시 Scale 되어 나타난다.

- Value

    Scale 하고자 하는 값을 입력하는 곳으로 비율이기 때문에 몇 배로 스케일 할지 입력한다. 1 보다 작으면 크기를 줄이는 것이고 1보다 크면 크기를 늘리는 게 된다. 그리고 또 한 가지 기억할 것은 이러한 치수 입력란에서 사칙연산이 가능하다.

- Snap mode

    이 옵션이 켜있으면 마우스를 사용하여 Scale 할 경우 값이 소수 첫째 자리까지만 사용할 수 있게 된다.

■ Offset

Offset은 선택한 형상을 일정 간격을 띄워서 만들어 주는 명령으로 아이콘을 누르고 Offset하고자 하는 대상을 선택하면 Offset 되는 형상이 점선으로 보일 것이다.

Offset을 하면서 원본 형상과의 거리 간격을 직접 입력할 수 도 있다. Sketch Tools Toolbar를 보면 다음과 같이 Offset 입력란이 보일 것이다. 여기에 원하는 간격 값을 입력해 주어 Offset 해 준다.

또한 Offset을 하면서 Offset 하고자 하는 요소의 개수를 조절할 수 있다. 무조건 Offset 으로 한 개의 값만 만드는 것은 아니다. 아래그림과 같이 Sketch Tools에서 instance를 정해 줄 수 있다.

Offset을 실행 할 때 사용할 수 있는 몇 가지 부가옵션이 있는데 다음과 같다. 이 역시 Sketch Tools Toolbar에서 사용한다.

- No Propagation

    이 옵션을 선택하면 전체 형상 중 현재 선택한 부분에 대해서만 Offset 이 된다. 형상이 이어져 있더라도 다른 부분에 대해서는 Offset이 만들어지지 않는다.

- Tangent Propagation

    이 옵션을 선택하면 전체 형상 중 현재 선택한 부분과 이어진 요소 중에 탄젠트 하게 접하는 부분까지 모두 offset 이 만들어 진다.

- Point Propagation

    이 옵션을 선택하면 전체 형상 중 어디를 선택하여도 이어진 모든 부분에 대해서 offset 이 만들어 진다. 연결만 되어있다면 모두 offset 이 만들어 지는 것이다.

- Both Side Offset

    이 옵션을 체크하면 Offset을 하는데 있어 원본 형상을 기준으로 안쪽과 바깥쪽 모두를 동시에 Offset 해 준다.

    또한 Offset은 2차원 형상만 사용 가능한 것은 아니다. 3차원 형상의 모서리를 이용하여 다음과 같은 Offset 이 가능하다.

⑤ 3D geometry

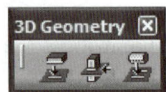

이 Sub Toolbar에서는 현재 스케치가 아닌 다른 스케치나 3차원 상의 Wireframe, Surface, Solid의 요소를 현재의 스케치의 2차원 요소로 가져오는 명령이 들어 있다. 3차원 요소의 모서리나 꼭지점, 면을 다시 스케치 하지 않고 원하는 스케치 평면상으로 투영을 시켜 가져 올 수 있다. 그리고 이러한 작업은 원본 요소에 종속이 되기 때문에 투영 후 곧바로 직접적인 수정은 안 되며 Isolate라는 명령을 해주어야 원본과 종속 관계가 깨지면서 수정이 가능하다. 그리고 이러한 종속 관계가 깨지지 않는 한 투영한 대상은 원본 형상의 변경에 따라 자동으로 업데이트 된다.

- Project 3D Elements

    이 명령은 원본 형상을 현재 스케치 면에 수직으로 투영시키는 명령으로 형상을 스케치 면에서 수직으로 바라보았을 때 보이는 그림자 형상대로 투영된다. 학창 시절 수학 시간에 배웠던 정사영과 같다고 보면 된다. 항상 Project 3D Elements 을 사용하면 현재 기준 스케치 면에 수직하게 형상이 투영된다는 것을 기억하기 바란다.

    이러한 투영은 모서리나 포인트, 면 전체 모두가 투영 가능하다. 구나 실린더 형상의 옆면을 이 명령으로는 투영할 수는 없다. 이런 경우는 다른 명령이 있다.

    이외에도 새로운 형상을 원본에 첨가해 주었을 때도 이와 같은 업데이트가 가능하다. 그러나 일부 원본 형상의 수정을 업데이트가 가져오지 못하는 것도 있으니 유의하기 바란다.

- Intersect 3D Elements

    이 명령은 투영하는 것은 앞서 명령과 같다고 할 수 있으나 투영하는 대상이 다르다. Intersect 3D Elements 는 현재 스케치 평면과 교차하는 부분을 투영시켜 준다. 즉, 스케치 평면과 형상의 선택된 부분의 교차하는 형상을 투영시킨다. 스케치 평면과 교차하는 부분이 투영된다는 것을 기억하기 바란다.

- Project 3D Silhouette Edges

    이 명령은 회전체의 옆면 형상을 현재 스케치 면에 투영시키는 방법이다. 회전체의 경우 회전에 의해 만들어진 부분은 일반적인 Project 3D Elements 로 가져올 수 없다. 따라서 이 명령을 사용하여 실린더 구와 같은 회전체 형상의 옆면을 스케치 평면으로 투영시킨다.

⑥ Constraints

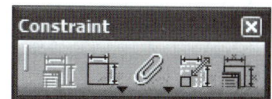

Constraints Toolbar에서는 앞서 우리가 2차원 형상을 그리는 방법에 이어 이러한 형상에 치수 구속을 주는 방법을 설명 할 것이다. 설계에 있어서 형상을 멋지게 구현하는 작업만큼이나 형상에 바른 치수를 기입하는 작업 역시 중요하다. 아무리 형상을 잘 만들었다고 하더라도 치수 기입을 빠뜨리거나 잘못된 수치를 입력한다면 분명 이는 잘못된 데이터가 될 것이다. 치수 구속을 하는 일은 설계에 있어 가장 중요한 일 중에 하나임을 명심하고 매 작업 마다 구속을 빠뜨리지 않도록 익숙해지도록 연습을 해야 할 것이다.

CATIA에서는 형상을 만드는 작업과 치수를 주는 작업이 따로 분류 되어 있기 때문에 처음 시작하는 사람들의 경우 이러한 구속의 개념을 잘 잊어버리게 되는데 이 부분을 잘 참고하여 구속까지 바르게 들어간 2차원 형상을 만들도록 연습해 보자.

■ Constraints란?

Constraints란 앞서 말한 바와 같이 구속을 의미한다. 형상을 만드는데 필요한 치수가 그것이며 이러한 구속을 이용하여 작업자가 원하는 형상 치수대로 형상을 만들어 낸다. 형상을 만들었다고 해서 제도가 끝나는 것은 아니며 구속 작업을 통하여 바른 치수를 입력해 주어야 그 형상이 의미 있는 데이터가 된다.

CATIA의 구속을 크게 두 가지로 나뉘는데 앞서 Sketch Tools에서 언급한대로 Geometrical Constraints와 Dimensional Constraints 가 있다.

- Geometrical Constraints

숫자가 아닌 형상학적인 구속 이름을 가진 구속으로 선택 된 요소에 따라 다음과 같은 구속이 적용 가능하다.

Number of Elements	적용 가능한 Geometrical Constraints
한 개의 요소를 선택했을 때	Fix Horizontal Vertical
두 개의 요소를 동시에 선택 했을 때	Coincidence Concentricity Tangency Parallelism Midpoint Perpendicularity
세 개의 요소를 동시에 선택하였을 때	Symmetry Equidistant Point

• Dimensional Constraints

숫자로 나타낼 수 있는 구속을 의미한다.

Number of Elements	적용 가능한 Constraints
한 개의 요소를 선택했을 때	Length Radius / Diameter
두 개의 요소를 동시에 선택했을 때	Distance Angle

이제 이러한 구속을 실제의 형상 요소에 적용 시키는 명령에 대해서 공부해 보도록 할 것이다. 앞으로 배울 명령 중에는 Geometrical Constraints를 적용하는 구속 명령이 있고 Dimensional Constraints를 적용하는 구속이 있다. 이를 잘 구분하여 사용하면 보다 쉽고 빠르게 구속을 줄 수 있을 것이다.

■ Constraints Defined in Dialog Box

앞서 설정 CATIA 설정 부분에서 Sketch Workbench의 단축키를 설정하였을 것이다. 이러한 설정을 이제 Sketch에서 사용해 보게 될 것이다. Constraints Defined in Dialog Box 는 형상에 구속을 주는 방법으로 Dialog Box를 사용하는데 형상에 줄 수 있는 구속을 Definition 창에 나열하여 필요한 항목에 체크하면 된다. 다음은 Constraints Defined in Dialog Box 의 Definition 창이다.

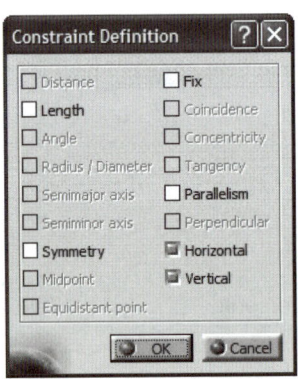

여기서 일부 구속들은 활성화 되지 않는다. 이는 현재 선택한 대상에 따라서 적용할 수 있는 구속이 다르기 때문이며 사용할 수 있는 구속에 대해서만 체크할 수 있도록 활성화 되어있다. 그리고 작업을 하면서 유심히 살펴보면 우리가 아무 대상을 선택하지 않으면 이 Constraints Defined in Dialog Box 아이콘은 아예 활성화 되어있지 않는 걸 볼 수 있다.

no select geometry

이는 작업자가 구속을 주고자 하는 대상을 선택 해야지만 활성화 된다. 또한 선택한 요소에 따라 구속할 수 있는 조건이 다르기 때문에 Definition창에 활성화된 명령도 다르다는 것을 기억하기 바란다.

다음은 이러한 Dialog Box에 있는 Geometrical Constraints 들의 기호들에 대한 설명이다. 기호를 잘 숙지하여 자신이 원하는 구속을 바르게 넣었는지 확인해 보도록 한다.

⌐	Perpendicular	두 대상이 서로 직교함을 나타내는 구속 기호
⊙	Coincidence	두 대상이 서로 일치함을 나타내는 기호
V	Vertical	선택한 직선 요소가 좌표축에 대해 수직임을 나타내는 기호
H	Horizontal	선택한 직선 요소가 좌표축에 대해 수평임을 나타내는 기호
●	Concentricity	선택한 원이나 호 요소들끼리 중심이 일치함을 나타내는 기호
✕	Parallel	두 대상이 서로 평행함을 나타내는 구속 기호
✠	Fix	선택한 대상들이 하나로 묶여있음을 나타내는 구속 기호
✦	Symmetry	선택한 대상이 다른 요소와 대칭이라는 구속 기호
⊢⊣	Bisecting	선택한 대상이 다른 대상을 이등분 한다는 구속 기호

다음은 Dimensional Constraints 들의 기호 표시이다.

	Length Distance	직선의 길이 또는 대상과 대상 사이의 거리를 나타내는 구속 기호
	Angle	두 개의 직선이 이루는 그 사이 각을 나타내는 구속 기호
	Diameter /Radius	원이나 호, Corner의 곡률 값을 나타내는 구속 기호

위의 구속 기호들을 잘 기억해 두어서 작업하는데 자신이 맞게 구속을 주었는지 또는 불필요한 구속이 잡히지 않았는지 파악할 수 있어야 한다.

- Constraint

앞서 Constraints Defined in Dialog Box 이 문자에 의한 구속을 정의하였다면 여기 Constraint 에서는 수치로 구속을 정의한다. 구속의 개념을 익히기에는 앞서 배운 구속 주는 방법 보다 쉽게 인식이 될 것이다. 또한 Constraint은 사용 방법이 간단하다. 아이콘을 누른 상태에서 구속하고자 하는 대상을 선택하면 수치가 뽑아져 나온다. 이때 이 수치를 더블 클릭하여 Constraints Definition 창을 통하여 원하는 수치 값을 넣게 된다. CATIA에서는 형상 요소와 구속이 서로 분리되어 작업한다는 말을 기억할 것이다. 형상을 그리고 나서 나중에 치수를 입력해 주기 때문에 작업 수정이 용이하다고 볼 수 있다. 다만 형상 그리는 작업과 치수 구속이 별개의 작업인지라 구속을 빠뜨리는 경우가 종종 발생함을 유의해야 할 것이다.

한 번 더 정리하자면 Constraint 을 누르고 구속하고자 하는 형상 요소를 선택하여 현재 값을 도시하게 하고 이 구속 값을 더블 클릭하여 Definition 창이 떴을 때 원하는 값으로 바꾸어 주면 구속이 마무리 된다. 다른 구속들에 대해서도 이러한 방법으로 수치 구속을 주게 된다.

또 하나 기억할 것은 Constraint 를 사용하여 빠르게 Geometrical Constraints로 전환이 가능하다는 것이다. 현재 주어진 Dimension Constraints 와 geometrical Constraints 사이의 유사성이 있는 경우 이를 Contextual Menu (MB3)에서 전환 시킬 수 있다.

- Contact Constraint

Contact Constraints 는 선택한 요소들과의 접촉 조건에 의해 구속을 CATIA에서 직접 잡아 주는 명령이다. 이 명령은 두 형상 간에 구속이 잡힐 수 있는 조건을 CATIA가 스스로 찾아 준다는 점에서 Auto constraints 와 유사하다고 할 수 있다.

Contact Constraints 는 아이콘을 누르고 구속을 주고자 하는 두 개의 요소를 각각 순차적으로 선택해 주면 구속이 스스로 잡히는 것을 볼 수 있다. 다음은 형상에 따른 Contact Constraints 의 구속 생성 결과를 간단히 표로 나타내었다.

A Point and a line Two Points A Point and any other Element	Coincidence	점과 점, 점과 직선, 점과 원점과 같이 일치하는 형상 구속을 생성
A line and a circle Two Curves (except circles and/or ellipses) or two lines	Tangency	원과 직선이 접하는 것과 같이 한 지점에서 접하는 구속을 생성
Two Curves and/or ellipses Two circles Circle or Arc/Fillet	Concentricity	원이나 호와 같은 요소들의 중심을 일치시키는 구속을 생성

■ Fix Together ✎

Fix Together는 말 그대로 스케치 형상 요소들을 모두 현재 상태의 위치로 묶어 버리는 기능을 한다. 특정 치수를 넣지 않고 화면에서 함께 묶을 형상들만 선택해 주면 되는데 형상들을 한꺼번에 이동시키거나 별다른 치수 없이 현재 위치에 구속하고자 할 때 사용하기도 한다.

일단 Fix Together ✎ 가 되어 버리면 이 묶여진 요소들에 다른 구속을 주었을 때 중복으로 표시가 될 것이다. 각각의 요소를 다시 구속하고자 할 경우엔 우선 이 Fix Together ✎ 를 지우고 구속을 주어야 한다.

■ Auto-constraint ▦

구속을 주다 보면 가끔 '구속을 자동 생성해 주는 기능은 없을까?'라고 생각을 하는 경우가 있을 것이다. 이러한 생각을 만족시켜 주는 기능이 Auto-constraint ▦ 이다. 이 명령을 사용하면 선택한 대상에 대해서 CATIA 스스로 구속을 잡아준다.

ⓐ 구속하고자 하는 대상을 선택한다.
ⓑ Auto-constraint ▦ 아이콘을 누른다.
ⓒ Definition 창이 나타나면 대상을 확인 후 OK를 누른다.

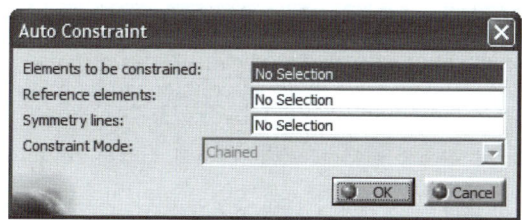

이러한 Auto-constraint를 사용하여 구속을 주게 되면 손쉽게 형상에 구속을 줄 수 있다는 장점이 있다. 그러나 이러한 Auto-constraint를 사용하게 되면 내가 의도하지 않은 구속 종류와 방식으로 구속을 잡힐 수 있기 때문에 이점을 감안하여야 한다. 간혹 의도하지 않은 대로 Auto-constraint 가 잡혀 버리면 그러한 구속들을 지우고 다시 구속을 잡는 일도 생기게 될 것이다. Auto-constraint는 앞으로 배울 Edit Multi-constraint ▦ 와 함께 사용하면 유용하다.

■ Animate Constraints ▦

이 명령은 스케치에 주어진 구속 값을 변수로 하여 치수가 정해진 범위를 움직여 볼 수 있게 할 수 있다. 이는 선택된 구속 부분에 치수 값의 범위를 가늠하거나 변경하였을 때 다른 부분과 간섭이나 충돌이 없는지 보고자 할 때 사용할 수 있다.

■ Edit Multi-constraint ▦

이 명령은 매우 유용하게 사용할 수 있는 명령이다. 구속을 주는데 사용하는 것이 아니고 구속의 치수 값을 수정하고자 할 때 즉, Dimensional Constraints의 치수 값을 수정할 때 매우 용이하다. 스케치 구속에 대해서 이 값들을 수정하려면 일일이 각 구속의 값을 더블 클릭하여 수정을 해야 하지만 Edit Multi-Constraints를 사용하면 현재 화면에 있는 모든 구속 모두 수정이 가능하다.

현재 스케치에 있는 요소들에 대해서 구속이 들어간 상태에서 Edit Multi-Constraints 아이콘을 누르면 다음과 같은 창이 나타나게 되는데 여기서 원하는 값들에 대해서 수정을 해줄 수가 있다.

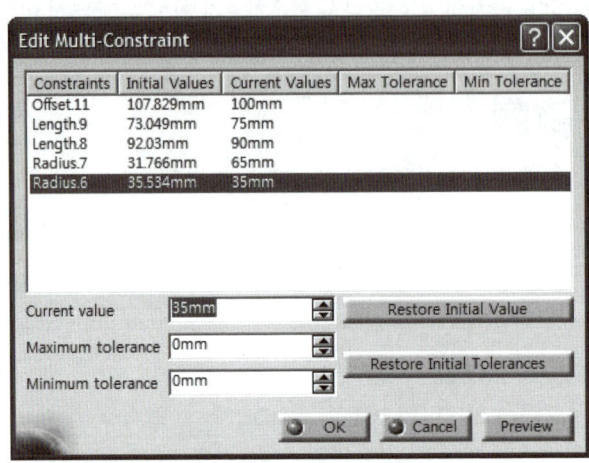

구속을 수정하기 전의 치수선의 색상은 녹색이며(이 책에서는 빨간색으로 설정하였다.) 이 창에서 수정을 한 값은 청록색으로 색이 바뀌는 것을 볼 수 있을 것이다. Edit Multi-Constraints 명령은 그래서 구속을 모두 다 주고 나중에 치수를 여러 곳 수정해야 할 일이 있거나 Auto-constraint 를 사용하여 전체 형상에 대한 구속을 먼저 다 잡아주고 이 값들을 한번에 바꾸려고 할 때 사용하면 매우 유용하다.

간단한 팁으로 Definition 창에서 값을 하나씩 클릭하여 수정하는 게 싫다면 스케치 화면에서 수정하고자 하는 값을 마우스로 클릭해 놓고 수정을 하고 다른 값을 클릭하여 수정하여도 된다.

- **Internal Constraint & External Constraints**

  스케치에서 형상을 만드는 것만큼이나 구속을 주는 작업은 무척 중요하다. 구속이 바르지 않으면 아무리 형상을 스케치 하였더라도 무용지물이 된다.

  일반적으로 구속은 Geometrical Constraints 와 Dimensional Constraints로 구분 하는 것 외에 Internal Constraint 와 External Constraints로 구분되어 지기도 한다. 후자는 우리가 구속을 주는데 있어 중요하게 여겨야 하는 개념으로 실제로 형상을 구속 주는 방법론적으로 알고 있어야 한다.

  CATIA 스케치 환경은 원점을 기준으로 작업이 이루어진다. 우리가 Sketch Workbench에 들어갔을 때 가운데 보이는 H, V 표시의 화살표는 수직 축과 수평 축을 의미한다.

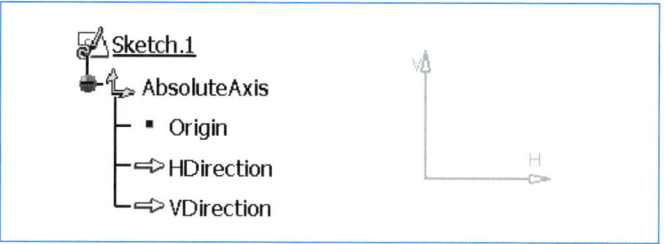

그리고 이 두 축의 교차점에는 원점이 존재한다. 이러한 기준 요소가 존재하는 이유는 단지 이 형상을 그리는데 참고하라는 것이 아니라 이곳을 기준으로 형상을 그려야 한다는 의미가 된다. 따라서 우리가 구속을 주는 과정에서도 이 점을 잊지 말아야 한다. 원점을 무시하거나 틀리게 그린다는 것은 아예 작업 자체를 망치게 된다는 점을 기억해 주기 바란다. 제도 시험을 보아도 원점이 틀리면 0점 처리된다.

앞서 말한 External Constraints는 마로 이러한 원점과의 구속을 나타낸다고 본다. 즉 형상을 구성하는데 필요한 Internal Constraints 와 달리 External Constraints는 원점, 수직 축, 수평 축과 같은 기준 요소와 형상과의 구속이라고 생각하면 된다. 스케치 상에서 구속은 Internal Constraints와 External Constraints 가 모두 갖추어 져야 완전한 구속이 된다.

4. Sketch Analysis

앞서 우리는 Sketch Workbench에서 형상을 그리고 수정하여 구속하는 방법에 대해서 설명하였다. 이제 여기서는 이러한 스케치가 바르게 만들어 졌는지를 분석하는 작업에 대해서 설명하도록 할 것이다.

① Color Diagnosis

우리가 기본적으로 형상 요소에 구속을 넣으면 치수선의 색상이 기본으로 설정된 색을 띤다. (이 책에서는 빨간색으로 설정되어있다.) 그런데 구속을 연습하거나 실제로 작업을 하는 과정에서 구속을 넣다 보면 치수선의 색상이 다른 색으로 변하는 일을 누구나 경험하였을 것이다. 이것은 CATIA 스케치의 구속의 상태를 색상으로 나타나게 하는 옵션 때문이다. 앞서 설정 부분에서도 설명한 바 있지만 이 옵션을 사용하게 되면 구속 상태에 따른 색상의 변화로 현재의 스케치 구속이 바른지 아닌지를 판단할 수 있게 해준다.

우리가 실수로 구속을 빠뜨리거나 과도하게 구속을 주지 않도록 프로그램이 찾아서 진단해 주는 것이다. 일반적으로 스케치 요소의 색상은 다음과 같이 나누어진다. 여기서의 색상은 CATIA를 설치하고 아무런 변경을 하지 않았을 때의 값으로 설명할 것이다.

- Default

우리가 아무 구속 없이 형상 요소를 그렸을 경우에 나타나는 색상으로 흰색이다. Option을 변경하였다면 변경한 색상으로 나타날 것이다.

■ Non Modifiable Elements

우리가 Project 3D Geometry를 이용하여 다른 위치의 스케치나 3차원 형상을 현재 스케치의 요소를 가져왔다면 이 형상 요소는 원본에 종속되어 우리가 바로 수정하거나 조작할 수 없다고 말한 바 있다. 이 경우 이러한 수정할 수 없는 요소에 대해서 노란색으로 표시를 해준다.

■ Selected Elements

마우스를 사용하여 선택한 요소에 대해서는 주황색으로 표시를 해준다.

■ Iso-Constrained Elements / Fixed Elements

형상 요소에 대해서 구속이 바르게 들어간 경우에 대해서 CATIA는 녹색으로 표시를 해준다. 우리가 스케치 작업을 완료 했을 때 반드시 이 색상이 나오도록 구속을 주어야 하며 항상 체크 해야 한다.

■ Over-Constrained Elements

중복된 구속에 대해서 나타나는 색상으로 보라색이다. 같은 부분에 또 다시 치수를 주거나 다른 요소들과의 구속 관계로 인해 현재 구속하는 부분에 중복이 일어 날 수 있으므로 이를 잘 관찰하고 수정할 수 있어야 한다.

■ Inconsistent Elements

불필요한 구속이 들어갔거나 최소한 한 개 이상의 치수의 수정이 필요할 때를 가리키며 빨간 색으로 요소의 색이 변한다.

Over-Constrained Elements나 Inconsistent Elements가 스케치에 있는 상태에서 Sketch Workbench를 나간다면 경고 메시지가 뜨게 되므로 반드시 수정하고 나가야 한다.

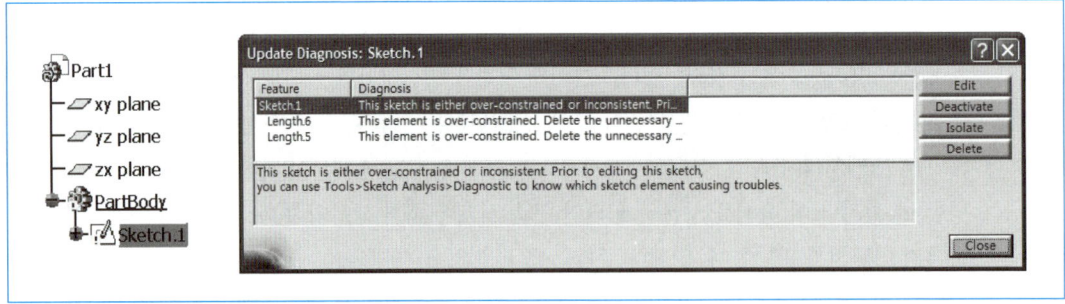

② 2D Analysis sub Toolbar

현재 작업한 스케치에 대해서 진단을 해주는 또 다른 방법으로 2D Analysis sub-Toolbar의 명령을 사용할 수 있다. 현재 구속 상태가 어떠하며 스케치를 구성하고 있는 요소들에 대해서 일괄적으로 볼 수 있다.

■ Sketch Solving Status

현재 스케치 구속 상태가 어떤지를 알려주므로 명령으로 Sketch Solving Status 아이콘을 누르면 현재의 구속 상태에 대해 다음과 같은 창으로 메시지를 보여준다.

• 구속이 들어가지 않았을 때
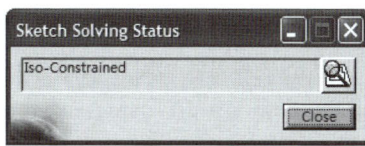

• 구속이 바르게 들어갔을 때
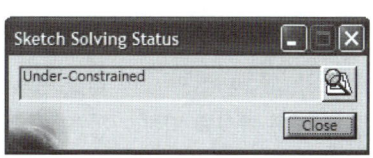

• 구속에 중복이 있을 때
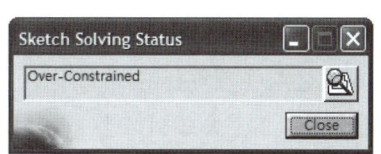

좀 더 복잡한 형상이라면 눈으로 정확히 스케치의 상태를 분간하기 어려울 때 위와 같이 사용하면 좋을 것이다.

■ Sketch Analysis

이 명령은 현재 스케치에 그려진 형상에 대해서 분석을 해주는 도구로 Geometry 가 어떻게 구성되며 이들 각각의 요소는 닫혀있는지 외부 형상으로부터 Projection이나 Intersection을 사용했는지, 구속의 상태는 어떠한지를 살펴볼 수 있게 해준다.

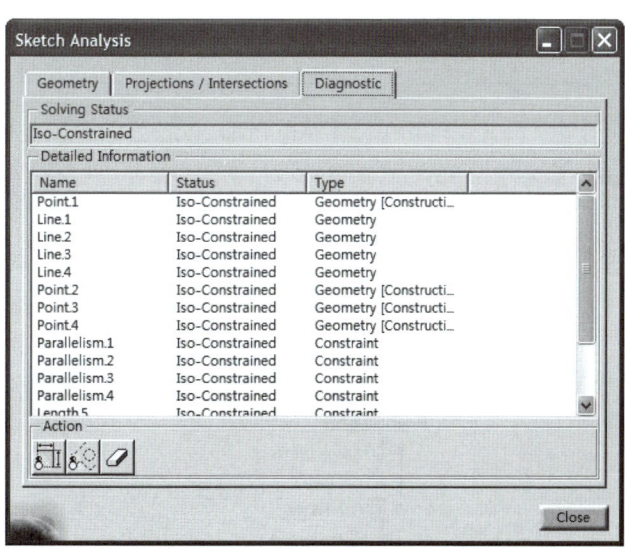

여기서 각각의 탭을 이동하여 원하는 값을 찾아 볼 수 있다.

5. Sketch Management

① Sketch Spec Tree

앞서 스케치 형상을 만들고 구속하고 분석하는 방법에 대해서 공부했다면 이제는 이러한 스케치 작업을 관리하는 방법에 대해서 배울 것이다. 하나의 스케치를 만들었다고 해서 모든 작업이 끝나는 것은 아니다. 이러한 스케치를 가지고 실제 3차원 작업에 사용해야 하며 이 스케치가 또 다른 스케치와 연결될 수도 있다. 따라서 스케치 작업을 관리하는 것은 앞으로의 작업에 있어서 기반이 된다고 해도 과언이 아니다.

Sketch Workbench에 들어가면 다음과 같이 Spec Tree에 Sketch.1 이라는 작업이 생기게 된다. 그리고 + 표시를 열어 보면 다음과 같이 기본 좌표계에 대한 표시가 보일 것이다. 이것이 스케치 작업을 들어왔을 때 처음 가지게 되는 기본 요소이다. 그리고 이 상태에서 어떠한 형상을 그려주게 되면 다음과 같이 Geometry라는 게 Sketch. 1 안에 생기는 것을 볼 수 있을 것이다. 이 Geometry에서는 형상 요소가 나타난다. 직선을 그리게 되면 Line 하나면 생성되는 것으로 생각하기 쉬우나 실제 직선은 한 개의 Line 요소와 양 끝 점이 같이 만들어 진다. 원의 경우에는 원과 중점이 같이 만들어진다. 다음으로 이러한 형상에 구속을 주게 되면 다음과 같이 Constraints 가 만들어 지면서 구속에 대한 정보가 나타나게 된다.

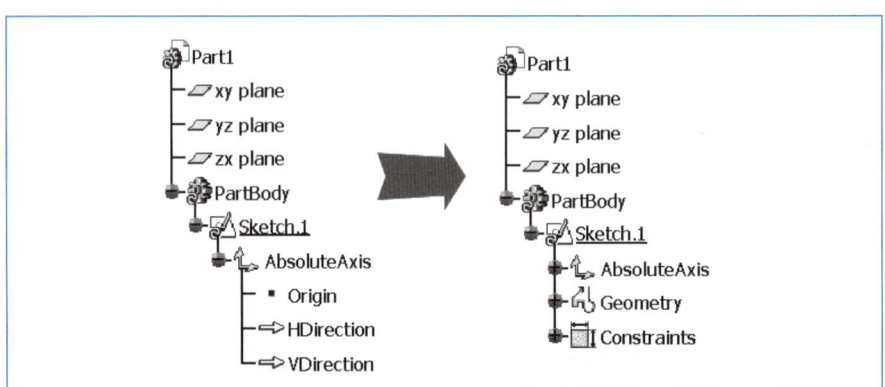

다음은 우리가 작업을 하면서 외부 형상의 것을 Projection 했을 때 스케치의 Spec Tree 모습이다. 여기서 Mark. 1 이 실제 Project 한 형상이다.

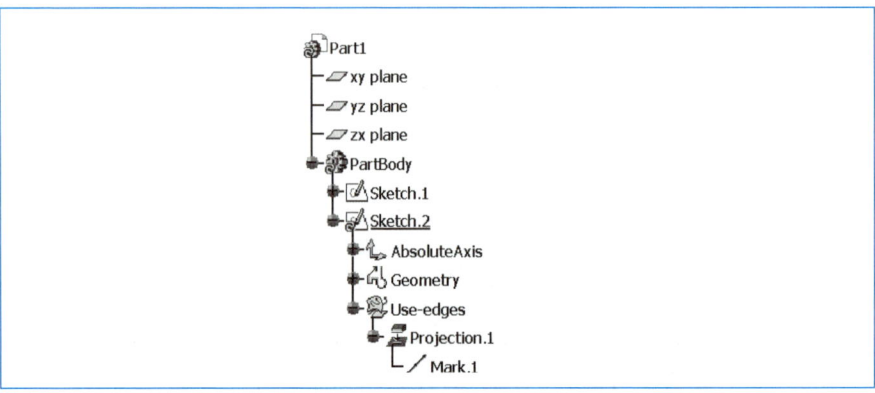

이와 같이 우리가 스케치 하나를 만드는 데에도 기준 좌표와 형상, 구속들이 그 안에서 작용하고 있음을 기억하기 바란다. 그리고 이와 같이 Spec Tree를 열어 자신이 원하는 형상을 직접 찾을 수 도 있으며 삭제 또한 여기서 가능하다.

② Sketch Support

우리가 처음 Sketch Workbench에 들어오기 위해 XY 혹은 YZ, ZX 평면과 같은 평면 요소를 선택해서 스케치에 들어오는 것을 기억할 것이다. 그리고 이러한 평면 요소를 선택하지 않고는 스케치 작업을 할 수 없다고 하였는데 여기서는 이러한 스케치의 Support 가 되는 요소에 대해서 설명하도록 하겠다.

일반적으로 우리가 스케치의 Support로 사용할 수 있는 요소로는 Plane, Axis, 평평한 물체의 Face 등이 있다.

- Plane

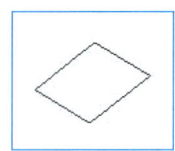

Plane은 형상 요소가 아닌 기준 요소로 CATIA에서 작업 평면 역할을 합니다. Part 도큐먼트를 시작할 때 나타나는 원점의 3개의 평면 역시 이러한 Plane입니다. Plane은 다양한 방법으로 우리가 원하는 위치에 만들어 줄 수 있습니다.

- Axis

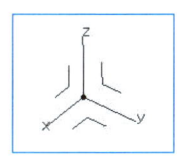

Axis 역시 기준 요소로 사용되며 Axis 하나의 요소 당 1개의 원점과 3개의 평면, 3개의 축을 가지게 된다. Plane에 비해 만드는 방법이 비교적 간단하고 사용할 수 있는 요소의 수가 많으며, 기타 장점들로 인해 Plane 보다 많이 사용되는 추세이다.

- Face

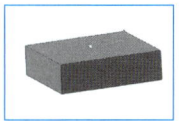

우리가 3차원 형상을 만들었을 때 그 형상이 가지는 Face를 이용하여 즉, 그 면을 작업의 기준 요소로 사용을 할 수 가 있다. 물론 평평한 면에 한에서 스케치 기준면으로 사용이 가능하다.

이러한 기준 요소들에 그려진 스케치 형상은 기준 요소와 종속 관계를 맺고 있으므로 기준 요소가 수정되거나 삭제되면 이에 따른 스케치 요소가 업데이트 또는 에러가 발생하게 된다. 이 점을 명심하자.

③ Activate/Deactivate Sketch

우리가 Sketch 작업을 하면 그에 대한 모든 정보는 그 Spec Tree의 Sketch. X에 기록이 된다. 그러한 정보를 우리는 다른 부분에 복사하거나 잘라내기 할 수 있으며 그 내용 자체를 수정 가능하다. 그리고 이러한 스케치 요소 전체를 지우고자 할 때는 Spec Tree에서 선택하여 지워주면 되는데 이렇게 삭제를 하게 되면 나중에 해당 스케치를 다시 쓸 일이 생겨도 쓸 수 가 없게 된다.

그래서 CATIA에서는 일시적으로 작업을 비활성화 시킬 수 가 있는데 다음과 같이 비활성화 하고자 하는 대상을 선택하여 Contextual Menu에서 해당 대상의 object에 들어가 Deactivate ⓘ Deactivate 를 선택해 준다.

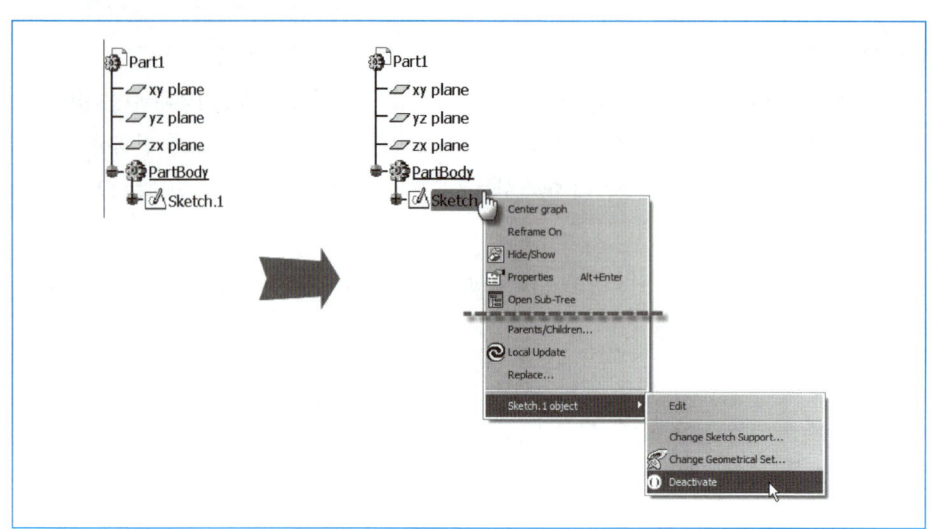

그러면 다음과 같이 화면상에 스케치가 사라지고 Spec Tree에는 다음과 같이 나타날 것이다.

🖉 Sketch.1

만약에 비활성화 한 스케치가 3차원 작업에 이미 사용되었다면 이와 관련된 모든 작업이 같이 비활성화 된다는 것도 기억해 두도록 하자. 가장 처음 시작인 2차원 스케치가 없으니 이를 이용한 3차원 작업 역시 존재할 수 가 없게 되는 것이다.

다시 이 스케치를 사용하고자 한다면 같은 방법으로 Contextual Menu에 들어가 이번엔 Activate ⓘ Activate 를 선택해 준다.

> **Remember..** 스케치는 3차원 형상을 만들기 위한 2차원 단면 프로파일이다. 따라서 3차원 형상을 구성하는 용도에 따라 바른 지오메트리 형상과 치수를 가지고 있어야 한다. 기본적으로 2차원 형상을 그리는 작업이기 때문에 기준면인 Support가 중요하게 작용하는데 원점에 기본적으로 정의된 3개의 평면 이외에도 작업의 용도에 따라 추가로 평면을 생성하거나 물체의 면을 이용할 수 있어야 한다.
> 또한 필요한 부분에 따라 하나의 Part 도큐먼트 상에서 스케치는 수개에서 수백에 이르기까지 사용될 수 있다는 점을 알아두기 바란다.

3. Useful Tips

- 형상을 구속하는데 있어 스케치의 원점 관계를 잘 생각해야 한다.
- 형상을 그릴 때 한 번에 완성된 형상을 그리려 하지 말고 간단한 프로파일 형상에서 부터 다듬는 Operation 작업을 통하여 형상을 완성하는 습관을 기르도록 한다.
- 다각형을 그릴 때는 Profile 명령이 유용하다.
- 구속은 반드시 녹색의 완전 정의된 구속 상태를 만들어야 한다.
- 스케치의 Translate, Rotate 명령은 형상의 이동 시에는 유용하나 복사하고자 할 경우에는 구속이 불완전하게 복사되는 경우가 많다.
- 반복되는 형상의 경우 스케치에서 작업하지 말고 3차원 모델링의 Pattern을 사용하도록 한다.
- 마디가 나누어진 연속하는 Geometry 성분을 선택하고자 할 경우 일일이 Ctrl 키를 이용하여 선택하지 말고 Contextual Menu의 Auto Search 기능을 활용하도록 한다.
- 교차하는 형상들 사이를 작업할 경우 반드시 Trim이나 Quick Trim을 사용하도록 한다.
- 2차원 형상을 그릴 때는 반드시 중첩이 일어나지 않도록 한다.
- 중첩이 일어나는 부분에 마우스를 이동하여 'alt' 키나 방향키 '상', '하'를 누르면 해당 위치에 중복되는 성분을 나타내어 준다.
- 교차되는 지점에서 Break되지 않은 Geometry는 종종 3차원 작업에서 에러를 발생시킨다.
- 한 번 만들어 놓은 스케치 형상은 3차원 작업을 수행하는데 있어 여러 차례 반복 사용할 수 있다.
- 하나의 스케치를 다른 스케치 기준으로 이동하고자 할 때는 'Change Sketch Support'를 사용하도록 한다.
- 작업한 스케치를 다른 Part 도큐먼트로 복사하거나 이동시킬 경우에는 반드시 해당 도큐먼트에 동일하거나 기준이 될 만한 Support가 준비되어 있어야 한다.

4. 실습 예제

본 장에서는 실제로 2차원 단면 프로파일을 연습하기 위한 도면을 연습해 보도록 할 것이다. 난이도는 점차적으로 수준을 높였으며, 작업 방법에 대한 설명이 다음 페이지에 남겨져 있다. 물론 작업을 하는 과정에서 이것을 참고 할 수 있겠으나 반드시 작업 후엔 다른 방식으로 작업을 수행해 보기를 권장한다.

실습의 이해를 돕고자 아래 각 도면에 대한 작업 과정의 설명은 ASCATI 유튜브 채널에서 "2019 CATIA Mechanical Design 도면집"을 검색하거나 왼편의 QR 코드로도 간편하게 학습이 가능하다.

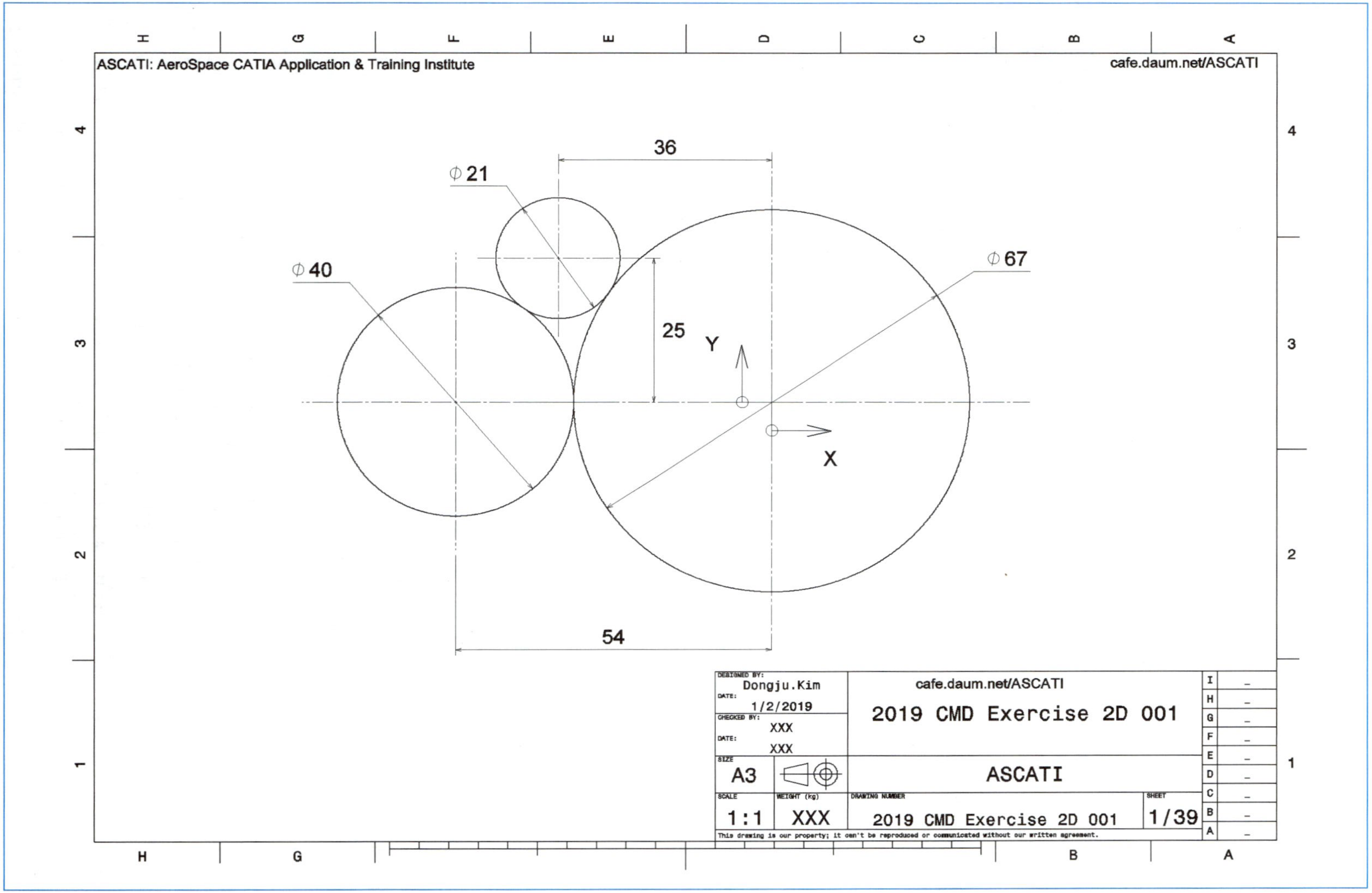
ASCATI: AeroSpace CATIA Application & Training Institute
cafe.daum.net/ASCATI
36
Φ21
Φ40
Φ67
25
Y
X
54
DESIGNED BY:
Dongju.Kim
DATE:
1/2/2019
CHECKED BY:
XXX
DATE:
XXX
cafe.daum.net/ASCATI
2019 CMD Exercise 2D 001
SIZE
A3
ASCATI
SCALE
1:1
WEIGHT (kg)
XXX
DRAWING NUMBER
2019 CMD Exercise 2D 001
SHEET
1/39
This drawing is our property; it can't be reproduced or communicated without our written agreement.

EXERCISE 1

- Workbench : Sketcher

- 주요 작업 명령

⊙	Circle	🔲	Constraints
🔲	Constraints defined in dialog box		

- 작업 순서

1. 원점을 기준으로 3개의 원을 각각 그린다.
2. 각 원의 지름과 원점에 대한 거리 값을 입력한다.

• 핵심 포인트

기본적인 형상의 제도와 구속 주는 방법을 이해할 수 있어야 한다.

단순히 형상에 대한 구속과 함께 원점을 기준으로 구속을 준다는 것을 확실히 이해하고 있어야 한다.

여기서 각 원들의 원점에 대한 거리 구속 대신 원점을 중심으로 그린 원을 기준으로 3개의 원들이 각각 Tangent하다면 거리 구속이 필요 없는 것을 확인해 보기 바란다.

Self Note

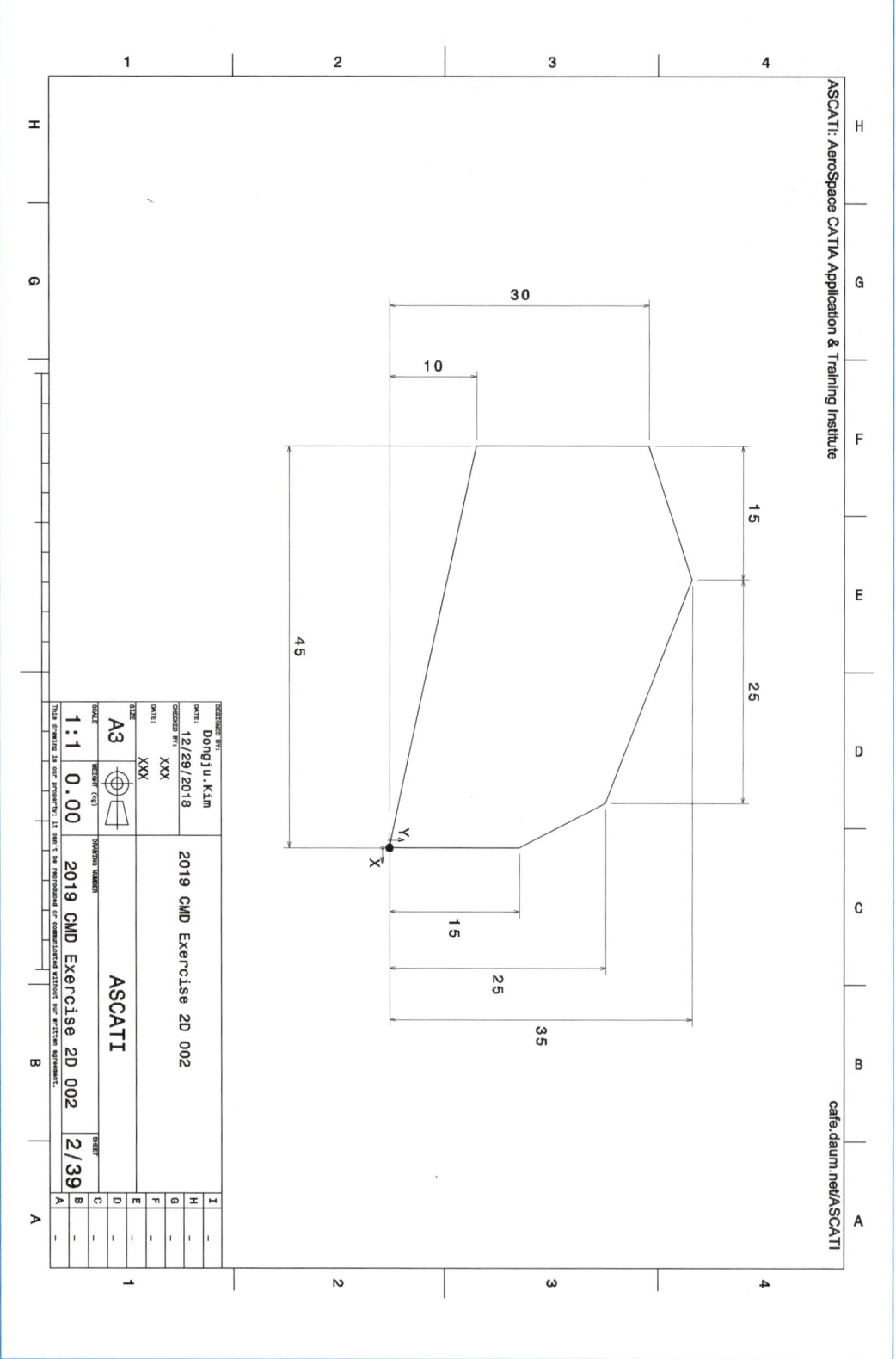

EXERCISE 2

- Workbench : Sketcher

- 주요 작업 명령

	Profile		Constraints

- 작업 순서

1. 원점을 중심으로 Profile을 사용하여 다각형을 그린다.
2. 수치 구속으로 원하는 값을 입력한다.

Self Note

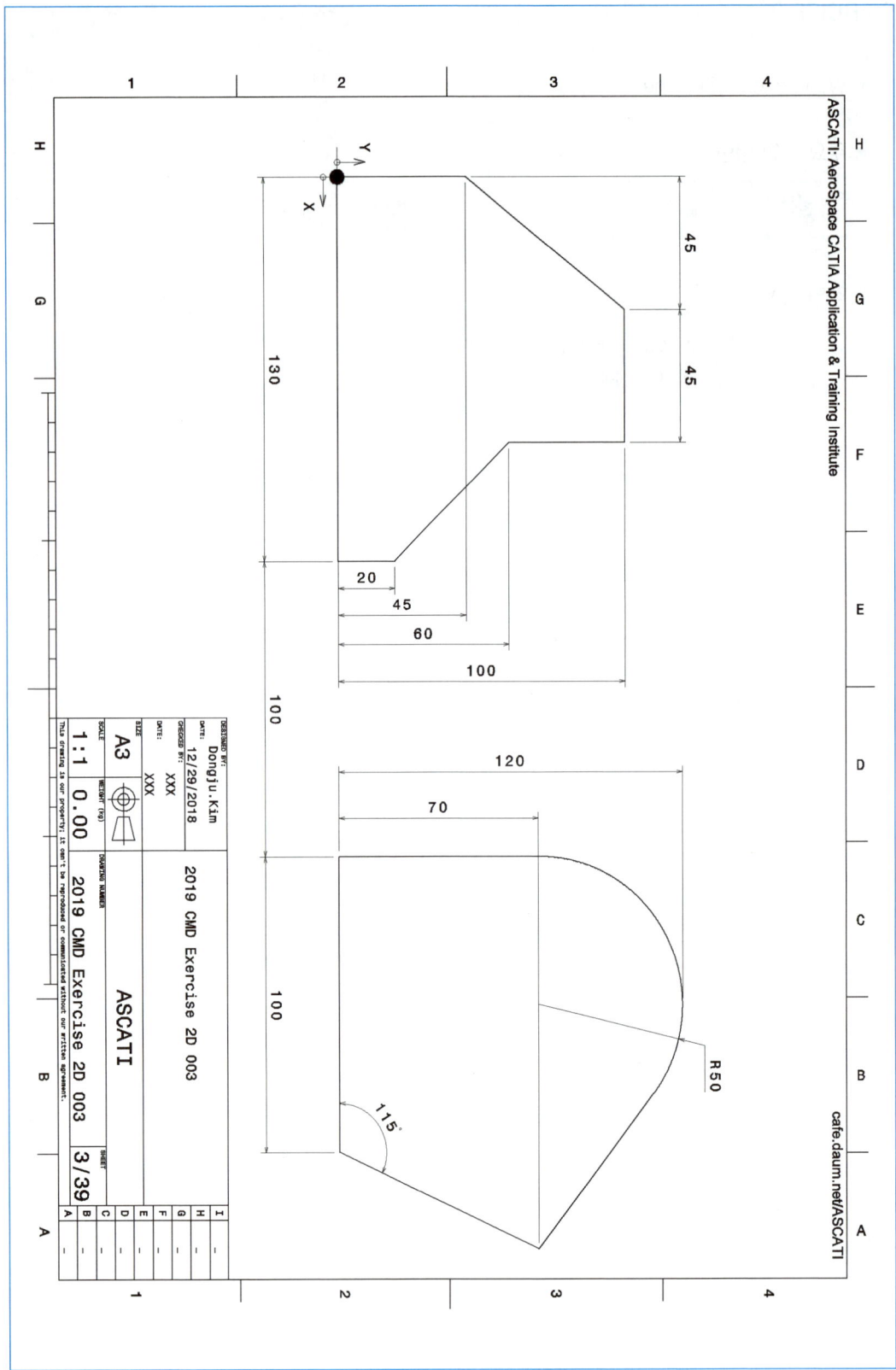

EXERCISE 3

- Workbench : Sketcher

- 주요 작업 명령

	Profile		Constraints

- 작업 순서

1. 원점을 중심으로 Profile을 사용하여 다각형을 그린다.
2. 수치 구속으로 원하는 값을 입력한다.

Self Note

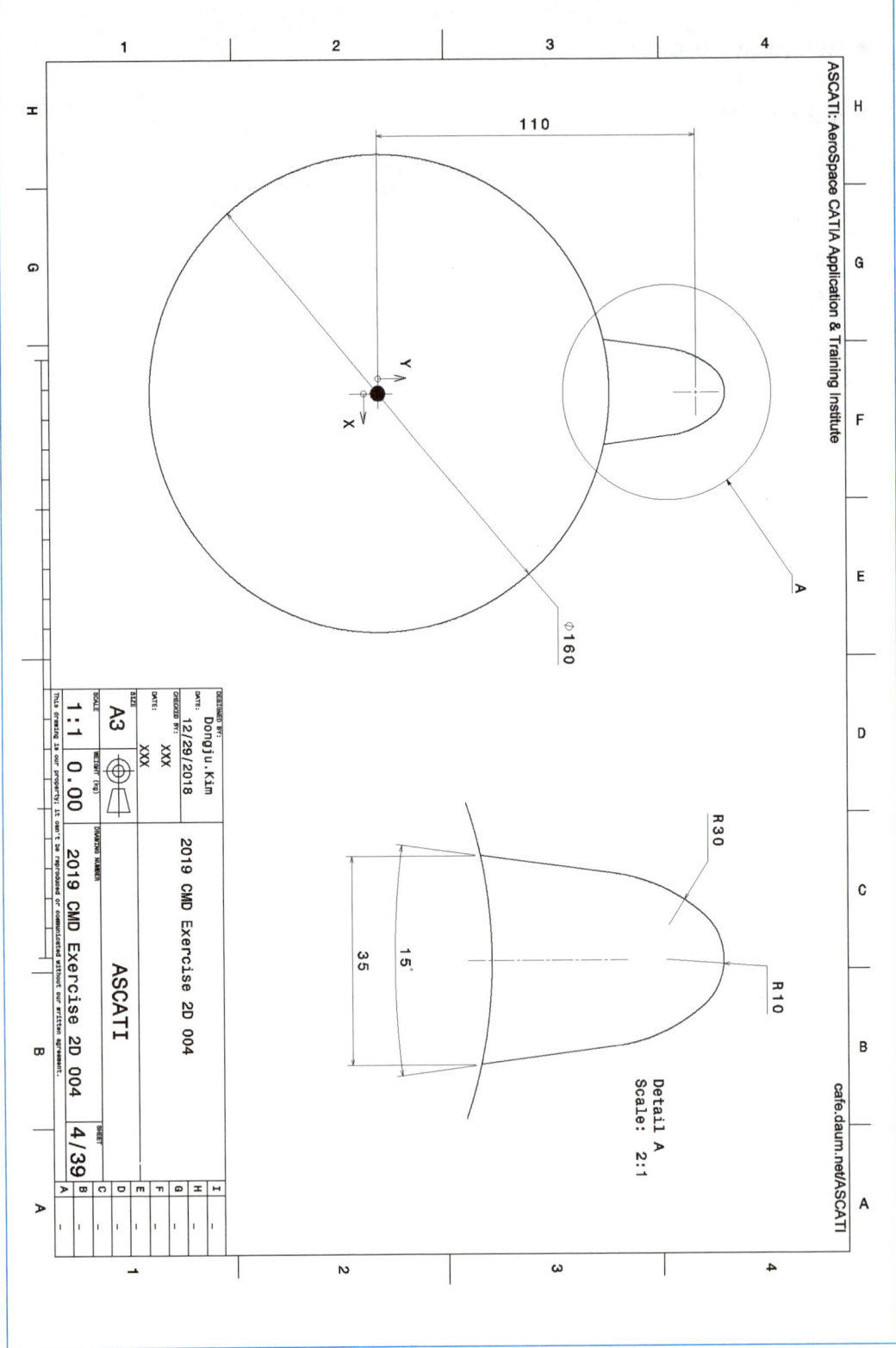

EXERCISE 4

- Workbench : Sketcher

- 주요 작업 명령

	Profile		Constraints

- 작업 순서

1. 원점을 중심으로 Profile을 사용하여 다각형을 그린다.
2. 수치 구속으로 원하는 값을 입력한다.

Self Note

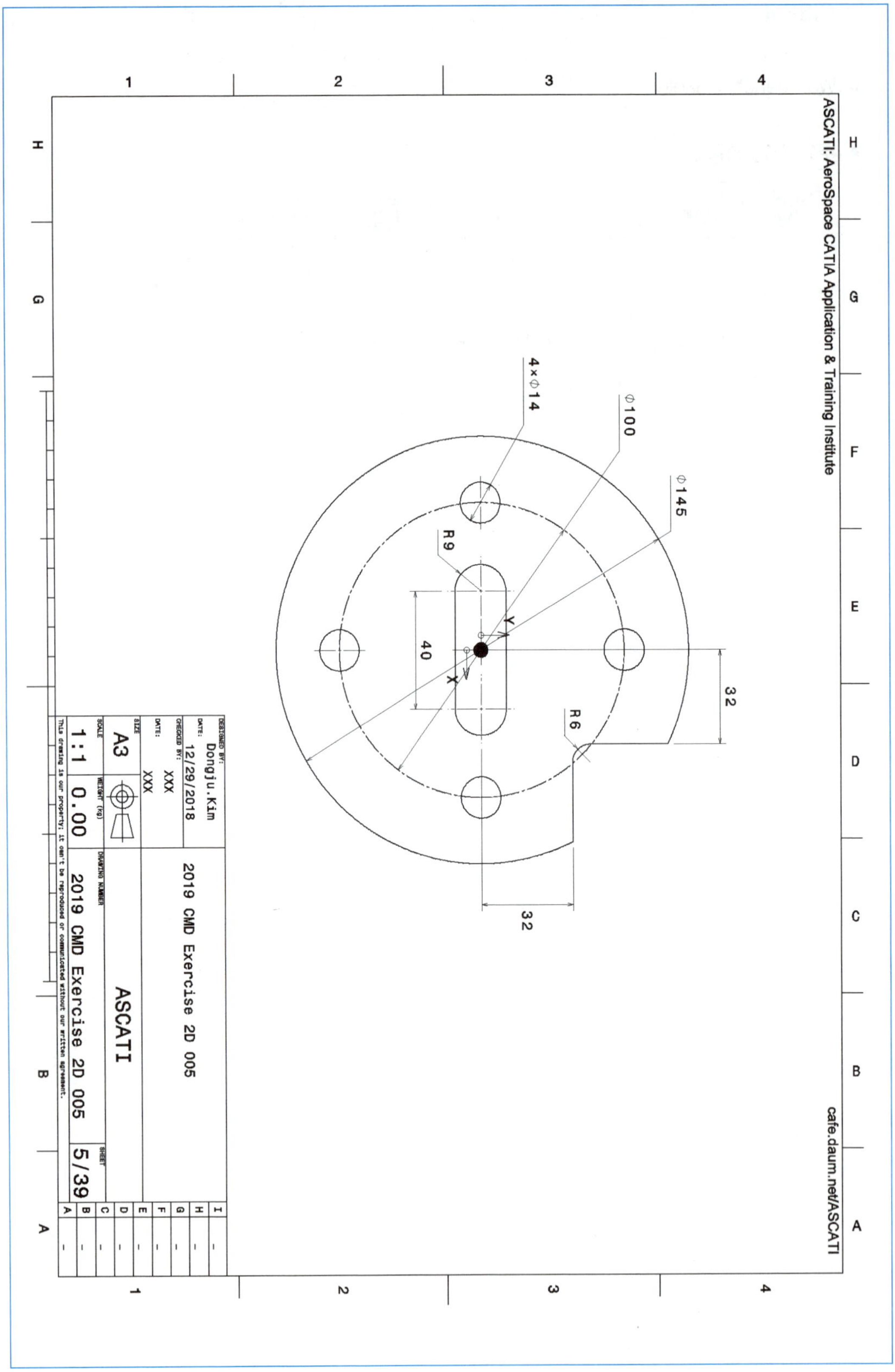
ASCATI: AeroSpace CATIA Application & Training Institute
cafe.daum.net/ASCATI
4×Φ14
Φ100
Φ145
R9
40
32
R6
32
X
Y
DESIGNED BY:
Dongju.Kim
DATE:
12/29/2018
CHECKED BY:
XXX
DATE:
XXX
2019 CMD Exercise 2D 005
SIZE
A3
ASCATI
SCALE
1:1
WEIGHT (kg)
0.00
DRAWING NUMBER
2019 CMD Exercise 2D 005
SHEET
5/39
This drawing is our property; it can't be reproduced or communicated without our written agreement.

EXERCISE 5

- Workbench : Sketcher

- 주요 작업 명령

⊙	Circle	⌐	Profile
⊙⊙	Elongated Hole	⌐	Corner
✎	Quick Trim	⌐	Construction/Standard elements
▦	Constraints	▦	Constraints defined in dialog box

- 작업 순서

1. 원점을 기준으로 지름 145짜리 원을 스케치 한다.
2. 프로파일을 사용하여 1사분면의 꺾인 형상을 만들어 주고 불필요한 부분은 트림해 준다.
3. 지름 100짜리 원을 스케치 하고 이것을 Construction element로 바꿔준다.
4. 앞서 그린 지름 100짜리 원에 일치하도록 지름 14짜리 원 4개를 그려준다.
5. Elongated Hole을 사용하여 원점의 수평 축에 대칭이 되도록 형상을 그려주고 구속한다.

- 핵심 포인트

기본적인 2차원 형상을 그리는 작업 순서를 이해한다.

단순한 프로파일이 아닌 Operation을 통한 수정 작업을 할 수 있어야 한다.

Symmetry 구속을 할 수 있어야 한다.

Construction Element와 Standard Element를 구분하고 이해할 수 있어야 한다.

Self Note

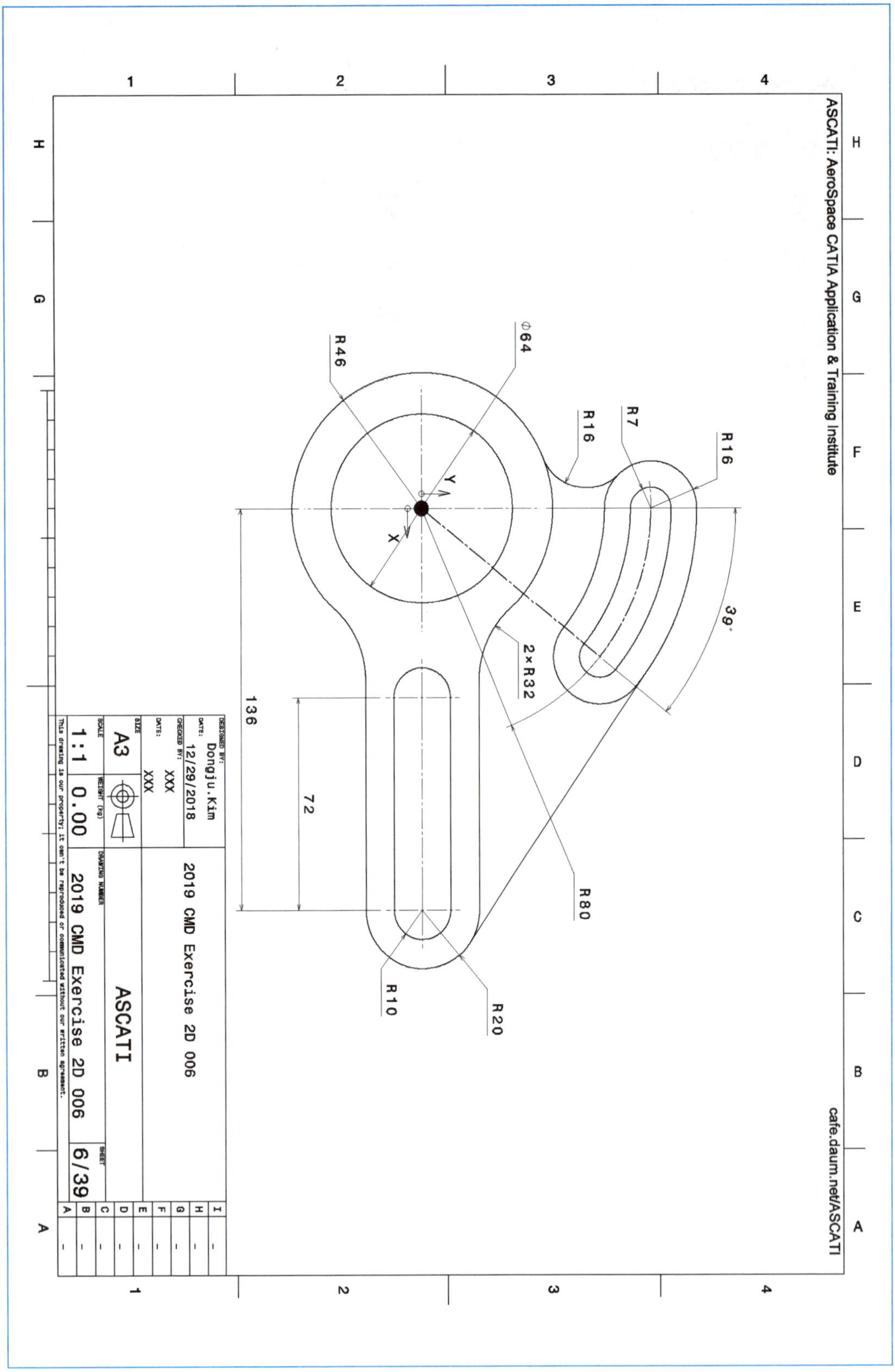
ASCATI: AeroSpace CATIA Application & Training Institute
cafe.daum.net/ASCATI
R46
Φ64
R16
R7
R16
39°
2×R32
136
72
R80
R10
R20
Y
X
DESIGNED BY:
Dongju.Kim
DATE:
12/29/2018
CHECKED BY:
XXX
DATE:
XXX
SIZE
A3
SCALE
1:1
WEIGHT (kg)
0.00
2019 CMD Exercise 2D 006
ASCATI
DRAWING NUMBER
2019 CMD Exercise 2D 006
SHEET
6/39
This drawing is our property; it can't be reproduced or communicated without our written agreement.

EXERCISE 6

- Workbench : Sketcher

- 주요 작업 명령

⊙	Circle		Keyhole Profile
	Elongated Hole		Cylindrical Elongated Hole
	Corner		Line
	Bi-Tangent Line		Constraints
	Constraints defined in dialog box		

- 작업 순서

1. 원점을 중심으로 원과 Keyhole Profile을 그려준다.
2. Keyhole Profile의 끝단에 일치하도록 수평축에 Elongated Hole을 그려준다.
3. 한 점이 수직축에 일치하도록 Cylindrical Elongated Hole을 2개 그려준다.
4. Line을 사용하여 Cylindrical Elongated Hole의 우측 중점과 원점을 연결하는 직선을 만들고 Construction Element를 만들어 주어 각도 구속을 준다.
5. Bi-Tangent Line을 사용하여 Cylindrical Elongated Hole과 Keyhole Profile에 접하는 직선을 그어준다.
6. Corner를 사용하여 Cylindrical Elongated Hole과 Keyhole Profile사이를 작업한다. 여기서 Corner 옵션은 'No Trim'으로 변경하여서 작업하여야 한다.
7. Keyhole Profile의 양쪽 역시 Corner하여 작업을 완성한다.

- 핵심 포인트

  Pre-Defined Profile 툴 바의 명령들을 적절하게 이용한다면 간단하게 작업할 수 있는 형상이다. 두개의 Cylindrical Elongated Hole 형상을 그릴 경우에는 중심 호 형상을 일치하도록 Smart Pick을 적절히 활용하기 바란다.
  구속을 주는 방법에 있어 Arc나 Cylindrical Elongated Hole 형상은 반드시 보조선이 필요하며 보조선을 사용하여 각도 구속을 주는 방법을 활용할 수 있어야 한다.
  두 대상에 동시에 접하는 직선을 그리기 위해서는 Bi-Tangent Line을 활용하는 것을 추천한다. Corner 명령의 사용 시 원 또는 닫혀 있는 프로파일 사이의 경우 Trim을 하지 않은 상태에서 작업하는 것이 바람직하다. Corner의 옵션에서 'No Trim'으로 변경할 수 있어야 하겠다.

Self Note

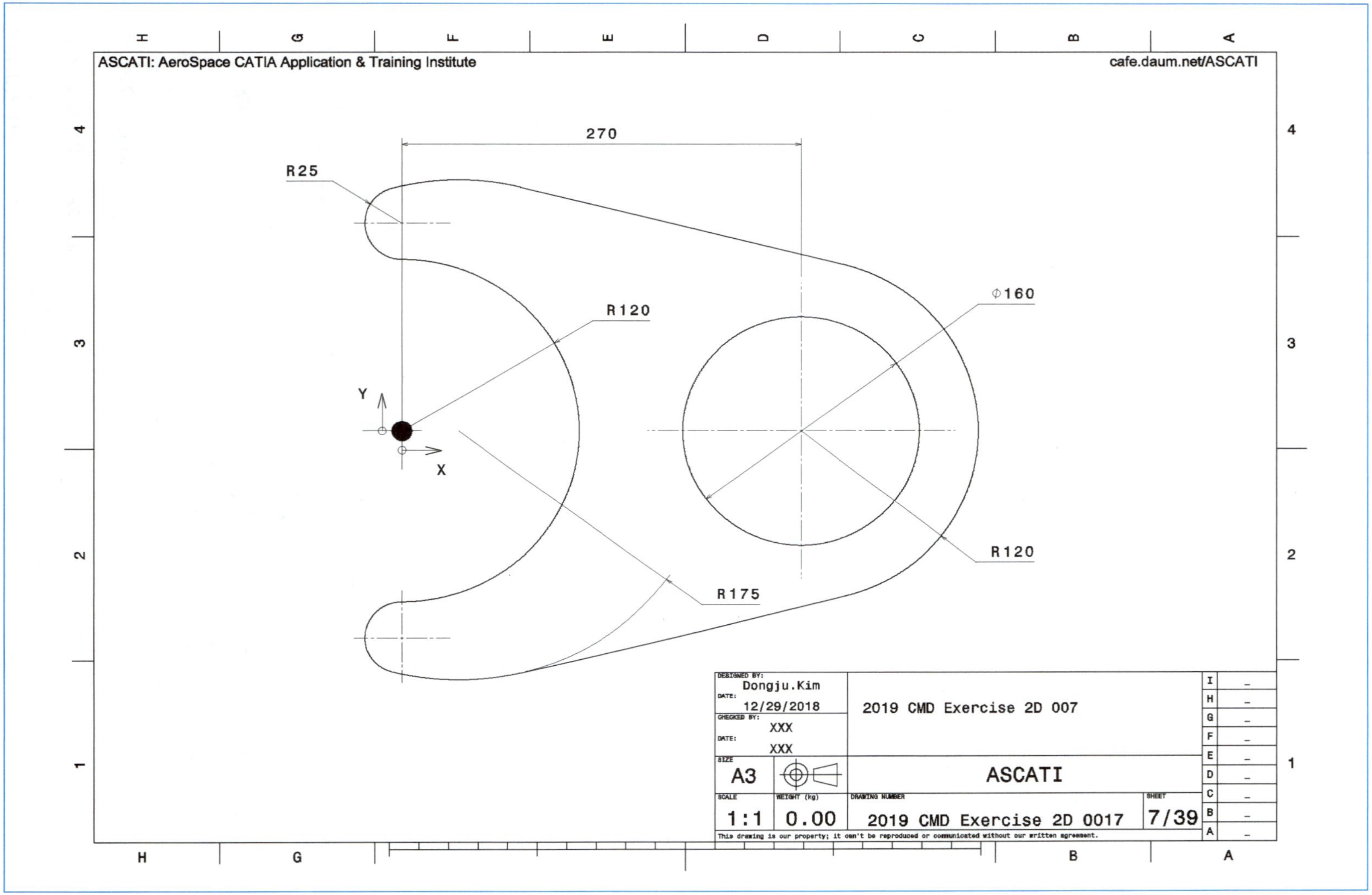

EXERCISE 7

- Workbench : Sketcher

- 주요 작업 명령

⊙	Circle	◔	Arc
✎	Quick Trim	🗊	Constraints
🗐	Constraints defined in dialog box		

- 작업 순서

1. 원점에 반지름 120짜리 원을 그린다.
2. 우측에 지름 160, 반지름 120 짜리 원을 그린다.
3. 수직 축 상단에 반지름 25짜리 원을 그리고 앞서 그린 반지름 120짜리 원과 접하도록 Tangent 구속을 준다.
4. 반지름 175짜리 호의 중심을 수평 축에 일치하게 그리고 앞서 그린 반지름 25짜리 원과 접하도록 Tangent 구속을 준다.
5. 앞서 그린 반지름 175짜리 호와 우측의 반지름 120짜리 원과 접하는 Bi-Tange수 Line을 그려 준다. 그리고 불필요한 부분은 모두 Trim한다.
6. 위에 그려준 형상에서 대칭이 되는 부분을 선택하여 수평축을 기준으로 대칭 복사하여 작업을 마무리 한다.

- 핵심 포인트

    Tangent 조건에 따른 형상의 구속 여부를 잘 파악하도록 한다.

Self Note

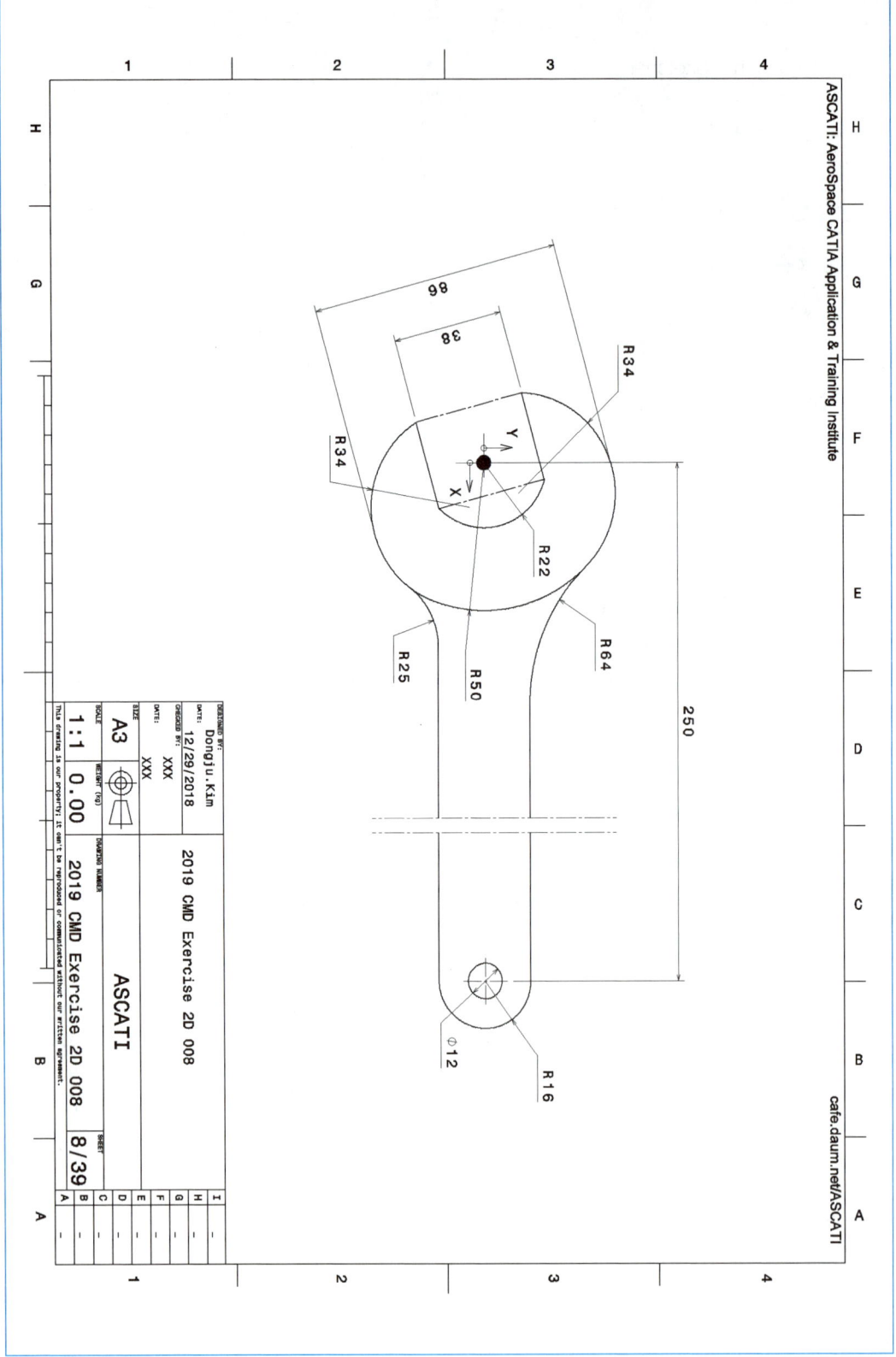

EXERCISE 8

- Workbench : Sketcher

- 주요 작업 명령

	Arc		Line
	Profile		Circle
	Quick Trim		Construction/Standard Elements
	Constraints		Constraints defined in dialog box

- 작업 순서

1. 원점을 중심으로 반지름 50짜리 호를 그린다.
2. 반지름 34짜리 호를 그리고 이 호의 끝을 앞서 그린 반지름 50짜리 호의 하단 끝단과 일치 시킨다. 그리고 Tangent 구속을 준다.
3. 마찬 가지 방법으로 반지름 34 짜리 호를 반지름 50짜리 호의 상단의 끝단에 구속한다. 그리고 거리 구속을 86으로 준다.
4. 반지름 22짜리 호를 원점 중심으로 그리고 양 끝에 직선을 그려 각도 구속과 대칭 구속, 거리 구속을 준다.
5. 앞서 그린 형상과 Trim해 하나의 형상으로 이어준다.
6. 여기서 반지름 34짜리 호가 구속이 되지 않는다면 두 호의 중심을 이은 직선이 앞서 15도 경사각을 가진 직선과 직교하도록 구속한다.
7. Profile로 손잡이 형상을 만들어 주고 구속한다.
8. 지름 12짜리 원을 만들고 Corner하여 작업을 마무리 한다.

- 핵심 포인트

    눈에 익숙한 형상이지만 호들이 접하는 조건에 의한 구속을 완벽하게 부여할 수 있다.

Self Note

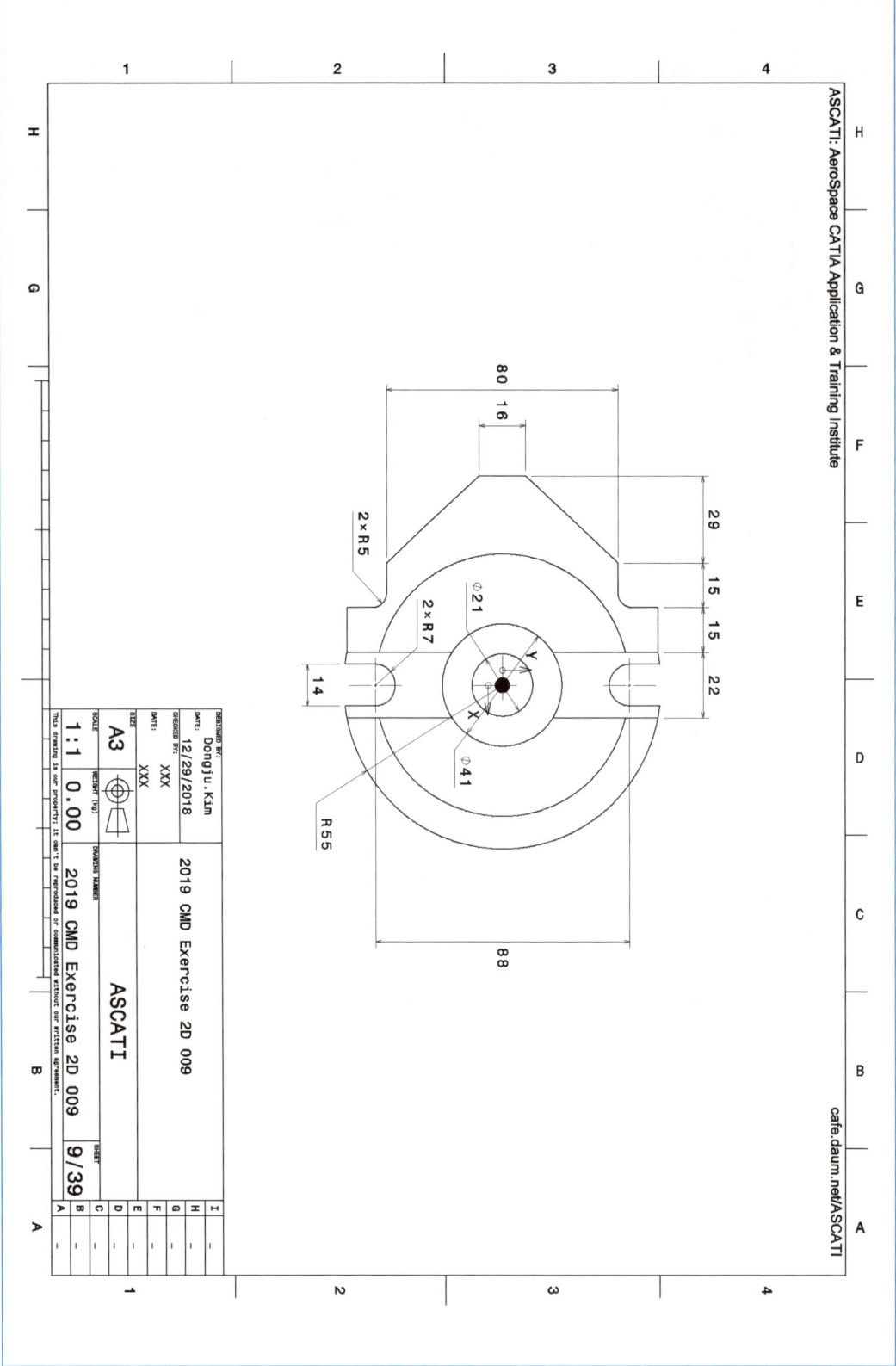

EXERCISE 9

- Workbench : Sketcher

- 주요 작업 명령

⊙	Circle	◔	Arc
⊡	Elongated Hole	⌬	Profile
⌐	Corner	/	Line
⫴	Symmetry	✕	Trim
⊟	Constraints	⊟	Constraints defined in dialog box

- 작업 순서

1. 원점을 중심으로 원 3개를 차례대로 그린다.
2. 2사분면에 프로파일 형상을 그리고 Symmetry로 수평축 기준 대칭 복사 한다.
3. 수직 축 방향의 Elongated Hole 형상과 수직선을 차례대로 그리고 대칭 복사 한다.
4. 반지름 55짜리 호를 그리고 불필요한 부분은 Trim한다.

- 핵심 포인트

  대칭 형상에 대한 Symmetry 기능을 충분히 활용할 수 있어야 한다.
  불필요한 부분을 제거하면서 구속 관계가 깨지지 않는지 잘 살피도록 한다.

Self Note

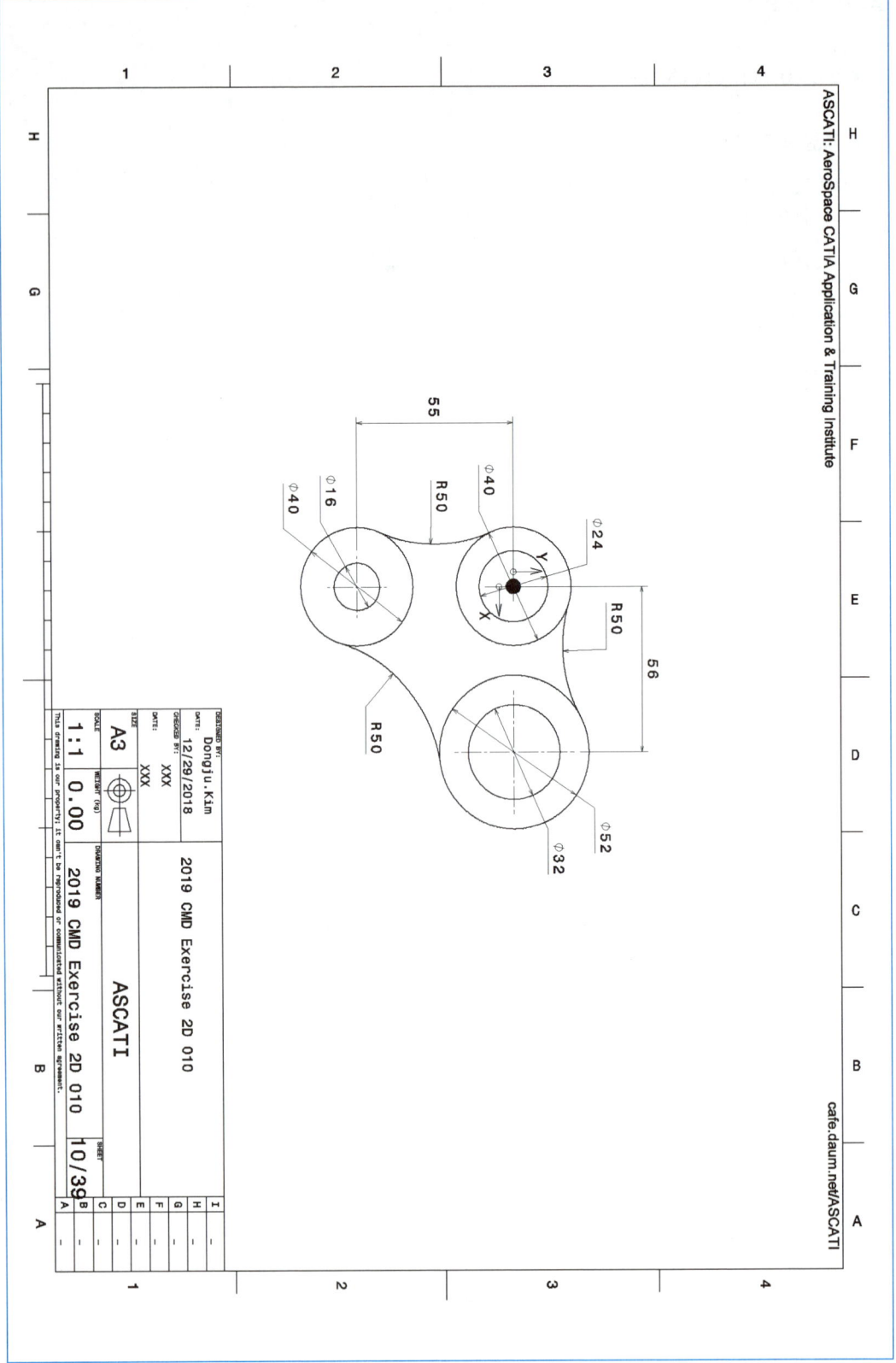

EXERCISE 10

- Workbench : Sketcher

- 주요 작업 명령

	Circle		Corner
	Constraints		Constraints defined in dialog box

- 작업 순서

1. 원점을 중심으로 한 두 개의 원을 그리고 수평 방향, 수직 방향으로의 각각의 원들을 그린다.
2. 3개의 원들 사이를 Corner로 작업한다. 여기서 세부 옵션은 No Trim으로 한다.

> **Self Note**

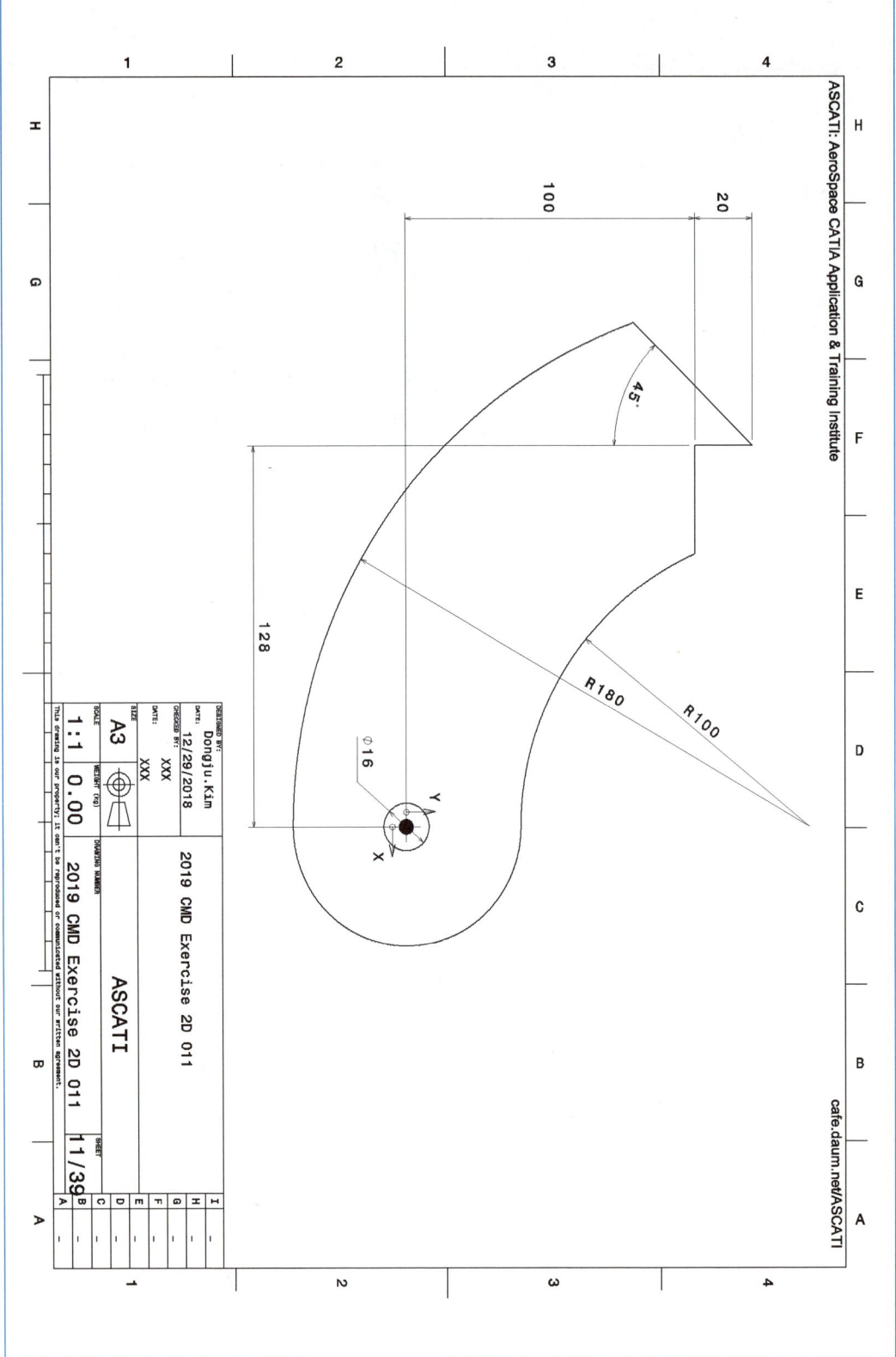

EXERCISE 11

■ Workbench : Sketcher

■ 주요 작업 명령

⊙	Circle	◔	Arc
🔧	Profile	⬦	Quick Trim
🔲	Constraints	🔳	Constraints defined in dialog box

■ 작업 순서

1. 일치하도록 두 개의 호 형상을 그려준다.
2. 원점을 중심으로 앞서 그린 두 호에 접하는 원을 그려준다.
3. 원의 접하는 지점을 기준으로 불필요한 부분은 Trim한다.
4. 원점에 지름 16짜리 원을 그린다.
5. Profile을 사용하여 상단에 꺾인 형상을 그려 주고 구속한다. 불필요한 부분은 Trim한다.

Self Note

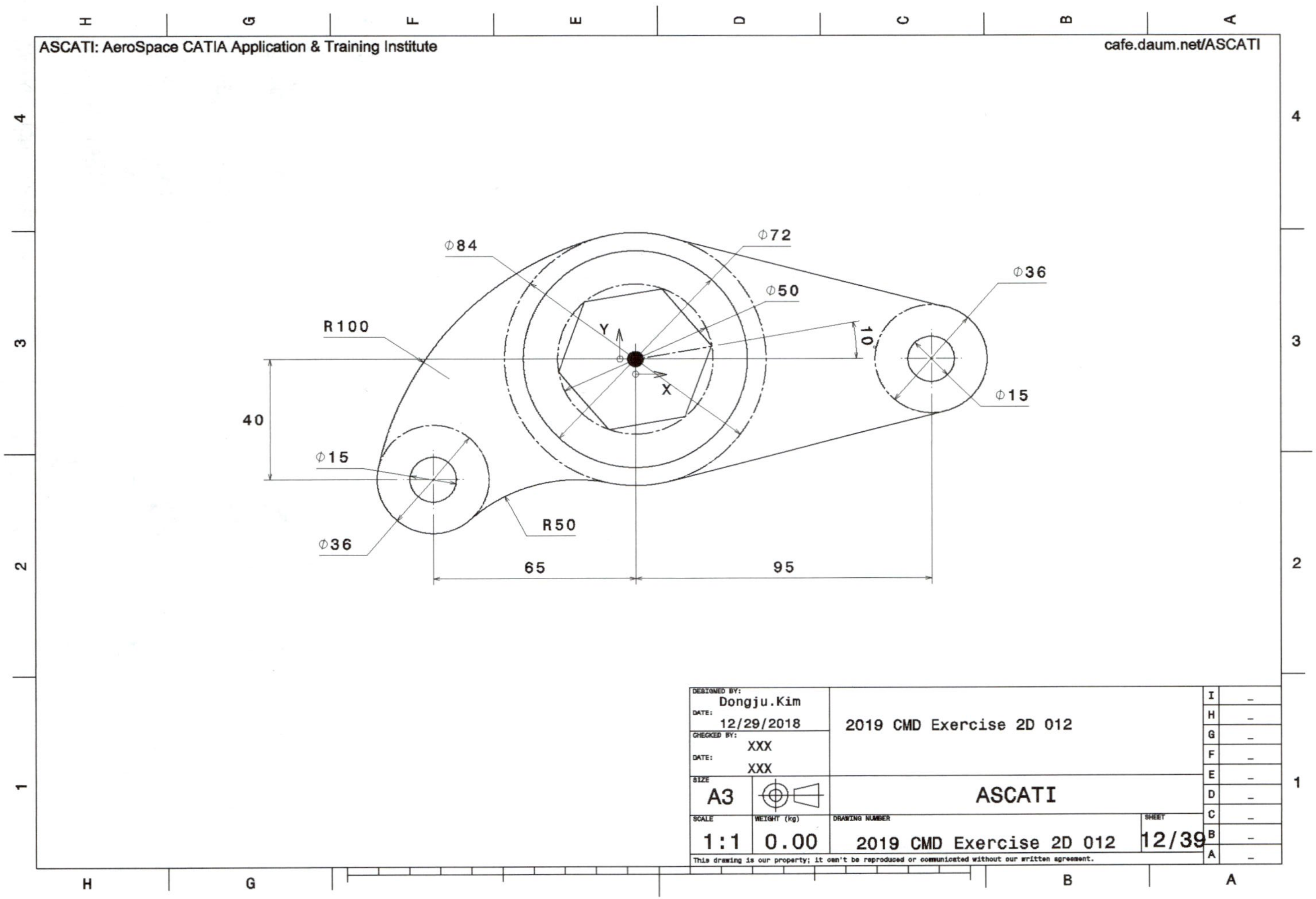

EXERCISE 12

- Workbench : Sketcher

- 주요 작업 명령

⊙	Circle	◜	Arc
⬡	Hexagon	✎	Bi-Tangent Line
⌐	Corner	⌫	Quick Trim
▯	Constraints	▦	Constraints defined in dialog box

- 작업 순서

1. 수직축에 10도 기울어진 Hexagon 형상을 만들어 준다.
2. 지름 72, 84짜리 원을 그려 준다.
3. 좌측과 우측에 원점으로부터 떨어진 두개의 원들을 각각 그려주고 거리 구속한다.
4. 우측의 원과 원점의 지름 84짜리 원을 Bi-Tangent Line으로 위쪽과 아래쪽 부분을 작업한다.
5. 좌측의 원과는 하단은 Corner로 작업을(No Trim) 상단은 Arc로 만든 후에 접하게 하고자 하는 부분과 Coincidence, Tangent 구속을 순서대로 입력한다.
6. 마무리로 불필요한 부분을 Quick Trim으로 제거한다.

- 핵심 포인트

  원과 접하는 호 형상을 만들 때 요구되는 작업 순서를 파악할 수 있어야 한다.

Self Note

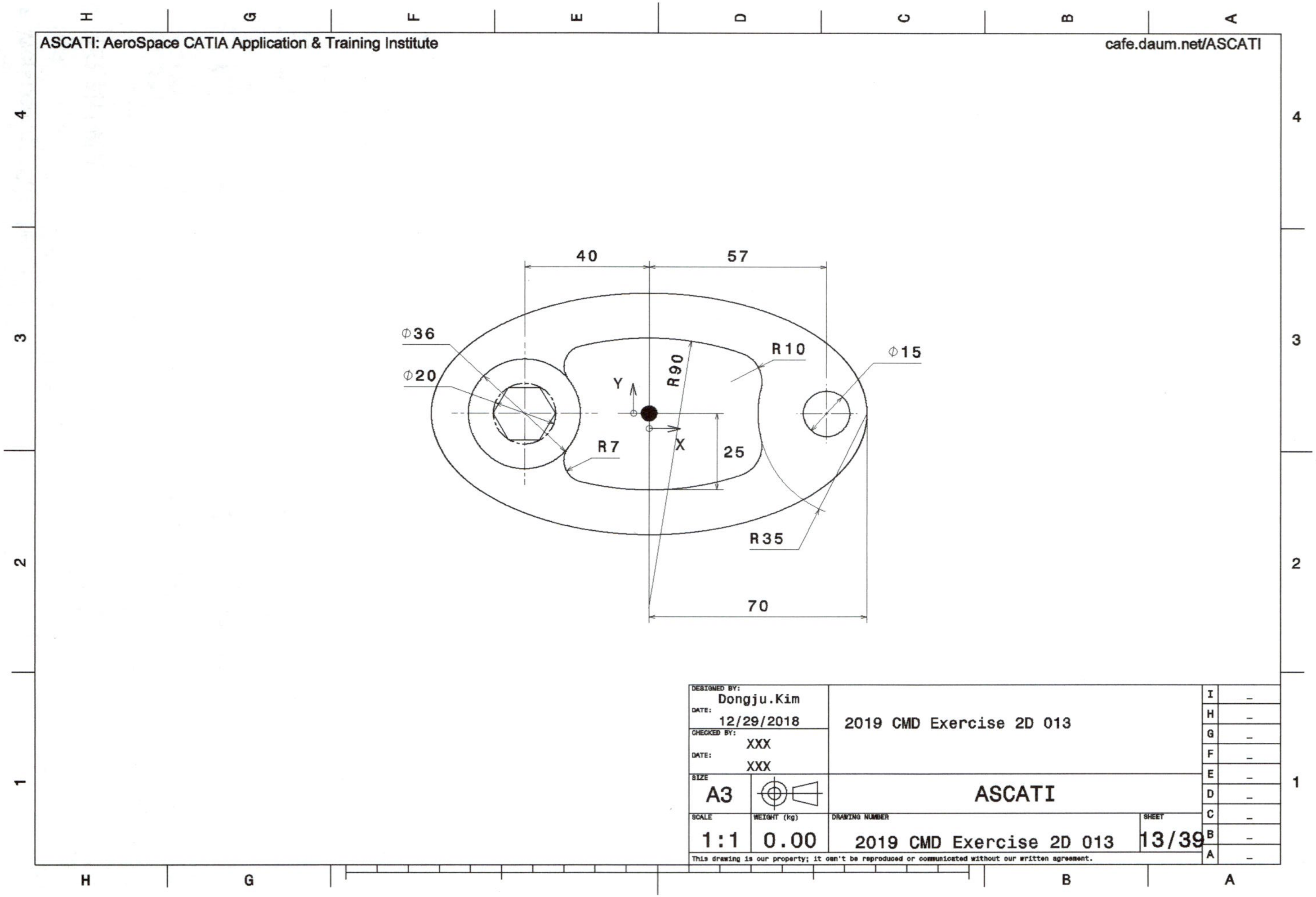

EXERCISE 13

- Workbench : Sketcher

- 주요 작업 명령

	Ellipse		Circle
	Hexagon		Arc
	Corner		Quick Trim
	Constraints		Constraints defined in dialog box

- 작업 순서

1. 원점을 중심으로 타원을 작업한다.
2. 좌측의 원과 정육각형 형상을 작업하고 구속한다.
3. 수직축에 일치하도록(원점이 아님) 반지름 90짜리 호 형상을 그리고 높이 값을 입력한다.
4. 우측의 지름 15짜리 원을 그리고 반지름 35짜리 호를 그려 이것과 중심을 일치 시킨다.
5. 중앙의 반지름 90짜리 형상을 기준으로 불필요한 형상을 Trim하고 수평 축에 대칭 복사한다.
6. 각 지점에 반지름 7과 9로 Corner한다.

- 핵심 포인트

   타원의 정의 방법과 구속을 이해한다.

   호 또는 원 형상의 중심 일치(Concentricity) 명령을 효율적으로 활용할 수 있어야 한다.

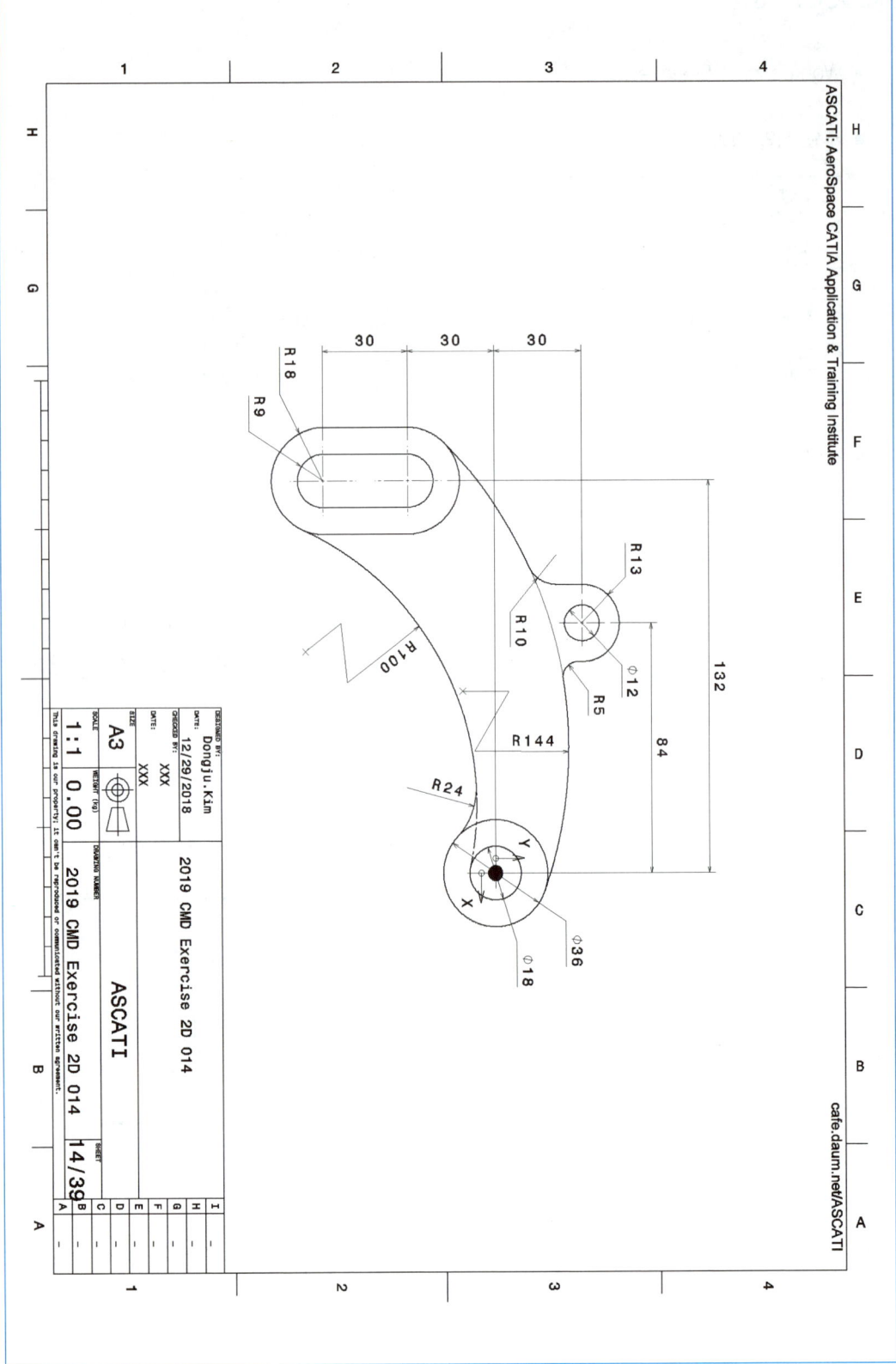

EXERCISE 14

- Workbench : Sketcher

- 주요 작업 명령

⊙	Circle	⊙⊙	Elongated Hole
(	Arc	⌀	Quick Trim
⌐	Corner	✕	Break
▤	Constraints	▤	Constraints defined in dialog box

- 작업 순서

1. 원점에 두 개의 원을 작업한다.
2. 왼편의 두 개의 Elongated Hole 형상을 그리고 구속한다.
3. 상부의 호 형상과 하단의 호 형상을 차례대로 그려준다. 하단의 호 형상은 특별히 주의하도록 할 것이 지름 18짜리 원과 접하도록 한다.
4. 중앙의 형상을 Elongate Hole과 Circle로 만들어 주고 불필요한 부분은 Quick Trim으로 제거한다.
5. 하단의 호 형상과 지름 36짜리 원이 만나는 지점을 기준으로 Corner를 수행한다. 여기서 No Trim으로 작업한 후에 교차점을 기준으로 불필요한 부분은 Construction Element로 만들어 준다.

- 핵심 포인트

  양 끝단에 접하는 호 형상을 만들 때 필요한 기본적인 구속 요소를 잘 파악하도록 한다.
  Corner시 Trim되는 부분으로 인해 구속이 사라질 수 있다는 점을 유의하기 바란다.
  하단의 반지름 100짜리 호 형상은 Corner를 사용하여 만들 수도 있다.

> **Self Note**
> --
> --
> --
> --
> --
> --
> --

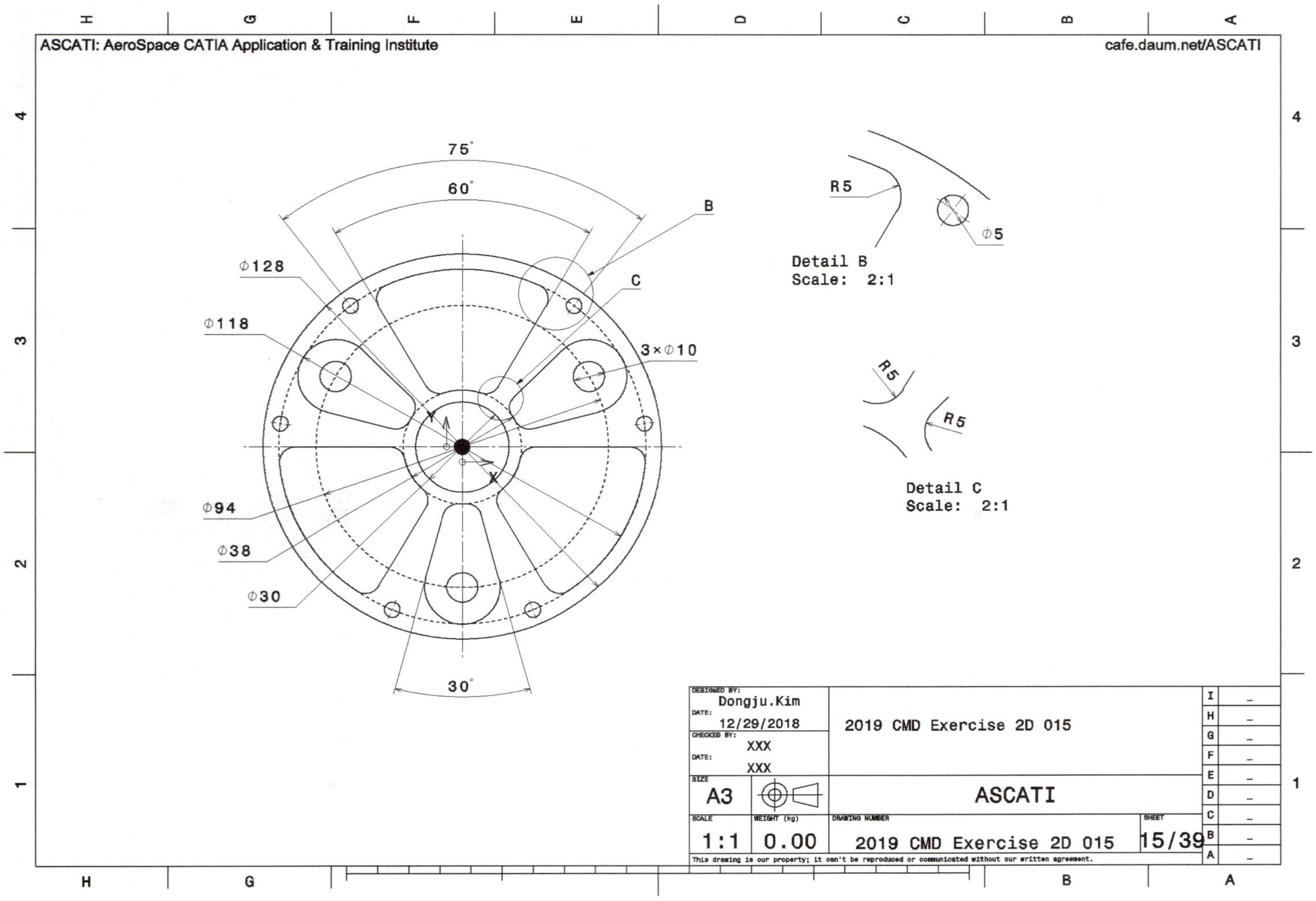

ASCATI: AeroSpace CATIA Application & Training Institute
cafe.daum.net/ASCATI
75°
60°
30°
Φ128
Φ118
Φ94
Φ38
Φ30
3×Φ10
B
C
R5
Φ5
Detail B
Scale: 2:1
R5
R5
Detail C
Scale: 2:1
DESIGNED BY:
Dongju.Kim
DATE:
12/29/2018
CHECKED BY:
XXX
DATE:
XXX
2019 CMD Exercise 2D 015
SIZE
A3
ASCATI
SCALE
1:1
WEIGHT (kg)
0.00
DRAWING NUMBER
2019 CMD Exercise 2D 015
SHEET
15/39
This drawing is our property; it can't be reproduced or communicated without our written agreement.

EXERCISE 15

- Workbench : Sketcher

- 주요 작업 명령

⊙	Circle	/	Line
⟳	Rotate	⌒	Corner
╱	Bi-Tangent Line	⊚	Construction/Standard Element
⌫	Quick Trim	▭	Constraints
▤	Constraints defined in dialog box		

- 작업 순서

1. 중앙에 지름 30, 38, 118, 128짜리의 4개의 원을 각각 그려준다.
2. 직선을 사용하여 원점을 지나고 수직 축에 대칭이 되도록 선을 그리고 대칭 복사 한다.
3. 필요한 부분에 맞추어 앞서 그린 형상을 Trim하고 Corner한다.
4. 다음으로 수칙축의 아래 부분에 반지름 5짜리 원과 원점을 중심으로 한 지름 94짜리 호에 중점을 가지고 지름 118짜리 호에 접하는 원을 작업한다.
5. 이 두 개의 원에 접하는 직선을 그려준다.
6. 위 두 개의 형상을 Rotate를 사용하여 원점을 기준으로 120도 간격으로 복사한다.
7. 지름 118 짜리 원에 중점이 일치하는 지름 5짜리 원을 대칭이 되도록 그려주고 복사한다.
8. 불필요한 부분은 Trim해 주고 보조선으로 이용할 부분은 Construction Element로 만들어 준다.

- 핵심 포인트

반복적인 패턴이 있는 형상의 경우 매 형상을 반복해서 일일이 만들지 않고 방향에 맞게 복사하는 명령을 쓸 수 있어야 한다.

구속하고자 하는 대상이 반드시 그 구속 값을 수치로만 가진 것이 아니기 때문에 형상적인 특징으로 구속을 파악할 수 있어야 하겠다.

Self Note

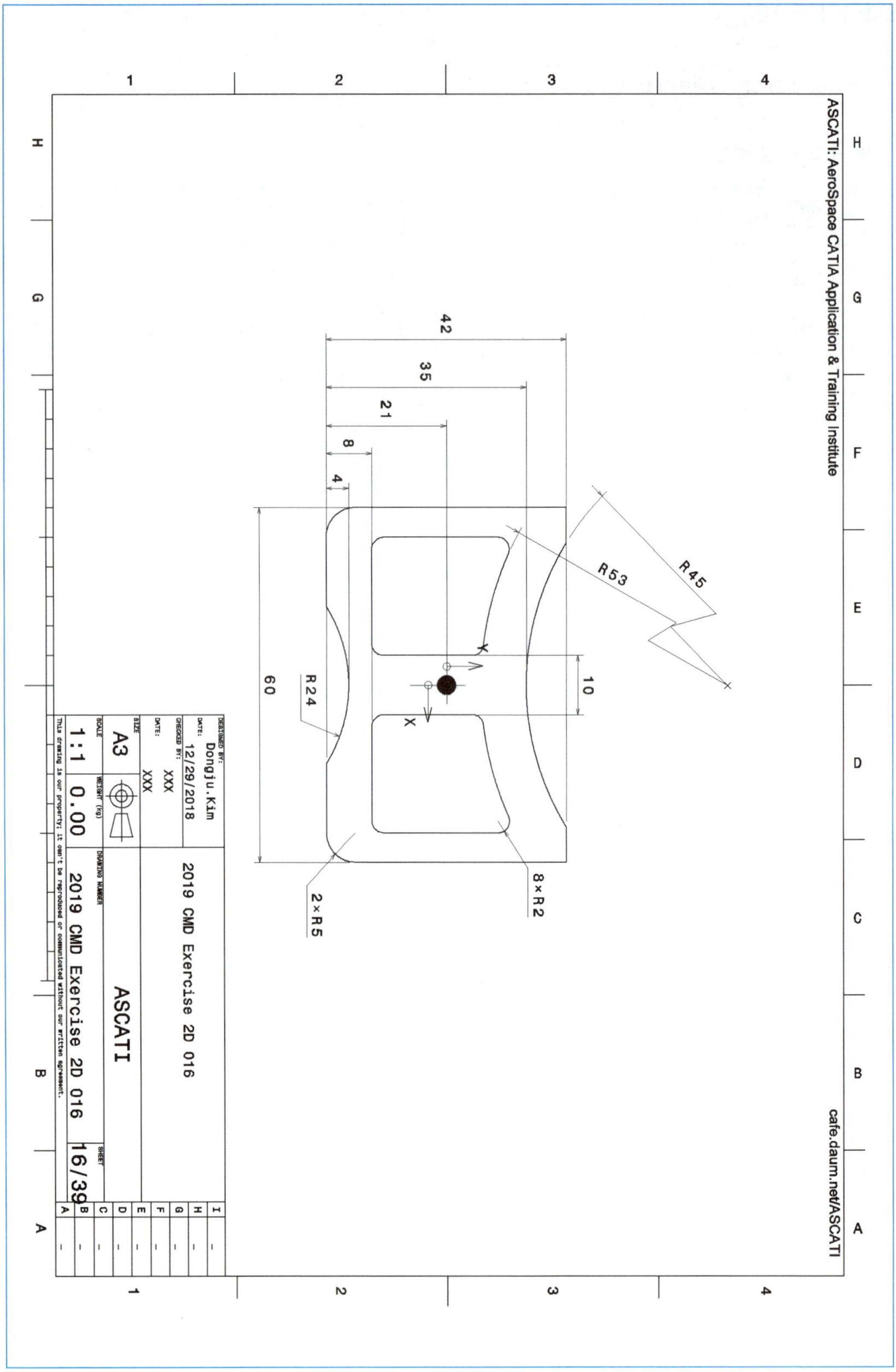

EXERCISE 16

- Workbench : Sketcher

- 주요 작업 명령

	Arc		Centered Rectangle
	Profile		Quick Trim
	Constraints		Constraints defined in dialog box

- 작업 순서

1. Centered Rectangle로 원점에 대칭인 사각형을 만든다.
2. Arc를 사용하여 호 형상을 수직축에 일치하도록 그려준 후 불필요한 부분을 Trim한다.
3. 형상 내부에 대칭인 부분을 Profile을 사용하여 왼쪽 부분만을 그려주고 구속한 후 수직축을 기준으로 대칭 복사한다.
4. Corner를 사용하여 마무리 라운드 작업한다.

- 핵심 포인트

  호 형상의 중심 일치와 대칭에 대한 속성을 이해한다.

Self Note

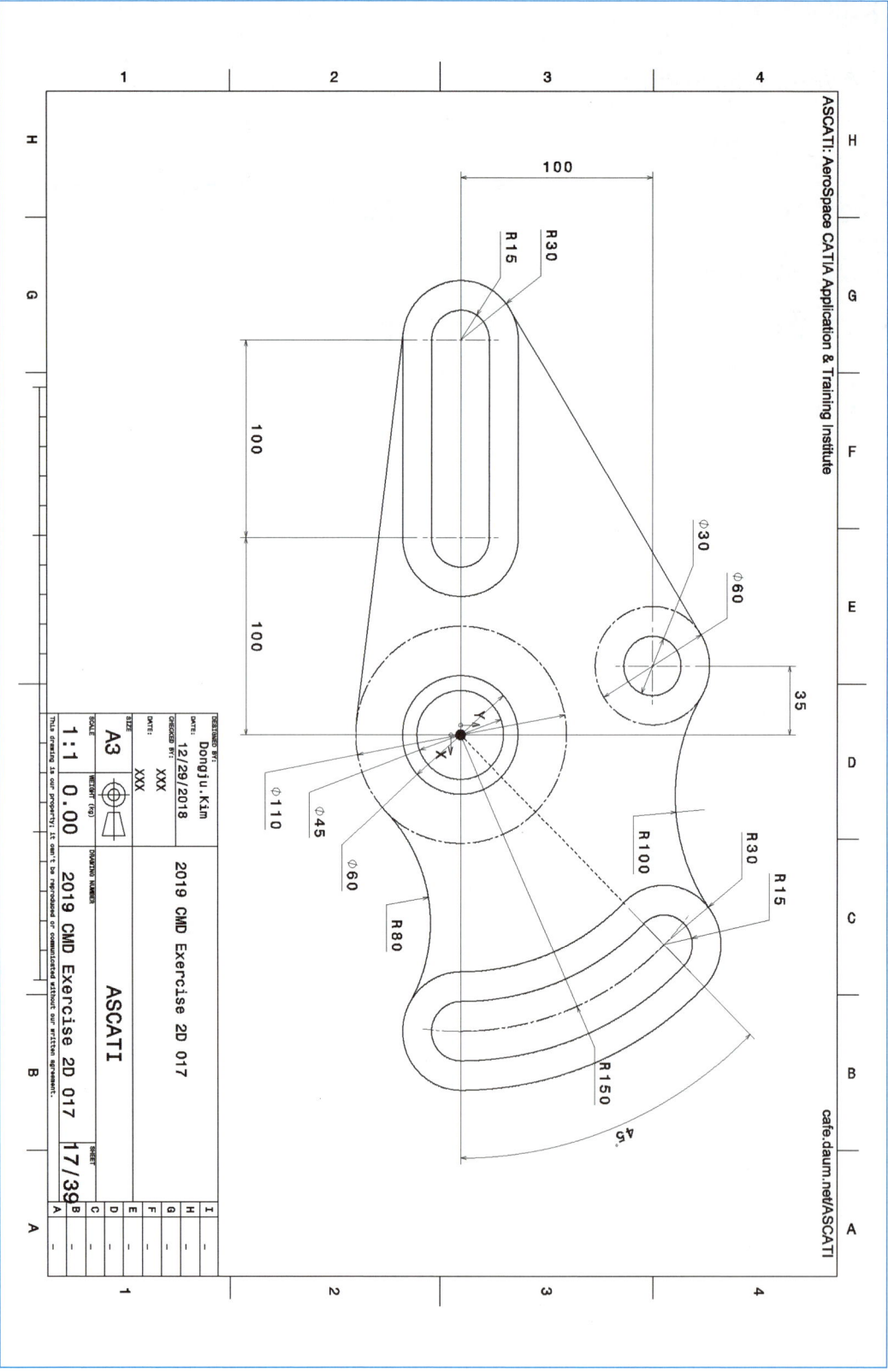

EXERCISE 17

- Workbench : Sketcher

- 주요 작업 명령

⊙	Circle	⊙⊙	Elongated Hole
☯	Cylindrical Elongated Hole	⌐	Corner
∕	Bi-Tangent Line		Construction/Standard Elements
	Constraints		Constraints defined in dialog box

- 작업 순서

1. 원점을 기준으로 지름 45, 60짜리 반지름 55짜리 원을 그린다.
2. 좌측의 Elongated Hole 형상을 수평축에 일치하도록 작업한다.
3. 우측의 Cylindrical Elongated Hole 형상을 그린다. 여기서 Line을 사용하여 원점으로부터의 각도 구속을 입력한다.
4. 상단의 두 개의 원을 그리고 위치 구속을 한다.
5. 좌측의 Elongated Hole과 Bi-Tangent Line으로 접하는 선을 그려주고 우측의 Cylindrical Elongated Hole과는 Corner로 작업해 준다.

  - 핵심 포인트

    기본적인 프로파일 형상을 작업할 수 있어야 한다.

Self Note

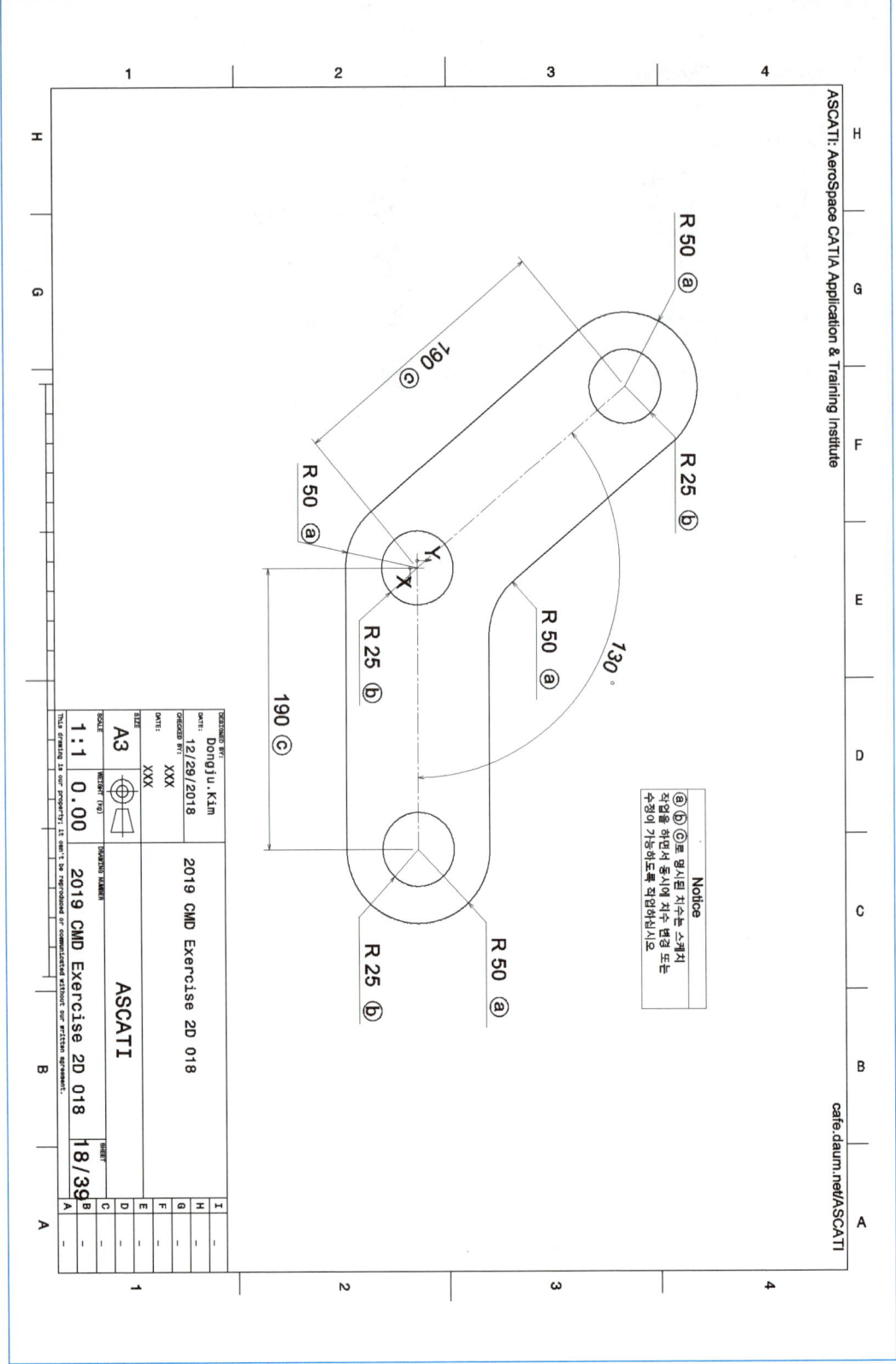

EXERCISE 18

- Workbench : Sketcher

- 주요 작업 명령

	Elongated Hole		Constraints
	Equivalent Dimensions		Constraints defined in dialog box

- 작업 순서

1. Elongated Hole을 사용하여 기울어진 'ㄴ'자 모양의 형상을 만든다.
2. 3개의 원을 지정한 위치에 그려준다.
3. 불필요한 부분은 Construction Element로 만든 후에 구속을 준다.
4. Equivalent Dimensions를 사용하여 도면에 정해진 세트의 치수들을 동일한 구속 값으로 변경될 수 있도록 작업한다.

- 핵심 포인트

    기본 형상을 그리는 작업과 더불어 간단한 Knowledge의 활용을 연습한다. (Knowledgeware는 데이터 재활용 관점에서 매우 유용하다.)

Self Note

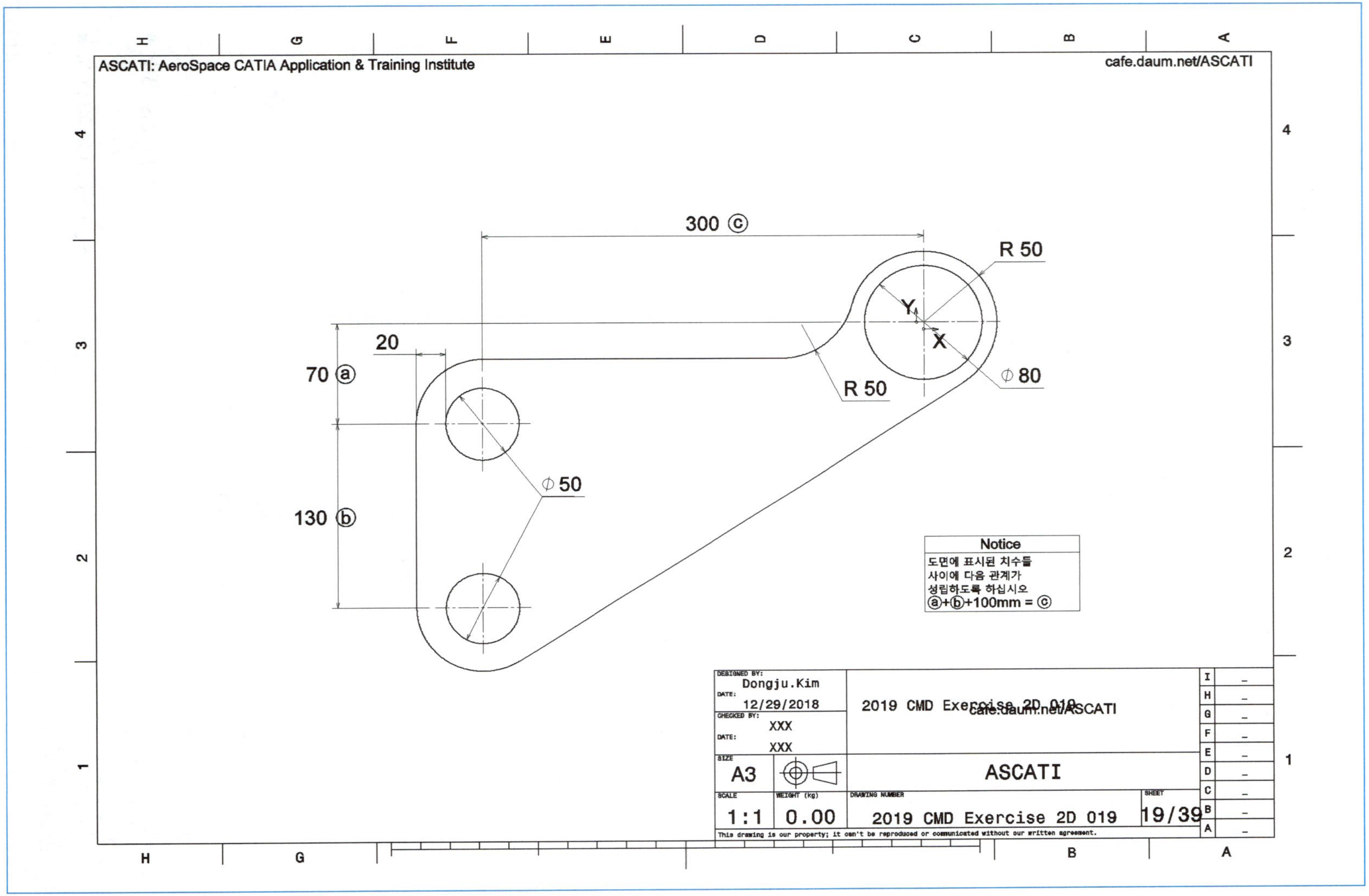

EXERCISE 19

- Workbench : Sketcher

- 주요 작업 명령

	Profile		Circle
	Corner		Formula
	Constraints		Constraints defined in dialog box

- 작업 순서

1. 원점을 중심으로 반지름 50, 지름 80짜리 원을 그린다.
2. 좌측의 두 개의 원을 그려준 후, Profile을 사용하여 나머지 형태를 그려준다.
3. Corner로 잔지름 50으로 라운드 한다.
4. Formula를 사용하여 도면에 지정된 변수들 사이의 관계(Relations)를 정의한다.

- 핵심 포인트

  기본 형상을 그리는 작업과 더불어 간단한 Knowledge의 활용을 연습한다. (Knowledgeware는 데이터 재활용 관점에서 매우 유용하다.)

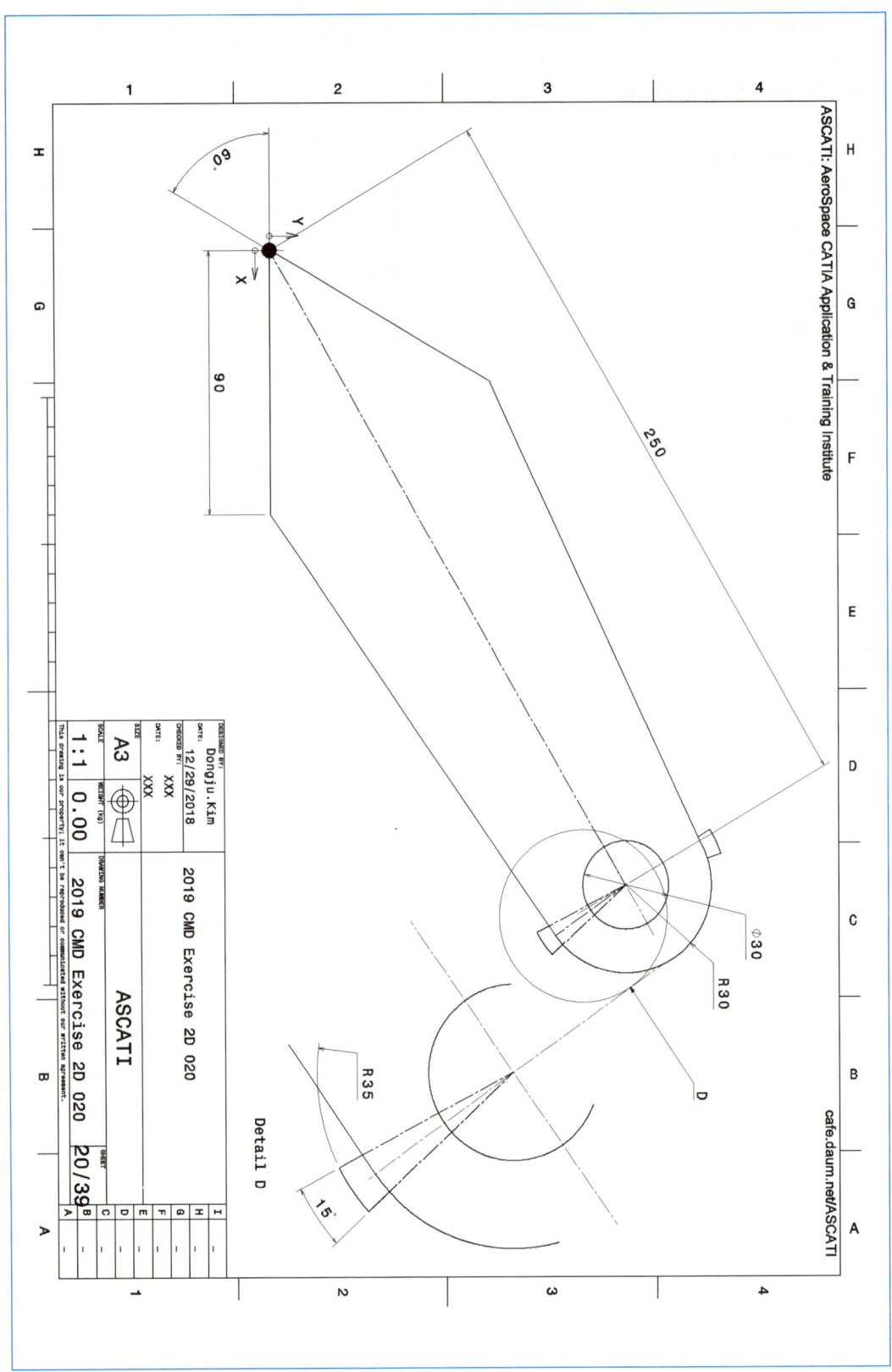

EXERCISE 20

- Workbench : Sketcher

- 주요 작업 명령

	Profile		Constraints
	Constraints defined in dialog box		

- 작업 순서

1. Profile을 사용하여 한 번에 위 형상을 만들어 본다.
2. 그리고 구속한다.

- 핵심 포인트

    Profile 명령을 사용하여 직선 프로파일과 Arc 형상을 동시에 작업할 수 있음을 알고 있어야 한다. (많은 명령을 사용하지 않고 손쉽게 작업할 수 있다.)

Self Note

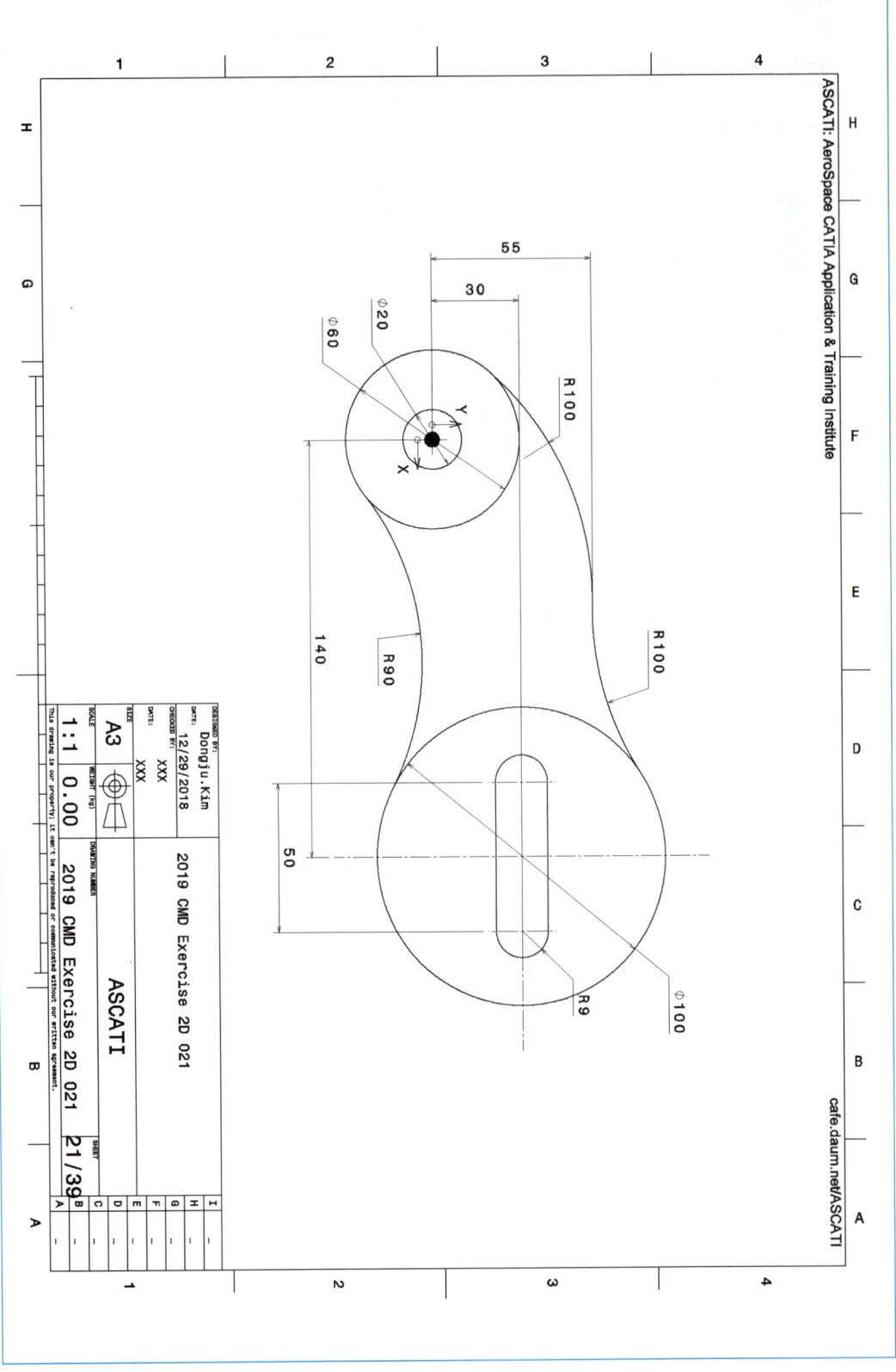

EXERCISE 21

- Workbench : Sketcher

- 주요 작업 명령

⊙	Circle	⌒	Corner
☾	Arc	⬚	Elongated Hole
🗄	Constraints	🗄	Constraints defined in dialog box

- 작업 순서

1. 원점에 두 개의 원을 그려준다.
2. 우측의 지름 100짜리 원과 중앙의 Elongated Hole을 그려준다.
3. Corner를 사용하여 하단의 라운드 부분을 작업한다.
4. Arc와 Corner를 사용하여 상단의 라운드 부분을 작업한다.

- 핵심 포인트

  간단한 형상의 구현과 함께 Tangent 조건의 의미를 되짚어 보기 바란다.

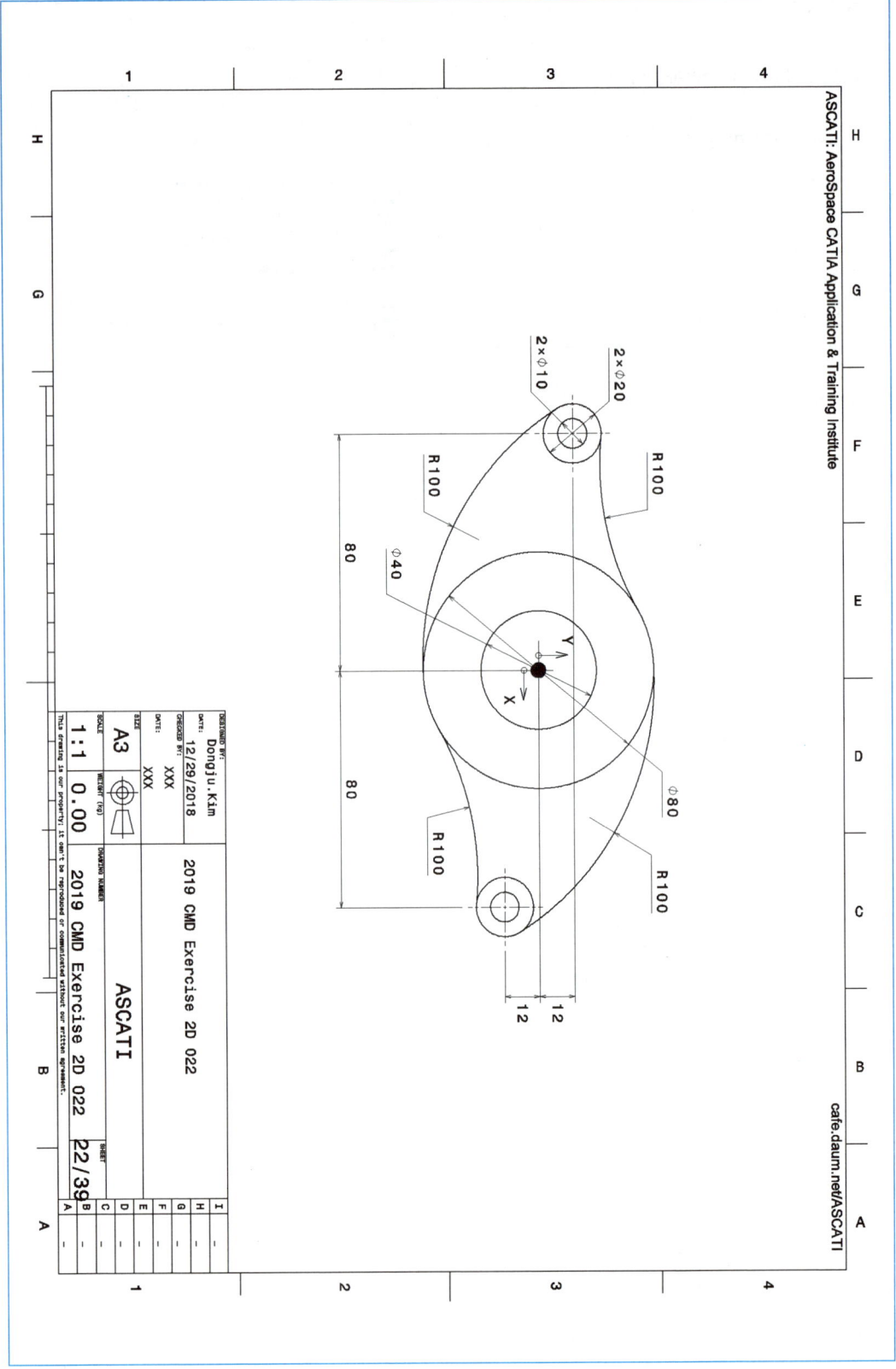

EXERCISE 22

- Workbench : Sketcher

- 주요 작업 명령

◉	Circle	╭	Corner
⌒	Arc	⬚	Quick Trim
⛶	Constraints	⛶	Constraints defined in dialog box

- 작업 순서

1. 원점에 두 개의 원을 그린다.
2. 양쪽에 위치한 두 개의 원도 그려주고 구속하도록 한다.
3. No Trim 옵션으로 Corner를 양 쪽에 작업한다.
4. Arc 형상에 대해서는 양 끝점을 일치(Coincidence)시키는 작업과 접하게(Tangent)하는 작업을 순차적으로 작업한다.

- 핵심 포인트

 본 작업은 반쪽 부분만을 작업하고 Rotate를 사용하여 복사시키는 방식으로 완성할 수도 있다.

Self Note

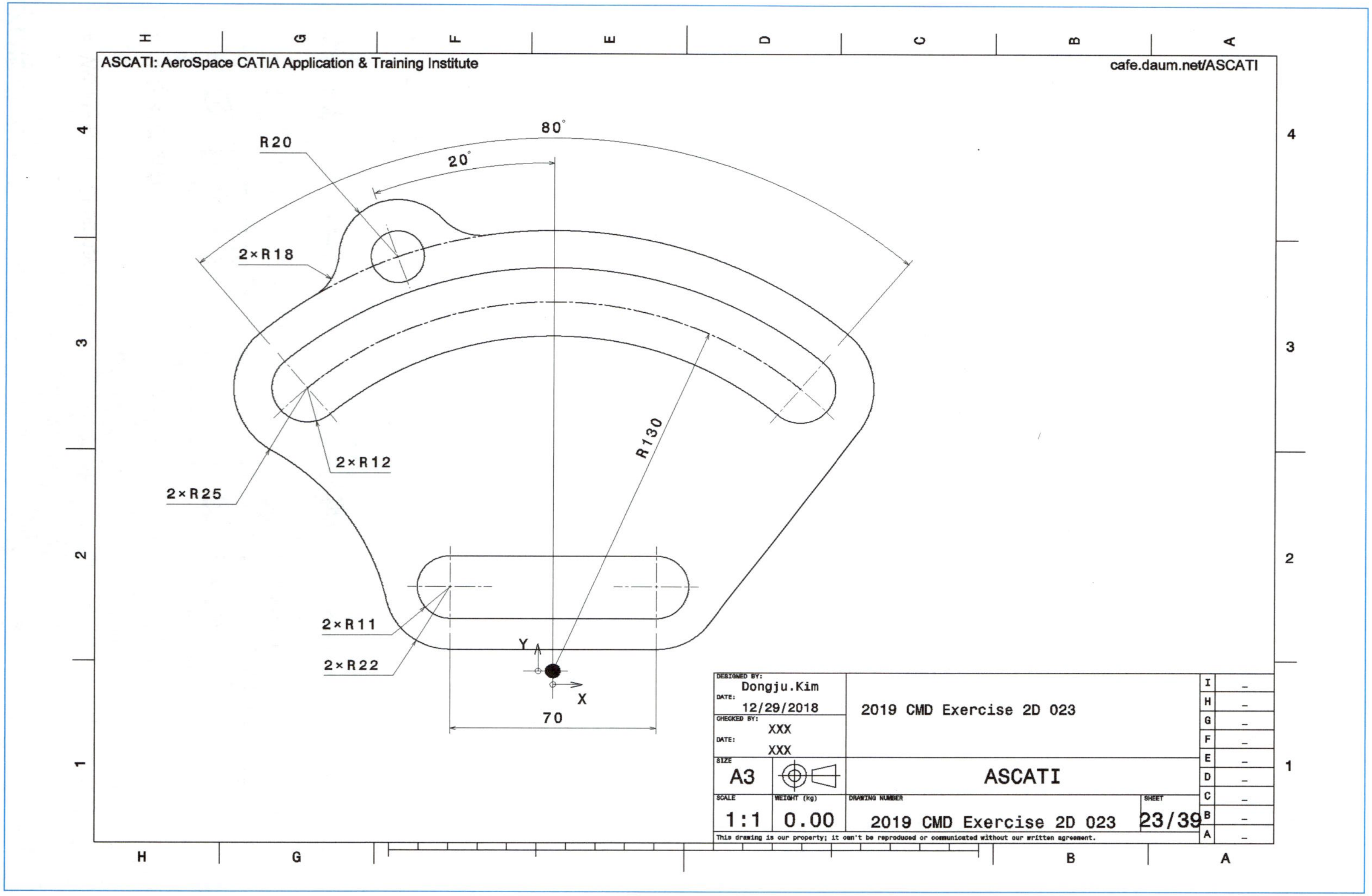

EXERCISE 23

- Workbench : Sketcher

- 주요 작업 명령

⬚	Elongated Hole	⬚	Cylindrical Elongated Hole
⬚	Corner	⬚	Circle
⬚	Line	⬚	Bi-Tangent Line
⬚	Construction/Standard Elements	⬚	Constraints
⬚	Constraints defined in dialog box		

- 작업 순서

1. 원점에 Elongated Hole 형상을 두 개 작업한다.
2. Cylindrical Elongated Hole 형상을 두 개 각각 그리고 Line을 사용하여 보조선으로 각도 구속을 한다.
3. Corner와 Bi-Tangent Line으로 두 형상 사이를 작업한다. 그리고 불필요한 부분은 제거하거나 Construction Element로 만들어 준다.
4. 두 개의 원을 작업한 후 마찬 가지로 불필요한 부분은 제거하고 Corner로 마무리 한다.

- 핵심 포인트

  형상의 대칭 구속에 대한 속성을 이해한다.
  보조선을 이용하여 구속해야 하는 경우가 언제인지 숙지하도록 한다.

Self Note

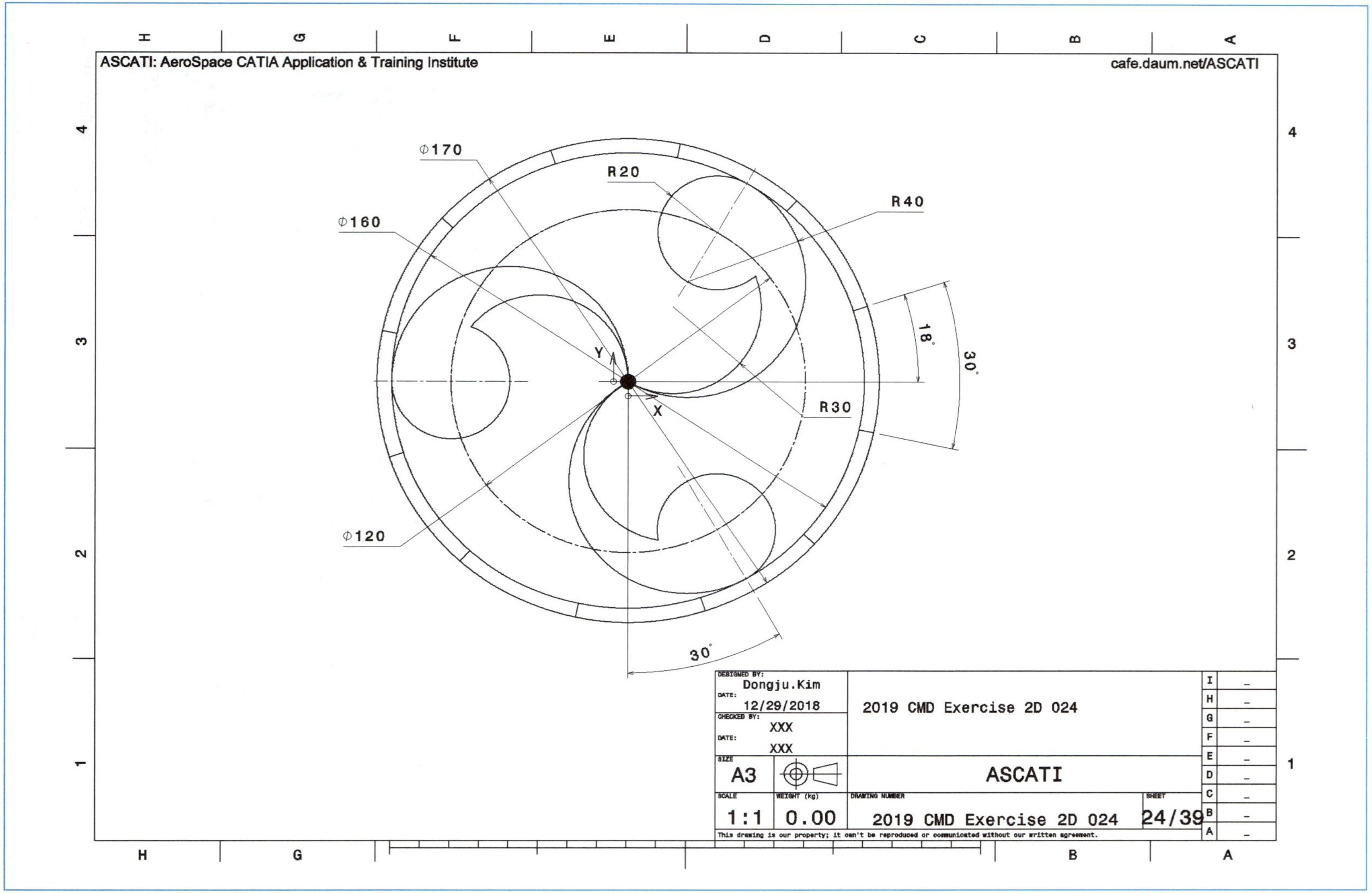

EXERCISE 24

- Workbench : Sketcher

- 주요 작업 명령

⊙	Circle	⌒	Arc	
/	Line		Construction/Standard Elements	
⟳	Rotate		Constraints	
	Constraints defined in dialog box			

- 작업 순서

1. 지름 120, 160, 170짜리 원을 그려준다. 120짜리 원은 Construction Element로 속성을 변경한다.
2. Arc 또는 Circle을 사용하여 반지름 20, 30, 40짜리 호 형상을 좌측의 수평 축에 일치하게 그리고 구속한다.
3. 2번에서 작업한 3개의 호 형상을 맞게 Trim한 후에 Rotate를 사용하여 원점을 중심으로 복사한다.
4. 오른쪽 수평 축을 기준으로 18도 기울어진 지점에 직선을 긋고 이것 역시 Rotate를 사용하여 원점을 중심으로 12개가 나열하도록 복사한다.

- 핵심 포인트

  반복적으로 위치하는 형상을 Rotate로 복사하는 경우 구속의 속성이 사라지는 것을 주의하도록 한다.

Self Note

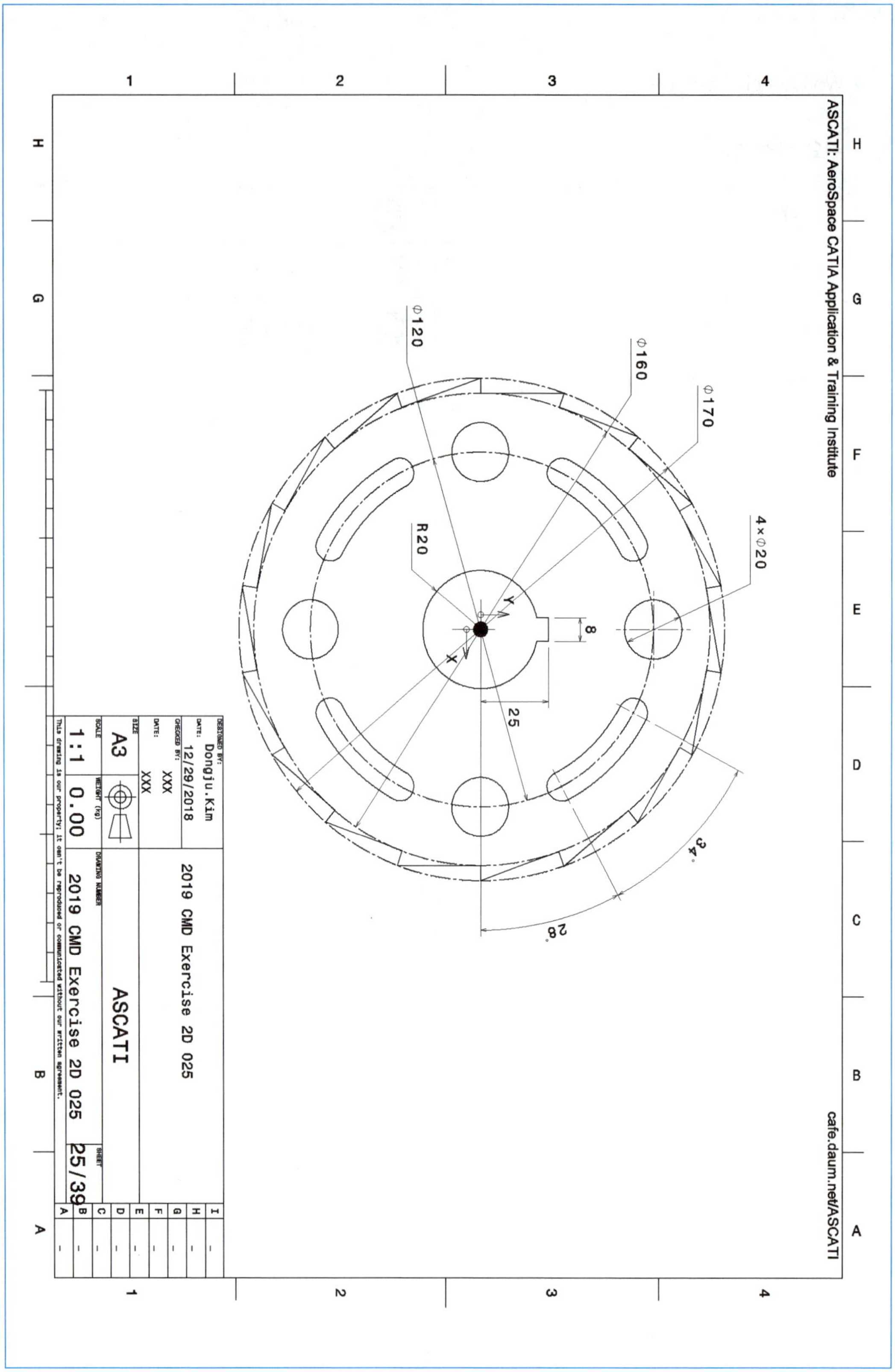

EXERCISE 25

- Workbench : Sketcher

- 주요 작업 명령

	Keyhole Profile		Cylindrical Elongated Hole
	Circle		Arc
	Line		Construction/Standard Elements
	Rotate		Constraints
	Constraints defined in dialog box		

- 작업 순서

1. 원점에 Keyhole Profile을 작업한다. 여기서 작은 반원 부분은 Construction Element로 만들어 주고 Line으로 연결한다.
2. 지름 120, 170짜리 원을 만들고 Construction Element로 바꾸어 준다.
3. 지금 120짜리 원을 기준으로 지름 20짜리 원과 Cylindrical Elongated Hole을 만든 뒤 Rotate 한다.
4. 지름 170짜리 원을 중심으로 톱니 형상을 그린 후에 18개가 되도록 20도 간격으로 Rotate한다.

• 핵심 포인트

반복 형상에 대한 적절한 작업 방식을 익히도록 한다.

Self Note

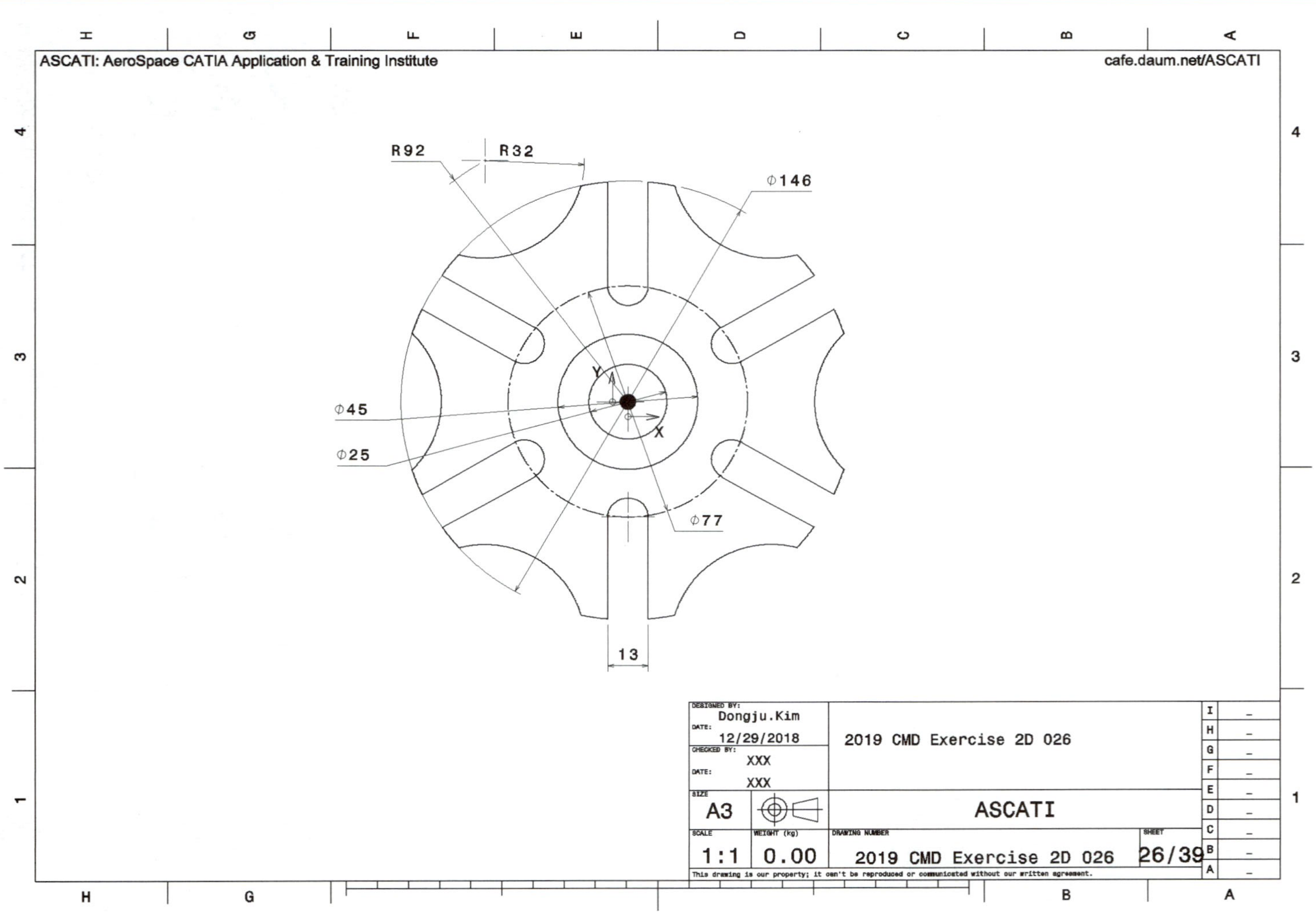

EXERCISE 26

- Workbench : Sketcher

- 주요 작업 명령

⊙	Circle	⊙	Elongated Hole
✏	Circle	🔲	Constraints
🔲	Constraints defined in dialog box		

- 작업 순서

1. 원점을 중심으로 한 지름 25, 45, 77짜리 원을 그린다.
2. 지름 77인 원을 Construction Element로 만들고, 여기를 지나는 Elongated Hole을 그린다.
3. 앞서 만든 Elongated Hole을 Rotate한다.
4. 반지름 73짜리 원을 그리고 원점으로부터 92만큼 떨어진 지점을 기준으로 우측 수평축에 호를 그려준다. 그리고 Rotate 한다.
5. 작업에 불필요한 부분은 모두 Trim한다.

• 핵심 포인트

대칭 형상과 Trim 작업의 순서를 적절히 선택해야 작업이 보다 간결함을 이해하기 바란다.

Self Note

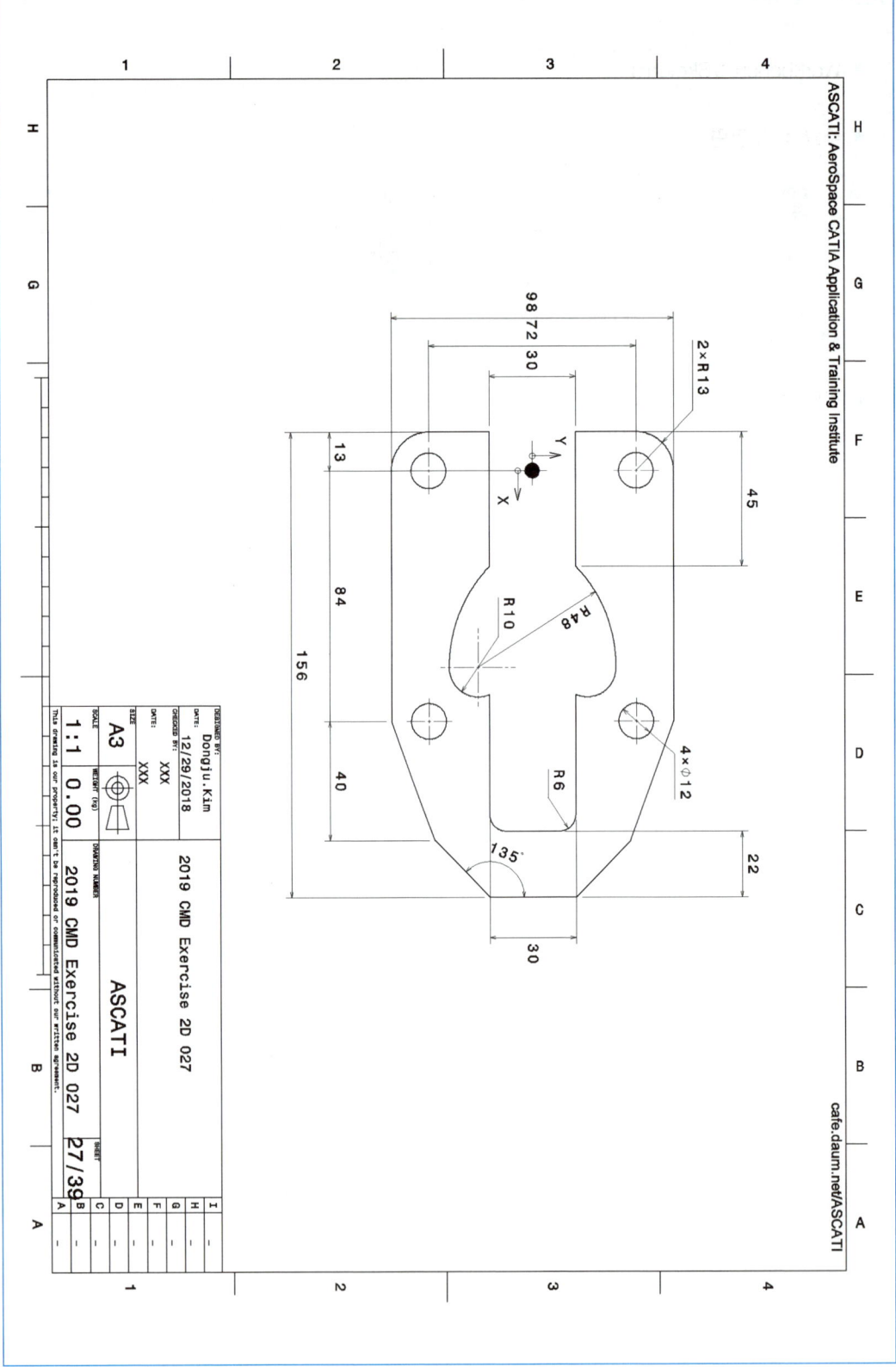

EXERCISE 27

- Workbench : Sketcher

- 주요 작업 명령

	Profile		Circle
	Symmetry		Constraints
	Constraints defined in dialog box		

- 작업 순서

1. Profile을 사용하여 수평축에 대칭이 되는 반쪽 형상만을 스케치한다.
2. 지정된 위치의 두 개의 원을 마저 그리고 상부 형상을 모두 대칭 복사한다.
3. 완벽한 구속이 되기 위해서 상부의 반지름 10인 호와 하부의 반지름 48인 호의 중심을 일치 시킨다.

- 핵심 포인트

  대칭이 된 상태에서 구속이 마지막에 완성되는 점을 주의하도록 한다.
  Profile을 사용하여 자유롭게 다각형을 그리는 연습을 하기 바란다.

Self Note

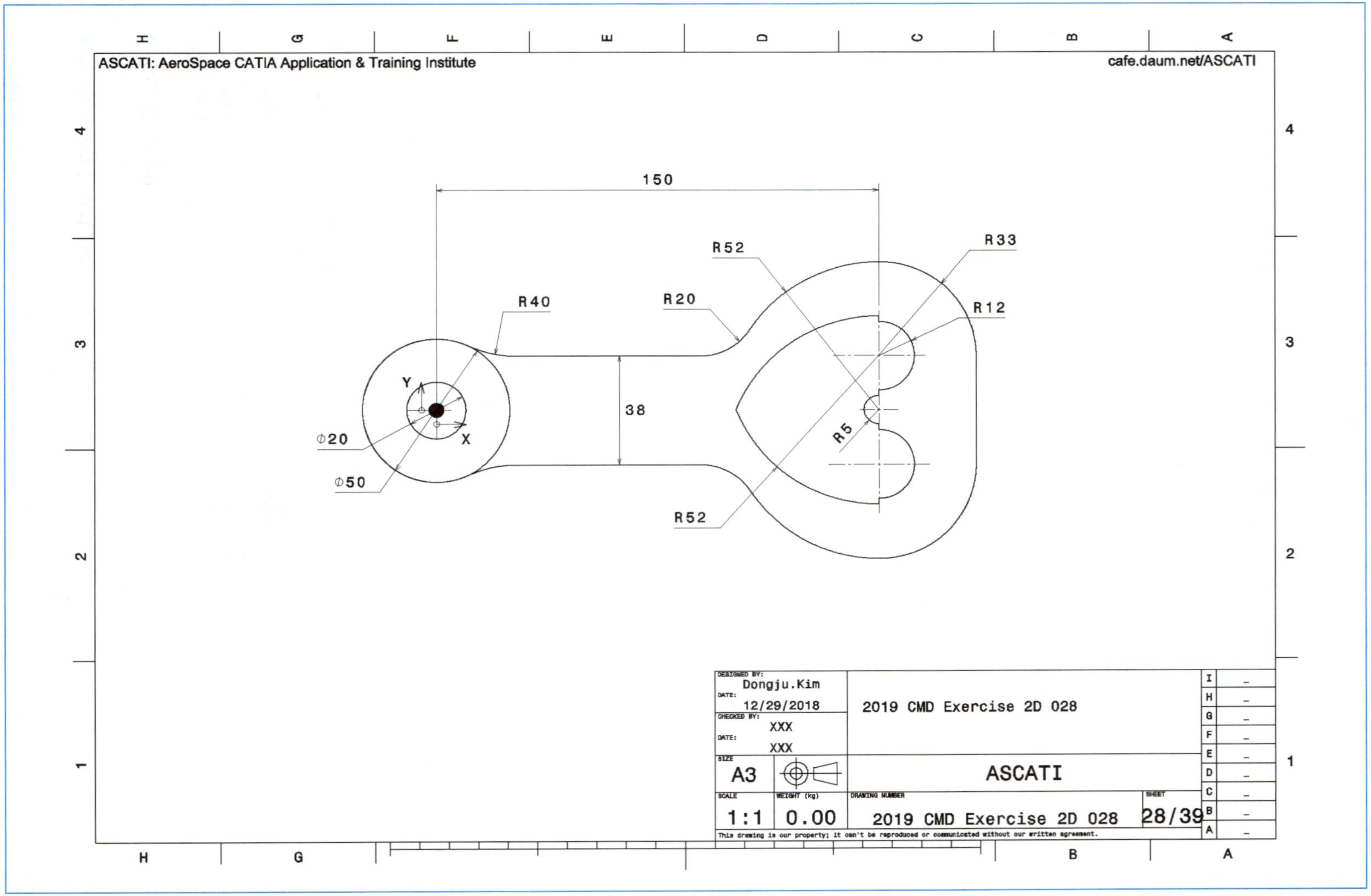

EXERCISE 28

- Workbench : Sketcher

- 주요 작업 명령

⊙	Circle	⌒	Corner
	Profile		Quick Trim
	Arc		Symmetry
	Constraints		Constraints defined in dialog box

- 작업 순서

1. 원점을 중심으로 두 개의 원을 그린다.
2. Profile을 사용하여 원점에서 우측으로 이어지는 형상을 만들고 대칭 복사 한다.
3. 가운데 호 형상들을 Arc로 만들고 구속한 후, 수평축을 기준으로 대칭 복사 한다.

- 핵심 포인트

  대칭 복사 속성을 잘 이해하고 이어진 여러 개의 형상을 한 번에 선택하기 위해 Auto Search를 이용해 보도록 한다.

Self Note

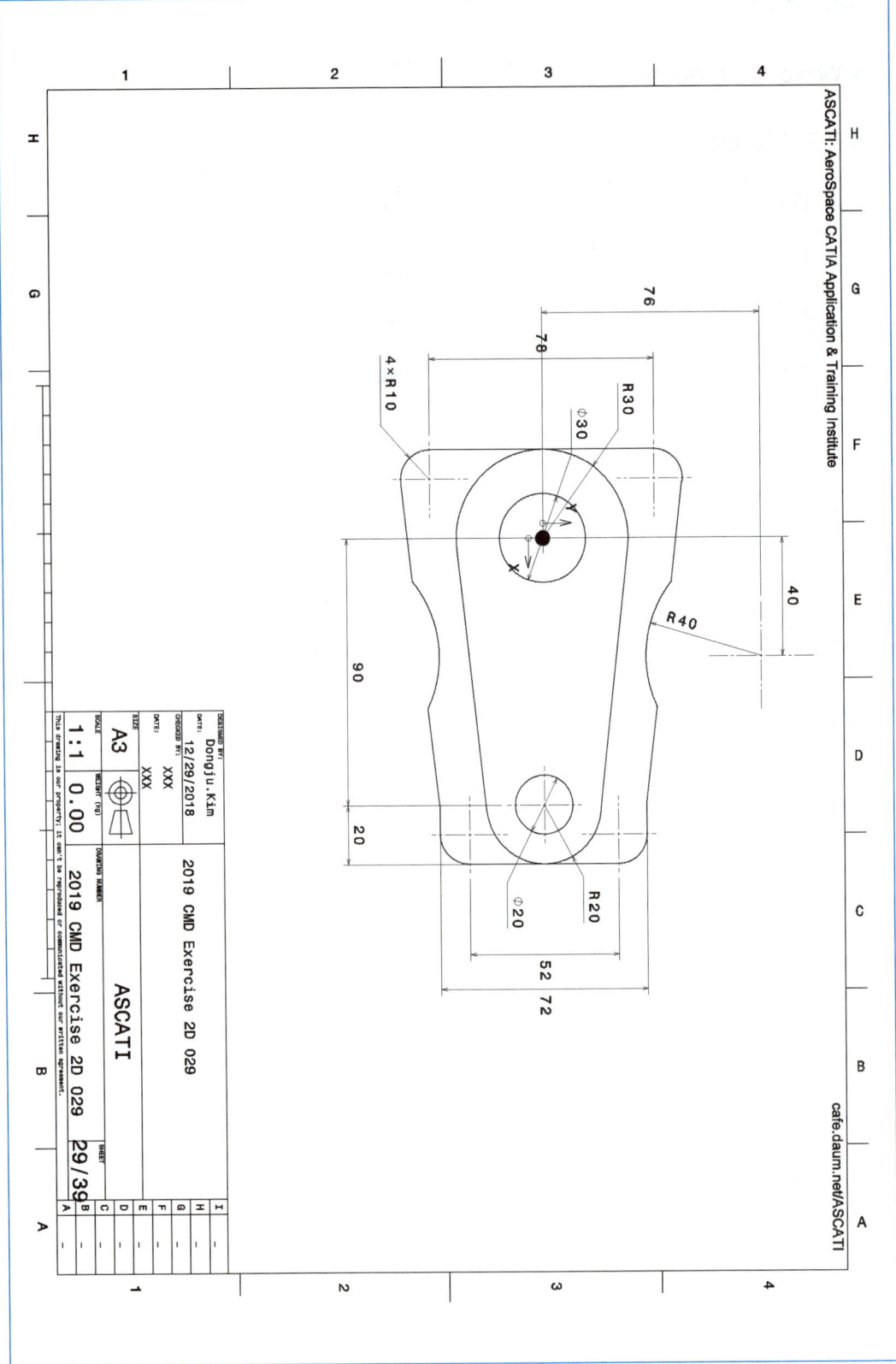

EXERCISE 29

- Workbench : Sketcher

- 주요 작업 명령

	Profile		Circle
	Arc		Bi-Tangent Line
	Symmetry		Constraints
	Constraints defined in dialog box		

- 작업 순서

1. 원점에 지름 30, 반지름 20짜리 원을 그린다.
2. 수평 축으로 거리 90만큼 떨어진 위치에 지름 20, 반지름 20짜리 원을 그린다.
3. Bi-Tangent Line으로 두 도면에 표시된 두 원들에 접하는 선을 그려주고 불필요한 부분을 Trim 한다.
4. Profile을 사용하여 바깥 형상을 수평 축 대칭 위 부분만 그려준다.
5. Arc를 사용하여 반지름 40짜리 원을 그려 앞서 그린 Profile 형상과 Trim한다.
6. Trim 한 형상을 선택하여 Symmetry로 대칭 복사 한다.

• 핵심 포인트

  Profile을 이용한 다각형 제도에 익숙해지도록 한다.
  눈으로 직감할 수 있는 대칭 형상을 인식하는 방법도 연습하기 바란다.

Self Note

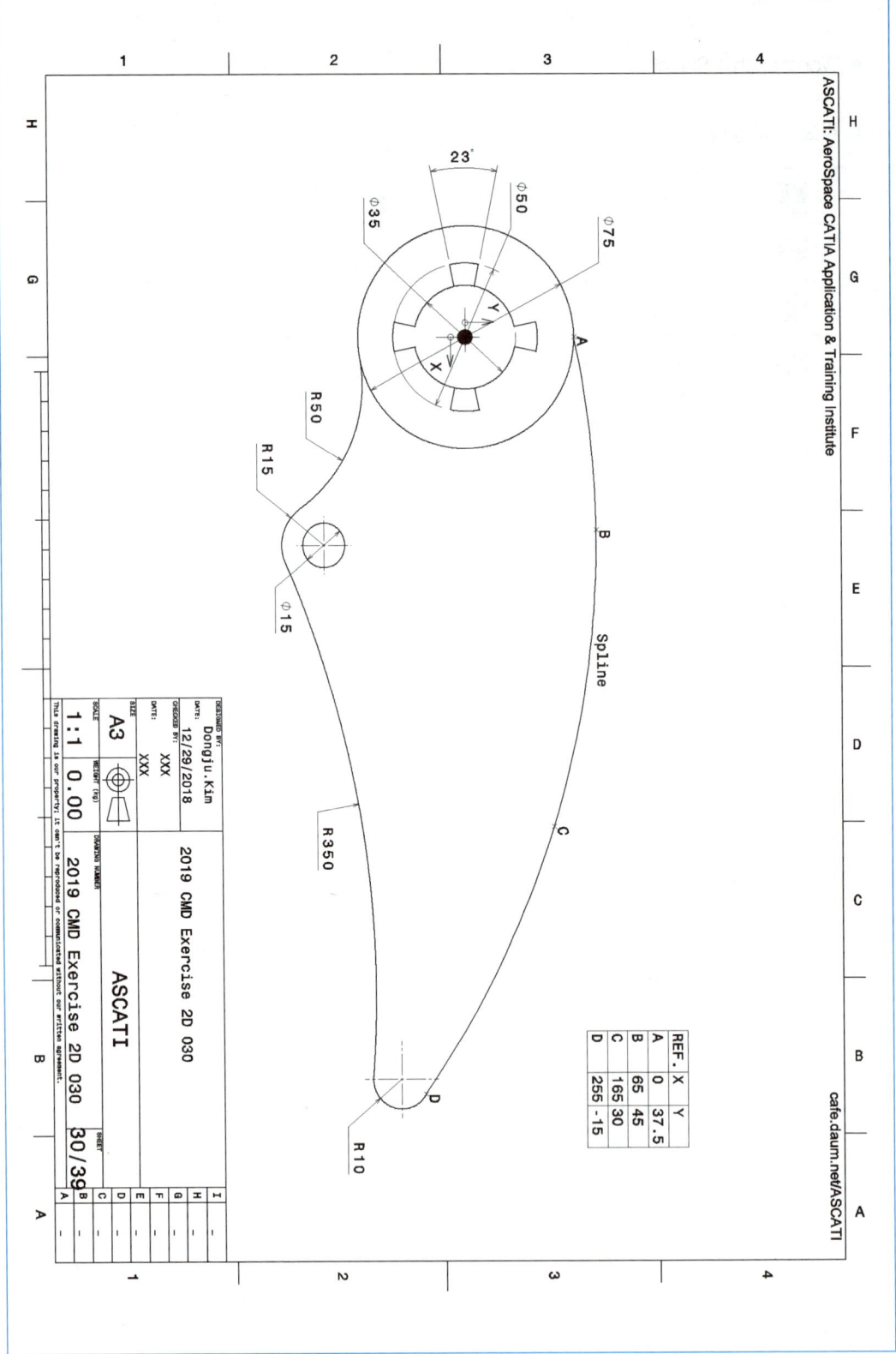

EXERCISE 30

- Workbench : Sketcher

- 주요 작업 명령

⊙	Circle	⌐	Corner
/	Line	⌫	Quick Trim
✶	Break	∿	Spline
▥	Constraints	⊙	Construction/Standard Elements
▥	Constraints defined in dialog box		

- 작업 순서

1. 원점에 지름 35, 50짜리 원을 그려준다.
2. 원점을 지나며 수직 축에 대칭이 되도록 두 개의 직선을 23도 각을 가지게 그려준다.
3. Break를 사용하여 지름 35 짜리 원과 교차하는 지점을 나누어준다. 그리고 원점 방향의 선을 Construction Element로 만들어 준다.
4. 마찬 가지로 수평 축에 대해서 같은 작업으로 직선을 그리고 대칭 시켜 Break 한다.
5. 앞서 작업한 직선과 원에서 불필요한 부분을 Trim한다.
6. 지름 75 짜리 원을 그리고 우측의 반지름 10짜리 원을 그리고 구속한다. 마찬가지로 하단의 반지름 15, 지름 15짜리 원 두 개를 그려준다.
7. 이제 Corner를 사용하여 이들 원 사이에 라운드를 준다. 여기서 Corner 옵션은 No Trim으로 한다. 작업 후 불필요한 부분은 직접 Trim해 준다.
8. 상단의 호 형상을 작업하기 위해 4점으로 이루어진 Spline을 그려준다. 그리고 각 점의 위치를 구속한다. 원점에서의 포인트 좌표는 원과 일치하는 조건을 주면 자동으로 충족한다.

- 핵심 포인트

Break를 이용한 불필요한 부분의 Construction Element화 하는 방법을 잘 기억하도록 한다. 그리고 원점을 지나는 직선 요소를 그냥 지울 경우 원점에 대한 구속이 사라져 형상의 구속이 깨진다는 것을 주의하기 바란다.
Spline을 사용하여 형상을 그릴 경우 각 Control Point의 위치를 바르게 구속하여 한다는 점을 알아두기 바란다.

Self Note

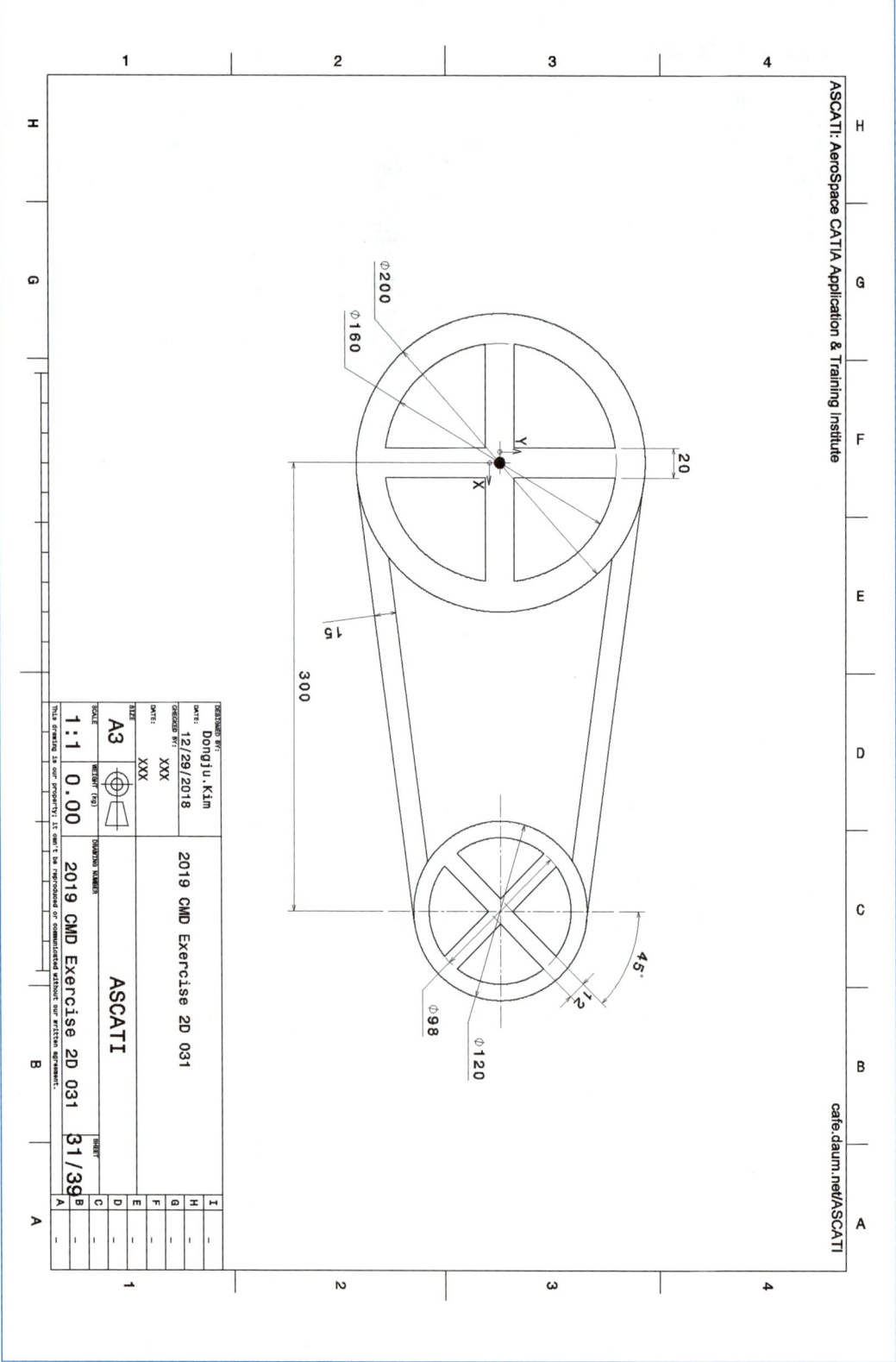

EXERCISE 31

- Workbench : Sketcher

- 주요 작업 명령

⊙	Circle	/	Line
◢	Quick Trim	╱	Bi-Tangent Line
▥	Symmetry	✳	Break
◈	Offset	⊙	Construction/Standard Elements
▤	Constraints	▦	Constraints defined in dialog box

- 작업 순서

1. 원점에 지름 160, 200짜리 원을 그린다.
2. 수직 축으로 부터 10만큼 떨어진 지점에 직선을 하나 긋고 이것을 Symmetry한다.
3. 그리고 교차하는 위치에 맞게 Break를 한 후 Construction Element로 만들고 불필요한 부분은 Trim한다. 여기서 절대로 원점 부분의 교차하는 선을 Trim해서는 안 된다.
4. 수평축 방향에 대해서도 같은 방식으로 작업한다.
5. 수평축으로 부터 300만큼 떨어진 지점에 지름 96, 120짜리 원을 그려준다.
6. 여기에 앞서 그린 원의 중심을 지나는 직선을 하나 그려주고 Construction Element화 한다.
7. 이 선을 중심으로 45도 기울어진 직선을 하나 더 그리고 마찬가지로 Construction Element화 한다.
8. 45도 기울어진 사선을 중심으로 6만큼 떨어진 나란한 선을 그려준다. 그리고 이것을 대칭 복사 한다.
9. 마찬가지로 교차되는 지점은 Break한 후 Construction Element로 만든 후, 불필요한 부분은 Trim한 후에 만찬가지 방법으로 반대편의 사선 부분을 작업한다.
10. Bi-Tangent Line으로 두 원들 사이에 접하는 직선을 그려준다.
11. Offset으로 거리 15만큼 떨어진 직선을 두 개 만들어 형상을 완성한다.

- 핵심 포인트

  간단하게 보이는 형상이지만 구속 원리를 잘 이해하고 있어야 쉽게 작업할 수 있다.

Self Note

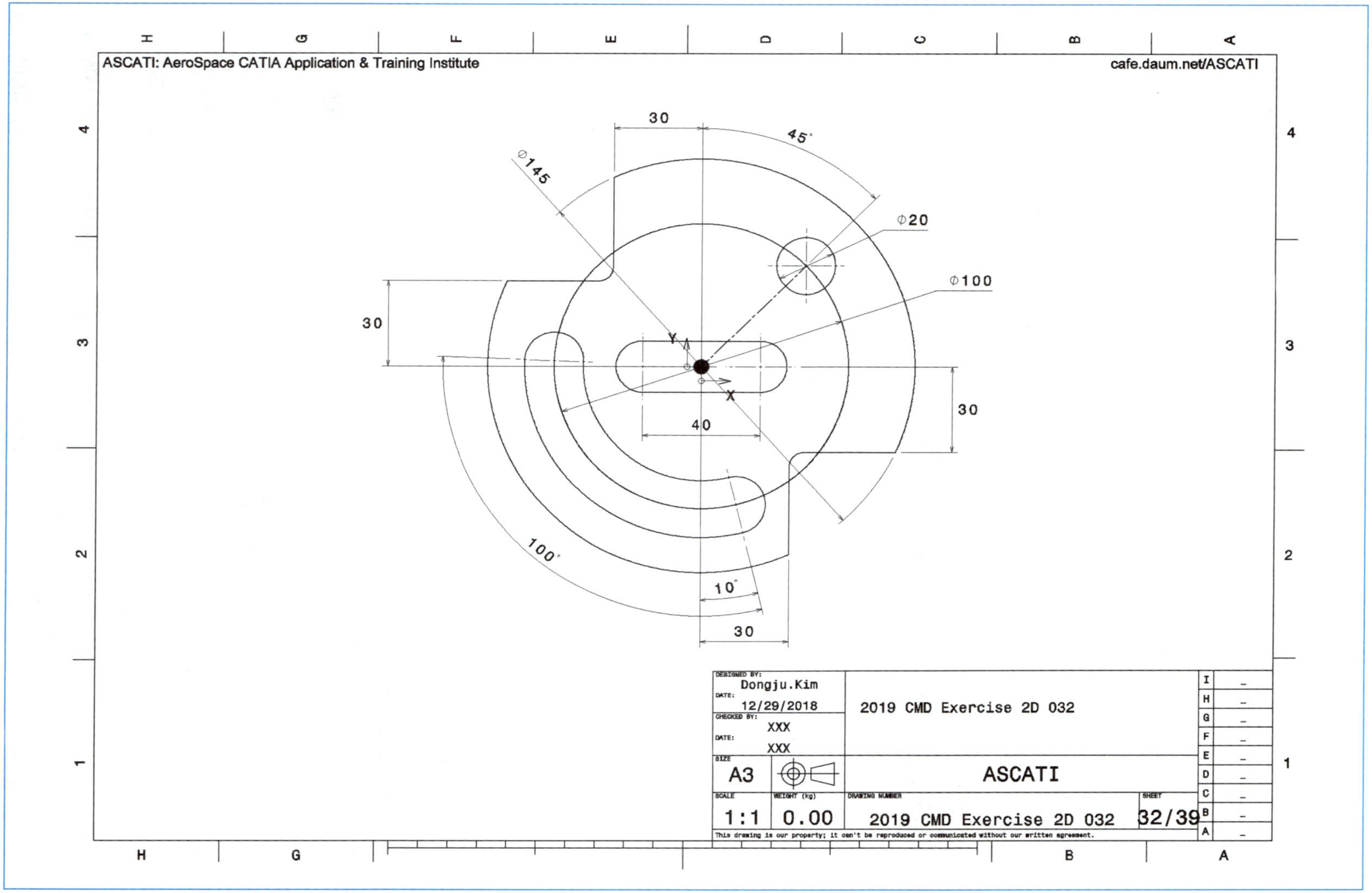

EXERCISE 32

- Workbench : Sketcher

- 주요 작업 명령

⊙	Circle	⊙⊙	Elongated Hole
	Cylindrical Elongated Hole		Profile
	Corner		Construction/Standard Elements
	Constraints		Constraints defined in dialog box

- 작업 순서

1. 원점을 중심으로 두 개의 원을 그려준다.
2. 대칭이 되도록 Elongated Hole을 그린다.
3. 내부의 원을 Construction Element로 만든 후에 이 원위에 중점을 지나는 지름 20짜리 원을 수직 축으로 부터 45도 기울어진 위치에 맞게 그려준다. 원의 각도 구속을 위해 직선을 보조선으로 만들어 이용한다.
4. 하단에 수평축으로 부터 각도 100을 가지는 Cylindrical Elongated Hole을 만들어 준다.
5. Profile을 사용하여 'ㄱ'자 형태로 스케치 한 후 거리 구속을 주고 원을 Trim한다.
6. 반대편도 마찬가지로 작업한다.

- 핵심 포인트

    기본적인 형상 모델링과 보조선의 적절한 이용을 숙지하도록 한다.

Self Note

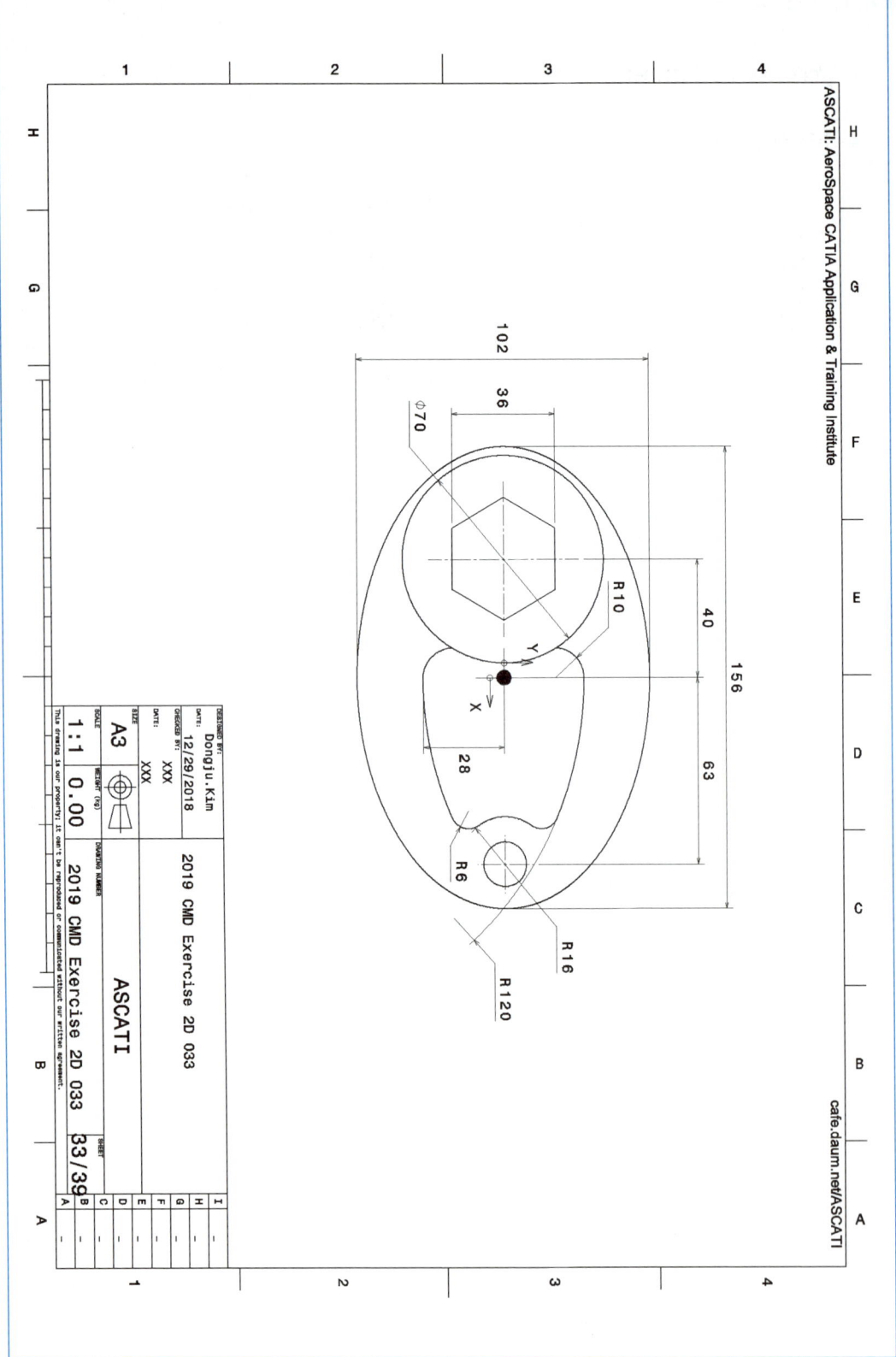

EXERCISE 33

- Workbench : Sketcher

- 주요 작업 명령

⬭	Ellipse	⊙	Circle
⬡	Hexagon	⌒	Arc
⌐	Corner	⌫	Quick Trim

- 작업 순서

1. 원점을 중심으로 타원을 그린다.
2. 좌측의 지름 70짜리 원과 정육각형을 그린다.
3. 우측의 지름 15짜리, 반지름 16짜리 원을 그린다.
4. 반지름 120짜리 호를 그리고 이것을 좌측과 우측의 원들과 Corner를 주어 형상 및 구속을 준다.
5. 불필요한 부분은 제거한다.

- 핵심 포인트

  간단한 형상이지만 접하는 호 형상의 구속에 관련하여 생각을 할 수 있는 도면이다.

Self Note

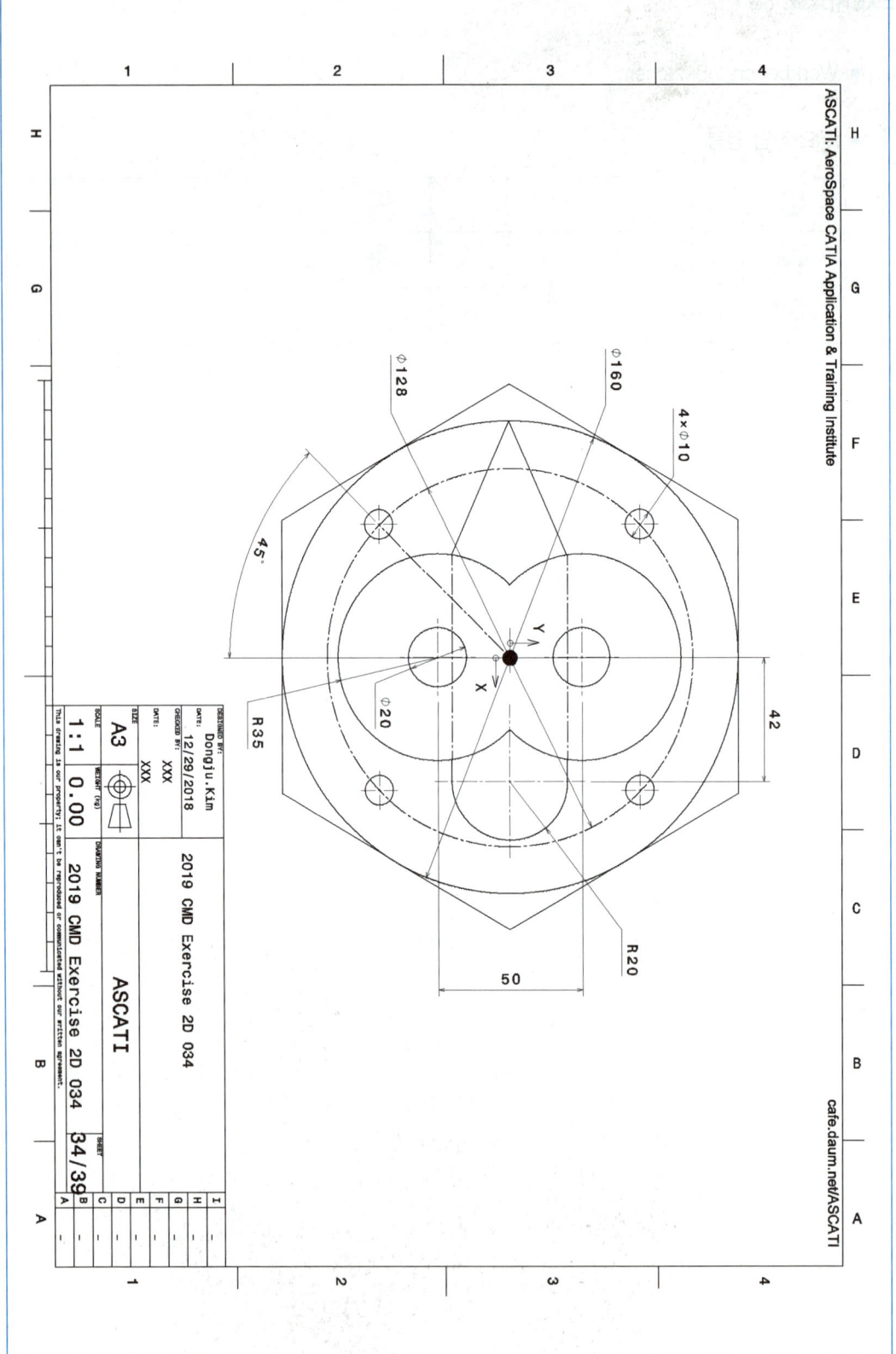

EXERCISE 34

- Workbench : Sketcher

- 주요 작업 명령

◉	Circle	⬡	Hexagon
▭	Elongated Hole	▭	Centered Rectangle
╱	Line	▥	Symmetry
✐	Quick Trim	⊙	Construction/Standard Elements
▤	Constraints	▦	Constraints defined in dialog box

- 작업 순서

1. 원점을 중심으로 정육각형과 원을 스케치한다.
2. 수직축에 일치하게 반지름 35짜리 원을 그리고 높이 구속한다.
3. 수평축을 기준으로 대칭 복사하고 불필요한 부분을 제거한다.
4. 우측에 형상을 Elongated Hole로 그려주고 불필요한 부분은 Trim한다.
5. 앞서 작업한 Elongated Hole에 맞게 직선을 그리고 수평축을 기준으로 Symmetry한다.
6. 가로 세로 90짜리 정사각형을 그린 후에 Construction Element로 만들고 이 4개의 끝점에 지름 10짜리 원을 그린다.

- 핵심 포인트

    대칭 형상과 보조 형상을 이용한 구속 방법을 이해한다.

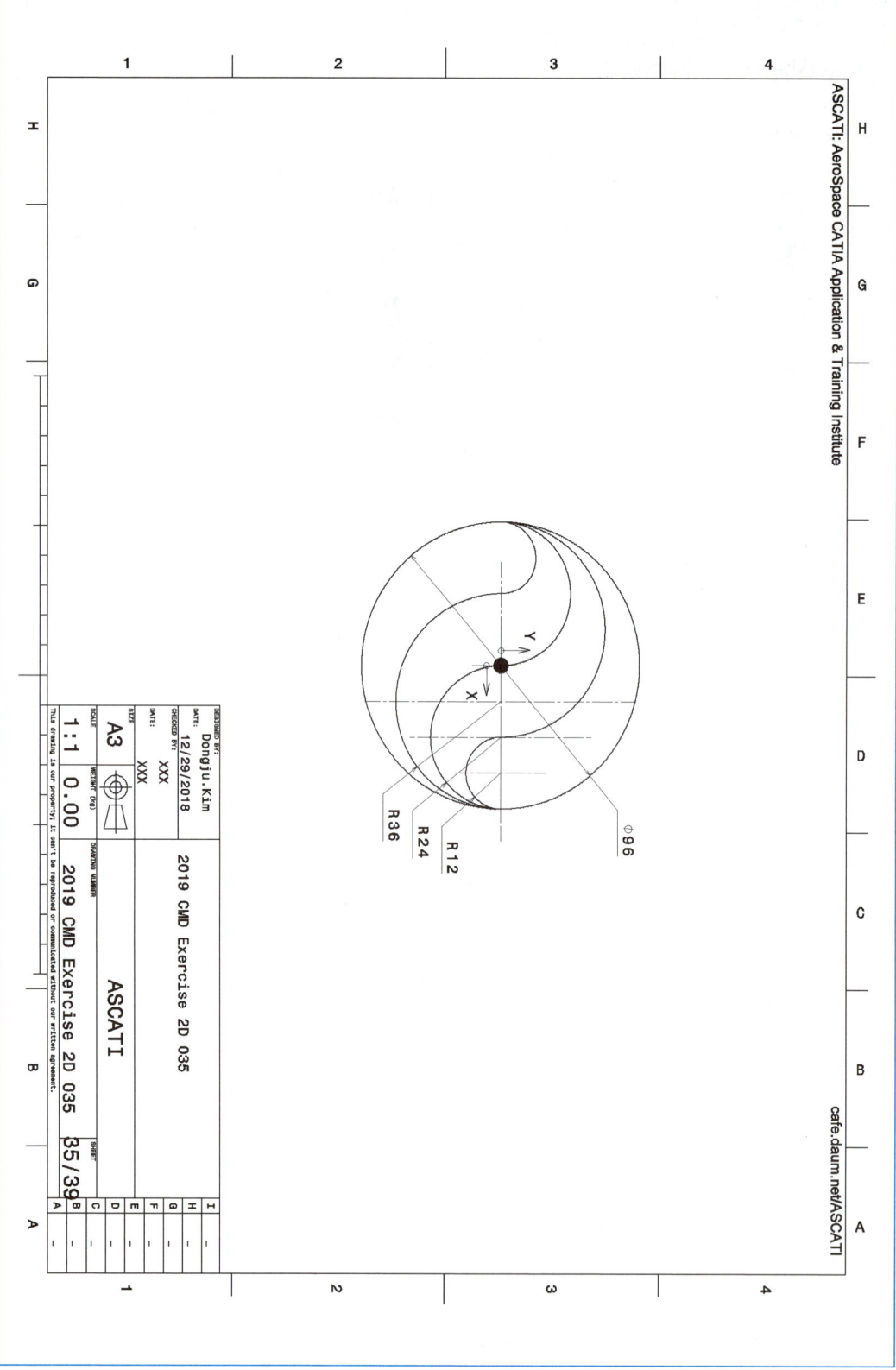

EXERCISE 35

- Workbench : Sketcher

- 주요 작업 명령

⊙	Circle	⌫	Quick Trim
	Constraints		Constraints defined in dialog box

- 작업 순서

1. 지름 96짜리 원을 그린다.
2. 수평축에 반지름 24짜리 원을 좌우에 나란히 그린다.
3. 같은 방법으로 이번에는 반지름 36, 12짜리 원이 서로 접할 수 있도록 나란하게 그린다. 같은 방법으로 12, 36짜리 원을 한 번 더 그려준다.
4. 불필요한 부분은 모두 Trim한다.

- 핵심 포인트

  원 요소의 접하는 성질을 이용한 작업 방식으로 Smart Pick으로 접하는 부분을 잡거나 Constraint를 직접 이용하여 접하게 값을 입력할 수 있다.

Self Note

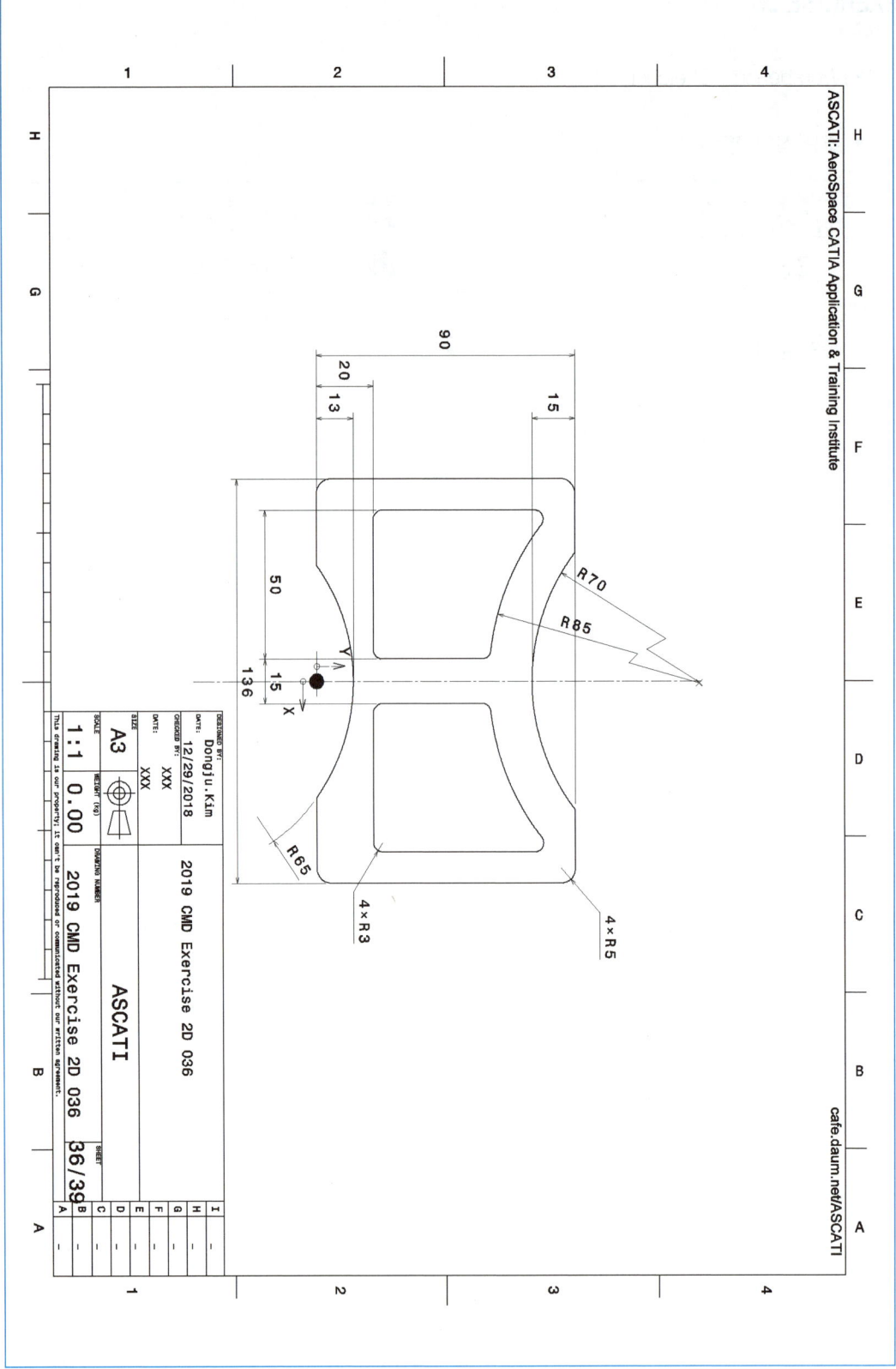

EXERCISE 36

- Workbench : Sketcher

- 주요 작업 명령

	Centered Rectangle		Arc
	Profile		Corner
	Symmetry		Quick Trim
	Constraints		Constraints defined in dialog box

- 작업 순서

1. 원점을 중심으로 대칭형 사각형을 그린다.
2. Arc를 사용하여 상단과 하단의 호를 그려준다. 그리고 교차하는 지점을 기준으로 불필요한 부분을 Trim한다.
3. Profile을 사용하여 내부의 형상을 그려주고 구속한 후에 Symmetry한다.
4. 필요한 부분에 Corner를 주어 작업을 마무리 한다.

- 핵심 포인트

   대칭 형상에 대한 간단한 연습이다.

Self Note

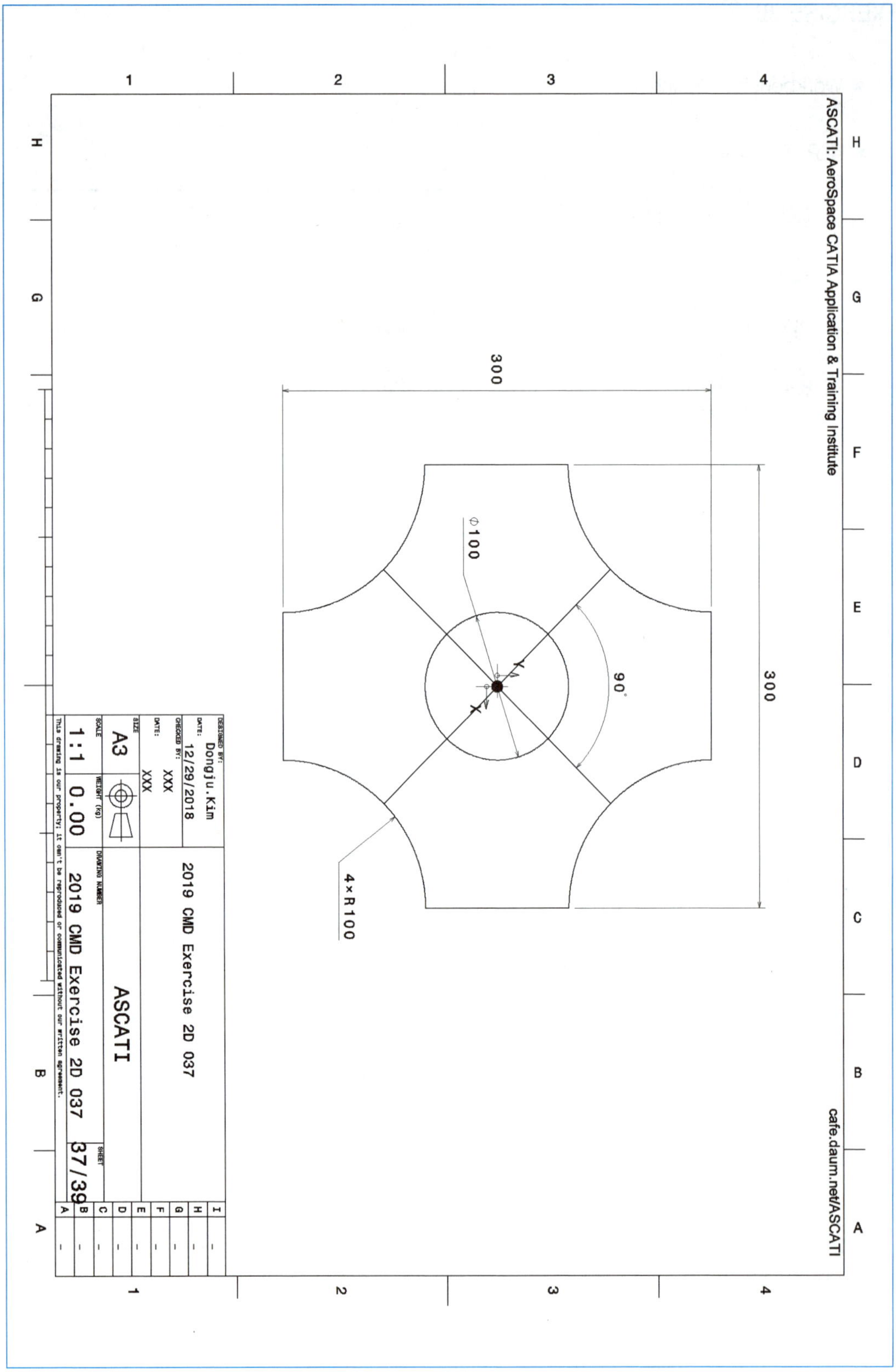

EXERCISE 37

- Workbench : Sketcher

- 주요 작업 명령

⊙	Circle	▣	Centered Rectangle
✐	Quick Trim	▤	Constraints
▦	Constraints defined in dialog box		

- 작업 순서

1. 원점을 중심으로 한 지름 100짜리 원과 가로 세로 300짜리 정사각형을 그린다.
2. 사각형의 네 끝점에 반지름 100짜리 원을 그리고(또는 하나만 그리고 대칭 복사) 불필요한 위치를 Quick Trim한다.

Self Note

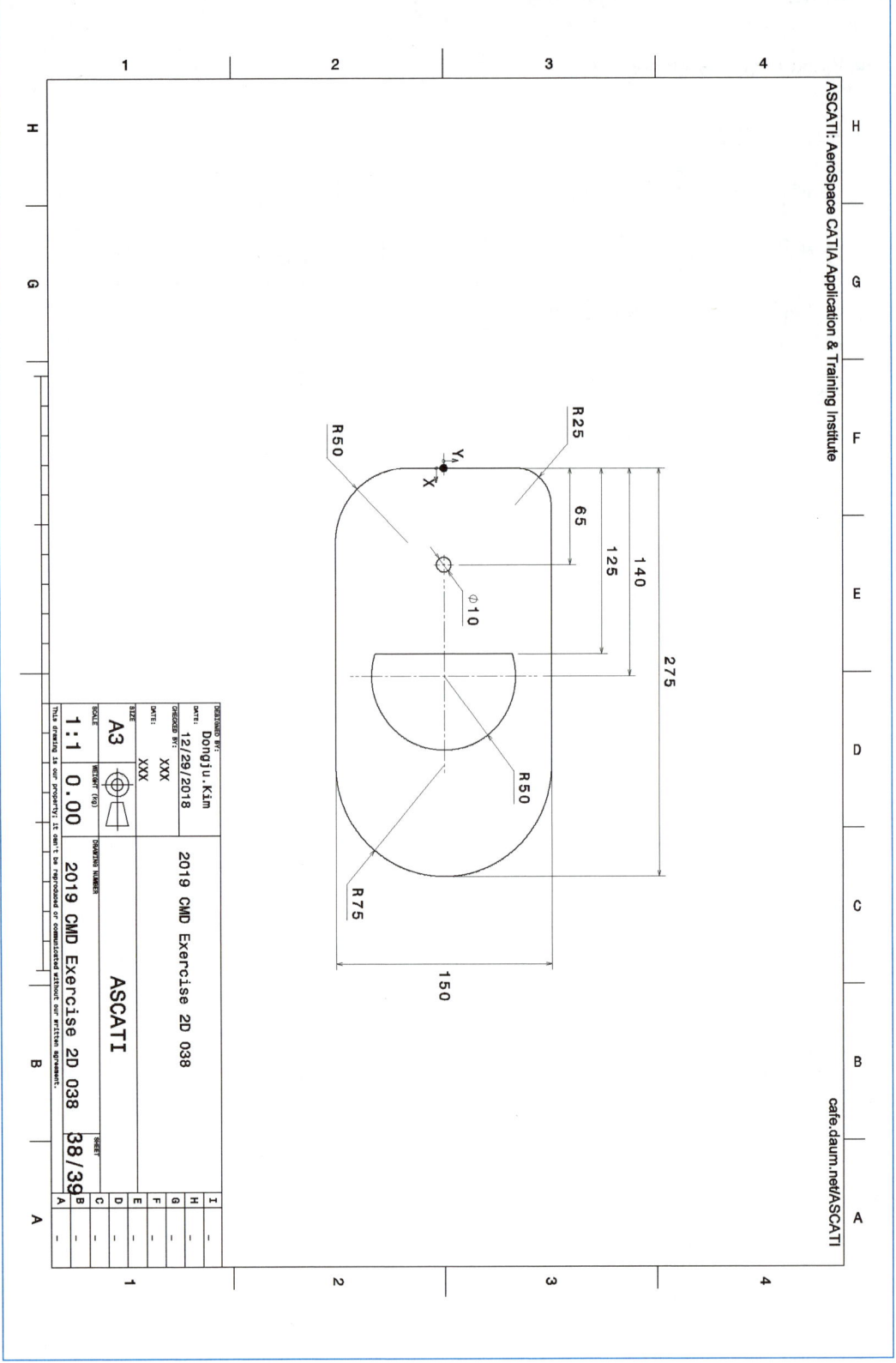

EXERCISE 38

- **Workbench : Sketcher**

- **주요 작업 명령**

⌾	Elongated Hole	⌒	Corner
⊙	Circle	╱	Line
✎	Quick Trim	⌬	Construction/Standard Elements
▦	Constraints	▦	Constraints defined in dialog box

- **작업 순서**

1. Elongated Hole을 수평 축에 일치하게 그리고 좌측 부분의 반원은 Construction Element로 만들고 직선으로 막아준다.
2. Elongated Hole의 중심에서 60만큼 떨어진 지점에 원을 그려준다.
3. 직선으로 좌측 부분을 막아 준 후에 불필요한 부분을 Trim한다.
4. 지름 10짜리 원을 수평 축에 맞게 그려준다.
5. Corner로 형상을 마무리 한다.

• 핵심 포인트

불필요한 부분을 지워야 하는 경우와 Construction Element로 남겨 두어야 하는 경우의 차이를 알아두기 바란다.

Self Note

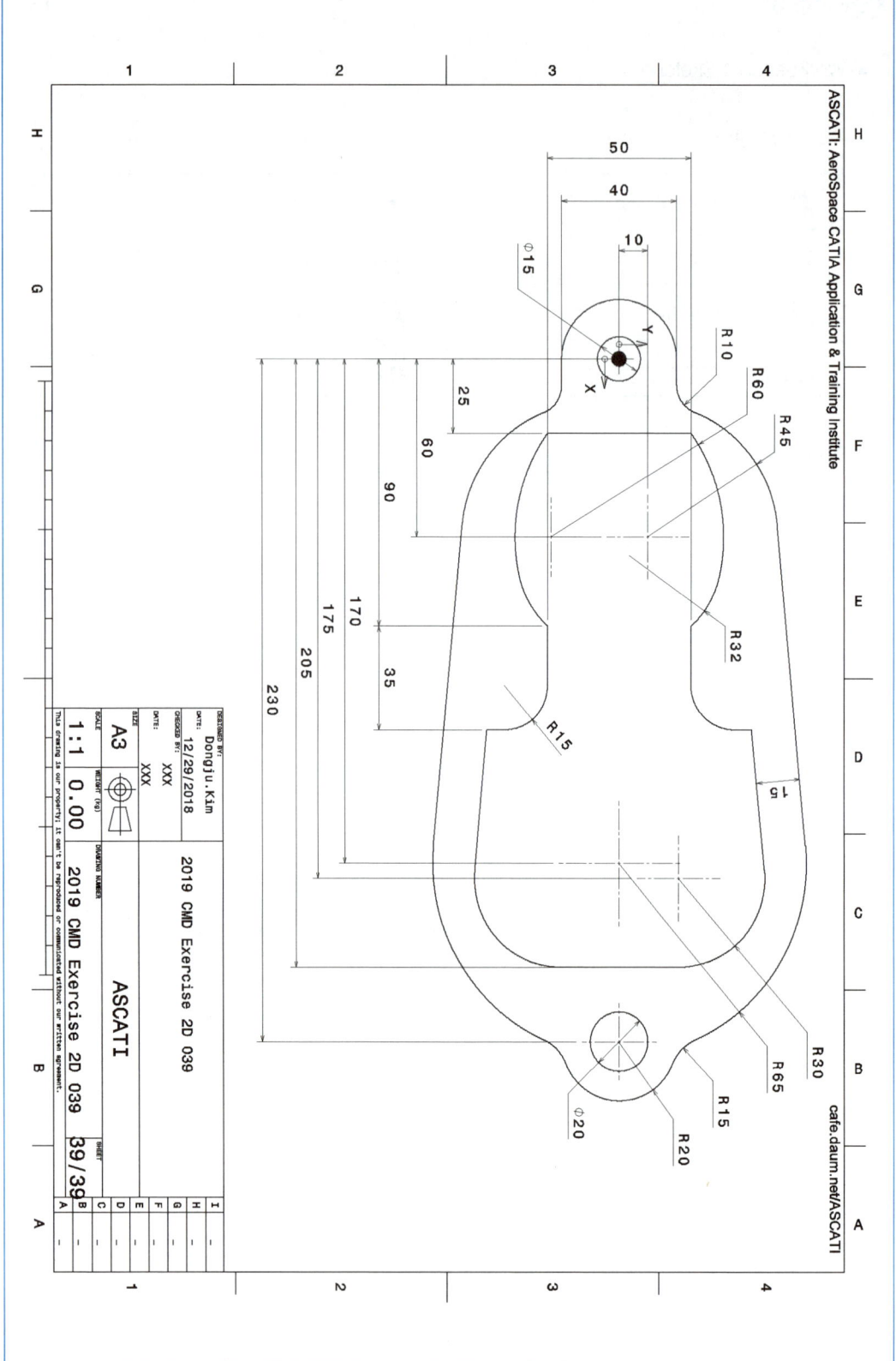

EXERCISE 39

- Workbench : Sketcher

- 주요 작업 명령

	Profile		Circle
	Elongated Hole		Corner
	Symmetry		Constraints
	Constraints defined in dialog box		

- 작업 순서

1. 원점에 원과 Elongated Hole을 그려준다.
2. 원점에서 수평 축으로 230만큼 떨어진 지점에 두 개의 원을 그려준다.
3. Profile을 사용하여 두 형상 사이의 모양을 따라 그려주고 구속한다.
4. 형상이 완성되면 수평축을 기준으로 대칭 복사한다.
5. 내부 형상도 마찬가지로 대칭이 되는 반쪽 형상만을 그려 주고 구속한 후에 대칭 복사한다.

- 핵심 포인트

얼핏 보기에 복잡해 보이는 형상일 수 있으나 Profile을 사용하여 개략적인 모습을 따라할 수 있다면 매우 간편하게 작업할 수 있는 형상이다.

Self Note

CATIA MECHANICAL DESIGN

CHAPTER 03

3D Part

본 장에서는 CATIA에서 가장 기본적인 3차원 형상을 다루는 Part Design 워크벤치에 대한 이론과 실습 예제를 공부하도록 할 것이다. Part Design의 각 명령들을 이론 부분에서 참고하여 또는 작업하는 과정에서 표시된 아이콘의 기능을 정확히 파악하고 실습 도면 작업에 임하기 바란다. 각 도면들에 대한 실습 설명은 다음 페이지의 작업 순서를 참고하기 바란다.

Self Note 부분에는 반드시 자신이 작업하면서 중요하게 생각한 점이나 실수한 점, 또는 강의에서 핵심으로 지적한 사항을 메모해 두기 바란다.

1. Part Design

1. Workbench 소개

① 개요

Part Design 이란 CATIA에서 3차원 솔리드 형상을 만드는 Workbench를 말한다. 앞서 언급한 Sketcher Workbench로 부터의 2차원 형상을 3차원 설계 형상으로 가공하는데 사용된다. 따라서 작업자는 앞서 연습하고 공부한 Sketcher Workbench로 부터 원하는 단면 프로파일 또는 가이드 커브 형상을 만들 수 있어야 한다.

이 Workbench에서의 작업은 스케치를 기반으로 형상의 각 부분을 적층하여 만들어 나가는 원리를 취하고 있다. 따라서 작업자는 작업하고자 하는 형상에 맞게 각 부분의 단면 형상을 스케치하여 솔리드화 하고 다음 부분에 대해서 다른 스케치로 형상을 구현해 나간다. 즉, 다수의 스케치 성분이 솔리드 형상의 각 부분을 정의하는데 사용되는 것이다. 여기서 작업자는 필요에 따라 스케치의 기준이 되는 Plane이나 Axis를 생성하여 이용할 수 있다. 또는 필요에 따라 솔리드 형상의 면(Facs)을 스케치의 기준으로 사용할 수 있으나 이런 경우 형상의 업데이트에 따른 기준면의 변경 또는 수정에 주의하여야 한다.

Part Design에서 만드는 결과 형상의 특징은 결과 형상 자체가 갖는 외형적인 모습뿐만 아니라 내부가 차있는 속성을 가지고 있기 때문에 무게 중심이나 밀도, 부피 등의 물성치를 구할 수도 있다. Part Design의 일반적인 작업 방식은 스케치 형상을 그린 후 Sketch Based Feature로 기본 형상을 뽑아낸 후 이것을 Dress Up Feature로 수정/가공하는 작업을 수행한다. 다음으로 이동이나 복사 작업을 수행해야 하는 경우 Transformation Feature를 이용한다. 여기서 일부 형상의 경우 복잡한 정도에 따라 Surface Based Feature를 사용하여 곡면 형상을 솔리드로 이용하거나 또는 여러 개의 Body를 이용한 Boolean Operation을 사용할 수 있다.

② Part와 Body

앞서 Part Design은 Part 도큐먼트를 사용하여 모델링 작업을 수행한다고 하였다. 이와 더불어 Sketcher 및 GSD등과 같은 형상을 모델링하는 기능을 담고 있는 Workbench는 모두 이 Part 도큐먼트를 사용하게 된다. 다시 말하자면 CATIA에서 형상을 모델링하는 모든 작업은 오로지 Part 도큐먼트에만 저장되며 이를 이용하여 다른 응용 작업을 수행할 경우 필요에 따라 다른 도큐먼트 형식에 적용한다.

따라서 설계자는 요구에 맞게 Part 도큐먼트를 수정하고 다룰 수 있어야 한다. 우선 기본적으로 동일한 모델링 작업을 사용하는 모델링 Workbench들 끼리는 도큐먼트를 공유하기 때문에 작업에 따라 Sketcher에서 Part Design으로 또는 Part Design에서 GSD로 Workbench만을 이동하면서 동일한 도큐먼트를 수정할 수 있다.

설계자는 반드시 자신이 작업하는 도큐먼트의 속성의 Part Number를 작업 대상에 맞게 주기하여야 하며 그렇게 해두지 않는 경우 나중에 Assembly Design이나 다수의 도큐먼트를 다루는데 있어 심각한 오류를 범할 수 있으니 주의하여야 한다.

하나의 Part 도큐먼트는 반드시 3개의 기본 Plane과 Body(PartBody)를 가진고 있다. 이 성분들은 반드시 존재해야 하는 디폴트 요소들로 삭제할 수 없다. 설정에 따라 Axis나 Geometrical Set을 추가하게 할 수도 있다. 이러한 기본 요소를 정의하는 것은 전적으로 작업자의 작업 목적에 따른 정의라고 생각하면 된다.

Part Design의 경우에는 작업의 모든 내역을 Body라는 것에 정의를 하는데 기본적으로 하나의 Body를 이용하기도 하지만 복잡한 형상이나 파트를 나누어 놓아야 하는 형상의 경우에는 여러 개의 Body를 사용하여 하나의 Part를 구성할 수 있다. 또한 다수의 Body들을 이용한 Boolean Operation이라는 CATIA의 솔리드 모델링 작업 방식을 이용할 수 있다.

다수의 Body를 사용할 경우에는 작업의 대상이나 부분에 따라 원하는 Body에 Define하는 것이 중요하다. 원하는 Body를 선택한 후에 마우스 오른쪽을 눌러(Contextual Menu) 'define in work object'를 선택하면 된다. 혹시나 스케치나 다른 Reference Element를 잘못된 위치에 지정하여 작업한 경우 작업을 지우거나 취소하지 말고 Contextual menu의 'Change geometrical Set'을 사용하여 이동시키고자 하는 Body나 Geometrical Set을 선택해 주도록 한다. 물론 여기서 이러한 작업은 오로지 스케치나 Line, Point, Plane 등과 같은 Geometry 성분만 가능하다. Part Design의 성분은 옮기는 것이 불가능하다는 것을 알아두기 바란다.

③ Workbench 들어가기

앞서 Sketch Workbench의 이동처럼 Part Design Workbench의 이동은 간단히 단축키를 사용하거나 시작 메뉴, 또는 File의 New를 사용할 수 있다. CATIA 설치 후 설정에서 Part Design Workbench의 단축키는 Alt + P로 지정을 하였기 때문에 CATIA 시작 후 이를 누르게 되면 Part Design Workbench가 나타날 것이다. 그리고 단축키를 입력하는 과정에서 시작 메뉴에 바로 가기로 추가하였기 때문에 풀다운 메뉴의 Start를 클릭하면 바로 Part Design Workbench가 보일 것이다.

CATIA에서 'CTRL + n'을 입력하면 'New' 창이 나타나는데 여기서 'Part'를 직접 입력하거나 목록에서 찾아서 선택을 하고 확인을 눌러 준다.

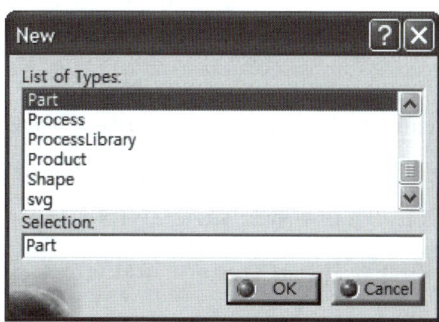

이러한 Part Design Workbench에서 작업은 다음과 같은 Spec Tree를 가지게 되는데 Tree에서 각각의 Part, Body, Feature, Geometrical Set 이 가지는 의미를 생각해 보기 바란다.

Part는 하나의 **Part Document**를 의미하며 여러 개의 **Body**와 **Geometrical Set**으로 형상을 나누어 구성한다.

절대 좌표를 나타내는 3개의 **Plane**은 삭제하거나 수정할 수 없다.

녹색의 기어 형상인 **Body**는 **Part**에서 솔리드 형상을 구분하는 기준이 되며 최소 한 개 이상의 **Body**를 가지고 있어야한다. **PartBody**는 **Part**의 **Main Body**이다.

- PartDesign2
  - xy plane
  - yz plane
  - zx plane
  - PartBody
    - Pad.1
      - Sketch.1
    - Pad.2
      - Sketch.2
    - Pad.3
      - Sketch.3
    - Pad.4
      - Sketch.4
    - Pad.5
      - Sketch.5
    - Multipocket.1
      - Sketch.6
    - Pocket.1
      - Sketch.7
    - CircPattern.1
    - EdgeFillet.1

각각의 형상을 만들기 위해 사용하는 명령들을 **Feature**라고 한다. 하나의 결과 형상은 여러 개의 **Feature**가 조합된 것이라 할 수 있다.

Feature에 **Under bar**가 있는 대상이 현재 작업의 **Define**된 위치를 나타낸다.

④ Part Design 작업 순서

Sketch Workbench와 마찬가지로 Part Design Workbench에서의 작업에도 작업의 흐름이 있다. 이 흐름을 기준으로 작업의 방향을 잡게 되면 쉽게 형상을 만들 수 있으리라 생각한다.

Part Design Workbench에서의 작업 순서는 다음과 같다.

- Sketch-Based Features Toolbar를 사용하여 2차원 스케치 형상을 이용한 Solid 형상을 만든다. 이 때 만들어진 3차원 형상은 스케치를 이용해서 만든 거친 모습을 하고 있어 추가적인 가공 작업을 해주게 된다.
- Dress-Up Features Toolbar를 사용하여 스케치를 이용하면 만든 거친 형상을 다듬어준다. 이 단계에서는 형상을 만들어 내는데 있어 스케치를 이용하지 않고 형상 자체의 요소만을 이용하여 작업이 수행된다.
- Transformation Features Toolbar나 Surface-based Features Toolbar 등을 사용하여 필요하다면 형상을 이동시키거나 같은 형상을 반복적으로 만들어 낼 수 있으며 추가적으로 Surface 형상을 이용하여 3차원 형상을 만드는 작업을 거치게 된다.

이렇게 위에서 언급한 Toolbar 가 Part Design의 주된 역할을 하게 되고 나머지 Toolbar 들은 보조 수단으로 사용하게 된다.

또는 한 개의 Body 가 아닌 여러 개의 Body를 사용하여 Boolean Operation 이라는 작업을 할 수도 있다. 이 부분은 특히 Multi-body Operation에서 다루게 될 부분으로 하나의 Part안에 여러 개의 Body를 이용한 작업을 배우고 사용하게 될 것이다. 전반적인 Part Design 작업 순서를 익히고 위와 같은 경우에 따른 추가적인 작업 기능을 익히게 되면 3차원 Solid 형상을 쉽게 만들 수 있을 것이다.

2. Tool Bar 소개

CATIA의 Solid 모델링을 담당하는 Part Design Workbench의 Toolbar들은 작업의 순서에 따라 각각 잘 분류가 되어 있다. 그리고 각 Toolbar의 이름만으로도 그 안의 명령들의 기능을 짐작할 수 있다.

1. Sketch-Based Features

형상을 설계하기 위해서 2차원 스케치를 완성한 후 이 스케치를 이용해 Solid 형상을 만들고자 할 때 반드시 거쳐야 하는 작업 Toolbar 가 바로 Sketch-Based Feature 이다. 스케치를 이용한 형상에는 한 개의 스케치만을 이용하는 Feature 가 있기도 하고 여러 개의 스케치를 이용하여 하나의 형상을 만드는 Feature 도 있다. 스케치를 이용해 형상을 갓 만들어 내는 과정이라 형상이 매우 거칠다. 따라서 나중에 Dressed-Up Features Toolbar에서 다듬어 주는 작업을 하게 된다.

- Pad

일단 Pad에는 다음과 같은 Sub Toolbar 가 있다는 걸 기억하자.

Sketch-Based Feature에서 가장 기초적인 형상 생성 명령으로 사용이 매우 단순하면서도 가장 많은 작업에 사용되며 시작 단계에서 가장 많은 시간을 할애하여 설명하는 명령이다. Pad 한 가지만 잘 습득한다면 다른 명령들에서도 비슷한 적용이 가능하므로 집중하여 학습하기 바란다.

Pad는 Sketch Workbench에서 작업한 2차원 형상에 길이를 주어 3차원 형상으로 만든다. 사실 정확한 표현은 아니지만 단면 형상에 길이를 주어 3차원 형상을 만든다고 이해해도 좋다. 나중에 설명하겠지만 여기서의 길이는 높이가 아니라 스케치 단면에서부터 정해진 방향으로의 길이 값을 나타낸다. 일반적으로 스케치 평면에 대해서 수직한 방향을 갖기 때문에 높이로만 생각할 수 있으니 조심하기 바란다.

Pad 아이콘을 누르면 다음과 같은 Pad Definition 창이 나타난다.

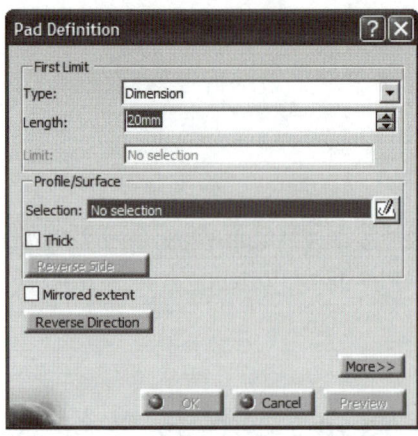

- Profile/Surface

  Pad에서 우선적으로 선택해야 할 요소는 바로 가운데의 Profile/Surface 이다. Pad하고자 하는 대상을 선택한다. 스케치 또는 Surface를 선택하며 여기 선택한 대상의 기준면 방향으로 길이를 주어 3차원 형상을 만들게 된다. 여기서 Profile을 선택할 때 주의할 것은 기본적으로 Pad는 닫힌 형상(Closed Profile)에 대해서 만들어지기 때문에 완전히 닫혀 있지 않거나 Trim이 잘못된 경우 경고 창이 나타난다.

  Profile이 선택되어 아무런 문제가 없다면 다음 단계로 진행 할 수 있다. (만약 Profile에 문제가 있다면 경고 창이 나타날 것이다.) 미리 보기를 원한다면 Preview `Preview` 를 누르면 현재 조건으로 만들어지는 형상을 미리 볼 수 있다.

  여기서 형상이 맞게 나온다면 OK를 눌러 Pad 작업을 완료하면 된다.

- First Limit 과 Second Limit

  Pad 하고자 하는 대상을 선택한 후에 다음으로 해야 할 일은 이 형상을 Pad 할 때 얼마만큼 무엇을 기준으로 할지를 결정하게 된다. First Limit은 Profile을 선택하였을 때 나타나는 화살표 방향을 나타내게 된다. 이 방향으로 Type에 따라 여러 가지 기준을 가지고 Pad 해 줄 수 있다. 명령 창 하단의 Reverse Direction을 누르거나 화살표를 직접 클릭하면 First Limit의 방향을 바꿀 수 있다.

  Pad의 디폴트 Type은 Dimension인데 수치 값을 입력에 의해서 Pad를 한다. Dimension 외에도 여러 가지 Type으로 Pad되는 값을 지정할 수 있다.(이 Type에 대한 이야기는 나중에 자세히 하도록 할 것이다.)

  Profile이나 Surface는 면 요소이기 때문에 항상 두 개의 방향을 가지게 된다. 위의 Pad Definition 창에는 First Limit만 보이지만 아래의 More를 누르게 되면 Second Limit도 나타남을 확인할 수 있을 것이다.

Second Limit은 앞의 First Limit의 반대 방향으로 이러한 양방향으로 다른 길이 값을 주어 Pad 할 수 있다.

- Mirrored Extent

앞서 Profile/Surface에 대해서 두 방향으로 서로 다른 길이 값을 주는 것을 보았을 것이다. 이 Mirrored Extent는 First Limit 길이 값을 Profile/Surface를 기준으로 양 쪽 방향에 똑같이 적용 시켜 주는 것이다. 즉 하나의 길이 값을 가지고 양 쪽 방향으로 값을 주게 하는 방법이다.

- Thick

앞서 이야기 하였지만 Pad와 같은 일반적인 3차원 Solid 형상을 만드는 명령은 Profile로 닫혀있는 스케치를 사용한다. 그런데 경우에 따라서 완전히 닫힌 형상이 아닌 Profile을 사용할 경우가 생긴다. 또는 닫힌 Profile에 대해서 완전히 안을 채우지 않고 스케치의 둘레에 대해서 두께만 주어 Pad 할 경우가 생긴다. 이럴 때 Thick를 체크하게 되면 두께를 가진 Pad를 할 수 있다.

열려있는 Profile을 Pad의 Profile로 선택하면 다음과 같은 창이 뜬다.

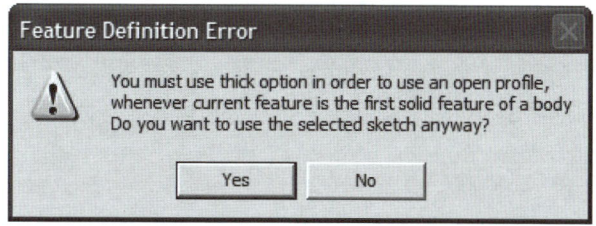

흔히 에러 창이 떴다고 해서 바로 창을 닫아 버리고 마는 경우가 많은데 경고 창이나 에러 창이 나타나면 반드시 읽어 보기를 권한다. 위의 경우에서도 열려있는 프로파일에 대한 Pad 적용에 대해서 에러 메시지를 나타내고 있지만 마지막에 'anyway' 라고 하며 사용의 여지를 남겨 주고 있다. 여기서 'Yes(예)'를 선택하고 Thick 을 체크하면 에러 없이 Pad를 만들 수 있다.

또한 ■Thick 를 체크하면 완전히 닫힌 Profile에 대해서 안을 완전히 채우지 않고 두께가 있는 형상을 만들 수도 있다. 여기서 Thickness 1은 스케치 Profile을 기준으로 안쪽 방향을 나타내고 Thickness 2는 바깥 방향을 나타낸다.

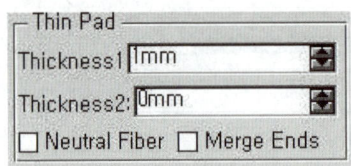

Neutral Fiber를 사용하면 Thickness 1 값을 스케치 Profile의 라인을 기준으로 좌우로 등분하여 두께가 만들어 진다. (즉, Thickness 1을 1mm로 했다면 스케치 선을 기준으로 0.5mm씩 두께가 만들어 지는 것이다.)

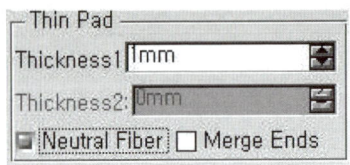

또한 우리가 Solid 형상을 만드는데 한번 사용한 스케치를 다른 작업에서도 사용할 수 있다. Pad 와 같이 Solid 작업 명령을 하게 되면 자동적으로 스케치는 화면에서 숨겨지게 되지만 Spec Tree에서 다시 Show가 가능하며 다른 작업에 사용이 가능하다. 물론 이럴 경우 이 스케치가 수정 되면 이를 사용한 모든 작업 역시 수정이 이루어진다.

- Normal to Profile

기본적으로 Pad는 Profile의 기준 면과 수직한 방향으로 길이 값을 주어 3차원 형상을 만든다. 그런데 필요에 따라서 Pad의 방향을 바꾸어 주어야 할 경우가 있는데 이 때 이 'Normal to Profile'을 해제하고 임의로 그려준 직선이나 기준 요소를 선택하여 Pad의 방향을 바꾸어 줄 수 있다. 물론 이 Reference에 곡선은 선택할 수 없다.

- Reverse Side

이 옵션은 다음과 같은 경우에 사용할 수 있는데 Pad하려는 형상이 다른 Solid 형상의 면들과 Profile이 교차하여 만들어진 닫힌 부분에 대해서 두 개의 방향으로 Pad가 가능하다.

- Go to Profile definition

스케치에 여러 개의 도메인 중 일부만을 선택하여 Pad 하고자 할 경우, DWG나 DXF처럼 도면 파일을 스케치로 가져와 이것을 Pad에 사용하려고 하는데 치수선이나 치수 보조선으로 인해 Pad에 장애가 있을 경우 우리는 전체 스케치에서 일부만을 불러오는 Go to Profile definition을 사용한다.

- Pad의 Type

 앞서 Pad의 값을 정의하는 방법에는 앞서 수치를 입력하는 방법 외에 몇 가지 기준 요소를 이용한 방법이 있다. 때에 따라 이러한 기준 요소를 이용한 방법이 더욱 간결하고 정확하게 Pad를 실행할 수 있다. 이러한 Type 들은 비단 Pad에서만 사용 가능한 게 아니며 다른 Solid Feature에서도 같은 방법으로 작업을 할 수 있으니 이번 Pad에서 잘 공부해둔다면 다른 Feature 명령을 배우는데 도움이 될 것이다. 그리고 효율을 따져 이번 Pad 명령에서만 Type 들을 자세히 다루도록 할 것이다.

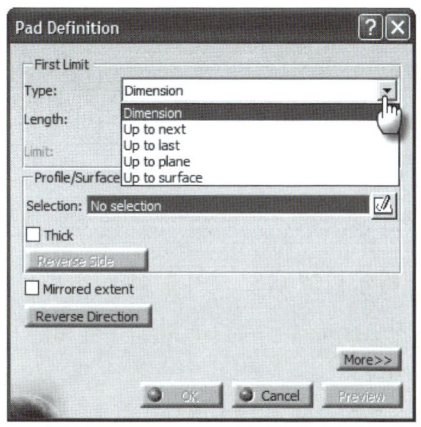

Limit Type으로 선택할 수 있는 옵션은 다음과 같다.

– Dimension

 치수를 주는 Type으로 Pad 할 길이를 수치 값으로 입력한다. 양수 음수 모두 가능하며 음수일 경우에는 원래 방향과 반대 방향으로 치수를 주는 것과 같은 의미이다. 수치 값을 주어 Pad 작업을 하는 방법은 이미 앞에서 여러 번 사용하였으므로 충분히 사용할 수 있을 것이다. 디폴트로 이 Type을 사용한다.

 Pad에서 First Limit 과 Second Limit을 적절히 사용하면 다음과 같이 형상을 스케치 위치에서 오프셋 하여 만들수도 있다.

- Up to Next

    Up to Next를 선택하게 되면 현재의 Body내에서 스케치한 면 바로 다음의 Solid 면까지 Pad 작업을 수행하라는 것이다. 즉, 따로 수치를 넣지 않아도 Pad를 할 때 현재 스케치 기준면에서 다음 형상의 면까지 Pad 가 만들어 진다는 것이다.

- Up to Last

    Up to Last는 이름에서도 알 수 있듯이 현재의 Body의 가장 마지막 면까지 Pad를 하는 옵션이다. Up to Last로 Pad를 하게 되면 하나의 Body의 가장 마지막 부분까지 Pad 가 그대로 만들어지는 것을 볼 수 있다. 물론 기울어진 면에 대해서도 적용된다.

    그러나 솔리드 형상의 면이 Pad 하려는 스케치 형상 보다 작을 경우에는 사용할 수 없다.

- Up to Plane

    Up to Plane은 임의의 평면이나 형상의 면을 선택하여 그 면까지 Pad를 하게 할 수 있다. 물론 Surface는 사용할 수 없으며 Solid의 면이나 Plane을 선택 할 수 있다.

    이 역시 정확한 치수 없이 원하는 면까지 Pad 하고자 할 경우에 유용하다.

- Up to Surface

    이 옵션은 현재 Part에 Surface 가 있을 경우에 그 Surface 면까지 Pad를 하게 한다. 즉, 곡률을 가진 면에 대해서 그 면까지 Pad를 한다는 것이다. 굳이 Surface 가 아니어도 된다.

■ Drafted Filleted Pad

이 명령은 몇 개의 명령이 복합된 것으로 Pad를 하면서 동시에 Solid 면에 Draft로 각도를 주고 Fillet 으로 라운드 처리까지 해주는 작업 방식이다. 즉, 한번에 Pad, Draft, Edge Fillet 을 동시에 수행하는 명령이다.

■ Multi-Pad

하나의 스케치에 대해서 만약 이 스케치가 여러 개의 도메인을 가지고 있다면 그 각각의 domain 별로 따로 치수를 주어 Pad 하는 방법이다. 즉, 한 번에 여러 개의 Pad를 만드는 방법이라고 생각하면 된다.

CATIA에서 도메인으로 인식이 되려면 확실한 구분 요소가 필요하다. 즉 마디가 나누어져 있어야 한다는 것인데 이러한 작업을 하는 Sketch Workbench에서 Break 라는 명령을 기억할 것이다. (이 명령은 한 개의 2차원 요소 (원, 직선, Spline 등)를 선택한 기준에 맞추어 둘로 나누어 주는 역할을 한다고 말한 바 있다.)

Multi-Pad를 하면서 항상 명심할 것은 도메인을 적절히 나누는 것이다. 형상이 교차하는 지점에서 직선이나 곡선은 항상 나누어져 있어야 한다는 것만 기억하면 된다.

- Pocket

    Pocket에도 다음과 같은 Sub Toolbar 가 있다.

    Pocket은 앞서 Pad와 정 반대의 기능을 한다고 보면 되는데 임의의 스케치를 사용하여 그 스케치 형상대로 Solid 형상을 제거하는 명령이다. (Pad는 그 스케치대로 형상을 만드는 명령이다.)

    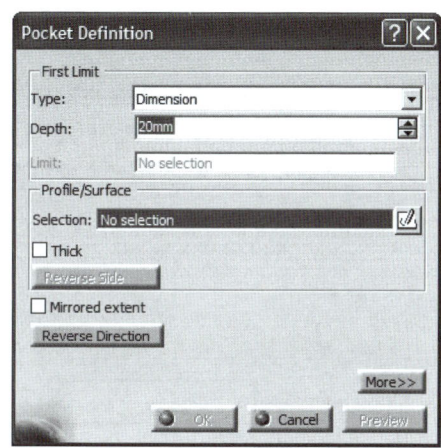

    이 것 외에는 모든 작업 방식이나 세부 옵션이 Pad 와 동일하다. 따라서 세부 옵션에 대해서는 Pad 부분을 참고하기 바란다. 물론 Pocket을 하기 위해서는 현재 Body에 임의의 Solid 형상이 있어야 한다. Pocket과 같이 어떤 형상에서 제거하는 명령들은 Part 도큐먼트에 형상이 없으면 활성화도 안 되어 있다.

- Drafted Filleted Pocket

    이 명령 역시 Drafted Filleted Pad 와 결과만 다를 뿐 세부 옵션은 동일하므로 간단한 예만 들도록 하겠다. 물론 많이 사용하지는 않는다.

- Multi-pocket

    Multi-Pad 와 짝을 이루는 명령으로 한 개의 스케치에 대해서 서로 다른 값으로 Pocket을 한다. Multi-Pocket 역시 교차하는 부분에서 각각의 직선이나 커브 요소가 끊어져 있어야 함을 기억해야 한다. 항상 도메인은 다른 도메인과 형상 요소를 공유하지 않는다.

- Shaft

    Shaft 명령은 말 그대로 회전체를 만드는 명령이다. Pad 다음으로 간단하게 그리고 많은 부분에 사용할 수 있는 명령이다. Shaft에는 필수적인 두 가지 요소가 있다. 바로 회전 축(Axis) 과 Profile이다. 회전에는 반드시 그 중심이 필요하며 회전 시고자 하는 대상도 있어야 한다.

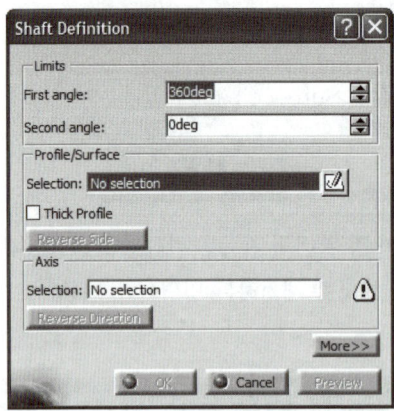

Sketch Workbench에서 Axis라는 명령을 보았을 것이다. 회전체의 중심 축 역할을 하는 요소를 그리는 명령으로 이번 Shaft 형상을 그리는데 사용된다. 회전하고자 하는 스케치에 axis를 그리지 않았다면 따로 스케치가 될 요소를 다른 스케치에 그려주거나 Contextual Menu를 (MB3 버튼) 사용하여 현재 스케치의 X, Y, Z 축을 선택할 수 있다.

- First angle/Second angle

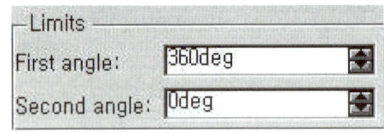

Shaft를 사용하는데 회전축과 Profile을 선택하였다면 이제 그 회전의 각도만 정해 주면 형상을 만들 수 있다.

- Thick Profile

Shaft 하고자 하는 대상의 Profile 이 완전히 닫혀있지 않은 형상이거나 닫힌 형상을 두께를 가지고 Shaft 하고자 할 때 이 옵션을 체크해 준다. 그러면 다음과 같은 두께를 입력할 수 있도록 Definition 창이 저절로 늘어난다. Thickness 1 과 Thickness 2는 형상을 기준으로 안쪽과 바깥쪽으로의 두께 값이다.

여기서 Neutral Fiber를 체크하면 Thickness 1 값을 형상을 기준으로 안쪽 바깥쪽으로 등분하여 두께를 만든다.

또한 Merge Ends를 사용하게 되면 Shaft 스스로가 Profile의 부족한 부분을 보간 하여 Shaft를 완성 한다.

- Axis

Axis는 앞서 말한 대로 회전하고자 하는 대상의 회전축이다. 이러한 회전축은 Sketch Workbench에서 Axis 를 사용하여 그려 주어도 되고 또는 형상 자체의 직선 요소를 선택하여도 되고 또는 따로 스케치나 이전의 작업으로 만들어진 곡률이 들어간 면을 선택하여도 된다. 다음은 Axis로 사용할 수 있는 요소에 따른 예이다.

- Sketch Axis
- Profile Element
- Absolute Axis
- Cylindrical Face

• Open Profile

Shaft 역시 Open된 Profile이 이미 만들어진 형상과 교차되어 만들어진 부분을 만들어 낼수 있다.

이런 경우 형상은 두 가지 방향으로 나타날 수 있기 때문에 Reverse Side 가 활성화 되며 이를 사용하게 되면 위와 같이 두 가지 형상을 만들 수 있다.

■ Groove

Groove는 Shaft 와 짝을 이루는 명령으로 어떤 Profile을 회전축을 기준으로 회전시켜 형상을 깎아 낸다.

■ Hole

Hole은 일반적인 나사 구멍을 뚫는 명령으로 생각하면 된다. Pocket을 사용해 원이든 어떤 Profile을 뚫는 것과 달리 Hole 오로지 원으로 구멍을 뚫게 한다. (물론 내부에 여러 가지 세부 Type 이 있다.) 그러나 따로 스케치에 들어가 원을 그려줄 필요는 없으며 원의 중심만을 스케치 상에서 잡아 주면 된다. 여기서 한 가지 기억하고 시작할 것은 Hole 이 나사 구멍을 뚫는 명령을 수행한다고 해서 나사산까지 자세하게 나타내는 것은 아니다. CATIA에서는 나사산을 직접 표시하지 않으며 이는 단지 기호적으로 명시된다.

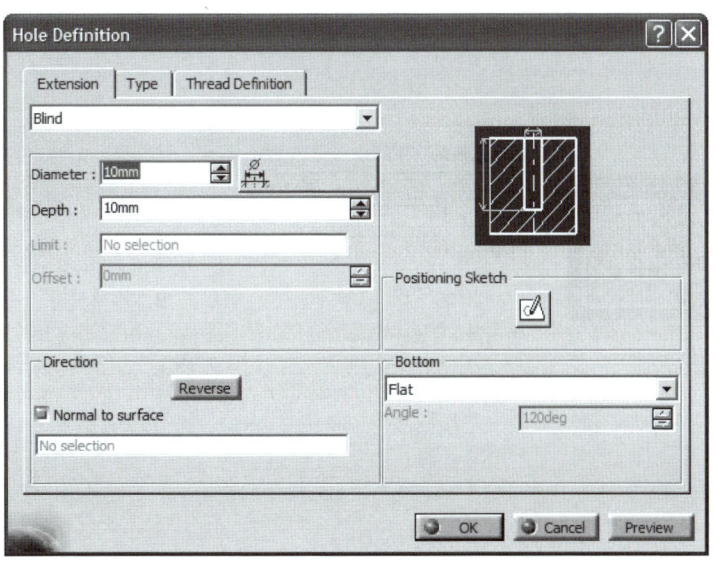

Hole은 definition 창에 항상 미리 확인 할 수 있는 화면이 뜨므로 자신이 선택한 옵션에 대한 결과를 바로 확인 해 볼 수 있다.

- Hole의 세부 Type

    - Simple

    가장 단순한 형태로 중점과 반경, 깊이를 선택하고 이대로 구멍을 뚫는다.
    원으로 Pocket 한 것과 동일하다.

    - Tapered

    Hole이 생기는 면에 각을 주어 벌어지거나 오므라들게 구멍을 뚫는 형태이다.
    따로 Taper 각을 입력한다.

    - Conuterbored

    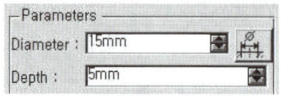

    나사 머리를 같이 그려주는 형태로 이 Type을 선택하면 따로 나사 머리 부분의
    지름과 깊이를 입력할 수 있다.

    - Countersunk

    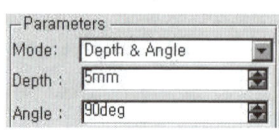

    나사 머리가 Taper가 들어간 형태로 따로 이 머리의 각도와 깊이를 설정한다.

    - Counterdrilled

    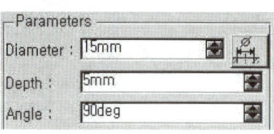

    Counterbored와 Countersunk가 혼합된 형태로 나사 머리 부분이 Taper 지면서
    반경을 가진다.

- Extension

Hole 역시 Pad나 Pocket처럼 수치 값을 주는 방법으로 기준 요소 별로 종류를 나누어 놓았다.

- Blind

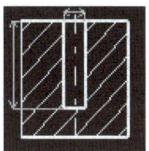

일반적인 수치 값을 넣어 Hole의 깊이를 정하는 방법으로 Default로 이 방법을 사용합니다.

- Up to Next

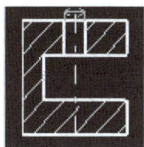

현재 Hole의 기준면에서 다음 형상의 면까지 Hole을 뚫도록 합니다.

- Up to Last

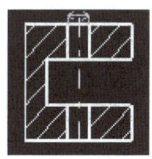

현재 PartBody에서 가장 마지막 위치까지 Hole을 뚫도록 합니다.

- Up to Plane

임의의 면을 선택하여 그 면까지 Hole이 들어가도록 합니다.

- Up to Surface

Part에 존재하는 Surface 또는 곡률을 가진 면까지 Hole을 만듭니다.

- Hole 위치 잡기

앞서 언급하였지만 Hole은 원을 스케치 하지 않고 Definition 창에서 정의한다고 하였다. 여기서 또 한 가지 정의할 것이 있는데 바로 원의 중점의 위치이다. Hole을 하기 위해 형상의 면을 선택하고 Hole 아이콘을 누르면 다음과 같이 임의의 지점에 Hole 이 만들어지는 것을 볼 수 있다.

여기서 Definition 창을 보면 Positioning Sketch 아이콘을 보일 것이다. 여기서 Sketcher에 들어가는 것은 원을 그리는 것이 아닌 앞서 정의하려는 Hole의 중심을 잡기 위해서이다. 이 을 누르게 되면 Sketcher Workbench에 들어가게 되는데 여기서 H, V 축과 포인트 하나가 보일 것이다.

이 포인트가 바로 Hole의 중심을 나타내는 원점으로 원하는 위치로 Constraints를 준다. 그리고 Sketcher를 빠져나오면 앞서 스케치에서 정의한 위치로 Hole의 위치가 바뀌는 것을 볼 수 있다.

- Bottom

나사 가공을 할 때 바닥 부분을 평평하게 할 것인지(Flat) 아니면 Taper를 줄 것인지(V-Bottom)를 결정할 수 있다. 여기서 V-Bottom 으로 설정하면 Hole의 끝 부분에 Taper 각을 주어 뾰족하게 만들 수 있다.

- Tolerance

우가 나사 구멍을 만든다고 하였을 때 잊을 수 없는 것이 있다. 바로 공차이다. 아무리 정밀한 공작 기계가 있다고 해도 오차 없이 정확히 치수대로 가공을 할 수는 없다. 따라서 우리는 작업에 이러한 가공에서의 한계를 감안하여 공차를 넣어준다.

Hole에서는 지름을 넣는 곳 옆에 아이콘이 보일 것이다. 이 아이콘을 클릭하게 되면 다음과 같은 공차 입력 Definition 창이 나타날 것이다.

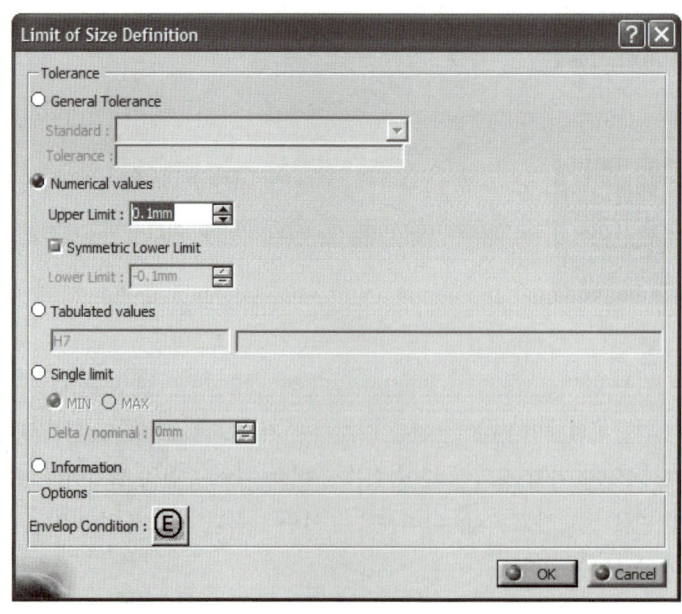

여기서 원하는 치수로 공차를 입력하면 Hole에 적용이 된다. Hole에 공차가 적용된 경우 Spec Tree에서 Hole 표시가 다음과 같이 바뀌는 것을 볼 수 있다.

- Direction

Hole 역시 Pad 나 Pocket처럼 스케치 면에 대해서 수직 또는 임의의 직선 방향으로 값이 들어가는 것을 설정해 줄 수 있다. Hole Definition 창에서 Direction의 Normal to Surface 룰 해제하고 방향이 될 직선이나 축을 선택하면 된다.

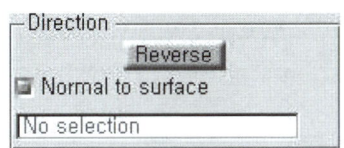

- Thread

Hole의 나사산 가공을 하는 부분으로 Threaded를 체크해야 사용할 수 있다.

CATIA에서는 실제 나사산 가공을 자세하게 나타내지 않는다. 실제로 무수히 많은 부분에 나사산이 사용된다고 하면 불필요하게 컴퓨터에 무리를 줄 수 있기 때문이다. 따라서 CATIA에서는 간단한 기호와 정보로만 그 값을 표시한다.

Thread Type은 다음과 같이 3가지가 있다.

- No Standard : 사용자 정의 값
- Metric Thin Pitch : ISO standard values (ISO 965-2)
- Metric Thick Pitch : ISO standard values (ISO 965-2)

물론 ISO 값으로 정해진 것 이외에 사용자가 값을 미리 정의하여 엑셀이나 텍스트 문서로 저장해 사용할 수 도 있다.

Thread 가 들어간 Hole은 Spec Tree에서 다음과 같이 나타난다.

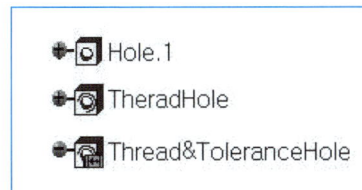

세 번째 Hole은 Thread 와 Tolerance 가 같이 들어간 결과이다. 또한 이러한 Thread의 결과는 나중에 배울 Thread Analysis 라는 명령에 의해 파악 할 수 있다.

■ Rib

이 명령은 하나의 단면 Profile을 임의의 커브를 따라 지나가도록 Solid 형상을 만드는 명령이다. 즉, 단면 Profile을 곡선이나 여러 개의 직선으로 이루어진 가이드 커브를 따라서 만들어 지도록 하는 명령으로 Pad에서는 임의의 직선 방향으로 단면 Profile을 만들 수 있던 것에서 확장하여 이제는 곡선이나 구불구불한 선들에 대해서도 Solid 형상을 만들 수 있다. Rib에서 중요한 선택 대상은 Profile 과 Center Curve 이다.

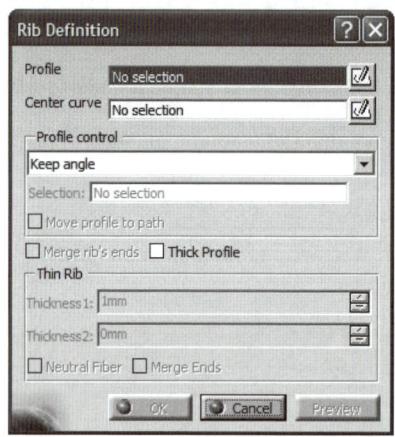

• Profile

Rib 하고자 하는 형상의 단면을 말한다. 이 역시 닫힌 형상을 기본으로 하며 닫힌 형상이 아닌 경우 Thick 옵션을 사용하면 된다.

• Center Curve

단면 Profile이 따라 가게 되는 가이드 선이 된다. Center Curve는 항상 단면 Profile 과 꼬임이 발생하지 않도록 적절한 곡률을 가져야 한다. 만약에 Profile 이 Center Curve를 따라 지나가면서 꼬임(Twist)이 발생하면 형상이 만들어지지 않으니 주의해야 한다.

• Profile Control

Rib를 하는 방법에는 다음과 같은 3 가지 Type 이 있다.

- Keep angle : Profile의 단면과 Canter Curve 가 이루는 각을 그대로 유지한 상태로 Rib 를 만든다.
- Pulling direction : Profile을 임의의 방향으로 정한 상태에서 Rib 가 되도록 한다. Center Curve를 따라가기는 하지만 Center Curve 와 일정한 각을 유지하지는 않는다.
- Reference surface : Profile을 Surface를 사용하여 Center Curve를 따라가게 한다.

- Merge rib's ends

    Rib는 따로 길이를 정하지 않고 Center Curve의 길이만큼 형상이 만들어 진다. 따라서 따로 제한을 둘 수 없다. 그런데 다음과 같은 경우에 Merge ribs ends를 사용하여 Rib의 끝을 마무리 지을 수도 있다.

    이런 식으로 형상과 형상 사이에 대해서 따로 경계를 두거나 만들지 않아도 Rib 형상을 만들 수 있다. 이는 반드시 Up to next로 선택할 요소가 있는 경우에만 가능하다.

- Thick Profile

    Rib에 사용하는 단면 Profile 이 닫혀 있지 않거나 닫힌 형상에 두께를 주어 Rib를 하고자 할 때 사용한다. Thickness 1은 Profile 안으로의 두께, Thickness 2는 바깥으로 두께이다. Neutral Fiber를 체크하면 앞서와 마찬가지로 Profile을 기준으로 그 값을 양분한다.

■ Slot

Slot은 Rib 와 짝을 이루는 명령으로 Center Curve를 따라 단면 Profile 형상대로 파는 작업을 한다. 이 것 외에는 Rib 와 내부 옵션이 모두 동일하므로 생략하도록 하겠다.

■ Stiffener

Stiffener는 형상들 사이에 보강제를 대는 명령이다.

- Mode

    종류는 두 가지가 있으며 보강제를 대려는 부분이 나란히 있는 경우인지 위에서 바닥 면으로 보강제를 대는 경우인지에 따라 From Side 나 From Top 이라는 두 가지 모드가 있다.

- Thickness

    보강제가 들어갈 경우 그 두께를 나타내며 일반적으로 Neutral Fiber 가 체크되어 있어 두께를 입력하면 Profile을 기준으로 좌우로 값이 들어간다. 물론 두께를 다르게 하고자 한다면 Neutral Fiber를 해제하고 따로 입력하여도 된다.

■ Solid Combine

Solid Combine 이란 최근에 생긴 명령으로 두 개의 Profile에 대해서 이 둘의 단면 Profile 이 교차하는 부분을 3차원 형상으로 만들어 낸다.

앞서 말한 대로 두 개의 Component 즉, Profile 이 필요하고 다른 수치 값은 필요하지 않다. 또한 Profile을 반드시 Profile에 대해서 수직하게 하지 않고 방향을 잡아 줄 수 도 있다.

■ Multi-sections Solid

아마도 Part Design Workbench에서 가장 복잡한 명령인 이 Multi-section Solid는 두 개 이상의 단면 Profile을 이용하여 그 단면들을 따라 Solid 형상을 만드는 명령이다. 이전에는 이 명령을 Loft로 불렀다. 배나 비행기의 단면들처럼 여러 개의 단면을 이용하여 형상을 만들기 때문이다. 또한 이 Multi-section Solid는 여러 개의 단면 Profile 외에 Guide Curve를 사용하기도 하며 각각의 단면 Profile에서 Closing Point 라는 요소 또한 살펴야 한다. 복잡한 만큼 중요한 명령이니 잘 익혀 두기 바란다.

Multi-section Solid 아이콘을 클릭하면 다음과 같은 Definition 창이 나타난다.

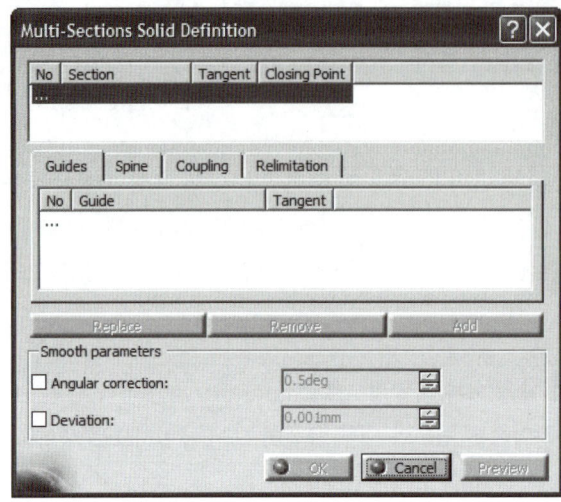

- Section

단면 Profile을 선택해 주는 부분이다. 다수의 단면 Profile을 입력할 수 있다. 각각의 단면에는 Section1, Section2…… 와 같이 표시가 되며 단면 Profile을 선택할 때는 반드시 순서대로 선택하도록 한다.

각 단면 Profile을 선택할 때는 다음의 Closing Point를 유의해야 한다. Closing point 란 하나의 단면 형상을 종이에 손으로 그린다고 했을 때 시작점과 끝점이 만나는 지점이라고 보면 된다. 어떤 단면 형상이든 이러한 점은 반드시 존재하게 되며 이 점의 위치와 그리는 방향을 맞추어 주는 게 Multi-section Solid에서는 매우 중요하다. 다음 예를 통해서 Section의 개념과 Closing Point의 역할을 생각해 보기 바란다.

이것은 Closing Point의 특성 때문인데 이 것 하나만 기억하면 Closing Point에 대한 이해는 간단하다.

> "Closing Point는 Closing Point를 따라간다."

Closing Point1 이 Closing Point2로 다시 Closing Point3으로 이어져 가는 것이다. 앞서 이 Closing Point의 중요성을 언급한 이유가 여기에 있는 것이다. 고의적으로 위와 같은 Twist 형상을 만들기도 하지만 일반적인 경우에는 단면을 따라 일정한 방향으로 형상이 만들어져야 하기 때문에 Closing Point의 방향을 일정한 방향으로 맞추어 주어야 한다.

- Guides

    각각의 단면 Profile의 형상을 잇는 선으로 임의로 Guide line을 그려주었을 때 이 탭에서 선택해 주면 된다. Guide line은 주로 GSD Workbench의 spline 을 사용한다.

- Coupling

    Coupling은 각각의 단면 Profile 이 가지고 있는 꼭지점(Vortex)들을 각각의 위치에 맞게 이어주는 작업 방식이다. 앞서 Guide 와는 결과나 그 의미가 다르다. Guides는 실제 이 라인을 따라 형상을 만드는 것이지만 Coupling은 단순히 이 단면의 Vortex 가 다음 단면의 이 Vortex 와 이어지고 또 다음 단면의 Vortex 와 이어진다는 정의를 해주는 것이다. 주로 단면의 형상이 제각기 다를 때 이 Coupling을 사용하여 vortex 들을 짝지어 준다. Coupling에도 몇 가지 종류가 있으나 다른 것들은 각각의 Vortex의 수가 같아야만 작업을 할 수 있다. 주로 Coupling에서는 'Ratio'를 많이 사용한다.

    Multi-section의 추가적인 부분은 다음 장의 GSD Workbench의 Multi-section Surface 에서 다루도록 할 것이다. 사실 이 Surface로의 작업이 더 잦으며 중요하다.

■ Removed Multi-sections Solid

이 명령은 여러 개의 단면을 이용하여 현재 형상에서 단면들로 이루어진 형상을 제거하는 명령으로 앞서 설명한 Multi-section Solid 와 짝을 이룬다. 세부 옵션은 Multi-section Solid 와 동일하다.

2. Dress-Up Features

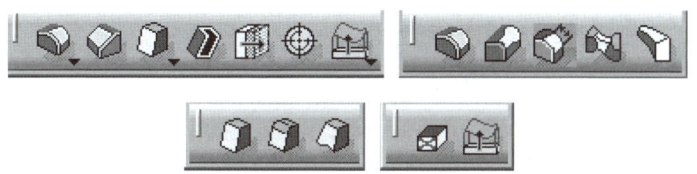

말 그대로 형상을 꾸미는데 필요한 작업 명령이 들어 있다. 앞서 스케치를 기반으로 거친 형상을 만드는 작업 형상을 이제 이 Toolbar 들을 사용하여 다듬어 줄 것이다. 따로 스케치를 필요로 하지 않으며 이제는 선택한 부분에 대해서 수치나 기준 값으로 형상을 변형시킨다. 일부 작업은 작업 순서에 의해 하나의 형상을 전혀 다른 형상으로 탈바꿈 시킬 수 있다.

■ Edge Fillet

형상의 모서리(Edge)를 둥글게 라운드 처리하는 작업 명령이다. 스케치에서 바로 만든 Solid 형상은 모서리가 날카롭게 되는데 이러한 모서리를 둥글게 가공할 때 사용한다.

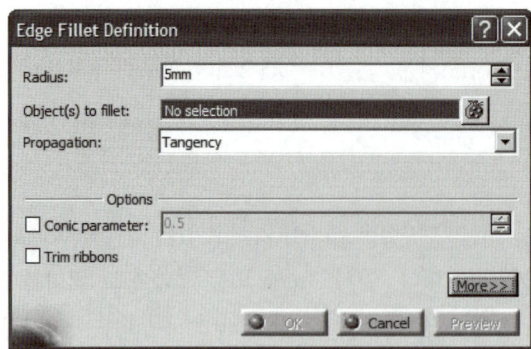

- Object(s) to fillet

Edge Fillet의 사용은 우선 Fillet을 주고자 하는 모서리를 선택해 주는 것이다. 복수 선택이 가능하므로 같은 곡률 값을 가지는 부분을 같이 선택해 주는 것이 좋다. 모서리마다 한 번씩 Edge Fillet을 사용하는 것은 Spec Tree를 불필요하게 길게 하므로 지양하는 것이 좋다.

- Propagation

Fillet을 모서리에 넣어줄 때 주변으로 전파를 Tangency 한 부분에까지 하는지 아니면 현재 선택한 모서리까지로 최소화(Minimal)할 지를 정한다.

Edge Fillets에 More를 열어 확장해 보면 다음과 같은 부가 옵션이 있다.

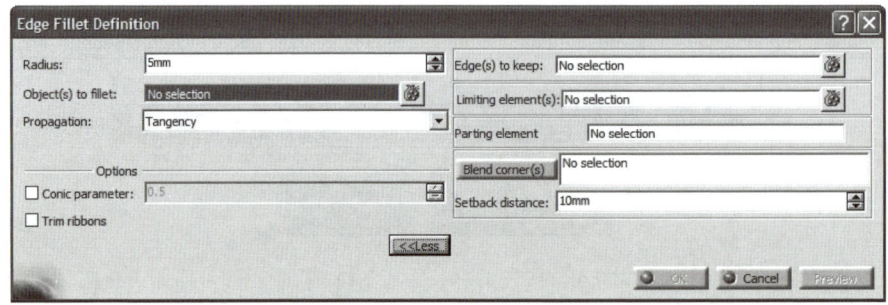

- Edge(s) to keep

형상의 Fillet 값은 주고자 하는 부분 외에 그 주변의 모서리에 의해 그 범위가 제한이 된다.

- Limiting element(s)

Edge(s) Fillet의 경우 하나의 모서리를 선택하면 그 모서리 전체에 대해서 Fillet 이 들어간다. 모서리에 임의의 기준을 넣고 이 기준까지 Fillet 하게 할 수 있는데 이것을 Limiting element(s)로 부른다.

물론 Limiting element(s)로 여러 개를 선택 할 수 있다.

- Blend corner(s)

    가끔 Fillet을 여러 곳에 주다 보면 형상을 매우 지저분하게 만드는 경우가 생긴다. 이럴 경우 이렇게 Fillet 이 모여 복잡한 형상을 나타내는 부분을 부드럽게 뭉개어 형상을 수정 할 수 있다.

■ Variable Radius Fillet

앞서 Edge(s0 Fillet 이 모서리에 대해서 일정한 곡률 값으로 Fillet을 준 것과 달리 이 Variable Radius Fillet은 선택한 모서리에 대해서 임의의 곡률을 원하는 지점에 넣어 줄 수 있는 명령이다. 즉, 우리가 곡률 값이 일정하지 않고 모서리를 따라 변한다면 바로 이 명령을 사용하여 구현할 수 있다.

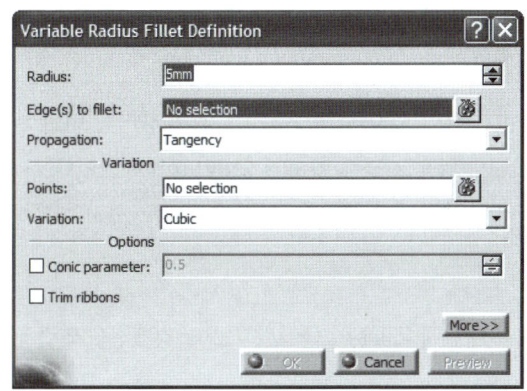

앞서 Edge(s) Fillets 와 설명이 같은 부분은 제외하고 곡률을 어떻게 변화 시킬 수 있는지에 대해서 설명을 하겠다.

- Points

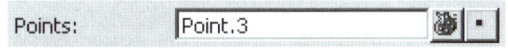

바로 이 부분에 Fillet의 곡률을 변화시킬 지점을 선택하여 주면 되는데 작업자가 임의로 점을 선택하거나 또는 모서리가 Tangent하게 옆의 모서리와 연결되면서 그 사이의 마디 점을 곡률이 변하는 지점으로 선택될 수 있다. 또한 fillet 하고자 선택한 모서리와 교차하는 평면을 선택하여도 교차하는 부분의 교차점이 생겨 그 점을 기준으로도 곡률 값을 바꾸어 줄 수 있다.

물론 여기서 필요하지 않은 점을 제거할 수도 있다. 현재 선택된 점들 중에서 필요하지 않은 부분을 다시 클릭해 주면 제거시킬 수 있다.

■ Chordal Fillet

이 명령은 R18에서 새로이 등장한 명령으로 Fillet을 부여하는데 있어 곡률 값을 사용하는 것이 아니라 값을 입력하는 지점에서의 현의 길이 즉, Fillet이 들어갔을 때 곡률이 끝나는 양 끝단의 거리를 입력하여 Fillet을 주는 방법이다.

Variable Radius Fillet처럼 여러 곳에 값을 다르게 입력할 수 있다.

■ Face-Face Fillet

이 명령은 모서리가 아닌 형상의 면(Face)을 선택하여 그 면과 면 사이에 Fillet을 주는 명령이다. 여기서 선택한 면은 서로 교차하는 않는 면이다. 그러나 사실 Face-Face Fillet은 많이 사용되지는 않는다. 사용할 수 있는 경우가 매우 한정되기 때문이다.

· Hold Curve

곡률 값을 넣는 대신에 Fillet 이 들어갈 곡률의 경계선을 입력해 주어 Fillet을 해줄 수 있다.

■ Tri-tangent Fillet

Tri-tangent Fillet은 곡률 값을 따로 지정하지 않고 3개의 면에 대해서 접하도록 Fillet을 주는 명령이다. 그리고 Fillet은 3 면에 대해서 접해야 하기 때문에 반원으로 만들어진다. Tri-tangent Fillet을 주기 위해서 우선 양 옆의 두 개의 면을 선택하고 마지막으로 Fillet 이 생길 면을 Face to remove 부분에 선택해 준다.

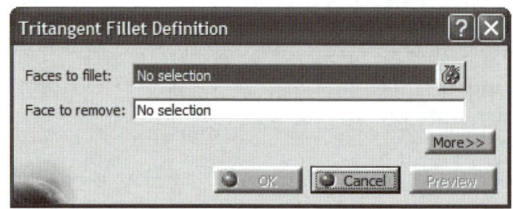

■ Chamfer

Chamfer은 3차원 상에서 모 따기를 하는 명령으로 만들어 지는 결과나 치수 넣는 방식을 제외하고는 Edge(s) Fillet 과 유사하다.

Chamfer 역시 다중 선택이 가능하며 치수 값은 길이와 각도를 입력하거나 또는 두 개의 길이를 사용하여 입력해 준다.

■ Draft Angle

Draft란 Solid 형상의 면에 각도를 부여하는 명령으로 Mold 작업에서 형상을 만들고 떼어내기 편하도록 각도를 부여하는 작업에 사용하도록 고안되었다.

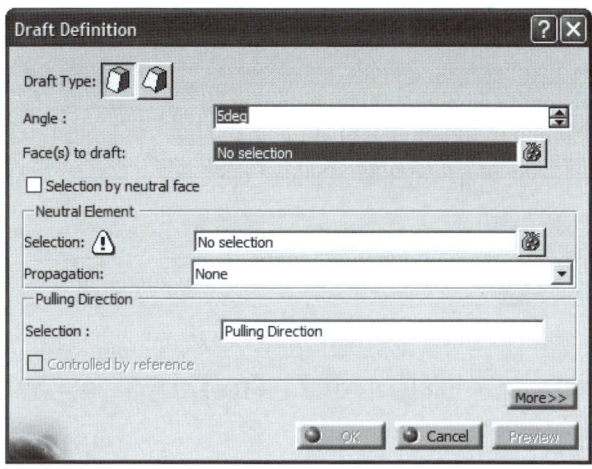

- Draft Type

기본적으로 Constant draft angle 이 선택되어 있으나 만약에 variable draft angle 로 바꾸고자 할 경우 여기서 선택해 줄 수 있다.

- Angle

기본 방향에 대해서 몇 도의 각으로 기울이게 할 것인지 그 값을 입력한다.

- Face(s) to draft

Draft 주고자 하는 면을 선택하는 부분으로 다중 선택이 가능하며 면들이 Tangent 하게 이어져 있다면 연속적으로 선택이 될 것이다. 따라서 경우에 따라 Fillet을 먼저 하지 말고 Draft를 먼저 해야 한다.

- Neutral Element

중립면이라고 생각하면 된다. 반드시 선택을 해주어야 하며 Draft를 면에 줄 때 기준이 될 면이라고 보면 되는데 이 Neutral Element 위치에서 면은 경사가 만들어는 져도 그 길이가 변하지 않는다. 다음 예를 보도록 하자.

- Pulling Direction

Draft 가 들어가는 방향을 정의하는데 Neutral Element에 수직이다. 이 방향에 따라 Draft 각이 +로 들어가기도 하고 -로 들어가기도 한다. 방향에 유의하도록 한다.
여기서 More를 클릭하면 다음과 같은 옵션을 볼 수 있다.

– Parting Element

형상에 Draft를 주는데 있어 선택한 면을 무조건 모두 Draft 주지 않고 임의의 위치까지만 Draft 가 들어가게 할 수 있다. 바로 Parting element를 이용한 방법이다.

– Parting = Neutral

이것을 체크하면 앞서 선택한 Neutral Element를 기준으로 Draft를 나누게 된다.

– Define Parting element

임의의 Parting 요소를 선택하여 그 것을 기준으로 Draft를 나누게 하는 방법이다. 이것을 체크하고 원하는 요소를 선택하면 다음과 같이 Draft 가 선택한 평면까지만 들어가는 것을 볼 수 있다.

- Draft Reflect Line

Reflect line을 이용한 방법은 선택한 면에 대해서 Pulling direction 으로 Draft 하는 것은 위와 동일하나 Reflect line을 기준으로 Draft 가 만들어진다는 것이 다르다. 다음의 경우를 보도록 하자.

- Shell

Shell 이란 안이 꽉 차있는 Solid 형상에 대해서 그 안을 일정한 두께로 파내어 얇은 껍데기와 같은 구조로 만드는 작업을 수행한다.

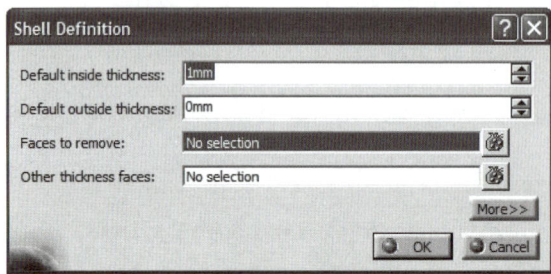

Solid 형상의 외형을 만들고 입력한 값으로 일정한 두께를 가지도록 내부를 간단히 파버릴 수 있다.

- Thickness

Solid 형상에 두께를 넣거나 제거시키는 명령이다. 임의적으로 현재 만들어진 형상의 어떤 면에 두께를 추가시켜 주거나 두께를 빼 주어야 할 때 이 명령을 사용하여 두께를 조절할 수 있다.

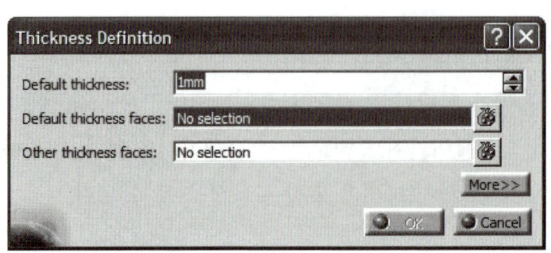

이 명령 역시 복수 선택이 가능하며 Other Thick face를 이용하여 두께를 다르게 입력해 줄 수 도 있다.

- Threaded Holes

앞서 Hole 부분에서 Thread 옵션을 통하여 나사 가공 시 나사산 치수를 넣는 것에 대해서 설명한 바 있다. 여기 이 명령은 따로 Hole을 사용하지 않은 원통 형상 부분에 대해서 Thread를 주는 명령이다.

Threaded Hole 명령을 누르면 다음과 같은 창이 나타난다.

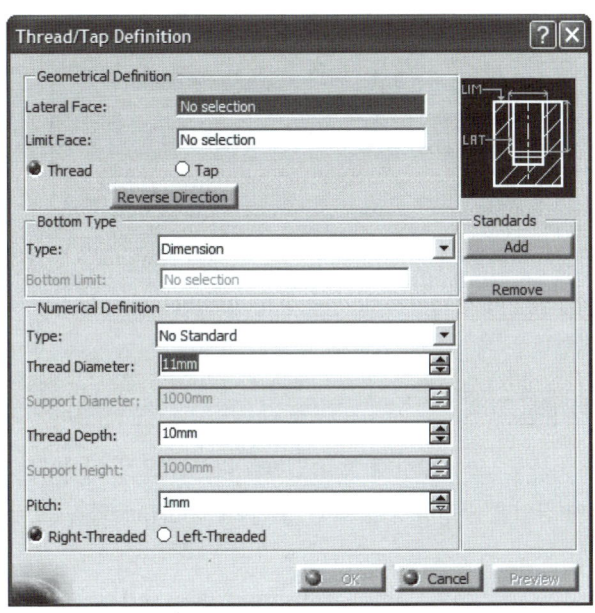

우선 Thread Hole을 정의하기 위해 Lateral Face로 원통 형상의 둥근 면을 선택해 주고 Limit Face로 끝 면을 선택해 준다. 여기서 Thread는 수나사 형태의 작업일 때 이고 Tap은 암 나사 작업 일 때 사용하는 것이다.

물론 여기서도 마찬가지 이지만 이러한 Thread 나 Tap의 형상은 결코 화면에 나타나지 않는다. 다만 수치적으로 데이터가 형상에 들어 있을 뿐이다.

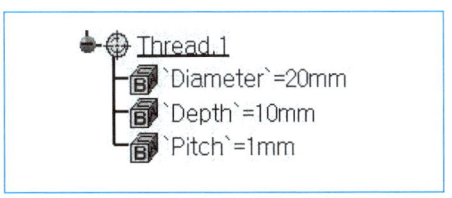

나중에 Drafting을 배우게 될 때 거기서 여러분이 지금 만든 Thread 나 Tap을 볼 수 있을 것이다.

- Remove Face Feature

이 명령은 현재의 Solid 형상에서 필요하지 않은 형상의 면을 제거하는 명령으로 아무 면이나 강제로 제거하는 것이 아니고 제거할 면을 현재 존재하는 면들로 감쌀 수 있는 경우에만 사용할 수 있다.

Remove Face 명령은 다음과 같이 두 개의 선택할 대상이 있는데 Face(s) to remove는 제거하고자 하는 면들을 선택하고 Face(s) to keep에서는 앞서 선택한 면을 제거할 때 이 부분을 감싸는 면들을 선택해 주어야 한다.

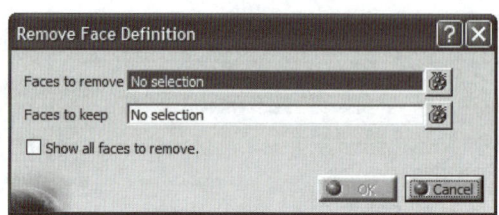

이 작업 하면서 주의할 것은 제거할 면이나 경계면 모두 모든 면을 선택해 주어야 한다는 것이다. 제거할 면을 다 선택하지 않거나 경계 면의 일부를 빠뜨리면 작업이 안될 수 도 있으니 유의하기 바란다.

- Replace Face

Replace Face는 말 그대로 현재 형상의 면을 다른 면으로 대체하는 명령이다. 즉, 현재 형상의 면을 전체 작업을 수정하지 않고 다른 면이나 Surface의 면으로 바꿀 수 있는 작업 명령이다.

여기서는 Replacing surface에 새로이 바꾸게 될 면을 선택하고 Face to remove에는 바꾸어 버릴 기존 형상의 면을 선택하면 된다.

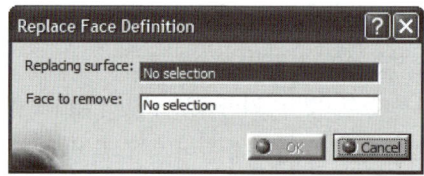

이 명령은 얼핏 Pad 작업을 Up to Surface로 하는 것과 비슷하다. Solid 형상을 만들고 나중에 이렇게 Surface 면까지 Solid를 만들고자 할 때 사용하면 유용한다.

3. Transformation Features

Transformation Features Toolbar에서는 앞서 만들어진 형상을 이동시키거나 일정한 패턴을 가지고 복사하거나 하는 작업을 하게 된다. 실제로 형상을 만드는 작업이라기 보다는 여기까지 만들어진 형상을 다루는 명령들이라 할 수 있다.

- Translate

Solid 형상을 현재의 Part 도큐먼트 상에서 평행 이동을 시킬 때 사용한다. 여기서 한 가지 명심할 것은 이러한 평행이동은 Body를 기준으로 이동한다는 것이다. 즉, 임의적으로 Body 안의 어떤 특정한 부분만을 이동 시키지는 못한다는 것이다. 하나의 Body 전체를 이동시킬 때 사용한다.

Translate 아이콘을 누르면 처음에 다음과 같은 창이 나타난다. 여기서 Yes를 클릭한다.

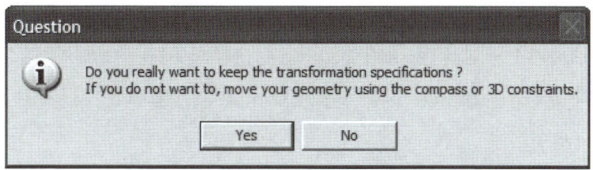

그러면 다음과 같은 Translation definition 창이 나타난다. 여기서 우선적으로 할 일은 방향을 선택해 주는 것이다. Spec Tree 나 Contextual Menu를 사용하여 원하는 방향을 선택해 준다.

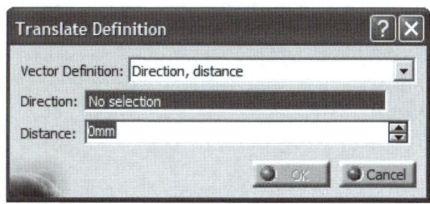

그리고 마지막으로 거리를 입력해 주면 Body 안의 형상을 한번에 이동 시킬 수 있다.

작업을 마치고 형상과 원점과의 거리가 수정 된 경우에 이러한 Translate를 사용하여 전체 작업을 다시 하거나 수정하는 일을 피할 수 있다.

- Rotate

Rotate는 Body를 임의의 축을 기준으로 회전 이동시키는 명령이다. 역시 Body 단위로만 이동을 한다. Translate 와 마찬가지로 Question 메시지가 뜬다. 물론 OK를 선택한다. 이 명령에서는 회전의 기준이 될 축과 각도를 입력해 준다.

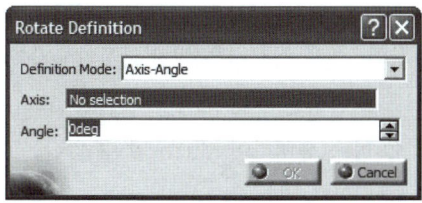

- Symmetry

간혹 작업을 하다 보면 좌우를 반대로 그리거나 위아래를 반전해서 작업하는 경우가 생긴다. 이럴 경우 Symmetry를 사용하여 현재 만들어진 형상을 임의의 기준면을 대상으로 대칭된 이동을 시킬 수 있다.

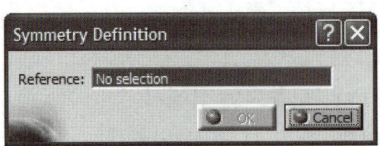

이 명령 역시 Body를 기준으로 이동하며 다음과 같이 기준 면만을 선택해 주면 대칭 이동 시킬 수 있다.

- AxisToAxis

이 명령은 Body의 형상을 임의의 Axis를 기준으로 다른 Axis 기준으로 이동시키는데 사용하는 명령이다. 원래 Surface 관련 Workbench에만 있던 명령을 R18에서 Part Design에도 기능을 추가하였다.

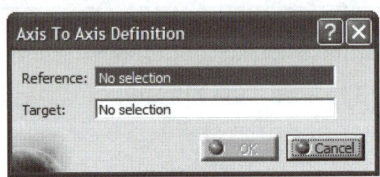

3차원 상에서 임의의 공간으로 형상을 이동시키고자 할 때 Part 도큐먼트 상에서는 어려움이 많이 때문에 굉장히 유용하게 사용할 수 있는 명령이다.

이 명령을 사용하려면 우선 Axis System 을 사용하여 원하는 위치에 Axis를 생성하는 방법을 익혀야 한다. AxisToAxis는 Body를 기준으로 작업할 수 있으며 명령을 실행하고 기준이 되는 Axis를 먼저 선택, 다음으로 이동시키고자 하는 위치에 해당하는 Axis를 선택한다. Axis를 기준으로 한 3차원 평행 이동이라고 생각하면 좋을 듯싶다.

- Mirror

이 명령은 현재까지 만들어진 형상에 대해 선택한 기준면에 대한 대칭 복사를 하라는 명령이다. 이 명령은 Body 안에서 임의로 어떤 부분만을 선택하여 대칭 복사에 사용할 수 있으며 Body 전체를 대칭 복사하게 할 수도 있다.

그러나 일부 작업에 대해서는 Mirror할 수 없는 경우가 있으니 주의하기 바란다. 전체 Body를 대칭 복사하고자 한다면 원하는 Body를 Define하고 대칭의 기준이 될 평면을 선택한 후, Mirror 명령을 실행한다. 일부 형상만을 대칭 복사하고자 할 경우에는 CTRL 키를 사용하여 원하는 Body의 형상들을 선택한 후에 Mirror를 실행, 그리고 나서 기준면을 선택한다. 서로 다른 Body의 형상들을 복수 선택하여 Mirror할 수 없다는 점을 기억하기 바란다.

- Rectangular Pattern

Pattern이란 일정한 규칙성을 가진 채 반복되는 형상을 가리키는데 Rectangular Pattern은 가로와 세로 두 개의 직교하는 방향으로 선택한 형상을 반복하여 생성하는 명령이다. 이 두 개의 방향대로 Pattern이 들어가면 결국 사각 격자 형상처럼 pattern 이 들어가 이와 같은 이름이 붙었다.

Rectangular Pattern을 클릭하면 다음과 같은 창이 나타난다.

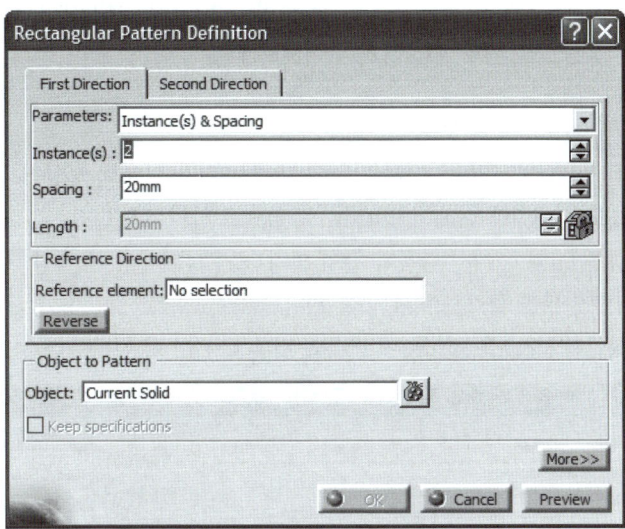

여기서 우선 First Direction 과 Second Direction 이 있는 것을 볼 수 있을 것이다. 각각 두 개의 방향에 대해서 다른 값을 넣어줄 수 있다.

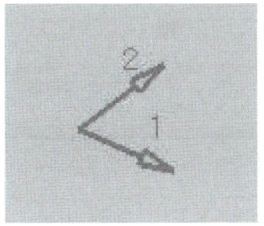

- Instance & Spacing

  Instance 란 반복하여 만들 복사본의 수를 의미한다. Spacing은 이들 사이의 간격이 된다.

- Reference Direction

  Pattern 이 만들어질 기준 방향을 선택하게 되는데 직선 요소를 선택하거나 평면 요소를 선택하여도 된다.
  Reverse를 사용하면 선택한 방향에 대해서 반대 방향으로 Pattern의 방향을 바꾸어 줄 수 있다.

- Object to pattern

  Pattern 하고자 하는 대상을 선택하는 부분으로, Body 전체 형상인 경우에는 Current Solid로 표시가 된다.
  만약에 pattern 대상이 여러 개라면 pattern 명령을 시작하기 전에 미리 CTRL 키를 누르고 원하는 형상을 모두 선택한 후에 pattern 아이콘을 눌러야 한다.

- Keep Specifications

  이는 pattern 하고자 하는 대상을 현재 형상만이 아닌 대상의 특성을 유지한 채 pattern 하라는 옵션으로 다음 예를 통하여 이해하게 될 것이다.

- Pattern에서 필요 없는 부분 제거하기

  Pattern을 하게 되면 두 개의 방향에 대해서 격자 형태로 형상이 복사된다. 그런데 항상 이렇게 모든 위치에 대해서 Pattern을 필요로 하지는 않는다.
  이럴 경우 Pattern에서 다음과 같이 미리 보기 상태에서 각 형상이 만들어질 위치에 있는 주황색 포인트를 클릭하여 제거해 준다.
  또한 여기서 More를 열어보면 다음과 같은 옵션이 더 나타난다.

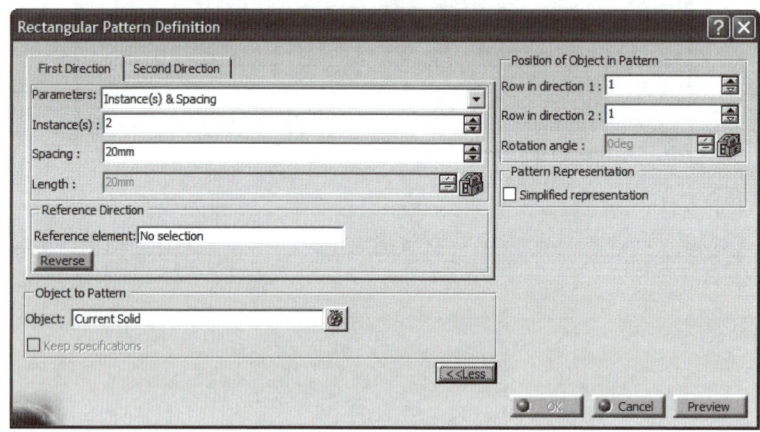

- Position of Object in Pattern

  Pattern을 하게 되면 정해진 방향에 대해서 한쪽으로만 만들 수 가 있는데 여기서 이 Row in direction의 값을 바꾸어 주게 되면 그 줄에서의 반대쪽으로의 Pattern을 조절할 수 있다.

- Pattern Explode 하기

  Pattern을 사용하여 만든 형상은 나중에 다시 원본과 같은 작업 형상들로 바꿀 수 있는데 Spec Tree에서 Pattern을 선택하여 마우스 오른쪽(MB3) 가장 아래 Object에 들어간다. 그럼 여기에 Explode라는 게 보일 텐데 이것을 선택한다. 그럼 앞서 Pattern으로 복사 되었던 대상들을 모두 개개의 요소로 나누어 버리게 된다.
  이는 모든 Pattern 작업에서 가능하다. 다만 주의할 것은 이렇게 Explode 한 형상은 다시 pattern으로 돌릴 수 없다.

■ Circular Pattern

  Circular pattern은 앞서 Rectangular Pattern 과 마찬가지로 어떤 규칙을 가진 채 형상을 복사하게 되는데 이 명령은 회전축을 잡아 그 축을 중심으로 회전하여 원형으로 형상을 복사 시킨다.

따라서 Circular Pattern을 정의할 때는 이 회전의 중심이 될 Reference Direction을 잘 선택해야 한다. 회전축이기 때문에 축 요소나 선 요소 또는 기준 면을 선택하여도 된다.

Circular pattern 역시 다음과 같은 Definition 창을 가진다. 여기서 치수를 입력하는 부분에서 각도를 입력해 주어 pattern 되는 대상들과 거리를 가지게 된다. Circular Pattern은 두 개의 방향을 가지는데 하나는 축 회전 방향(Axial Reference)과 반지름 방향(Crown Definition) 이다.

- User Pattern

User Pattern은 앞서 Pattern 과 다소 차이가 있는데 이 명령은 일정하게 pattern 되는 룰이 정해진 것이 아니라 자신이 pattern으로 복사될 지점을 스케치에서 포인트로 만들어서 이 지점으로 선택한 Solid 형상을 pattern 시킨다.

따라서 User Pattern에는 다음과 같이 Position 이라는 부분이 있어 이곳에 작업자가 스케치로 그린 포인트들의 위치를 입력 받는다.

- Scaling

Scaling 이란 3차원 형상을 임의의 선택한 평면 방향으로 크기를 늘리거나 줄이는 명령이다. 이러한 기준 방향은 평면 또는 축 요소를 선택하면 된다.

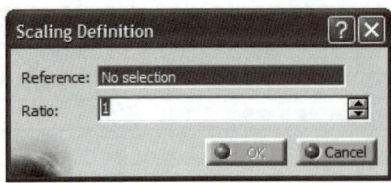

- Affinity

Affinity는 Solid 형상을 3차원 방향으로 각각의 비율을 모두 입력하여 한 번에 그 크기를 조절할 수 있는 명령이다. 원래 Surface 관련 Workbench에서 사용하던 명령인데 R18 이후 Part Design에 추가되었다. Body를 기준으로 안에 포함된 모든 형상을 Scale한다. (단, 스케치와 같은 Reference 요소는 Scale되지 않는다.)

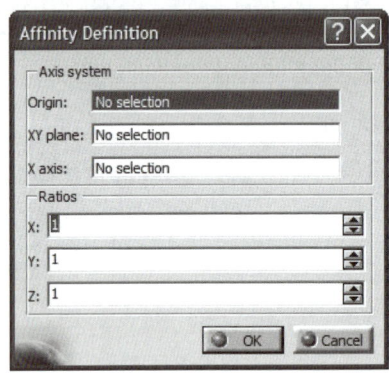

Definition 창에서 기준을 잡기 위해 Origin과 XY Plane, X axis를 입력해야 한다. 반드시 입력 값을 원점에 맞추어 생각할 필요가 없으며 입력하지 않을 경우 원점을 기준으로 작업된다.

4. Surface-Based Features

Surface를 기반으로 작업을 하는 명령들이 들어있다. 즉 Surface 관련 Workbench에서 작업을 하고 이를 다시 Solid로 바꾸어주는 작업이 필요할 때 이 Workbench에서 작업한다. 또는 Solid 형상과 Surface 형상과 혼합된 작업을 할 때도 이 Toolbar에서 작업 한다.

Hybrid Design작업을 하는 Toolbar 이다.

- Split

Solid 형상을 임의의 Surface 나 평면, 또는 형상의 면을 기준으로 잘라주는 기능을 한다. Solid 형상이 있을 때 임의의 기준 면을 선택하게 되면 그 면을 기준으로 두 방향으로 나뉘게 되는데 이때 원하는 방향을 선택하여 Solid 형상을 잘라준다. Surface는 다음 Definition 창에서 선택해 준다.

물론 이 역시 현재 정의된 Body 안에서의 작업이다.

- Thick Surface

이 명령은 Surface에 대해서 두께를 주어 Solid를 만드는 명령으로 일반적으로 Surface를 Solid로 만드는 방법 중에 하나이다. Surface는 두께가 없는 형상이기 때문에 여기에 두께를 이러한 방법으로 따로 주어야 한다.

Thickness Definition 창에서 두께를 입력하게 되는데 Surface 면을 기준으로 두 방향으로 입력이 가능하다.

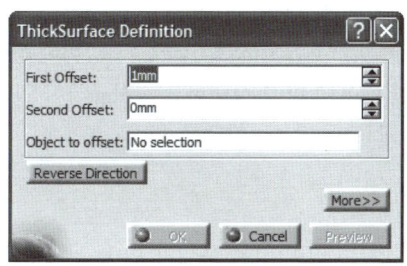

Surface에 두께를 줄 때 한 가지 기억할 것은 이 두께는 Surface 면에 대해서 수직으로 만들어 진다는 것이다.

- Close Surface

이 명령은 닫혀 있는 Surface 형상에 대해서 그 닫혀있는 내부를 완전한 Solid로 만드는 명령이다. 앞서 Thick Surface가 두께만 주는 것과 다르게 이 명령은 완전히 닫힌 Solid를 만들며 Surface 가 닫혀있지 않으면 만들어 지지 않는다.

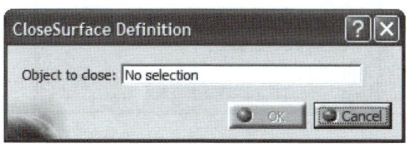

물론 경우에 따라 다르지만 Close Surface를 하려면 해당 surface 가 닫힌 형상이어야 한다는 것을 잊지 말아야 한다. 닫혀 있지 않은 Surface 나 잘못 만들어진 Surface의 경우 Solid로 만들어 지지 않는 경우가 있다. 이는 Solid의 경우 내부까지 정의되어야 하기 때문에 보다 조건이 까다로운 탓이다.

- Sew Surface

이 명령은 선택한 Surface 와 Solid 가 교차하여 만들어 지는 Surface 부분을 Solid화하는 명령이다.

⑤ Boolean Operation

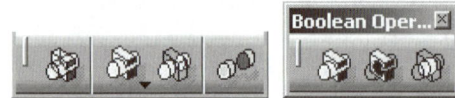

여기서는 여러 개의 Body를 사용해서 이 Body 들 간에 이루어지는 작업을 다루게 된다. 즉, 하나의 Body에서 이루어진 작업을 또 다른 Body에서 만들어진 작업과 합치거나 빼거나 더하는 등의 작업을 하게 된다. 기본적으로 두 개 이상의 Body가 있어야 하며 이들 간에 작업은 다음과 같은 종류가 있다. 각각 필요한 경우에 따라 선택적으로 사용하며 일반적인 모델링으로 만들거나 작업하기 어려운 부분을 처리할 수 있다.

■ Assemble

Body 와 Body끼리 합치는 명령이다. 우리가 여러 개의 Body에서 Solid 형상을 만들었다면 그 Body 수만큼 Solid 형상이 존재한다. 이 때 형상이 겹치는 부분이 있더라도 Body 가 다르다면 이 부분은 겹친 상태로 존재하게 되는데 이런 경우 Assemble을 사용하여 완전한 하나의 Solid로 합치는 작업이 가능하다.

Assemble을 실행시키면 다음과 같은 창이 나타나는데 여기서 Assemble에 합치게 하기 위해 움직일 대상을(주로 새로 추가한 Body 이다.) To에는 기준이 될 Body를 선택한다.

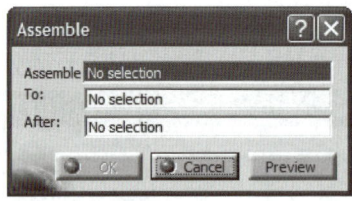

Add는 형상 자체를 더하는 명령이고 Assemble은 그 Body가 가진 형상의 명령의 의미까지 포괄해서 합치는 명령이라고 보면 된다.

■ Add

학창 시절 집합을 배운 기억이 있을 것이다. 이 집합의 개념을 기억하고 있다면 Add 라는 명령은 합집합이라고 생각하면 정답이다. 선택한 Body 들에 대해서 서로를 모두 더해 하나의 덩어리로 만들게 된다. 교차하는 부분이 있었다면 그 부분 역시 하나로 합쳐 더 이상 형상이 겹치는 부분이 없게 한다.

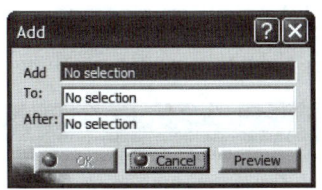

명령을 실행 시키고 Add 부분에는 추가된 Body를 To에는 기준이 될 Body를 선택하면 된다.

- Remove

이 명령은 차집합을 생각하면 된다. 만약 두 개의 Body 가 있다고 한다면 이들 Body 간에 교차하는 부분을 기준이 되는 Body에서 빼주는 작업을 하게한다.

Boolean Operation 중에 상당히 많은 비중을 차지하는 명령으로 쓰임이 매우 높다. 형상의 외부와 내부 형상이 매우 복잡해 내부와 외부를 따로 그리고 이들을 Remove로 작업하면 내부 형상을 외부 형상에서 자연스럽게 제거하여 복잡한 형상을 만들어 낼 수 있다.

Remove에는 없애고자 하는 대상을 From에는 기준이 될 Body를 선택한다.

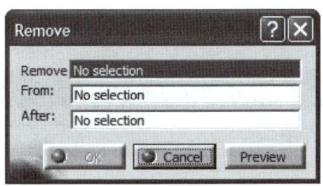

이와 같이 Remove는 내부와 외부 형상 모두 복잡한 경우 이들을 각각 따로 만들어 나중에 외부 형상에서 내부 형상을 제거시키는 방법을 사용하는 것이다.

- Intersect

이 명령은 앞서 Solid Combine 명령을 설명하면서 언급한 바 있는데 두 개의 서로 다른 Body에 대해서 공통되는 부분만을 제거하고 나머지는 모두 제거한다. 교집합을 만드는 기능이라고 보면 된다.

Intersect에 추가한 Body를 선택하고 To에는 기준 Body를 선택한다.

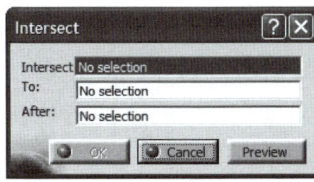

- Union Trim

Union Trim은 Body들끼리 합치는 작업을 하면서 선택적으로 필요하지 않은 부분을 제거할 수도 있다. 즉, 필요한 부분은 합치고 필요하지 않은 부분은 제거하면서 Boolean Operation을 할 수 있는 명령이다. Body들을 있는 그대로 합치거나 제거하지 않고 선택적으로 형상을 조절할 수 있다는 이점이 있다.

Union Trim 명령을 실행시키면 다음과 같이 Trim에 새로 추가한 Body를 선택하고 Face to remove에는 제거할 면을 Face to keep에는 제거하지 않을 면을 선택해 준다.

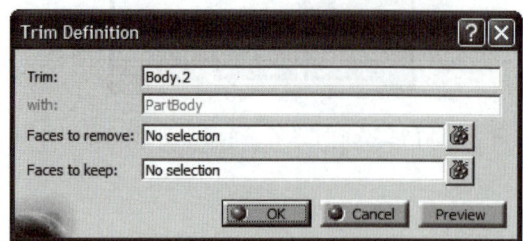

- Remove Lump

이 명령은 Boolean Operation 후 만들어진 형상 중에 불필요한 부분을 제거하는 명령으로 불필요한 부분을 제거하고자 할 때 사용할 수 있다. 물론 앞서 Boolean Operation을 사용한 후에 사용할 수 있다는 것을 기억해야 한다.

이 작업은 기준이 되는 Body에서의작업이며 Face to remove에는 제거하고자 하는 형상의 면을 Face to keep에는 제거하지 않을 부분을 선택해주면 된다.

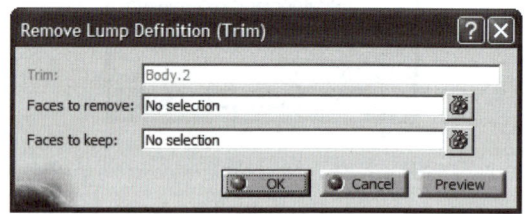

3. Useful Tips

- 솔리드 형상을 만들기 위해서는 반드시 프로파일 성분이 필요하다.
- 프로파일 성분으로 사용할 수 있는 대상은 Sketch, Surface 등이 있다.
- 프로파일 성분으로 CAD 파일을 이용하고자 한다면, CATIA의 Drafting으로 불러와 View들을 Part 도큐먼트로 붙여넣기하면 된다.
- 하나의 스케치 상에 여러 개의 도메인들이 들어가있는 경우, 그 일부만을 프로파일로 사용하고자 한 다면 Part Design 명령의 프로파일 입력란에서 마우스 오른쪽(Contextual Menu)을 선택 'go to profile definition'을 이용하도록 한다.
- Part Design에서 사용하는 프로파일 형상은 기본적으로 Closed 된 즉, 형상의 시작점과 끝점이 만 나고 중첩되지 않으며 교차를 일으키지 않는 형상을 사용하여야 한다.
- 만약에 Open된 프로파일을 사용하고자 한다면 에러가 발생할 것이며 인위적으로 Open된 형상을 이 용하고자 하는 것이라면 Part Design 명령들이 가지고 있는 'Thick' 옵션을 사용하도록 한다.
- Part Design에서 사용하는 작업 내역은 기본적은 History를 가지고 있으며, 따라서 작업 순서에 영 향을 받는다.

- Part Design의 작업 순서를 변경하고자 하는 경우에는 대상을 선택하여 Contextual Menu에서 'Reorder'를 이용하도록 한다.
- 만약에 'Reorder'에서 작업 순서를 변경할 수 없는 대상이면 노란색 표시가 Spec tree에 나타난다.
- Part의 형상을 복사하여 다른 Part 도큐먼트나 Body에 붙여 넣고자 하는 경우 필요에 따라 'Paste Special'을 사용할 수 있다.
- 'Paste Special'에서는 세 가지 붙여넣기 옵션을 사용할 수 있는데 'As Result with Link'의 경우 복사를 그 결과물로만 하되 원본과 링크가 되어 있어 원본의 수정과 함께 업데이트된다. 단, 원본이 지워지거나 경로에서 옮겨지면 업데이트 되지 않는다.

4. 실습 예제

본 장에서는 실제로 3차원 솔리드 모델링 형상을 연습하기 위한 도면을 연습해 보도록 할 것이다. 난이도는 점차적으로 수준을 높였으며 작업 방법에 대한 설명이 다음 페이지에 남겨져 있다. 물론 작업을 하는 과정에서 이것을 참고 할 수 있겠으나 반드시 작업 후엔 다른 방식으로 작업을 수행해 보기를 권장한다. 여기서는 Part Design에 대한 연습이 중심으로 Sketcher Workbench에 대한 작업 내용은 생략하였으므로 Sketcher를 확실히 익힌 후에 도전하기 바란다.

실습의 이해를 돕고자 아래 각 도면에 대한 작업 과정의 설명은 ASCATI 유튜브 채널에서 "2019 CATIA Mechanical Design 도면집"을 검색하거나 원편의 QR 코드로도 간편하게 학습이 가능하다.

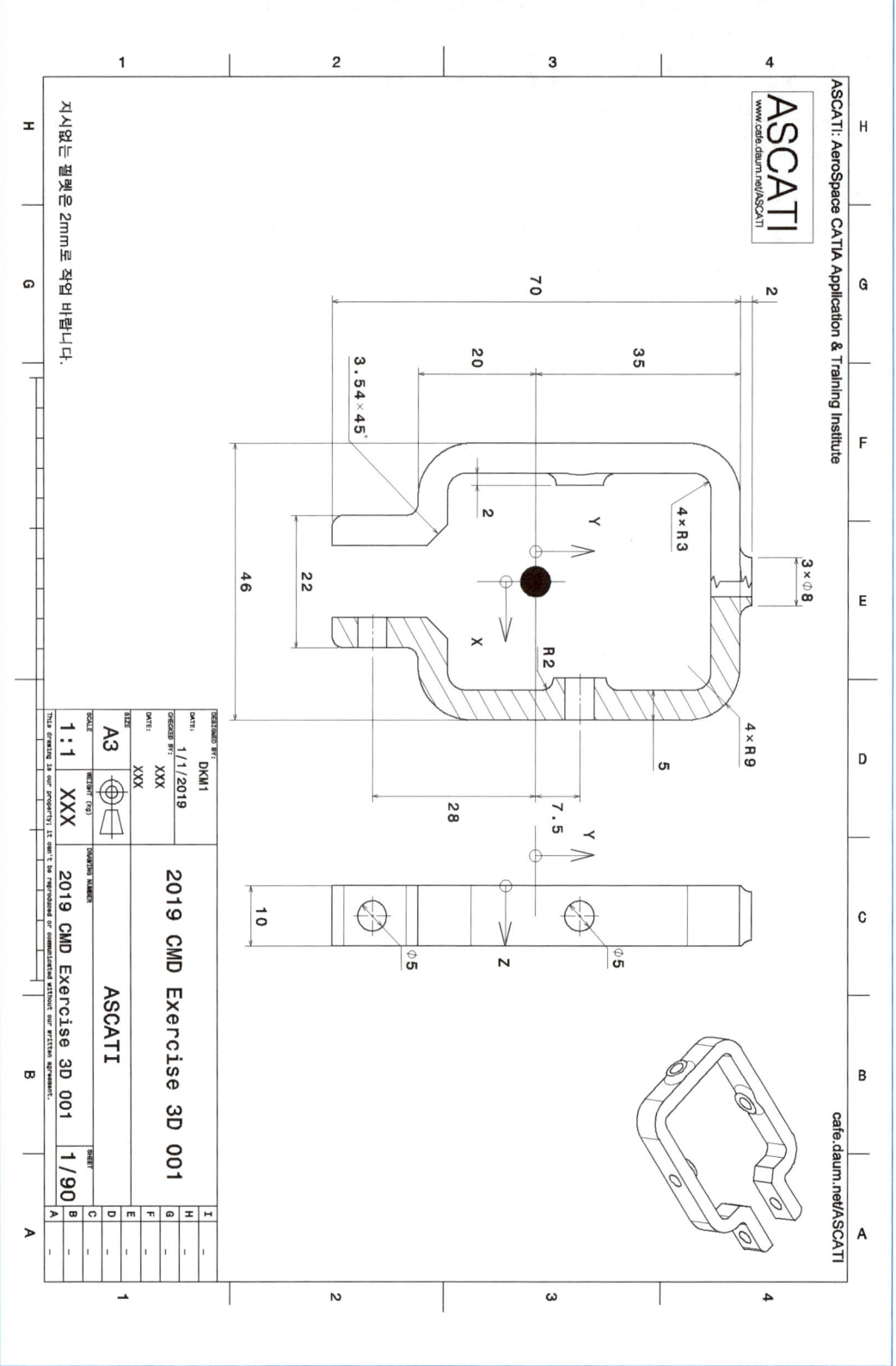

EXERCISE 1

- Workbench : Sketcher, Part Design

- 주요 작업 명령

	Pad		Pocket
	Mirror		Edge Fillet
	Chamfer		

- 작업 순서

1. XY 평면에 형상의 단면 형상을 스케치한다. 여기서 두께 값을 고려하지 말고 Open된 프로파일을 그린다.
2. Part Design에서 Pad를 실행하고 'Thick' 옵션을 사용하여 형상을 만든다.
3. ZY 방향으로 형상의 안쪽 면을 선택하고 지름 8짜리 원을 스케치하고 Pad한다.
4. 이제 ZY 평면에 Hole이 생길 위치를 잡고 원을 그려준다.
5. 위 형상을 가지고 Pocket한다. 여기서 반대편까지 한번에 Pocket하기 위해 Up to last로 작업한다.
5. XZ 방향으로 위와 같은 지름 8짜리 원을 스케치하고 Pad한다.
6. 평면에 마지막 Hole 형상을 그리고 Pocket한다.
7. 마무리로 Chamfer와 Edge Fillet을 수행한다.

• 핵심 포인트

Open Profile과 Closed Profile을 구분할 수 있어야 한다.
Open된 형상의 Pad 작업 시 'Thick' 옵션을 사용하였을 때 추가적으로 입력해야 할 값과 그 결과를 이해할 수 있어야 겠다.

Self Note

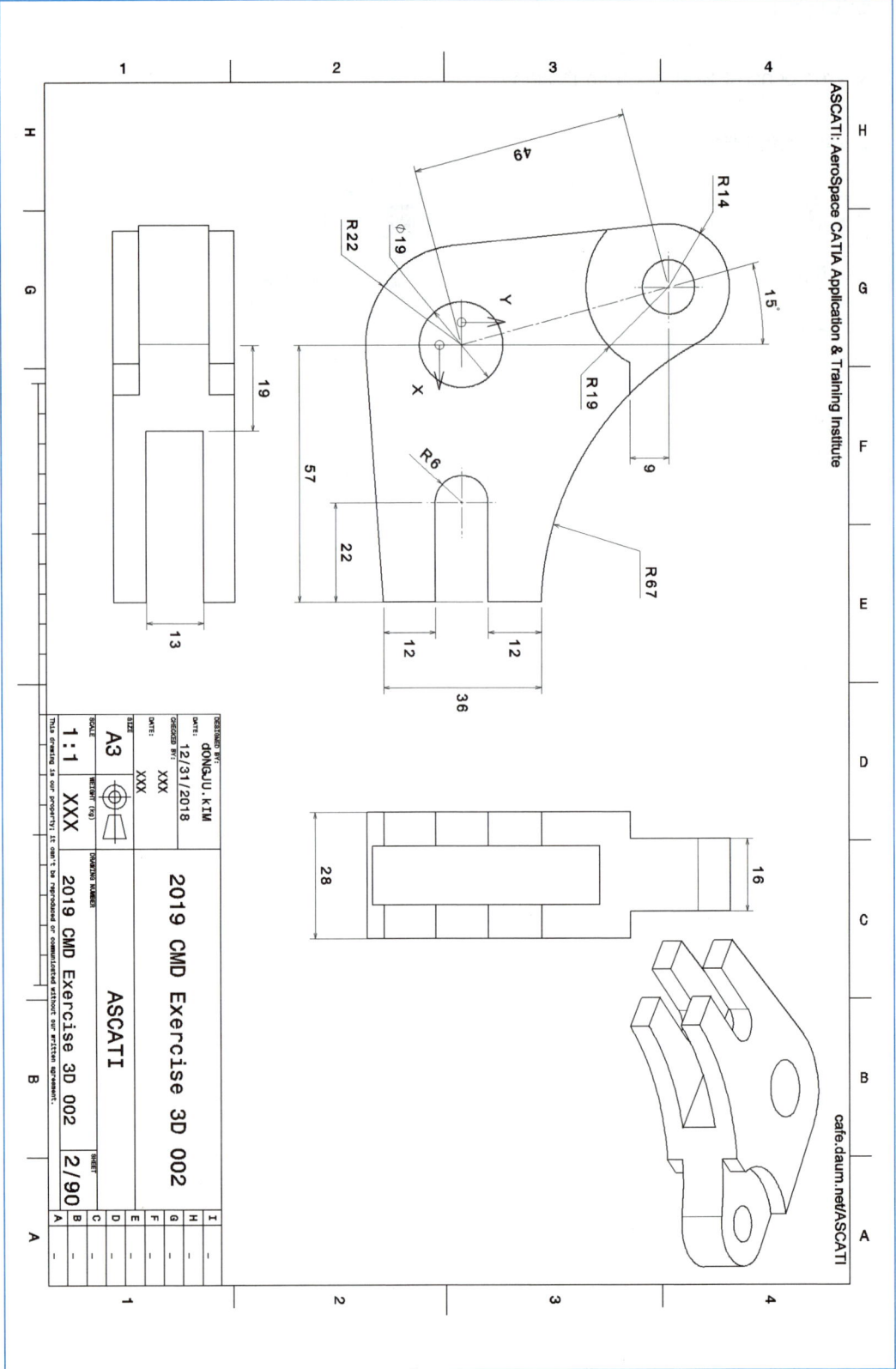

EXERCISE 2

- Workbench : Sketcher, Part Design

- 주요 작업 명령

	Pad		Pocket
	Mirror		

- 작업 순서

1. XY 평면에 단면 형상을 스케치한다. 여기서 형상이 높이만큼 동일한 값으로 제거하고자 하는 부분이 있다면 함께 스케치한다.
2. Pad를 실행하여 Mirrored extend 옵션으로 길이 14로 Pad한다. (대칭하여 전체 높이는 28이 됨)
3. XY 방향의 형상의 윗면을 선택하여 제거할 모양을 그리고 Pocket한다. (여기서 제거할 부분을 완전히 다 그리지 말고 반지름 19짜리 호와 직선 프로파일 하나만을 그려도 된다.)
4. 앞서 Pocket한 형상을 선택하고 XY 평면을 기준으로 Mirror시킨다.
5. XZ 평면에 사각형 형상을 스케치하고 이것을 기준으로 Pocket한다.

- 핵심 포인트

완전한 Closed Profile이 아니더라도 형상의 바깥 경계에 의해 Pocket될 부분을 정의할 수 있다는 점을 알아 두기 바란다.

Self Note

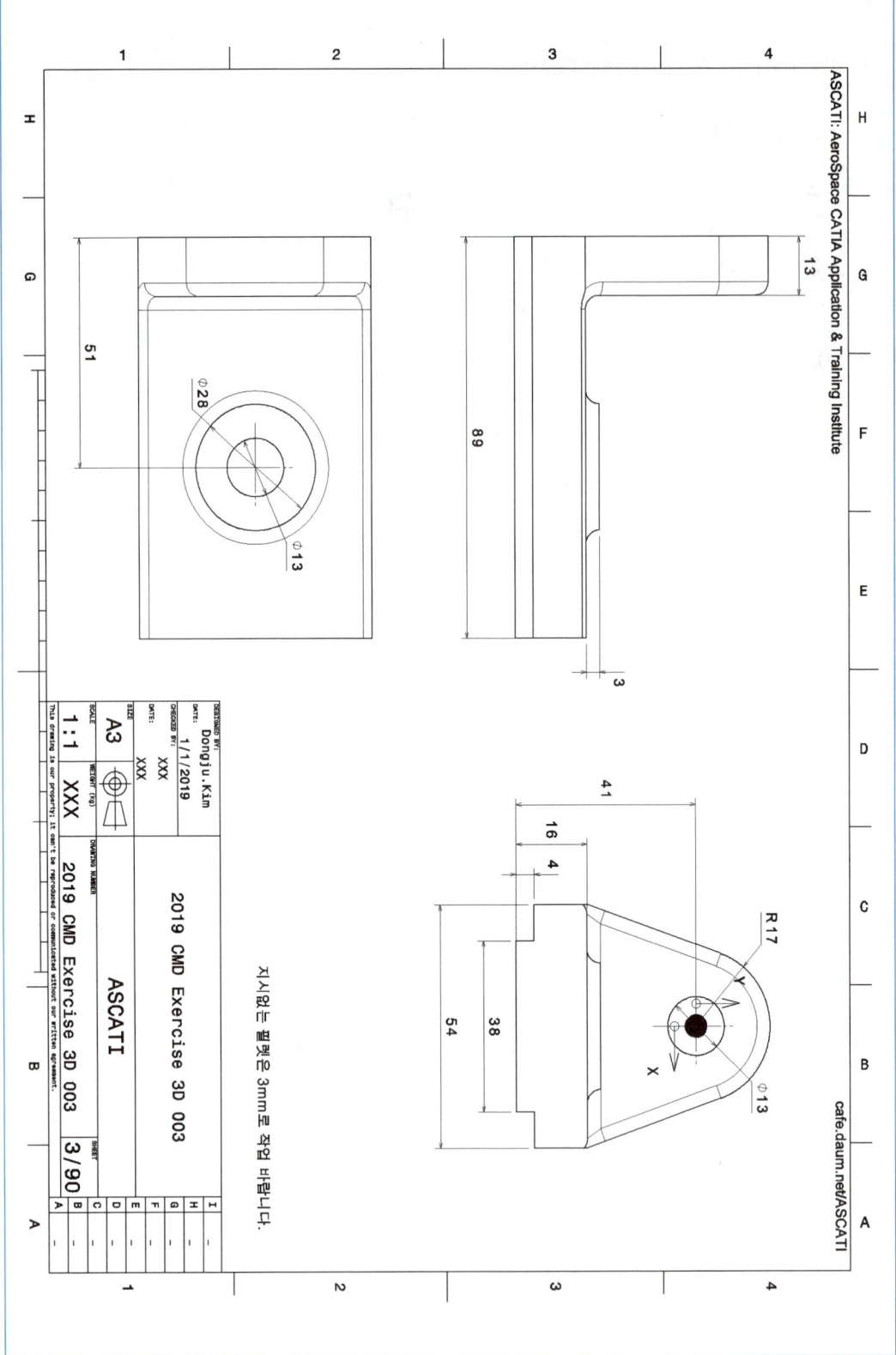

EXERCISE 3

- Workbench : Sketcher, Part Design

- 주요 작업 명령

	Pad		Pocket
	Edge fillet		

- 작업 순서

1. XY 평면에 사각형을 그리고 16만큼 Pad한다.
2. XZ 방향의 형상의 뒷면을 선택하여 스케치하고 길이 13으로 Pad한다. 여기서 지름 13짜리 원을 함께 스케치하도록 한다.
3. XY 평면의 원점에 지름 28짜리 원을 그리고 3만큼 Pad한다. 다음으로 지름 13짜리 원을 그려 Pocket한다.
4. XZ 평면에 보이는 좌우의 홈을 만들기 위해 다시 형상의 XZ 방향에 스케치 들어가 형상을 스케치하고 Pocket한다.
5. Edge Fillet으로 마무리 한다.

Self Note

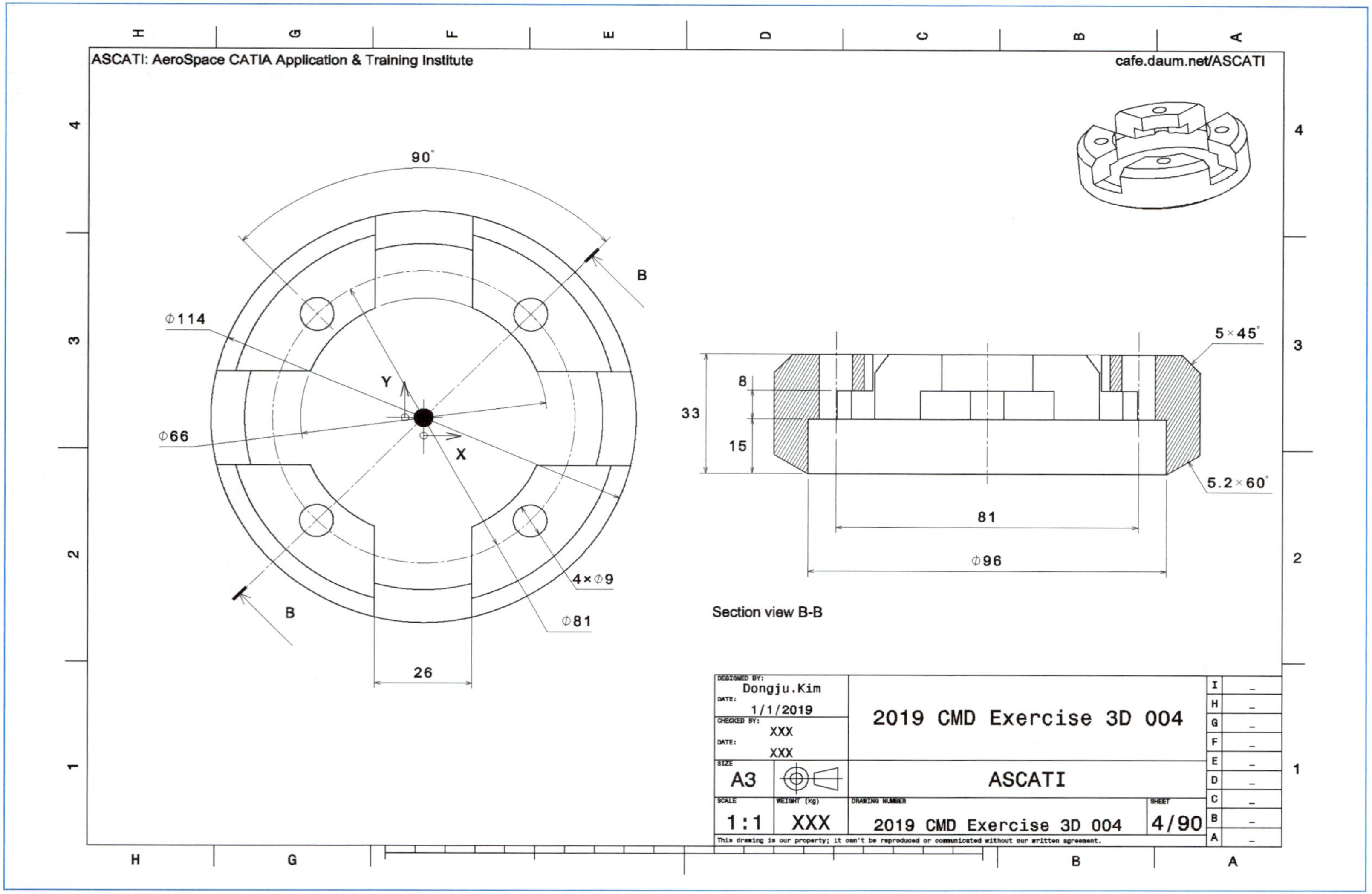

ASCATI: AeroSpace CATIA Application & Training Institute
cafe.daum.net/ASCATI
90°
Φ114
Φ66
Y
X
B
B
4×Φ9
Φ81
26
33
8
15
5×45°
5.2×60°
81
Φ96
Section view B-B
DESIGNED BY:
Dongju.Kim
DATE:
1/1/2019
CHECKED BY:
XXX
DATE:
XXX
SIZE
A3
2019 CMD Exercise 3D 004
ASCATI
SCALE
1:1
WEIGHT (kg)
XXX
DRAWING NUMBER
2019 CMD Exercise 3D 004
SHEET
4/90
This drawing is our property; it can't be reproduced or communicated without our written agreement.

EXERCISE 4

- Workbench : Sketcher, Part Design

- 주요 작업 명령

	Pad		Pocket
	Chamfer		

- 작업 순서

1. XY 평면에 지름 114, 66짜리 원을 스케치하고 33으로 Pad한다.
2. Pad 형상의 윗면과 아랫면을 Chamfer한다.
3. 다시 XY 방향의 형상 아랫면을 선택하여 지금 96짜리 원을 스케치하고 15만큼 Pocket한다.
4. 다시 XY 방향의 형상 안쪽 면을 선택하여 지름 81짜리 원을 그리고 8로 Pocket한다.
5. XY 평면의 윗면에 거리 간격 26으로 사각형을 원점 대칭으로 그리고 18만큼 Pocket한다.
6. XY 평면에 지름 9짜리 원을 4개 그리고 Pocket한다.

Self Note

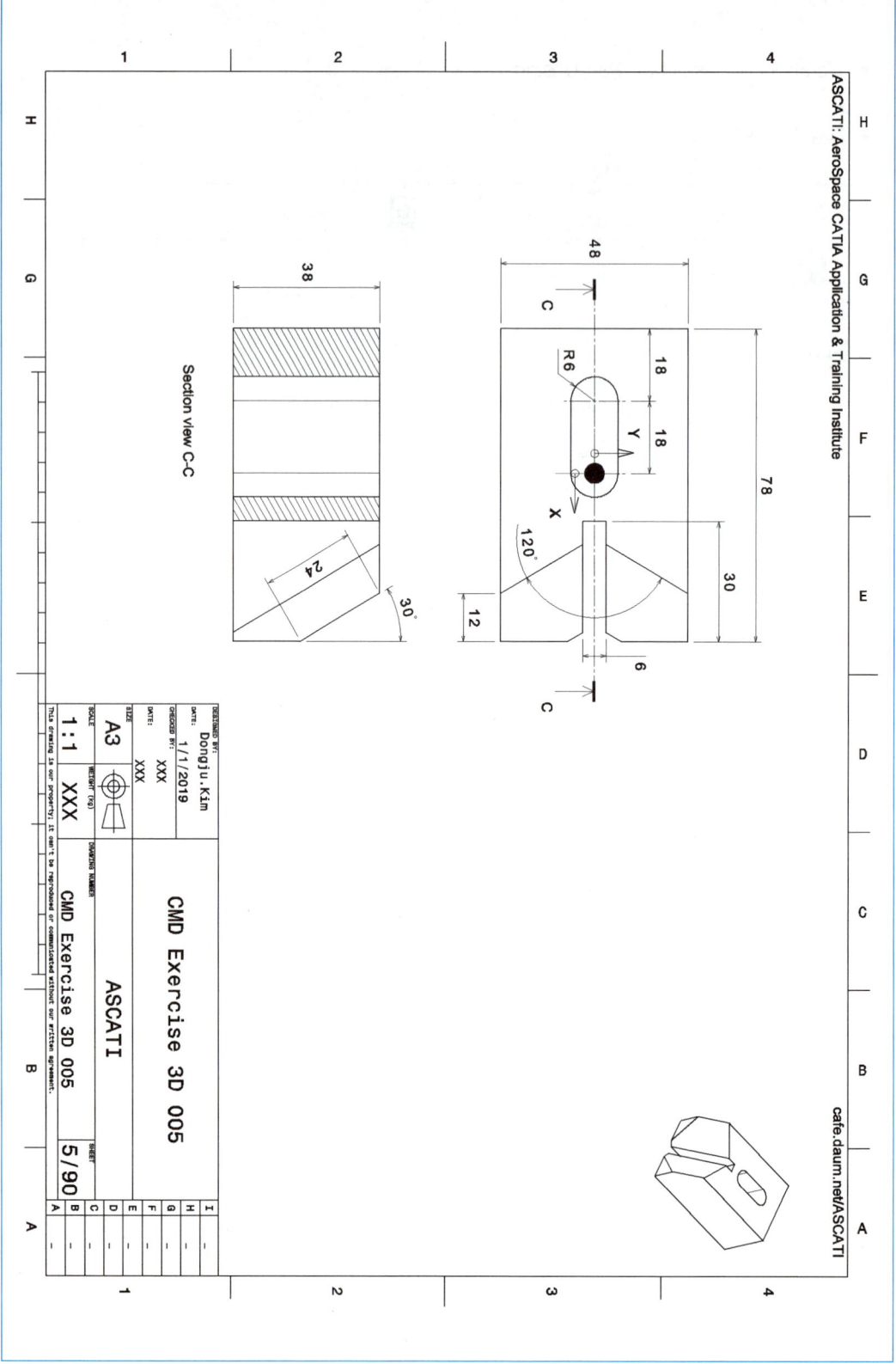

EXERCISE 5

- Workbench : Sketcher, Part Design

- 주요 작업 명령

	Pad		Pocket

- 작업 순서

1. XY 평면에 원점 대칭으로 사각형을 그린 후 38만큼 Pad한다.
2. Elongated Hole 형상과 사각형 형상을 XY 방향에 한 번 더 스케치하여 Pocket한다.
3. ZX 방향의 형상의 옆면에 30도 기울어진 직선을 하나 그려주고, 다시 XY 방향의 상단에 XY 평면에 보이는 형상을 그려준다.
4. Pocket을 실행하여 앞서 그린 XY 방향 프로파일을 스케치에 수직이 아닌 30도 기울어진 방향으로 Pocket되도록 한다.

- 핵심 포인트

  Pad나 Pocket에서 작업 방향을 임의의 직선 방향으로 변경할 수 있음을 기억하기 바란다.

Self Note

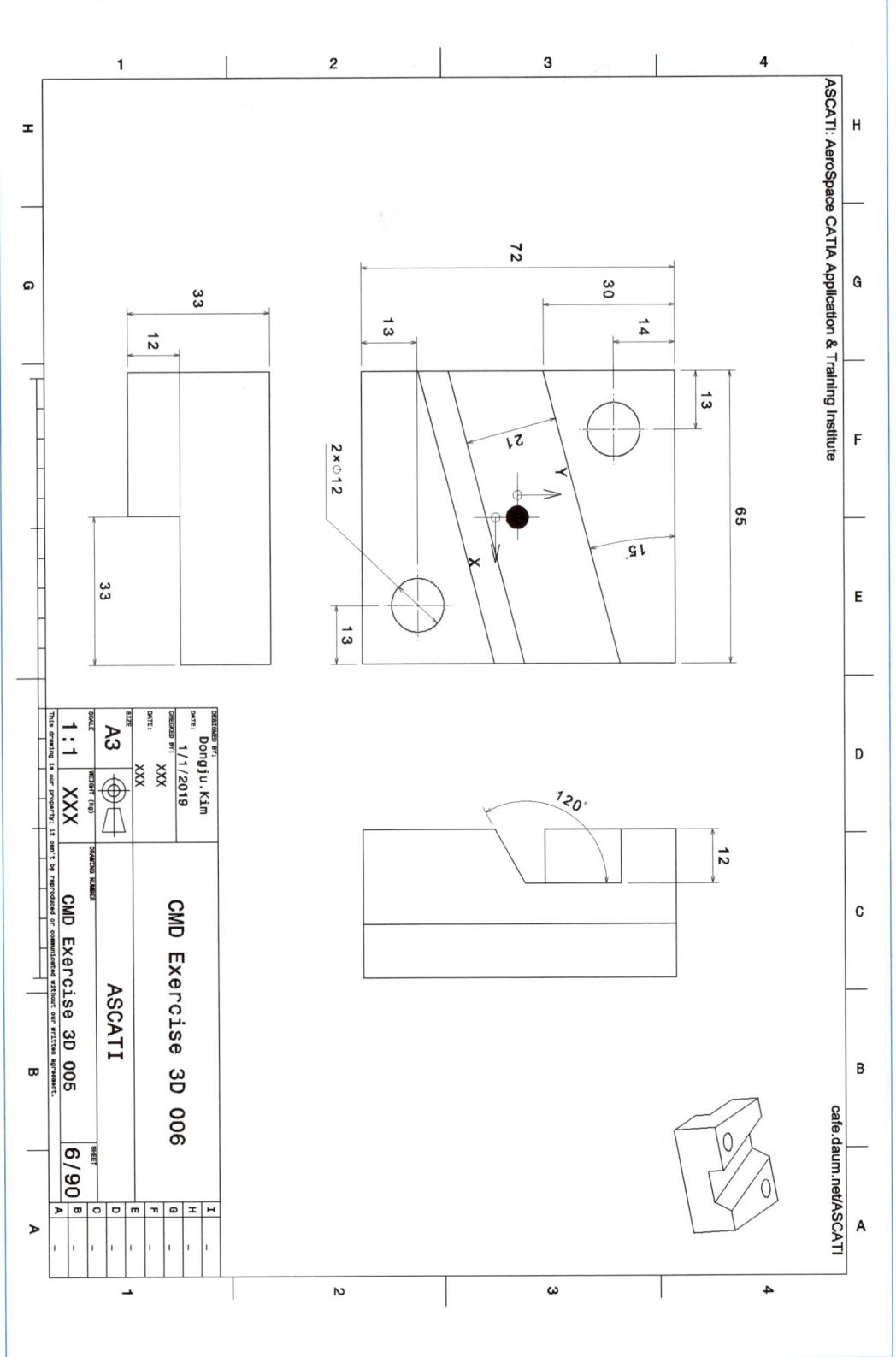

EXERCISE 6

- Workbench : Sketcher, Part Design

- 주요 작업 명령

	Pad		Pocket

- 작업 순서

1. XY 평면에 원점 대칭인 사각형을 그리고 33만큼 Pad한다. 여기서 두 개의 원을 함께 그려주면 Pocket을 하는 작업을 생략할 수 있다.
2. YZ 평면에 보이는 홈 형상을 스케치하고 Pocket한다.
3. ZX 평면에 보이는 사선 형태로 파인 형상은 우선 단면 형상을 그리고 홈이 지나갈 방향을 지정할 수 있도록 XY 평면에 15도 기울어진 직선을 하나 더 스케치하여 Pocket한다. (normal to profile 을 반드시 해제)

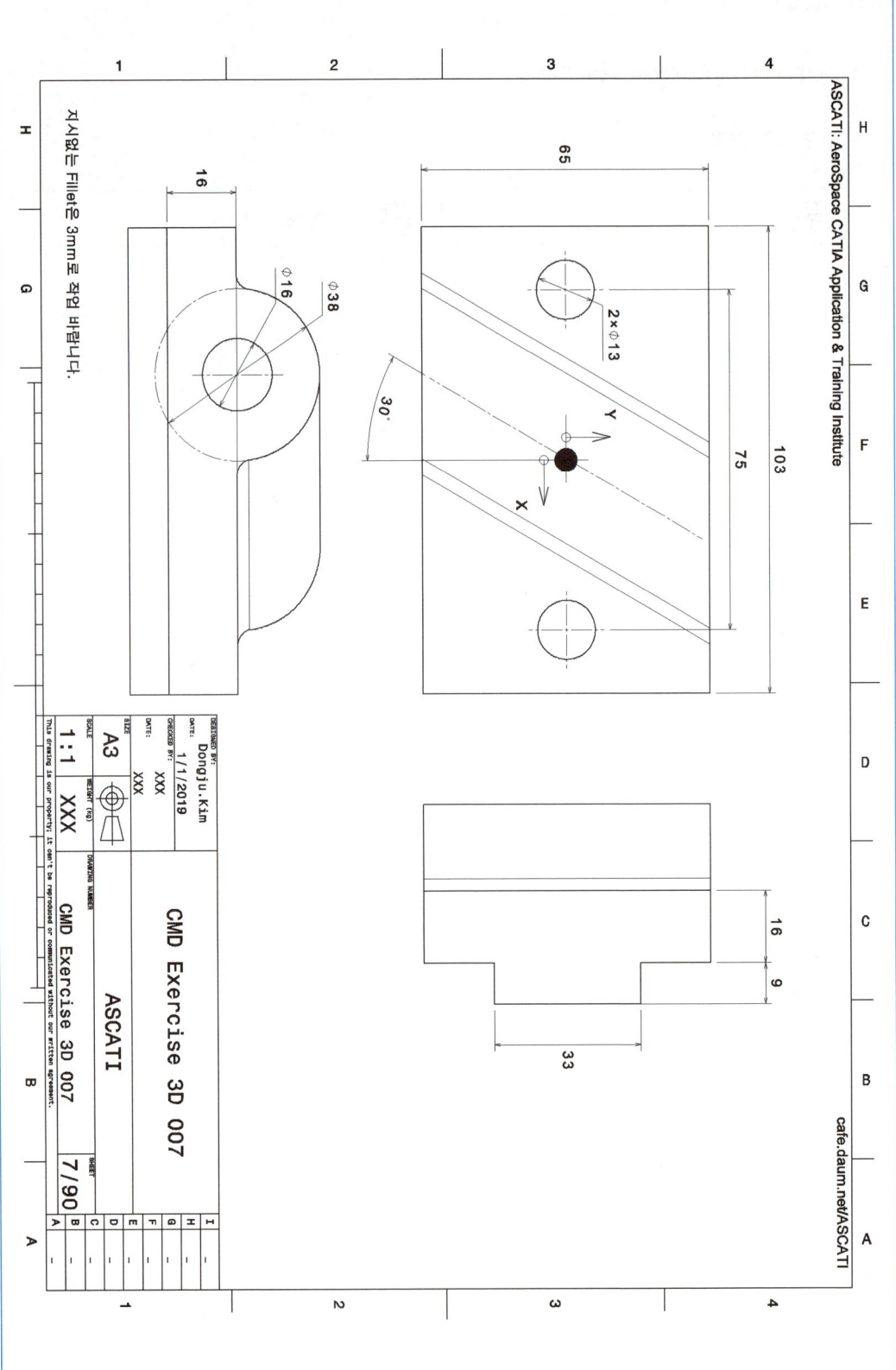

EXERCISE 7

- Workbench : Sketcher, Part Design

- 주요 작업 명령

	Pad		Pocket
	Edge Fillet		

- 작업 순서

1. XY 평면에 원점을 중심으로 한 사각형을 그리고 25만큼 Pad한다.
2. ZX 방향에 보이는 지름 38짜리 원을 그리고 XY 평면에 다시 30도 기울어진 직선을 그어 해당 방향으로 Pad되도록 작업한다.
3. 앞서 2번 작업에서 사용했던 사선을 다시 사용하여 이번에는 지름 16짜리 원을 스케치하여 Pocket한다. (사선이 화면에 보이지 않으므로 Spec Tree에서 Shoe시키거나 직접 선택하도록 한다.)
4. YZ 방향에 보이는 홈 형상을 스케치하고 Pocket한다.

- 핵심 포인트

작업에 사용한 형상을 다시 활용할 수 있다는 점과 Spec Tree에서 작업 후 자동으로 숨기기 된 형상을 이용할 수 있다는 점을 기억하기 바란다.

Self Note

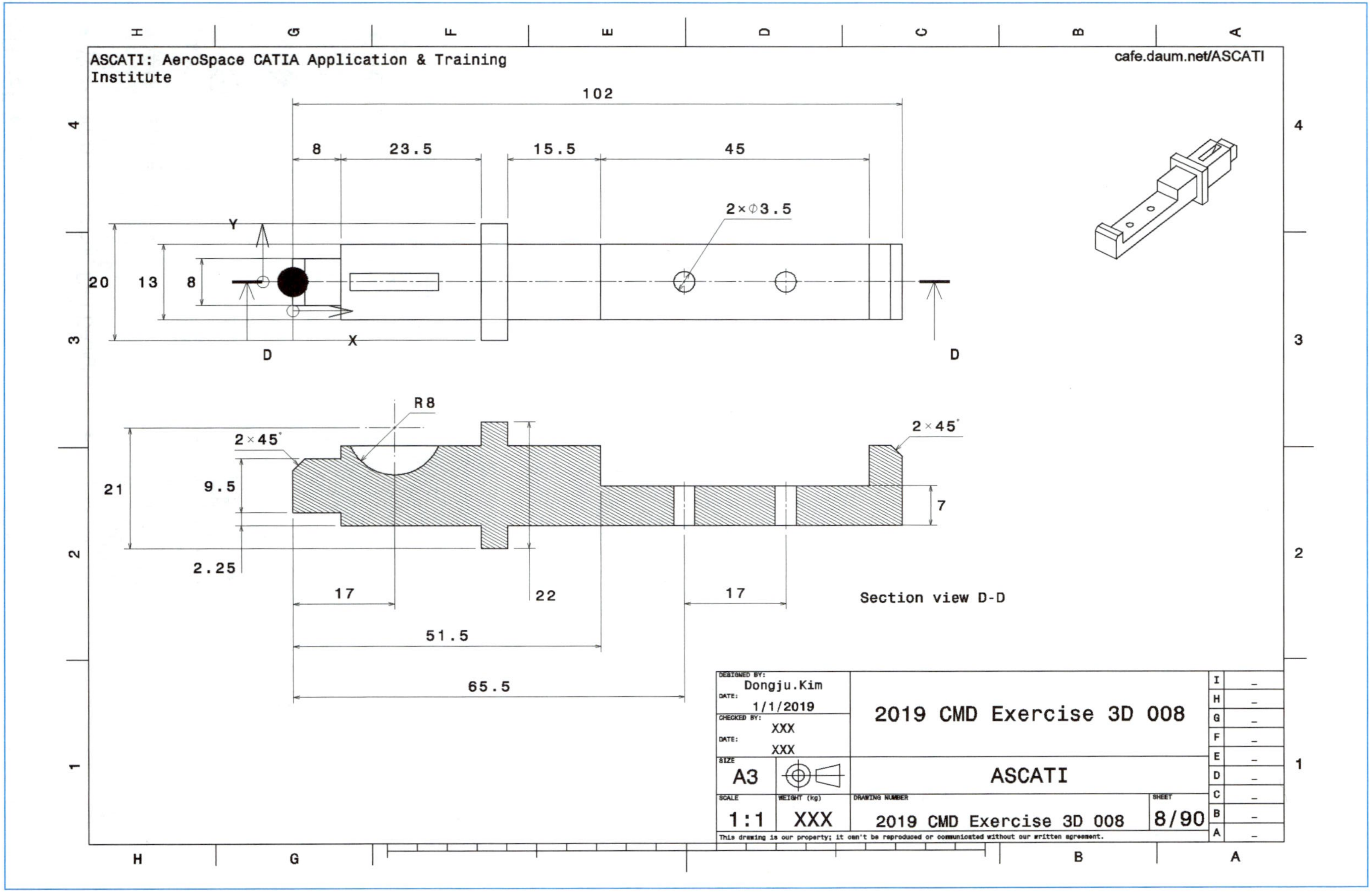
ASCATI: AeroSpace CATIA Application & Training Institute
cafe.daum.net/ASCATI
102
8
23.5
15.5
45
2×Φ3.5
Y
X
20
13
8
D
D
R8
2×45°
2×45°
21
9.5
2.25
7
17
22
17
51.5
65.5
Section view D-D
DESIGNED BY:
Dongju.Kim
DATE:
1/1/2019
CHECKED BY:
XXX
DATE:
XXX
SIZE
A3
SCALE
1:1
WEIGHT (kg)
XXX
2019 CMD Exercise 3D 008
ASCATI
DRAWING NUMBER
2019 CMD Exercise 3D 008
SHEET
8/90
This drawing is our property; it can't be reproduced or communicated without our written agreement.

EXERCISE 8

- Workbench : Sketcher, Part Design

- 주요 작업 명령

	Pad		Pocket
	Chamfer		

- 작업 순서

1. ZX 평면에 단면 형상을 스케치하고 6.5로 Pad한다. 여기서 Mirrored extend한다.
2. 다시 ZX 평면에 너비가 다른 부분을 스케치하고 Pad한다. 너비 8짜리와 20짜리에 대해서 두 번 같은 작업을 한다.
3. 반지름 8짜리 홈 형상을 ZX 평면에 스케치하고 Pocket한다.
4. XY 평면 방향에 보이는 두 개의 원을 스케치하여 Pocket한다.
5. 마무리로 Chamfer한다.

Self Note

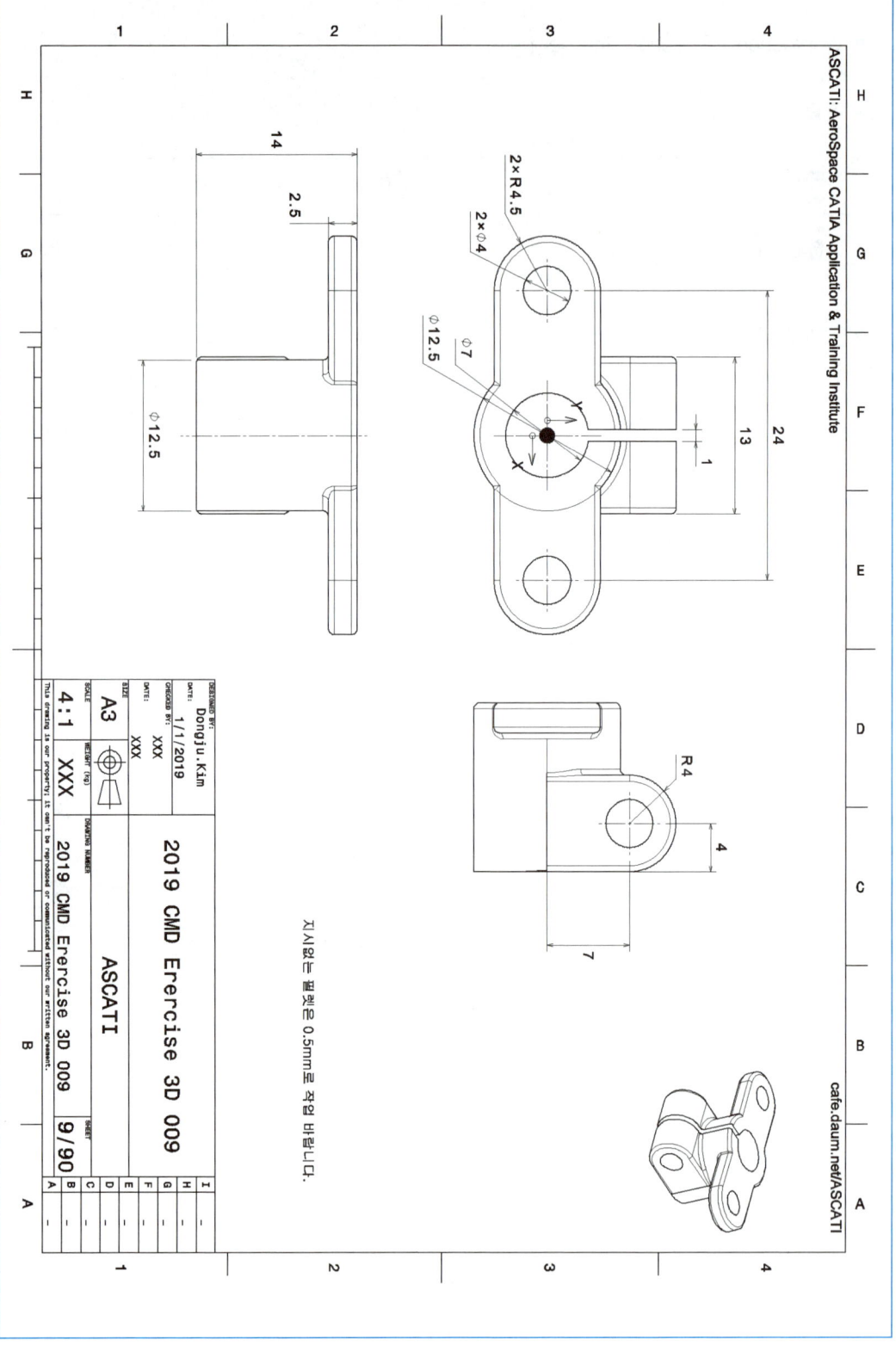

EXERCISE 9

- Workbench : Sketcher, Part Design

- 주요 작업 명령

	Pad		Pocket
	Edge Fillet		

- 작업 순서

1. XY 평면에 지름 12.5, 7짜리 원을 그리고 14만큼 Pad한다.
2. XY 방향 윗면에 Elongated Hole 형상을 만들고 2.5만큼 Pad한다. 여기서 지름 4짜리 원을 함께 스케치한다.
3. XZ 평면 방향의 반지름 4짜리 지름 4짜리 형상을 스케치하고 Pad한다.
4. XY 방향의 거리 간격 1짜리 홈을 스케치하고 Pocket한다.
5. Edge Fillet으로 마무리한다.

Self Note

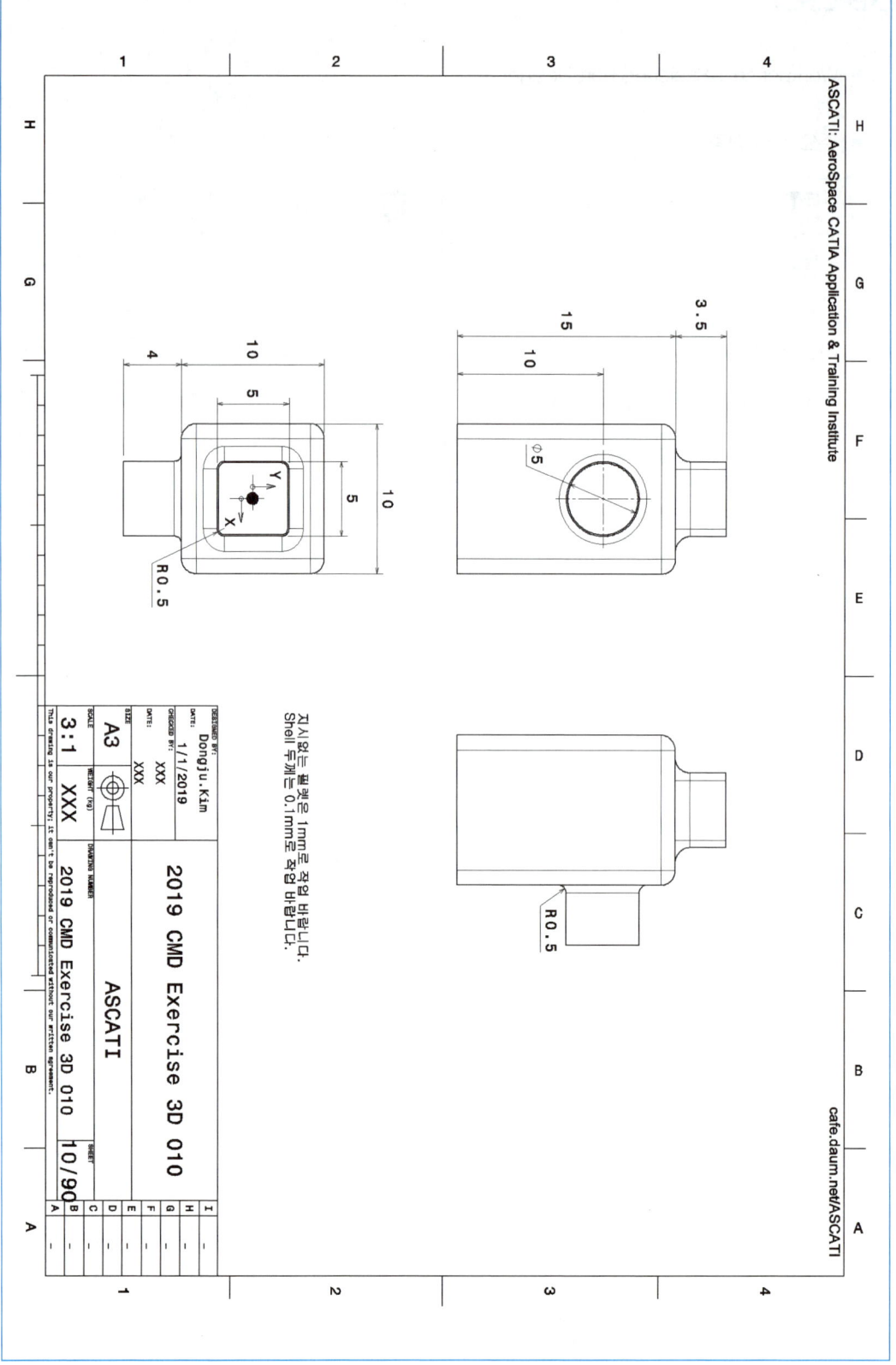

EXERCISE 10

- Workbench : Sketcher, Part Design

- 주요 작업 명령

	Pad		Shell
	Edge Fillet		

- 작업 순서

1. XY 평면에 가로 세로 10짜리 사각형을 그리고 15만큼 Pad한다.
2. XY 방향으로 형상의 윗면에 가로 세로 5짜리 정사각형을 그리고 3.5만큼 Pad한다.
3. YZ 평면에 지름 5짜리 원을 만들고 4만큼 Pad한다.
4. 지정된 수치로 Edge Fillet한다.
5. Shell에서 열린 부위를 만들고자 하는 두 개의 면을 선택하여 두께 0.1로 작업한다.

- 핵심 포인트

  Shell 작업과 Fillet 작업은 순서에 따라 다른 결과가 나올 수 있음을 주의 바란다.

Self Note

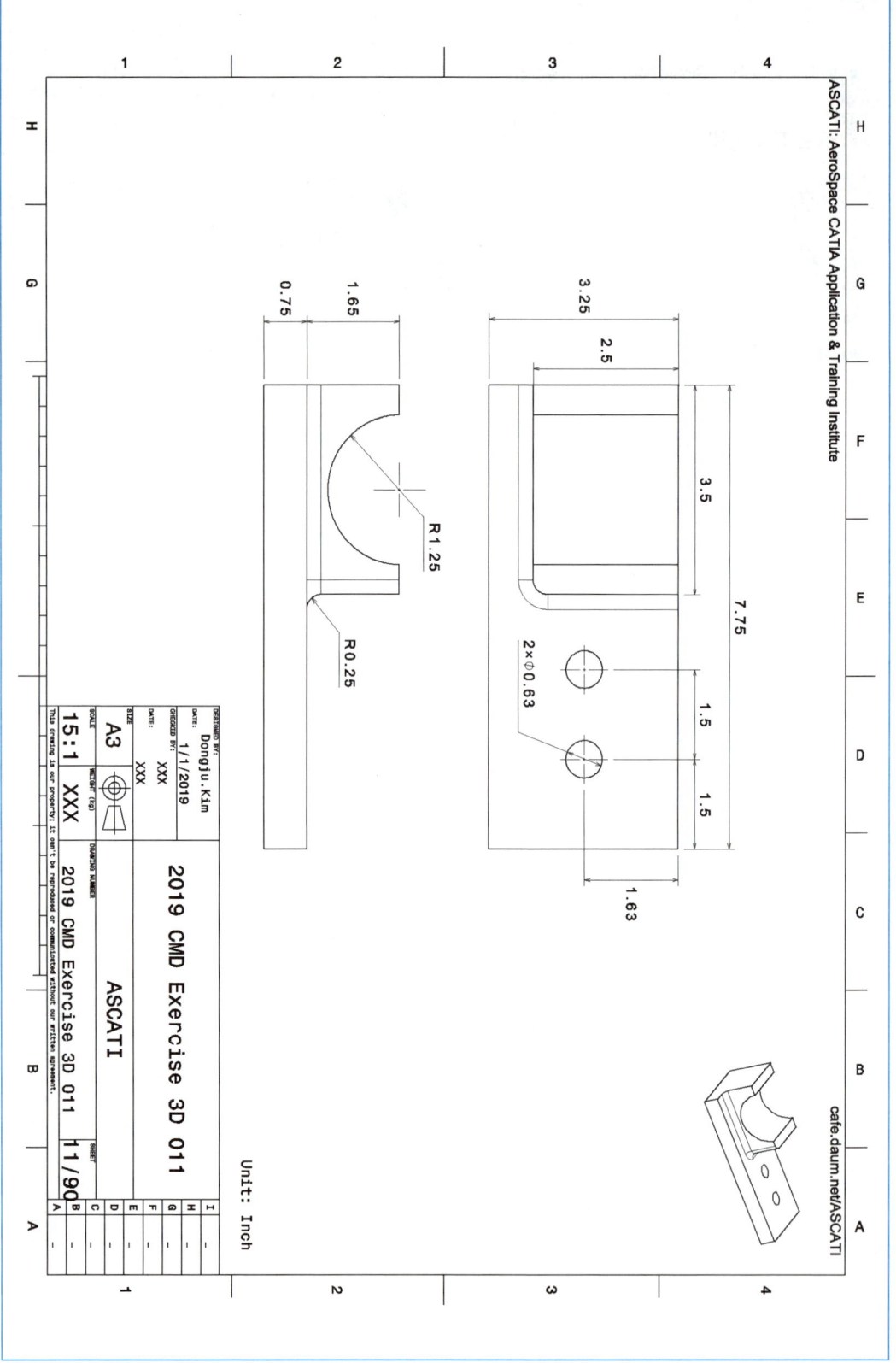

EXERCISE 11

- Workbench : Sketcher, Part Design

- 주요 작업 명령

📄	Pad	🔲	Pocket
🧊	Edge Fillet		

- 작업 순서

1. XY 평면에 사각형을 스케치하고 0.75만큼 Pad한다. 여기서 두 개의 원을 함께 그리도록 한다.
2. XZ 평면에 사각형과 반지름 1.25짜리 호 형상을 함께 그리고 Pad한다.
3. Edge Fillet으로 마무리 한다.

- 핵심 포인트

  작업 방식에 따라 여러 차례의 Pad와 Pocket으로 나뉘어 보일 수 있으나 동시에 작업할 수 있는 부분을 이해하면 보다 간결하게 작업할 수 있다.

Self Note

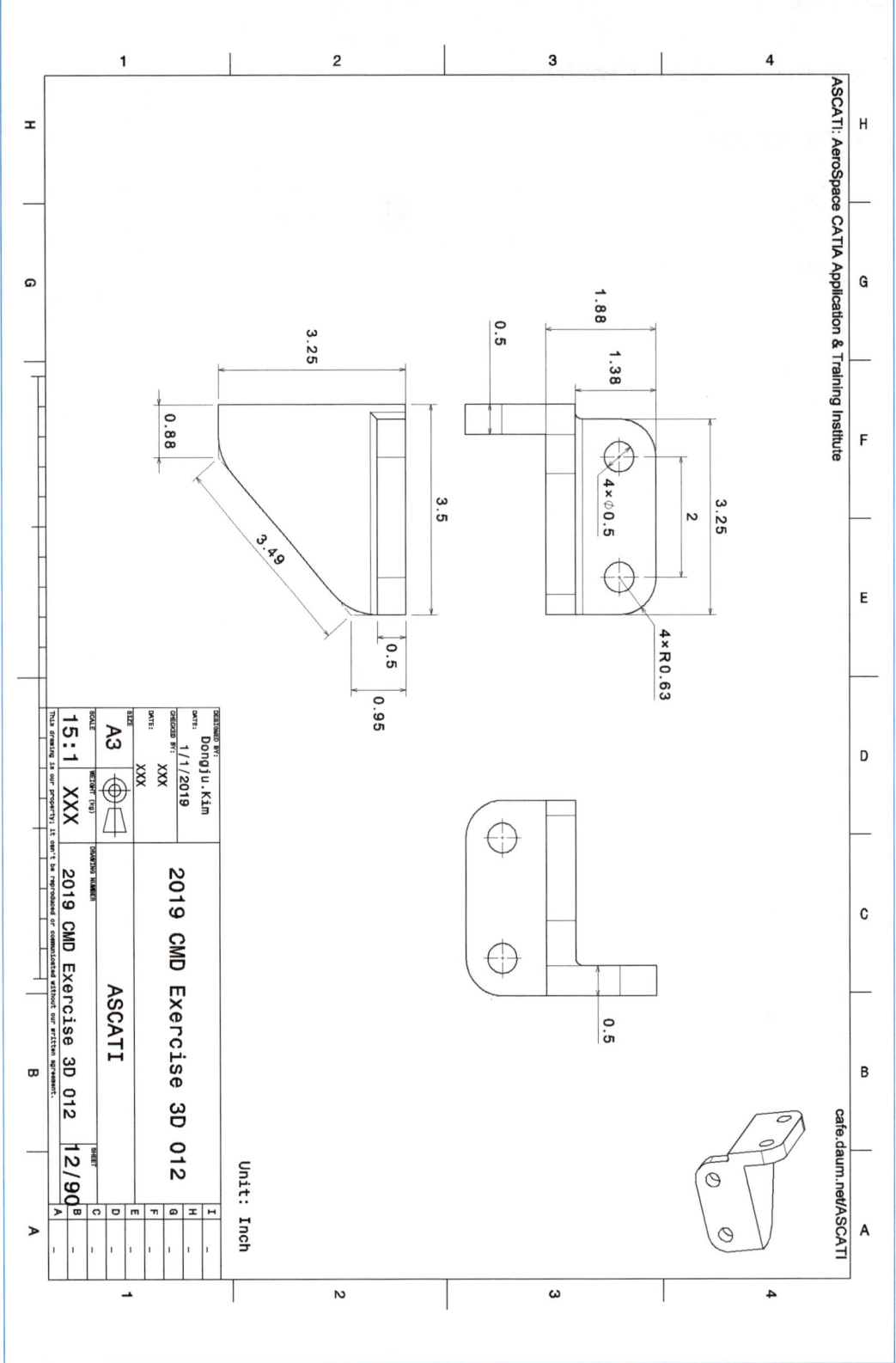

EXERCISE 12

- Workbench : Sketcher, Part Design

- 주요 작업 명령

	Pad		Edge Fillet

- 작업 순서

1. XY 평면에 다각형을 그리고 0.5만큼 Pad한다.
2. XZ 평면 방향으로 형상을 스케치하고 0.5만큼 Pad한다. 물론 두 개의 원을 함께 그리면 작업 횟수를 줄일 수 있다.
3. 같은 방식의 작업을 YZ 평면의 형상에 대해서도 작업한다.
4. Edge Fillet으로 작업한다.

Self Note

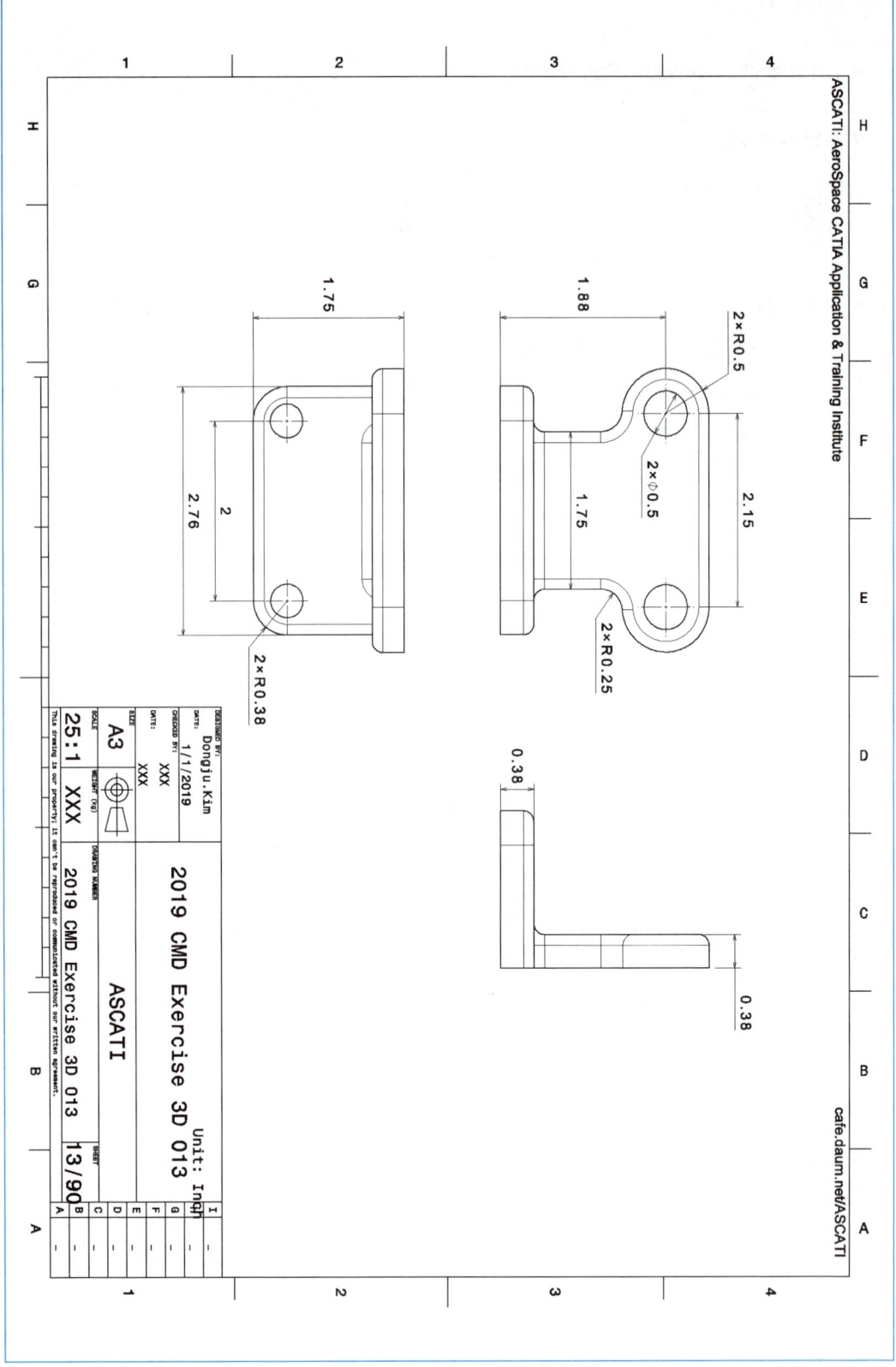

EXERCISE 13

- Workbench : Sketcher, Part Design

- 주요 작업 명령

🔲	Pad	🔲	Edge Fillet

- 작업 순서

   1. XY 평면에 사각형과 두 개의 원을 그리고 Pad한다.
   2. XZ 평면에 해당 형상을 Elongated Hole과 Line으로 스케치하여 Pad한다. 마찬가지로 두 개의 원을 함께 그린다.
   3. 마무리로 Edge Fillet한다.

- 핵심 포인트

    Pad와 Pocket 작업을 나누어 생각하면 작업 횟수가 많아진다. 한 번에 작업할 수 있는 건 모아서 작업할 수 있도록 간추리는 연습이 필요하다.

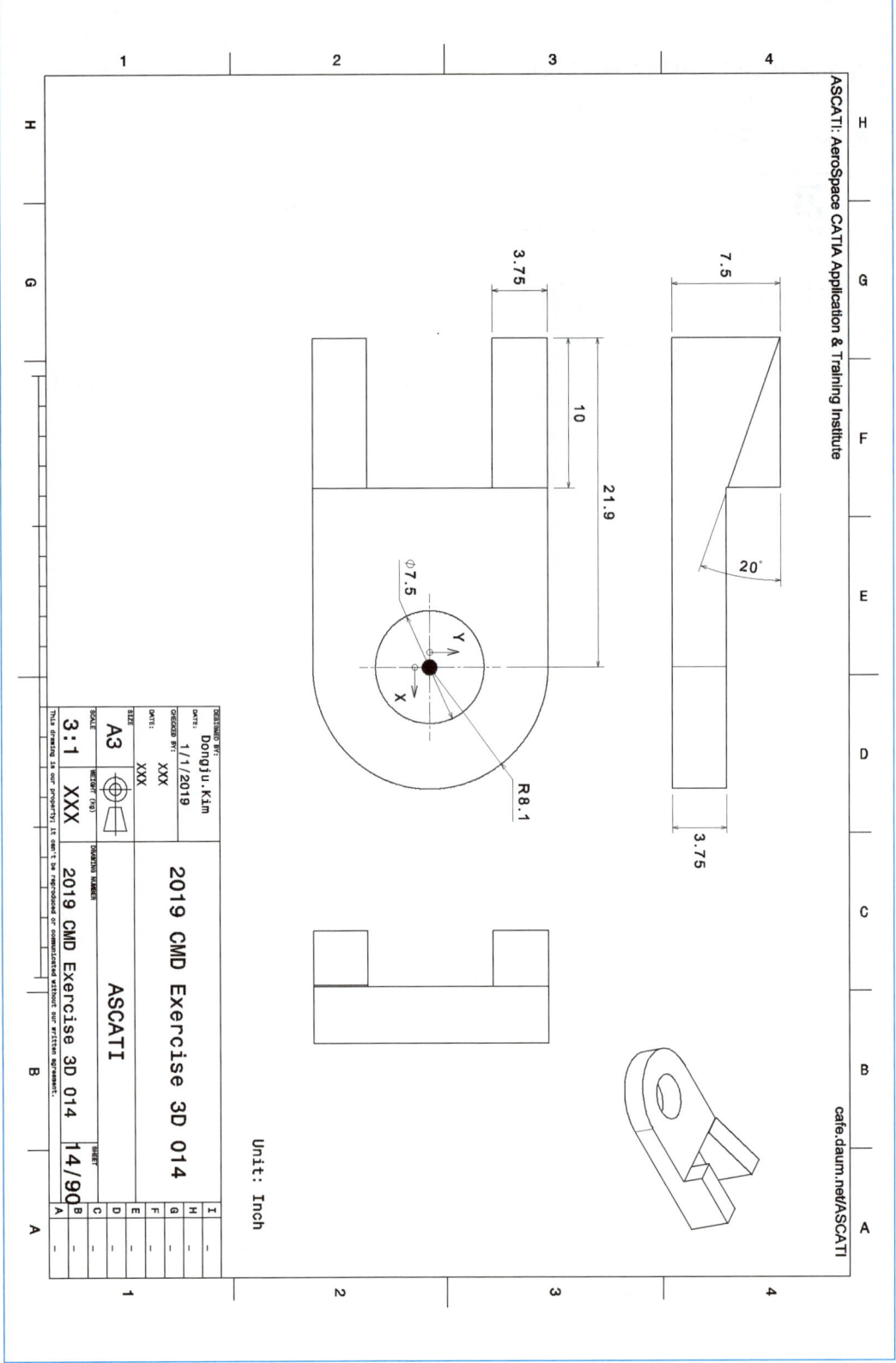

EXERCISE 14

- Workbench : Sketcher, Part Design

- 주요 작업 명령

🗗	Pad		

- 작업 순서

1. XY평면에 Elongated Hole과 Circle 형상을 적절히 활용하여 단면을 그리고 Pad한다.
2. 높이 7.5짜리 사각형을 XZ 방향의 한쪽 면에 스케치하고 Pad한다.
3. 사다리꼴 형상을 마찬가지로 스케치하여 Pad한다.

> Self Note

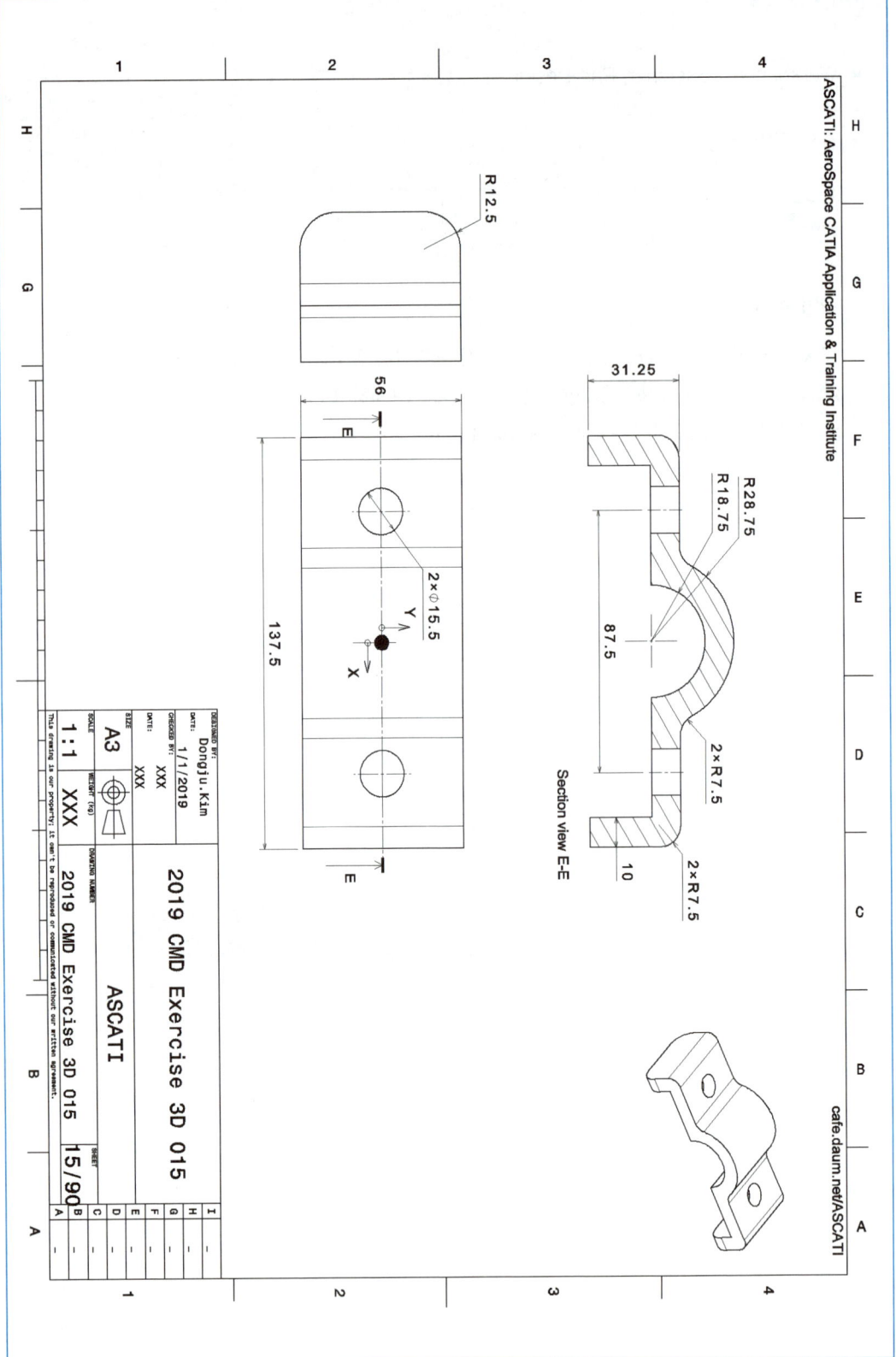

EXERCISE 15

- Workbench : Sketcher, Part Design

- 주요 작업 명령

	Pad		Pocket
	Edge Fillet		

- 작업 순서

1. XZ 평면에 Open된 프로파일을 그리고 'Thick' 옵션으로 Pad한다.
2. XY 평면 방향에 두 개의 원을 그리고 Pocket한다.
3. 마무리로 Edge Fillet한다.

Self Note

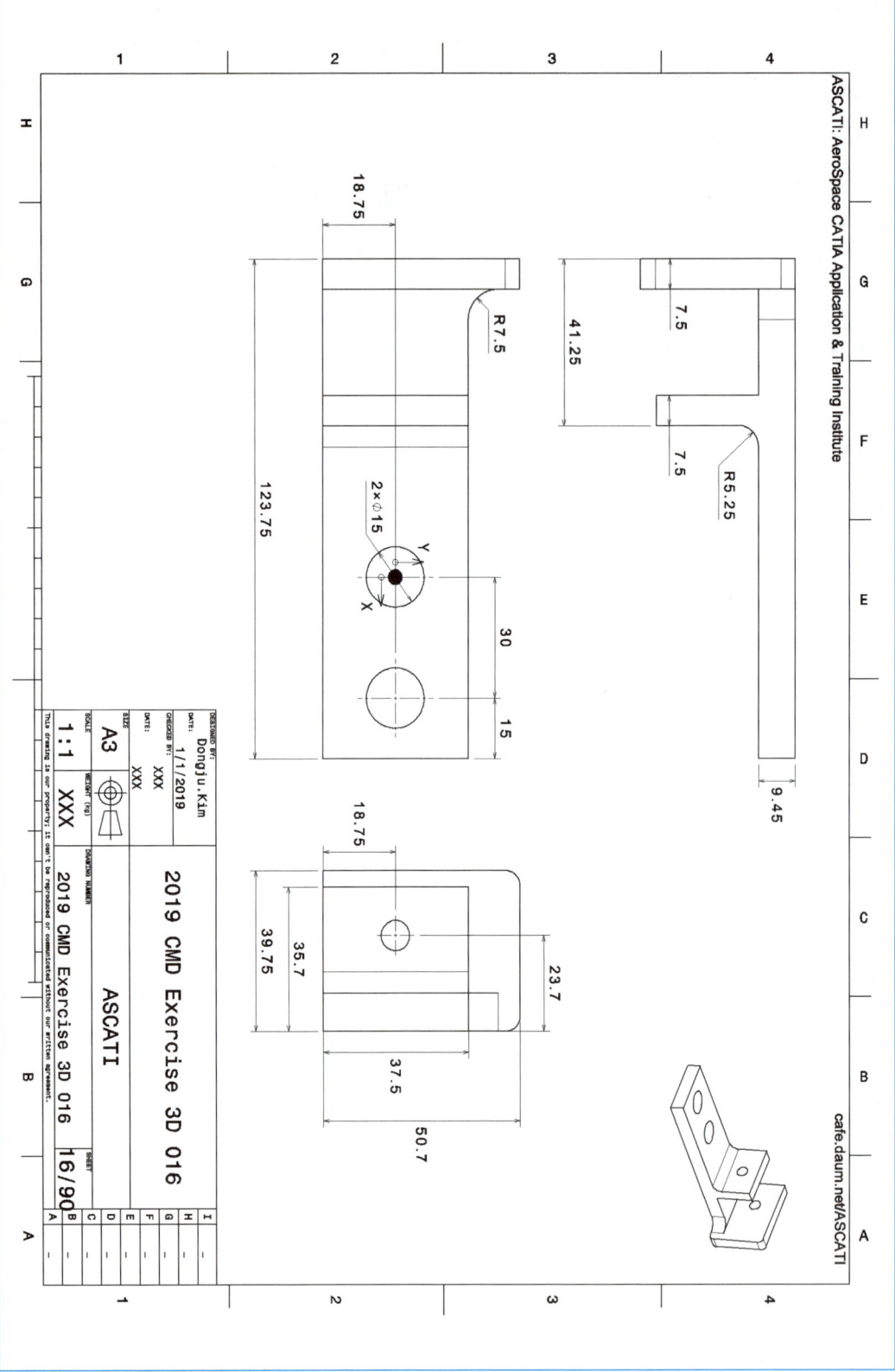

EXERCISE 16

- Workbench : Sketcher, Part Design

- 주요 작업 명령

🗗	Pad	🗖	Pocket

- 작업 순서

1. XY 평면에 사각형과 두 개의 원을 함께 스케치하여 Pad한다.
2. YZ 평면 방향의 두 사각형 형상을 각각 스케치하고 Pad한다. 여기서는 따로 원을 스케치하지 않고 나중에 Pocket으로 한 번에 뚫어 주도록 한다.
3. Edge Fillet으로 마무리 한다.

Self Note

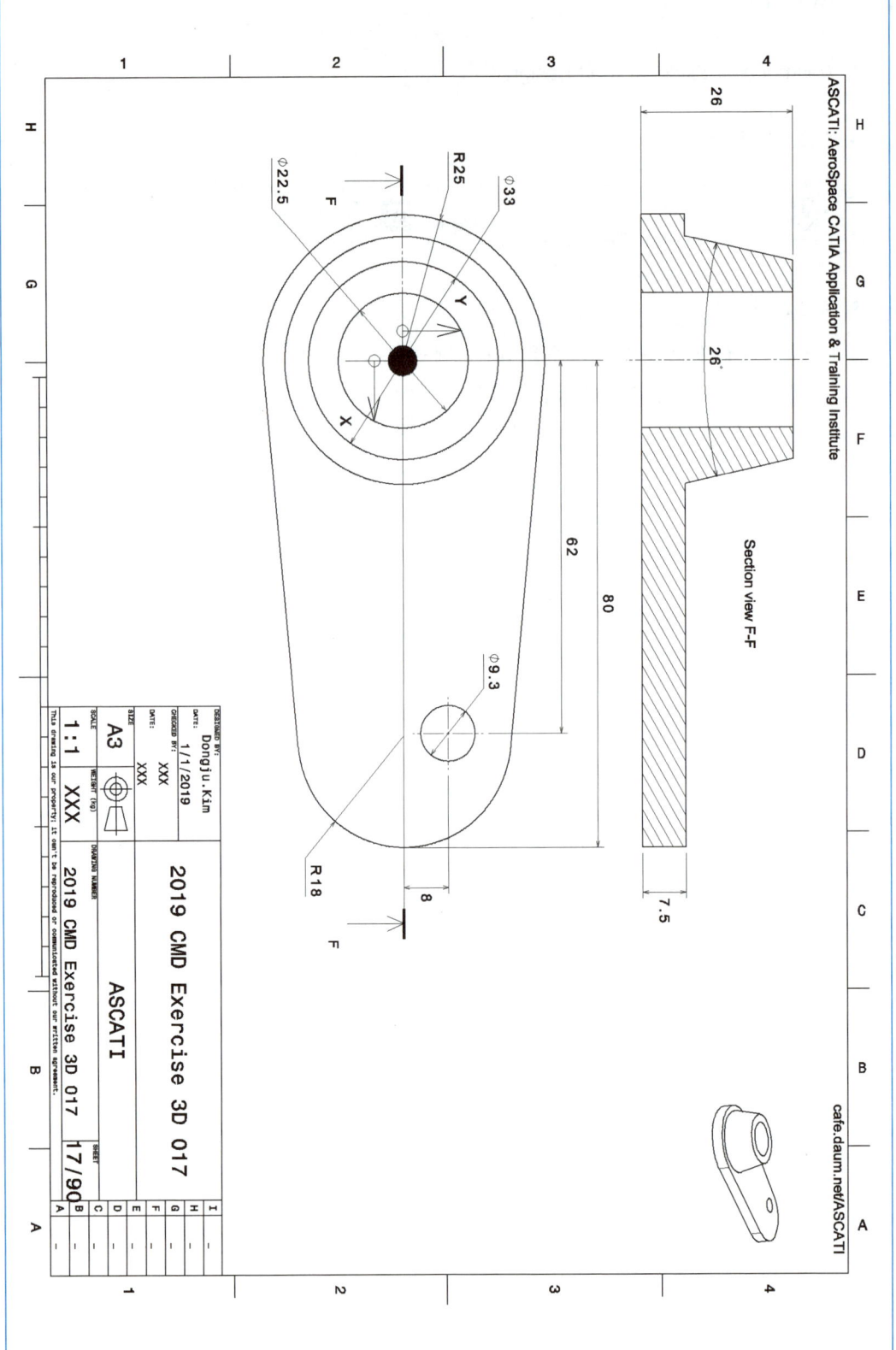

EXERCISE 17

- Workbench : Sketcher, Part Design

- 주요 작업 명령

	Pad		Pocket
	Draft		

- 작업 순서

1. XY 평면에 두 개의 원과 Bi-Tangent Line으로 단면 형상을 작업하고 Pad한다.
2. XY 평면에 지름 33, 22.5짜리 원을 그리고 26만큼 Pad한다.
3. 지름 33짜리인 원의 면을 윗면을 기준으로 13도의 Draft Angle을 준다.
4. 지름 9.3짜리 원을 그리고 Pocket한다.

• 핵심 포인트

Draft를 수행할 때는 경사각의 기준이 되는 Neutral Element의 선택 역시 중요하다.

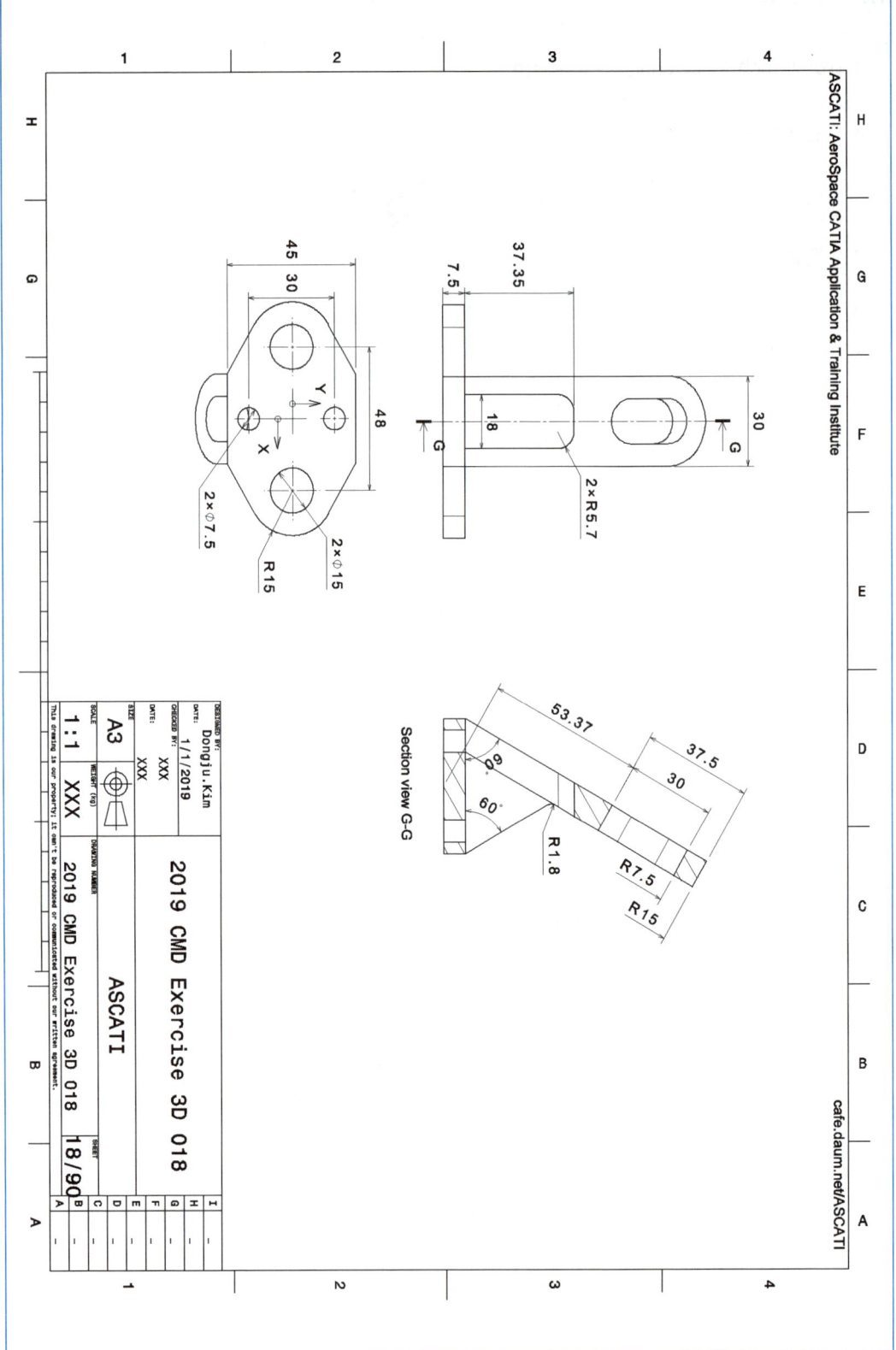

EXERCISE 18

- Workbench : Sketcher, Part Design

- 주요 작업 명령

	Pad		Pocket

- 작업 순서

1. XY 평면에 다각형 형상을 그리고 7.5로 Pad한다. 4개의 원은 함께 그려준다.
2. ZY 평면의 단면 형상을 그리고 Pad한다. 여기서도 Pad와 진행 방향과 길이 값이 같은 Elongated Hole 형상은 함께 스케치한다.
3. XZ 평면 방향으로 제거되는 형상을 스케치하여 Pocket한다.

- 핵심 포인트

Pad나 Pocket의 방향과 거리 값이 일치하는 형상은 효율면에서 같이 작업해 주는 게 바람직하다.

Self Note

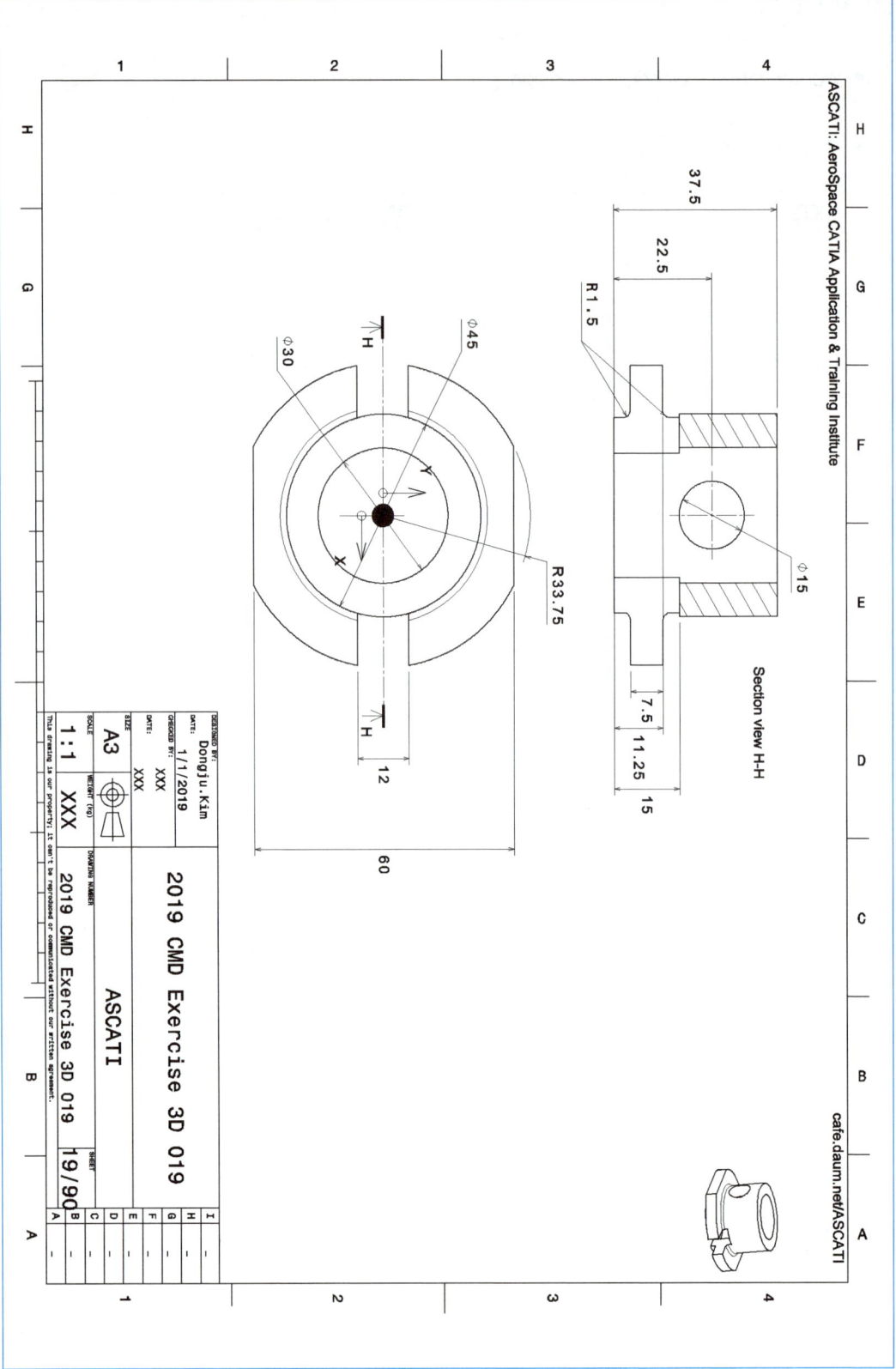

EXERCISE 19

- Workbench : Sketcher, Part Design

- 주요 작업 명령

	Pad		Pocket

- 작업 순서

1. XY 평면에 반지름 33.75을 그리고 X축 방향을 60이 되도록 Trim한 후에 Pad한다.
2. 지름 45, 30짜리 원을 그리고 Pad한다.
3. 지정된 부분을 Edge Fillet한다.
4. XY 평면 하단에 너비 12가 되도록 사각형을 스케치하여 Pocket한다.
5. XZ 방향의 지름 15짜리 원을 스케치하여 Pocket한다.

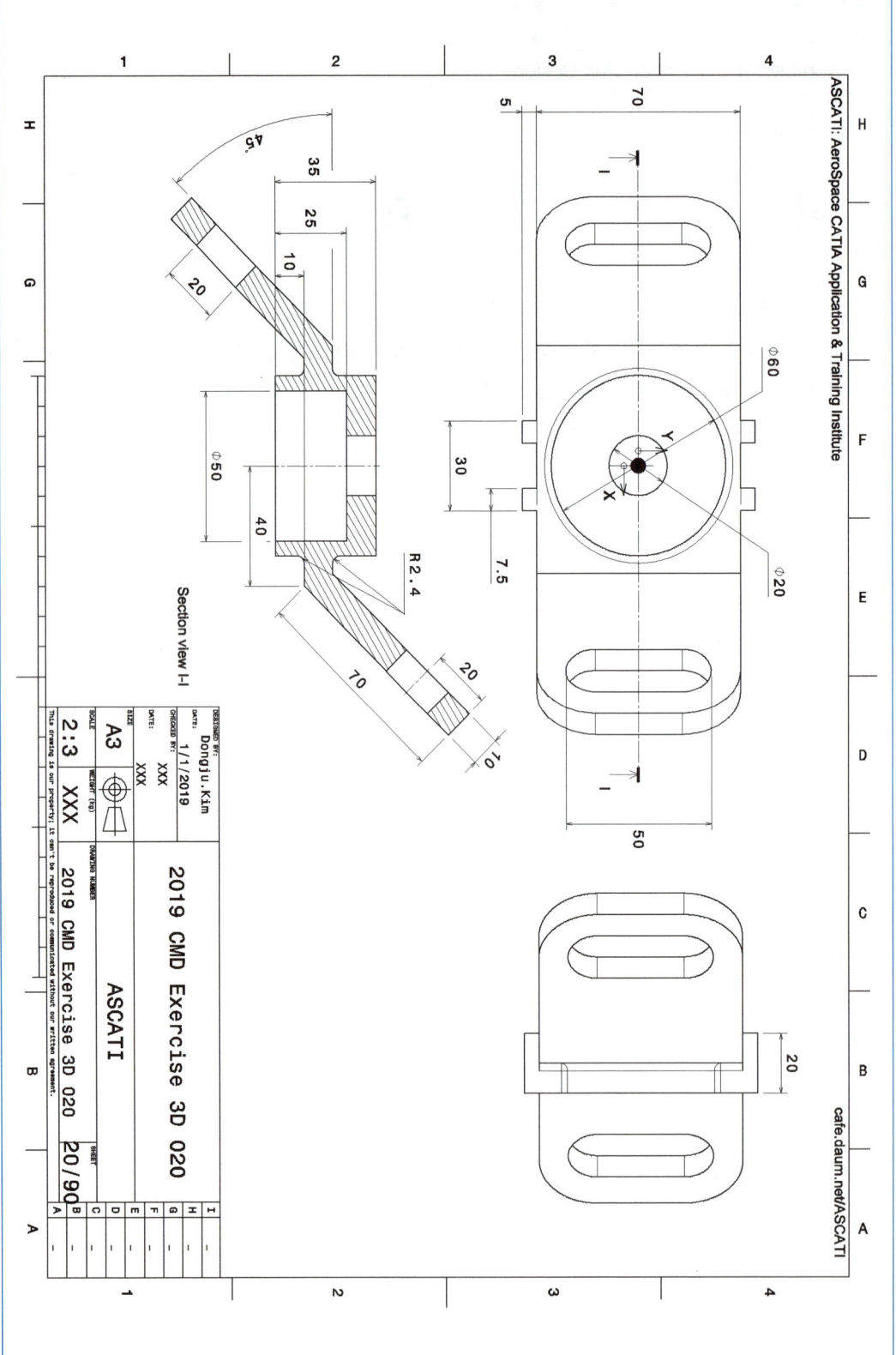

EXERCISE 20

- Workbench : Sketcher, Part Design

- 주요 작업 명령

	Pad		Pocket
	Edge Fillet		

- 작업 순서

1. ZX 평면에 단면 형상을 Open되게 스케치하고 Thick Pad한다.
2. 양쪽의 Elongated Hole형상을 각각 스케치하여 Pocket한다.
3. 원점의 지름 60짜리 원을 스케치하고 Pad한다. 그리고 비름 50짜리로 25만큼 Pocket을, 지름 20짜리로 Pocket을 한다.
4. XY 평면에서 아래쪽 방향으로 돌출된 4개의 형상을 스케치하여 Pad한다.
5. Edge Fillet으로 마무리한다.

- 핵심 포인트

도면을 보고 어느 방향에서 작업을 수행하는 게 쉬울지를 먼저 파악해 보기 바란다.

Self Note

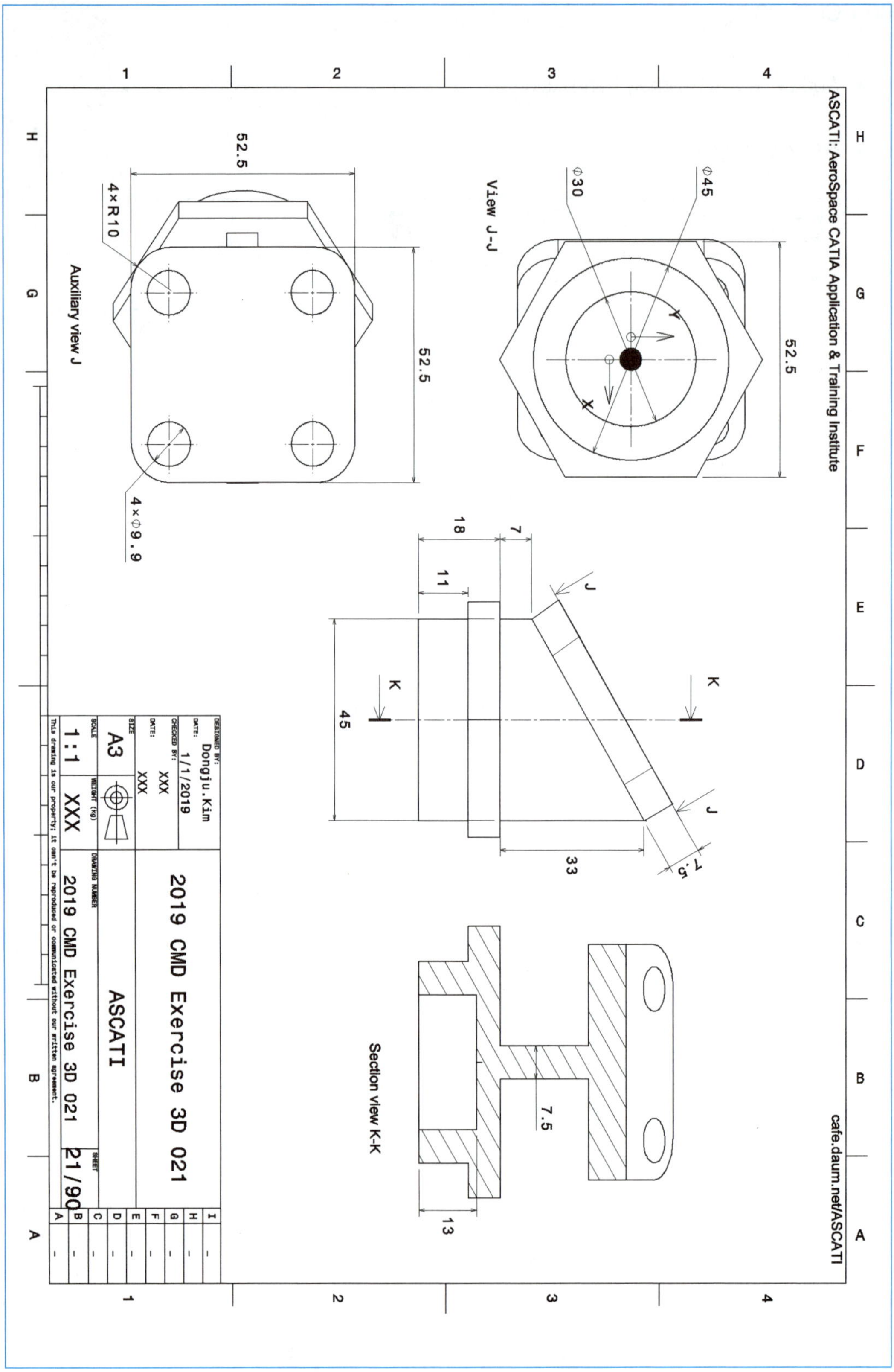

EXERCISE 21

- Workbench : Sketcher, Part Design

- 주요 작업 명령

	Pad		Pocket

- 작업 순서

1. XY 평면에 지름 45, 30짜리 원을 그리고 Pad한다.
2. 변사이의 거리가 52.5인 정육면체를 그리고 Pad한다.
3. ZX 평면에 사다리꼴 형상을 스케치하고 Pad한다.
4. 기울어진 위치의 빗면에 가로 세로가 각각 52.5인 정사각형을 그리고 4개의 원과 함께 Pad한다.

Self Note

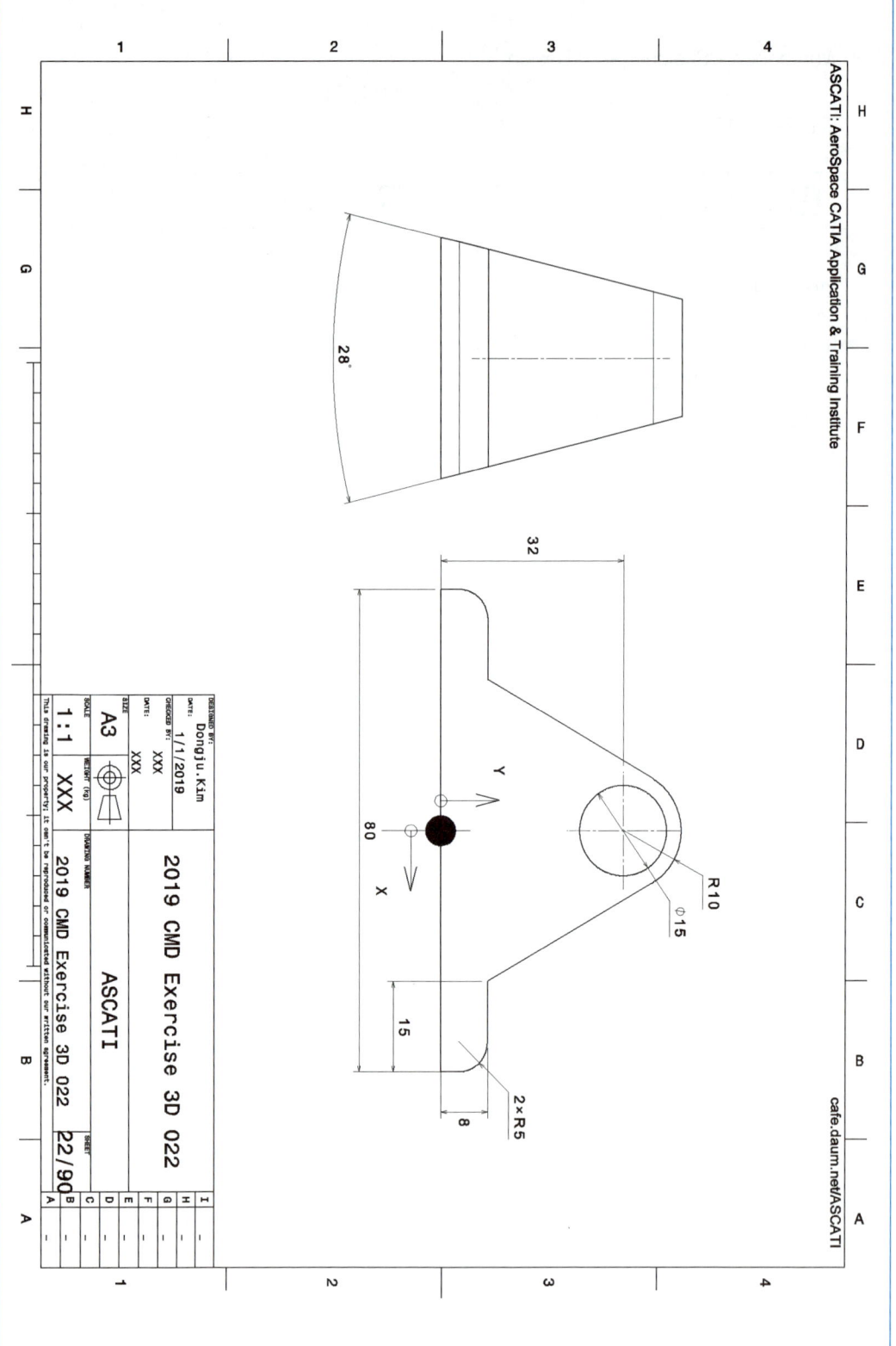

EXERCISE 22

- Workbench : Sketcher, Part Design

- 주요 작업 명령

🔲	Solid Combine	🔲	Pocket

- 작업 순서

1. ZX 평면과 ZY 평면의 각 단면 형상을 그리고 Solid Combine한다. 여기서 지름 15의 원은 그려선 안된다.
2. 형상이 만들어 지고 나중에 지름 15짜리 원을 스케치하여 Pocket한다.

Self Note

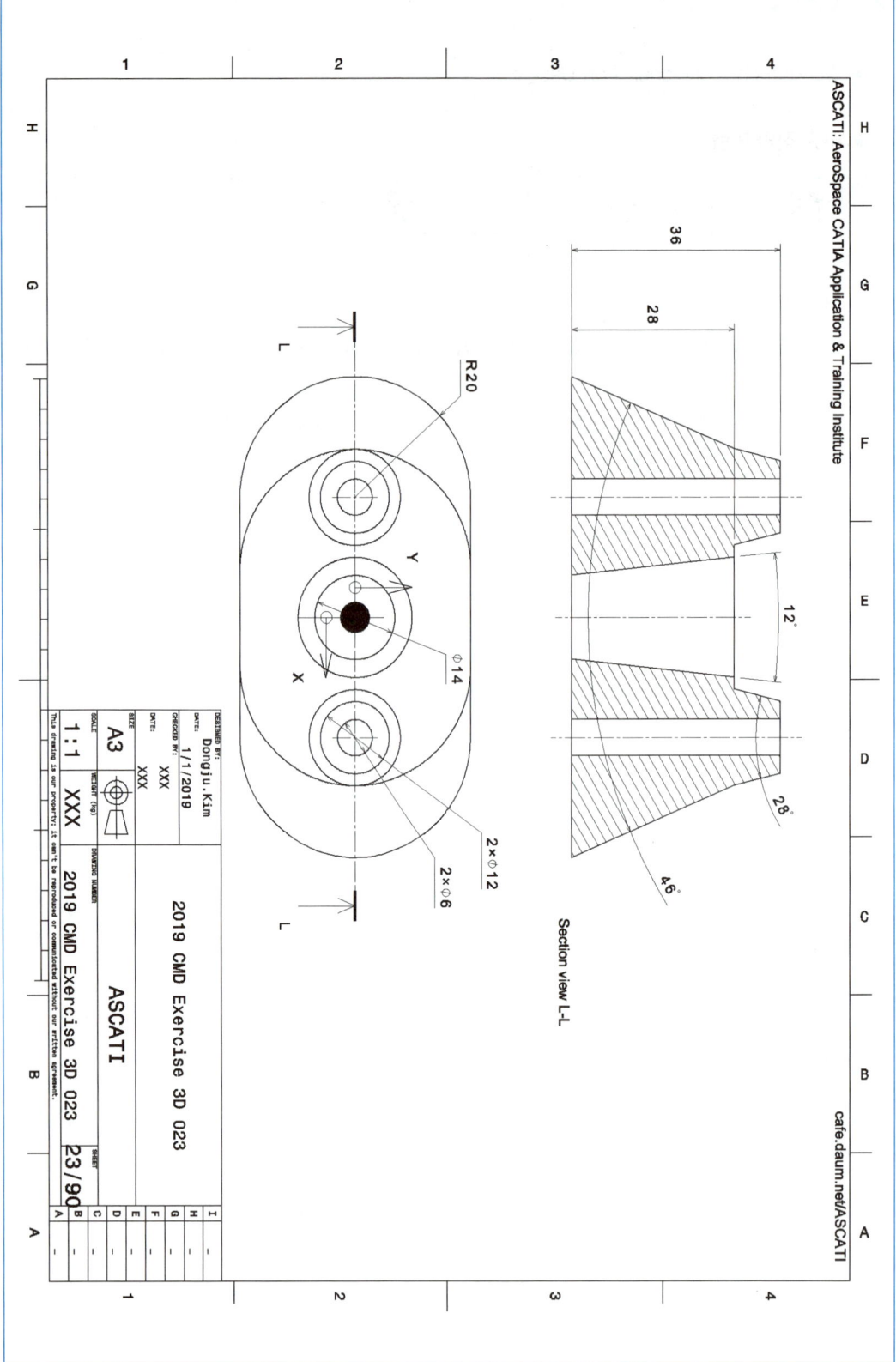

EXERCISE 23

- Workbench : Sketcher, Part Design

- 주요 작업 명령

🗒	Pad	🗔	Pocket
🗎	Draft		

- 작업 순서

1. Elongated Hole 형상으로 스케치 후 Pad한다.
2. 형상의 윗면에 두 개의 원을 그리고 Pad한다.
3. XY 평면에 3개의 원을 스케치하여 Pocket한다.
4. 지름이 표시된 부분을 기준으로 각각의 면을 Draft한다.

Self Note

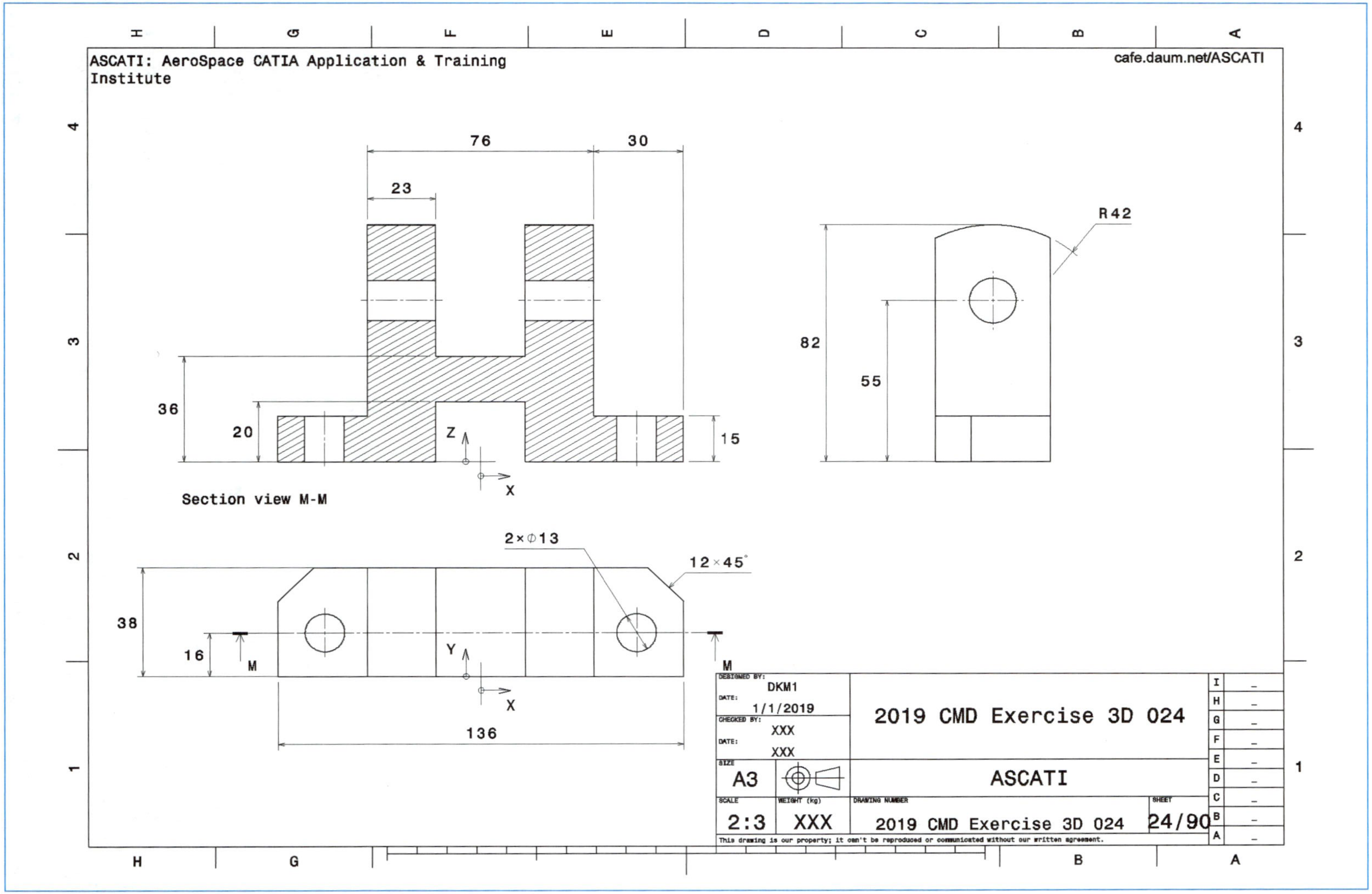

ASCATI: AeroSpace CATIA Application & Training Institute
cafe.daum.net/ASCATI
76
30
23
R42
82
55
36
20
15
Z
X
Section view M-M
2×Φ13
12×45°
38
16
M
Y
X
136
DESIGNED BY: DKM1
DATE: 1/1/2019
CHECKED BY: XXX
DATE: XXX
2019 CMD Exercise 3D 024
SIZE A3
ASCATI
SCALE 2:3
WEIGHT (kg) XXX
DRAWING NUMBER 2019 CMD Exercise 3D 024
SHEET 24/90
This drawing is our property; it can't be reproduced or communicated without our written agreement.

EXERCISE 24

- Workbench : Sketcher, Part Design

- 주요 작업 명령

	Solid Combine		Pocket
	Chamfer		

- 작업 순서

1. XZ 평면의 형상과 YZ 평면의 형상을 스케치하여 Solid Combine한다. 여기서 원을 함께 스케치하지 않는다.
2. 구멍을 만들 부위에 스케치하고 Pocket한다.
3. Chamfer로 마무리한다.

- 핵심 포인트

Solid Combine을 이용한 두 단면의 교차 형상을 만드는 방식의 이점을 이해한다.

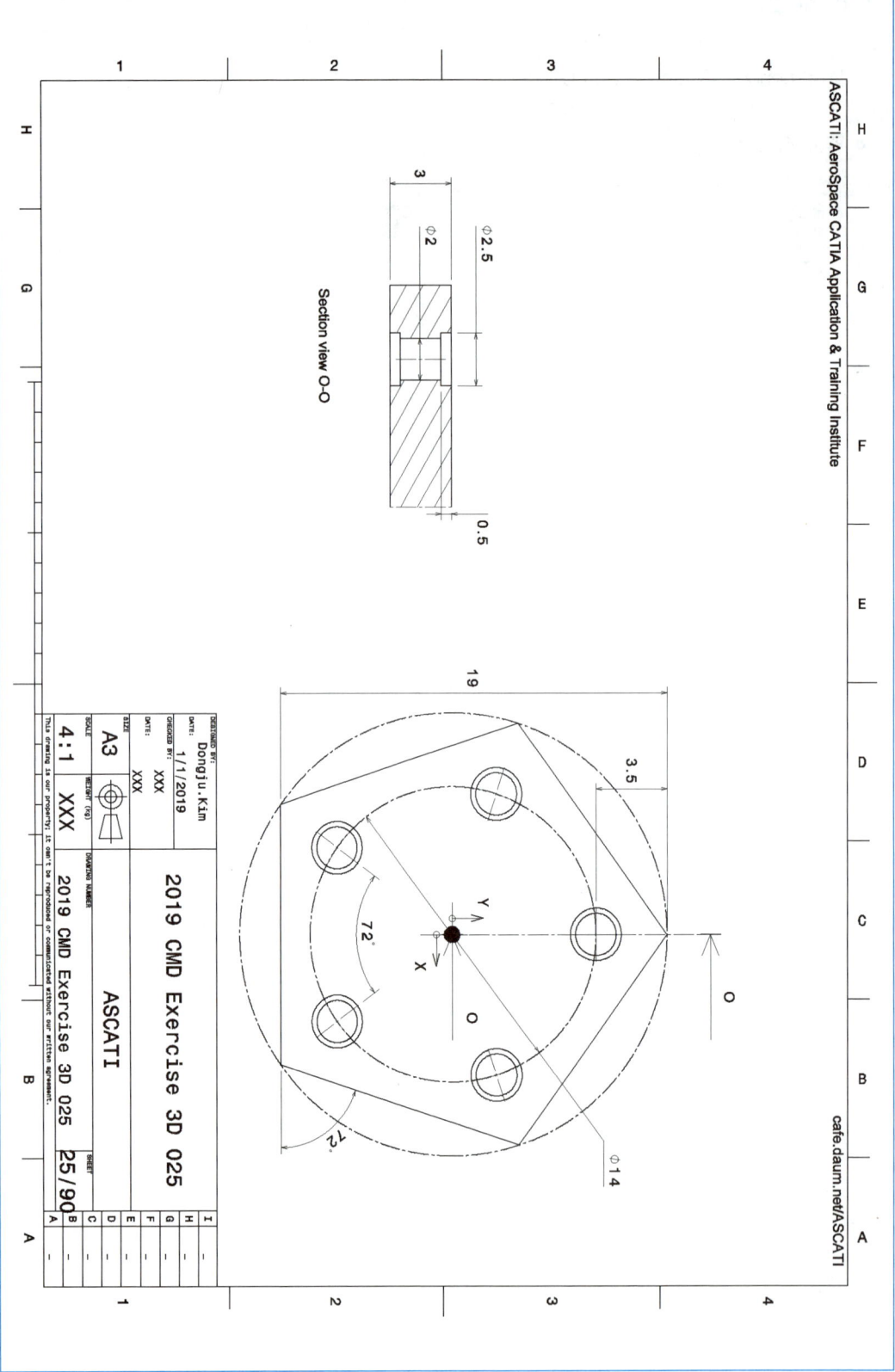

EXERCISE 25

- Workbench : Sketcher, Part Design

- 주요 작업 명령

	Pad		Pocket
	Circular Pattern		

- 작업 순서

1. 오각형 형상을 스케치하여 Pad한다.
2. 수직 Y축에 지름 2짜리 원을 그리고 Pocket한다.
3. 지름 2.5짜리 원도 윗면과 아랫면에 대해서 Pocket 작업한다.
4. 3개의 Pocket을 복수 선택하여 Circular Pattern을 실행, 원점을 기준으로 5개의 복사 형상을 만든다.

- 핵심 포인트

Pattern에서 복수 대상의 작업을 반드시 먼저 형상들을 선택한 후에 Pattern 명령을 실행해야 한다.

Self Note

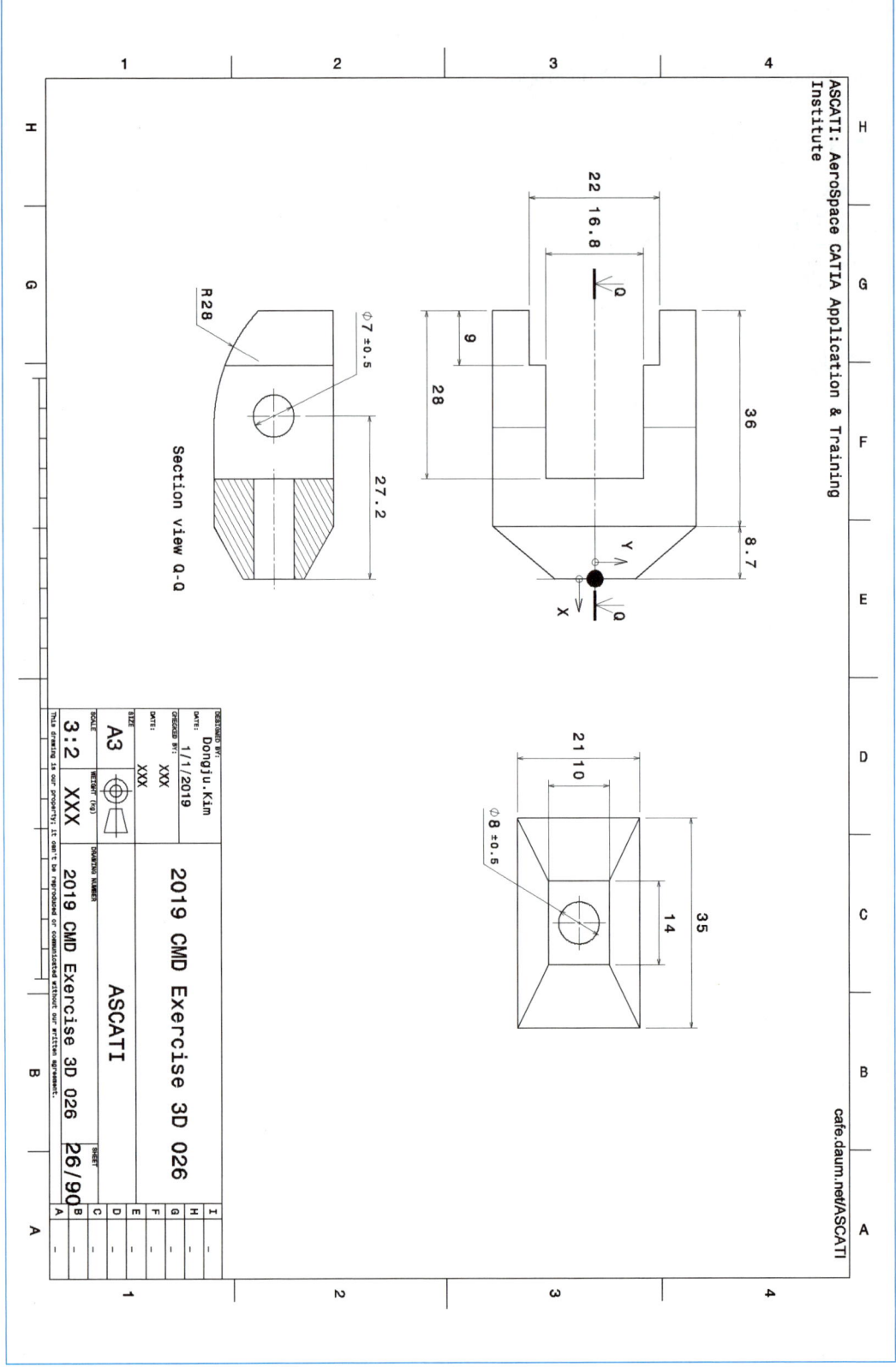

EXERCISE 26

- Workbench : Sketcher, Part Design

- 주요 작업 명령

	Solid Combine		Pocket

- 작업 순서

1. XY 평면의 형상을 한 번에 스케치한다.
2. ZX 평면의 형상을 원을 제외하고 모두 스케치하여 Solid Combine한다.
3. 지정된 위치의 원을 Pocket한다.

- 핵심 포인트

  작업 방식 또는 도면의 보는 방향에 따라 복잡한 방법으로 작업할 수 있으니 주의 바란다.

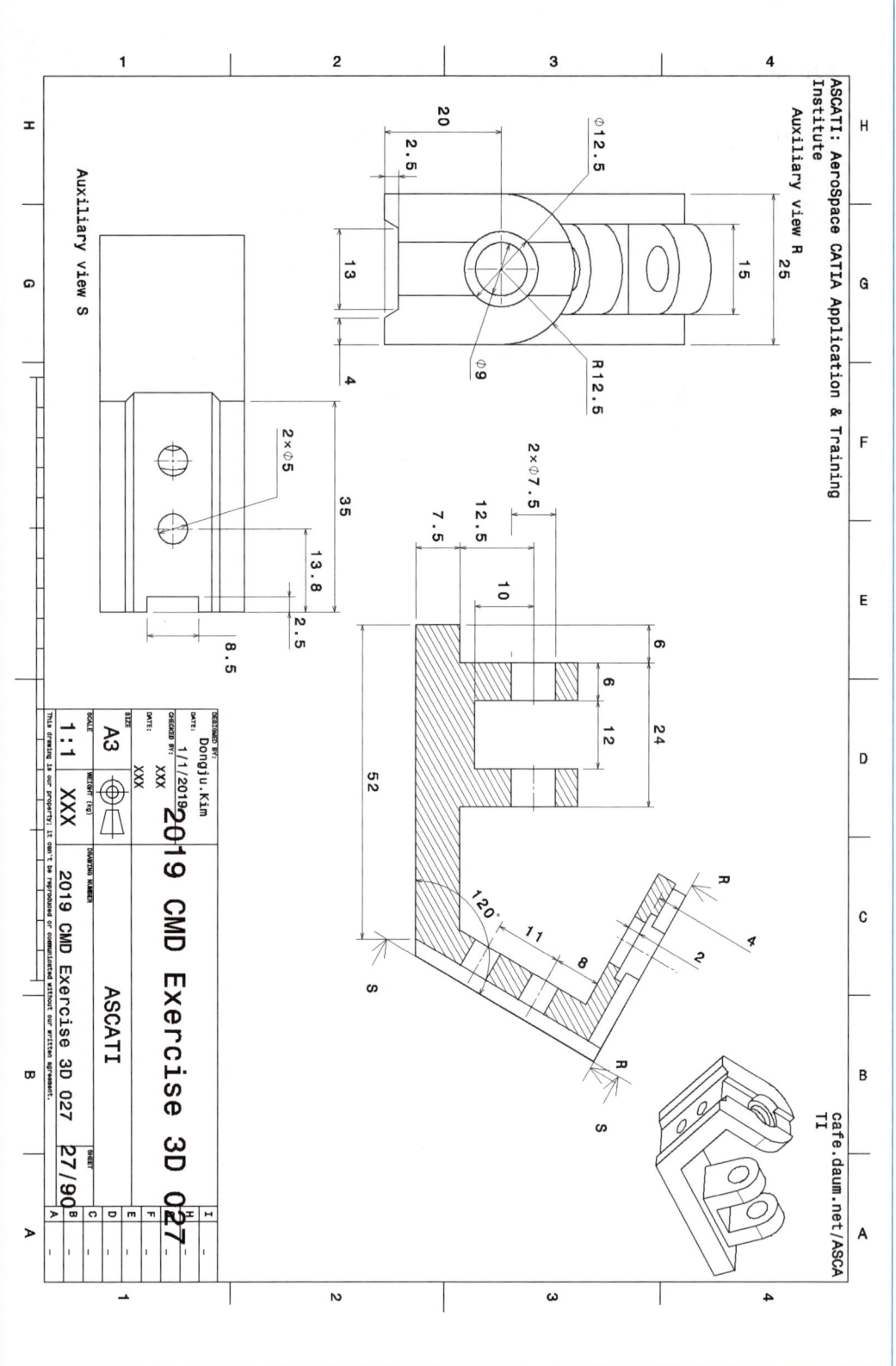

EXERCISE 27

- Workbench : Sketcher, Part Design

- 주요 작업 명령

	Positioned Sketch		Pad
	Pocket		Edge Fillet

- 작업 순서

1. 단면 형상을 기준으로 같은 너비 값을 가진 부분까지 만을 함께 스케치하여 Pad한다.
2. 나머지 다른 너비 값을 가지는 부분을 스케치하여 Pad한다.
3. Edge Fillet을 사용하여 곡률이 들어 간 부분을 작업한다.
4. Positioned Sketch를 사용하여 각 지점의 원들을 스케치하고 Pocket한다.
5. 사각형 형상의 홈들은 따로 스케치를 들어가 형상을 그리고 Pocket한다.

Self Note

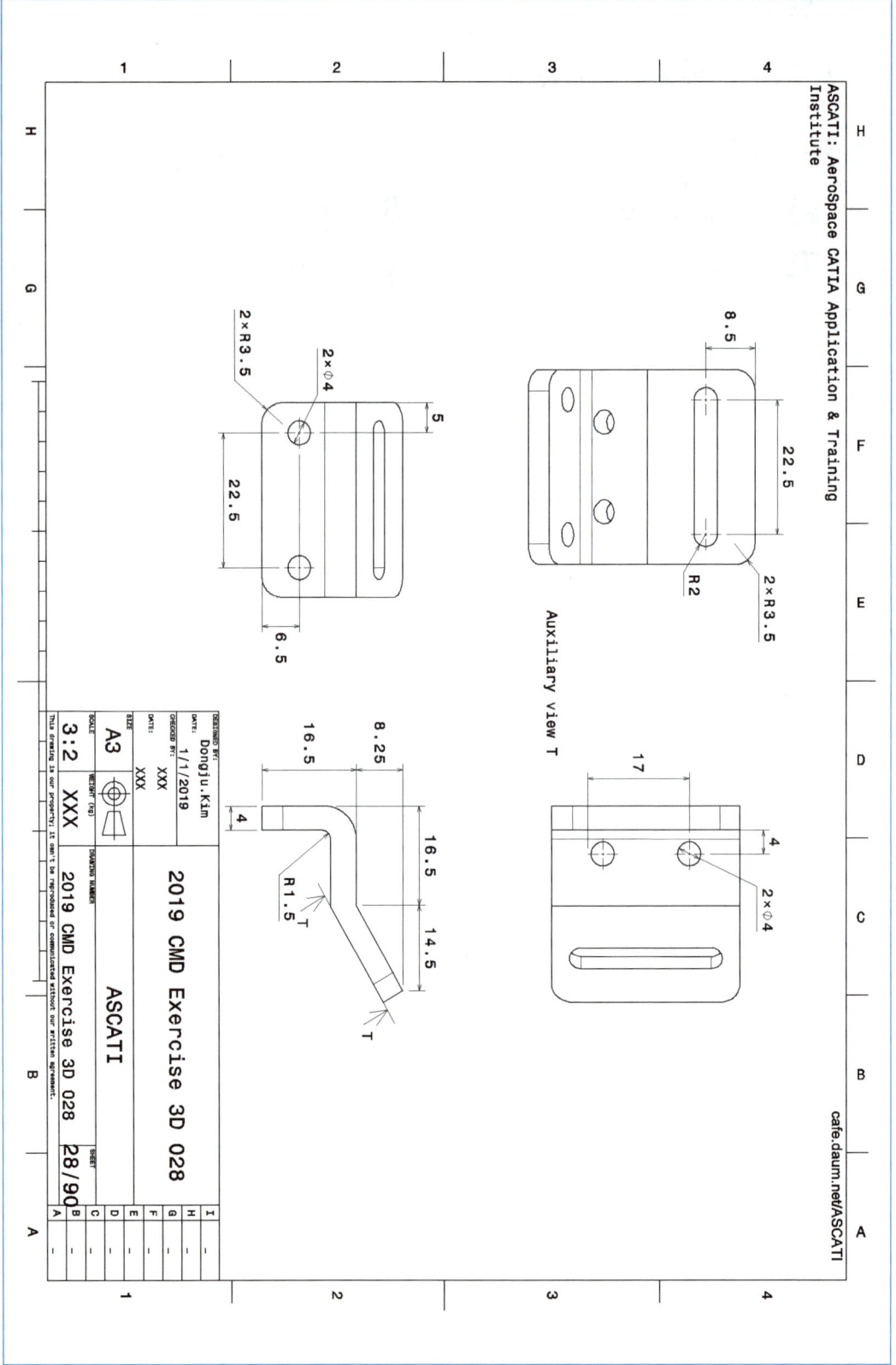

EXERCISE 28

- Workbench : Sketcher, Part Design

- 주요 작업 명령

	Pad		Pocket
	Edge Fillet		

- 작업 순서

1. 측면 형상을 스케치하여 이것을 Pad한다. 여기서 곡률 값은 생각하지 않고 나중에 Fillet으로 작업하는 게 훨씬 간결하다.
2. 각 지점의 Hole이나 Elongated Hole 형상을 스케치하여 Pocket한다.
3. Edge Fillet으로 라운드 작업을 수행, 마무리한다.

Self Note

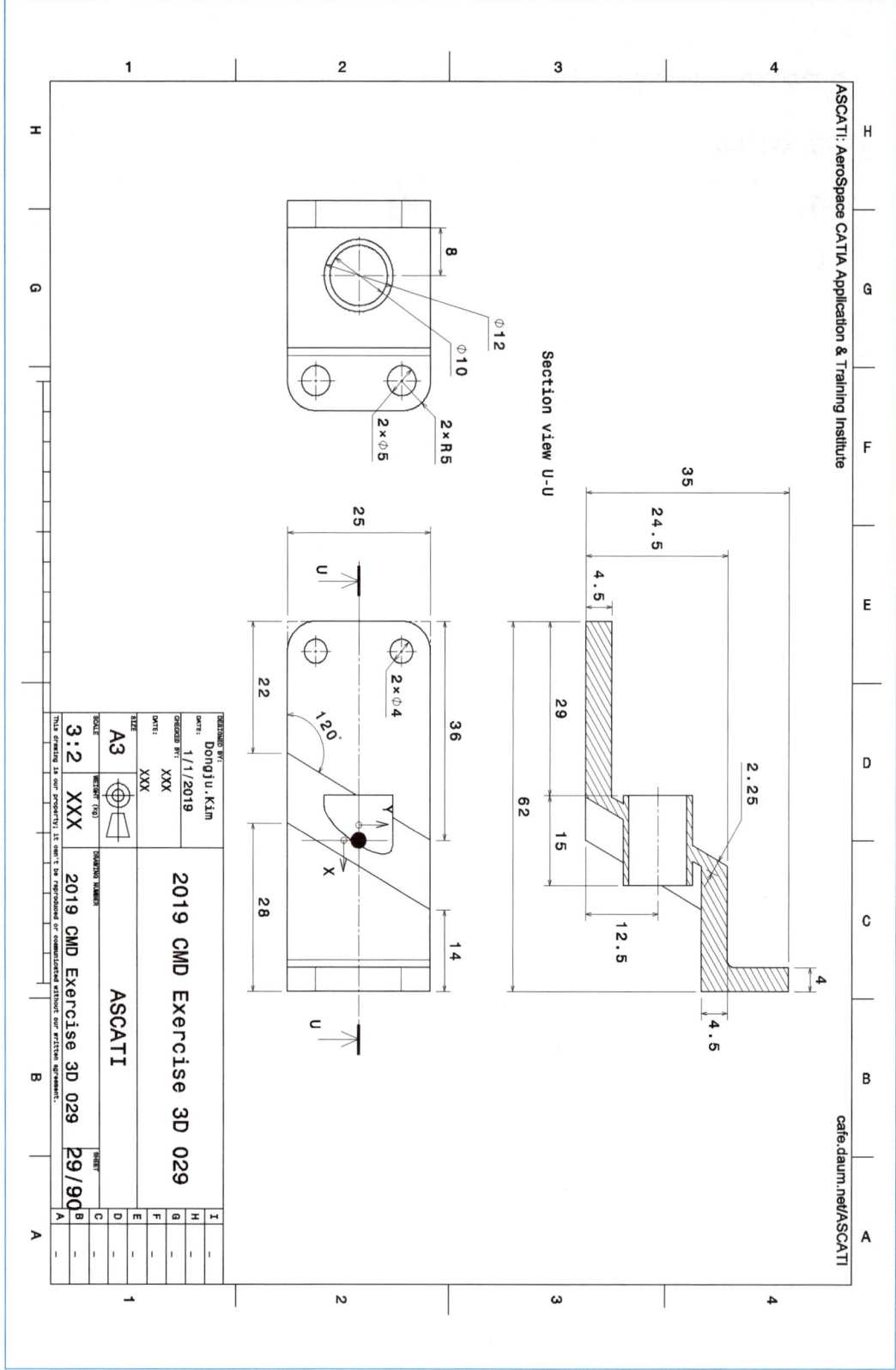

EXERCISE 29

- Workbench : Sketcher, Part Design

- 주요 작업 명령

	Pad		Multi-Sections Solid
	Pocket		Plane

- 작업 순서

1. XY 평면에 사다리꼴 형상을 스케치하여 4.5만큼 Pad한다.
2. XY 평면에서 20만큼 떨어진 지점에 Plane을 생성하고 스케치 작업에 들어가 반대편의 사다리꼴 형상을 만들어 Pad한다.
3. 두 형상 사이를 Multi-Sections Solid를 사용하여 이어준다.
4. YZ 평면에 지름 12짜리 원을 스케치하여 Pad한 후, 지름 10짜리 원으로 Pocket 작업을 수행한다.
5. 끝단의 YZ 방향의 형상을 스케치하고 Pad한다.

- 핵심 포인트

일정한 두께가 아닌 두 형상 사이를 이어주는 작업을 수행하는데 사용할 수 있는 방법을 생각해 보기 바란다.

Self Note

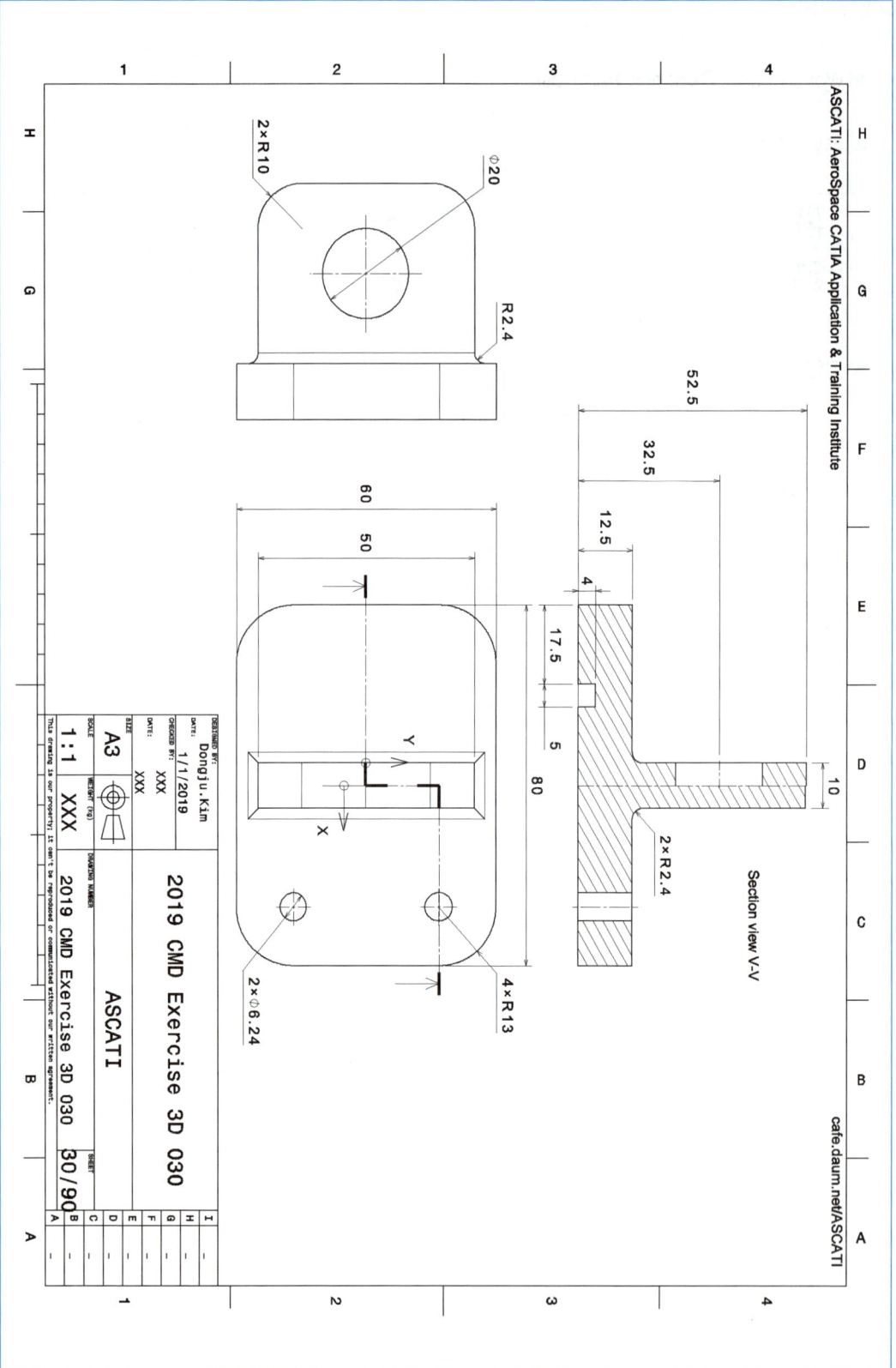

EXERCISE 30

- Workbench : Sketcher, Part Design

- 주요 작업 명령

🗗	Pad	🗔	Pocket
🔲	Edge Fillet		

- 작업 순서

1. XY 평면에 원점 대칭의 사각형을 스케치한다.
2. YZ 평면에 사각형을 그리고 Pad한다. 원을 함께 스케치하면 효율적이다.
3. XZ 방향의 홈 형상을 스케치하여 Pocket한다.
4. Edge Fillet으로 작업을 마무리 한다.

Self Note

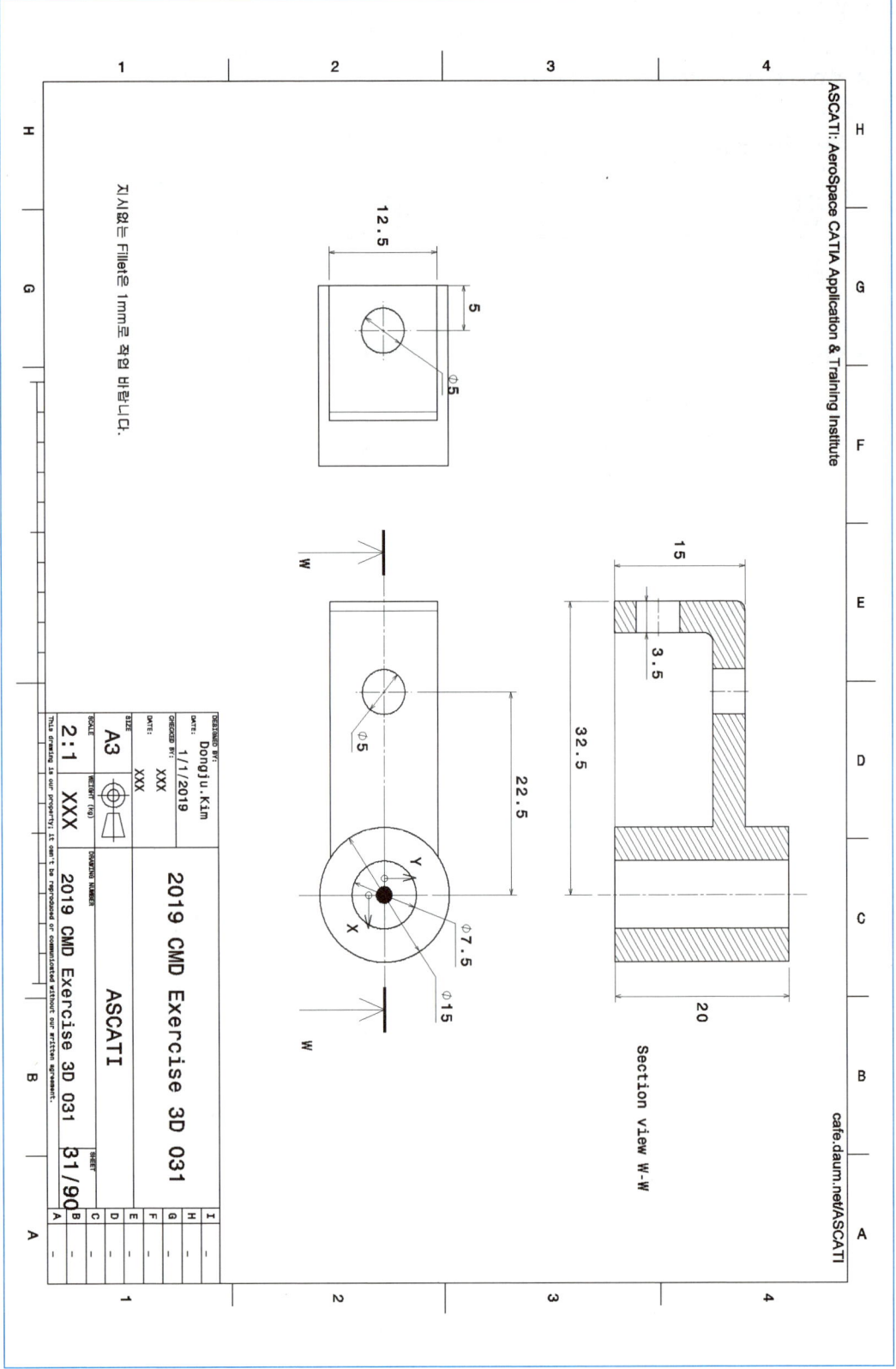

EXERCISE 31

- Workbench : Sketcher, Part Design

- 주요 작업 명령

	Pad		Pocket
	Edge Fillet		

- 작업 순서

1. XY 평면에 지름 15짜리 원을 그리고 Pad한다.
2. ZX 평면에 프로파일 형상을 그리고 Pad한다.
3. 다시 XY 평면에 지름 7.5, 5짜리 원을 스케치하여 Pocket한다.
4. YZ 방향의 지름 5짜리 원을 스케치하여 Pocket한다.
5. Fillet으로 마무리한다.

- 핵심 포인트

    다양한 형상이 겹쳐지는 경우 Pocket 작업을 Pad에서 분리하여 나중에 공통으로 제거할 부분을 함께 작업할 수 있게 하는게 좋다.

Self Note

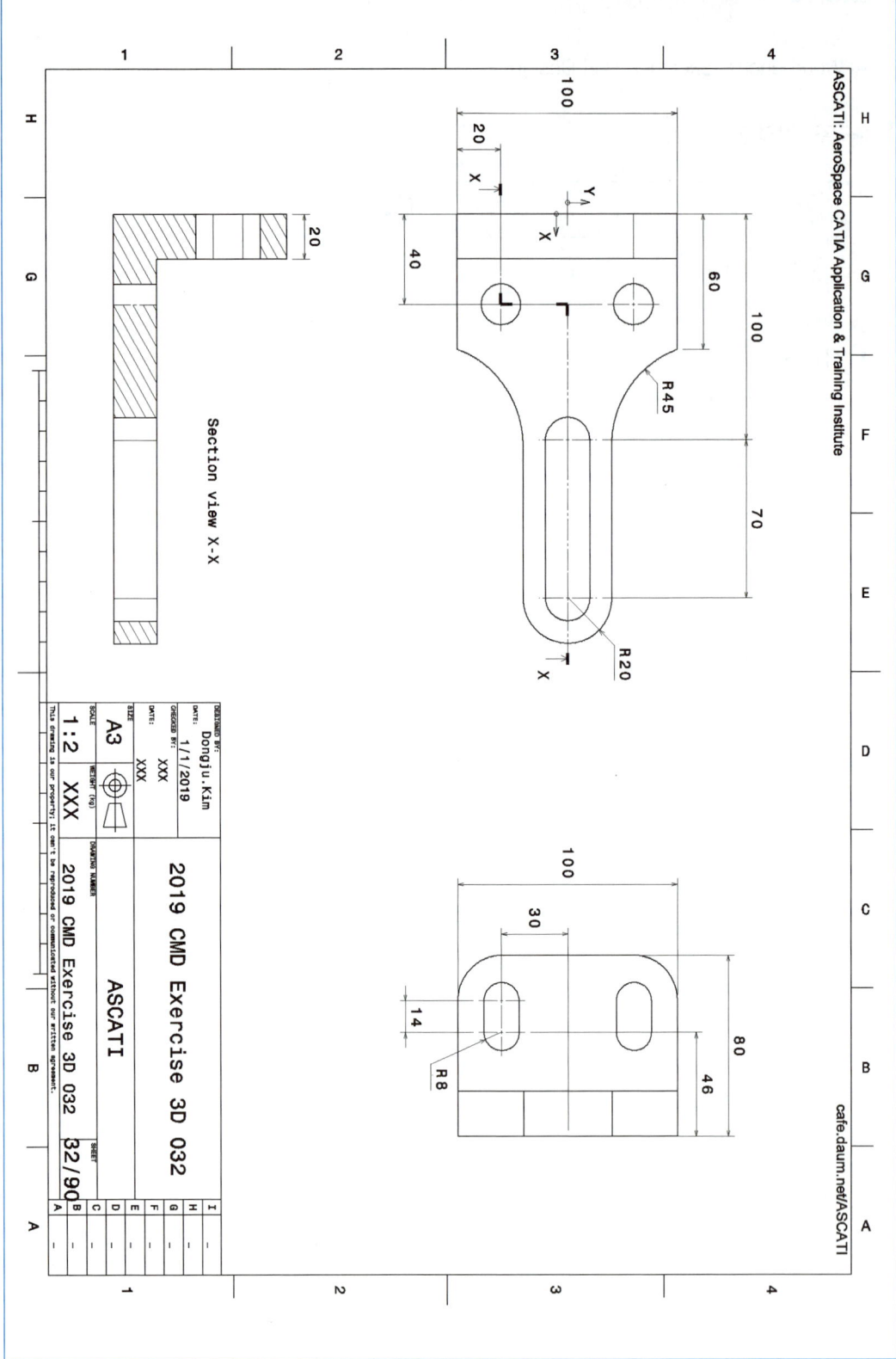

EXERCISE 32

- Workbench : Sketcher, Part Design

- 주요 작업 명령

	Pad		Pocket

- 작업 순서

1. 각 단면의 프로파일 형상을 스케치하고 Pad한다.
2. Pocket으로 홈 형상이 만들어질 지점을 작업한다.

Self Note

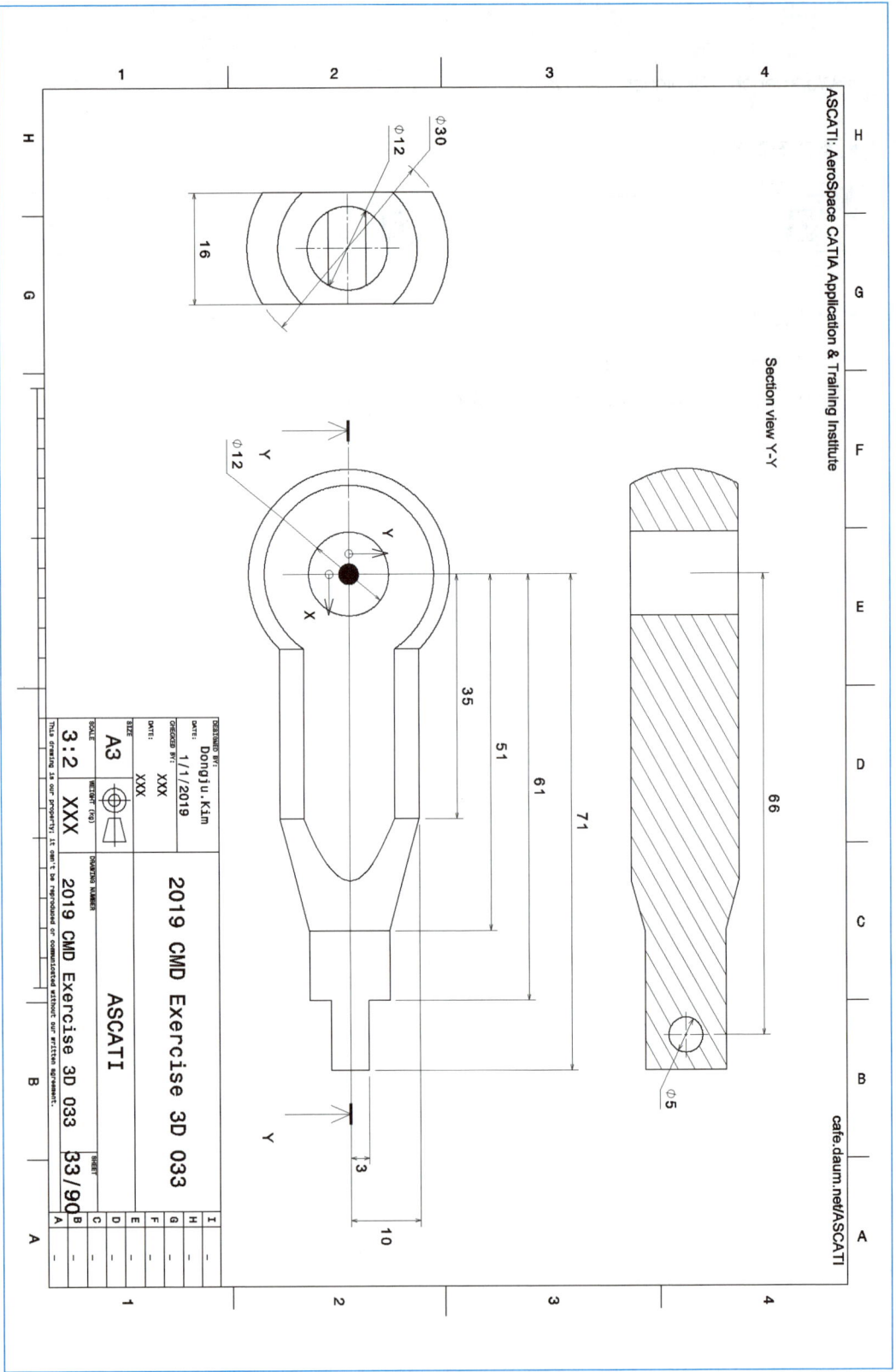

EXERCISE 33

- Workbench : Sketcher, Part Design

- 주요 작업 명령

	Shaft		Pocket

- 작업 순서

1. XY 평면에 단면 형상을 스케치하여 Shaft로 회전체를 만들어 준다.
2. YZ 평면에 들어가 원점을 기준으로 16이 되도록 사각형을 그려 Pocket한다. 여기서 Pocket 방향을 바깥으로 변경하도록 한다.
3. 지름 12짜리 원을 그리고 Pocket한다.
4. XY 평면에 보이는 홈 형상을 Pocket하고 XZ 평면에 다시 Hole을 생성한다.

Self Note

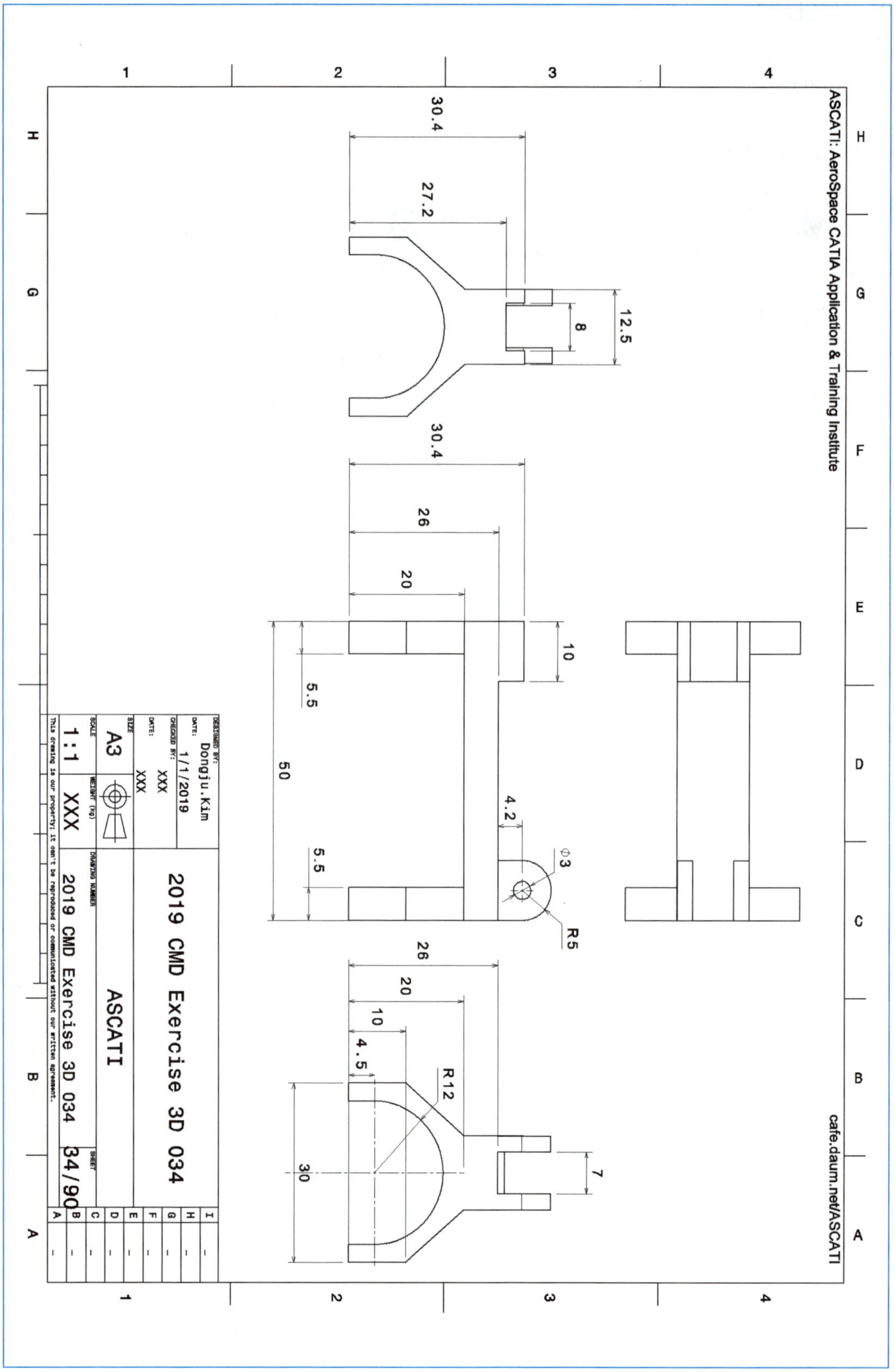
ASCATI: AeroSpace CATIA Application & Training Institute
cafe.daum.net/ASCATI
30.4
27.2
12.5
8
30.4
26
20
10
5.5
50
4.2
5.5
ϕ3
R5
26
20
10
4.5
R12
7
30
DESIGNED BY:
Dongju.Kim
DATE:
1/1/2019
CHECKED BY:
XXX
DATE:
XXX
2019 CMD Exercise 3D 034
SIZE
A3
ASCATI
SCALE
1:1
WEIGHT (kg)
XXX
DRAWING NUMBER
2019 CMD Exercise 3D 034
SHEET
34/90

EXERCISE 34

- Workbench : Sketcher, Part Design

- 주요 작업 명령

	Solid Combine		Pad
	Pocket		

- 작업 순서

1. 두 단면 방향의 형상을 스케치하여 Solid Combine한다. 여기서 서로 다른 값을 가지는 상단의 돌출 형상은 제외한다.
2. 앞서 제외한 부분을 따로 Pad와 Pocket으로 만들어 준다.

Self Note

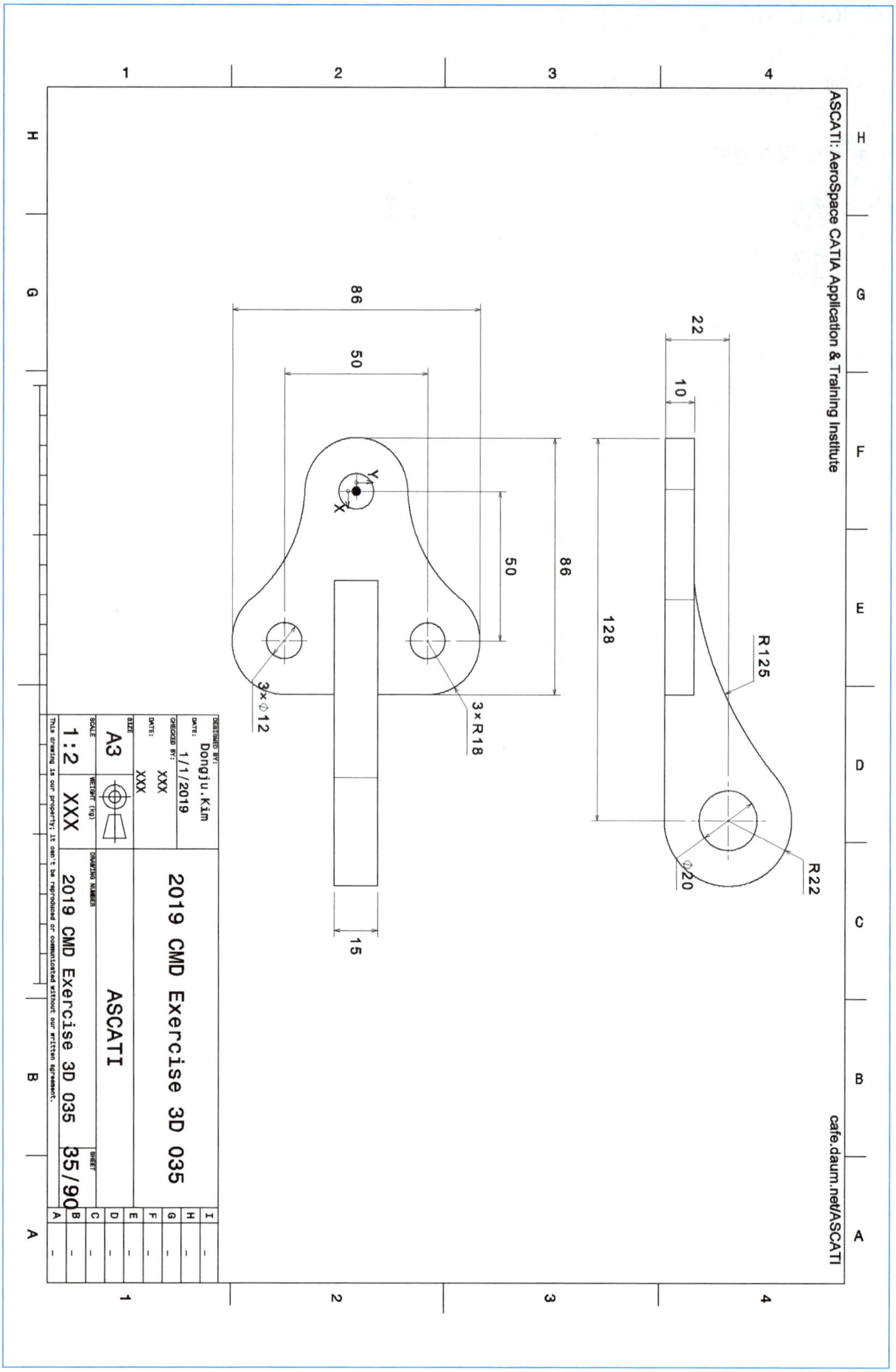

EXERCISE 35

- Workbench : Sketcher, Part Design

- 주요 작업 명령

🗐	Pad	🗖	Pocket

- 작업 순서

1. XY 평면에 단면 형상을 스케치한다. 여기서도 3개의 원을 함께 스케치한다.
2. XZ 평면에 단면 형상을 스케치하여 Pad한다.

Self Note

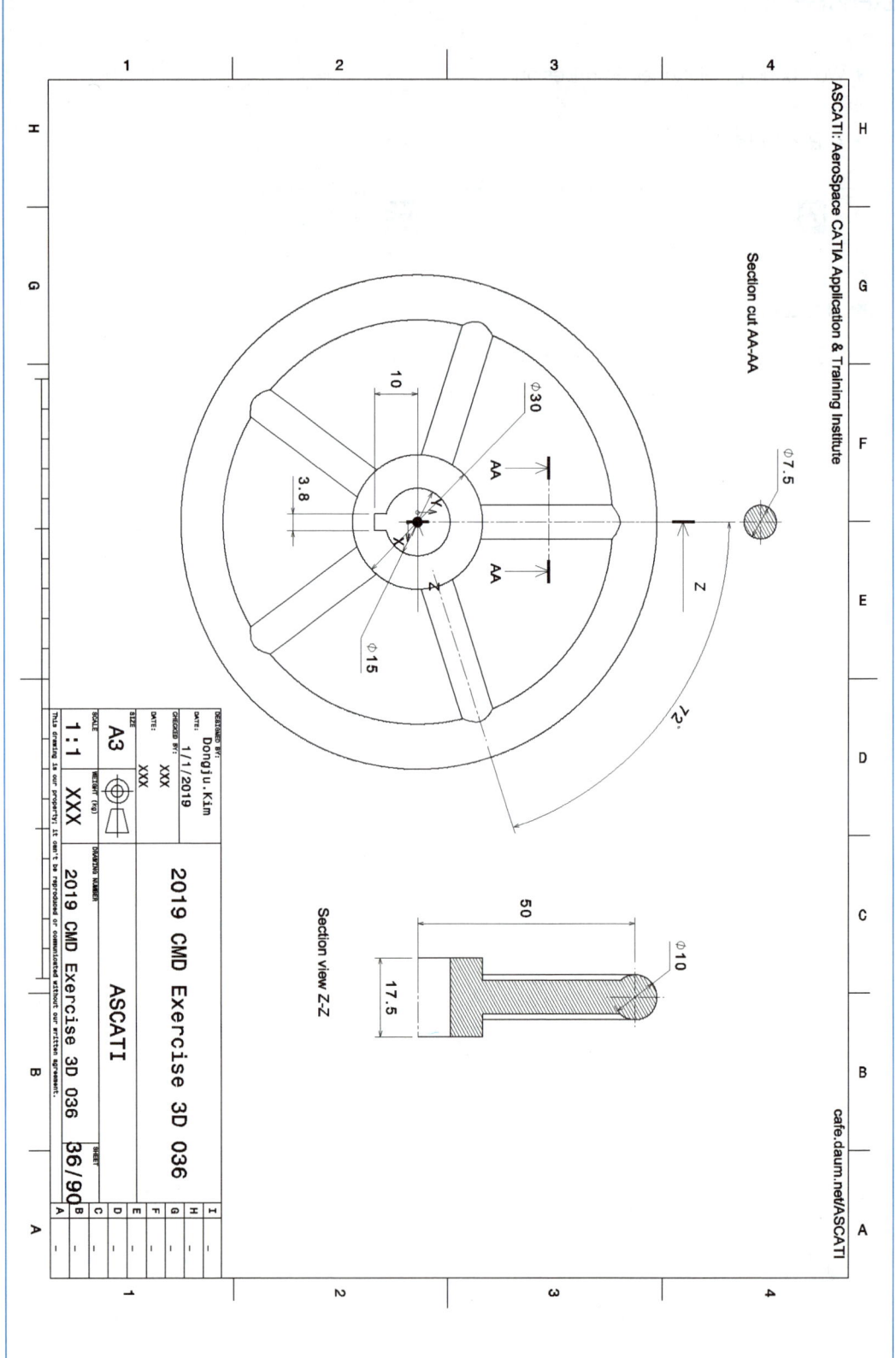

EXERCISE 36

- Workbench : Sketcher, Part Design

- 주요 작업 명령

	Shaft		Circular Pattern
	Pad		Pocket

- 작업 순서

1. XZ 평면에 지름 7.5짜리 원을 그리고 50만큼 Pad한다.
2. Circular Pattern을 사용하여 중심축을 기준으로 5개로 복사한다.
3. 다시 XZ 평면에 들어가 지름 10짜리 원을 그리고 Shaft한다.
4. 원점에 지름 30짜리 원을 그리고 Mirrored extend로 Pad한다.
5. 다시 XY 평면상에 Key Hole 형상을 그리고 Pocket한다.

- 핵심 포인트

  작업 순서에 따라 불필요한 부분이 남아 번거로운 작업을 다시 수행할 수 있으니 순서를 주의하기 바란다.

Self Note

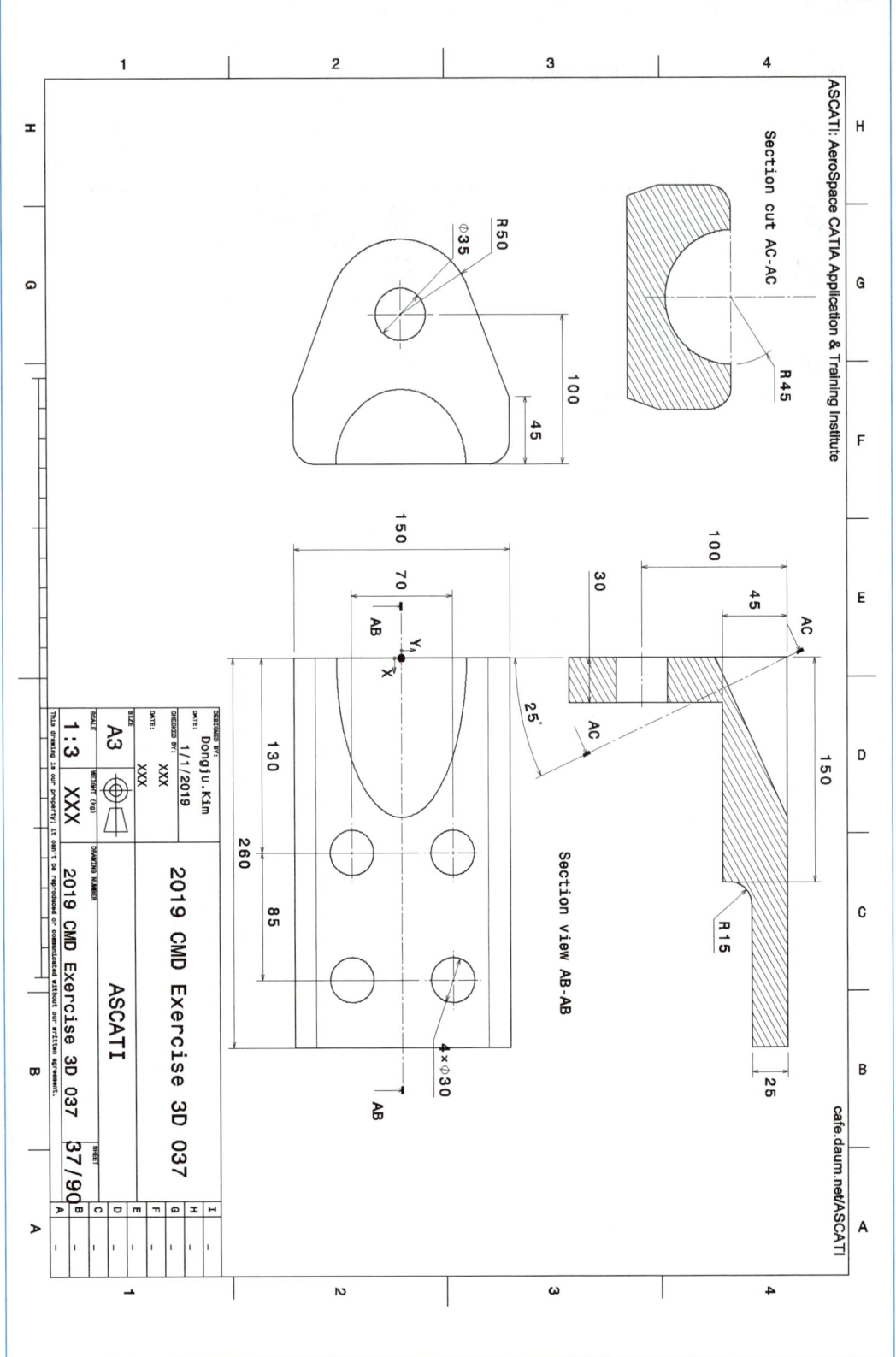

EXERCISE 37

- Workbench : Sketcher, Part Design

- 주요 작업 명령

	Pad		Pocket
	Plane		Edge Fillet

- 작업 순서

1. XY 평면에 수평 축 대칭인 사각형을 그리고 Pad한다. 4개의 원을 함께 스케치하면 편리하다.
2. YZ 평면의 단면 형상을 그리고 Pad한다. 지름 35짜리 원을 함께 스케치한다.
3. Y축을 기준으로 25만큼 회전한 Plane을 생성한다.
4. 이 평면에 스케치를 들어가 반지름 45짜리 원을 그리고 Pocket한다.
5. Edge Fillet으로 마무리한다.

- 핵심 포인트

자신이 원하는 방향으로 Plane을 회전시켜 만들 수 있어야 한다.

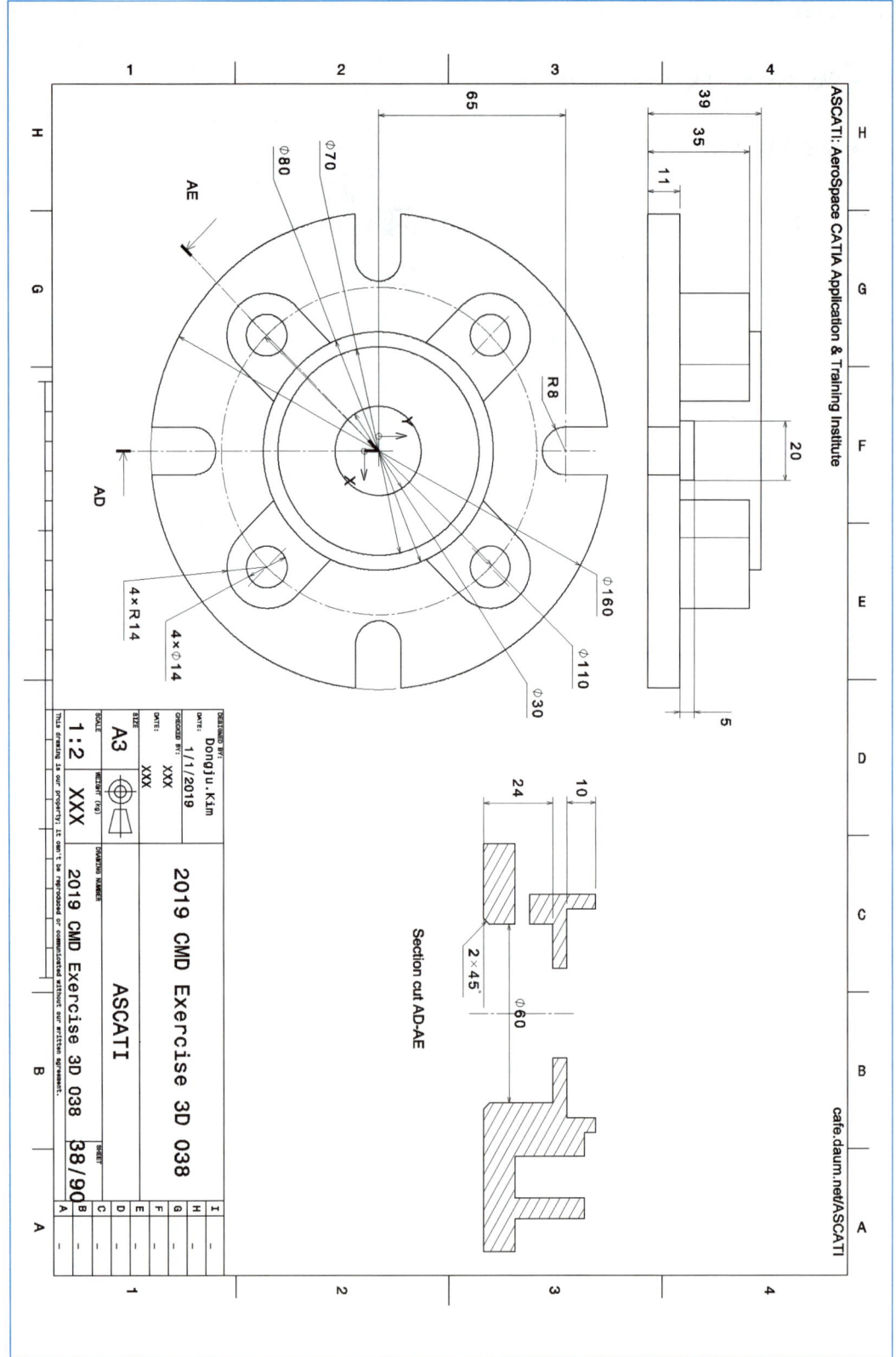

EXERCISE 38

- Workbench : Sketcher, Part Design

- 주요 작업 명령

	Pad		Pocket
	Circular Pattern		

- 작업 순서

1. 지름 160짜리 원을 그리고 Pad한다.
2. 지름 80짜리 원을 그리고 Pad한다.
3. Elongated Hole과 원 형상을 스케치하여 35만큼 Pad하고 Circular Pattern한다.
4. 마찬가지로 Elongated Hole 형상을 만들어 지름 160짜리 원판에 Pocket하고 Circular Pattern 한다.
5. XY 평면 하단에 지름 60짜리 원을 그리고 Pocket한다.
6. XY 평면 상단에 지름 70짜리 원을 그리고 Pocket한다.
7. 지름 30짜리 원을 그려 Pocket한다.
8. ZX 평면에 가로 20, 새로 5짜리 사각형을 그려 Pocket한다.

Self Note

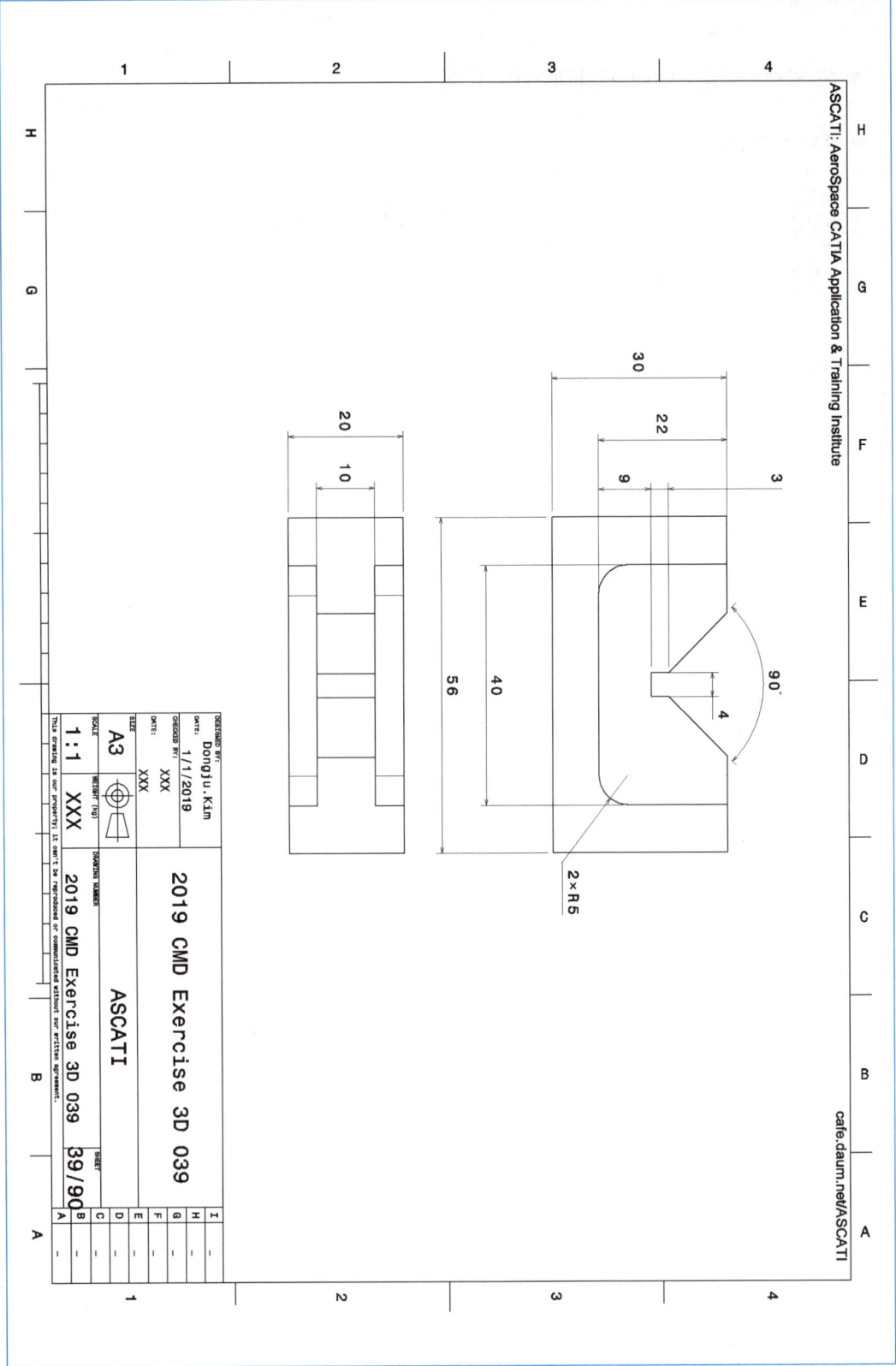

EXERCISE 39

- Workbench : Sketcher, Part Design

- 주요 작업 명령

	Pad		Edge Fillet

- 작업 순서

1. ZX 평면에 'ㄷ' 자 형태의 단면을 스케치하고 20으로 Pad한다.
2. ZX 평면에 다시 나머지 형상을 스케치하여 Pad한다.
3. Edge Fillet으로 마무리 한다.

Self Note

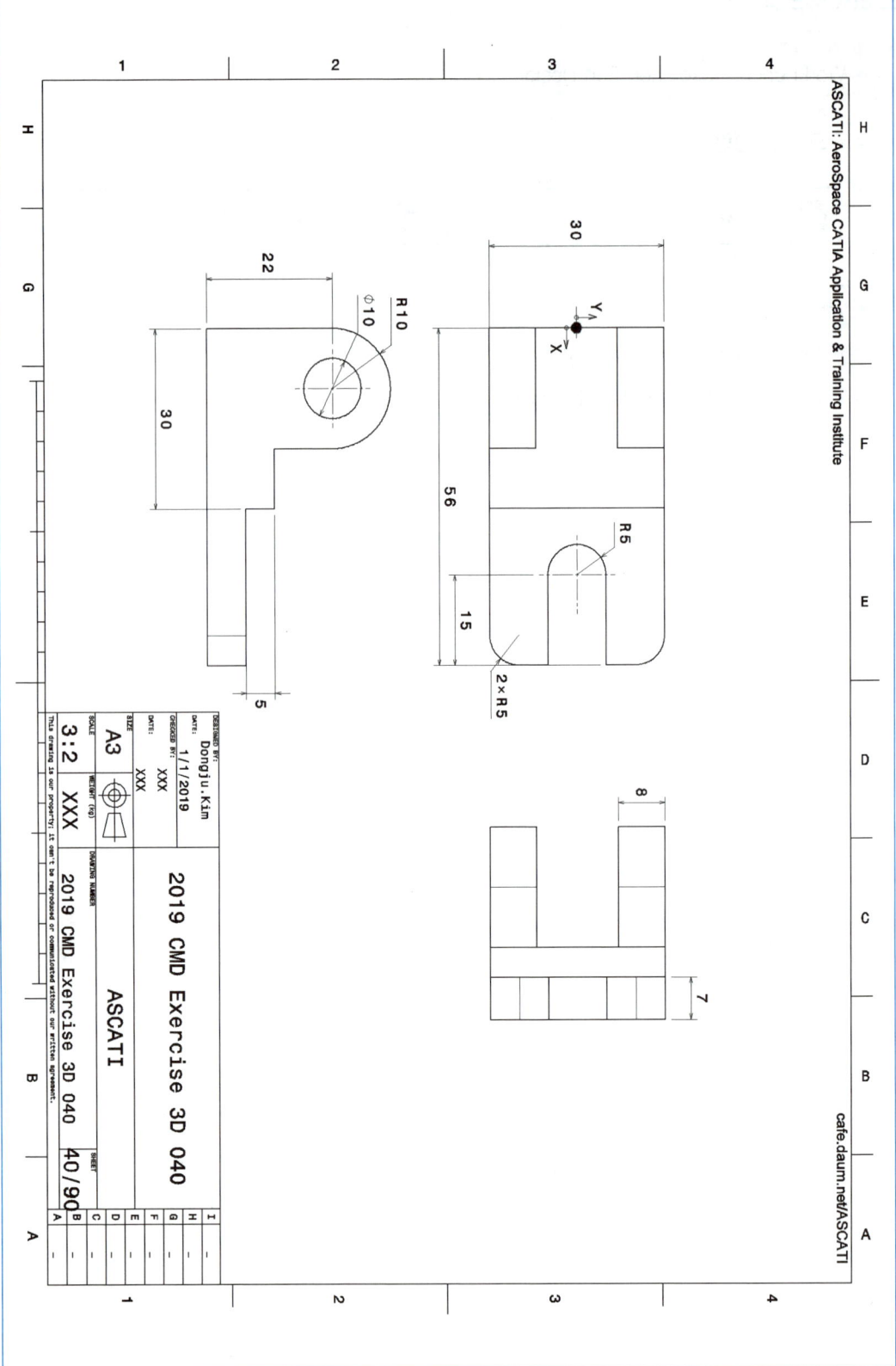

EXERCISE 40

- Workbench : Sketcher, Part Design

- 주요 작업 명령

	Pad		Pocket
	Mirror		

- 작업 순서

1. XY 평면에 단면 형상을 그대로 스케치한다. Elongated Hole 형상 부위와 Corner 부위도 함께 스케치하면 보다 간결하다.
2. ZX 평면에 단면 형상을 그려주고 8만큼 Pad한 후에 이것을 Mirror한다.

Self Note

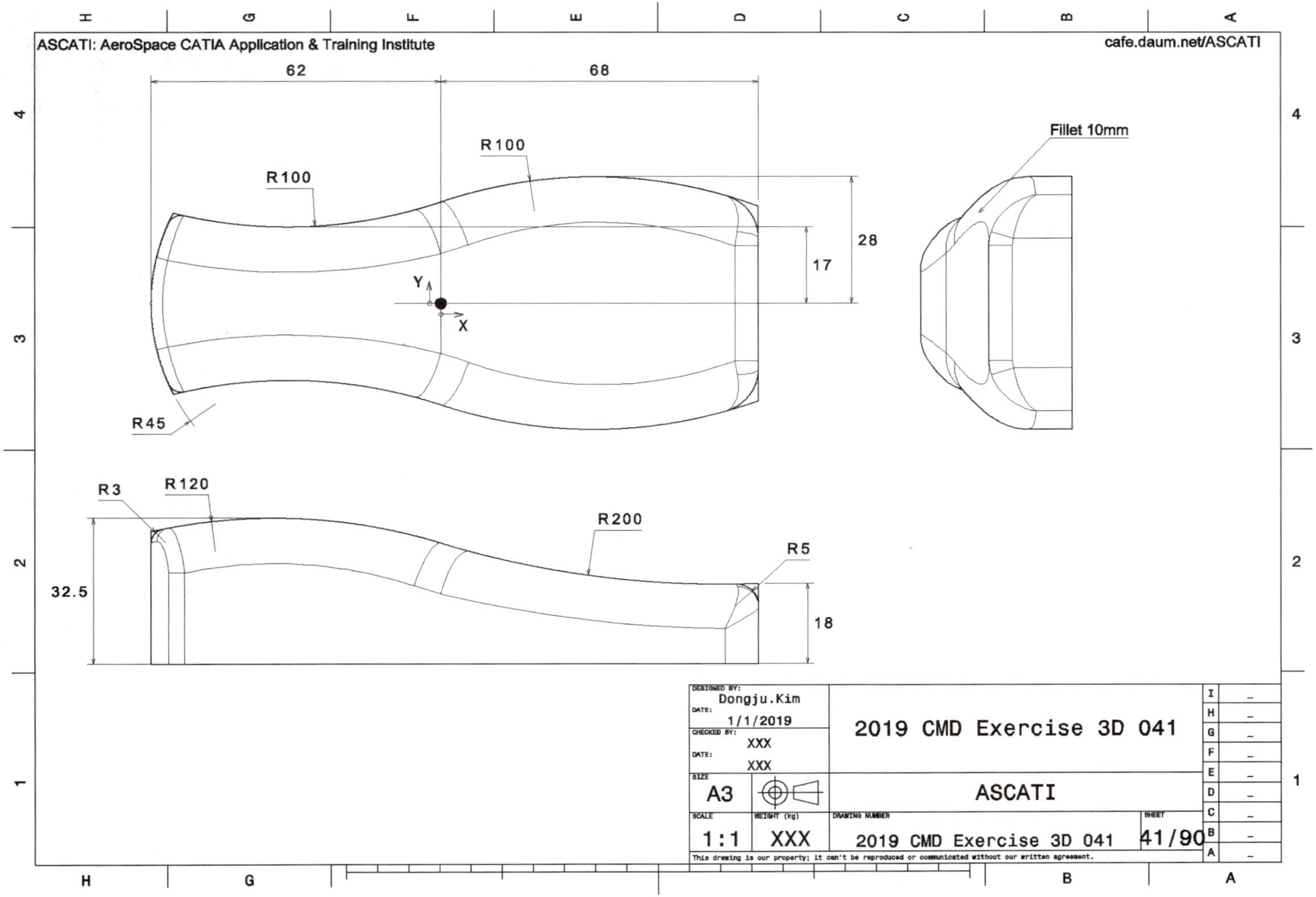

EXERCISE 41

- Workbench : Sketcher, Part Design

- 주요 작업 명령

🔲	Solid Combine	🔲	Edge Fillet

- 작업 순서

1. XY 평면에 단면 형상을 그리고 ZX 평면의 단면 형상과 Solid Combine한다.
2. Edge Fillet으로 마무리한다.

- 핵심 포인트

  곡면 형상이 들어가 다소 당황할 수 있으나 이 형상은 서피스 모델링 없이도 간단히 작업할 수 있다.
  추후에 서피스 모델링으로 같은 형상을 작업해 보기 바란다.

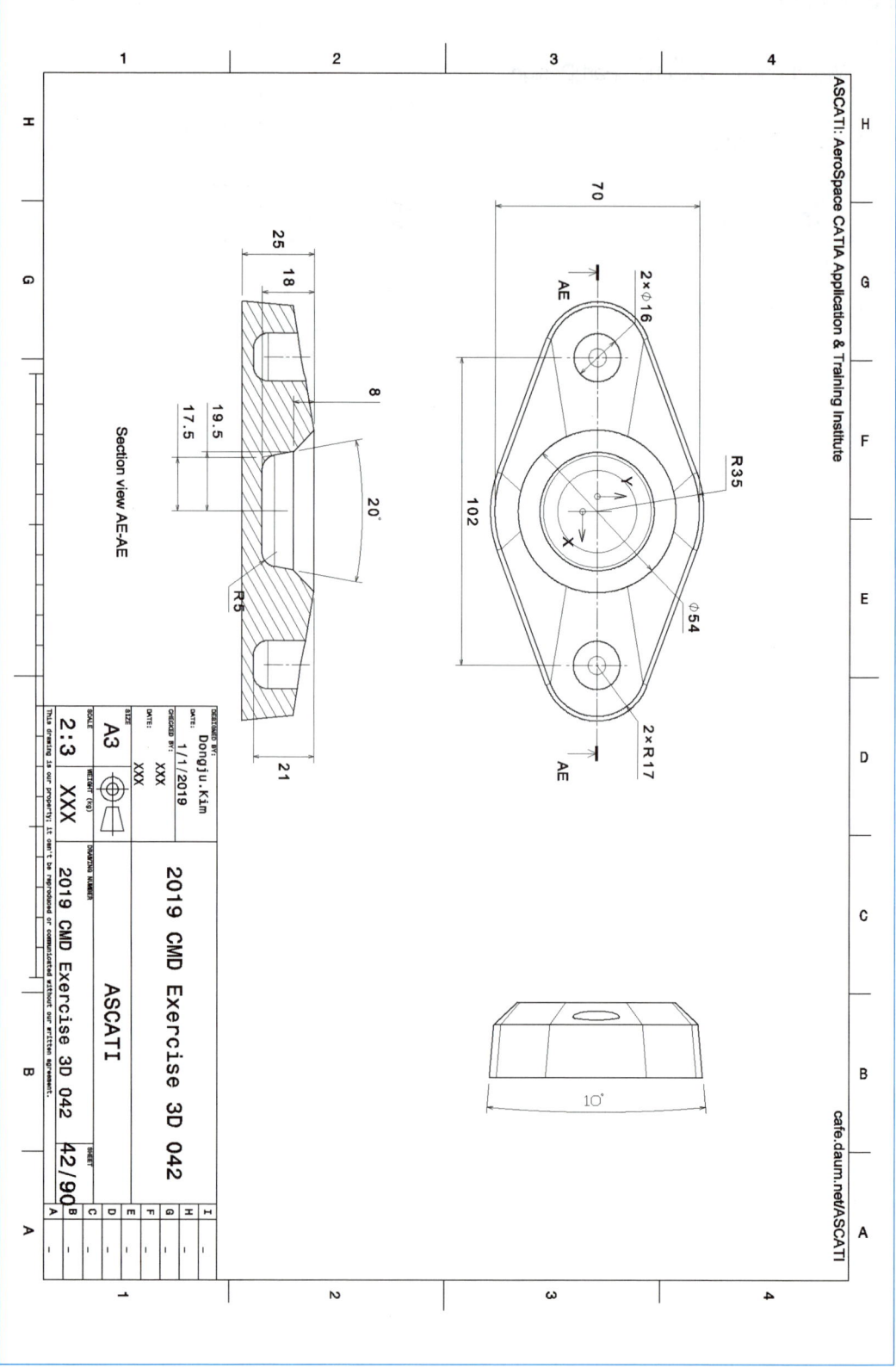

EXERCISE 42

- Workbench : Sketcher, Part Design

- 주요 작업 명령

	Pad		Pocket
	Groove		Draft
	Plane		Multi-Sections Solid
	Mirror		Edge Fillet

- 작업 순서

1. XY 평면에 단면 형상을 스케치하고 17만큼 Pad한다.
2. 윗면을 기준으로 형상의 옆면을 5도로 Draft한다.
3. 윗면에서 8만큼 떨어진 지점에 지름 54짜리 원을 그린다.
4. Multi-Sections Solid를 사용하여 두 사이를 솔리드로 만든다.
5. XZ 평면에 단면 형상을 그리고 Groove로 회전시켜 형상을 제거한다.
6. 지름 16짜리 원을 그리고 Pocket한다.
7. 그리고 반대편 Hole은 Mirror한다.
8. 곡률 5로 Edge Fillet하여 마무리한다.

Self Note

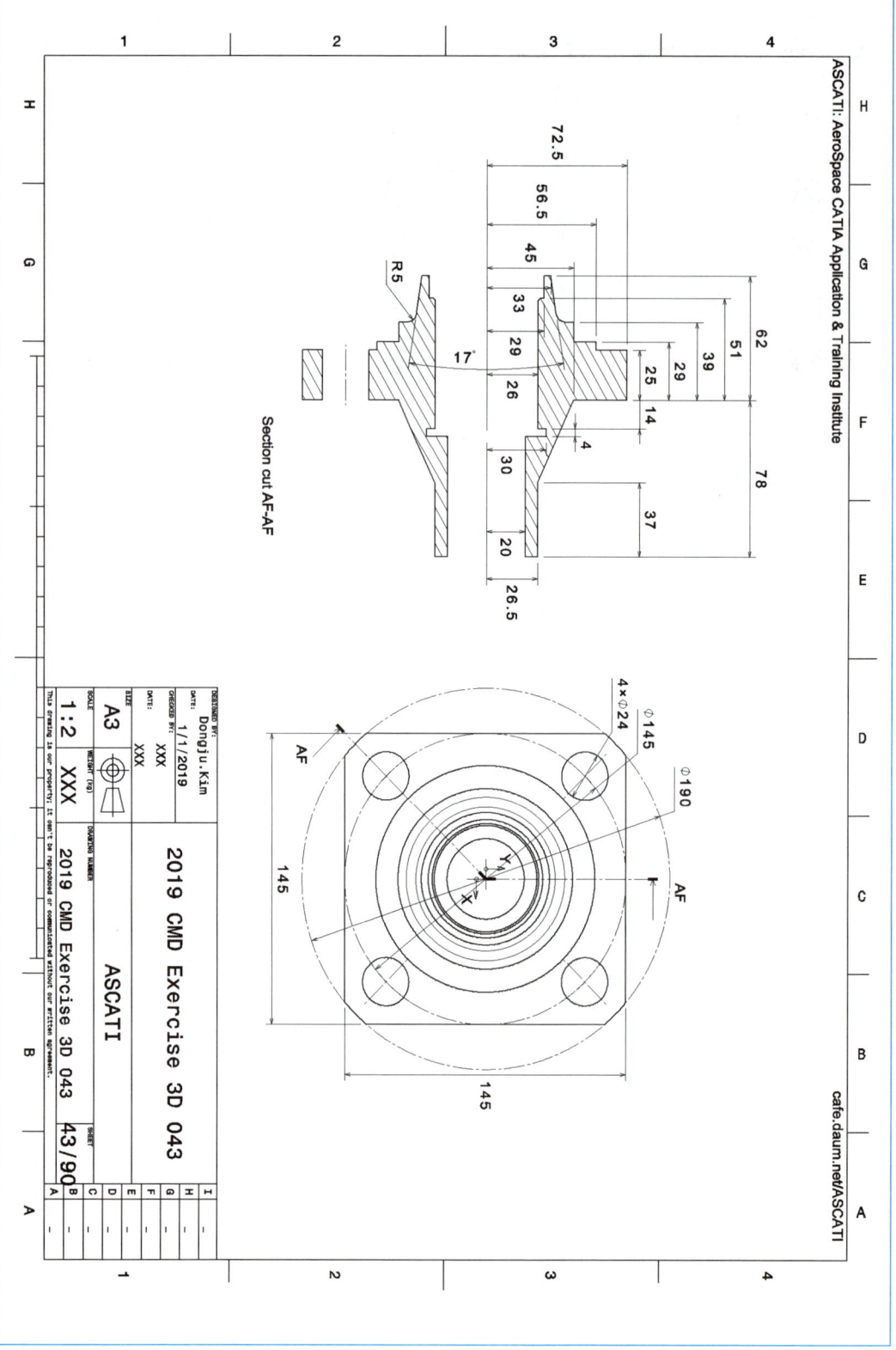

EXERCISE 43

- Workbench : Sketcher, Part Design

- 주요 작업 명령

	Shaft		Pad
	Pocket		

- 작업 순서

1. 도면에 나타난 단면 형상을 스케치하고 Shaft로 형상을 만든다.
2. XY 평면 방향의 지름 190짜리 원과 사각형을 사용하여 회전체의 나머지 부분을 Pad로 만들어 준다.
3. 지름 24짜리 원을 4개 만들어 Pocket한다.

Self Note

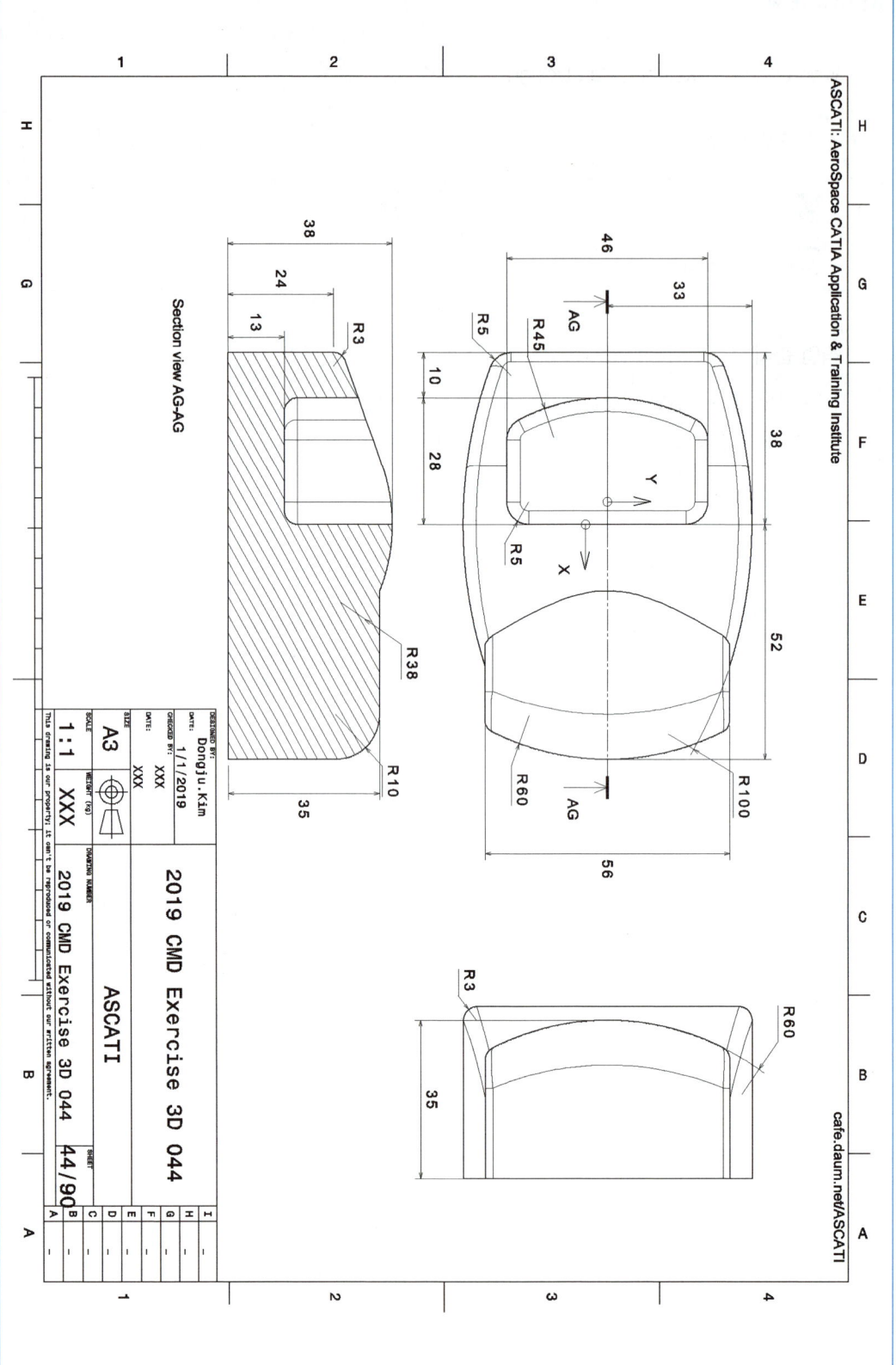

EXERCISE 44

- Workbench : Sketcher, Part Design

- 주요 작업 명령

	Solid Combine		Pocket
	Edge Fillet		

- 작업 순서

1. XY 평면과 YZ 평면의 단면 형상을 그리고 Solid Combine한다.
2. XY 평면에 제거할 부분을 스케치하여 Pocket한다.
3. Edge Fillet으로 마무리 한다.

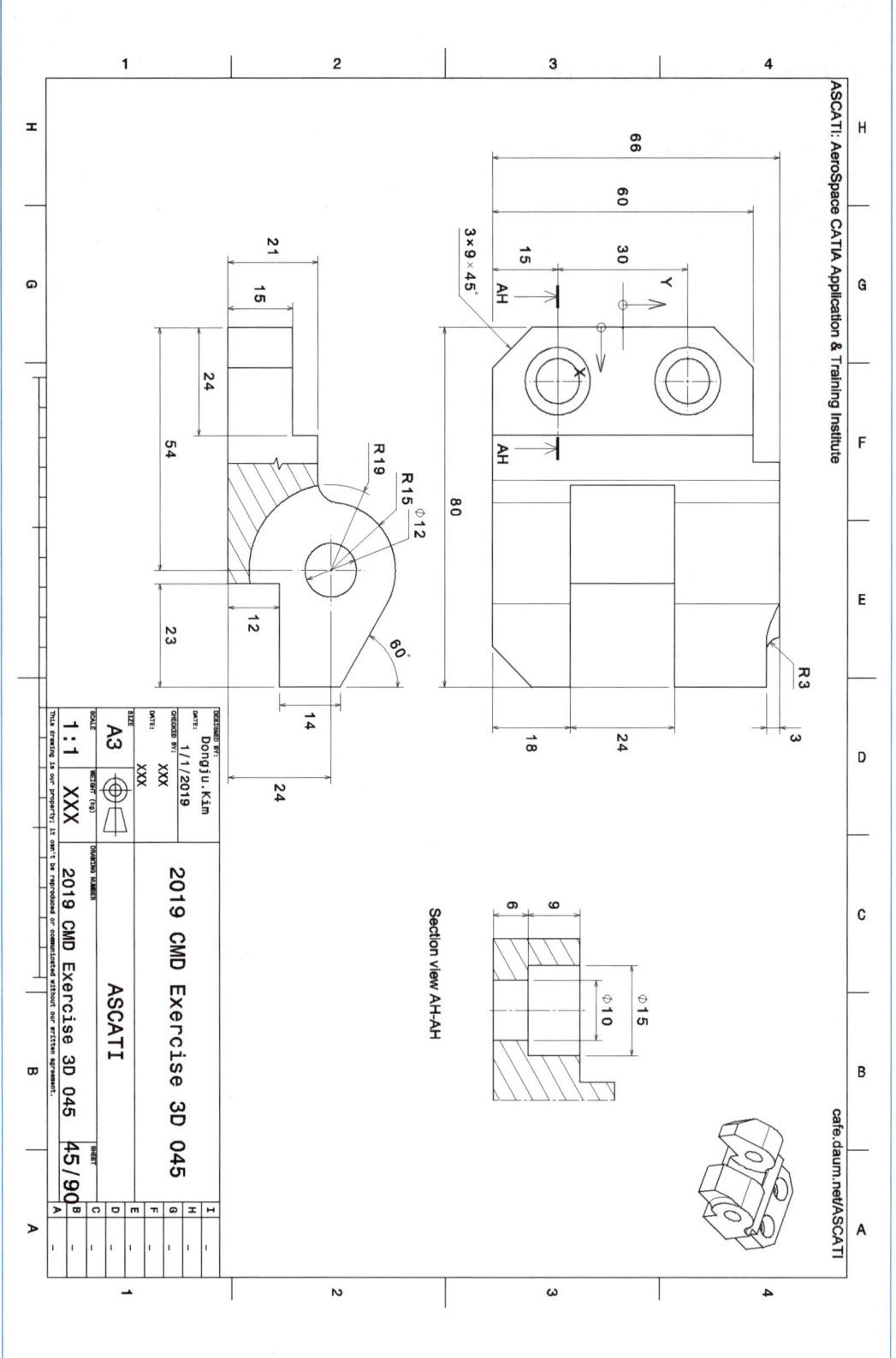

EXERCISE 45

- Workbench : Sketcher, Part Design

- 주요 작업 명령

	Pad		Pocket
	Mirror		Chamfer
	Edge Fillet		

- 작업 순서

1. XY 평면과 YZ 평면의 단면 형상을 이용하여 각각 Pad한다.
2. XZ 평면에 반지름 19짜리 원을 그려 Pocket한다.
3. XZ 평면에 지름 12짜리 원을 그려 Pocket한다.
4. XY 평면에 지름 15, 10짜리 원으로 Pocket하고 이 두 개를 XZ 평면을 기준으로 Mirror한다.
5. Chamfer와 Edge Filletdm로 마무리 한다.

Self Note

지시없는 Fillet은 3mm로 작업 바랍니다.

EXERCISE 46

- Workbench : Sketcher, Part Design

- 주요 작업 명령

	Pad		Pocket
	Edge Fillet		

- 작업 순서

1. XY 평면에 사다리꼴 형상을 그리고 13만큼 Pad한다.
2. XZ 평면에 반지름 65짜리 반원과 기타 형상을 그리고 Pad한다.
3. 다시 XZ 평면에 반지름 40짜리 반원과 반지름 8짜리 형상을 그리고 Pad한다.
4. XZ 평면에 반지름 27짜리 원으로 Pocket한다.
5. Edge Fillet으로 작업을 마무리 한다.

Self Note

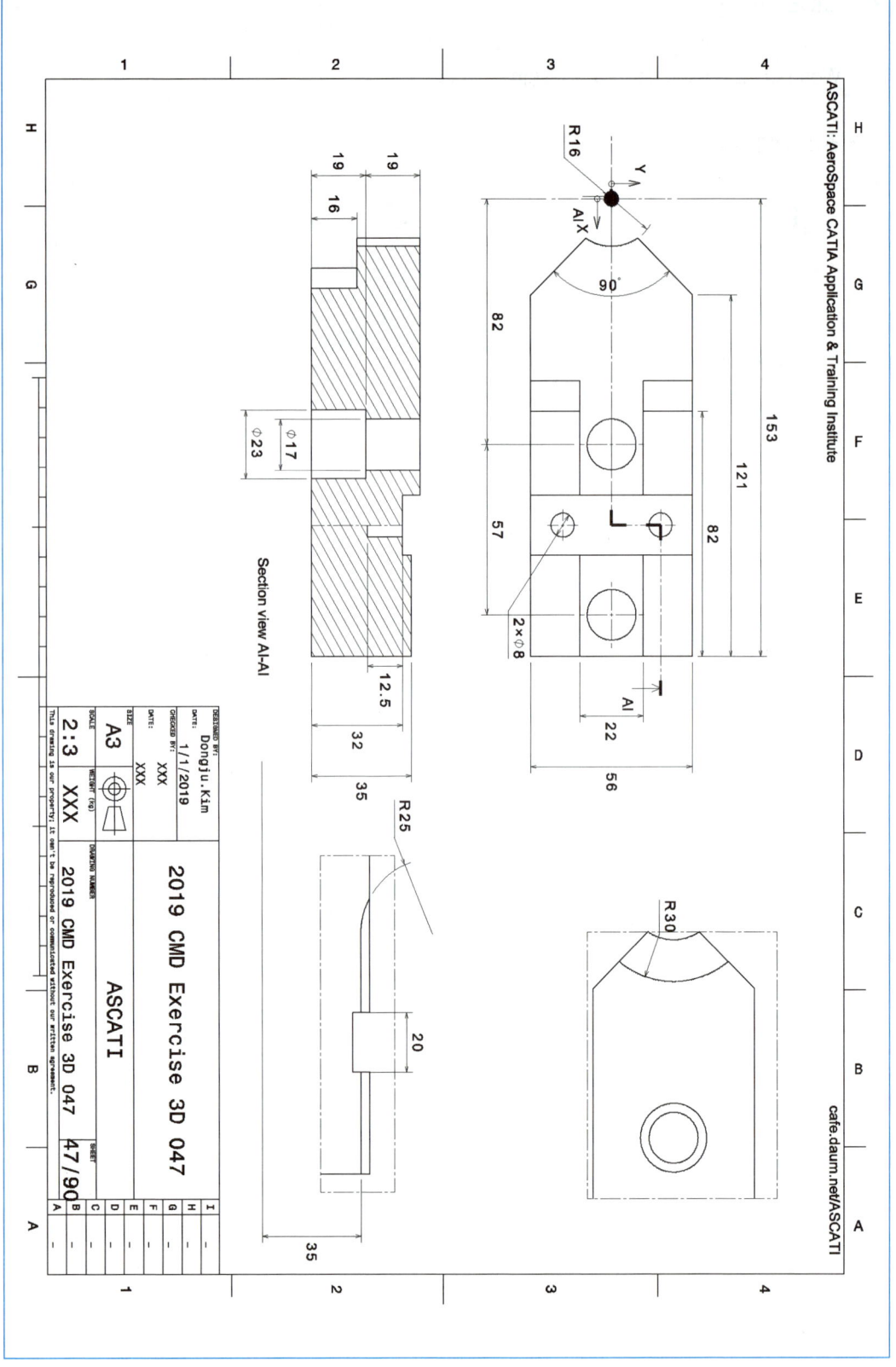

EXERCISE 47

- Workbench : Sketcher, Part Design

- 주요 작업 명령

	Pad		Pocket
	Mirror		Rectangular Pattern

- 작업 순서

1. XY 평면에 평면도 상을 스케치하여 Pad한다.
2. 층면 방향의 홈 형상을 스케치하여 Pocket한 후 반대편은 Mirror해 준다.
3. 지름 17, 23짜리 Hole을 생성한 후 Rectangular Pattern으로 57만큼 떨어진 위치에 다시 Hole을 생성한다.
4. 지름 8짜리 원 역시 tmPcl 후 Pocket한다.
5. 전면의 반지름 30짜리 홈 역시 스케치 후 16만큼 Pocket한다.

Self Note

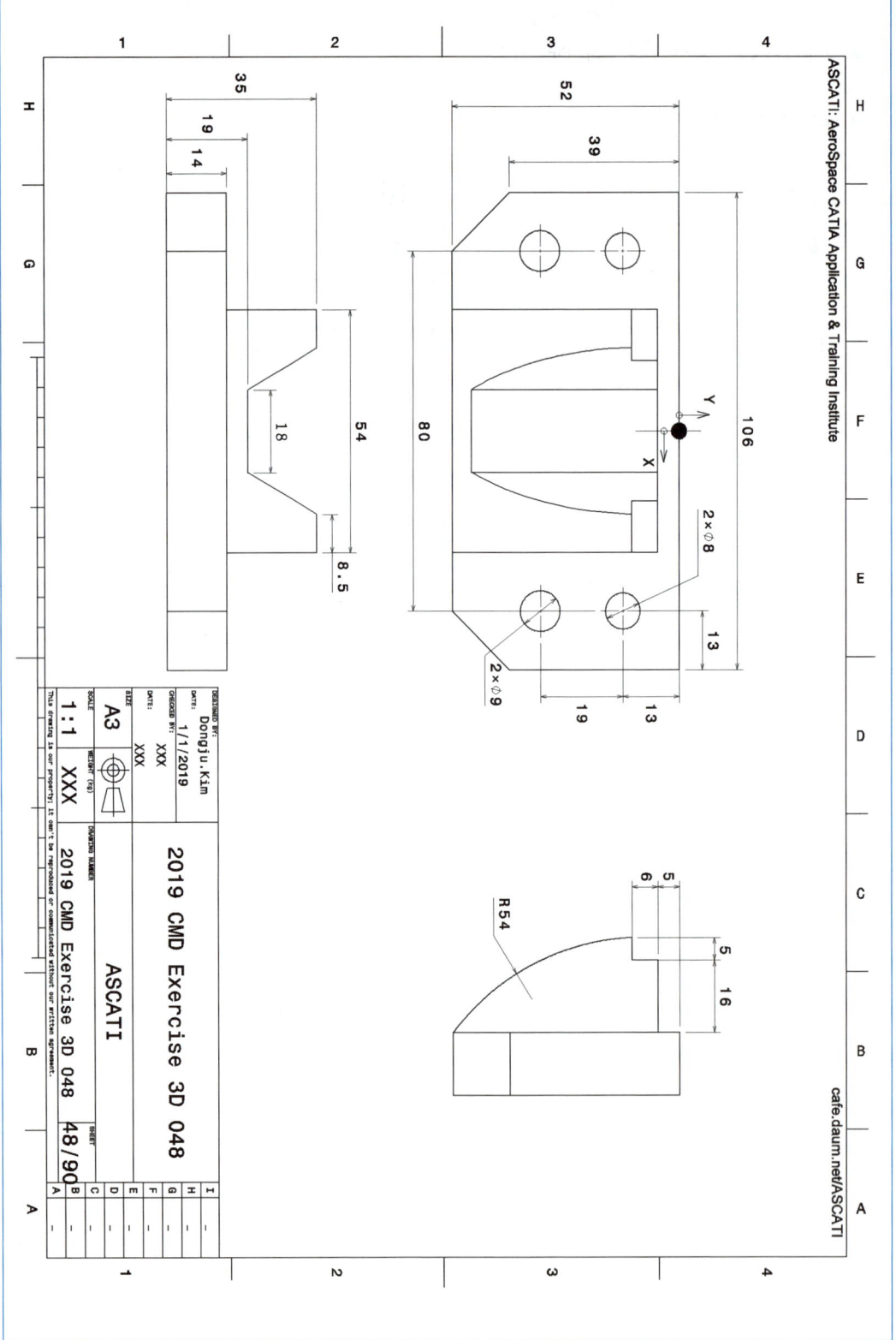

EXERCISE 48

- Workbench : Sketcher, Part Design

- 주요 작업 명령

	Pad		Pocket

- 작업 순서

1. XY 평면에 사다리꼴 형상을 그리고 Pad한다. 지름 8, 9짜리 원 역시 함께 스케치한다.
2. XZ 평면에 단면 형상을 스케치하고 Mirrored extent하여 Pad한다.
3. XZ 평면에 Pocket할 단면 형상을 스케치하고 Pocket한다.

Self Note

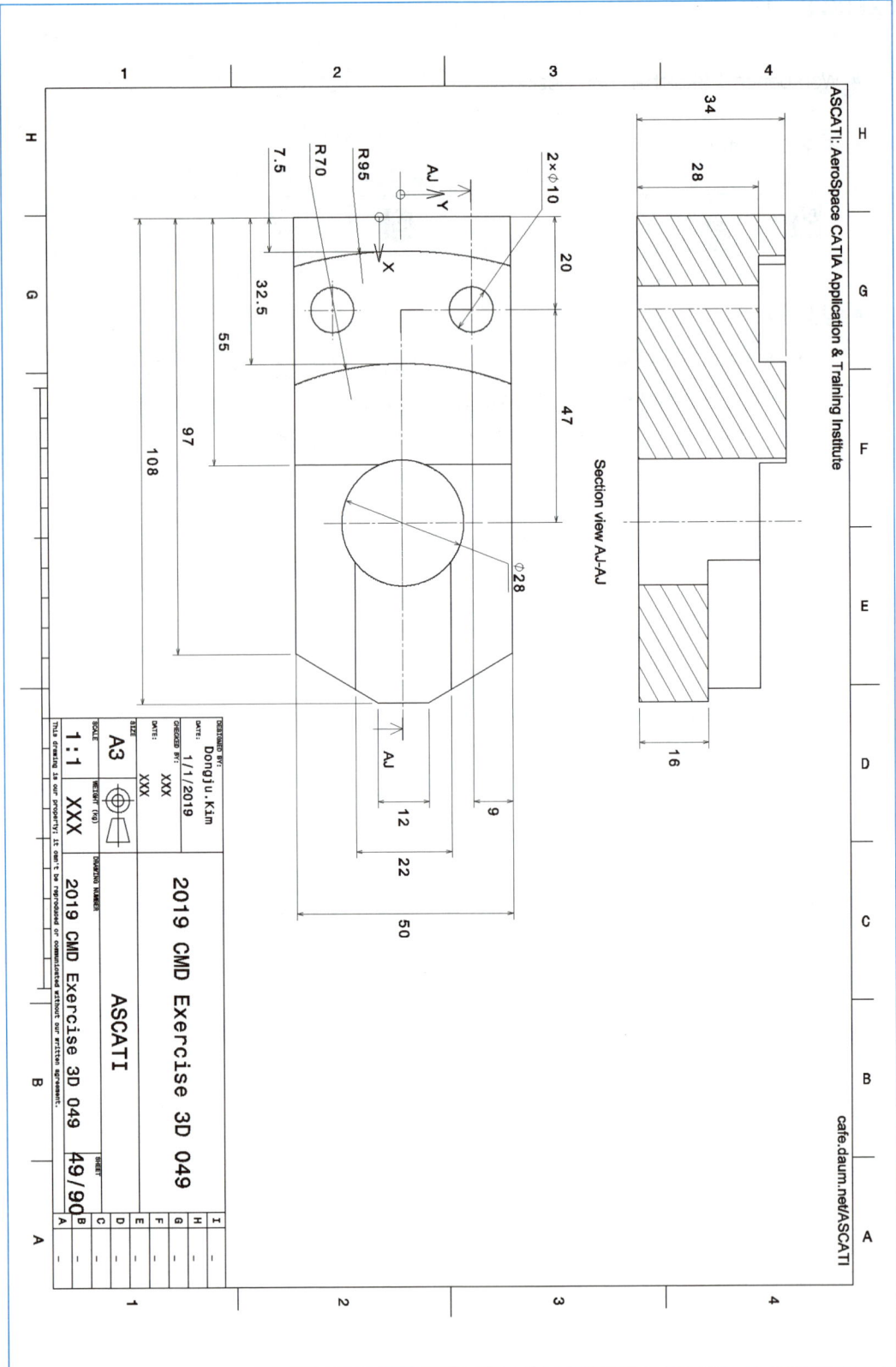

EXERCISE 49

- Workbench : Sketcher, Part Design

- 주요 작업 명령

	Pad		Pocket

- 작업 순서

1. XY 평면에 단면 형상을 그리고 34만큼 Pad한다. 여기서 지름 10짜리 원과 28짜리 원을 함께 그리면 작업이 간소화 된다.
2. 반경 70짜리 호를 사용하여 6만큼 Pocket해 준다.

Self Note

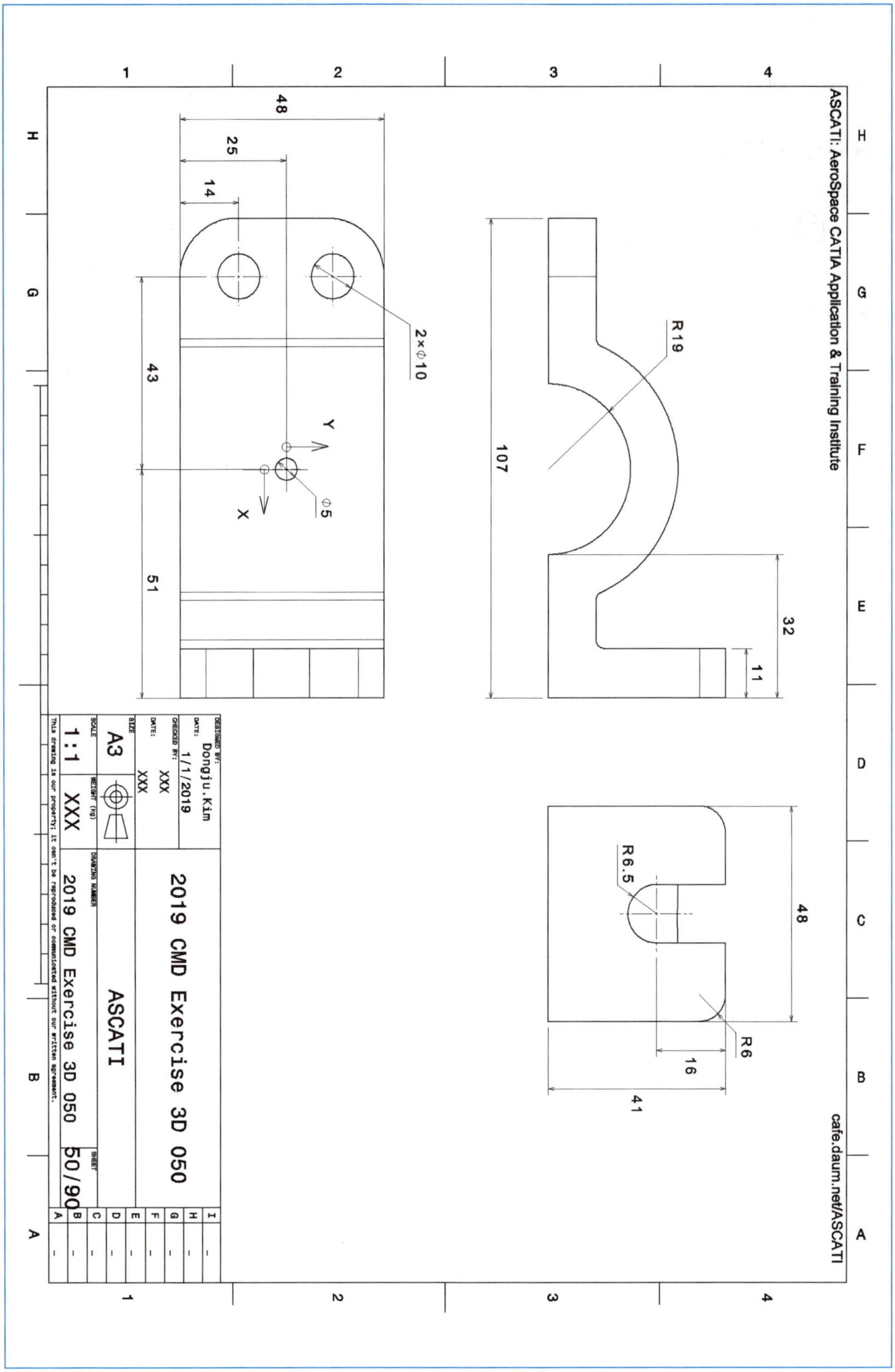

EXERCISE 50

- Workbench : Sketcher, Part Design

- 주요 작업 명령

	Pad		Pocket
	Edge Fillet		

- 작업 순서

1. XZ 평면에 단면 형상을 그리고 Pad한다.
2. 지름 10짜리 원을 스케치하여 Pocket하고 ZY 방향에 Elongated Hole 형상을 Pocket한다.
3. Edge Fillet으로 마무리 한다.

Self Note

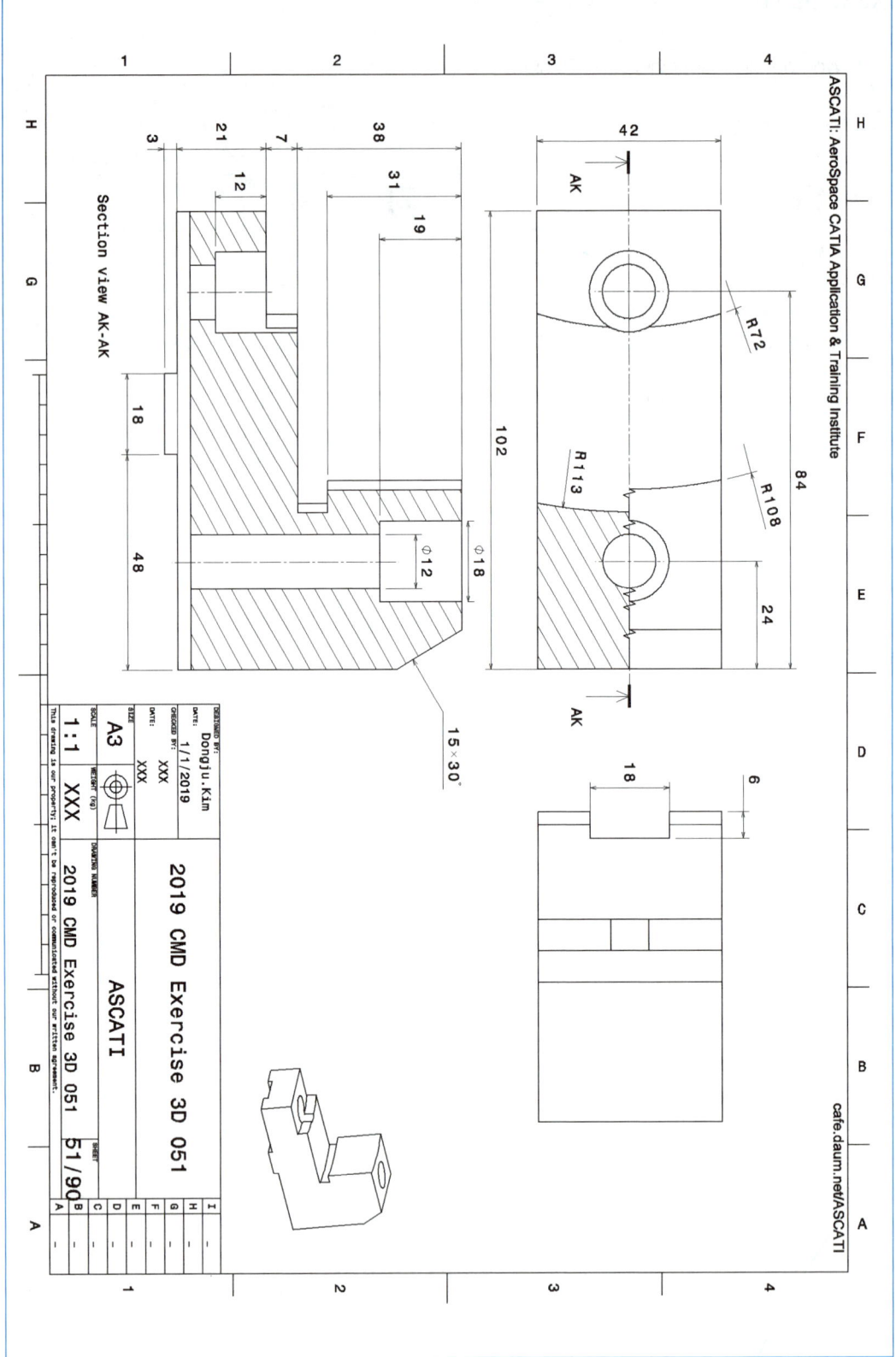

EXERCISE 51

- Workbench : Sketcher, Part Design

- 주요 작업 명령

	Pad		Pocket

- 작업 순서

1. XY 평면에 가로 102, 세로 42짜리 사각형을 스케치하고 Pad한다.
2. 차례대로 반경 113짜리 호와 108짜리 호로 Pocket 작업을 한다.
3. 측면 방향의 돌출부와 홈을 각각 스케치하여 Pad, Pocket한다.
4. 지름 18, 12짜리 원을 각각 따로 스케치하여 Pocket한다.
5. Chamfer로 마무리 한다.

Self Note

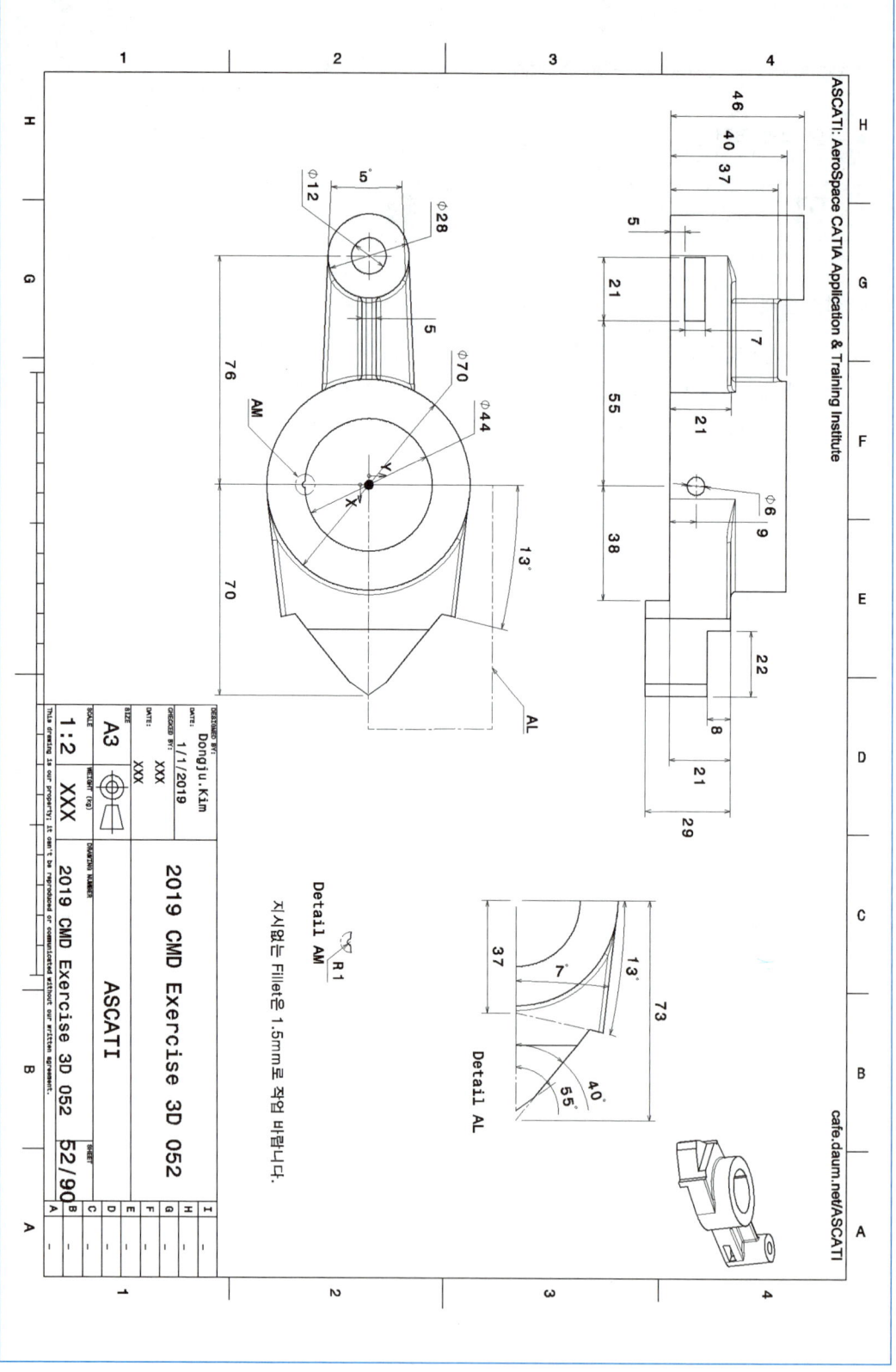

EXERCISE 52

- Workbench : Sketcher, Part Design

- 주요 작업 명령

	Pad		Pocket

- 작업 순서

1. XY 평면에 지름 44, 70 짜리 원을 그리고 Pad한다.
2. 다시 XY 평면에서 거리 76만큼 떨어진 지점에 지름 12, 28짜리 원을 그리고 Pad한다.
3. Profile을 사용하여 전면부의 돌출 형상을 그리고 Pad한다.
4. 마찬가지로 두 원통 면 사이의 XY 평면에서의 형상을 스케치하고 Pad한다.
5. XZ 방향으로 제거할 형상을 스케치하여 각각 Pocket한다.

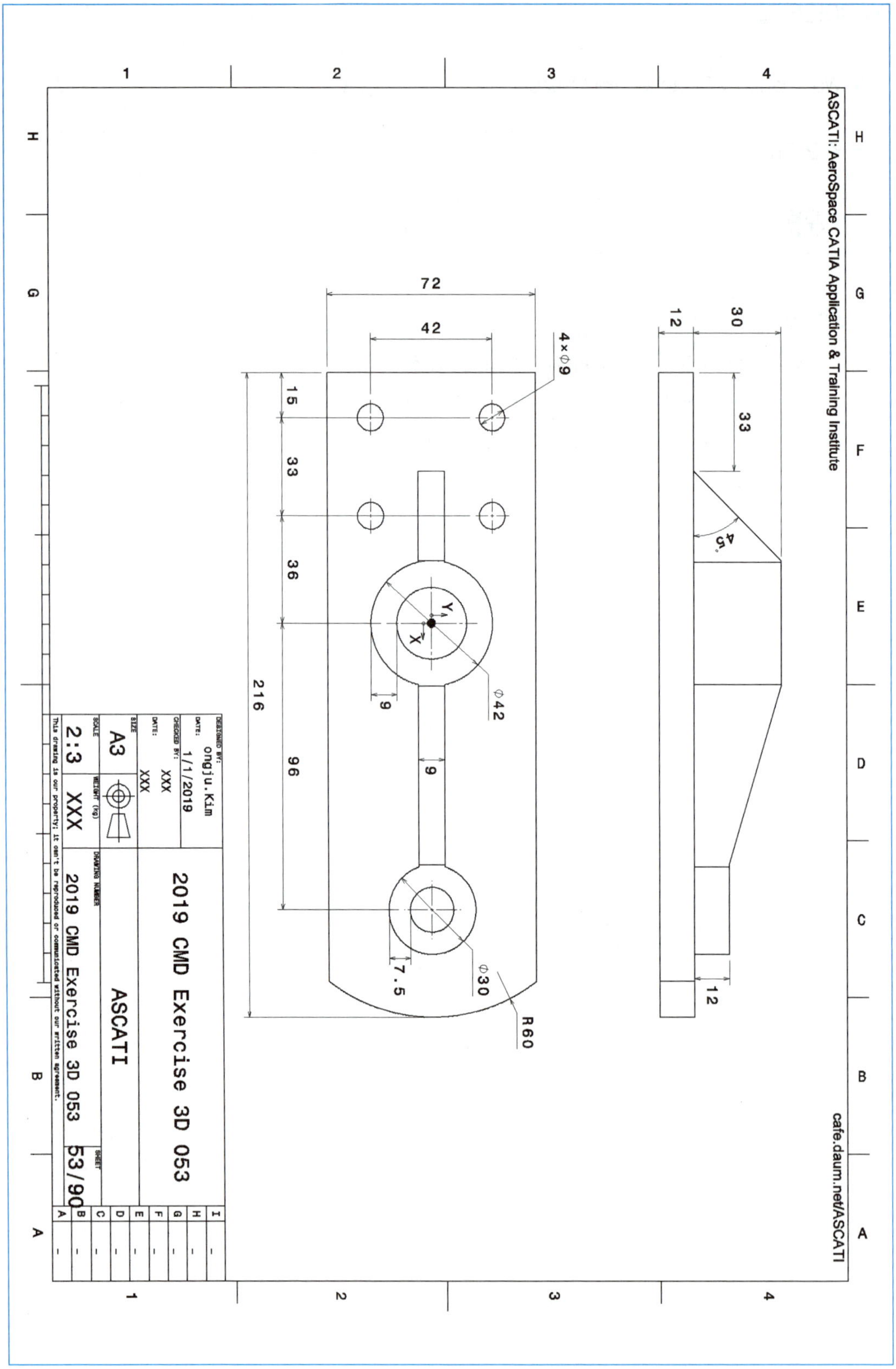

EXERCISE 53

- Workbench : Sketcher, Part Design

- 주요 작업 명령

	Pad		Pocket

- 작업 순서

1. XY 평면에 단면 형상과 Hole 형상을 함께 그려주고 Pad한다.
2. XZ 평면에 단면 형상을 스케치 하고 Pad한다. 여기서 가운데 원통 형상은 무시한다.
3. XY 평면에 지름 42짜리 원을 그리고 30만큼 Pad한다.
4. 그리고 내부에 지름 25짜리 Pocket을 만들어 준다.

Self Note

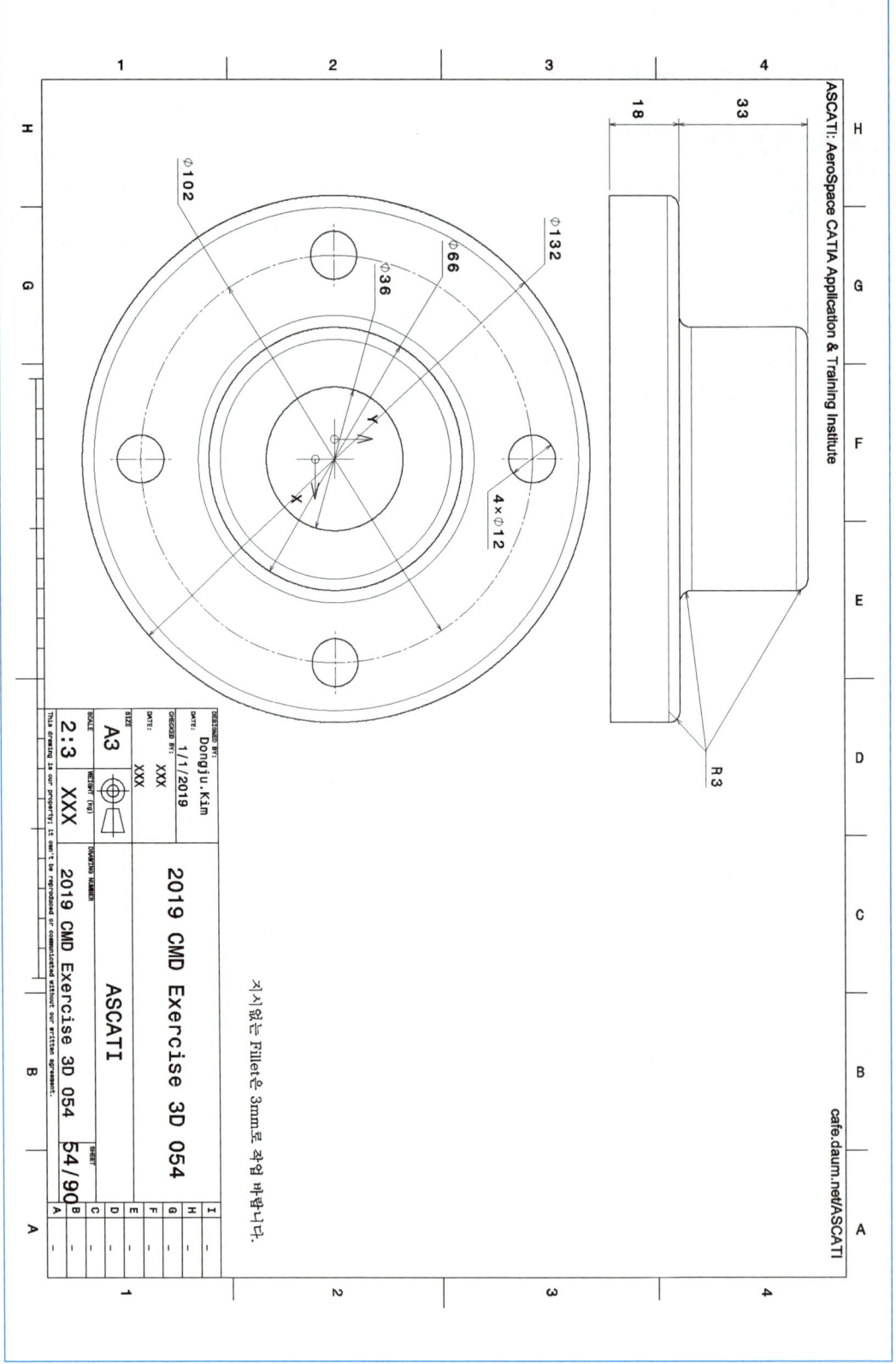

EXERCISE 54

- Workbench : Sketcher, Part Design

- 주요 작업 명령

	Pad		Pocket
	Edge Fillet		

- 작업 순서

1. XY 평면에 들어가 지름 132짜리 원을 스케치하여 Pad한다. 여기에 지름 12짜리 원 4개도 같이 스케치 하도록 한다.
2. 다시 XY 평면에 지름 66짜리 원을 스케치하고 Pad한다.
3. 이번에는 지름 35짜리 원을 스케치하여 Pocket한다.
4. Edge Fillet으로 마무리한다.

Self Note

Section cut AP-AP

EXERCISE 55

- Workbench : Sketcher, Part Design

- 주요 작업 명령

	Shaft		Edge Fillet

- 작업 순서

1. 단면 형상을 그리고 이것을 원점을 기준으로 Shaft한다.
2. Edge Fillet으로 마무리한다.

Self Note

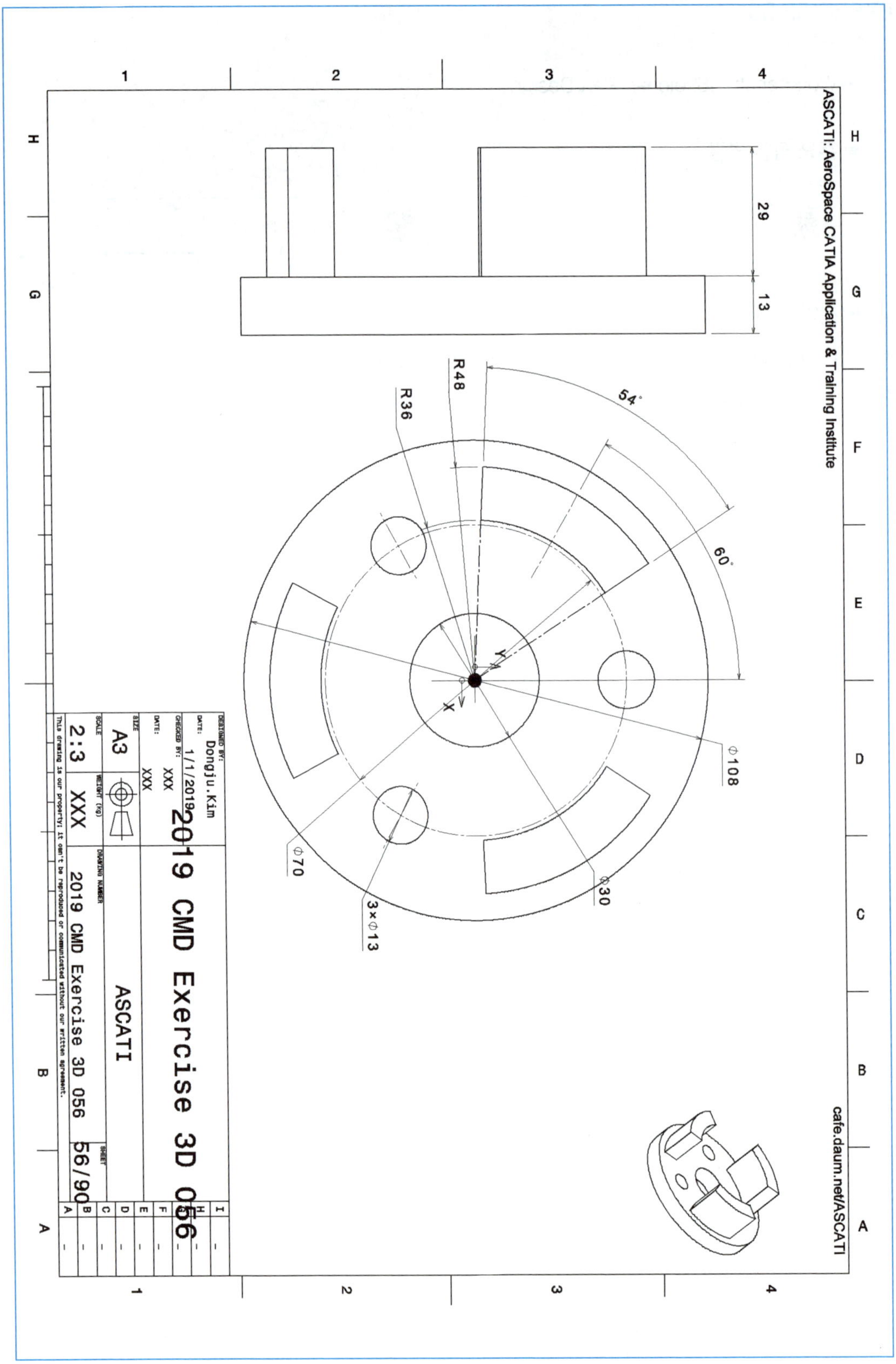

EXERCISE 56

- Workbench : Sketcher, Part Design

- 주요 작업 명령

	Pad		Pocket
	Circular Pattern		

- 작업 순서

1. XY 평면에 지름 108짜리 원을 그리고 Pad한다.
2. 지름 13짜리 원을 그리고 Pocket한다.
3. 반경 36, 48짜리 호에 의한 돌출 형상을 스케치하여 Pad한다.
4. Spec Tree에서 앞서 작업한 Pocket, Pad 형상을 복수 선택하여 Circular Pattern한다.

Self Note

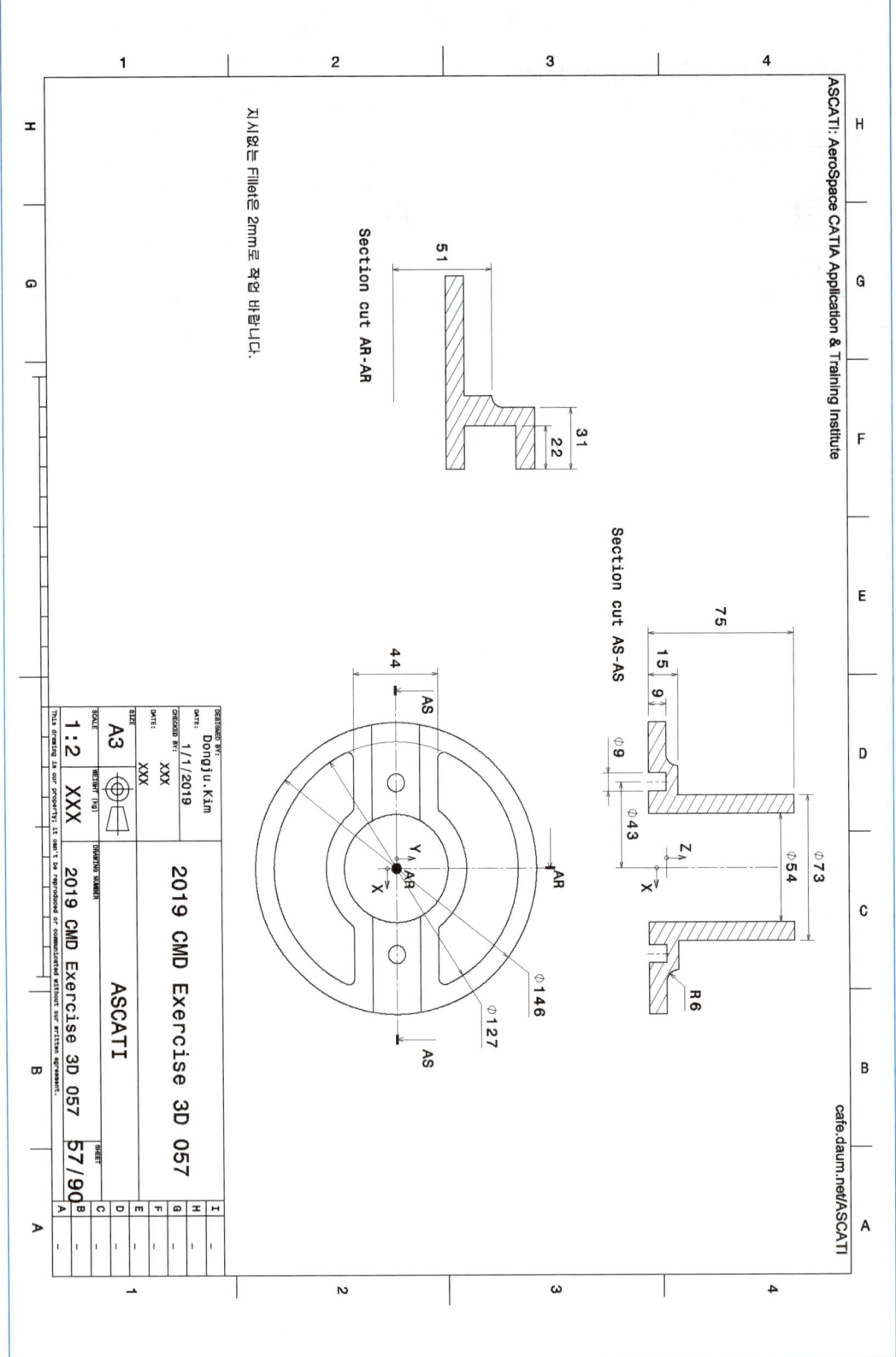

EXERCISE 57

- Workbench : Sketcher, Part Design

- 주요 작업 명령

	Pad		Pocket
	Edge Fillet		

- 작업 순서

1. 지름 73, 54 짜리 원을 그리고 Pad한다.
2. 지름 146짜리 원을 그리고 Pad한다.
3. 하단의 파일 부분에 대한 단면을 스케치하여 Pocket한다.
4. 146짜리 원 위의 돌출부의 원을 스케치하여 Pad하고 Fillet해 준다.
5. 지름 9짜리 원을 바닥에 작업하여 마무리 한다.

Self Note

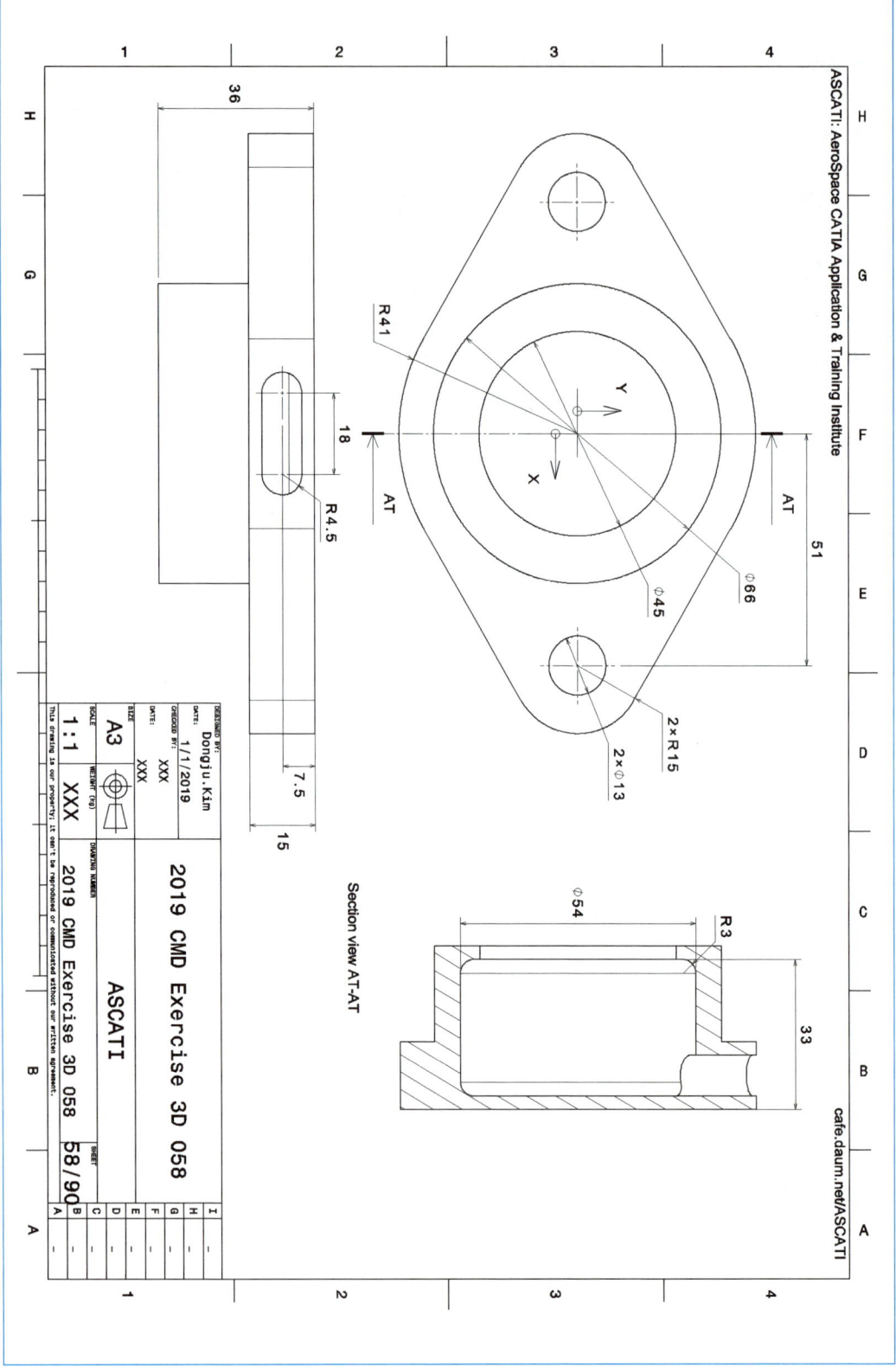

EXERCISE 58

- Workbench : Sketcher, Part Design

- 주요 작업 명령

	Pad		Pocket
	Edge Fillet		

- 작업 순서

1. XY 평면에 각 단면 형상을 스케치하여 순서대로 Pad한다.
2. 형상 내부의 지름 54짜리 원을 스케치하여 Pocket한다. 그리고 Fillet한다.
3. 나머지 Pocket 형상에 대해서도 작업해 준다.

Self Note

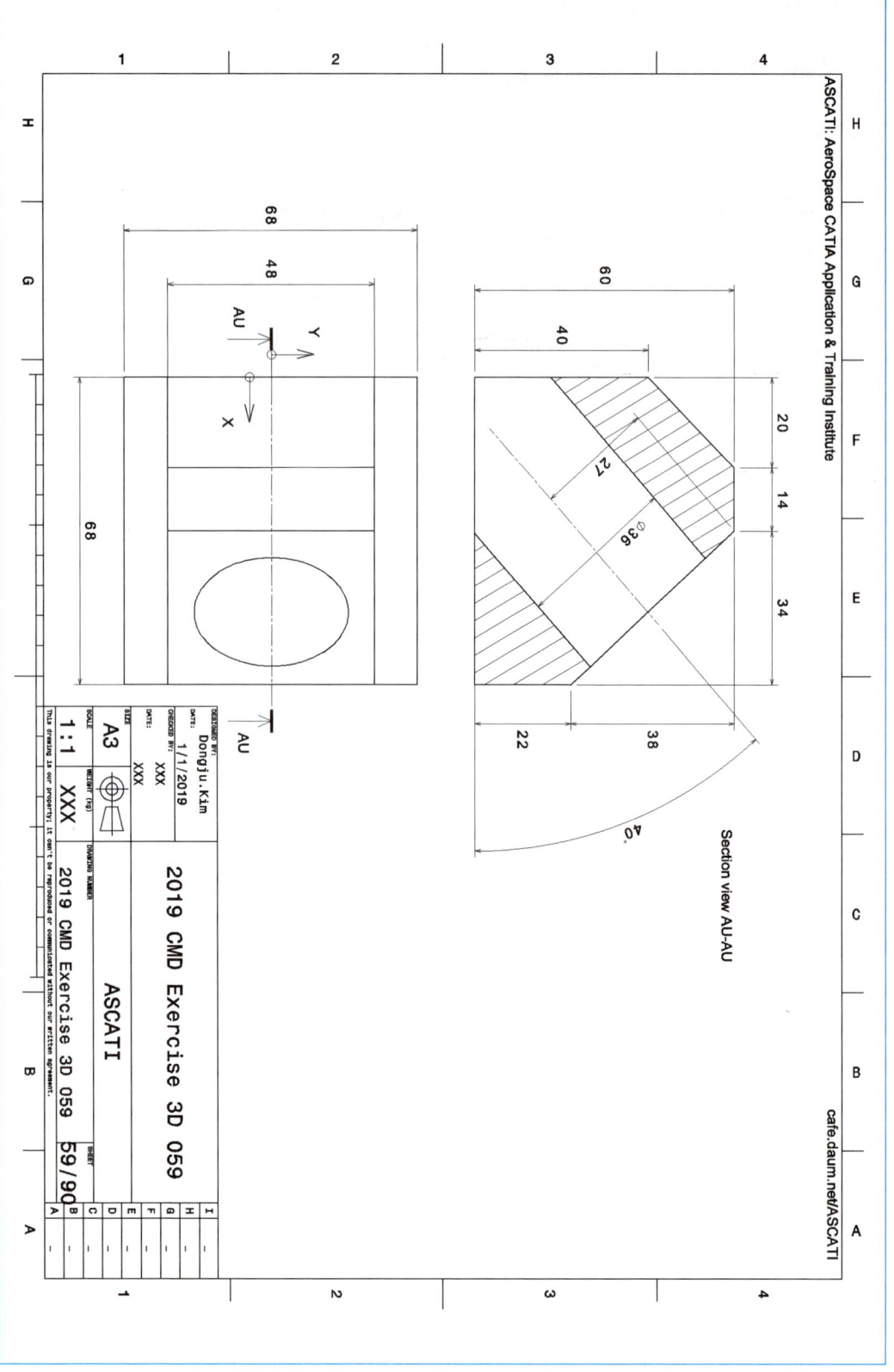

EXERCISE 59

- Workbench : Sketcher, Part Design

- 주요 작업 명령

	Pad		Pocket

- 작업 순서
1. ZX 평면을 기준으로 절단면 형상을 스케치하여 Pad한다.
2. 형상의 기울어진 면을 기준으로 스케치에 들어가 지름 36짜리 원을 그리고 Pocket한다.

Self Note

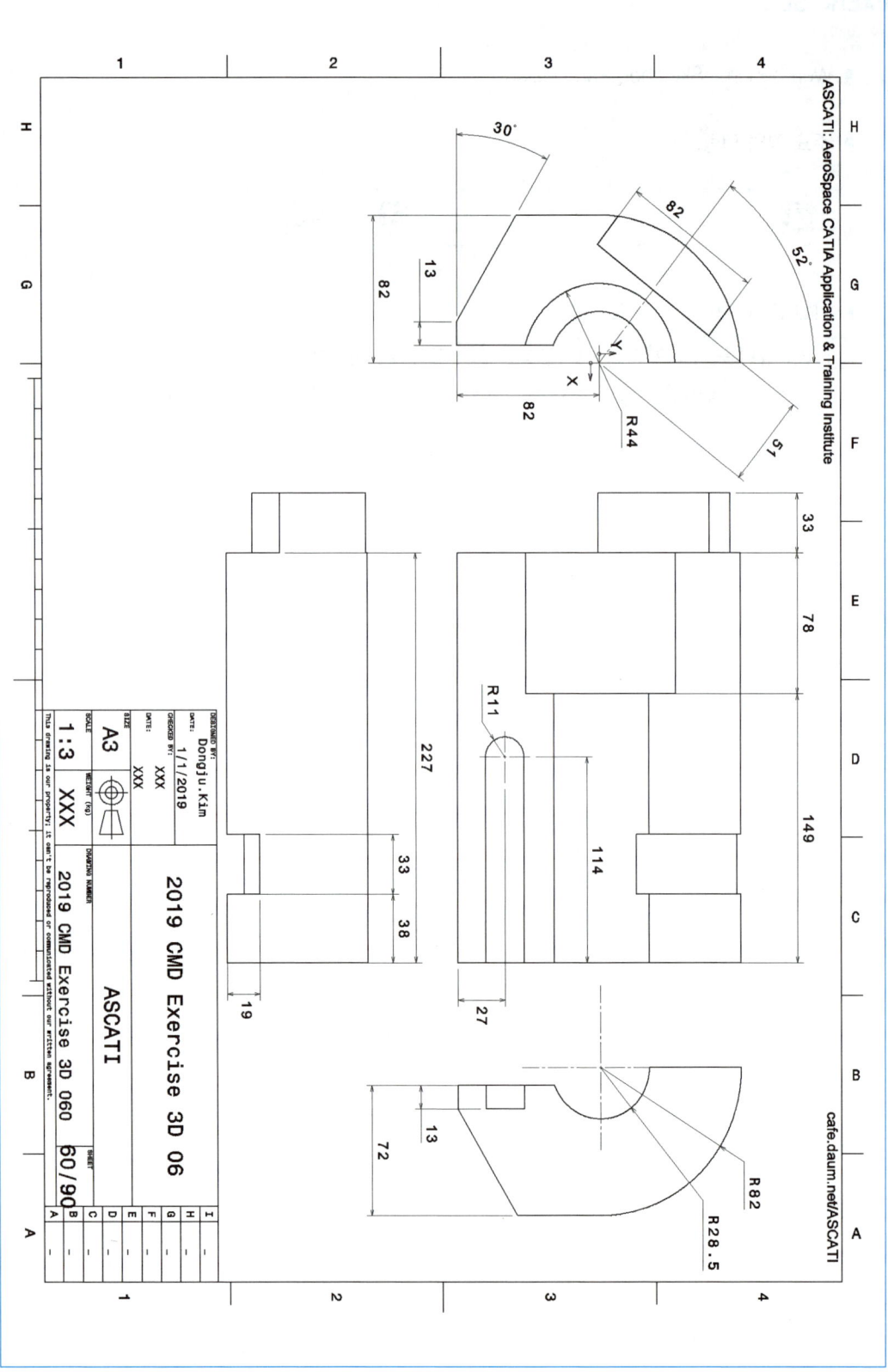

EXERCISE 60

- Workbench : Sketcher, Part Design

- 주요 작업 명령

	Pad		Pocket

- 작업 순서
1. XY 평면에 각 단면 형상을 순차적으로 그려 Pad한다. 순서는 반지름 82짜리 호를 가지는 다각형 형상을 227 만큼 Pad하고 앞으로 돌출된 돌출부 형상을 33만큼 Pad한다.
2. 반지름 44, 28.5짜리 호 형상으로 Pocket을 하고 Elongated Hole 형상과 사각형 형상을 차례대로 Pocket한다.

Self Note

2019 CMD Exercise 3D 061

Auxiliary view AW

EXERCISE 61

- Workbench : Sketcher, Part Design

- 주요 작업 명령

	Pad		Pocket
	Mirror		

- 작업 순서

2. XY 평면 하단에 추가적으로 돌출되는 대칭 형상을 스케치하여 대칭 값에 맞게 거리 값을 25, -6으로 입력하여 Pad한다. 그리고 이 형상을 선택하여 XY 평면을 기준으로 Mirror한다.
3. 상단의 지름 11짜리 원을 스케치하여 Pocket한다.

Self Note

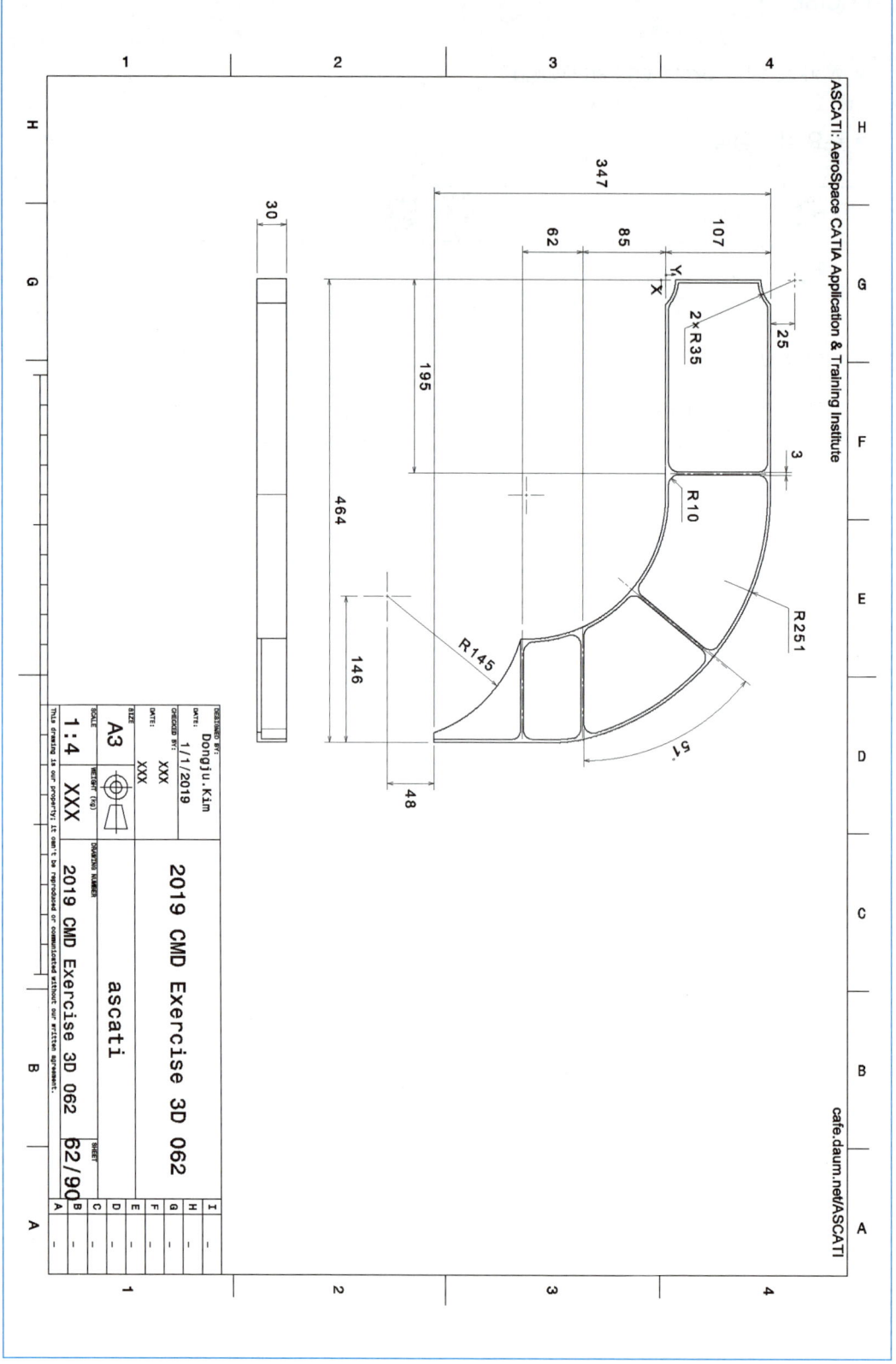

EXERCISE 62

- Workbench : Sketcher, Part Design

- 주요 작업 명령

	Pad		Shell
	Stiffener		Edge Fillet

- 작업 순서

1. XY 평면에 다음의 단면 형상을 그리고 Pad한다.
2. Shell을 사용하여 뚫고자 하는 방향대로 3개의 면을 선택하여 두께 3으로 작업한다.
3. Shell 형상의 윗면을 선택하여 보강재가 들어갈 위치의 선들을 스케치하여 From top 모드로 Stiffener를 생성한다.
4. Fillet으로 마무리 한다.

- 핵심 포인트

   내부가 파인 형상은 각 부분을 Pocket으로 하는 것 보다 Shell로 균일한 두께로 파인 형상을 만든 후에 Stiffener와 같은 명령으로 필요한 지점에 부재를 삽입하는 게 빠르다.

Self Note

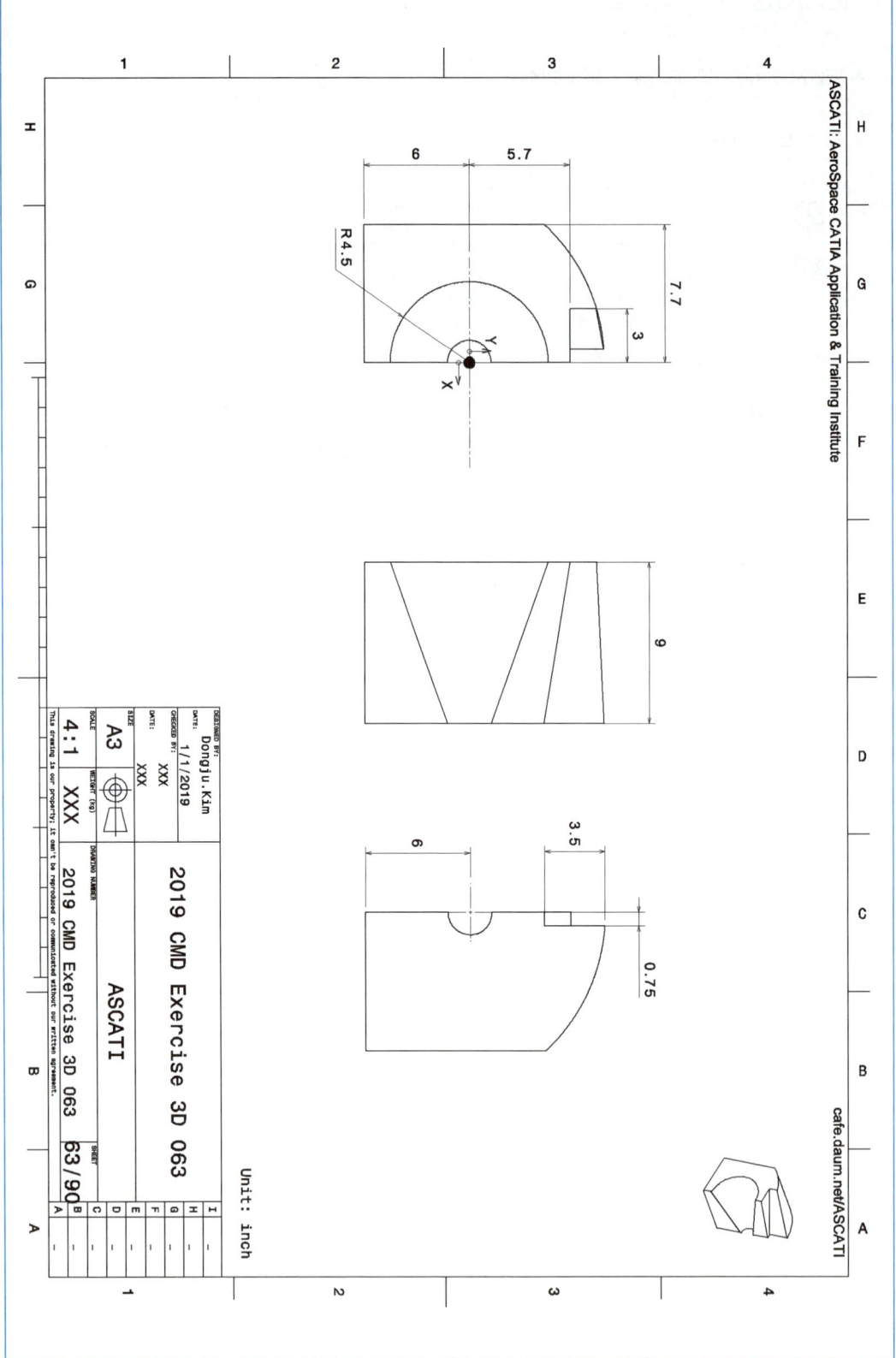

EXERCISE 63

- Workbench : Sketcher, Part Design

- 주요 작업 명령

	Multi-Sections Solid		Plane

- 작업 순서

1. 지정한 평면에 우선 전면부에 보이는 단면 형상을 스케치한다.
2. Plane을 사용하여 거리 간격 9만큼 떨어진 지점에 작업 평면을 만든다.
3. 새로 만든 평면에 후면부 단면 형상을 스케치한다.
4. Multi-Sections Solid를 사용하여 두 단면을 하나의 솔리드로 만들어 준다. 여기서 각 단면의 Closing Point들을 도면에 보이는 것과 마디가 일치하도록 선택해 주도록 한다.

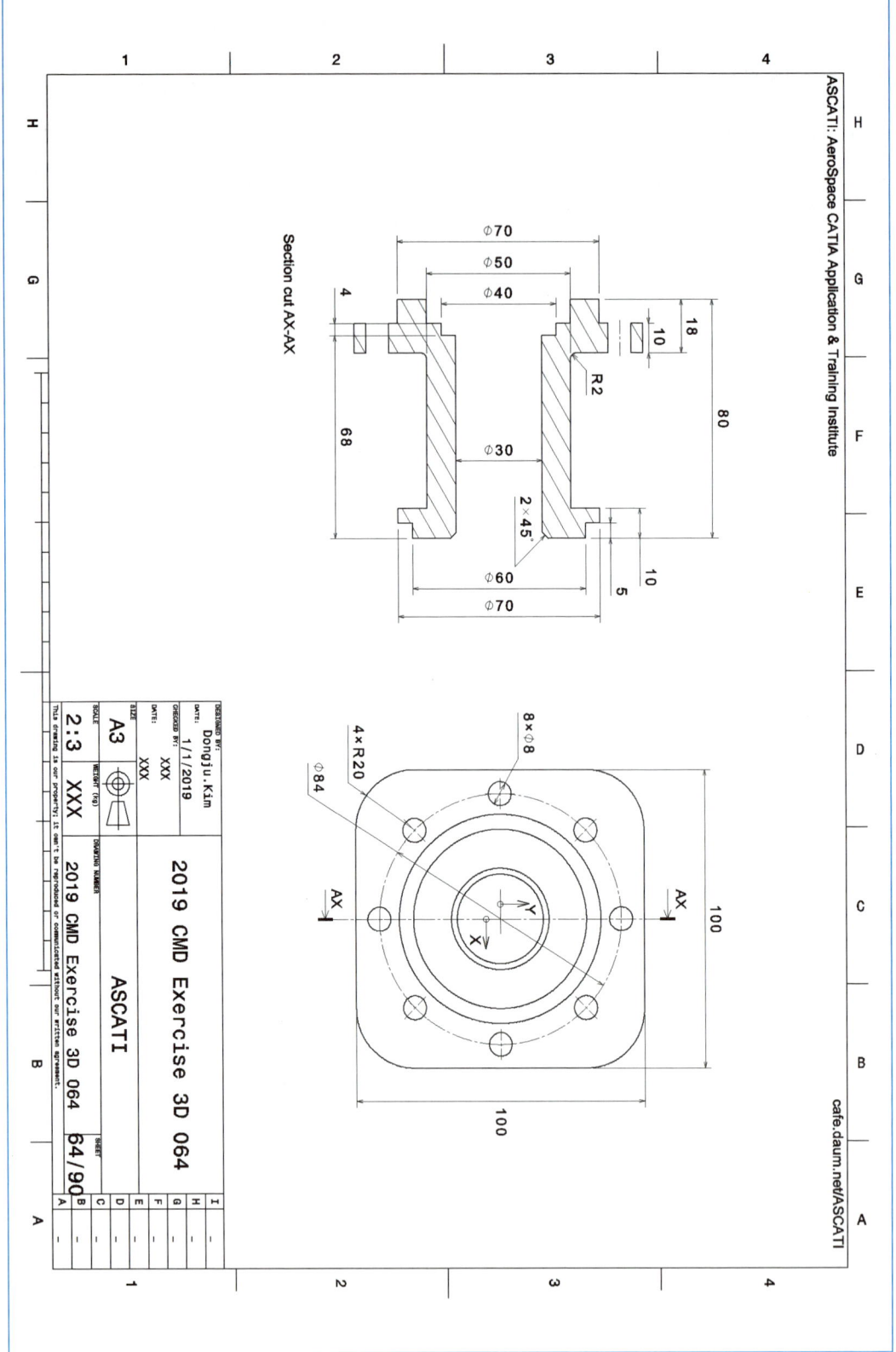

EXERCISE 64

- Workbench : Sketcher, Part Design

- 주요 작업 명령

	Shaft		Pad
	Pocket		Circular Pattern
	Edge Fillet		Chamfer

- 작업 순서

1. XY 평면에 보이는 사각형 형상을 제외한 단면 형상을 그려 Shaft로 작업한다.
2. XY평면에 가로 세로 각각 100인 정사각형을 그리고 Pad한다.
3. 지름 8짜리 원을 Pocket하고 Circular Pattern으로 회전 복사한다.
4. Edge Fillet과 Chamfer로 마무리한다.

• 핵심 포인트

함께 작업할 수 있는 요소는 동시에 묶어서 작업하는 것이 간편하다. 여기서 수정의 용이성을 따져 분리해 작업하는 경우도 있으니 주의바란다.

Self Note

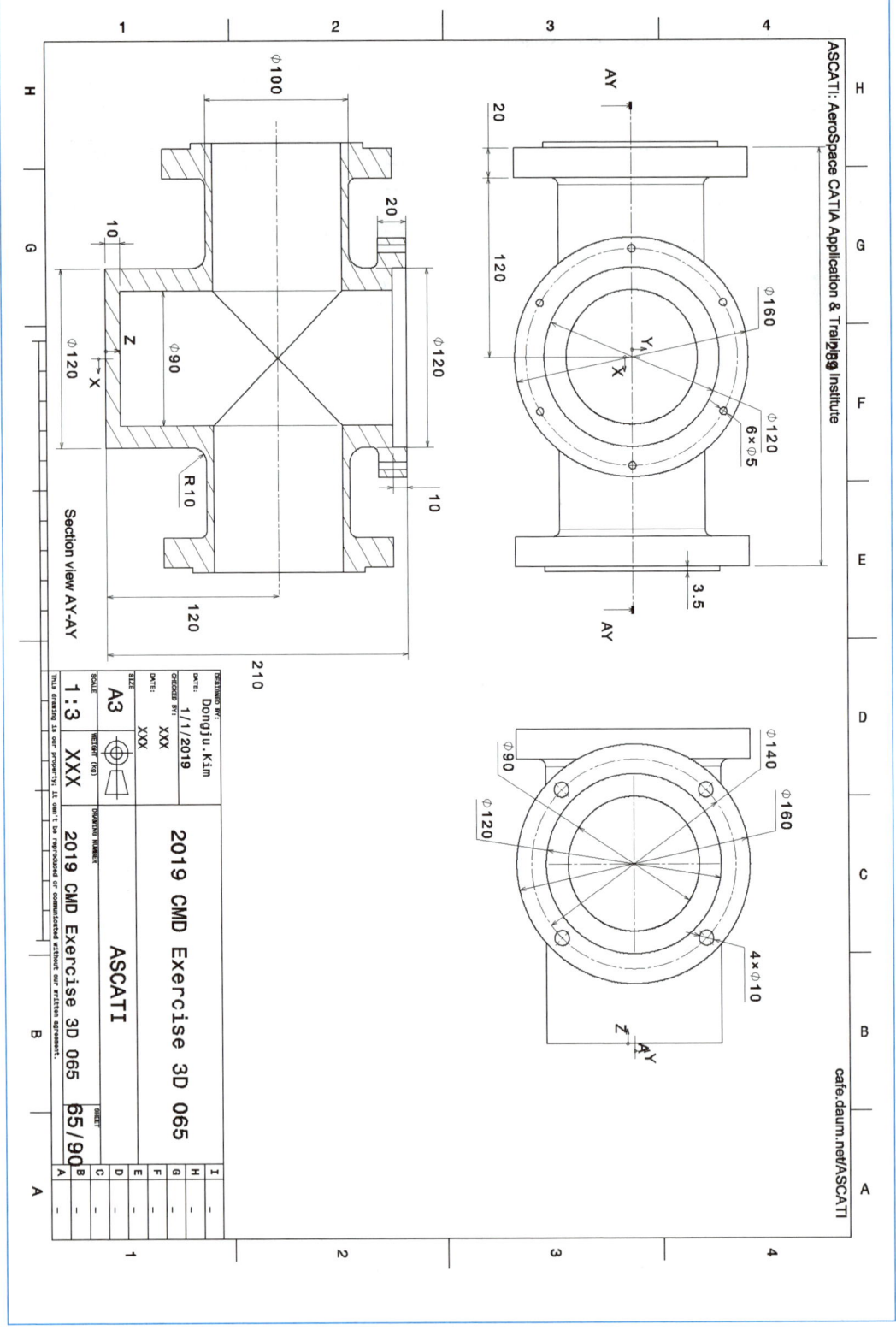

EXERCISE 65

- Workbench : Sketcher, Part Design

- 주요 작업 명령

	Pad		Pocket
	Edge Fillet		Mirror

- 작업 순서

1. XY 평면에 지름 120짜리 원을 그리고 210만큼 Pad한다.
2. YZ 평면에 스케치를 들어가 원점으로부터 120만큼 떨어진 지점에 지름 100짜리 원을 그리고 Mirrored extent로 280만큼 Pad한다.
3. XY 방향의 윗면에 지름 160짜리 원을 그리고 20만큼 Pad한다. 그리고 지름 5짜리 원을 그려 Pocket한다.
4. YZ 평면의 원통 형상 끝단에 지름 160짜리 원을 그리고, 지름10짜리 Pocket을 만든 뒤 Mirror 한다.
5. XY, YZ 평면 방향으로 지름 90짜리 원으로 각각 Pocket을 수행한다.
6. Edge Fillet으로 마무리한다.

Self Note

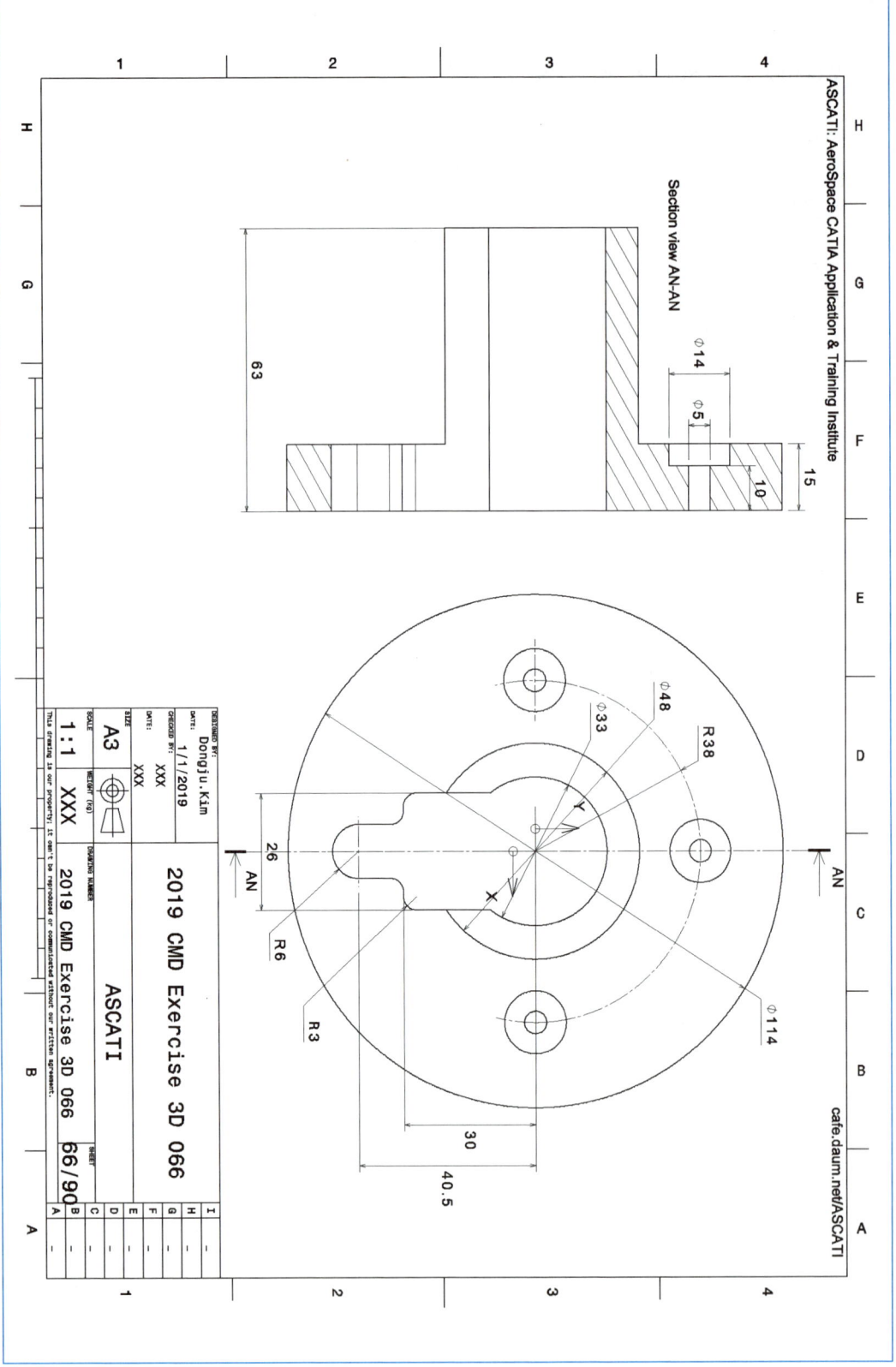

EXERCISE 66

- Workbench : Sketcher, Part Design

- 주요 작업 명령

	Pad		Pocket
	Hole		Circular Pattern

- 작업 순서

1. XY 평면을 기준으로 지름 114짜리 원을 그려 15만큼 Pad한다.
2. 다시 XY 평면에 지름 48짜리 원을 그리고 63만큼 Pad한다.
3. XY 평면에 홈 형상을 스케치한 후에 Pocket한다.
4. 지름 14, 5짜리 Hole 형상을 작업하여 Circular Pattern으로 회전 복사한다.

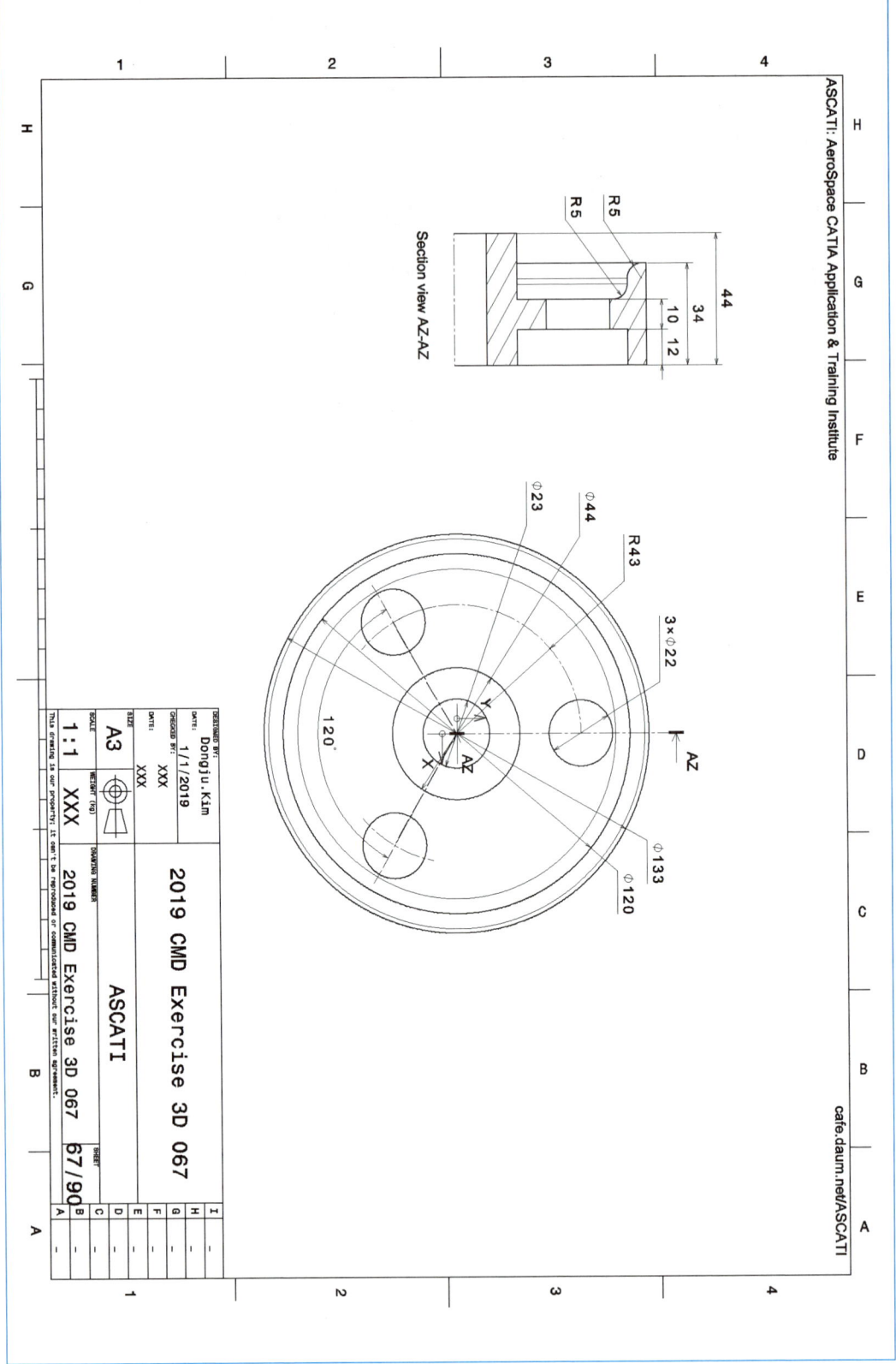

EXERCISE 67

- Workbench : Sketcher, Part Design

- 주요 작업 명령

	Shaft		Pocket
	Edge Fillet		

- 작업 순서

1. YZ 평면에 단면 형상을 그리고 Shaft한다.
2. XY 평면을 기준으로 지름 22짜리 원 3개와 23짜리 원을 Pocket한다.
3. Edge Fillet으로 마무리한다.

Self Note

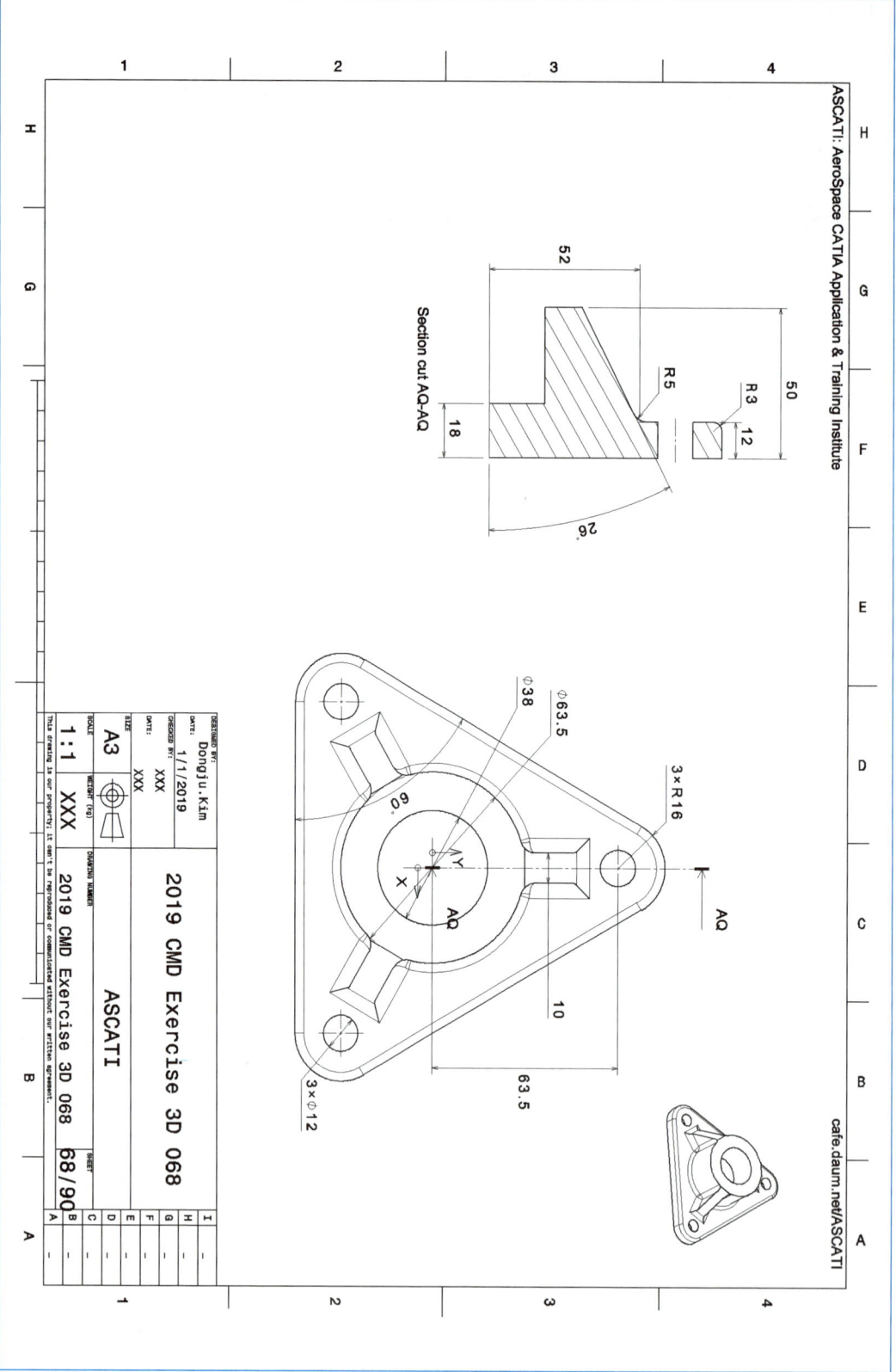

EXERCISE 68

- Workbench : Sketcher, Part Design

- 주요 작업 명령

	Pad		Pocket
	Edge Fillet		Circular Pattern

- 작업 순서

1. XY 평면에 정삼각형 형태의 Corner가 들어간 단면을 스케치하여 높이 18로 Pad한다. 지름 12짜리 원을 함께 그리면 작업 횟수를 줄 일 수 있다.
2. YZ 평면에 사다리꼴 형상을 원점에까지 닿게 스케치하고 Mirrored extent로 10이 되게 Pad한다.
3. Circular Pattern으로 위 사다리꼴 형상을 각도 120으로 3개의 형상을 복사한다.
4. 원점에 지름 63.5짜리 원을 그리고 Pad한다.
5. XY 평면에 지름 38짜리 원을 그리고 Pocket한다.
6. Edge Fillet으로 마무리한다.

- 핵심 포인트

  작업 순서에 따라 과정의 복잡함을 줄일 수 있다. 여기서는 사다리꼴 형상과 원통 형상 사이에 틈이 발생해서는 안 되기 때문에 둘 사이의 작업에서 사다리꼴을 넉넉하게 만들고 나중에 원통 형상을 만들면서 불필요한 부분을 제거하였다.

Self Note

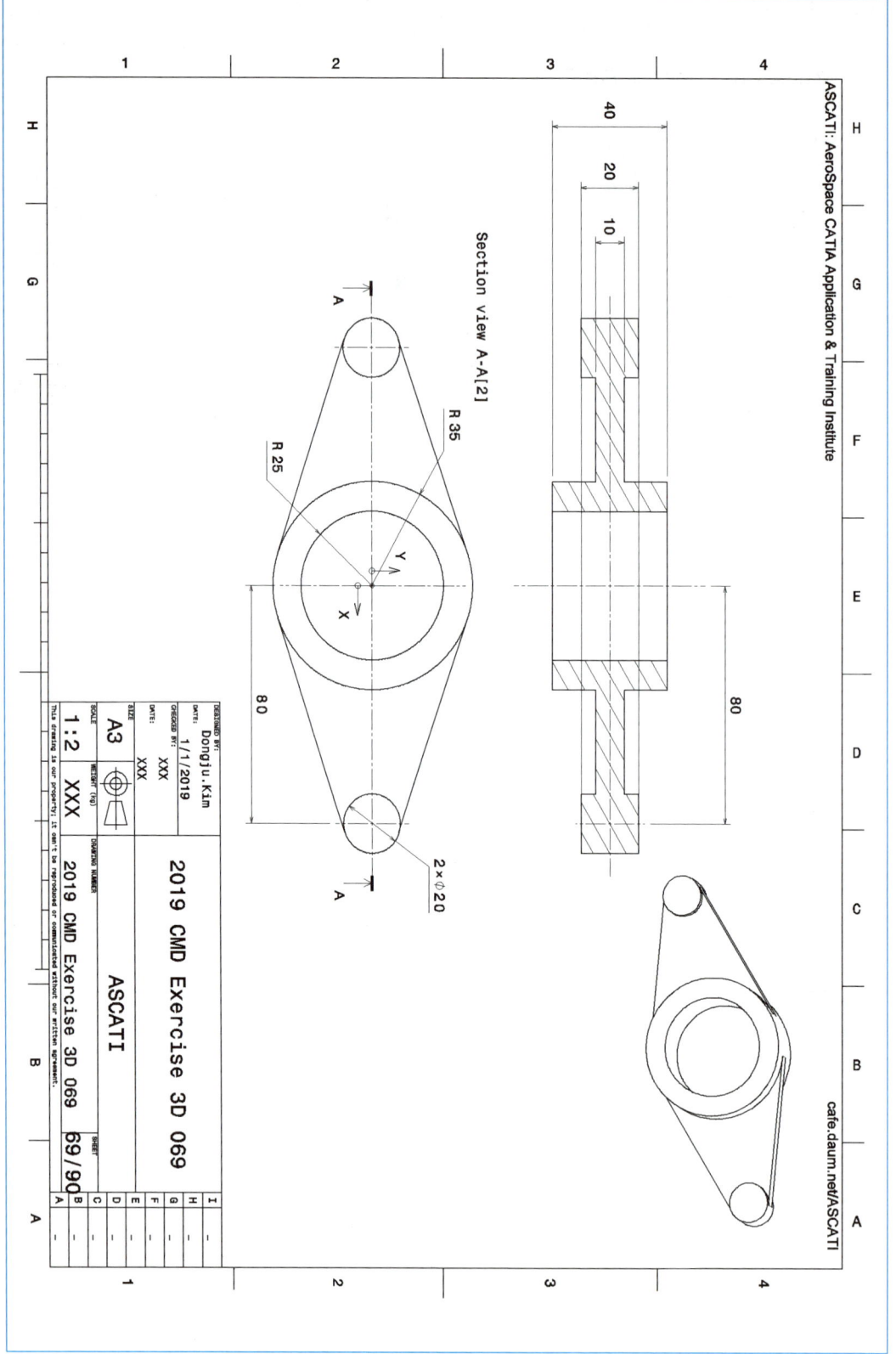

EXERCISE 69

- Workbench : Sketcher, Part Design

- 주요 작업 명령

	Pad		Mirror

- 작업 순서

1. XY 평면에 반지름 35, 25짜리 원을 그리고 Mirrored extent로 Pad한다.
2. 좌우측에 반지름 10짜리 원을 그리고 20이 되게 Mirrored extent로 Pad한다.
3. 두 원통 형상 사이의 부분을 스케치하여 Pad한 후, Mirror한다.

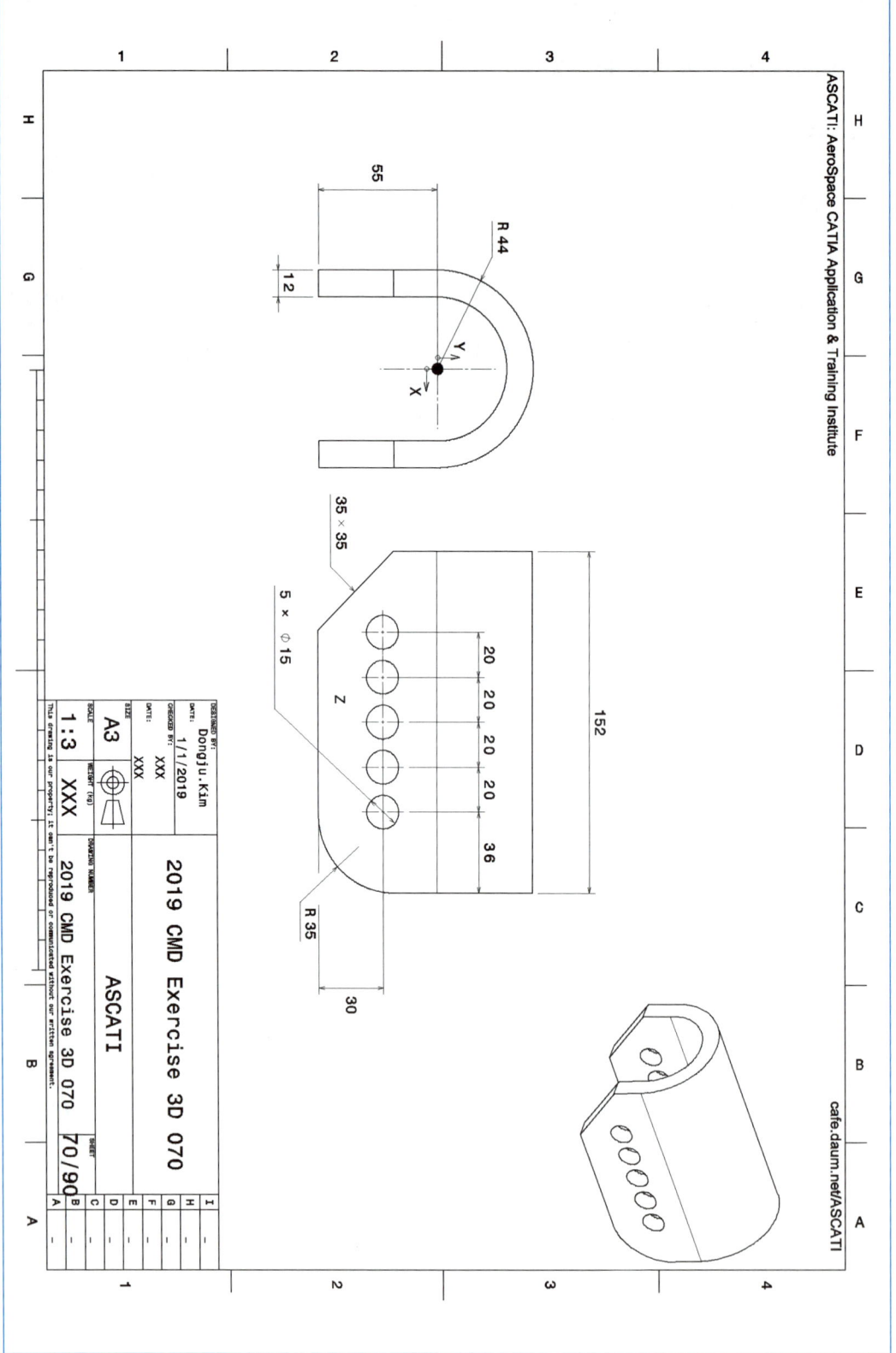

EXERCISE 70

- Workbench : Sketcher, Part Design

- 주요 작업 명령

	Pad		Pocket
	Chamfer		Rectangular Pattern

- 작업 순서

1. XY 평면에 보이는 'U'자 형태를 스케치하여 Thick Pad한다.
2. 측면의 Chamfer 형상을 작업하고 지름 15짜리 원을 Pocket한다. 여기서 Pocket은 Up to last로 값을 지정한다.
3. Pocket한 원을 등간격 20으로 5개를 Pattern을 사용하여 복사한다.

Self Note

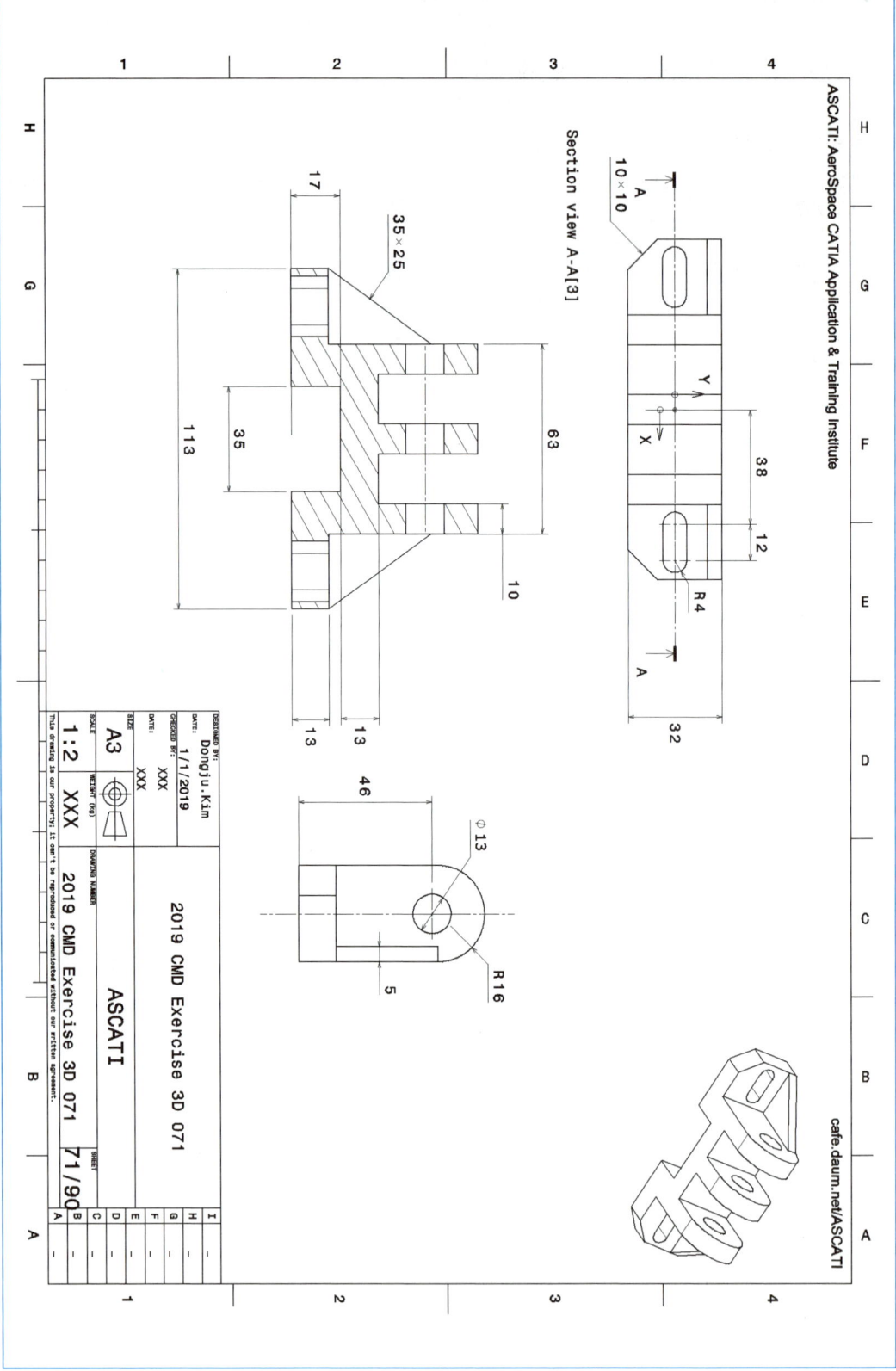

EXERCISE 71

- Workbench : Sketcher, Part Design

- 주요 작업 명령

	Pad		Pocket
	Chamfer		Mirror

- 작업 순서

1. XY 평면의 단면 형상을 스케치하여 Pad한다.
2. YZ 평면 방향의 단면 형상을 스케치하여 Pad한다.
3. XZ 평면의 단면 형상을 스케치하여 5만큼 Pad한 후, Mirror한다.
4. 각 위치의 Pocket 형상을 스케치하여 Pocket한다.

Self Note

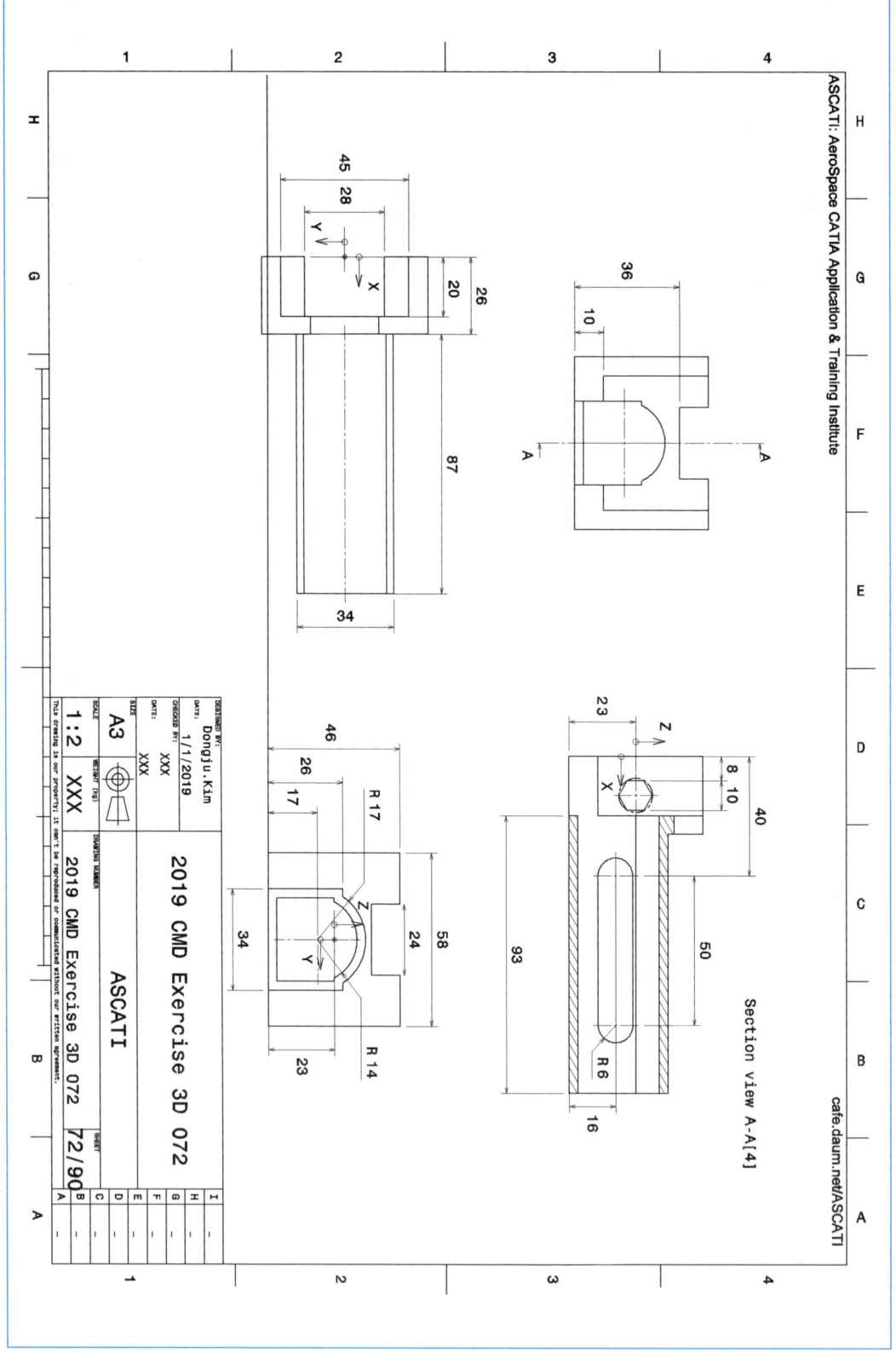

EXERCISE 72

- Workbench : Sketcher, Part Design

- 주요 작업 명령

🗗	Pad	🗖	Pocket

- 작업 순서

1. YZ 평면에 보이는 단면 형상을 이용하여 Pad한다. 길이 87인 형상은 Thick Pad하도록 한다. 두 개의 단면 형상을 각각 Pad하면 전체적인 형상 윤곽이 잡힌다.
2. 각 방향에서 제거할 부분을 스케치 하고 Pocket한다.

Self Note

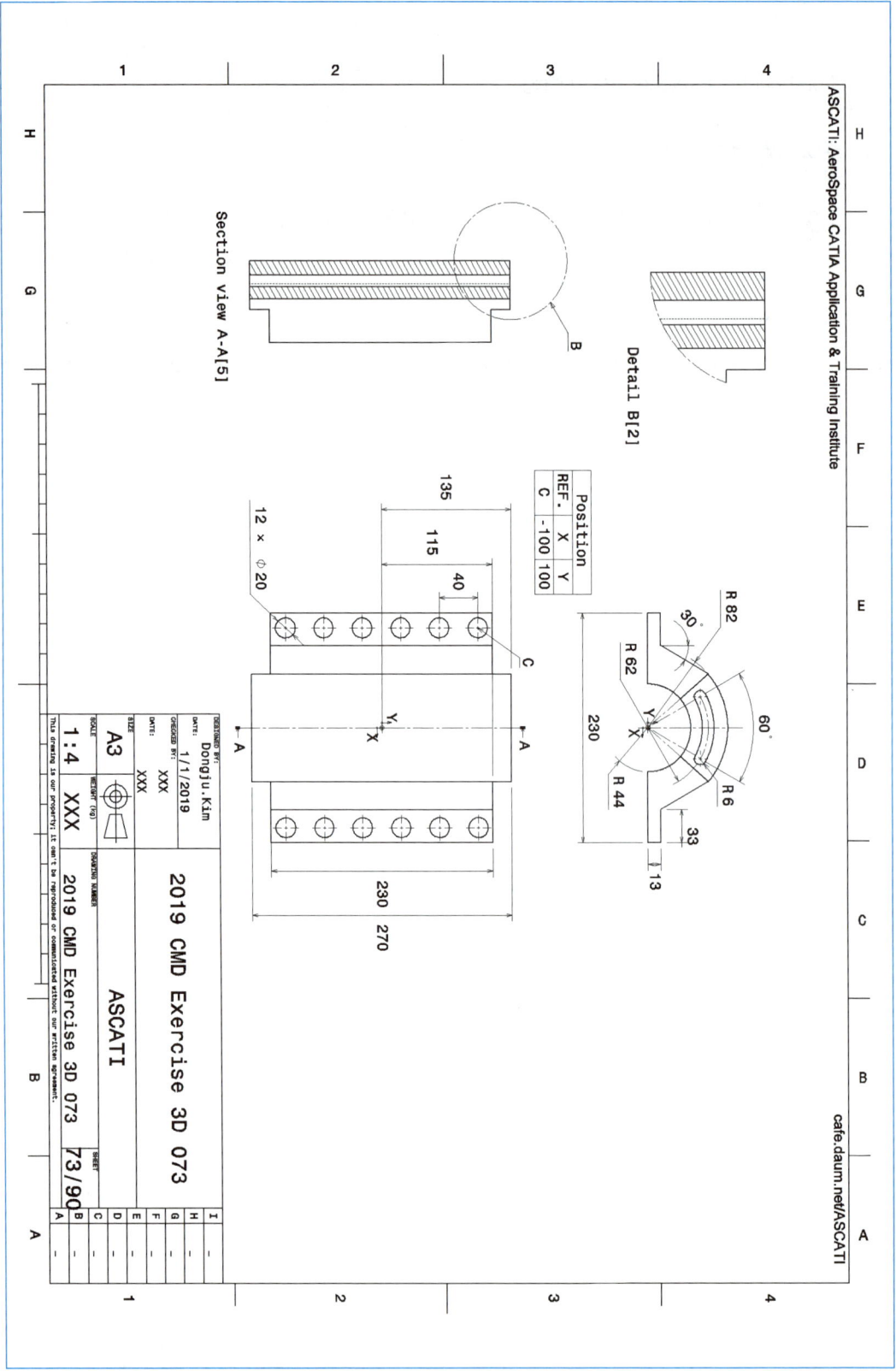

EXERCISE 73

- Workbench : Sketcher, Part Design

- 주요 작업 명령

	Pad		Pocket
	Rectangular Pattern		

- 작업 순서

1. XZ 평면의 단면 형상을 스케치하여 Mirrored extent Pad한다. 호 부분과 나머지 부분을 나누어 Pad하도록 한다.
2. XY 평면 방향의 지름 20짜리 원을 Y축 대칭으로 스케치 후 Pocket하여 Pattern한다.
3. Cylindrical Elongated Hole 형상으로 Pocket한다.

- 핵심 포인트

앞서 지름 20짜리 원을 두 개 대칭복사한 후에 Pocket하고 Pattern한 것은 한쪽 방향으로만 작업하여 Pattern하고 Mirror할 경우 Pattern한 형상은 대칭 복사가 안되기 때문이다.

Self Note

2019 CMD Exercise 3D 074

- 69.11 ±0.50
- 137.02 ±0.50
- 20
- R 250
- R 40
- R 4

EXERCISE 74

- Workbench : Sketcher, Part Design

- 주요 작업 명령

	Pad		Edge Fillet

- 작업 순서

1. XY 평면에 반지름 250짜리 호 3개가 교차하여 생성되는 형상을 Pad한다.
2. 반경 40과 4로 Fillet하여 마무리 한다.

Self Note

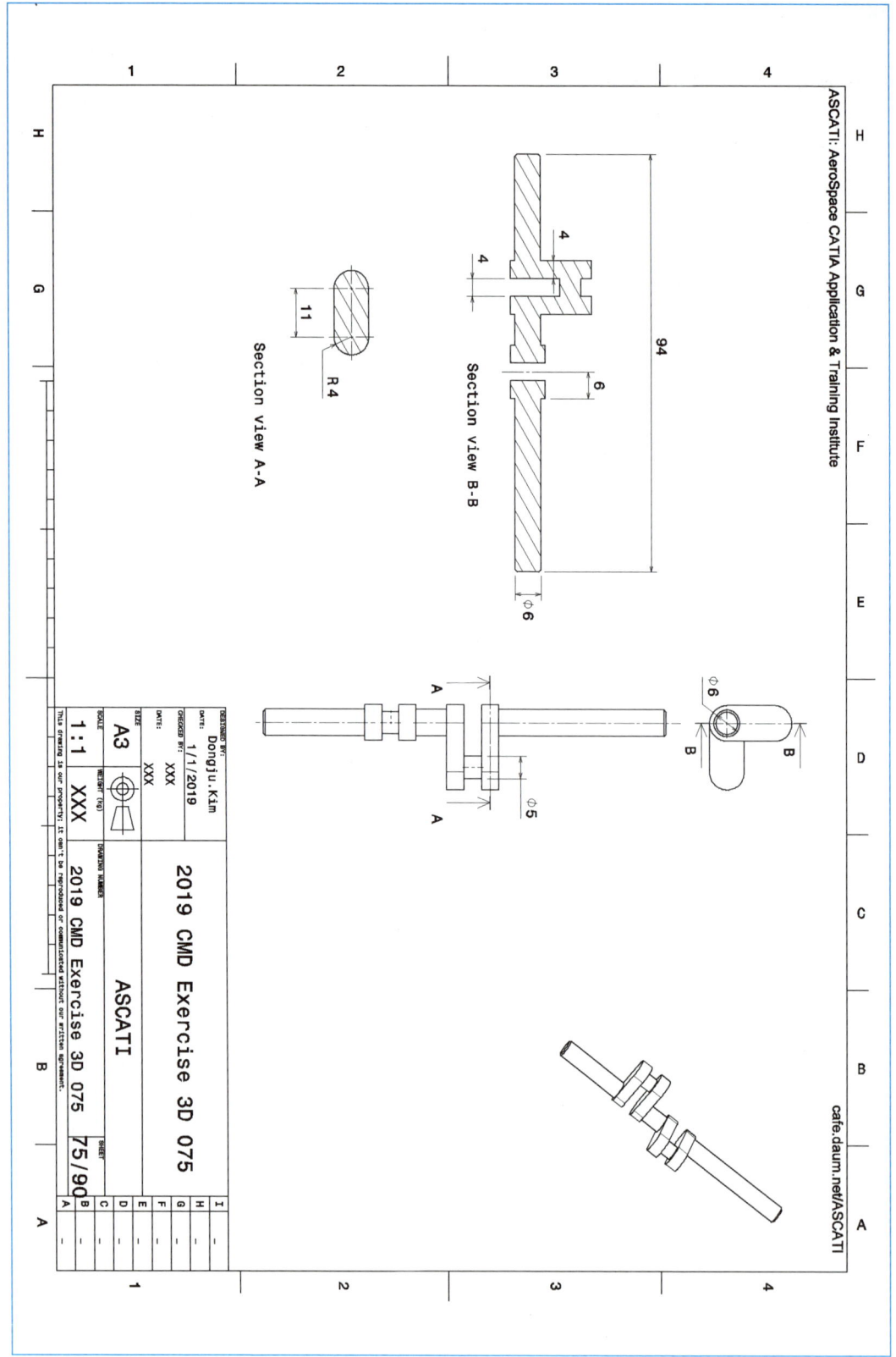

EXERCISE 75

- Workbench : Sketcher, Part Design

- 주요 작업 명령

	Pad		Chamfer
	Rectangular Pattern		

- 작업 순서

1. 원통 방향을 기준으로 지름 6짜리 원을 24만큼 Pad한다.
2. Elongated Hole 형상을 스케치하여 Pad하고 Pattern한다.
3. Elongated Hole 형상 사이에 지름 5짜리 원으로 Pad한다.
4. 같은 방법을 사용하여 나머지 크랭크 축 방향의 형상을 작업 한다.

- 핵심 포인트

  축 방향으로 단계적으로 Pad 작업을 수행하여 완성한다.

Self Note

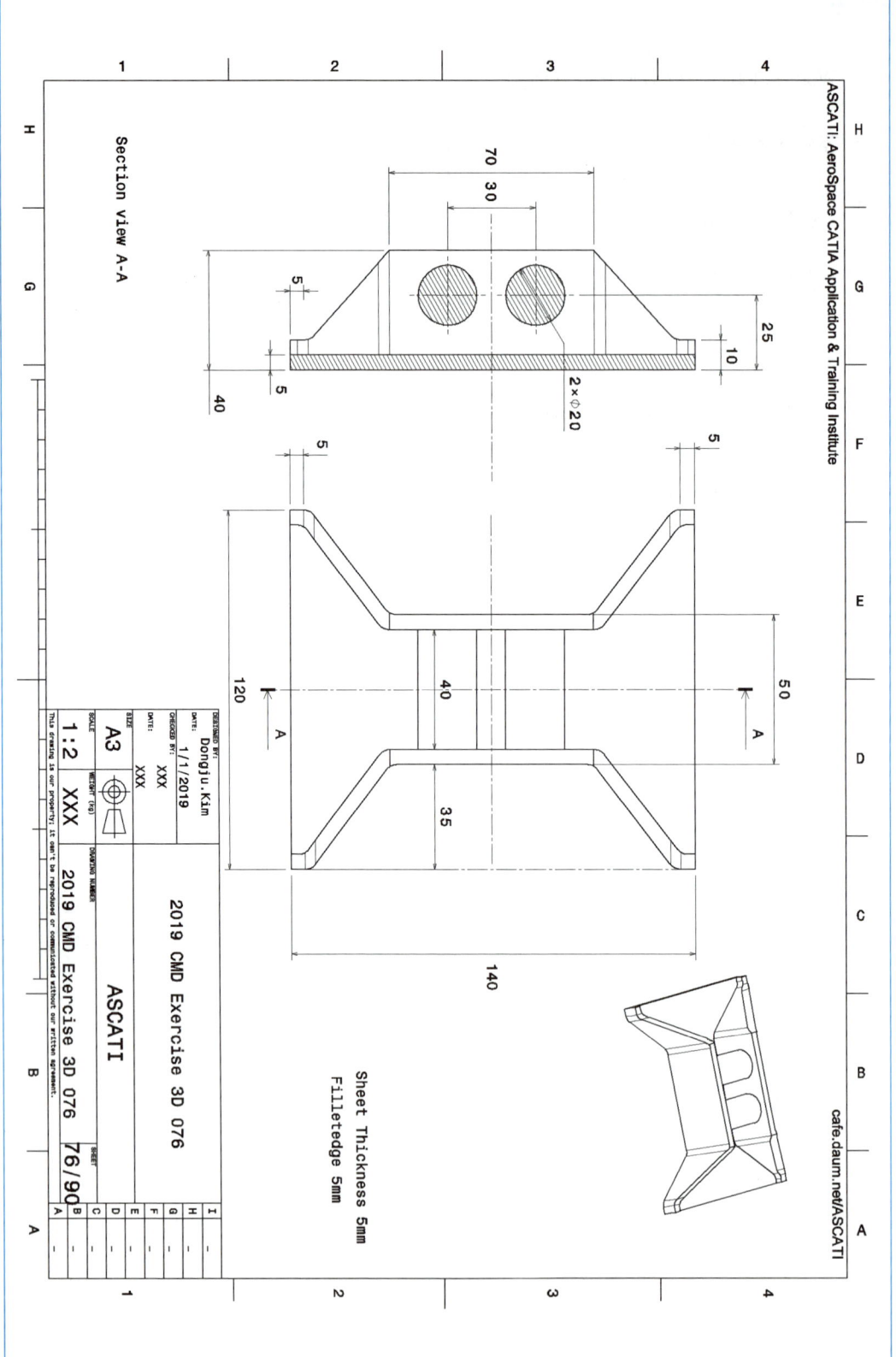

EXERCISE 76

- Workbench : Sketcher, Part Design

- 주요 작업 명령

	Solid Combine		Shell
	Pad		Edge Fillet
	Mirror		

- 작업 순서

1. XY 평면의 단면 형상을 스케치 한다. XZ 평면의 단면 형상을 스케치하고 Solid Combine 한다.
2. 3으로 지정된 위치를 Fillet한다.
3. Shell을 사용하여 두께 5로 작업한다.
4. 지름 15짜리 원을 스케치하여 Pad한 후 Mirror한다.

Self Note

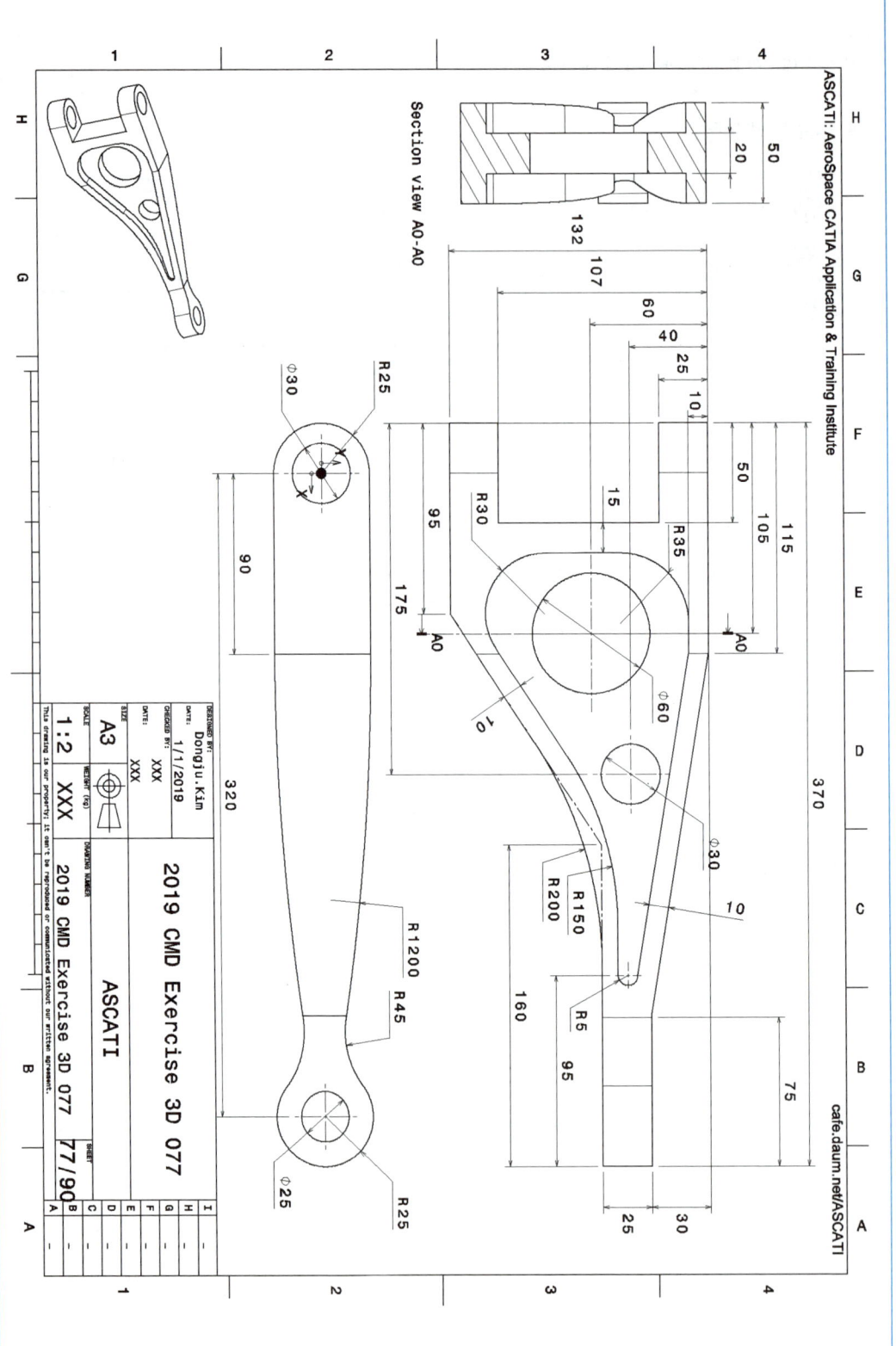

EXERCISE 77

- Workbench : Sketcher, Part Design

- 주요 작업 명령

	Solid Combine		Pocket
	Mirror		

- 작업 순서

1. XY 평면의 단면 형상과 XZ 평면의 단면 형상을 각각 스케치하여 Solid Combine 한다.
2. XZ 평면의 내부의 홈 형상을 순서대로 스케치하여 Pocket 한다.
3. XY 평면 방향의 Hole을 생성하여 마무리 한다.

Self Note

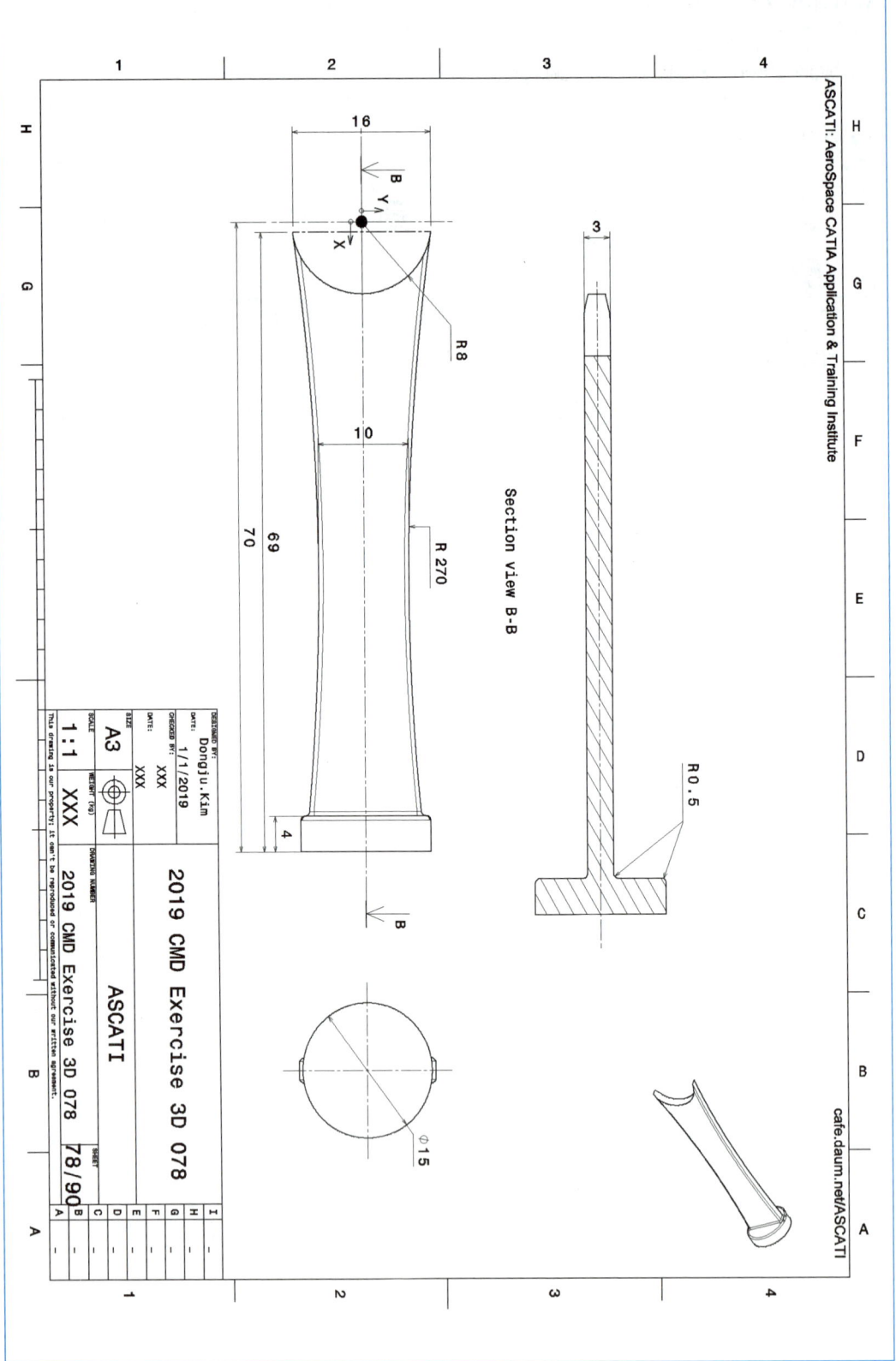

EXERCISE 78

- Workbench : Sketcher, Part Design

- 주요 작업 명령

	Pad		Edge Fillet

- 작업 순서

1. XY 평면에 단면 형상을 스케치하여 Pad한다.
2. 형상의 끝단에 지름 15짜리 원을 그리고 Pad한다.
3. Fillet으로 마무리 한다.

Self Note

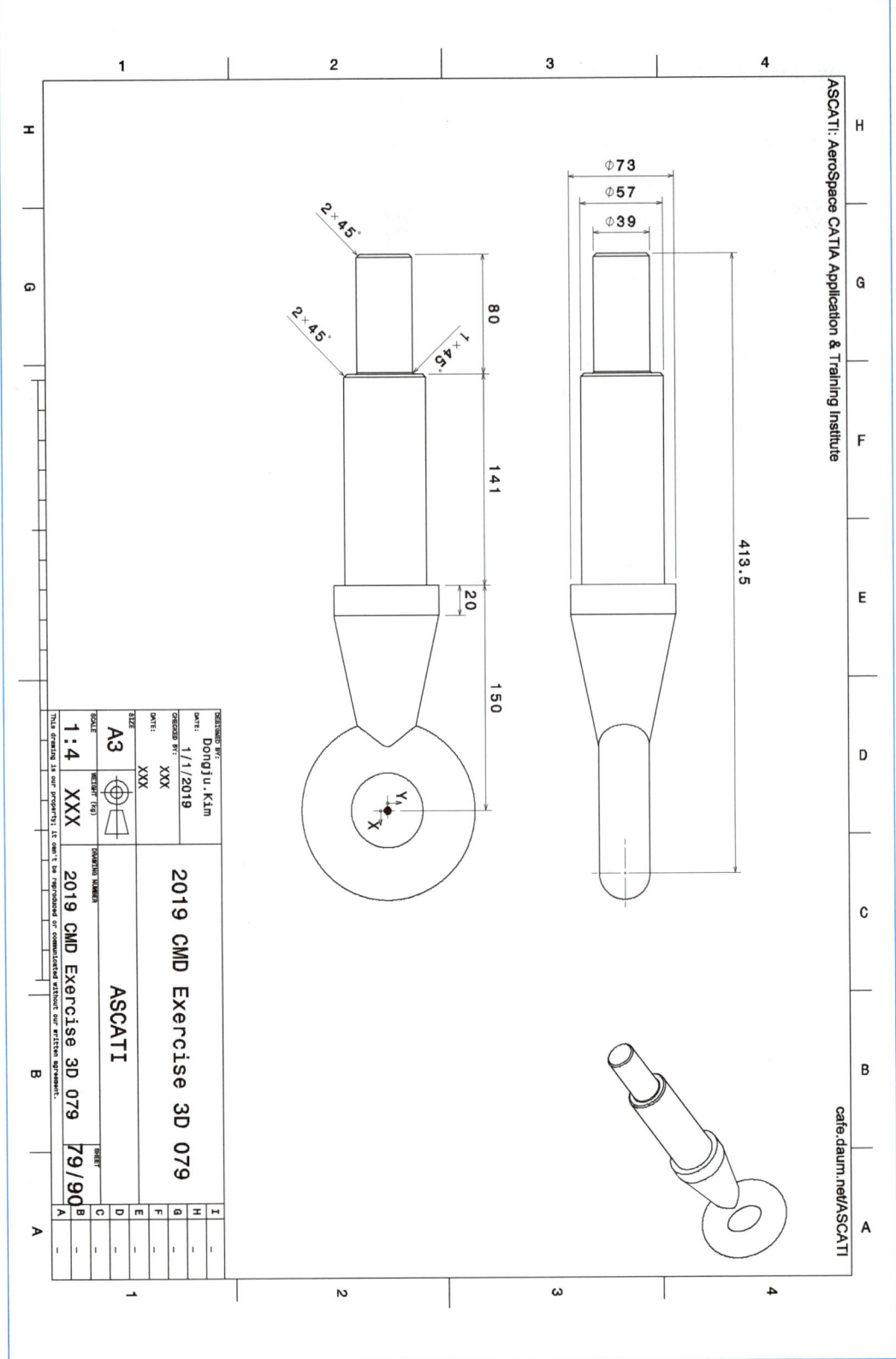

EXERCISE 79

- Workbench : Sketcher, Part Design

- 주요 작업 명령

	Shaft		Chamfer

- 작업 순서

1. XY 평면에서 단면 형상을 스케치하고 Shaft 한다.
2. XZ 평면에서 지름 35짜리 원을 그리고 Axis로 회전축을 스케치하여 Shaft 한다.
3. Chamfer로 마무리 한다.

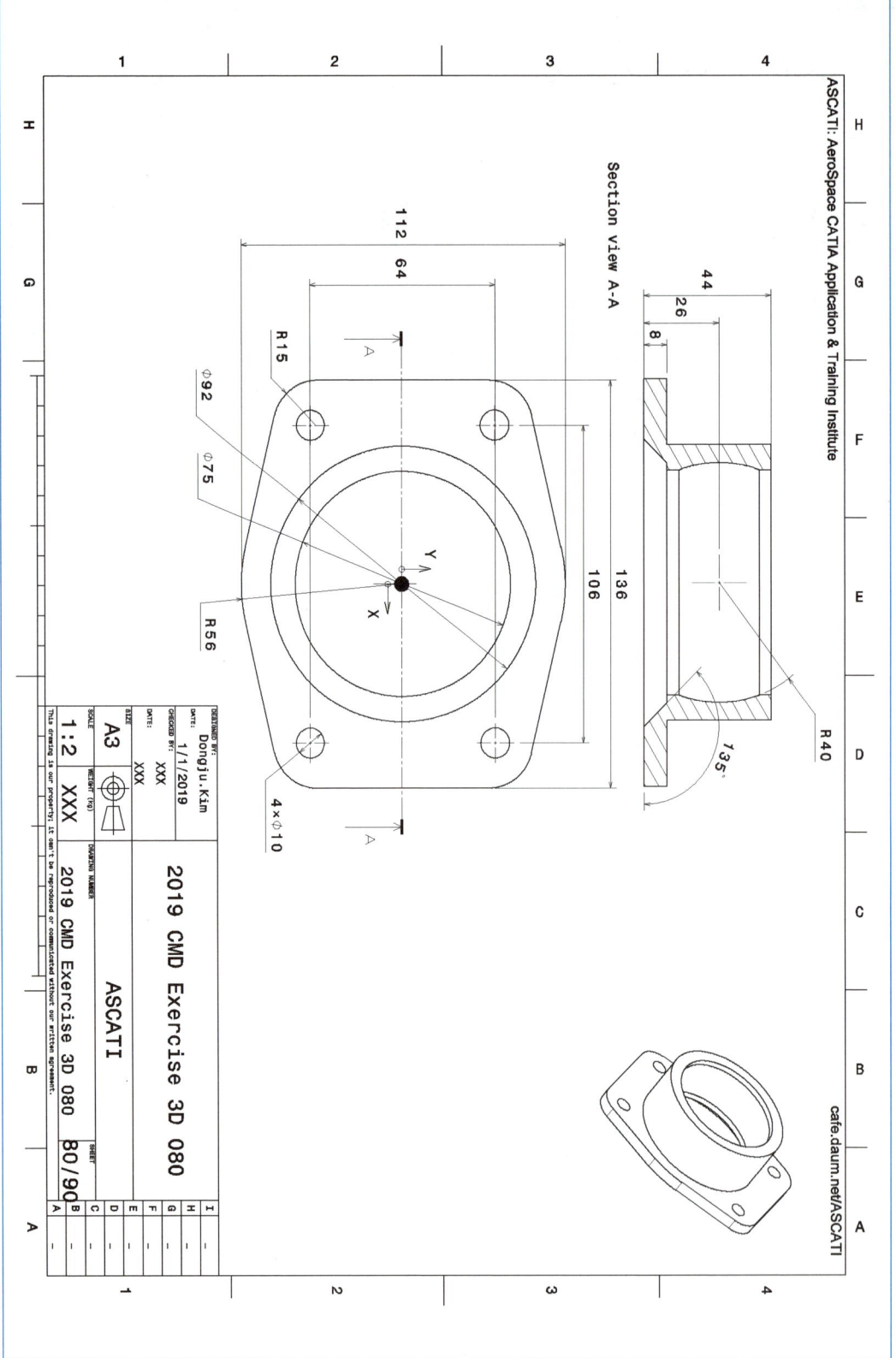

EXERCISE 80

- Workbench : Sketcher, Part Design

- 주요 작업 명령

	Pad		Pocket
	Groove		Edge Fillet

- 작업 순서

1. XY 평면에 단면 형상을 스케치하여 10만큼 Pad한다.
2. XY 평면에 지름 92짜리 원을 스케치하고 Pad한다.
3. XZ 평면에 스케치 들어가 단면 형상을 그리고 Groove로 내부 형상을 제거한다.
4. Edge Fillet으로 마무리 한다.

Self Note

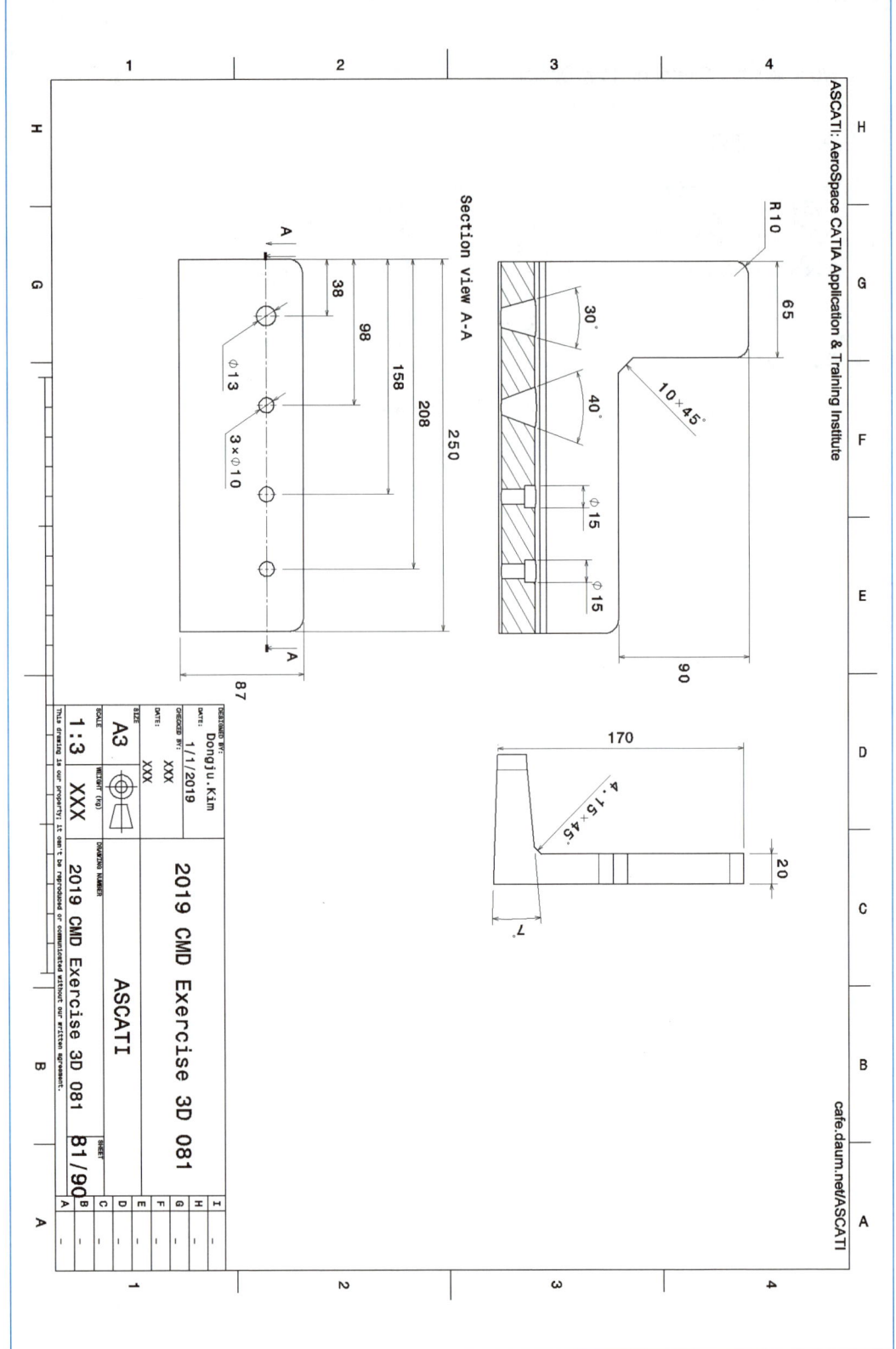

EXERCISE 81

- Workbench : Sketcher, Part Design

- 주요 작업 명령

	Pad		Hole
	Edge Fillet		Edge Fillet

- 작업 순서

1. XY 평면에 단면 형상을 스케치하여 Pad한다.
2. XZ 평면의 단면 형상을 스케치하여 Pad한다.
3. 형상의 바닥을 앞면을 기준으로 5도 Draft 준다.
4. Hole을 작업할 위치를 스케치 상에서 Point로 잡아준다.
5. Hole을 실행하여 작업할 지점과 면을 선택하여 Hole을 생성한다.
6. Fillet으로 마무리 한다.

• 핵심 포인트

Hole을 작업할 때 미리 Hole 생성될 지점을 잡아주면 작업이 편리하다.
Draft는 기준면(Neutral element)를 어디로 잡는지도 중요하다.

Self Note

Additional Exercises 1

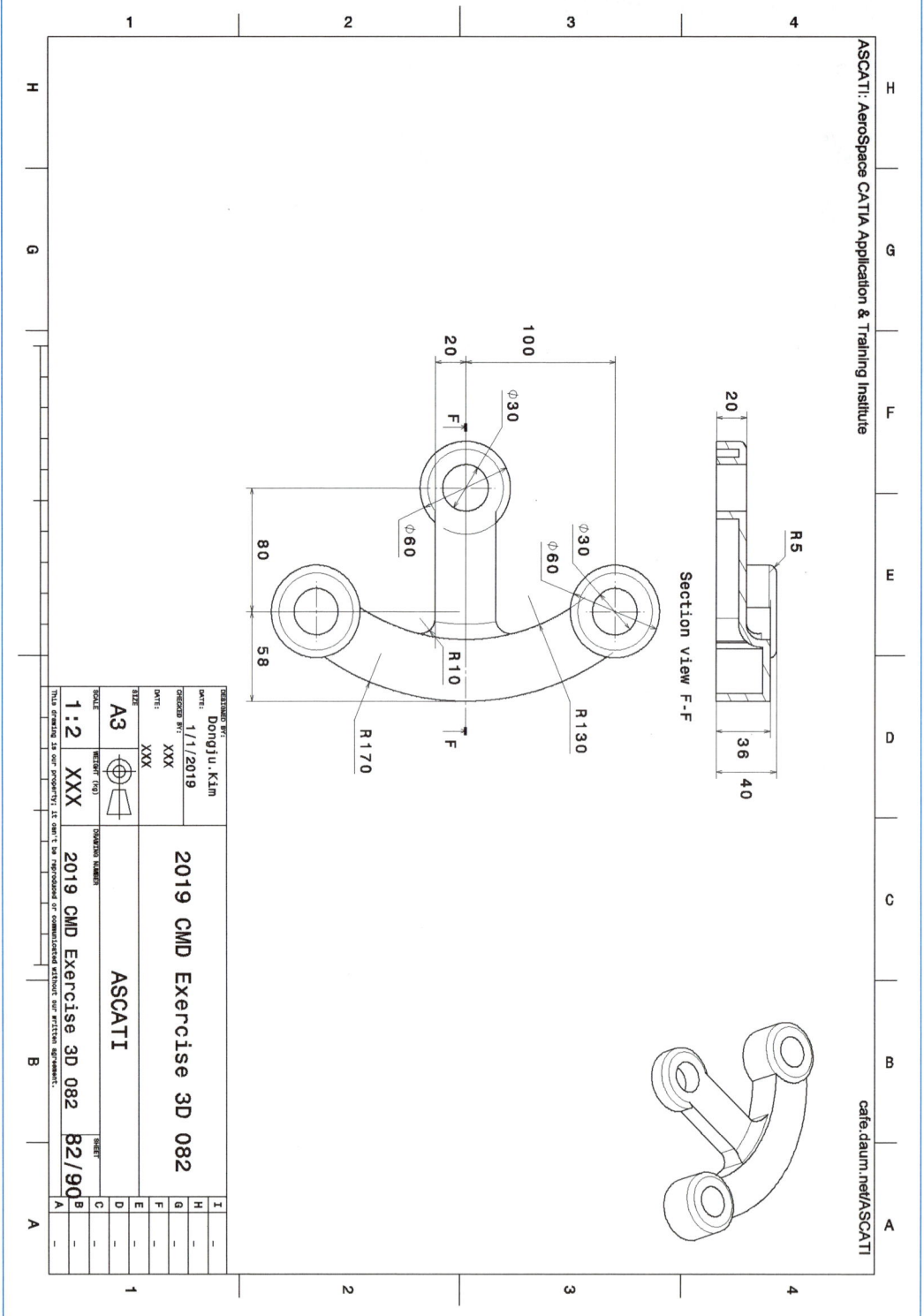

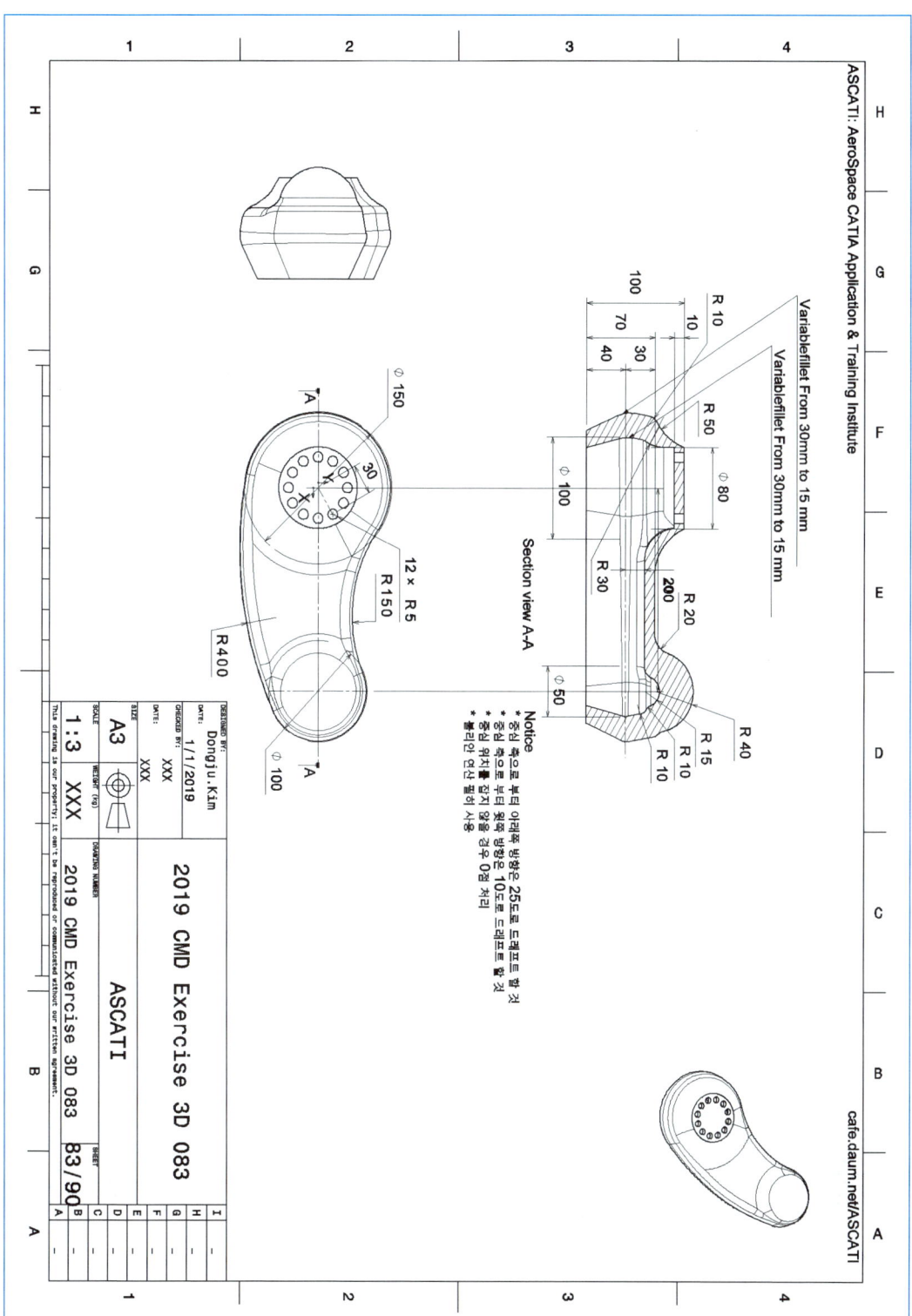

Additional Exercises 3

ASCATI: AeroSpace CATIA Application & Training Institute

Notice
* 나사산은 로프트로 만들것
* 풀이 드래프트 할 것
* 나사 머리의 홈은 **Groove**를 사용할 것
* 드라이버 홈에 **Fillet**은 **VariableFillet**을 사용할 것

VariableFillet From 15 To 5

20°
30
100
40
20
40°
100
100
R 5
20
20
R 15
R 50
8 × R 10
FilletEdge 30

DESIGNED BY: Dongju.Kim
DATE: 1/2/2019
CHECKED BY: XXX
DATE: XXX
SIZE: A3
WEIGHT (kg): XXX
SCALE: 1:3
DRAWING NUMBER: 2019 CMD Exercise 3D 084
TITLE: 2019 CMD Exercise 3D 084
ASCATI
SHEET: 84/90

cafe.daum.net/ASCATI

Additional Exercises 4

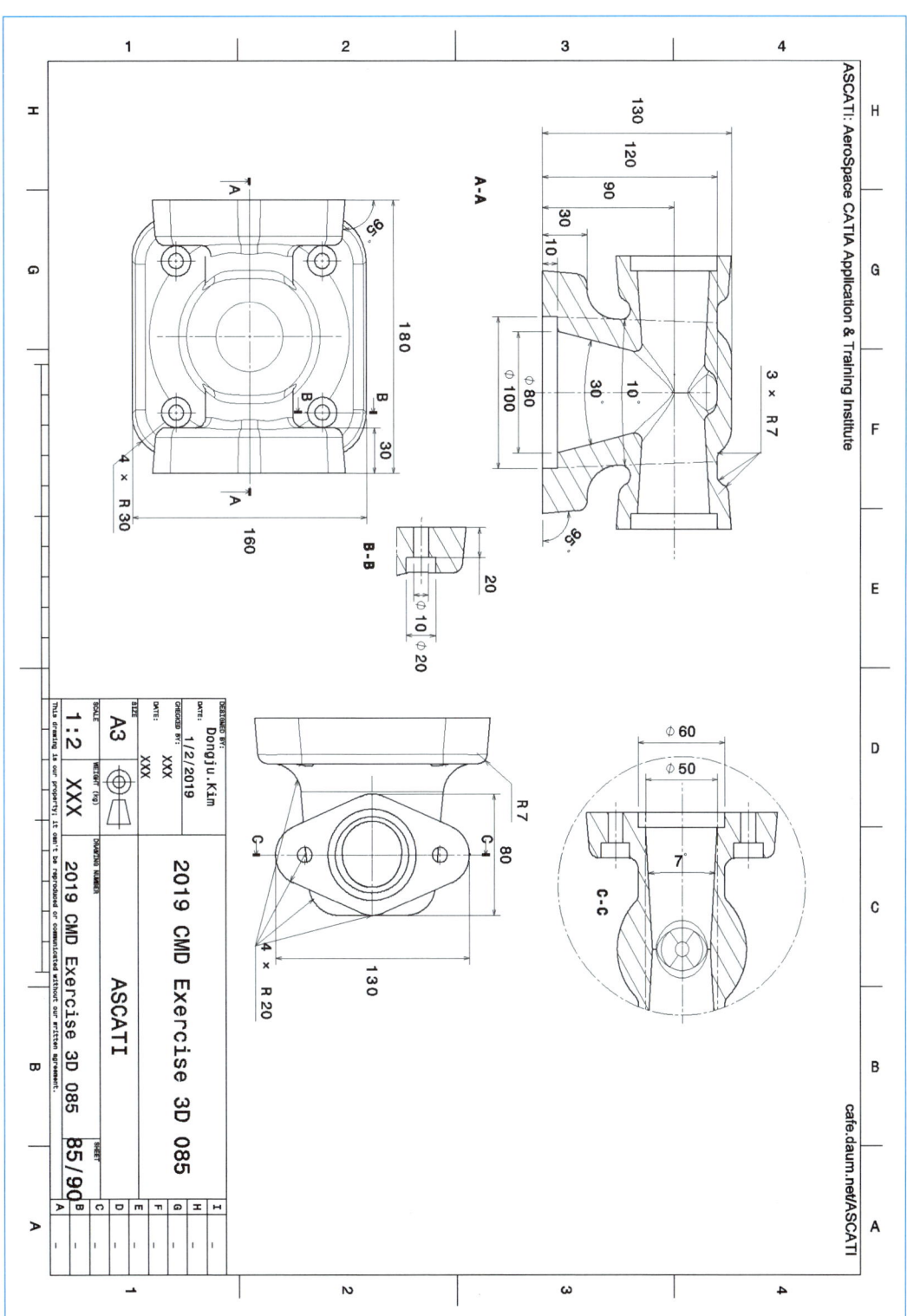

Additional Exercises 5

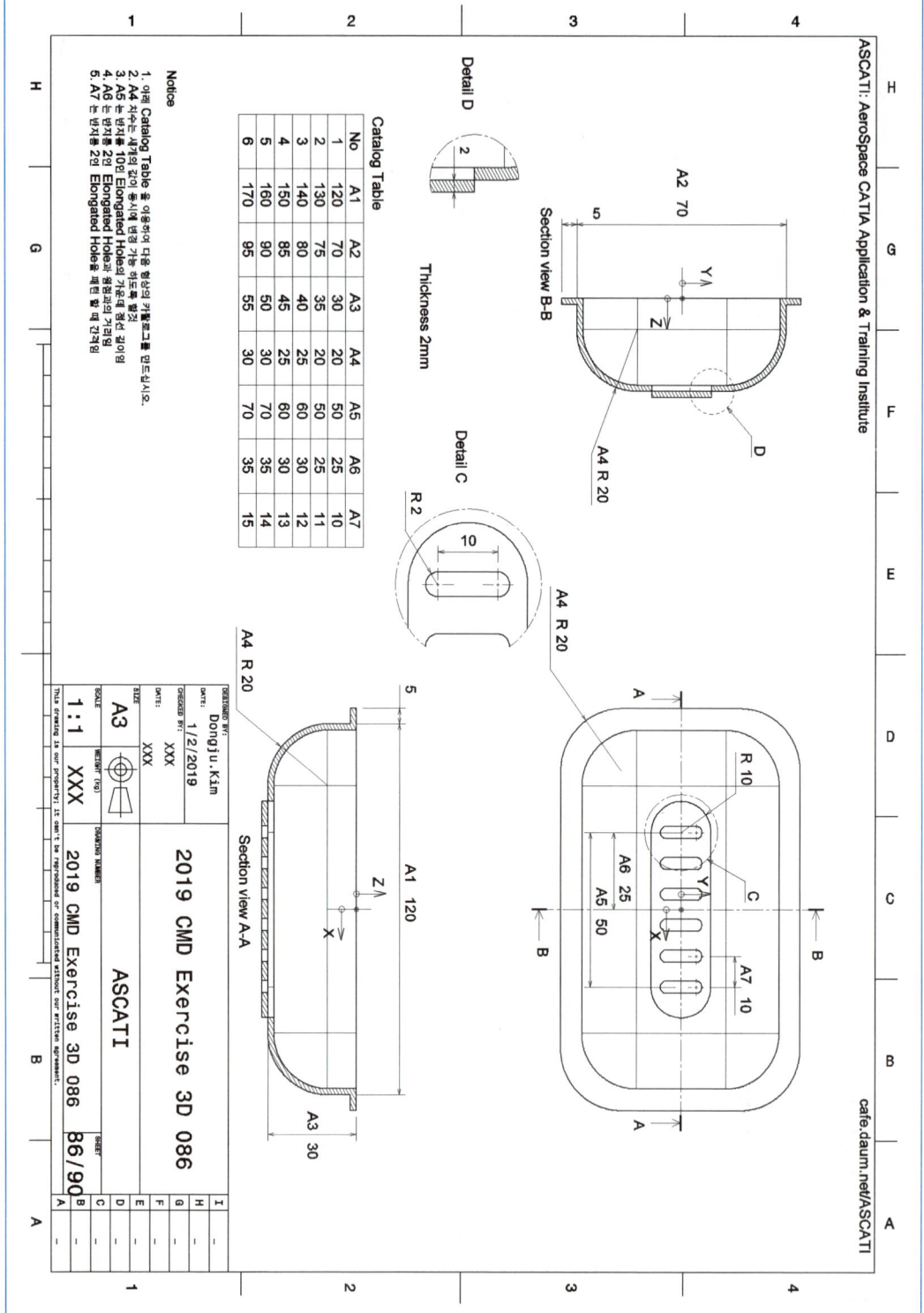

Additional Exercises 6

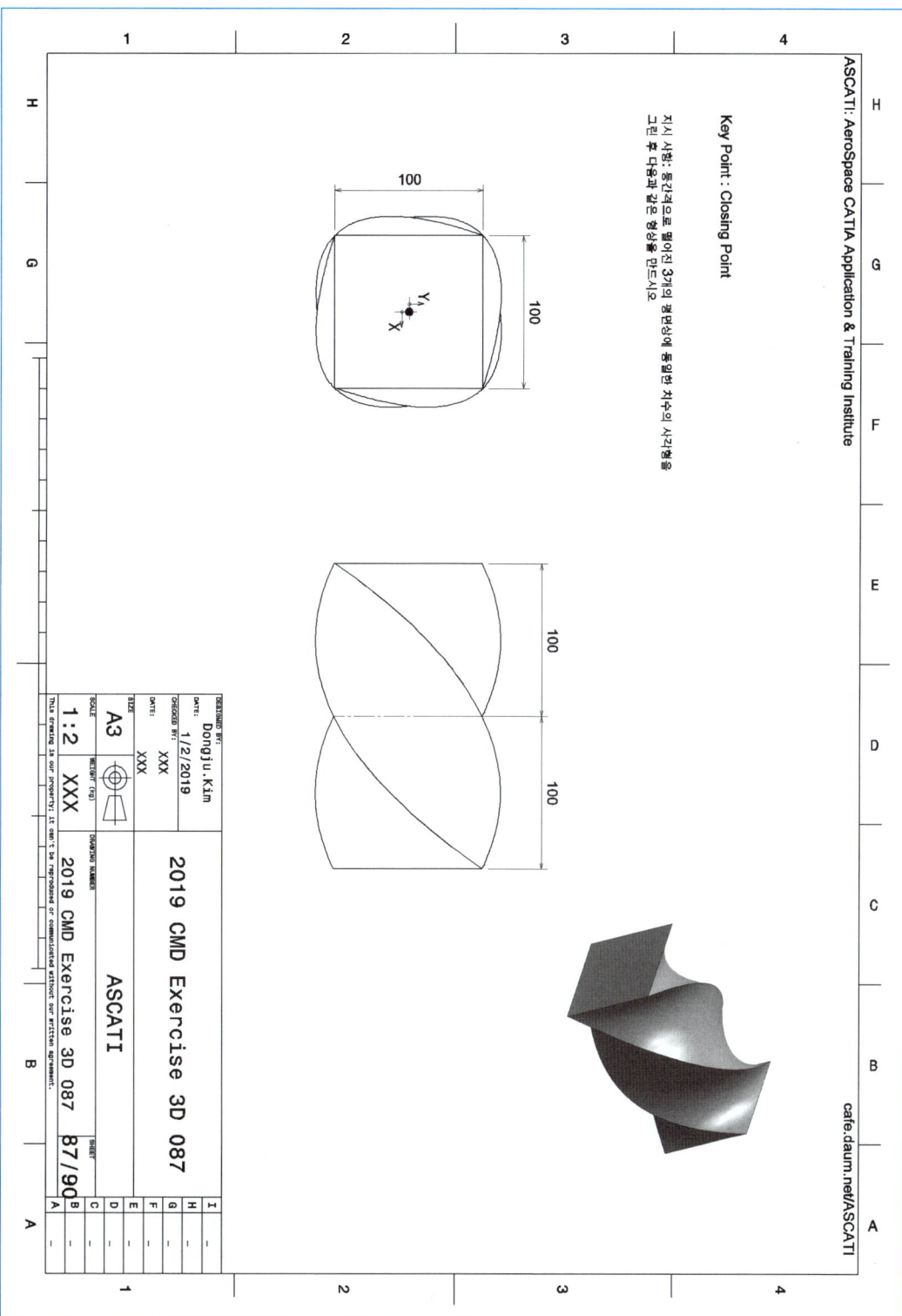

Additional Exercises 7

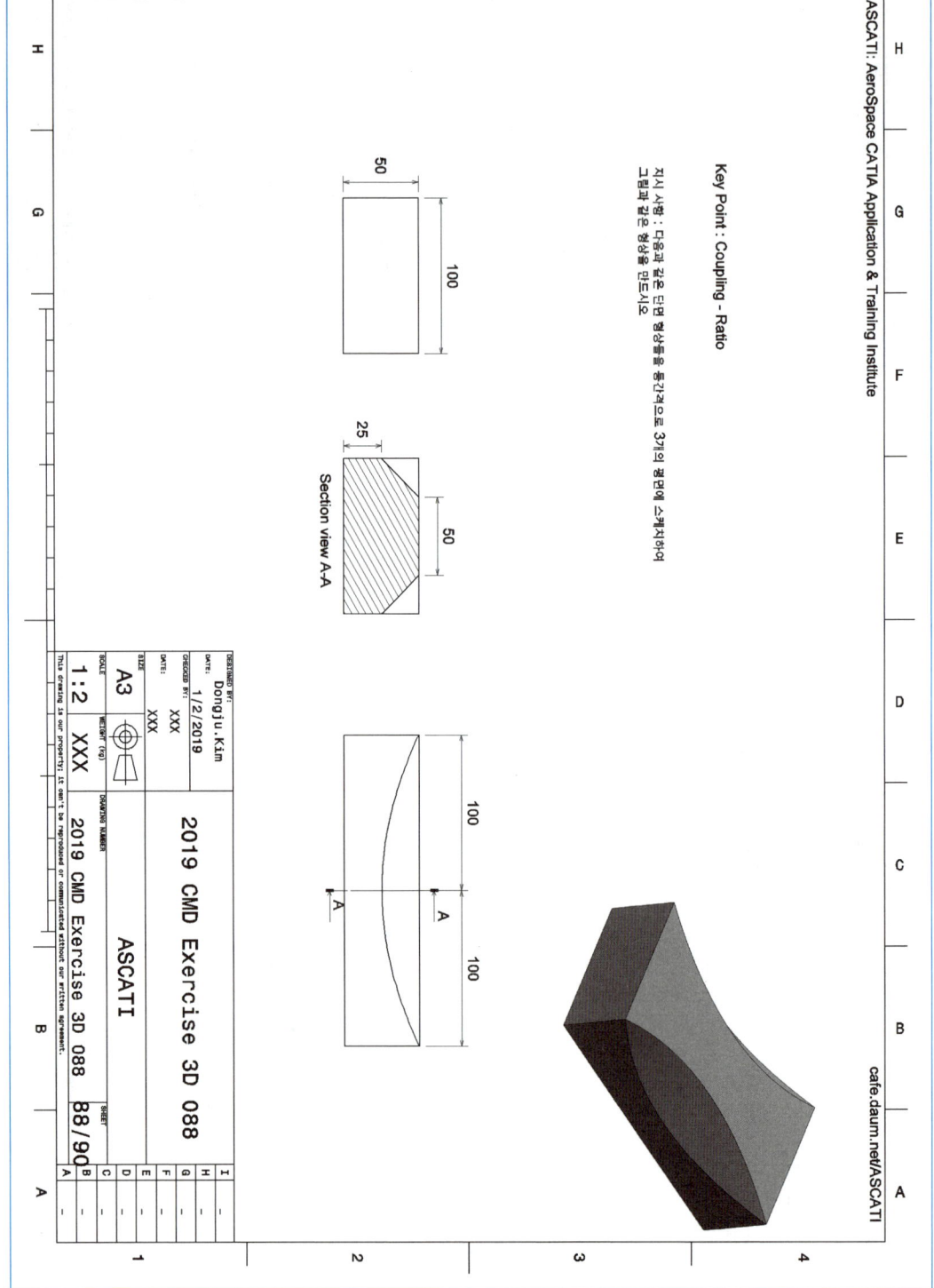

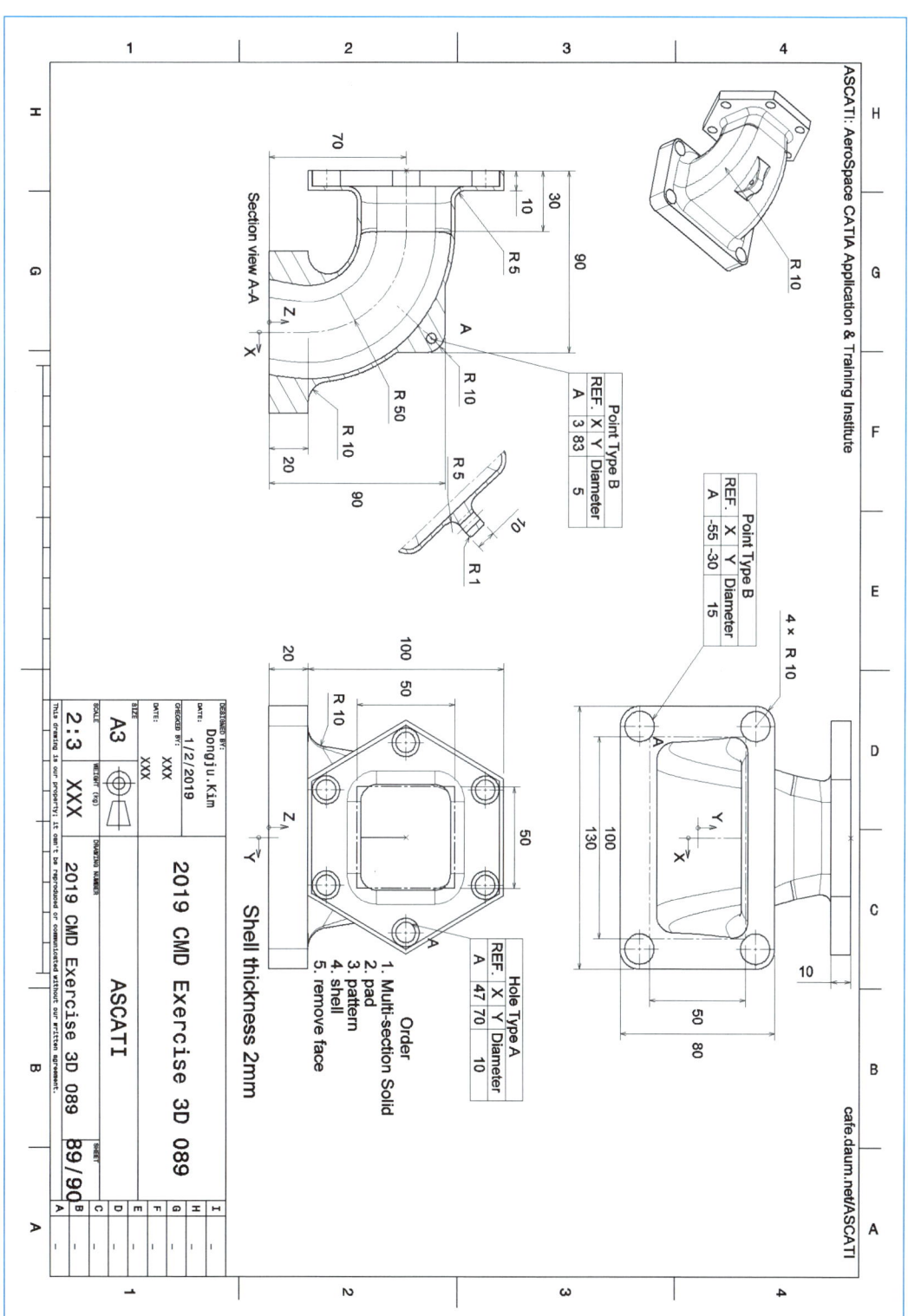

Additional Exercises 9

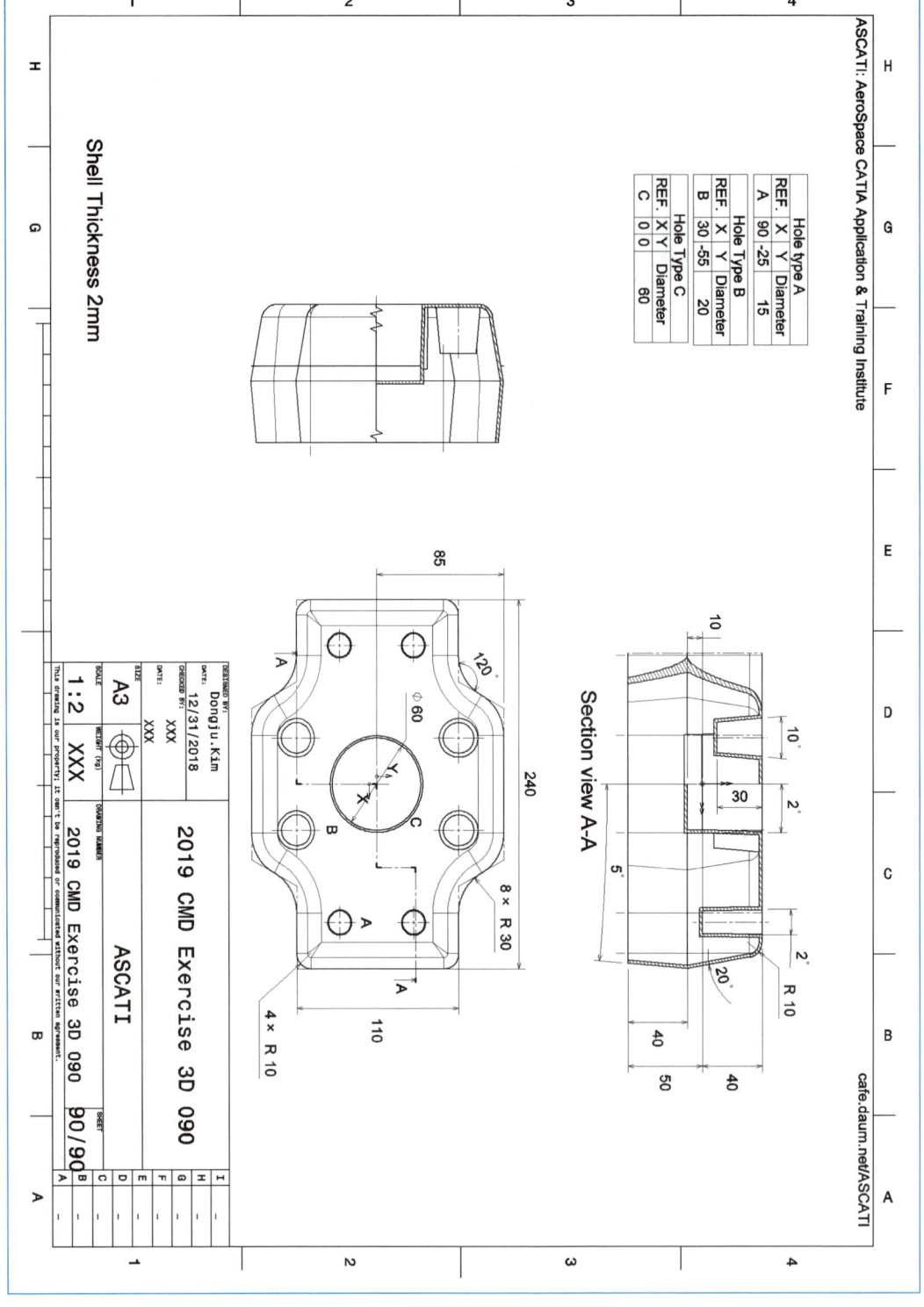

2. Generative Shape Design

1. Workbench 소개

① GSD 개요

GSD 라는 약자로 오히려 잘 불리는 CATIA의 Generative Shape Design은 Wireframe & Surface 모델링을 위한 전문적인 모델링 Workbench이다. 앞서 공부한 Part Design과 달리 주 작업 대상은 스케치와 와이어프레임 요소, 서피스 요소들로 정의되며 결과물 역시 솔리드 형상으로 구현하기 어려운 고난이도의 곡면 형상을 갖는다.

따라서 일반적인 작업 환경에서 GSD Workbench는 제품 또는 형상 디자인에 있어 난이도 있는 곡면 모델을 다루는데 사용되며 CATIA를 이용한 모델링 유저라면 반드시 능숙하게 다룰 수 있는 부분이어야 한다.

서피스 모델링의 가장 큰 특징이라면 우선 Open된 프로파일을 이용한 형상 정의가 가능하다는 점이며 각각의 Geometry 요소들끼리의 교차에 의해 형상의 경계가 정의되며 이러한 경계들을 기준으로 절단이나 연결로 하나의 형상을 완성하는 작업을 수행한다. 앞서 Part Design에서 처럼 하나의 Body안에서 정의한다고 무조건 하나의 모델 덩어리가 만들어지는 게 아니라는 것이다. 마치 우리가 종이를 풀과 가위를 사용하여 제단하고 이어 붙여 형상을 만든다고 생각하면 딱 좋을 것이다.

그리고 서피스 모델링은 단순히 속이 빈 Shell 구조의 형상을 만든 것만으로 끝나는 것이 아니고 작업 후에 또는 작업하는 과정에서 Part Design과 같은 솔리드 모델링 Workbench와 연계하여 Hybrid Design을 구현할 수 있다. 여기서 Hybrid Design은 다른 Workbench가 아니라 솔리드 모델링과 서피스 모델링을 서로 연계하여 모델링 결과 형상을 만드는 방법을 일컫는다.

CATIA의 강력한 서피스 모델링 구현 능력은 현업에서 사용되고 있는 분야를 떠올려 봐도 쉽게 인지할 수 있을 만큼 매우 강력하다. 자동차나 선박, 항공기를 비롯한 제조업에 사용되는 CATIA의 모델링 Workbench를 충분히 활용할 수 있으려면 충분한 모델링 방법과 노하우를 가지고 있어야 한다고 할 수 있다.

본 GSD 파트의 예제를 연습하면서 여러분들은 곡면 모델링 방법과 솔리드 모델링 방법의 방법론적인 차이와 그 결과 형상에 대해서 심도 있는 고찰을 해볼 것을 권장한다.

② Geometrical Set Management

앞서 Part Design에서 우리는 Body를 기준으로 솔리드 형상을 정의한다는 것을 기억할 것이다. 다수의 와이어프레임 요소와 곡면, 그리고 연산 작업을 수행하는 GSD Workbench의 경우 Body만을 사용하여 형상을 구분 짓거나 트리를 정리한다는 것은 감히 상상할 수 없다. 여기서 질문을 하는 독자가 있을 수도 있다. '결과 형상만 완벽하게 정의하면 되는 게 아니냐?'라고 말이다. 과연 그럴까?

많은 독자들이 그렇지 않다고 말하고 있기를 바란다. 실제로 교육 기관에서 엄밀하게 가르쳐주었으면 하는 부분이고 모델링 스킬만큼이나 강조하여야 하는 부분이 바로 트리 정리이다. 섣불리 GSD에서 모델을 만든다고 했을 때 그 트리의 길이는 가히 상상할 수 없을 만큼 길어진다. 그것을 아무런 정리 없이 Body나 하나의 Geometrical Set에 묶어 둔다면 그것을 열어보는 다음 인수자나 협력 업체에서는 앞서 작업한 사람을 원망하거나 전화기를 돌릴 것이다.

수정할 수 없고 어떻게 만들었는지를 정리하지 않은 형상은 반쪽짜리 데이터이다. 형상만으로 CAD 모델은 더 이상 완전한 가치를 가질 수 없다는 것이다. 모든 설계에는 데이터의 수정과 향상을 위한 개조가 필수적이다. 그런 상황에서 처음 목표로 한 결과만을 바라보고 만든 형상이 얼마나 그 가치를 발휘할 수 있을까? 아무리 빠르게 원하는 스펙으로 만든다 해도 그것을 다시 수정하라고 했을 때 다시 처음부터 한다거나 수정으로 인해 데이터가 망가지게 된다면 아무 소용없는 일이다. 처음 시작이 더디게 보이더라도 완벽한 Set을 구성하고 작업하고자 하는 성분들을 정렬해야지 추후에 불현듯 닥치게 될 데이터 변경에 대응할 수 있는 것이다. (여기에 Knowledgeware까지 다룰 수 있다면 얼마나 좋으랴!)

이러한 필요에 의해 서피스 모델링에서 준비된 것이 바로 Geometrical Set이다. Geometrical Set은 GSD에서 사용되는 모든 요소들을 담고 정렬할 수 있는 꾸러미를 의미한다. Geometrical Set에 들어갈 수 있는 요소들은 Sketch, Point, Wireframe, Plane, Surface 및 이에 관련되는 GSD Operation이 있다.

Geometrical Set을 사용하여 작업자는 자신이 작업하고자 하는 형상의 작업 트리를 구상하여 미리 Set을 정의하여야 한다. Geometrical Set 안에는 또 다른 Geometrical Set이 위치할 수 있기 때문에 우선 Geometrical Set들로 트리구조를 만들고 각각의 형상 성분 요소들을 이 각각의 Geometrical Set에 지정하여 정렬하는 것이다.

다음은 간단한 서피스 모델링 트리 구성 예 이다. 하나의 메인 Geometrical Set 안에 하위로 각 형상을 종류에 따라 분류하였으며 완료된 결과 형상 하나를 복사하여 Paste special한 것이다. (paste special하여 최종 결과 형상을 따로 밖으로 뽑은 것은 트리를 훼손하지 않고 결과 형상을 이용하기 위함이다.)

이러한 방법 외에도 작업자의 작업 노하우나 작업 방식에 따라 Geometrical Set을 구성하는 연습을 해두기 바란다. 특히 회사에서 생계를 위해 CATIA를 하는 직장인들 이라면 트리 정리는 사활을 걸고 마스터 하기 바란다.

이러한 Geometrical Set의 사용법에 대한 세부적인 설명은 필자의 CATIA Basic MDM 교재를 참고하기 바란다. 또는 부록.2 의 Geometrical Set 부분을 참고하여도 좋다.

③ Workbench 들어가기

Wireframe & Surface Design(WFS) Workbench는 설정 부분에서 'Alt + g'로 설정을 하도록 한다. 여기서 Generative Shape Design(GSD) Workbench를 사용하여도 무방하다는 점을 알린다. 오히려 작업 면에 있어 많은 기능을 담고 있는 것은 Shape 제품군의 GSD이다.

④ GSD Workbench에서 작업 설정

앞서 Part Design Workbench에서 작업과 달리 Surface나 Wireframe을 자주 사용하는 모델링의 경우 Option을 다음과 같이 설정해 주는 게 보다 편리하다.

Tools → Options → Infrastructure → Part Infrastructure → Part Document 에서 다음 두 가지를 체크 한다.

- When Creating Part

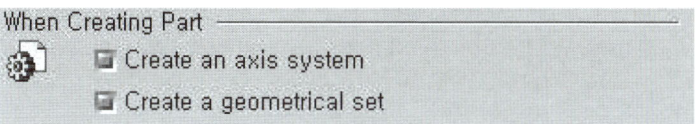

그러면 다음과 같이 Part 도큐먼트가 시작할 때 화면 구성이 변한 것을 볼 수 있다.

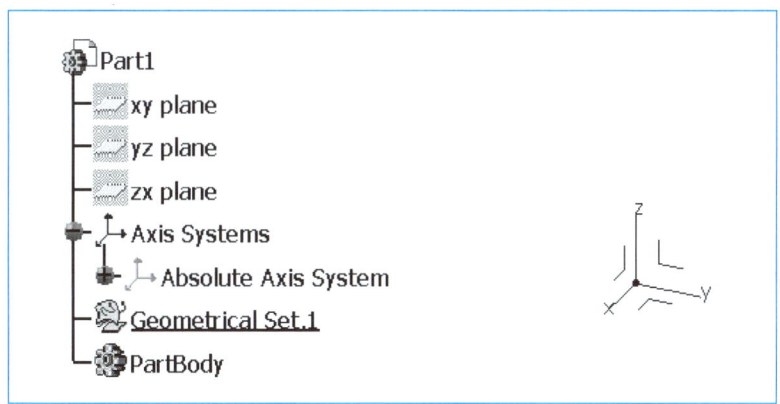

여기서 3개의 주 평면은 삭제할 수 없으므로 숨기기(Hide)된 것이다. GSD Workbench에서 작업은 위의 Geometrical Set 과 Axis 를 많이 사용한다. 물론 이렇게 설정한 후라 하더라도 Part Design과 연계 작업을 하는데 있어 문제는 없다.

⑤ GSD 작업 순서

GSD Workbench에서 작업도 일정한 룰을 가지고 있다. 물론 작업에 따라 이 중에 어떤 부분이 강조되거나 일부분은 사용하지 않을 수도 있으나 큰 흐름은 다음과 같으니 이것을 염두해 두고 작업을 하면 쉽게 모델링 할 수 있을 것이다.

- Sketch 또는 Wireframe을 사용하여 형상의 Profile을 만든다. 주로 복잡한 형상은 Sketch Workbench에서 하고 간단한 경우 Wireframe Toolbar에서 형상을 만들기도 한다.
- 앞서 그린 Profile 형상에 대해서 Guide Line 이 필요하다면 이 역시 Sketch나 Wireframe을 사용하여 만들어 준다.
- 이제 앞서 그린 Wireframe 형상을 이용하여 Surface를 만든다.
- 이렇게 만든 몇 개의 Surface를 사용하여 서로를 기준으로 절단하거나 이어주는 등의 작업을 통하여 형상의 외형을 만든다.

- 위에서 만든 Surface를 Operation에서 Fillet을 주거나 복사, 대칭 등의 부가 작업을 해주고 다듬어 주어 최종적인 형상을 만든다.
- 경우에 따라 이러한 Surface 최종 형상을 Solid 화하여 마무리 한다.

이러한 작업을 수행하는 데 있어 기본적으로 Sketch와 Wireframe Toolbar가 기본이 되는 2차원 형상과 Guide Line을 만들어 준다. 그리고 필요에 따라 Operation Toolbar를 사용하여 2차원 형상을 이어주거나 나누는 등 수정을 해준다. 그리고 Surface Toolbar를 사용하여 Surface를 만들고 다시 Operation Toolbar를 사용하여 형상을 수정한다. Surface 형상이 마무리 되면 Part Design Workbench로 이동하여 Hybrid Design 작업을 Surface Based Feature Toolbar에서 수행한다.

2. Tool Bar 소개

이제 GSD Workbench에서 사용하는 명령에 대해서 설명을 하도록 하겠다. 크게 구분을 하자면 Wireframe를 생성하는 명령들과 Surface를 생성하는 명령, Wireframe과 Surface를 수정하는 명령들로 나눌 수 있다.

① Wireframe

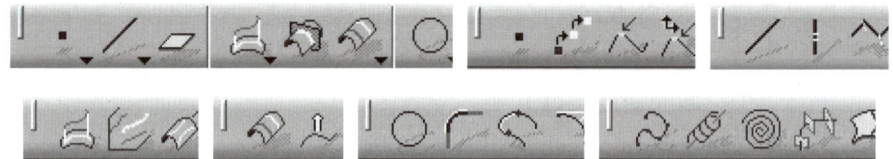

기본적인 Reference Element와 작업으로 만들어지는 결과가 Wireframe인 명령, 그리고 그 자체가 Wireframe 인 형상 명령이 들어 있다. Wireframe Toolbar 안에는 많은 sub-Toolbar가 있음으로 그 sub-Toolbar의 기능까지 알아 두도록 한다. 그러나 물론 이 중에서 자주 사용하는 명령이 있는가 하면 수년간 작업을 하면서 한 번도 사용하지 않을 만큼 불필요한 명령도 있다는 것을 감안하기 바란다.

- Point

3차원 상에서 포인트를 생성하는 방법에는 다음과 같은 7가지 Type 이 있다.

- Coordinates

가장 단순한 형태로 포인트의 위치를 각각 X, Y, Z 방향의 좌표 값으로 입력 받아 포인트를 생성한다. 여기서 입력되는 값은 Reference를 기준으로 입력되며 하단에 따로 Reference를 입력하지 않을 경우 절대 좌표를 기준으로 하며 따로 원점이 되는 지점의 포인트를 선택하거나 Axis를 선택하면 이것을 기준으로 좌표의 값을 정의한다.

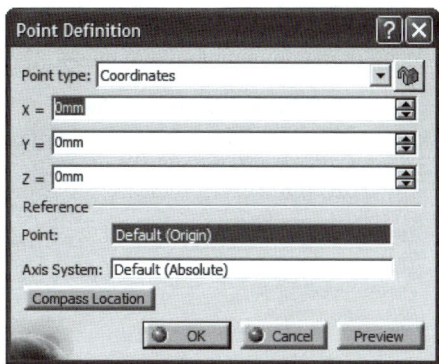

- On curve

이 Type은 곡선이나 직선상에서 그 선 위에 포인트를 찍고자 할 경우에 사용할 수 있다. Curve를 선택하면 다음과 같은 창이 나타난다. (Point type은 On Curve 이다.)

- Distance to reference : Curve 위의 거리는 나타내는 것을 실제 길이로 할 것인지 아니면 전체를 1로 보고 그 비율로 할지를 선택할 수 있다.

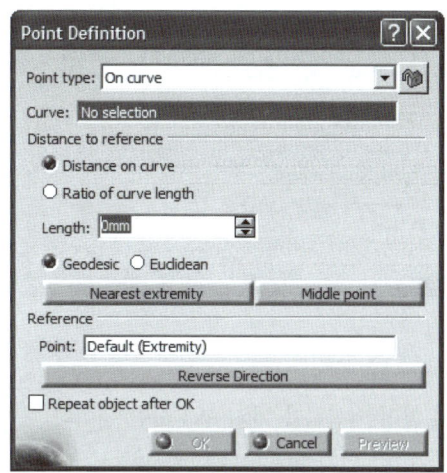

- Middle Point : 여기서 Middle Point를 클릭하면 Curve의 정 중앙에 포인트를 만들 수 있다.

- On plane

평면상에 포인트를 만들고자 할 경우에 사용하는 Type 으로 평면을 선택하면 그 평면상에서 H, V 두 방향으로 값을 입력하여 포인트를 만든다.

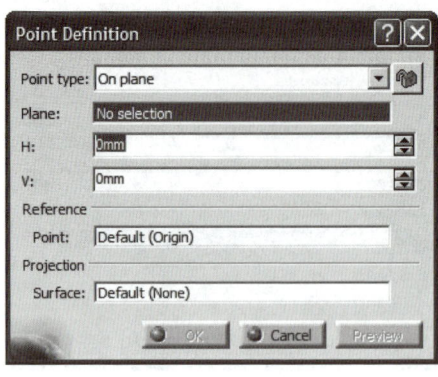

- On Surface

  곡면 위에 포인트를 생성하는 명령으로 Surface를 선택하고 방향을 지정하여 거리를 입력할 수 있다. 그러면 선택한 Surface에서 선택한 방향으로 입력한 거리만큼 떨어진 위치에 포인트를 만들 수 있다.

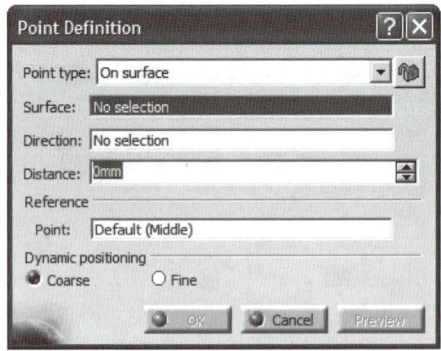

- Circle/sphere/ellipse center

  3차원 형상 중에 일정한 곡률을 가진 부분이면 원이나 호, 타원 어디에든 사용할 수 있으며 이러한 형상의 중점 위치에 포인트를 생성한다. R18 이후부터 타원 형상도 지원한다.

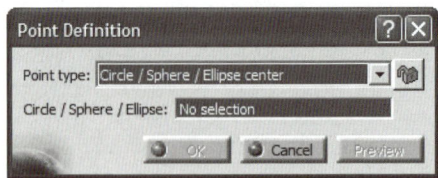

- Tangent on curve

  이 Type은 어떤 Curve에 대해서 이 Curve에 선택한 방향으로 Tangent 한 위치에 포인트를 만들어 주는 방식이다. Curve를 선택하고 임의의 방향을 직선 또는 축으로 방향을 잡아 주게 되면 Tangent 한 부분에 대해서 포인트가 생긴다. 물론 Tangent 한 부분이 없다면 만들어 지지 않는다.

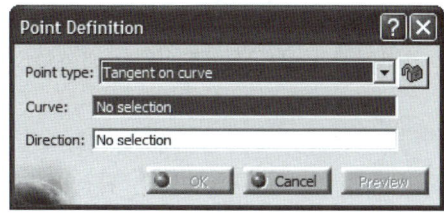

- Between

이 Type은 말 그대로 선택한 점과 점 사이에 이등분 하는 지점에 포인트를 생성해 주는 방식으로 Solid 형상의 꼭지점이나 실제 포인트, 직선이나 곡선의 끝점 등을 사용할 수도 있다. Ratio 값을 입력하면 그 값에 따라 정 중앙이 아닌 위치로도 포인트 생성이 가능하다. 포인트를 중앙에 찍고자 한다면 Middle Point를 클릭하거나 Ratio에 0.5를 입력한다.

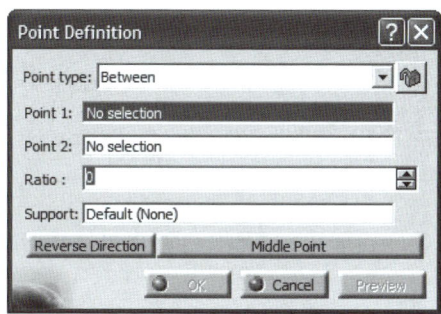

■ Point & Planes Repetition

이 명령은 선택한 Curve 에 일정 간격으로 포인트를 생성하는 명령이다. Sketcher 에서 Equidistance point와 같은 기능을 3차원 상에서 한다고 보면 된다.

Point & Planes Repetition 을 실행 시키면 다음과 같은 창이 나타난다.

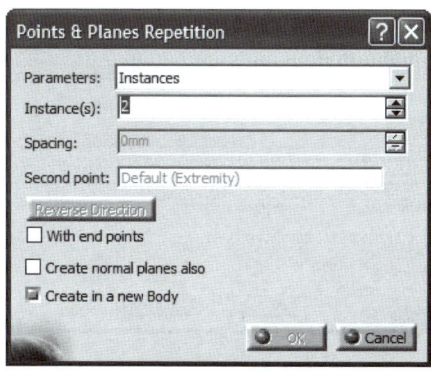

- Instance

만들고자 하는 포인트의 수를 입력한다.

- With end points

    Curve의 끝점을 포함해서 포인트를 만들지를 선택할 수 있다.

- Create normal planes also

    이 옵션을 체크하면 현재 포인트가 만들어지는 지점에 Curve 에 수직한 평면을 함께 만들 수도 있다.

- Create in a new body

    포인트가 만들어 질 때 현재의 바디가 아닌 새로운 Geometrical Set 에 만들게 하는 옵션 이다. 이 옵션을 체크해 놓으면 포인트들을 현재 작업하는 Geometrical set 이나 Body 에 만들어지지 않고 따로 모아둘 수 있다.

    일반적으로 Curve를 선택한 경우에는 전체 Curve 에 대해서 등 간격으로 포인트를 만드는 작업을 한다. 그러나 Curve 위에 있는 포인트를 선택하여 명령을 사용하면 전체 Curve 를 그 포인트를 기준으로 선택한 방향으로의 부분만을 등 간격으로 나누어 포인트를 만든다.

■ Line

3차원 상에서 Line을 그리는 방법은 다음과 같은 종류가 있다.

- Point-point

    선택한 두 개의 점과 점 사이를 잇는 Line을 생성하는 명령이다.

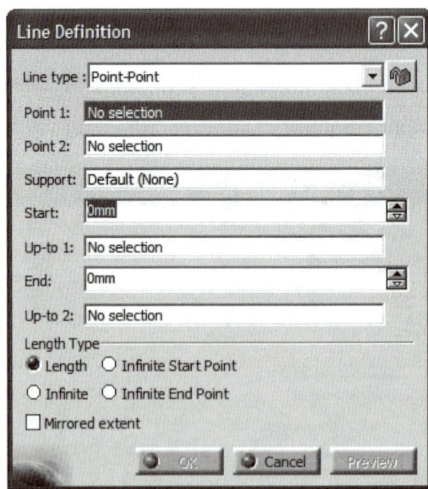

Point1 과 point2를 선택하면 이 사이에 line 이 만들어진다. Support는 Surface 와 같은 면을 선택하여 그 면을 따라가게 할 수 있다. 그리고 Start 와 End에 값을 입력하면 그 길이만큼 확장이 된다.

- Point-direction

이 방법은 하나의 점을 선택하고 선이 만들어질 방향을 선택해 준다. 그리고 길이를 입력해 주는 방법을 사용한다. End의 값을 넣어주면 된다.

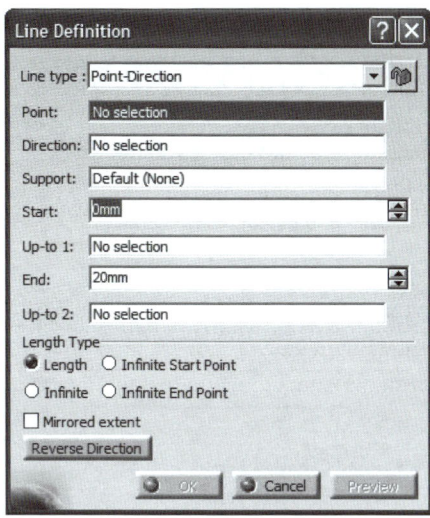

- Angle/normal to curve

선택한 Curve 또는 모서리에 대해서 Support를 기준으로 각도를 입력 받아 Line을 그리는 방법이다. Curve 와 Support를 반드시 입력해 주어야하며 입력 후 각도와 길이를 넣을 수 있다.

- Tangent to curve

Curve에 접하게 직선을 그리는 방법으로 Sketch Workbench에서 Bi-tangent Line을 3차원 상에서 할 수 있는 것이라고 생각하면 된다. 두 개의 Curve를 순차적으로 Curve 와 Element 2에 선택해 주면 된다.

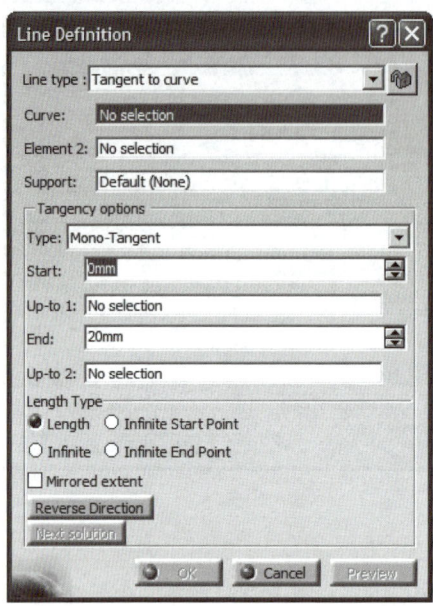

- Normal to Surface

Surface에 대해서 수직인 직선을 그리는 명령으로 선택한 Surface로 임의의 포인트에서 수직한 직선을 그릴 수 있다.

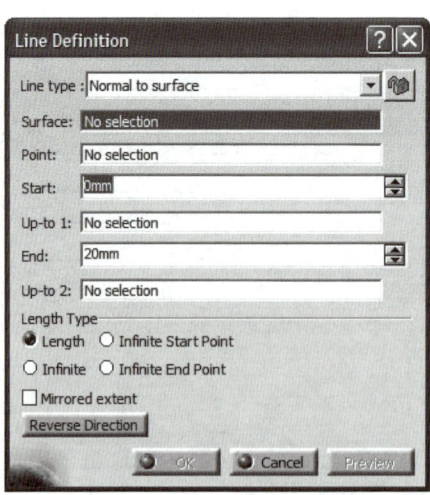

- Bisecting

    이등분선을 그리는 명령으로 두 개의 Line에 대해서 이 사이를 지나는 Line을 그릴 수 있다.

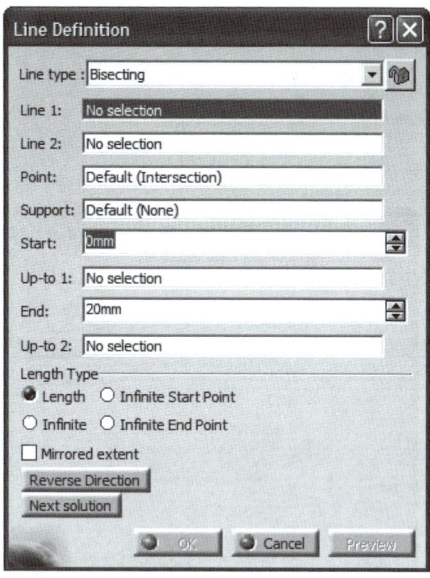

■ Axis

3차원 상에서 Axis를 그리는 명령이다. 이전의 Sketcher 에서의 Axis와 같은 기능을 한다. 그러나 3차원 상에서 만들기 때문에 실제 형상들과의 관계를 이용하여 여러 가지 방식으로 만들 수 있다.

Axis를 만들기 위해 선택할 수 있는 대상은 다음과 같은 요소들이어야 한다.

- 원이나 원의 일부가 잘려나간 호 형상
- 타원이나 타원의 일부가 잘려나간 형상
- 회전으로 만든 Surface 형상

Axis를 실행 시키면 다음과 같은 3가지 방식으로 Axis를 형상을 만들 수 있다.

- Aligned with reference direction

    선택한 요소와 평행한 방향으로 Axis를 만드는 명령이다.

- Normal to reference direction

    앞서 경우와 유사하게 Element 에 대해서 수평 하게 Axis를 만드는 명령이다. 그러나 이 경우에는 선택한 기준 방향에 대해서 수직하게 Axis를 만든다.

- Normal to circle

    이 axis type은 선택한 Element 에 대해서 수직하게 Axis를 만드는 방식으로 Direction 을 지정하지 않아도 Element의 수직한 방향으로 Axis를 잡아 준다.

■ Polyline

여러 개의 절점을 가진 선을 만드는 명령으로 포인트와 포인트를 이어 직선을 만드는 방식을 이용한다. 작업을 마쳤을 때 나오는 형상은 여러 개의 직선들이 이어진 것으로 나온다. 3차원 상에 퍼져있는 점들을 이어 선을 만들 수 있는 매우 유용한 명령이다.

Polyline 명령을 실행시키면 다음과 같은 Definition 창이 나타난다. 여기서 포인트를 하나씩 선택해 주면 그 순서대로 Line으로 이어주게 된다.

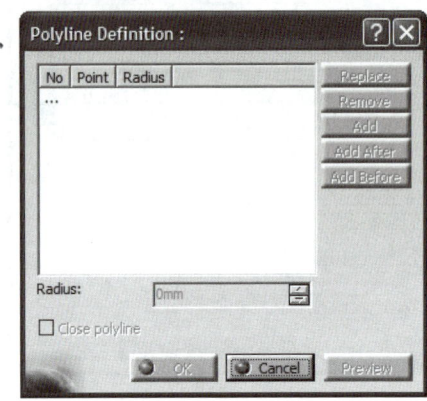

또한 선과 선이 이어지는 부분에 Corner를 줄 수 있어 곡률로 다듬는 일 또한 손쉽게 할 수 있다. 물론 이는 두 선 요소 사이에 있는 포인트에 대해서만 가능하다.

마지막으로 Close Polyline을 체크하면 시작점과 끝점을 이어 닫힌 형태의 Polyline을 만들어 줄 수 있다.

■ Plane

Reference Elements 중에 가장 중요한 요소라고 할 수 있는 Plane은 작업 평면의 기능을 가지고 있어 임의의 위치에 Plane을 만들어 그 곳에서 스케치 작업을 할 수 있으며 Plane을 기준으로 다른 형상을 대칭 시키거나 작업하는데 기준으로 삼을 수 있다. 따라서 Plane을 필요에 맞게 상황에 맞게 잘 선택해서 만들 수 있는 능력이 필요하다.

Plane의 종류는 다음과 같다.

• Offset from plane

가장 일반적인 Plane 생성 명령으로, 기준으로 선택한 평면과 같은 평면을 거리만 띄워서 만드는 방법을 사용한다.

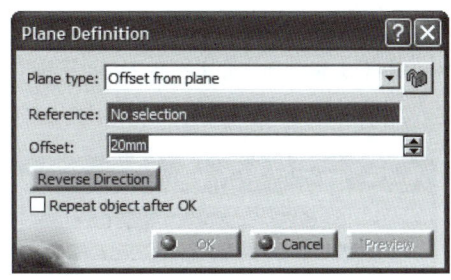

다음과 같은 Definition 창에서 Reference로 기준으로 사용할 Plane 이나 형상의 면(Face)을 선택하여도 된다.

- Parallel through point

이 방법을 사용하면 선택한 기준 평면을 임의의 포인트의 위치로 평행하게 새 평면을 만들어 준다. 거리 값을 알 수 없거나 커브의 끝이나 형상의 꼭지점에 평면을 만들어 주고자 할 때 사용하면 된다.

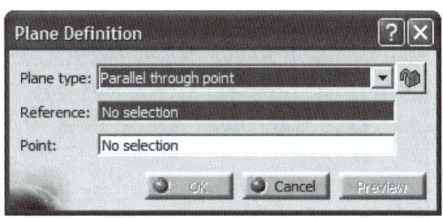

- Angle/normal to a plane

이 방법은 평면을 만들 때 선택한 기준 평면에 대해서 입력한 각도만큼 기울어진 평면을 만들 수 있다. 먼저 기준이 될 회전축을 선택해야 한다. 필요에 따라 line을 그려주거나 또는 Contextual Menu를 통해 축을 선택할 수 도 만들 수도 있다. 다음으로 기준이 될 평면을 선택해 준다. 평면이어도 되고 형상의 면을 선택해도 된다. 이 기준면을 시작으로 몇 도의 기울기를 가질지 입력하면 된다. 마지막으로 원하는 각도를 입력하면 Plane 이 각도만큼 기울어져 만들어지는 것을 볼 수 있을 것이다.

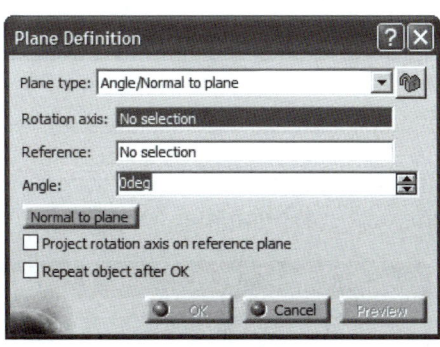

- Through three points

평면을 결정짓는 조건 중에 하나로 3개의 점을 알면 그 평면을 그릴 수 있다는 수학적 원리에 의해 평면을 만드는 방법이다. 말 그대로 3개의 포인트를 선택해 주면 평면이 만들어진다.

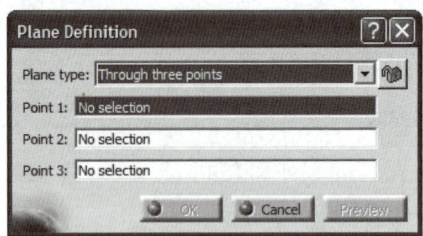

- Through two lines

평면을 결정짓는 또 다른 조건으로 그 평면을 지나는 두 개의 직선을 알면 평면을 만들어 낼 수 있다. 따라서 두 개의 Line 요소를 선택하여 평면을 만들어야 하루 경우 유용하다. 물론 3차원 형상의 모서리를 이용할 수도 있다.

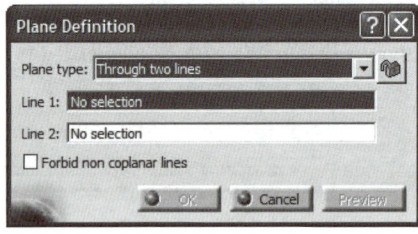

- Through point and line

평면을 지나는 직선 하나와 점 하나를 사용하여 평면을 만드는 방법으로 이 두 가지 요소를 선택하면 평면을 구성할 수 있다.

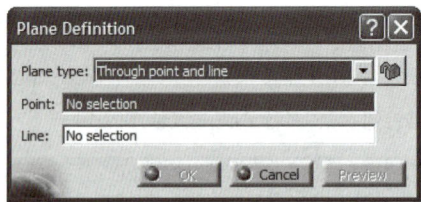

- Through planar curve

Curve 가 하나의 평면상에서 그려진 경우라면 이 Curve를 이용하여 평면을 만들 수도 있다. Curve 가 평면상에 그려진 것이라면 이 Type으로 평면을 만들 수 있다.

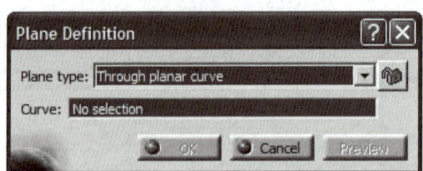

- Normal to curve

선택한 Curve에 대해서 수직인 평면을 만드는 명령으로 곡선이나 직선에 대해서 그 선의 수직 방향으로 평면을 만든다. 단순히 Curve 만을 선택하면 평면이 중앙에 만들어 지고 마지막으로 선의 점(vertex)을 선택해 주면 그 곳에 평면이 만들어 진다. Rib 나 Slot, Multi-section 형상을 만드는데 많이 사용되는 평면 생성 방식이다.

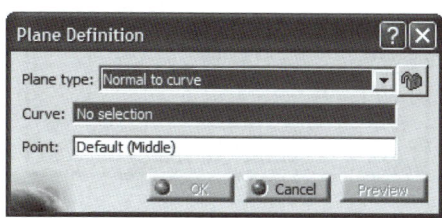

- Tangent to Surface

Surface 면에 대해서 접하는 평면을 만드는 방법으로 Surface 와 평면이 위치할 점이 필요하다. 이 점은 반드시 Surface 위에 있어야 할 필요는 없으며 그 점이 있는 위치에 접하는 방향으로 평면이 만들어진다.

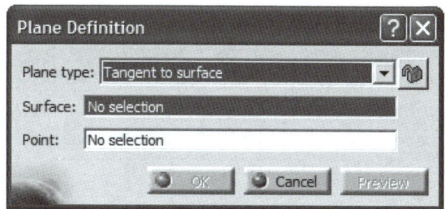

- Equation

이 방법은 다음과 같은 수식의 상수 값을 이용하여 평면을 만드는 방법이다. 자주 사용하지는 않는다.

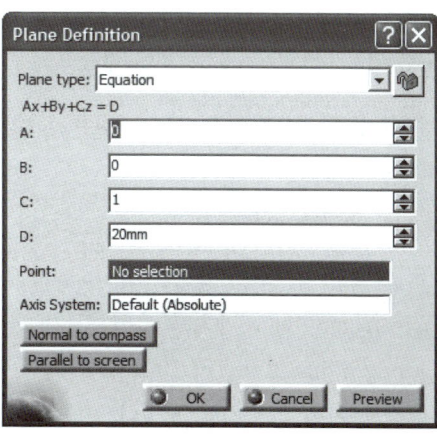

- Mean through points

    3개 이상의 점을 이용하여 평면을 만드는 방법이다. 이렇게 3개 이상의 점을 선택한 경우 이 점들의 평균 위치에 평면이 만들어 진다.

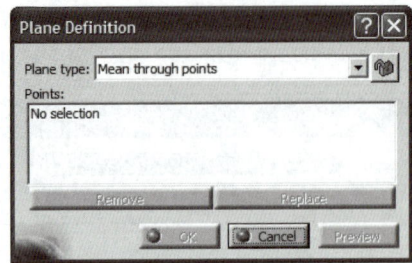

■ Projection

Projection은 Surface 면에 스케치나 Wireframe 요소를 투영시키는 명령이다. (물론 Surface 위에 놓인 포인트를 만들 수 도 있다.) 즉, Surface 위에 놓여진 Wireframe을 만드는 명령이다. Surface 위를 따라가는 Curve를 만들거나 Surface를 자르기 위해 Surface 위에 놓여진 Curve를 만들 때 사용한다.

Projection을 실행 시키면 다음과 같은 Definition 창이 나타난다.

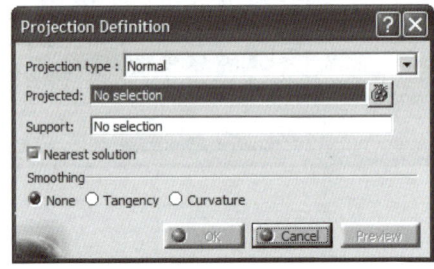

- Projection type

    Project를 어떤 방식으로 할지 결정하는 것으로 다음 두 가지 type 이 있다.

    – Normal

    Surface 면에 대해서 수직하게 Project한다. 이 Type은 Surface의 곡률을 따라 Curve 가 투영된다.

    – Aong a direction

    투영시킬 요소를 선택한 임의의 방향으로 Surface에 투영시켜 준다. Surface 에 원하는 방향으로 Wireframe이나 스케치를 투영하고자 한다면 이 Type으로 해야 한다. Projection을 Along a direction Type으로 하게 되면 선택한 방향에서 바라보았을 때 형상이 원본 형상과 완전히 일치해 보인다. 이 Type은 Definition 창에서 반드시 Direction을 지정해 주어야 한다. Direction 으로 선택할 수 있는 요소는 Axis 나 Line, 모서리(Edge) 등이 가능하다.

- Projected

    투영시키고자 하는 대상으로 Sketch 나 Wireframe 또는 포인트 요소이다. 복수 선택이 가능하며 여기에 선택한 요소를 Surface로 투영시킬 것이다.

- Support

    투영될 Surface 면이다. 일반적인 곡면은 모두 선택가능하다.

- Nearest solution

    투영될 Surface에 Wireframe 요소가 여러 번에 걸쳐서 만들어질 경우 가장 Wireframe 요소와 가장 가까운 부분에만 투영되는 형상을 만들게 하는 옵션이다. 이 옵션을 해제하면 선택한 Surface 에 대해서 교차하는 모든 위치에 형상이 투영된다.
    때로는 이 옵션으로 인해 투영이 바르게 안 나오는 경우도 있다. 투영되는 형상이 바르게 나오지 않을 때 이 옵션을 체크 해제해 보기 바란다.

- Smoothing

    투영되는 요소가 Surface 에 부드럽게 투영되도록 옵션을 조절할 수 있다. None 으로 하면 따로 Smooth를 적용하지 않고 있는 그대로 투영한다는 것이고, Tangency로 하면 투영될 때 Tangent 하게 이어주도록 한다. Curvature는 곡률을 가지게 투영하는 방식이다. Tangency와 Curvature를 사용하면 편차 값(Deviation)을 주어야 한다. 그리고 3D Smoothing 기능을 사용할 수 있어 중간에 불연속인 지점을 부드럽게 이어줄 수 있다.

■ Combine

이 명령은 두 개의 Wireframe 요소에 대해서 이 두 개의 각 방향에서의 형상을 모두가지는 한 개의 요소를 만든다. 이전의 Solid Combine처럼 각 방향의 형상을 모두 가지는 결과물을 만들어 낸다. 3차원 곡률을 가진 형상을 만든다.

물론 이 두 개의 curve의 요소는 같은 평면상에서 만든 요소여서는 안 된다는 것을 명심하기 바란다. 또한 두 Curve를 보았을 때 서로 동떨어진 위치에 있는 경우에도 만들어 지지 않는다.

■ Reflect line

Reflect line은 선택한 Surface에 선택한 방향으로 일정한 각도를 가지는 점들을 이어 Curve를 만드는 명령이다. 자주 사용하지는 않는다.

Reflect line 명령을 실행하면 다음과 같은 Definition 창이 나타난다.

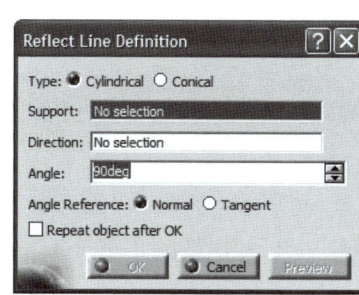

- Support

    Surface를 선택한다.

- Direction

    Curve를 만들기 위한 기준 방향이 된다. 임의의 Line 요소나 축 요소를 사용할 수 있다. 여기서는 Contextual Menu (MB3 버튼)를 사용하여 Y Axis를 선택하였다. 이렇게 선택한 방향을 기준으로 각도를 입력하게 된다.

- Angle

    Direction 에 대해서 각도를 입력한다.

■ Intersection

Intersection 이란 말 그대로 형상과 형상 사이에 교차하는 부분을 만들어 주는 명령이다. 선과 선이 교차하면 그 교차하는 부분에 포인트가 만들어지고, Surface와 Surface가 교차하면 선이 만들어지는 것을 생각한다면 쉽게 결과물을 예상할 수 있다.

Intersection 에서 선택할 수 있는 요소는 다음과 같다.

- Wireframe elements
- Solid elements
- Surfaces
- Planes

Intersection 명령을 실행시키면 다음과 같은 Definition 창이 나타난다.

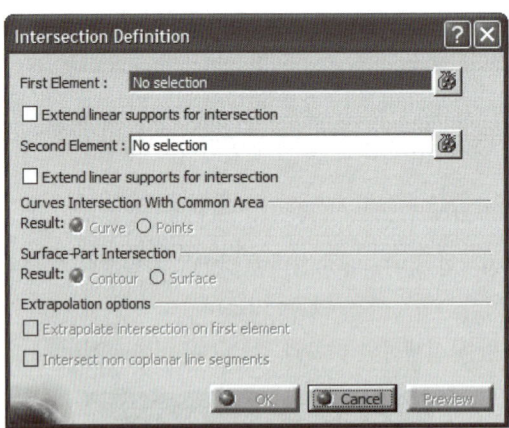

각각 First Element와 Second Element 에 교차시킬 요소를 선택한다. 물론 복수 선택이 가능하다.

Extend linear supports for intersection을 사용하면 각 형상을 선형 확장하여 실제로 교차하는 부분까지 형상이 이어져 있지 않더라도 교차하는 위치에 결과물을 만들어 줄 수 있다.

■ Parallel curve

Surface 위의 Curve 나 Surface의 모서리(Edge)를 Surface면 위를 따라 평행하게 이동시켜 Curve를 만들어 주는 명령이다. Curve는 반드시 Surface 위에 있어야 하며 그렇지 않을 경우엔 Projection을 사용하여 우선 Surface 위에 있도록 Curve를 만들어야 한다.

Parallel curve를 실행시키면 다음과 같은 Definition 창이 나타난다.

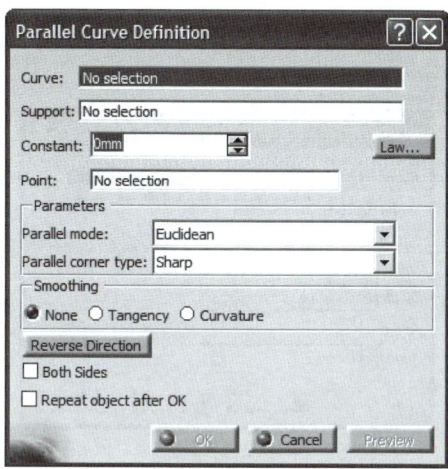

• Curve

만들고자 하는 Curve의 기준이 되는 Surface 위의 Curve 나 스케치 또는 모서리를 선택한다.

• Support

Curve가 지나갈 Surface를 선택한다.

• Constant

기준이 되는 Curve와 거리 값을 입력한다. 또는 Point 부분에 옮겨지고자 하는 위치의 포인트를 입력해 주어 거리값 없이 Parallel Curve를 만들 수 있다.

• Parameter

Parallel curve를 만드는 mode를 선택하는 부분으로 다음 두 가지 mode가 있다. 그러나 실제 사용에 있어 전문적인 사용이 아니라면 mode를 분류해가며 작업하는 일은 거의 없다.

– Euclidean : 기준이 되는 Curve와 Parallel curve 사이의 거리가 최소가 되도록 Parallel curve를 만든다. 그러나 Euclidean mode는 Support 에 구애 받지 않는다.
– Geodesic : 기준이 되는 Curve와 Parallel curve 사이의 거리가 최소가 되도록 Parallel curve를 만든다. Geodesic mode는 Support의 곡률의 영향을 고려한다.

- Smoothing

    Parallel curve를 만들 때 부드럽게 만들어 주는 역할을 한다. 3가지 type 이 있는데 이는 앞서 Projection 과 같다.

■ 3D Curve Offset

3 차원 상에서 Wireframe 이나 Sketch 요소를 Offset 하는 명령이다. 선택한 방향에 따라 offset 할 수 있으며 Curve와 평행한 방향으로는 만들 수 없다. 3D Curve Offset 명령을 실행 시키면 다음과 같은 Definition 창이 뜬다.

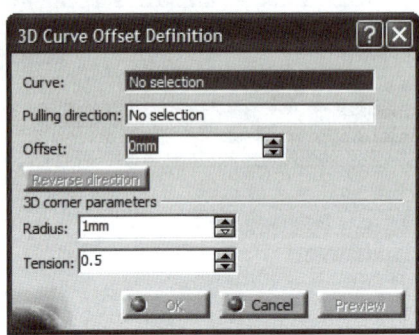

- Curve

    Offset 하고자 하는 Curve나 스케치를 선택한다.

- Pulling direction

    Offset 하고자 하는 방향을 선택해 준다. Contextual Menu를 사용하거나 실제 형상에서 원하는 방향을 가리키는 선 요소를 선택한다.

- Offset

    Offset 하고자 하는 거리를 입력해 준다.

■ Circle

3차원 상에서 원이나 호를 만드는 명령이다. Circle은 Circle Type 에 따라 다음 9가지 방식으로 만들 수 있다.

- Center and radius

    원을 구성하기 위해 원의 중심점(Center)과 기준 면(Support), 그리고 반경 값(radius)을 선택해 준다. 여기서 Circle Limitations를 사용하여 결과물을 완전한 형태의 원으로 만들 것인지 도는 호를 만들 것인지를 선택 할 수 있다. 또한 여기서 Axis Computation을 체크하면 원의 중심에 Axis를 동시에 만들 수 있다.

- Center and point

    원을 구성하기 위해 원의 중심점(Center)과 원을 지나는 포인트(Point)를 선택해 준다. 물론 기준 면(Support)을 선택해 주어야 한다.

- Two point and radius

    이 방법은 원을 지나는 두 개의 점과 반경(radius)을 입력하면 이 두 점을 지나는 원을 만든다. 물론 기준면(Support)을 선택해 주어야 한다. 원의 반경과 그 원을 지나는 두 개의 점을 알 경우 만들어 질 수 있는 원은 두 개이다. 따라서 이 Type으로 원을 만들 경우 Definition 창의 Next solution 버튼을 이용하여 원하는 원을 선택할 수 있다.

- Three points

    원을 지나는 3개의 포인트를 선택하여 원을 만든다. 3개의 포인트를 차례대로 입력해 주면 원이 완성된다. 부가적으로 Geometry on support를 사용하여 곡면 위에 놓인 원을 만들 수 있다. Support 에 포인트들이 놓여있는 곡면을 선택해 주면 된다.

- Center and axis

    원의 중심 축(Axis/line)과 포인트(Point), 그리고 반경(radius)을 이용하여 원을 구성한다. Project point on axis/line 이 체크되어 있으면 axis의 선상으로 포인트가 투영되어 axis를 기준으로 하는 원이 만들어진다. 그리고 Project point on axis/line 이 해체되어 있으면 포인트를 기준으로 원이 만들어진다.

- Bitangent and radius

    두 개의 요소가 있을 때 이 두 가지 요소에 모두 접하는 원을 만들 때 사용한다. 물론 반경(radius)을 입력해 주어야 한다. Sketcher Workbench에서 Bi-tangent line 과 같이 두 곳의 접하는 지점을 이어 선을 그리는 원리로 원을 만든다고 보아도 된다. 이 방법 역시 형상에 따라 다르지만 접하는 부분이 여러 곳이면 이중에서 우리가 원하는 것을 Next Solution으로 선택해준다. Trim Element를 사용하면 접하는 형상을 원이 아닌 호로 만들 때 Element1과 Element2를 접하는 지점에서 자동으로 잘라서 이어주는 작업까지 하게 하는 옵션이다.

- Bitangent and point

    두 개의 접하는 요소와 그 원을 지나는 포인트 하나를 사용하여 원을 만든다. 반경대신 포인트를 사용하여 원의 크기를 정한다.

- Tritangent

    3개의 요소에 대해서 접하는 원을 만들고자 할 때 사용한다. 원과 접하는 3개의 지점을 아는 것이기 때문에 따로 반경은 필요하지 않다.

- Center and tangent

    원의 중심(Center)과 접하는 요소를 사용하여 원을 만드는 방법이다. 물론 반경(radius)을 입력해 주어야 한다.

■ Corner

Sketcher 에서와 같이 선과 선 사이에 뾰족한 부분을 둥글게 만들어 주는 명령이다. Corner 에는 두 가지 type 이 있다.

- Corner on support

    같은 평면상에서의 임의의 반경(radius)으로 Corner를 할 때 사용한다. Corner 주고자 하는 두 개의 요소를 각각 Element 1과 Element 2에 선택한다. (Corner는 선택한 두 요소와 모두 접하게 만들어 진다.) 그러면 조건에 따라 여러 위치에 Corner가 만들어지는 형상이 미리 보기 된다. 여기에 Corner 할 반경 값(radius)을 입력해 준다.

- Trim Element

    두 곡선이 접하는 위치에서 Element 에 Trim까지 함께 할 수 있는 옵션이다.

- 3D Corner

    3D Corner는 같은 평면상의 Element를 사용하지 않은 경우에 사용하면 다른 기능은 Corner on support와 동일하다.

■ Connect Curve

Curve와 Curve를 연결하는 명령으로 이 역시 Sketcher의 것과 유사하다. Connect Curve 에는 두 가지 type 이 있다.

- Normal

    두 개의 Curve 요소 각각을 연결하는 기본적인 방식으로 각 Curve의 연결하고자 하는 위치의 끝 점(vertex)을 선택한다. Curve의 끝점을 선택하면 Curve는 자동적으로 선택이 된다. 여기서 각 Curve에는 방향을 나타내는 화살표가 보이게 되는데 원하는 형상에 맞게 이 화살표를 클릭하거나 Reverse Direction을 이용하여 방향을 조절할 수 있다.

    또한 각 Curve 마다 연결을 해줄 때 연속성(Continuity)을 조절할 수 있는데 Point, Tangency, Curvature가 있다.

    Tension이란 장력, 긴장을 의미하는 단어로 여기서는 각 Curve의 연속성에 따른 영향력 정도로 생각하면 된다. 즉, 각 Curve의 Tension 값이 클수록 연속성에 따른 영향력을 크게 Connect Curve를 만든다.

• Base Curve

이 옵션은 기준이 되는 Curve를 사용하여 두 개의 Curve를 연결하는 방법이다. 기준이 되는 Curve를 가지고 여러 개의 형상을 만드는 경우라서 따로 연속성이나 Tension 값을 주지는 않는다. Base Curve의 형상에 맞추어 Connect Curve가 만들어 지기 때문에 이를 잘 선택해야 하며 여러 개의 Connect Curve를 하나의 Curve를 기준으로 만들고자 할 때 유용하다. Base Curve를 사용하려면 우선 Base Curve가 만들어져 있어야 한다.

■ Spline

3차원 상의 포인트를 이용하여 Curve를 만드는 명령이다. 여기서 포인트는 실제의 3차원상의 포인트 또는 형상의 Vertex 등을 사용할 수 있다.

Spline 명령을 실행하면 다음과 같은 Definition 창이 뜨며 여기서 각각의 포인트를 수정하거나 관리할 수 있다.

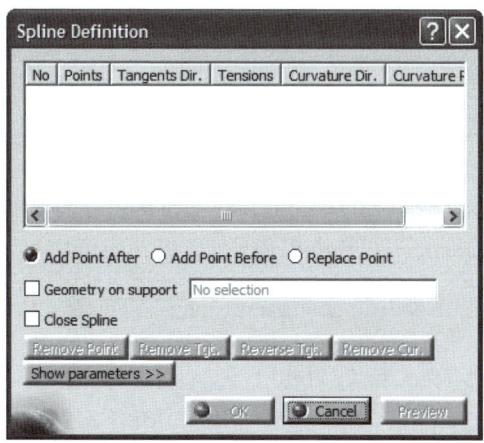

Close Spline 기능은 Spline의 시작점과 끝점을 부드럽게 이어 완전히 닫힌 Spline을 만들 수 있다.

각각의 Point에는 그 지점에서 그 점을 지나는 Curve와 접하는 방향(Tangent Dir.)을 만들어줄 수 있다. 아래 그림과 같이 접하게 할 선 요소가 있는 부분의 포인트를 Definition 창에서 선택하고 그 선 요소를 선택해 주면 Definition 창의 그 포인트에 Tangent Dir. 이라는 부분으로 입력이 되는 것을 볼 수 있다. 또한 Geometry on support 기능을 사용하여 곡면 위를 지나는 Spline을 만들 수 있다.

■ Helix

용수철과 같이 회전하면서 축을 따라 올라오는 형상을 그리는데 사용하는 명령이다. 명령을 실행시키면 다음과 같은 Definition 창이 나타난다.

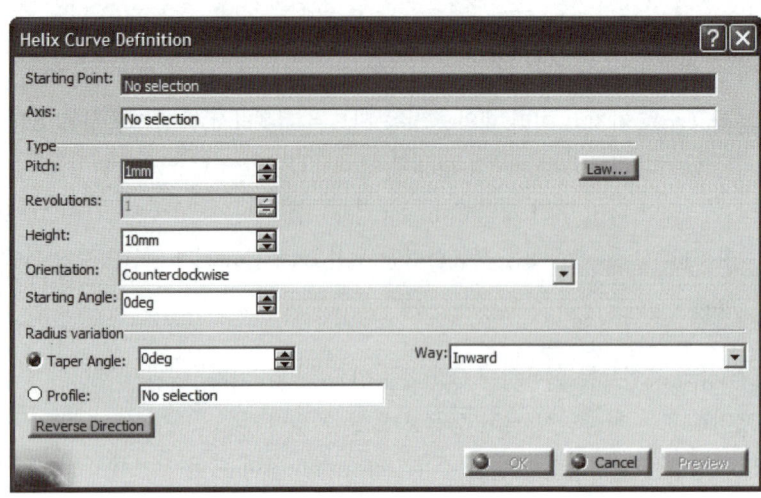

Helix 형상을 만드는데 필요한 요소는 회전의 반경, 즉 지름선상의 점 하나(Starting Point) 와 회전축이 되는 Axis이다. (이 Starting Point 에서 Helix가 시작된다.) Starting point와 Axis를 선택하였다면 Helix가 디폴트값으로 미리 보기가 될 것이다.

- Type

이제 다음으로 할 일은 Helix의 Pitch와 전체 높이를 입력해 주는 것이다. Pitch란 Helix 가 한번 회전해서 같은 위치에 올 때까지 올라간 높이이다.

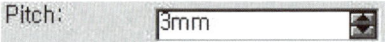

Orientation에서는 helix의 회전 방향을 잡아줄 수 있다. 시계 방향(Clockwise) 또는 시계 반대 방향(Counterclockwise)으로 할 수 있다.

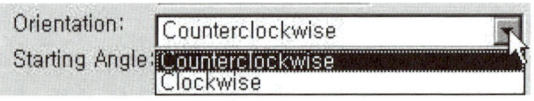

Starting Angle은 Starting Point 에서 입력한 각도만큼 떨어져 시작 위치를 잡을 수 있는 옵션이다.

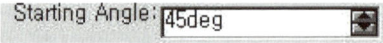

- Radius variation

Taper angle을 사용하면 Helix를 수직이 아닌 경사각을 주어 만들어 줄 수 있다. Inward 로 way를 정하면 안쪽으로 기울어진 Helix가 만들어 지고 Outward로 하면 바깥 방향으로 기울어진 Helix가 만들어진다.

Profile은 우리가 Helix가 만들어지는 옆 실루엣 모양을 그려주고 이 Profile을 따라 Helix 가 만들어 지게하는 방법이다. 이 Profile의 끝 점은 반드시 Starting point를 지나야 한다는 것을 명심해야 한다.

- Spiral

시계태엽에 사용하는 스프링처럼 기준면을 중심으로 반경 방향으로 회전하면서 반경이 커지는 형상을 그리는 명령이다. 명령을 실행 시키면 다음과 같은 Definition 창이 나타난다.

Spiral을 만들기 위해가장 먼저 입력해 주어야 할 값은 기준면(Support)과 중심점(Center point) 그리고 기준 방향(Reference Direction) 이다. 이 3가지 값이 입력되면 디폴트값으로 미리 보기가 된다.

Start radius는 Spiral의 시작 위치에서의 반경 값이다. 만약 0으로 한다면 원점에서 시작하게 된다.

Orientation에서는 Spiral을 만들 때 그 회전 방향이다. 시계 방향(Clockwise)과 시계 반대 방향(Counterclockwise)이 있다.

Type에는 Angle & radius와 Angle & Pitch, Radius & Pitch가 있다. 각각의 type 에 따라 입력 값을 다르게 해준다. 여기서는 간단히 Angle & radius로 했을 경우만 설명하도록 하겠다. Angle & radius로 type을 정하게 되면 끝나는 지점에서의 시작점의 위치에서 벌어진 각도인 End Angle 값과 끝나는 지점의 반경 값인 End radius, 그리고 Spiral의 감기는 수인 Revolutions 값이 있다.

- Spine

Spine 이란 실제 형상을 만드는 명령은 아니고 Guide line 이 필요한 작업에서 여러 개의 Guide line 대신에 하나의 기준선을 사용하여 형상을 만들 때 이 하나의 기준선을 그려주는 명령이다. Multi-section Surface/Solid나 Sweep 등과 같은 형상을 그려줄 때 사용한다.

Spine을 만드는 방법에는 두 가지가 있는데 각 단면 Profile의 평면들을 지나가는 Spine을 만드는 방법(Section/plane)과 guide line 들을 이용하는 방법(Guide)이 있다.

Spine 명령을 실행하면 다음과 같은 Definition 창이 나타난다.

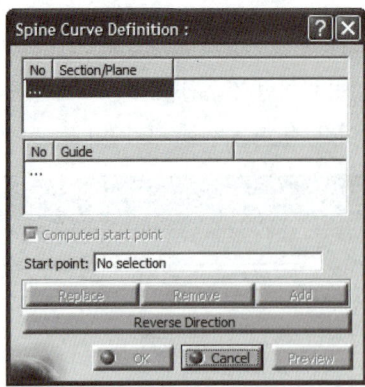

- Section/Plane

어떤 형상을 이어가는 Plane들이 있다고 했을 때 이러한 Plane 들을 이용하여 Spine을 만들어 줄 수 있다.

- Guide

Guide를 이용하는 방식은 Spine Definition 창에서 Guide Curve들을 선택하여 Spine을 만드는 방식이다.

② Surface

앞서 Wireframe 작업 또는 스케치에서 작업 다음 단계로 Surface를 만드는 Toolbar 이다. 각각의 특성에 따라 많은 응용 부분이 있기 때문에 다소 어려운 명령이 있기도 하지만 일반적으로 손쉽게 Surface 형상을 만들 수 있다.

■ Extrude

Profile에 길이 값을 입력하여 선택한 방향으로 Profile 형상이 그대로 늘어나는 Surface를 만드는 명령이다.

명령을 실행 시키면 다음과 같은 Definition 창이 나타난다.

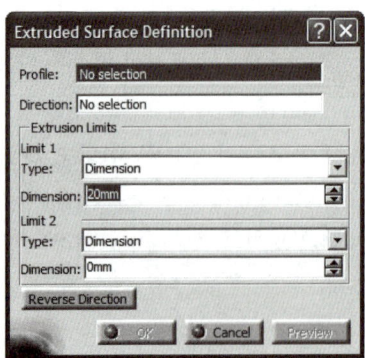

여기서 우선 선택 되어야 할 요소는 Profile이며 Direction은 Profile이 스케치인 경우엔 디폴트로 스케치에 수직한 방향이 된다. Profile이 스케치가 아닌 경우에는 Direction을 지정해 주어야 한다. Extrude의 방향은 임의적인 직선 방향이면 모두 가능하다.

Profile에 대해서 두 가지 방향을 가지고 있으며 각각 다른 값을 입력할 수 있다. Type을 Dimension이 아닌 Up-to element를 사용하면 다른 Surface 면이나 평면 등을 기준으로 Extrude 할 수 있다.

■ Revolve

Profile을 회전축을 중심으로 회전하여 Surface 형상을 만드는 명령이다.

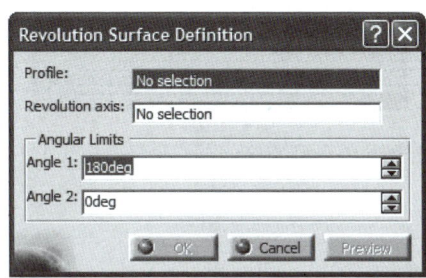

Profile과 Revolution axis를 먼저 선택해 준다. 다음으로 각도를 입력하여 완전한 회전체 또는 일부만을 만들 수 있다.

■ Sphere

구 형상을 만드는 명령으로 구의 중심점(Center)를 가장 먼저 선택해 준다. Sphere axis는 굳이 선택을 해주지 않아도 디폴트로 알맞은 값을 찾아 준다.

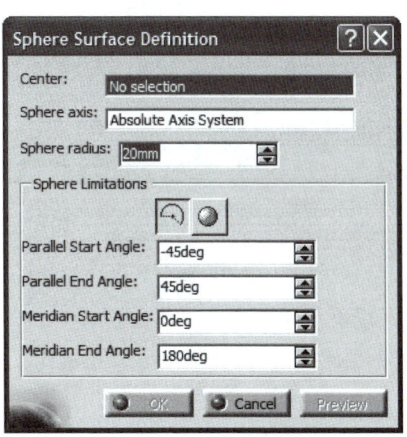

다음으로 선택해줄 값은 Sphere radius로 구의 반지름 값이다.

Sphere Limitation에서는 구의 각을 조절하여 완전한 구 또는 일부만을 만들 수 있다. 완전한 구를 만들고자 한다면 ● 을 선택하면 된다.

- Cylinder

    손쉽게 원통 형상을 만드는 명령으로 중심점(Point)과 방향(Direction)을 선택한 후 반지름 (radius)을 입력하여 원통 형상을 만든다.

    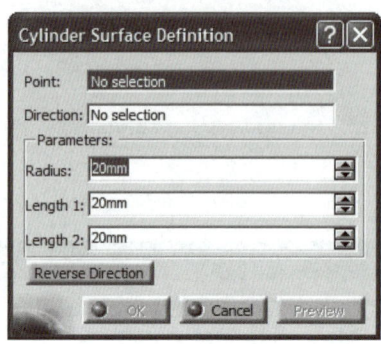

    Length 1과 Length 2를 입력하여 원통의 길이를 조절한다.

- Offset

    Surface를 일정한 거리를 띄워 새로운 Surface를 만드는 명령이다. 명령을 실행 시키면 다음과 같은 Definition 창이 나타난다.

    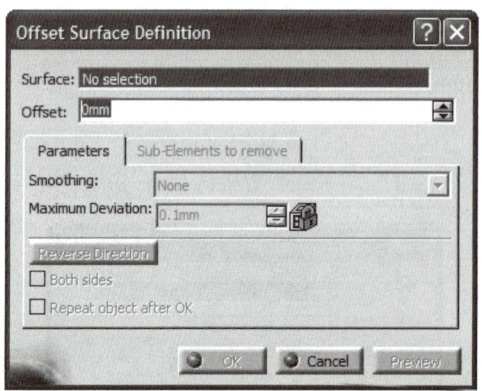

    Offset하고자 하는 Surface를 선택하고 Offset 값을 입력한다. Offset은 형상에 나타나는 붉은색 화살표 방향대로 만들어지며 이 화살표를 클릭하거나 Definition 창에서 Reverse Direction을 이용하여 방향을 바꾼다.

    Both side를 체크하면 Surface를 기준으로 양쪽 방향으로 Offset 시킬 수 있다.

- Variable Offset

    이 명령은 Offset을 여러 개의 Sub Element로 이루어진 Surface에 대해서 일정한 값으로 Offset 하는 것이 아닌 Sub Element 마다 Offset 값이 변화하는 Offset을 수행하는 명령이다. Variable Offset을 사용하려면 선택한 Surface 요소는 여러 개의 Sub Element로 나뉘어져 있어야 한다.

Variable Offset을 실행 시키면 다음과 같은 Definition 창이 나타난다.

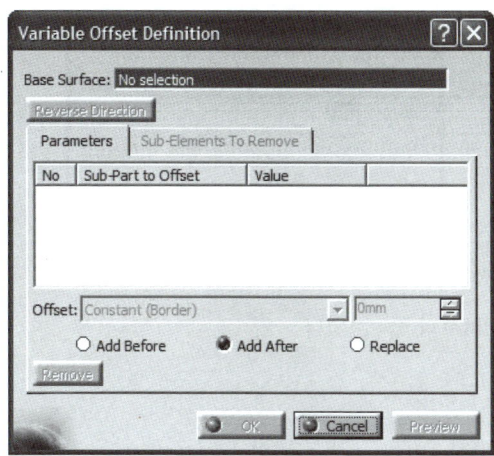

- Global Surface

  전체 Surface 형상을 선택해 준다. 앞서 언급하였듯 여러 개의 조각으로 이루어진 Surface를 선택해야 한다.

- Sub-Part to Offset

  여기서는 위의 Global Surface를 구성하는 Sub Element를 차례대로 선택해 준다.
  여기서 각 Sub Element에 Offset 값을 입력해 준다. Offset 값은 이웃하는 Surface끼리는 같은 Offset 값을 가져야 한다.
  Sub Element의 Offset 값이 변화하기 때문에 만약 아래 그림처럼 양쪽의 Surface가 Offset 값을 다르게 가진다면 중간의 Surface는 Constant Offset을 해제하여 Vale가 Variable로 바뀌게 해주어야 한다. Constant Offset을 해제한 Surface는 자동적으로 Variable로 Value가 바뀐다. Variable 값은 오직 한 개의 Sub Element 에서만 가져야 한다.
  Variable 값을 가진 Surface를 중간에 가지고 나머지 Sub Element 역시 Offset 값을 Constant Offset 으로가 지게 입력해 준다. 여기서 미리 보기를 해보면 전체 Surface가 변화하는 거리 값을 가지고 offset 되는 것을 볼 수 있을 것이다. Variable 값을 가지는 부분을 다른 곳으로 이동 시켜 다음과 같이 Variable Offset을 할 수 도 있다. 마지막으로 Variable Offset은 접하게 또는 곡률 적으로 연속적인 형상에 대해서만 가능하다.

■ Rough Offset

Rough Offset은 원래의 Surface의 특성만을 유지한 채 일정한 간격으로 Offset 하는 명령이다. 일반적인 Offset과 다른 점은 일단 Deviation 값이 1mm 에서부터 시작하는 것이다. 편차를 1mm 이상 줄 수 있다는 것은 그만큼 실제 형상에서 Offset한 형상이 차이가 날 수 있으나 그만큼 더 넓은 범위까지 Offset을 만들어 낼 수 있게 된다.

Rough Offset 명령을 실행시키면 다음과 같은 Definition 창이 나타난다.

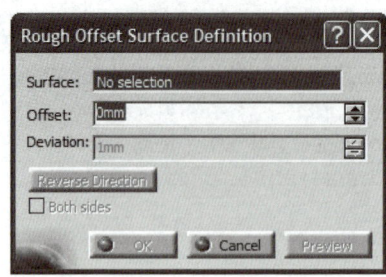

Deviation은 1mm부터 줄 수 있다.

■ Sweep

GSD Workbench의 Surface 생성 명령 중에 가장 많은 Type을 가지고 있으며 사람들이 가장 어렵게 생각하는 명령이 바로 Sweep이다. 그러나 그만큼 표현할 수 있는 형상 또한 많기 때문에 중요한 명령이다. GSD에서 Sweep을 사용할 줄 모른다면 Surface 모델링 쪽에서 형상 구현에 제약이 많이 따른다.

Sweep에는 Profile에 따라 다음과 같은 4개의 Type을 가지고 있다. 이중에 한 개만이 Explicit type이고 나머지 3 개는 형상이 이미 정의된 Implicit type이다. 그리고 이러한 Profile type은 각각 Subtype을 가지고 있어 그 안에서 또 다시 여러 가지 방식으로 표현할 수 있다.

• Explicit

한 개 또는 두 개의 Guide를 따라 Profile 이 지나가면서 Surface를 형상을 만들 때 사용한다. Explicit 이라는 말에서 알 수 있듯이 Profile 형상을 임의로 그릴 수 있다.
Explicit의 Subtype은 다음과 같다.

– With reference Surface

Sweep 에서 가장 기본적이면서 많이 사용하는 type이다. 하나의 Profile과 Guide Curve를 사용하여 Guide Curve를 따라 Profile 형상이 지나가면서 Surface를 만든다. 이 type 으로 형상을 만들기 위해서는 앞서 설명대로 Profile과 Guide Curve를 선택해 주면 된다.
Surface는 부수적인 부분으로 대부분의 경우 사용하지 않는다. Surface를 선택하지 않는 경우 디폴트로 mean plane을 잡는다.

– With two Guide Curves

Profile과 두 개의 Guide Curve를 사용하여 형상을 만드는 방법이다. Profile을 선택하고 Guide Curve를 각각 선택해 준다. Anchor Point는 각 Guide Curve의 Profile 쪽 끝점(vertex)를 선택해준다.

두 개 이상의 Guide Curve를 사용하는 경우 Spine을 필요로 하게 되는데 Spine을 따로 지정해 주지 않으면 먼저 선택한 Guide Curve 1을 spine으로 인식한다. 이런 경우 Guide Curve 1 에 의해서 Surface 형상이 만들어지기 때문에 Guide Curve 2 에 대해서 완전한 표현이 힘들다. 따라서 이런 경우에는 Spine을 만들어 준다. 다음과 같이 Spine 에서 Contextual Menu (MB3 버튼)를 클릭하여 Create Spine을 선택한다.

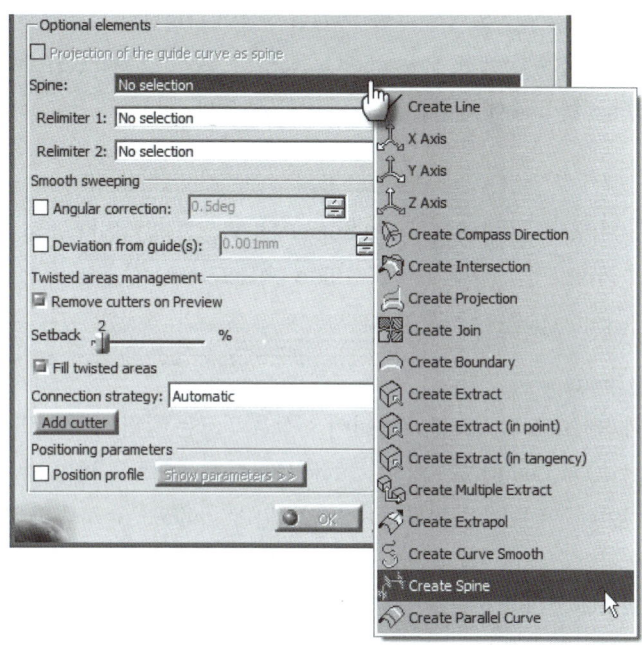

그러면 아래와 같이 Spine Definition 창이 나타난다. Guide를 이용한 Spine생성이므로 아래와 같이 Guide탭에서 두 개의 Guide를 선택해 준다.

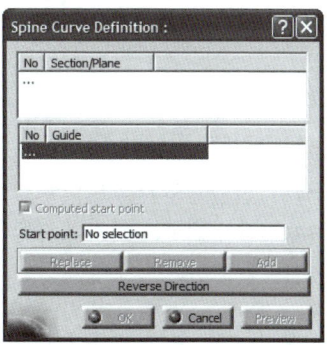

여기서 OK를 클릭하면 Sweep Definition 창으로 돌아오게 된다. 이제 Spine 부분에 디폴트값인 Guide Curve 1 이 아닌 Spine. 1이 입력된 것을 확인할 수 있다.

– With pulling direction

Profile이 Guide Curve를 따라 지나가면서 형상을 만드는 방법은 위의 Reference Surface와 유사하나 Pulling direction을 지정해 각도를 주어 Profile이 Guide Curve를 따라 지나가면서 기울어지는 형상을 만든다.

Profile과 Guide Curve를 선택하고 다음으로 Direction을 선택해 준다. 그리고 이 방향에 대한 각도를 입력해 주면 Sweep 형상이 나타난다.

Angular Sector에서 Previous나 Next로 위와 같은 조건으로 만들어 질 수 있는 Surface 형상 중에 원하는 것을 선택할 수 있다.

• Implicit Line

Profile의 형태가 Line인 Sweep Surface를 만드는 방법이다. Implicit형으로 따로 Line 형태의 Profile을 그려주지 않고 Guide 나 Reference Surface, Direction 등에 의해 결정된다. Subtype은 다음과 같다.

– Two limits

두 개의 Guide Curve를 사용하여 형상을 만드는 방법으로 Guide Curve를 선택한다. Length1과 Length2은 이 두 Guide Curve 바깥으로의 너비 Profile의 너비를 확장하는 길이다. 이 두 값을 입력해 주지 않으면 두 Guide Curve를 따라 그 사이만 형상이 만들어 진다. 여기서 Guide Curve가 곡선이라서 형상이 바르게 나오지 않는 경우 Spine을 입력해 주어야 한다.

– Limit and middle

두 개의 Guide Curve 중에 하나는 첫 번째 Guide Curve는 경계선 역할을 하고 두 번째 Guide Curve는 중간 위치의 Guide Curve로 인식하여 형상을 만드는 방식이다. Spine을 두 개의 Guide Curve를 이용하여 넣어준다. Spine은 Guide를 두 개 이상 사용하는 모든 형상에서 넣어준다고 생각하면 된다. Second curve as middle curve를 해제하면 위의 Two limits type 이 된다.

☐ Second curve as middle curve

– With reference Surface

Guide Curve 하나와 기준이 되는 Reference Surface를 이용하여 형상을 만드는 방식으로 Reference Surface와 이루는 각도를 입력하여 경사를 줄 수 있다. Angular sector 에서 원하는 위치의 형상을 선택한다.

– With reference curve

Guide Curve 하나와 기준이 되는 Reference curve를 사용하여 형상을 만드는 방식으로 위의 Reference Surface를 만드는 방식과 유사하다. 마찬가지로 경사각을 주어 Surface 형상을 만들어 낸다.

Angle과 Length 1, Length 2 값을 입력하여 형상의 위치와 길이를 조절한다. 원하는 위치의 Surface는 Angular sector에서 고른다.

- With tangency Surface

  한 개의 Guide Curve와 Tangency Surface를 사용하여 형상을 만드는 방식이다. 형상이 만들어지면 Guide Curve를 기준으로 Surface에 접하게 만들어진다. Guide Curve 에서 Surface로 접하는 지점이 여러 개 존재한다면 이 중에서 Previous 나 Next를 사용하여 원하는 형상을 선택할 수 있다.

  Trim with tangency Surface를 체크하면 Sweep 으로 만들어진 Surface와 접하는 지점을 기준으로 Tangency Surface를 절단하여 Sweep Surface와 이어준다.

- With draft direction

  Guide Curve를 선택한 Pulling direction을 기준으로 각도를 주어 형상을 만들 수 있다. 여기서 Guide Curve 에 스케치로 임의의 형상을 그린 Profile을 사용하여도 된다. 아래는 그 길이는 나타내는 방식들이다. 여기에 Length를 입력해 주어야 Guide Curve 를 정해진 각도로 뽑아 낼 수 있다.

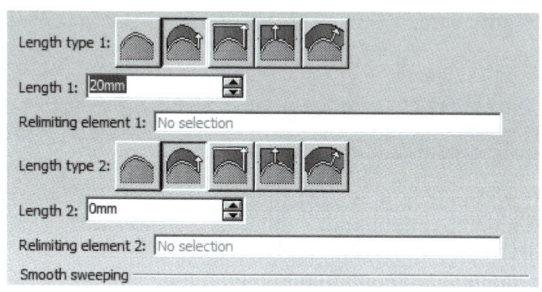

- With two tangency Surfaces

  이 방법은 두 개의 접하는 Surface를 이용하여 그 접하는 지점을 잇는 형상을 만드는 방법이다. 두 Surface를 Tangent 하게 연결하기 위해 Spine을 필요로 한다.

  Trim first/second tangency Surface를 체크하면 접하는 부분을 기준으로 Tangency Surface를 잘라내어 Sweep 으로 만든 Surface와 이어준다.

• Implicit Circle

Profile의 형태가 원형을 가지는 방식으로 따로 반경 값을 넣어 주거나 Guide나 Tangency 한 Surface에 의해 정의 된다.

- Three guides

  3개의 Guide line 에 의해 형상을 만드는 방법이다. 이 방법으로 만들어진 형상은 단면으로 잘랐을 때 형상이 3개의 Guide line을 지나는 원형을 띈다. 3 점을 알고 있는 경우 이 점들을 지나는 원을 만들 수 있는 것과 같은 원리이다.

- Two guides and radius

    두 개의 Guide Curve와 반경 값(radius)을 입력하여 sweep 형상을 만든다. 두 개의 곡선과 반경을 알 경우 만들 수 있는 형상의 수가 여러 개 일 경우 마찬가지로 원하는 형상을 Previous와 Next를 이용하여 고를 수 있다.

    마찬가지로 Guide Curve를 두 개 이상 사용하는 경우 Spine을 잡아 주어야 한다. Spine을 잡아 주면 다음과 같이 결과가 나온다.

- Center and two angles

    중앙을 지나는 Center curve와 반경에 해당하는 Reference curve를 사용하여 형상을 구성하는 방법이다. 마지막에 Angle을 주어 원형 형상을 어느 정도 각 크기로 만들 것인지 정할 수 있다. 아래는 360도를 입력하여 완전한 원형으로 만든 형상이다.

- Center and radius

    원의 중심을 지나는 Center curve와 반경 값(radius)을 이용하여 Sweep 형상을 만드는 방식이다.

- Two guides and tangency Surface

    두 개의 Guide Curve와 하나의 Tangency Surface를 사용하여 형상을 만든 방법이다. 두 개의 Guide Curve 중에 하나는 Tangency Surface의 위에 놓여 sweep 형상이 접할 위치를 잡아주는 데 사용하는 curve로 Limit curve with tangency 에 입력해 준다. 이 curve는 반드시 Surface 형상 위에 놓여있어야 한다. 다른 하나의 Guide Curve은 Limit curve에 입력해 준다.

    선택한 요소가 바르게 또는 계산 가능하도록 선택이 되면 아래와 같이 미리 보기가 가능하여 원하는 Surface 형상을 선택할 수 있다.

- One guide and tangency Surface

    한 개의 Guide Curve와 Tangency Surface, 그리고 반경(radius)를 사용하여 sweep 형상을 만드는 방법이다. 다음과 같이 Tangent 한 Surface 형상과 Guide Curve를 선택한다.

    조건이 부합되면 미리 보기가 될 것이다. 만약에 형상을 만들 수 없는 경우에는 에러 메시지 창이 뜬다.

    Trim with tangency Surface를 체크하면 접하는 지점을 기준으로 Tangency Surface와 sweep Surface를 Trim 시킨다.

    ■ Trim with tangency surface

- Implicit Conic

    Profile의 형상이 원뿔 모양인 Sweep 형상을 만들 때 사용하는 Type 이다. 원뿔의 단면 형상을 가지는 타원이나, 포물선, 쌍곡선과 같은 형상을 Profile로 하는 형상을 그리는데도 사용할 수 있다.

    – Two guides

    두 개의 Guide Curve를 사용하여 sweep 형상을 만드는 방법이다. 이 두 개의 Guide Curve는 접하는 Surface가 있어서 Tangency에서 선택해 줄 수 있어야 한다.

    두 개의 Guide와 Tangency Surface를 선택해주면 다음과 같이 미리 보기가 된다. 그러나 역시 Spine 이 문제 된다. 여기서는 두 Guide Curve를 선택해 주어도 바른 Sweep 형상을 만들 수 없다. Parameter는 0 에서 1까지의 범위를 갖는다.

    – Three guides

    3개의 Guide Curve를 사용하는 방법으로 두 개의 Guide Curve는 접하는 두 개의 Surface를 선택해 줄 수 있고, 나머지 한 개의 Guide Curve는 이 두 개의 Guide Curve 사이에 위치하게 된다.

    – Four guides

    4개의 Guide Curve를 사용하는 방법은 1 개의 Guide Curve가 접하는 Surface를 선택할 수 있고 나머지 3개의 curve가 각각 Guide Curve 2, Guide Curve3, Last Guide Curve로 선택된다. Guide Curve 1은 반드시 Tangency Surface가 있어야 한다.

    – Five guides

    5개의 Guide Curve를 사용하는 방법은 순차적으로 5개의 curve를 선택하는 다소 간단한 방법을 사용한다.

- Fill

형상의 경계 모서리(Boundary Edge)나 curve들이 닫힌 형상을 만들 때 이 부분을 Surface로 채워주는 명령이다. 또는 스케치로 하나의 닫힌 형상을 그렸을 때 이것을 Fill로 Surface를 채울 수 있다.

Fill을 사용하면 다음과 같이 여러 개의 끝이 일치하지 않는 Curve 요소들이 교차하면서 이루는 닫힌 부분을 Surface로 채워 줄 수 있다. 또는 스케치 하나의 닫힌 형상에 대해서 Fill을 사용할 수 있다. 물론 Curve 요소인 Surface의 Edge를 사용해서도 Fill이 가능하다.

Fill 명령을 실행 시키면 다음과 같은 Definition 창이 나타난다.

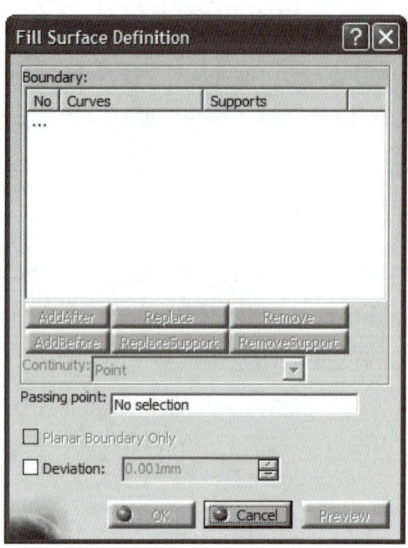

여기서 각 형상의 모서리나 Curve들을 순차적으로 선택해 주면 Boundary의 Curve 목록에 하나씩 쌓이는 것을 확인 할 수 있다.

Fill을 하기 위해 명령을 실행시키고 각 모서리들을 이어지는 순서대로 선택해 준다. 하나의 방향성을 가지고 시계 방향이나 시계 반대 방향으로 선택해 주어야 한다. 순서가 틀리게 선택을 하면 에러가 발생하니 주의하기 바란다. 최종적으로 시작 모서리와 끝 모서리가 이어지거나 교차해야만 한다.

Fill을 사용하려면 Curve와 Curve 사이에 떨어진 간격이 0.1mm을 넘겨서는 안 된다는 것을 기억해 두기 바란다. 그리고 이렇게 떨어진 공간이 발생하면 Fill 하는 Surface 형상이 바르게 만들어 지지 않고 발산하는 경우도 있다.

만약에 선택한 모서리를 그 모서리에 이웃하는 곡면과 접하게 하려면 모서리를 선택 후 해당 곡면을 다음으로 선택해 주면 목록에서 Support로 그 곡면이 선택된 것을 확인 할 수 있다. 이와 같이 이웃하는 Surface 형상에 대해서 Tangent 조건을 줄 수 있으며 이러한 경우에는 가능한 반드시 Tangent 조건을 넣어주어야 한다.

또한 Passing point 에 포인트를 선택하면 Fill 형상이 그 포인트를 지나가도록 만들 수 있다.

- Multi-sections Surface

여러 개의 단면 Profile을 이용하여 곡선을 만드는 명령으로 앞서 Part Design Workbench에서 유사한 명령을 사용한 바 있다. 그러나 Part Design의 그것보다 사용 빈도가 높으며 더 고차원으로 표현이 가능하다. 항공기의 동체 단면을 이어 외형을 입히거나 날개 형상을 그리는 경우 유용하게 사용할 수 있다.

Definition 창의 구조와 사용원리 Part Design의 것과 유사하므로 생략하도록 할 것이며 여기서는 부가적인 부분에 대해서 설명하도록 할 것이다.

Section에서 단면 형상은 만들려는 Surface이기 때문에 반드시 닫힌 Profile을 사용할 필요는 없다. 물론 단면에 대한 방향성은 여전이 중요하기 때문에 각 단면들의 방향을 잘 맞춰 주어야 한다. 닫힌 Profile에 대해서는 Closing point가 나타날 것이며 열린 형상의 경우에는 화살표만이 나타난다.

각 Section 에 대해서도 Section 으로 선택한 curve 에 대해서 이웃하는 Surface와 접하도록 조건을 넣어 줄 수 있다. 다음과 같이 해당 단면을 선택하고 그 단면과 접하는 곡면을 선택해 주면 Tangent 부분에 선택한 곡면이 들어가는 것을 확인할 수 있다.

만약에 다시 이 접하는 곡면을 제거하고자 한다면 해당 Section을 선택하고 Contextual Menu(MB3 버튼) 에서 remove tangent를 선택한다. 이웃하는 Surface가 있는 경우에는 연속성을 생각하여 반드시 Tangent 조건을 주어야 하는 경우를 잘 결정해야 한다.

- Blend

Curve 사이와 Curve 사이를 이어주는데 사용한다. 주로 곡면의 모서리들을 이어줄 때 사용한다. 곡면의 모서리를 이어줄 때 이웃하는 곡면은 Support로 선택할 수 있어 곡면과 곡면 사이의 틈을 부드럽게 이어주는데 사용할 수 있다. 일반적으로 Support에 이웃하는 곡면을 선택하면 이 Surface와 접하게 Blend가 Surface가 만들어진다.

Surface의 틈 사이를 이어줄 때 유용하게 사용할 수 있다.

③ Operation

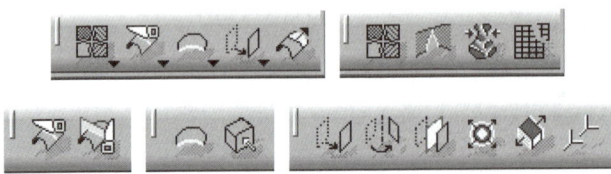

GSD Workbench 중에서 가장 중요한 Toolbar를 묻는다면 바로 이 Operation Toolbar가 아닐까 생각한다. 실제로 Wireframe Toolbar와 Surface Toolbar가 없다면 형상을 그려낼 수 없는 게 사실이지만 이 Operation Toolbar가 없다면 이렇게 만들어 놓은 형상을 아무도 손도 댈 수가 없게 된다. 각각의 곡면들끼리 이어줄 수도 없고 불필요한 부분을 잘라낼 수 도 없게 되는 것이다. 실제로 Part Design Workbench 보다 GSD 에서 작업의 강점을 나타나는 부분도 이 Operation Toolbar 이라고 생각한다.

매우 중요한 부분이므로 이 Toolbar의 기능들을 확실히 체크해 두도록 하자.

- Join

Part Design Workbench에서 작업의 경우 하나의 Solid를 만들고 다른 하나의 Solid를 같은 Part Body 에 만들어 주면 각 형상들은 모두 하나로 합쳐져 하나의 Solid로 인식되었던 것을 기억할 것이다. 그러나 GSD Workbench에서의 작업은 그렇지 않다.

"하나의 Surface 또는 Curve를 만들고 다른 Surface 나 Curve를 옆에 만들어 주어도 이 둘을 이어주는 명령을 실행하지 않는 이상 이 둘은 서로 독립적인 Surface 형상이 된다."

따라서 GSD Workbench에는 Surface 나 Curve 형상을 하나로 이어주는 명령이 존재한다. 바로 Join 이다.

Join은 여러 개의 Surface 또는 Curve 들을 하나로 합쳐주는 명령이다. Join 명령을 실행 시키면 다음과 같은 Definition 창이 나타난다.

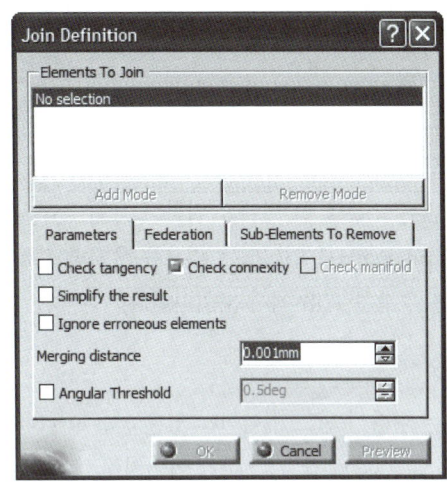

물론 Surface는 Surface 요소끼리 Curve는 Curve 요소끼리 선택을 해주어야 한다. 즉, Surface와 Curve는 하나로 Join 할 수 없다. 여러 개의 Surface를 선택할 경우 Spec Tree를 열어서 Shift 키나 CTRL 키를 이용하여 선택하면 보다 편리하다.

- Check tangency

    이 옵션을 체크하면 합치고자 하는 형상들이 Tangent한지를 체크할 수 있다. 그래서 만약 Tangent 하지 않다면 에러 메시지를 내보낸다.

    ■ Check tangency

    Tangent한 형상만을 Join 하고자 할 때 유용하다. 그러나 일반적으로 형상을 Tangent 한 경우에 대해서만 Join 하지는 않기 때문에 디폴트로는 해제 되어 있다.

- Check connexity

    Join 하고자 하는 요소들끼리 이웃하는지를 체크하는 옵션으로 이웃하지 않거나 요소들 사이의 떨어진 거리가 0.1mm 보다 클 경우에 에러 메시지를 내보낸다.

    ■ Check connexity

    일반적으로 선택한 요소들을 하나의 형상으로 합치는 것이 목적이기 때문에 이 옵션은 디폴트로 체크되어 있다. 그리고 만약에 이 에러가 발생한 경우에는 형상을 수정하거나 Join 이 아닌 Healing과 같은 방법을 사용해야 한다. 절대 이 에러를 무시하고 넘어가지 말아야 한다.

그러나 종종 실제로 이웃하는 형상을 이으려는 목적이 아닌 단순히 하나의 작업으로 묶으려는 목적으로 이 옵션을 해제하고 Join을 하기도 한다.

- Simplify the result

    Join 으로 여러 개의 형상을 합치다 보면 복잡하게 형상이 나타날 수 있다. 이 때 이 옵션을 체크하면 형상을 단순화 시킬 수 있다. 즉, 불필요한 Face나 Edge를 줄일 수 있다. 복잡한 형상의 경우엔 매우 유용한 옵션이다.

- Ignore erroneous elements

    Join을 하면서 많은 부분을 한 번에 작업하다 보면 일부를 Join 하지 못하는 요소가 있게 된다. 이 때 이러한 Error로 인식되는 부분을 무시하도록 하는 옵션이다. 이 옵션을 체크하면 Error 되는 부분은 Join 에서 제외시킨다.

- Merging Distance

    Join 하려고 하는 형상이 반드시 이어져 있는 것은 아니다. Surface의 경우 이 들 사이에 틈이 있을 수 도 있고 Curve와 Curve가 이어지지 않은 경우가 있을 수도 있다. 이러한 경우 Join은 허용된 범위 안의 거리나 틈에 대해서는 컴퓨터 스스로 형상을 수정하여 틈을 제거하고 합쳐주는 작업이 가능하다. 이러한 허용 범위가 바로 Merging Distance, 공차(Tolerance)로 생각하여도 된다. 그러나 Merging Distance는 최대가 0.1mm의 값을 갖는다. 그 이상의 값은 입력해 줄 수 없으며 이 보다 공차가 큰 경우에는 Healing 명령을 사용하길 권장한다.

    추가적으로 설명을 할 것이 있다. 바로 Join을 하면서 나타나는 화살표에 대한 것인데 이 것은 이 Surface 형상의 법선 벡터(Normal Vector)의 방향을 나타낸다. 이 법선 벡터의 방향에 의한 작업의 영향이 있으므로 주의해야 한다.

    만약에 이 법선 벡터의 방향을 바꾸고자 한다면 Join 명령이 활성화 된 상태에서는 단순히 클릭만으로 변경이 가능하다. 또는 다음과 같이 Invert 라는 명령을 사용하기도 한다. 이 명령은 따로 Insert ┌ Operations ┌ Invert Orientation에서 선택한다.

■ Healing

우선 Healing은 Join과 유사하게 Surface와 Surface를 하나로 합쳐주는 명령이다. 그러나 Healing은 Curve 요소에는 사용할 수 없다. 또한 Healing은 일반적으로 Join이 해결하지 못할 정도로 큰 공차를 가진 Surface 들을 하나로 합쳐주는데 사용된다.

명령을 실행시키면 다음과 같은 Definition 창이 나타난다.

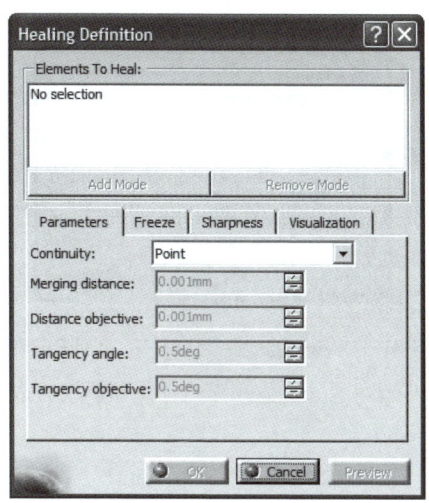

사용방법은 Join과 크게 다르지 않다. 합치고자 하는 Surface 들을 선택하여 적절한 Merging Distance 범위 안에서 형상들을 합친다.

그러나 Healing은 Merging Distance값에 제한이 없다는 게 Join과 큰 차이이자 큰 이점이다. Healing은 형상의 대 변형을 이용하여 형상의 벌어진 틈을 제거해 합치는 명령이다. 그렇기 때문에 사용에 주의를 가져야 하는데 원본 형상을 크게 변형시킬 수 있기 때문에 가급적 Merging Distance 값은 최소로 해주어야 한다.

Healing은 그래서 Analysis Toolbar 에 있는 Connect Checker 라는 명령과 함께 사용한다. 뒤에서 배우겠지만 Connect Checker는 Surface와 Surface의 틈 사이의 간격을 측정해 준다. 따라서 이 명령을 이용해서 Surface 형상들의 틈의 최대값에 맞추어 Merging Distance를 입력해 주어야 한다. Healing을 공부하기에 앞서 Connect Checker 부분을 먼저 공부하면 도움이 될 것이다.

Distance Object는 Healing 할 때 허용할 수 있는 최대의 차이 값을 말한다. 최대 0.1mm까지 입력이 가능하다. Parameter 탭을 지나 Freeze 라는 탭을 가면 선택한 Surface의 모서리(Edge) 중에서 Healing 할 때 현재 위치에서 움직이지 않도록 선택을 할 수 있다.

다시 한 번 강조하지만 Healing은 형상을 변형하여 벌어진 틈을 조여 합치는 명령이다. 따라서 불필요하게 Merging Distance 값을 크게 하지 않기를 권한다. 그리고 Connect Checker 명령을 먼저 사용하고 Healing을 사용하면 도움이 될 것이다.

- Untrim

이 명령은 Surface를 GSD Workbench의 Split 나 Freestyle Workbench의 Break Surface or curve 로 절단한 후 다시 이 절단되어 사라진 부분을 복구하는 명령이다. 물론 앞서 명령을 취소하는 방법도 있을 수 있지만 명령을 취소할 수 없거나 형상이 isolate 된 경우라면 Untrim 명령을 사용하는 것이 제일 적합하다.

Untrim 명령을 실행시키고 Split를 사용하여 Surface를 절단한 것 등의 Surface를 선택한다. 그러면 다음과 같은 Untrim Definition 창이 나타난다.

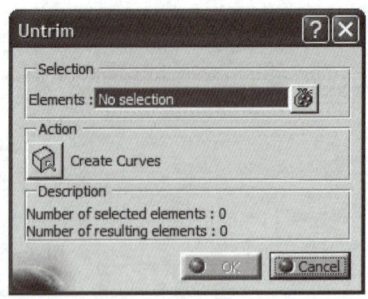

Untrim 명령을 실행시키고 Surface를 선택하면 전체 Surface의 잘려나간 부분이 모두 복구된다. 아니면 아래와 같이 Surface의 잘려나간 부분의 모서리(Edge)를 선택하면 그 부분에 대해서만 복구가 일어난다.

- Disassemble

이 명령은 여러 개의 Sub Element로 이루어진 Surface 나 Curve를 도메인을 기준으로 쪼개어 버리거나 또는 모든 Sub Element를 낱개의 요소로 쪼개어 버린다. Surface의 경우 여러 개의 마디로 나누어졌을 경우 이 각각을 낱개의 Surface 들로 분리가 가능하다. 마찬가지로 Curve의 경우도 연속적이지 않고 마디가 나누어진 부분들을 모두 쪼개어 낱개의 Curve 조각을 만들어 낸다.

이렇게 Disassemble 된 Surface/Curve는 isolate된 상태이기 때문에 Spec Tree 상에서 Parent/Children 관계가 모두 끊어진다는 것을 기억하기 바란다. 즉, Profile을 수정하거나 변경이 불가능 하다.

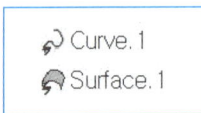

명령을 실행시키고 대상을 선택하면 다음과 같은 Definition 창이 나타난다.

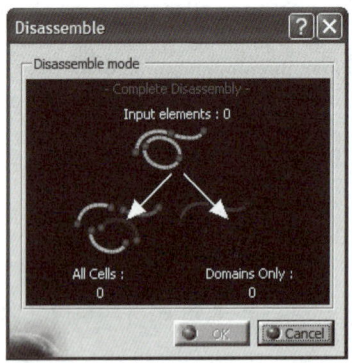

여기서 Input elements를 입력하면 디폴트로 Definition 창 왼쪽의 All Cells로 즉, 모든 Sub Element 단위로 Disassemble하도록 선택이 된다. 동시에 몇 개의 요소로 나누어지는지도 알 수 있다.

Disassemble 후에는 원본 형상은 그대로 있고 이 형상을 구성하던 요소들이 분리되어 따로 생기는 것을 볼 수 있다. 이렇게 분리된 형상들은 따로 숨기기나 또는 삭제, 경계면 수정과 같은 독립적인 작업이 모두 가능해 진다.

Disassemble은 앞서 작업의 History를 가진 채 작업한 형상을 Isolate된 상태로 분리해 버리기 때문에 History를 유지 한 작업을 진행하려는 경우에는 사용을 지양해야 한다.

- Split

이 명령은 Surface 또는 Curve 형상을 임의의 기준 요소를 경계로 하여 절단하는 명령이다. GSD Workbench에서는 형상을 만드는 과정에서 형상을 만들고 불필요한 부분을 잘라내어 다른 형상과 이어주는 작업 방식을 사용한다.

Surface를 다른 Surface 면을 기준으로 절단하거나 또는 평면이나 Surface 위에 놓인 Curve를 사용하여 절단이 가능하다. Curve의 경우에는 교차하는 다른 Curve를 기준으로 절단하거나 또는 평면, Curve 위의 포인트를 사용하여 절단이 가능하다.

Split 명령을 실행시키면 다음과 같은 Definition 창이 나타난다.

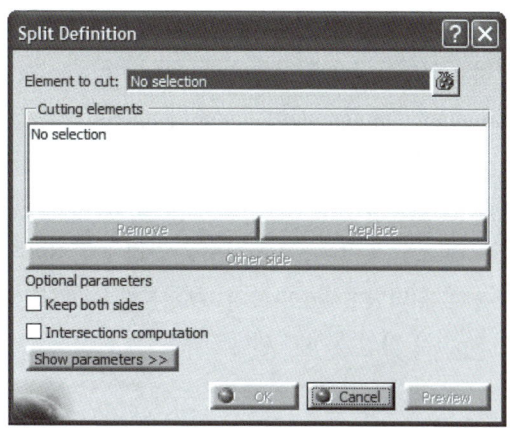

Element to cut 에 절단하고자 하는 대상을 선택한다. 물론 복수 선택이 가능하다 하기 때문에 동시에 여러 개의 요소를 절단할 수 있다. 여기서는 Surface와 Curve를 동시에 선택가능하다.

대상을 복수 선택할 때는 CTRL 키를 누르고 대상들을 먼저 선택한 후에 명령을 실행 시키거나 명령을 실행 시키고 을 클릭한 후 대상들을 하나씩 선택해 준다.

Cutting elements 에는 절단의 기준이 되는 요소를 선택해 준다. 만약에 절단하려는 대상과 교차하지 않거나 절단을 할 수 없는 기준이라면 바로 에러를 표시한다. Cutting elements 역시 복수 선택이 가능하다.

자르고자 하는 대상과 자를 기준이 선택되면 Split되는 형상을 미리 보기 할 수 있다. 형상 중에 반투명하게 보이는 부분이 제거될 부분이 된다. Other side를 이용하여 Split 되어 잘려 나가는 부분을 선택할 수 있다.

물론 Split가 경계를 기준으로 한쪽 부분을 무조건 잘라 없애는 것은 아니다. 아래의 Keep both sides를 체크하게 되면 경계를 기준으로 형상을 둘로 나누어 놓기만 하기 때문에 형상을 둘로 나누기만 원할 경우 이 옵션을 체크한다.

이 옵션을 체크하면 Spec Tree 에서는 다음과 같이 나타난다.

또한 Split에서 기준면이 자르려고 하는 형상을 완전히 나누지 못하면 Automatic extrapolation 기능에 의해 자동적으로 기준면을 늘려 Split를 시킬 수 있다. 만약에 Split를 사용하여 Surface 나 Curve 요소를 절단할 때 다음과 같이 여러 곳을 한 번에 제거하는 것도 가능하다. 그러나 위와 같은 형상이지만 Split 한 결과가 여러 개로 나오는 경우를 조심해야 한다. 이러한 경우 반드시 Multi-Result Management 작업을 해주어야 한다.

Multi-Result가 나온 경우에는 이 중에 원하는 한 부분을 선택해 주거나 또는 모두 현재 그 상태로 놔둘 수도 있다. 그러나 하나의 작업을 하였을 때 나오는 결과물이 여러 개로 나뉠 경우 이들을 독립적으로 사용할 수 없기 때문에 위와 같은 Multi-Result Management를 해주어야 한다. 그리고 의도하지 않은 상황에서 Multi-Result Management 창이 나타나면 작업에 자를 대상과 자를 기준 요소 사이에 문제가 있다는 것을 직감해야 한다.

마지막으로 한 가지 기억할 것은 GSD의 Split 는 Part Design Workbench의 Split 와 구분을 하여야 한다는 것이다. GSD Workbench의 것은 Surface나 Curve 요소를 잘라내는 것이고 Part Design의 것은 Solid 형상을 잘라내는 것이다. 만약에 Solid 형상을 GSD의 Split로 절단을 하게 되면 Solid 형상의 선택한 면(Face)을 Surface로 추출하여 Surface 와 Surface과의 Split로 작업을 하게 된다.

- Trim

앞서 Split가 형상을 단순히 절단하는 것에서 그친 반면 Trim은 선택한 형상들을 서로를 기준으로 절단을 하면서 동시에 이 두 형상을 하나의 요소로 합쳐준다. 결국 Trim은 Split 2번과 Join 1 번을 수행하는 것과 같은 결과를 가져온다.

> Trim 1회 = Split 2회 + Join 1회

Trim을 사용하기 위해 명령을 실행시키면 다음과 같은 Definition 창이 나타난다.

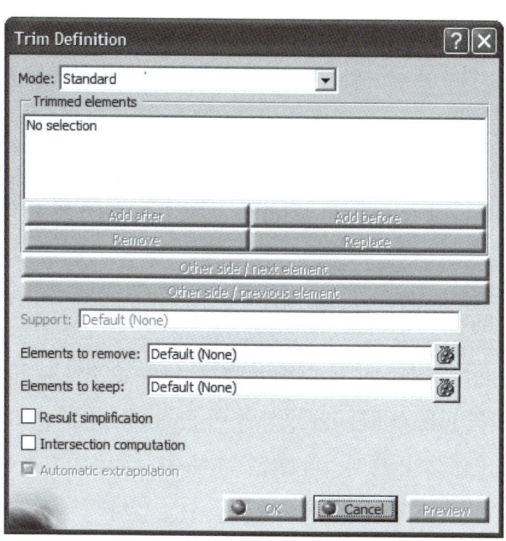

Trim은 두 가지 Mode를 가지고 있는데 Standard Mode와 Piece Mode 이다.

- Standard Mode

    디폴트 Mode 이며 선택한 요소들을 인위적으로 Trim 할 수 있다. Surface 나 Curve 모두 선택이 가능하다. 일반적으로 형상을 절단하여 합치고자 할 경우에 사용한다.

    Trim하려는 대상을 선택하면 Trimmed elements에 리스트가 나타나는데 여기서 두 개 이상의 형상을 선택할 수 있다. 반드시 두 개 라는 것이 아니기 때문에 복수 선택하여 각각의 이웃하는 형상들끼리 Trim하여 전체 Trim 형상을 만들게 된다. Trim을 원하는 Surface들을 모두 선택해 준다.

    이렇게 선택 된 요소들은 각각의 성분끼리 경계에의 하여 다음과 같이 두 가지의 부분으로 나누어진다. 그리고 이 두 가지 방향 중에 원하는 위치에 맞게 Other Side를 사용하여 선택해 주면 된다. 원하는 위치가 잡히면 OK 하여 형상을 확인해 본다.

- Piece Mode

    이 Mode는 Curve 요소에만 사용이 가능한 방법이다. 교차하는 Curve 들을 한 번에 손쉽게 Trim 할 수 있으며 역시 복수 선택이 가능하다. Trim 명령을 실행시키고 Mode를 piece로 변경해 준다.

이 방법은 Trim할 요소를 선택하면서 Trim 할 때 남아 있을 부위를 함께 선택한다. 즉, Trim 명령을 실행하고 남아있어야 하는 부분을 클릭하여 Curve를 선택하여야 한다. Curve 요소에서 마우스로 선택한 부분이 다른 Curve 요소를 경계로 남는 부분이 된다. 주황색 선으로 미리 보기가 된다.

Piece Mode로 Curve 요소를 Trim한 결과이다. 물론 이 Curve 요소들은 하나로 묶이게 된다.

■ Boundary

Surface 나 Solid 형상의 모서리(edge)를 Curve 요소로 추출하는 명령이다. 일반적으로 Surface의 모서리(Edge)나 Solid 형상의 면(Face)을 직접 선택하여 작업에 이용할 수 있다. Surface나 Solid 요소의 모서리나 면은 그 자체로는 내부 요소이기 때문에 수정하여 길이를 조절하거나 임의의 길이만큼 잘라서 사용할 수는 없다.

이런 경우 형상의 모서리를 따로 추출하여 사용하고자 할 필요성을 느끼게 되며 이런 경우 사용할 수 있는 방법이 Boundary를 이용하는 방법이다. 주로 Surface의 모서리를 추출하는데 사용하고 Solid 형상에서는 면 단위로 경계선 추출이 가능하다.

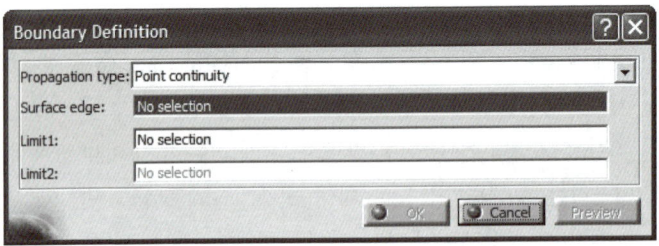

- Propagation Type

Boundary 에는 다음과 같은 4가지 Propagation type 이 있으며 필요에 따라 각 type 중에서 선택해 주면 된다.

  – Complete boundary
    형상이가지고 있는 모든 모서리의 Edge가 Boundary로 추출된다.

  – Point continuity
    선택한 형상의 모서리(Free Edge)와 이어져 있는 모든 모서리가 Boundary로 추출된다.

  – Tangent continuity
    선택한 형상의 모서리와 Tangent 하게 접하고 있는 모서리까지 Boundary로 추출된다.

  – No propagation
    선택한 형상의 모서리만이 Boundary로 추출된다.
    여기서 Limit 요소(일반적으로 선택한 모서리 위에 만들어진 포인트나 vertex 등)를 선택하면 그 것을 기준으로 Boundary를 경계 지을 수 있다.

■ Extract

이 명령은 3차원 형상을 추출하는 명령으로 Curves, Points, Surfaces, Solids 등과 같은 모든 형상 요소를 추출가능하다. 만약에 Solid 면을 Extract 한다고 하면 선택한 면을 Surface 요소로 추출할 수 있다.

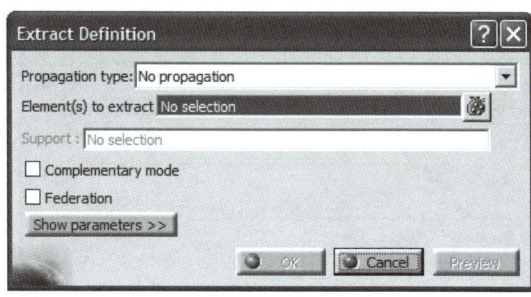

• Propagation Type

Extract 역시 Element를 복수 선택가능하고 Boundary와 같이 4가지의 Propagation Type이 있다. 따라서 추출하고자 하는 형상에 맞게 각각의 Type을 조절하여 작업하도록 한다.

- No propagation
- Point continuity
- Tangent continuity
- Curvature continuity

복수 선택한 대상의 경우 각각의 Surface 형상은 따로 Spec Tree에 나타난다.

■ Multiple Extract

이 명령은 위의 Extract와 유사한 명령으로 선택한 요소를 추출해 내는 기능을 한다. 다만 차이가 있다면 Multiple Extract는 선택한 대상에서 동시에 여러 개의 요소를 같이 추출할 수 있다는 것이다.

일반적인 Extract는 Propagation을 이용하지 않고 복수 선택으로 대상을 선택하였더라도 각각이 서로 독립적인 형상으로 추출이 된다. 그러나 이 Multiple Extract는 한 명령에서 선택한 모든 형상은 하나의 형상으로 모아져 추출이 된다.

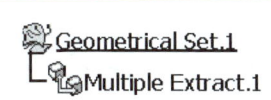

■ Translate

Surface나 Curve, Point, Sketch등의 요소를 평행 이동시키는데 사용하는 명령이다. Part Design과 다르게 선택한 요소만을 이동 시킬 수 있으며 복수 선택 또한 가능하다.
명령을 실행 시키면 다음과 같은 Definition 창이 나타난다.

평행 이동하고자 하는 대상을 선택하고 이동할 방향을 선택하여 거리 값을 입력하는 것은 크게 다르지 않다.

그러나 Hide/Show initial element를 클릭하면 원본 형상을 화면에 나타나게도 할 수 있고 또는 숨기기 할 수 있다. 따라서 원본 형상을 원래 자리에 두고 임의의 거리만큼 떨어진 지점에 같은 형상 하나를 복사해 놓게 사용할 수 도 있다는 것이다.

중요한 개념인데 GSD Workbench에서의 작업한 Surface나 Curve 요소는 절단이나 잇기 등의 작업으로 처음 만든 형상을 수정해 다른 형상을 만들어도 원래 상태의 모습을 가지고 있다. Spec Tree 에서 단지 숨기기만 되는 것이기 때문에 언제든지 다시 사용할 수 있다.

■ Rotate

Surface 나 Curve, Point, Sketch 등의 요소를 임의의 기준을 이용하여 회전 시키는 명령이다. 역시 선택한 대상만을 이동하는 것이 가능하고 복수 선택도가능하다.

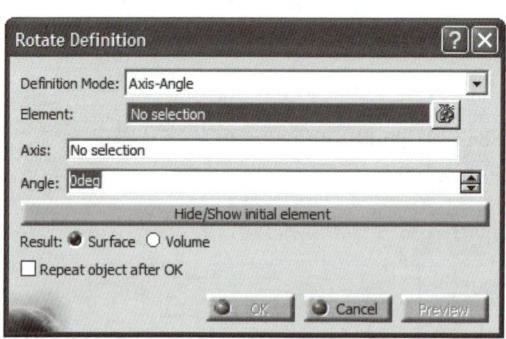

- Symmetry

Surface나 Curve, Point, Sketch 등의 형상의 대칭 형상을 만드는 명령으로 Hide/Show initial element를 이용하면 Part Design의 Mirror 처럼 형상을 대칭 복사하여 반쪽 부분을 손쉽게 만들 수 있다. 단순히 대칭 이동만 하고자 하는 경우에는 초기 형상을 숨기기 하면 된다.

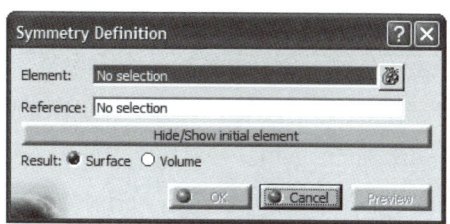

- Scaling

Surface 나 Curve, Point, Sketch 등의 형상을 임의의 방향을 기준으로 크기를 조절하는 명령이다. 이 역시 3차원 방향에 대해서 각 방향으로 Scale을 따로 해주어야 한다.

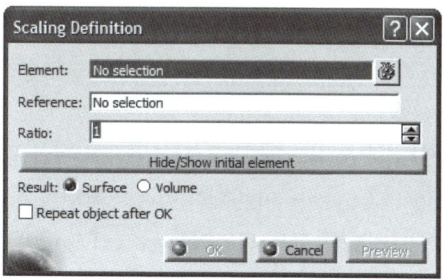

- Affinity

앞서 설명한 Scaling의 보다 업그레이드 된 명령이라 할 수 있는데 대상을 3차원 모든 방향으로 크기를 조절할 수 있다. 어떻게 보면 진정한의미의 3차원 Scale 명령이라 할 수 있다. 명령을 실행 시키면 다음과 같은 Definition 창이 나타난다.

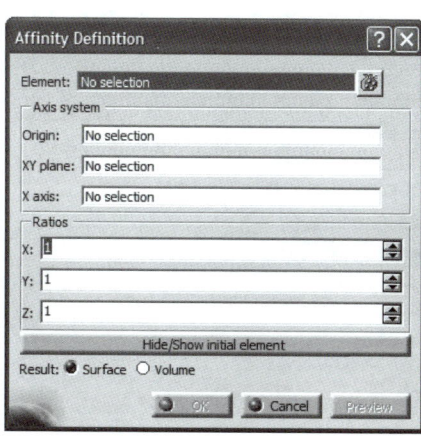

여기서 Scale하고자 하는 대상을 선택하고 기준을 잡기 위해 Axis system의 원점(Origin)과 평면(XY plane), 축(X axis)을 잡아 준다. 만약에 값을 선택해 주지 않으면 절대 좌표축 상의 Axis를 기준으로 작업된다.

그 다음으로 각 축 방향의 Ratio를 조절하여 형상의 크기를 조절할 수 있다. 여기서 3 축 방향의 모든 비율을 한 번에 조절가능하다는 것이다.

- Axis to Axis

이 명령은 이동하고자 하는 대상을 Axis를 이용하여 빠르고 간편하게 이동시키는 명령이다. 옮기고자 하는 형상(element)을 선택하고 이 형상이 있는 부위의 Axis를 Reference 에 선택 한다. 그리고 Target 에 새로이 옮기고자 하는 위치의 Axis를 선택해 준다.

즉, 어떠한 형상을 복사해 옮기고자 할 때 원래 지점에 Axis를 생성해 주고 새로이 옮길 위치에 Axis를 만들어 주면 바로 형상을 복사하여 이동할 수 있게 되는 것이다. 명령은 형상을 복사만 하는 것이기 때문에 Spec Tree에는 다음과 같이 나타난다.

> Axis to axis transformation.1

즉, 원본 형상이 수정되면 Axis to Axis로 복사한 형상 역시 같이 수정된다.

- Extrapolate

이 명령은 Surface나 Curve 요소에 대해서 선택한 지점을 기준으로 그 길이를 연장 시켜주는 명령이다. Surface나 Curve를 이용하여 어떠한 작업을 하려고 할 때 그 길이가 모자란 경우 간단히 그 형상의 늘리고자 하는 위치의 vertex나 Edge를 Boundary에 선택하고 대상을 Extrapolated에 선택해 준다. 그 다음으로 원하는 Continuity 옵션을 선택하고 늘리고자 하는 길이 값을 입력해 준다. Continuity 옵션은 Tangent, Curvature 두 가지가 있으며 늘어나는 값을 길이(Length)가 아닌 Up to element를 사용하여 임의의 위치의 대상까지 연장 시킬 수 있다. 명령을 실행하면 다음과 같은 Definition 창이 나타난다.

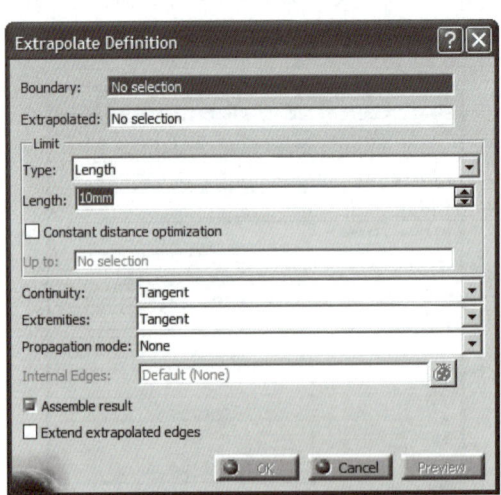

우선 Curve의 경우 연장될 부분의 vertex를 Boundary로 선택해 주고 Extrapolated에 Curve를 선택해 준다. 그러면 선택한 Boundary를 기준으로 Curve 요소가 연장되는 것을 확인할 수 있다.

그런데 Curve 요소를 Extrapolate 시킬 때 주의할 것은 Tangent Type으로 할 경우 Curve가 불연속적이라는 것이다. Boundary로 선택한 vertex를 기준으로 이 지점에서만 Tangent 하게 연장이 되는 것이기 때문이다. 따라서 곡선 요소를 연장 시킬 때는 형상에 따라 이런 점을 고려해야 한다.

Surface의 경우에는 Boundary를 Surface형상의 Edge나 실제 Profile curve를 선택하면 된다. Extrapolated에는 물론 대상 Surface를 선택해 준다.

Extrapolate를 하여 만들어진 연장된 형상은 원본 대상과 하나로 합쳐지게 된다는 것을 마지막으로 기억하기 바란다. 이것은 Definition 창의 Assemble result가 체크되었기 때문이다. 이것을 해제하면 원래 형상과 연장된 형상을 분리할 수 도 있다.

이렇게 Curve나 Surface 형상을 연장시킬 때 형상이 복잡한 경우 연장되는 형상을 만들어 내지 못하는 경우가 있으니 주의하기 바란다.

④ Replication

- Object Repetition

이 명령은 현재 어떠한 대상을 만드는 작업을 한다고 할 때 이 생성 작업을 반복해서 하게 하는 명령이다. 즉, 어떠한 작업을 한번 마치고 이 명령에 의해 그 작업을 몇 차례 반복해서 수행할 수 있게 한다. 일부 작업 명령에 Repeat object after OK 라는 것이 있는데 이것을 사용하는 것과 같은 효과이다.

Repeat object after OK 옵션이 있는 명령은 다음과 같은 종류들이다.

– Point 생성 명령에서 Point Type이 On curve 인 경우
– Line 생성 명령에서 Line Type이 Angle/Normal to curve 인 경우
– Plane 생성 명령에서 Plane Type이 Offset from Plane 인 경우
– Plane 생성 명령에서 Plane Type이 Angle/Normal to plane 인 경우
– Surface 또는 Curve 요소를 Offset 시키는 경우
– Surface 또는 Curve 요소를 Translate 시키거나 Rotate 시키는 경우
– Surface 또는 Curve 요소를 Scale 하는 경우

명령을 실행 시키면 다음과 같은 Definition 창이 나타난다.

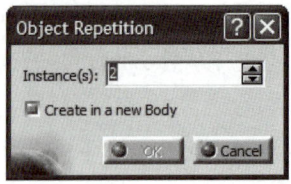

여기서 Instance(s) 에 입력한 수만큼 선택한 작업을 반복하게 된다. Create in a new Body 를 체크하면 선택한 작업을 반복한 결과는 따로 Geometrical Set을 나누어 줄 수 있다.

또는 Repeat object after OK를 선택하지 않고 포인트 하나를 생성한 후에 Object Repetition 명령을 실행 시키고 위의 포인트를 선택해도 된다.

이와 같은 방식으로 정해진 몇 가지 작업에 대해서 반복적인 작업을 손쉽게 할 수 있다.

- Points Creation Repetition

이 명령은 앞서 Wireframe Toolbar의 Point & Planes Repetition에서 설명하였으므로 그 부분을 참고하기 바란다. (동일 명령)

- Planes Between

이 명령은 두 개의 평면 사이에 등 간격으로 평면을 만드는 명령이다. 평행한 두 평면이 있다고 했을 때 이 사이에 일정한 간격으로 평면을 만들고자 할 때 사용할 수 있다. 명령을 실행 시키면 다음과 같은 Definition 창이 나타난다.

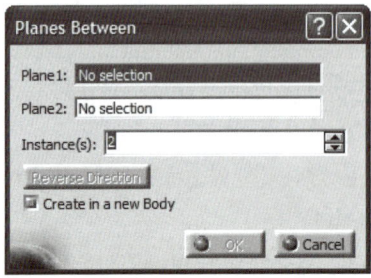

여기서 Plane 1, Plane 2 에 각 평면을 선택해 주고 아래의 Instance(s) 에 필요한 수를 입력하는 비교적 간단한 방법을 사용한다.

물론 이 두 평면은 서로 평행한 상태이어야 한다. 역시 Create in a new Body를 체크하면 따로 Geometrical Set을 이용하여 새로 만들어진 Plane들을 묶어줄 수 있다.

- PowerCopy Creation

PowerCopy 란 사용자의 작업 및 작업 노하우를 재사용하는 극대화된 방법 중에 하나로 이미 완성한 작업 형상에서 일부 요소만을 입력 요소로 받아 같은 방식의 새로운 Part 도큐먼트를 손쉽게 만드는 방법이다.

즉, 한번 유사한 작업을 하였다면 이 작업의 전 과정을 다시 실행하지 않고 필요한 요소만을 변경하여 형상을 완성 시킬 수 있는 것이다.

PowerCopy 로 형상을 재사용하기 위해서는 원본 Part 도큐먼트에 PowerCopy를 만들어 주어야 한다. 그리고 새로운 Part 도큐먼트에서는 필요한 입역 요소만을 구성한 뒤 PowerCopy를 불러와 입력 요소만을 잡아 주면 된다.

그런데 여기서 한 가지 주의할 것이 있다. 그것은 Geometrical Set으로 나누어진 묶음에서 선택한Geometrical Set 안에 Input Element(입력 요소)가 있는 경우 그 Geometrical Set 전체를 component로 선택해 줄 수가 없다.

PowerCopy Creation 명령을 실행 시키면 다음과 같은 Definition 창이 나타난다.

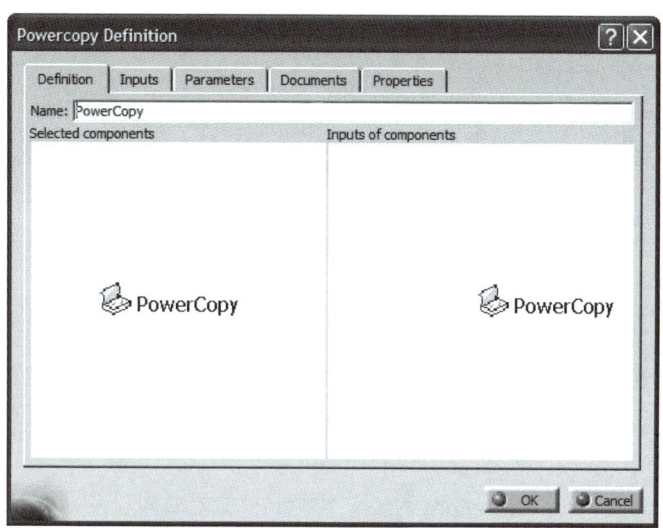

여기서 Power Copy의 Name은 적절한 이름으로 바꾸어 주면 된다. 중요한 부분은 바로 아래 Selected Components와 Inputs of components 이다. 여기서 Selected components는 PowerCopy 에서 나중에 불러오게 될 형상을 의미한다. 따라서 현재 형상을 PowerCopy 에 넣어주고자 한다면 Selected components에 Spec Tree에서 원하는 형상들을 모두 선택해 주어야 한다. 간단히 클릭만 해주면 선택한 요소들이 선택된다. 아래의 그림에서 Geometrical Set의 요소를 일일이 선택하지 않고 다음과 같이 Geometrical Set을 선택하면 전체 형상이 들어가게 된다.

다음으로 이 형상에서 PowerCopy로 불러올 때 필요한 입력 요소를 선택해 주어야 한다. Inputs of components가 이러한 형상에서 새로운 Part 에서 만들어 주어야 하는 입력 요소를 의미한다. 입력 요소에 대해서 Name에 별칭을 입력 할 수도 있다.

이렇게 Inputs of components에 있는 요소들을 새로 Part 도큐먼트를 만들 때 미리 갖추어 놓아야 할 요소가 된다. 즉, 위의 예의 경우에는 ZX평면과 BaseSketch가 될 요소만 있으면 위 형상을 복제해 낼 수 있다.

그런데 간혹 Inputs of Components에 입력하지 않은 요소가 포함되기도 하는데 이것은 현재 자신이 선택한 입력 요소와 관계된 요소이기 때문에 강제로 제거할 수 없다. vertex나 Plane, Axis 등이 그러한 예이다. 이럴 경우 PowerCopy를 불러오는 과정에서 이것들 역시 짝을 맞추어 주어야 한다.

다음으로 Parameter 탭에 가면 현재 형상 중에 임의의 치수를 공개 시켜 놓을 수 있다. 치수를 공개해 놓으면 PowerCopy 로 형상을 불러왔을 때 이 값을 Definition 창에서 임의로 조절 하여 형상을 불러 올 수 있다. Parameter에서 공개를 원하는 수치를 선택하고 아래의 published Name을 체크 한 뒤 이름을 입력해 준다. 여기서 공개한 Parameter는 나중에 PowerCopy를 불러올 때 치수 값을 쉽게 변경할 수 있도록 Insert 창에 출력이 된다.

위에서 설명한 작업이 되었다면 이제 OK를 누른다. 그러면 해당 Part 도큐먼트에 Spec Tree 에 PowerCopy가 생기는 것을 볼 수 있다.

이 Part 도큐먼트가 형상 및 작업에 대한 정보를 담고 있는 원본이기 때문에 파일의 위치나 이름을 잘 파악해 둬야 나중에 불러 올 수 있다.

- **Instantiate From Document**

    이제 앞서 PowerCopy Creation 으로 만든 형상을 불러와 새로운 Part 도큐먼트를 구성하는 방법을 설명하겠다.

    새로운 Part 도큐먼트를 불러온다. 이제 여기에 앞서 형상에서 입력 요소로 선택한 대상을 구성해 준다. 필요한 요소만을 그려주면 된다.

    Instantiate From Document 를 실행한다. 그리고 파일 선택 창이 나타나게 되는데 여기서 앞서 PowerCopy 형상을 만들었던 파일을 선택한다.

    그러면 Insert Object 창이 나타난다. 여기서 중간의 Inputs 요소를 현재의 Part 도큐먼트에 맞게 선택해 준다. Inputs에 있는 게 앞서 PowerCopy 에서 입력 요소로 선택한 요소들이고 Selected 에 새로이 만든 Part 도큐먼트에 만들어 놓은 대상을 선택해 주는 것이다. 다음으로 Parameter를 클릭하여 앞서 Publish한 치수 값을 수정 입력해 줄 수가 있다.

    이제 미리 보기나 OK를 해 보면 앞서 PowerCopy 형상으로 만들었던 형상을 입력 요소에 해당하는 부분만 바꾸어 형상이 만들어지는 것을 볼 수 있다.

    이러한 방법을 사용하여 원본 형상을 재사용하는 기술을 PowerCopy라 하며 Solid 형상이나 Surface 형상 모두 사용가능하다.

⑤ Developed Shapes

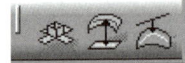

- **Unfold**

    3차원 공간상에 구부러진 Surface 형상을 임의의 기준 평면에 펼치는 명령이다. Multi-Section Surface나 Sweep 등을 사용하여 만들어진 3차원 곡률의 곡면 형상을 제조를 위해 펼친 형상을 필요할 때 절대적으로 필요하다.

Unfold하고자 하는 대상을 선택한 후에 명령을 실행시키면 다음과 같은 Definition 창이 나타난다. 여기서 Surface가 닫혀있는 형상이 아니라면 Unfold 할 수 있는 형상은 바로 펼쳐진 형상이 미리 보기가 될 것이다.

여기서 Unfold 된 형상이 원본 형상의 끝에 만들어 지는데 Position 탭에서 Target 에서 Plane을 선택해 주면 선택한 평면으로 Unfold 되는 형상이 옮겨진다. 그러나 만약에 Surface 형상이 Band 타입으로 이어져있거나 Shell 타입이라면 바로 Unfold 되지는 못하고 형상이 펼쳐질 수 있도록 찢을 부분을 선택해 주어야 한다.

다음과 같이 파란 선과 Annotation으로 찢을 수 있는 부분을 나타내 주고 있기 때문에 선택만 해주면 된다. 적절한 수만큼 찢을 부분을 선택해 주면 자동적으로 Unfold 되는 형상이 나타난다. 형상에 맞게 찢을 부분을 하나씩 선택해 준다. 형상을 완전히 펼칠 수 있는 부분까지 선택을 하면 다음과 같이 미리 보기가 된다.

- Transfer

이 명령은 Unfold로 만들어진 곡면 형상으로 Unfold의 원본이 된 곡면을 기준으로 한 Wireframe(Point, Line, Curve) 요소를 매치시켜 Unfold 형상에 맞게 Wireframe 요소를 생성하는 작업을 수행한다. 명령을 실행하기 전에 앞서 원본이 되는 곡면과 이것을 Unfold한 곡면이 준비되어 있어야 한다. 그리고 매치하여 이동시키고자 하는 Wireframe 요소도 만들어 놓고 명령을 실행하도록 한다. 명령을 실행시키면 다음과 같은 Definition 창이 나타난다.

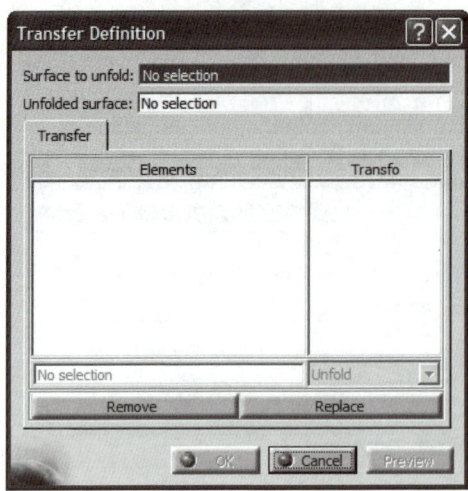

- Develop

이 명령은 Wireframe 요소를 임의의 곡면을 따라 전개시키는 명령이다. 일반적으로 곡면 상으로 쉽게 스케치 작업을 할 수 없을 때 이 명령을 사용한다.

명령을 실행시키면 다음과 같은 Definition 창이 나타난다.

⑥ Analysis

Analysis Toolbar 에서는 현재 만들어진 형상의 상태를 분석해 주는 역할을 한다. 가장 쓰임새가 많은 일부 명령에 대해서 설명을 하도록 할 것이다.

- Connect Checker

이 명령은 앞서 Healing 명령을 설명하면서 언급한 바 있는데 이웃하는 Surface 형상들 간의 떨어진 정도를 분석해 주는 명령이다.

명령을 실행시키면 다음과 같은 Definition 창이 나타난다.

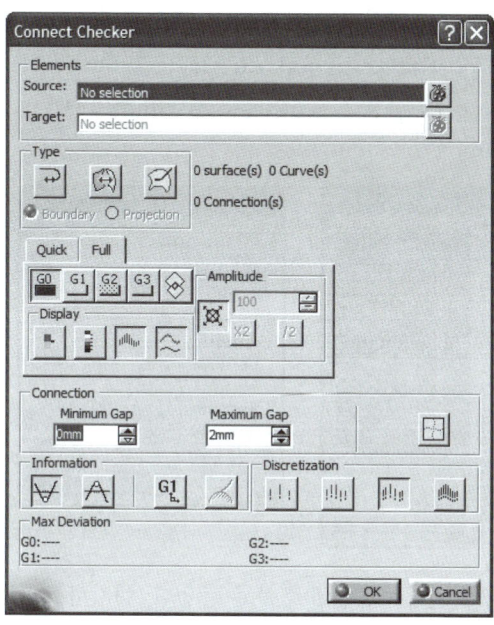

여기서 분석하고자 하는 Surface 형상들을 CTRL 키를 이용하여 선택해 주면 된다.

- Draft Analysis

이 명령은 형상의 면에 대해서 기울어진 값을 찾아내는 명령이다. 즉, Draft를 얼마를 주었는지를 작업 후 역추적 할 수 있다. 이 명령을 실행하려면 우선 다음과 같이 View mode를 Shade with material 로 변경해 주어야 한다. 명령을 실행시키고 Surface를 선택하면 다음과 같은 창이 나타난다.

여기서 위와 같은 Quick Analysis Mode인 경우에는 간단히 3개의 각도값을 이용해 Analysis 한다. Full Analysis mode인 경우에는 다음과 같이 6개의 각도 값을 사용할 수 있다.

물론 여기서의 각도 값은 고정된 것이 아니기 때문에 직접 각도값을 수정해 줄 수 있다. 이러한 각도 값을 변경하는 것을 반복하여 실제 Draft 각도값을 찾을 수 있다. 물론 곧은 Surface 형상뿐만 아니라 곡선이나 solid 형상의 Draft 면에 대해서도 가능하다.

- Surface Curvature Analysis

이 명령은 Surface의 곡률을 분석하는 도구이다. 평평한 Surface 형상이 아닌 경우 사용할 수 있으며 이 명령을 실행하려면 우선 View mode를 Shade with material 로 변경해 주어야 한다. View mode 설정 후 Surface를 선택해 주면 Definition 창과 Surface 형상에 표시가 나타날 것이다.

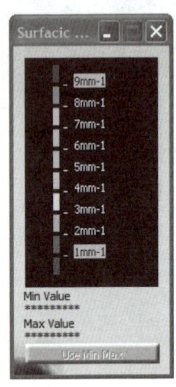
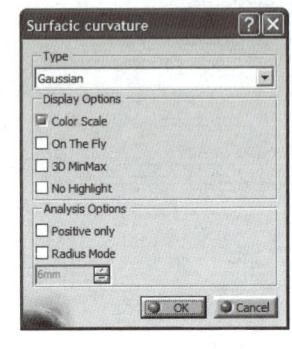

그러나 위에서 바로 원하는 곡률값을 볼 수는 없다. 여기서 Use Min Max 를 클릭해 주면 다음과 같이 Surface의 곡률을 최대에서 최소로 나누어 나타내 준다.

여기서 Surface Curvature 창에서 Type을 Gaussian, Minimum, Maximum, Limited, Inflection Area로 변경하여 분석할 수 있다. 또한 다음과 같이 3D MinMax를 체크하면 Surface 위에 곡률 값이 최대와 최소인 지점을 표시해 주며 Positive Only를 체크하면 곡률이 양의 값을 가지는 곳만을 표시하게 할 수 있다.

- Porcupine Curvature Analysis

이 명령은 Curve 나 Surface의 Edge 요소에 대해서 곡률을 분석하는 명령이다. 명령을 실행하고 Curve 요소를 선택해 주면 다음과 같이 Cu
rve 요소가 어떠한 곡률을 가지고 있는지 나타내 준다. 명령을 실행시키면 다음과 같은 Definition 창이 나타난다.

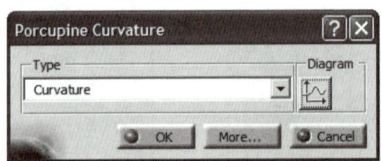

선택한 Curve 요소에 대해서 Curvature 또는 Radius 두 가지 type으로 분석해 볼 수 있다. 또한 Diagram을 이용하여 각 Curve 요소에 대한 분석 값을 그래프화 할 수 있다. Definition 창에서 Diagram을 선택한다.

위 Diagram에서 상단의 각 Drawing Modes를 변경하여 그래프를 그려 볼 수 있다.

3. Useful Tips

- 서피스 모델링 작업에 앞서 Options에서 Enable Hybrid Design을 해제하도록 한다. Part Design과 연동하여 작업할 경우 익숙지 않은 작업자에게 트리의 혼선을 줄 수 있다.
- GSD에서는 Plane 보다 Axis system을 더욱 비중 있게 사용하기 바란다. 그러나 다른 도큐먼트로의 복사/붙여넣기 경우를 주의하여야 한다.
- Axis는 3개의 평면 요소와 3개의 축 요소, 1개의 원점 요소를 가지고 있으며 필요에 따라 원점의 위치를 임의로 지정하는 것이 가능하며 축 방향 역시 조절이 가능하다.
- 서피스 모델링을 위해서는 우선 트리 Set을 구성한 후에 작업하는 것이 필수적이다.
- 서피스 모델링에서는 Geometrical Set의 사용이 중요하며 이것에 의한 트리 구성 방식에 의해 설계를 정의해 나가야 한다.
- 하나의 Geometrical Set에는 최대 15개 정도의 Feature만을 정의하도록 한다. 너무 많은 Feature를 정의할 경우 작업에 혼선을 준다.
- 각각의 Feature들을 생성하면서 필요에 따라 적절히 rename해 주어야 한다.
- 서피스 모델링의 방식은 스케치와 와이어프레임을 사용하여 프로파일과 가이드를 만들고 이것으로 곡면을 생성, 곡면과 곡면들 사이의 교차하는 경계에 의해 형상을 만들어 나간다.
- 서피스 생성에 사용된 스케치나 와이어프레임 요소는 자동으로 숨기기 되지 않으므로 작업 후 설계자가 수동으로 숨기기 해주어야 한다.
- 작업에 사용된 Feature를 함부로 마우스로 드래그 하여 다른 Geometrical Set으로 이동시켜서는 안 된다.
- 모델링을 하는 과정에서 하위 요소로 사용되는 요소들은 Stacking Commands를 사용하기 권장한다.

4. 실습 예제

본장에서는 곡면을 이용한 형상 모델링 연습을 수행해 볼 것이다. 실제로 서피스를 이용한 모델링의 경우 대부분이 정형화된 도면으로 만들 수 있는 경우가 드물기 때문에 연습에 사용된 대부분의 도면은 서피스와 솔리드 모델링 방식을 접합한 Hybrid 모델링 도면을 준비하였다.

GSD Workbench에서 작업은 특히 형상을 완벽하게 구현하는 것만큼 Geometrical Set을 다루는 작업이 중요하다는 것을 명심하기 바란다.

실습의 이해를 돕고자 아래 각 도면에 대한 작업 과정의 설명은 ASCATI 유튜브 채널에서 "2019 CATIA Mechanical Design 도면집"을 검색하거나 왼편의 QR 코드로도 간편하게 학습이 가능하다.

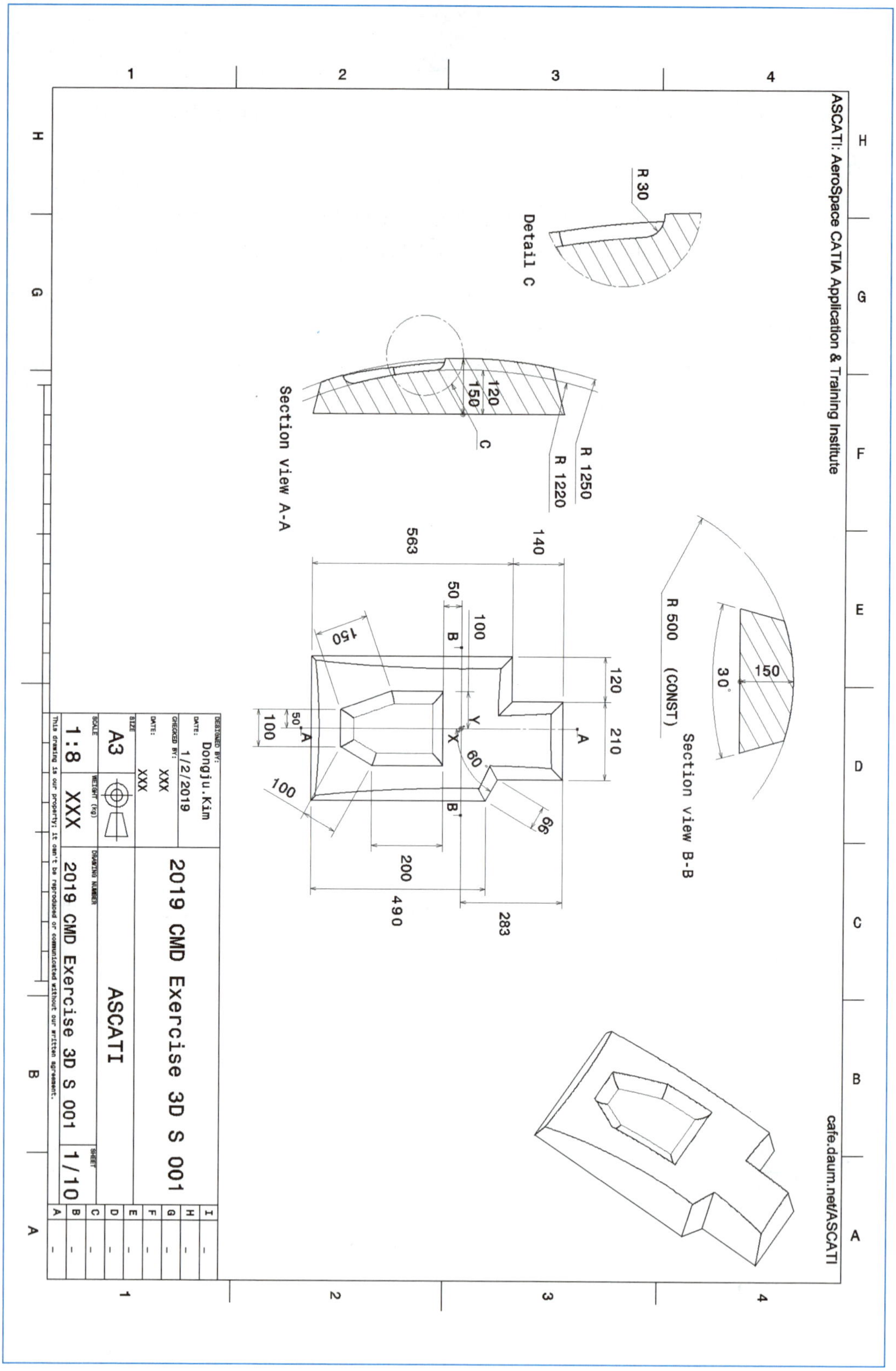

ASCATI: AeroSpace CATIA Application & Training Institute
cafe.daum.net/ASCATI
R 30
Detail C
R 1250
R 1220
120
150
C
Section view A-A
R 500 (CONST)
30°
150
Section view B-B
140
563
50
100
B
150
120
210
A
Y
X
60°
66
100
50
100
200
490
283
DESIGNED BY: Dongju.Kim
DATE: 1/2/2019
CHECKED BY: XXX
DATE: XXX
SIZE A3
SCALE 1:8
WEIGHT (kg) XXX
DRAWING NUMBER 2019 CMD Exercise 3D S 001
SHEET 1/10
2019 CMD Exercise 3D S 001
ASCATI
This drawing is our property; it can't be reproduced or communicated without our written agreement.

EXERCISE 1

- Workbench : Sketcher, Generative Shape Design, Part Design
- 주요 작업 명령

	Geometrical Set		Sweep
	Extrude		Trim
	Edge Fillet		Close Surface

- 작업 순서

1. Geometrical Set을 추가한다. 그리고 하나의 Geometrical Set 안에 'Sketch', 'Surface' 두 개의 이름으로 새로운 Geometrical Set을 구성한다. Geometrical Set설정 작업은 설명에서 생략한다.
2. XZ, YZ 평면에 각각 반지름 1250, 500짜리 커브를 수평 축에 거리 150이 되도록 스케치한다.
3. Sweep을 사용하여 두 개의 곡선을 프로파일과 가이드로 가지는 곡면을 생성한다.
   - Profile type : Explicit
   - Subtype : With reference surface
4. XY 평면을 기준으로 다각형 형태의 프로파일을 스케치 한다.
5. Sweep을 사용하여 XY 평면에 스케치한 다각형을 Line type으로 Sweep한다. 그리고 15도의 각도를 입력한다. 여기서 곡면의 생성 방향을 도면의 방향과 일치하도록 잡아 준다.
   - Profile type : Line
   - Subtype : With draft direction
6. 앞서 생성한 두 개의 곡면을 Trim하여 원하는 형상만 남게 잡아준다.
7. 다음으로 XY 평면에 안쪽에 작은 다각형 형태를 스케치 한다.
8. 다시 XZ 평면과 YZ 평면에 높이 120으로 1220, 500짜리 커브를 스케치하여 Sweep한다.
   - Profile type : Explicit
   - Subtype : With reference surface
9. Extrude를 사용하여 앞서 XY 평면에 그린 다각형을 돌출 시킨다.
10. Trim을 사용하여 앞서 작업한 Trim 형상과 Sweep 곡면, Extrude 서피스를 하나의 서피스로 잡아준다.
11. 지정된 모서리를 반경 30으로 Fillet한다.
12. Part Design에서 Close Surface를 사용하여 곡면을 솔리드로 만들어 준다.

- 핵심 포인트

    Sweep 명령을 사용한 다양한 곡면 생성 방법을 이해한다.
    Geometrical Set을 바르게 지정하고 사용할 수 있어야 한다.

Self Note

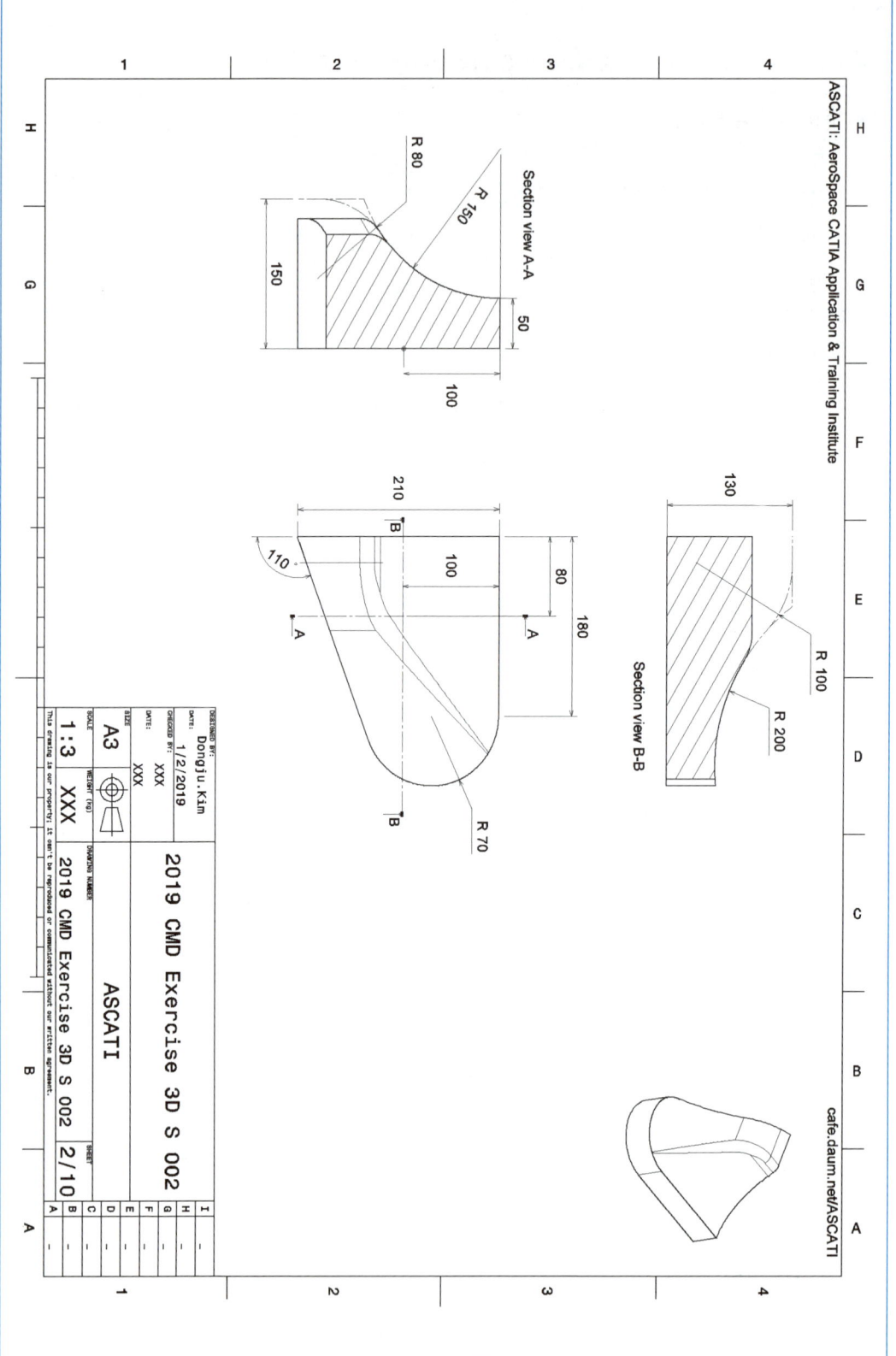

EXERCISE 2

- Workbench : Sketcher, Generative Shape Design, Part Design

- 주요 작업 명령

	Geometrical Set		Extrude
	Trim		Edge Fillet
	Close Surface		

- 작업 순서

1. Geometrical Set을 추가한다. 그리고 하나의 Geometrical Set 안에 'Sketch', 'Surface' 두 개의 이름으로 새로운 Geometrical Set을 구성한다. Geometrical Set 설정 작업은 설명에서 생략한다.
2. 평면도 형상을 XY로 보았을 때 XZ 평면과 YZ 평면의 단면 형상을 각각 스케치하여 Extrude 한다. 여기서 형상의 바깥 쪽 경계는 완전히 구속하지 않아도 다른 면 형상의 면으로 인해 자동으로 경계가 잡힌다.
3. XY 평면의 단면 형상을 스케치하여 Extrude한다.
4. 3개의 곡면을 서로 Trim하여 곡면을 수정한다.
5. 지정된 모서리를 Fillet한다.
6. Part Design의 Close Surface로 곡면 형상을 솔리드화 한다.

- 핵심 포인트

  곡면을 생성하면서 경계면에 대한 작업을 이해한다.

Self Note

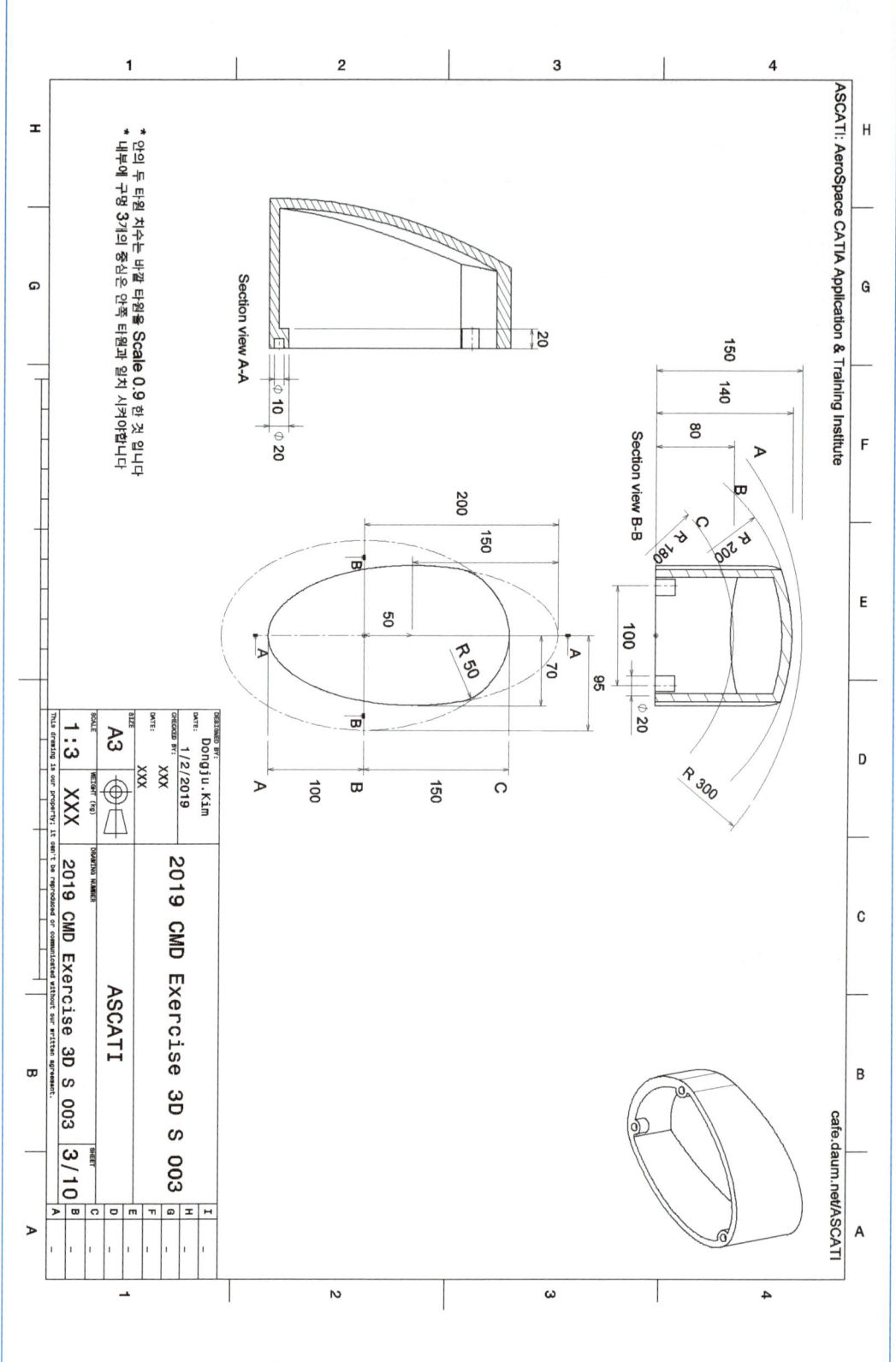

EXERCISE 3

- Workbench : Sketcher, Generative Shape Design, Part Design
- 주요 작업 명령

	Geometrical Set		Plane
	Multi-Sections Surface		Extrude
	Trim		Edge Fillet
	Close Surface		

- 작업 순서

1. Geometrical Set을 추가한다. 그리고 하나의 Geometrical Set 안에 'Sketch', 'Surface', 'Reference Elements' 3 개의 이름으로 새로운 Geometrical Set을 구성한다. Geometrical Set 설정 작업은 설명에서 생략한다.
2. XZ 평면을 기준으로 거리 간격 100, 150 떨어진 지점에 각각 평면을 생성한다.
3. 앞서 생성한 평면을 기준으로 A, B, C 세 지점의 단면 형상을 스케치하고 Multi Sections Surface로 곡면을 그려준다.
4. XY 평면에 두 개의 타원을 그리고 Trim하여 단면 형상을 생성한다.
5. Extrude로 단면 형상으로 곡면을 생성한다.
6. 이 곡면을 앞서 생성한 Multi-Sections Surface와 Trim한다.
7. 지정된 값으로 Fillet한다.
8. Part Design에서 Close Surface로 곡면을 솔리드로 닫아 준 후에 Shell을 사용하여 내부를 파낸다.
9. XY 평면에 지름 15짜리 원을 스케치하여 20만큼 Pad하고 다시 지름 10짜리 원으로 Pocket한다.

• 핵심 포인트

Multi-Sections Surface를 사용하여 여러 단면의 Open된 형상을 이어 하나의 곡면을 만드는 방법을 이해한다. 여기서도 Part Design과 마찬가지로 방향성과 순서에 유의하여야 한다.

곡면을 솔리드로 만드는 과정에서 완전히 닫혀 있지 않고 일부 Opening이 있는 경우에는 Thick Surface를 사용할 경우 의도하지 않은 결과가 나올 수 있다. 이런 경우 Close Surface를 사용하여 완전히 닫힌 솔리드를 만들어 주고 Shell 명령으로 내부를 제거해 주도록 한다.

Self Note

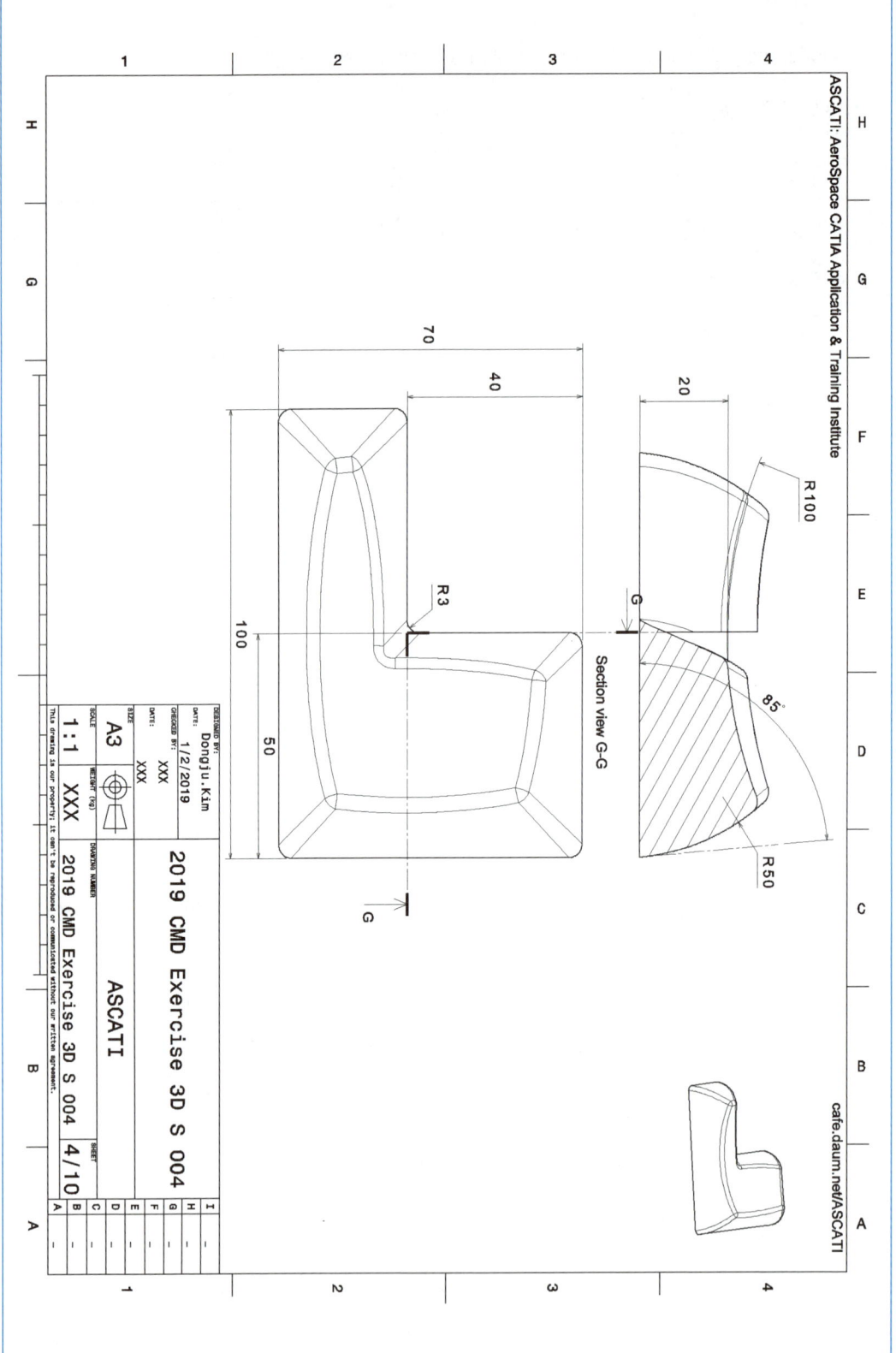

EXERCISE 4

- Workbench : Sketcher, Generative Shape Design, Part Design

- 주요 작업 명령

	Axis		Geometrical Set
	Extrude		Revolve
	Axis To Axis		Rotate
	Trim		Edge Fillet

- 작업 순서

1. Geometrical Set을 추가한다. 그리고 하나의 Geometrical Set 안에 'Sketch', 'Surface' 두 개의 이름으로 새로운 Geometrical Set을 구성한다. Geometrical Set 설정 작업은 설명에서 생략한다.
2. XY 평면에 다각형 형상을 스케치한다.
3. 다각형의 각 절점에 Axis를 생성하고 반경 50이고 수직 축에 대해 85도의 기울기를 가지는 단면을 스케치한다. 모든 단면에 일일이 스케치할 필요는 없으며 한곳에 만든 단면 형상을 Axis To Axis로 축 복사를 수행한다. 여기서 각 단면의 방향이 다른 위치의 것은 Rotate한다.
4. Extrude를 사용하여 각 단면의 프로파일을 곡면으로 만들어 준다. 여기서 적절히 넉넉한 크기로 각 단면들을 만들어 주어야 나중에 Trim할 수 있다.
5. XZ 또는 YZ 평면에 반지름 100 호를 그리고 Revolve로 회전체 곡면을 만든다.
6. 앞서 생성한 각 곡면들을 Trim하여 하나의 곡면을 만들어 준다. 여기서 Trim 순서에 따라 형상이 완성되고 안 되는 경우가 있으므로 주의 바란다.
7. Edge Fillet으로 마무리 한다.

• 핵심 포인트

단순해 보이는 형상이지만 다양한 명령을 사용하여 모델링을 수행할 수 있는 예제이다. 특히 프로파일 형상을 복사 이동하는데 있어 Axis To Axis의 사용이나 단면의 방향을 잡아주기 위한 Rotate 등은 와이어프레임과 서피스를 어떻게 다루어야 하는지에 대해서 생각할 수 있는 기회를 준다. 본 예제에서는 작업 과정에서 언급한 대로 곡면들을 Trim하는 순서에 따라 형상이 완성되는 경우와 Trim 오류가 발생하는 경우가 있다. 따라서 바른 순서로 Trim 방향을 잡아 작업하기 바란다. Trim 명령을 사용한 곡면끼리의 조율 작업은 서로가 서로를 경계로 완전이 나누어지는 경우에만 가능하다. 따라서 앞서 작업한 곡면들이 서로 교차하다 말거나 중복으로 교차한다면 에러가 날 것이다.

Self Note

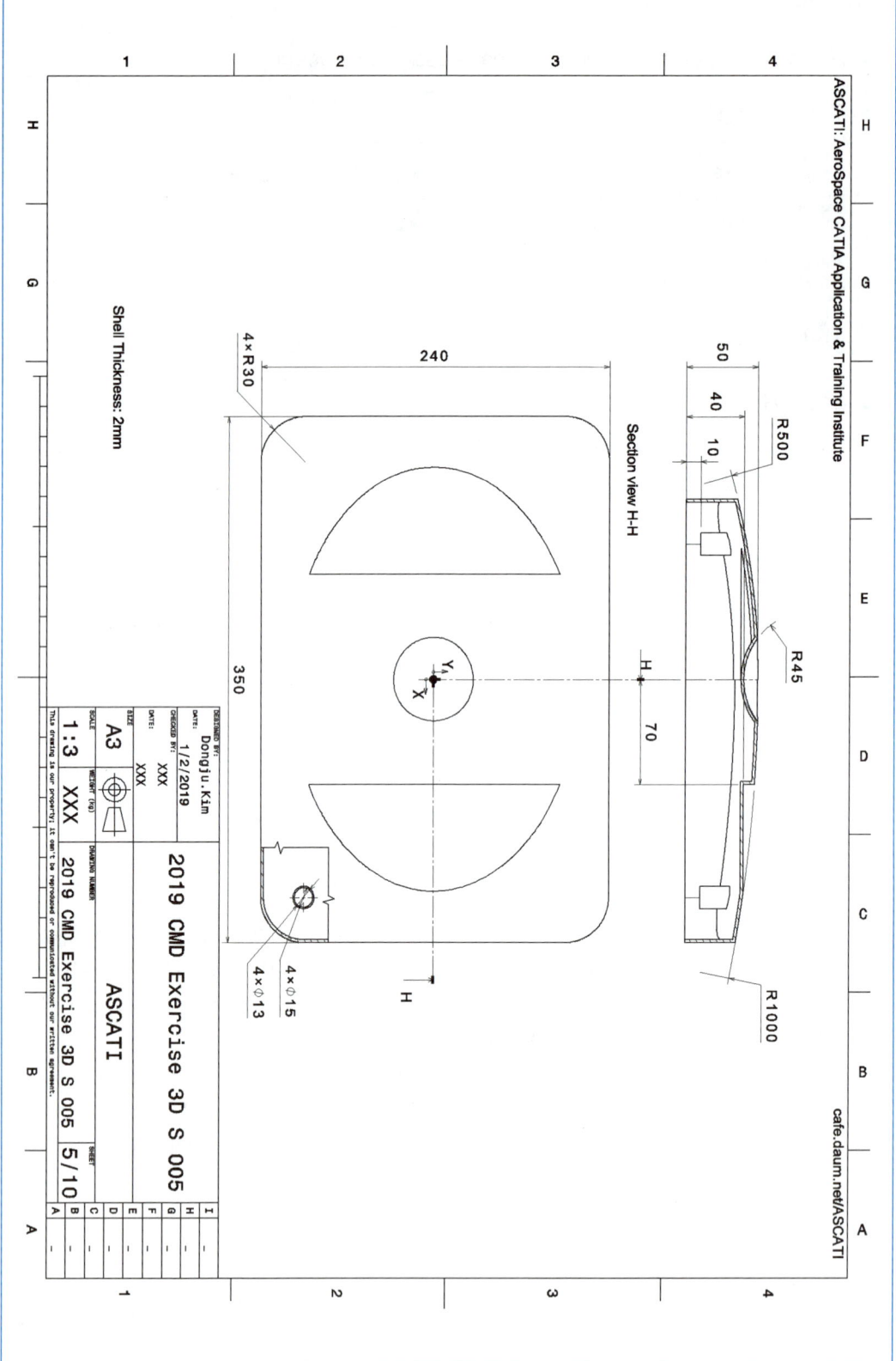

EXERCISE 5

- Workbench : Sketcher, Generative Shape Design, Part Design

- 주요 작업 명령

	Geometrical Set		Sweep
	Extrude		Symmetry
	Revolve		Trim
	Edge Fillet		Thick Surface

- 작업 순서

1. Geometrical Set을 추가한다. 그리고 하나의 Geometrical Set 안에 'Sketch', 'Surface' 두 개의 이름으로 새로운 Geometrical Set을 구성한다. Geometrical Set 설정 작업은 설명에서 생략한다.
2. XZ, YZ 평면에 반지름 1000, 500짜리 호 형상을 높이 50에 맞게 스케치 한다.
3. 이 두 스케치를 사용하여 Sweep 곡면을 만들어 준다.
    - Profile type : Explicit
    - Subtype : With reference surface
4. XY 평면에 사각형 형상을 스케치하여 Extrude한다.
5. XZ 평면에 'ㄴ'자 형태의 단면을 스케치하고 Extrude한다. 이렇게 만든 곡면을 Symmetry로 복사한다.
6. XZ 평면에 이번에는 반지름 45짜리 호를 수직축에 대칭이 되도록 스케치하여 Revolve로 회전체 곡면을 만든다.
7. 각 곡면들을 Trim한다.
8. Part Design의 Thick Surface로 형상의 내부 방향으로 솔리드 두께를 준다.
9. XY 평면에 지름 15짜리 원을 스케치하여 지정한 값만큼 Pad한다. 여기선 Thick Pad로 두께 1로 하는 것이 바람직하다.

• 핵심 포인트

곡면 모델링 작업과 함께 곡면으로 작업할 수 있는 부분을 마친 후에 솔리드 모델링 작업을 연계하여 형상을 완성한다.

Fillet 부분은 스케치에서 Corner로 작업하여도 되며 또는 곡면의 모서리를 작업해도 된다. 다만 Edge Fillet을 사용할 경우 데이터 수정이 용이하다.

Self Note

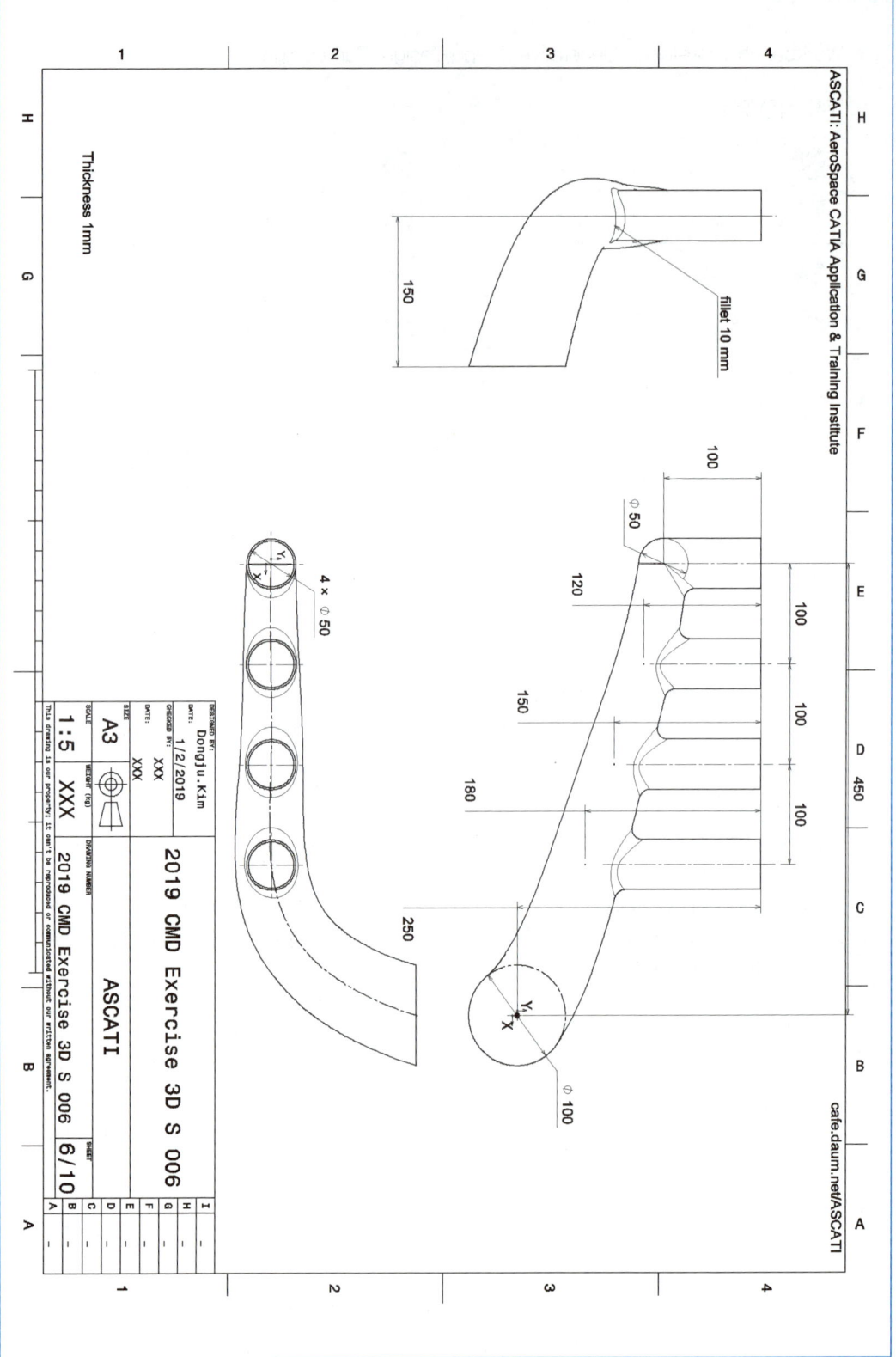

EXERCISE 6

- Workbench : Sketcher, Generative Shape Design, Part Design

- 주요 작업 명령

	Axis		Geometrical Set
	Extrude		Point
	Spline		Multi-Sections Surface
	Sphere		Trim
	Edge Fillet		Thick Surface

- 작업 순서

1. Geometrical Set을 추가한다. 그리고 하나의 Geometrical Set 안에 'Sketch', 'Surface' 두 개의 이름으로 새로운 Geometrical Set을 구성한다. Geometrical Set 설정 작업은 설명에서 생략한다.
2. XY 평면을 기준으로 거리 간격 100으로 각 지점에 원통 곡면을 생성한다.
3. Point를 사용하여 도면에 나온 5개 지점에 Point를 생성한다.
4. 이 포인트들을 Spline으로 이어 하나의 곡선을 만들어 준다.
5. 곡선의 끝단에 Axis를 생성하여 지름 100짜리 원을 그려준다. 반대편 끝단에는 지름 50짜리 원을 그려준다. 여기서 그린 두 개의 원은 각각 4개의 마디로 나누어져 있어야 한다.
6. Multi-Sections Surface로 두 단면을 이어준다. 여기서는 Spine을 앞서 작업한 곡선을 선택해 준다. coupling에서 앞서 작업한 단면의 4개의 마디를 차례대로 잡아준다.
7. Sphere를 사용하여 지름 50짜리 원을 만들어 준다.
8. Trim을 사용하여 각 곡면들을 하나로 만들어 준다.
9. Edge Fillet으로 마무리 한다.
10. Part Design의 Thick Surface로 곡면을 솔리드화 한다.

- 핵심 포인트

    Trim하는 과정에서 Sphere 부분이 완전이 잘려나가지 않으면 Split를 사용하여 먼저 한번 경계 방향으로 절단을 한 후에 Trim 또는 Join하도록 한다.

    본 예제에서는 Spine을 사용한 Multi-Sections Surface를 연습하였다. Spine은 다면 형상들을 지나는 중심 뼈대선이라고 생각하면 된다.

Self Note

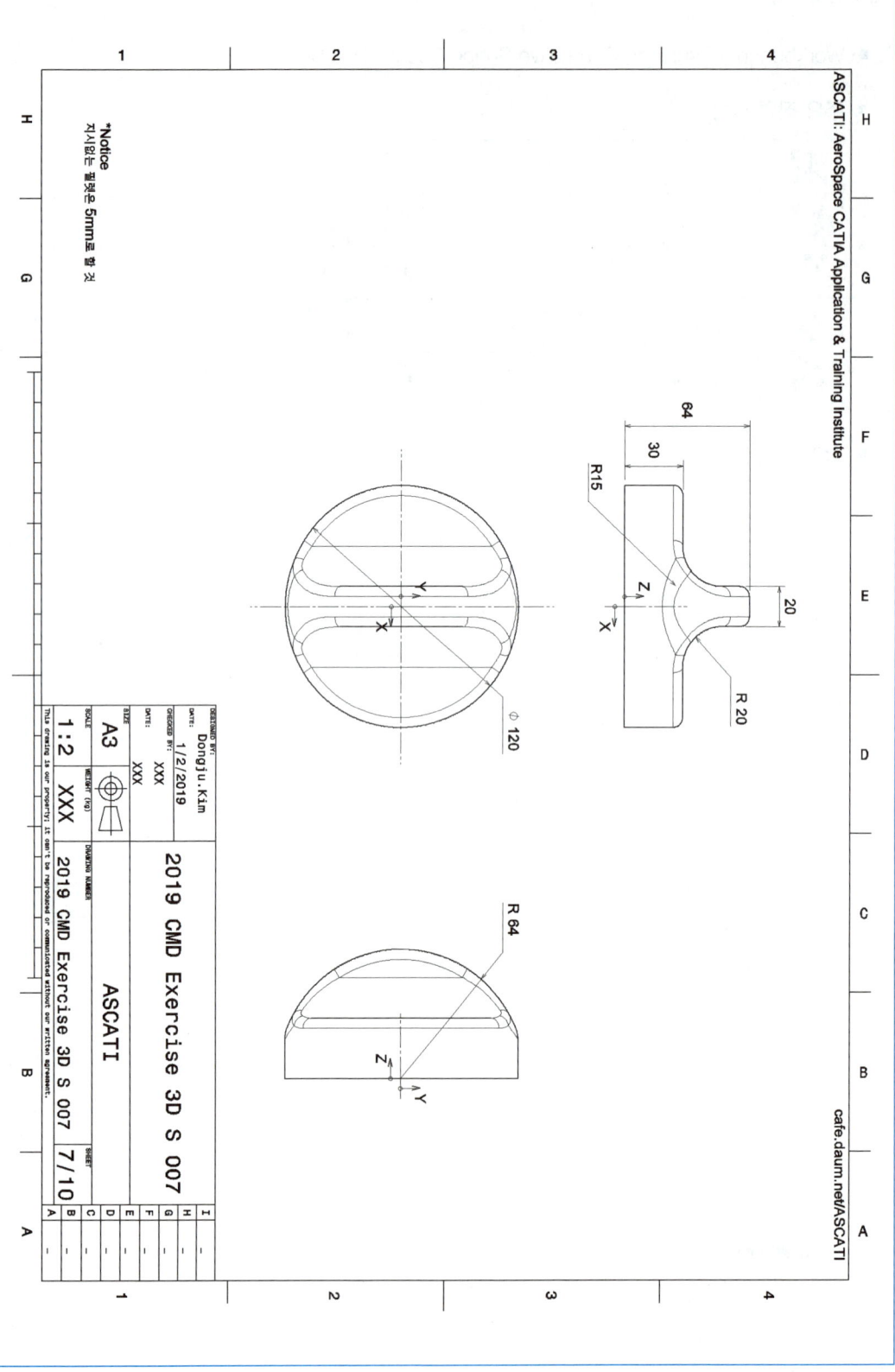

EXERCISE 7

- Workbench : Sketcher, Generative Shape Design, Part Design

- 주요 작업 명령

	Geometrical Set			Extrude
	Trim			Edge Fillet
	Symmetry			

- 작업 순서

1. Geometrical Set을 추가한다. 그리고 하나의 Geometrical Set 안에 'Sketch', 'Surface' 두 개의 이름으로 새로운 Geometrical Set을 구성한다. Geometrical Set 설정 작업은 설명에서 생략한다.
2. XY 평면에 지름 120 짜리 원을 그리고 Extrude한다.
3. XZ 평면에 'ㄴ'자 형태의 프로파일을 그리고 Extrude한다. 라운드 부분은 제외한다.
4. 위 형상을 Symmetry로 대칭 복사 한다.
5. YZ 평면에 반지름 64짜리 호를 그리고 Extrude한다.
6. 4개의 곡면을 각각 Trim한다.
7. 지정된 곡률 값으로 EdgeFillet한다.

- 핵심 포인트

본 작업에서는 한 번 더 서피스 모델링의 특징을 이해할 수 있다. 완전한 단면 프로파일 형태로 구속하지 않아도 각 단면 방향의 다른 곡면에 의해 형상을 완전하게 만들 수 있다.

흔히 서피스 모델링은 종이와 풀, 가위를 이용한 작업이라고 한다. 이 3가지 도구의 조합으로 어떻게 작업할 수 있는지 잘 생각해 본다면 서피스 모델링이 한결 손쉬울 것이다.

Self Note

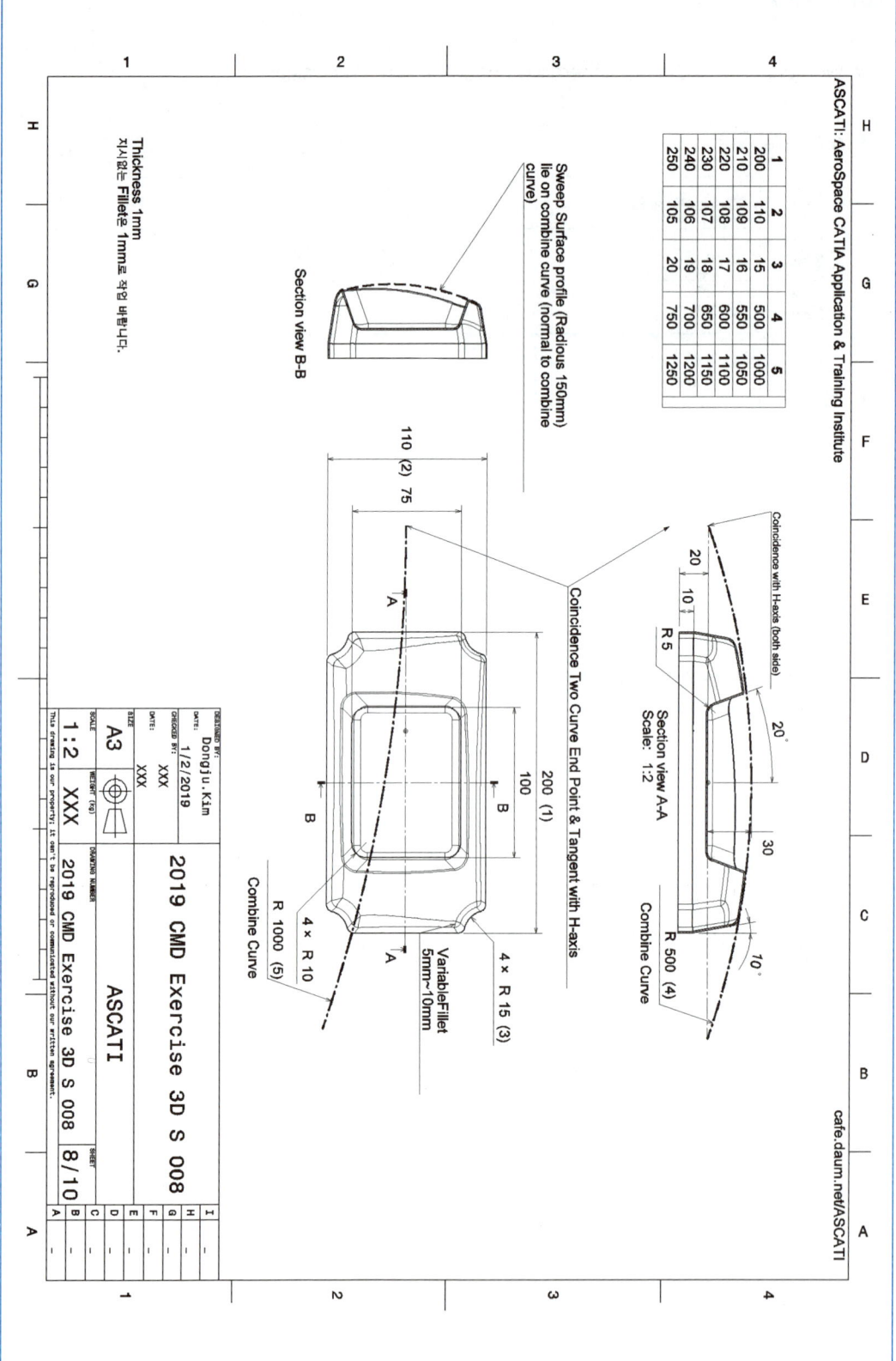

EXERCISE 8

- Workbench : Sketcher, Generative Shape Design, Part Design
- 주요 작업 명령

	Geometrical Set		Combine
	Sweep		Extrude
	Join		Trim
	Edge Fillet		Thick Surface

- 작업 순서

1. Geometrical Set을 추가한다. 그리고 하나의 Geometrical Set 안에 'Sketch', 'Surface' 두 개의 이름으로 새로운 Geometrical Set을 구성한다. Geometrical Set 설정 작업은 설명에서 생략한다.
2. XZ, YZ 평면으로 각 단면 형상을 스케치한다. 여기서 횡 방향 가이드 커브는 반지름 500, 1000 짜리 두 개의 곡선이 Combine된 것임을 잊지 말아야 한다.
3. 이 두 개의 커브를 사용하여 Sweep으로 곡면을 만든다.
   - Profile type : Explicit
   - Subtype : With reference surface
4. XY평면의 단면 형상을 스케치하여 아래 방향으로는 Extrude를 윗 방향으로는 Sweep을 Line type으로 수행한다.
   - Profile type : Explicit
   - Subtype : With reference surface
5. 우선은 위에 같은 프로파일로 만들어진 두 곡면을 Join한다.
6. 다음으로 앞서 생성한 Sweep 곡면과 Tim을 수행한다.
7. 다시 XY 평면 방향에 사각형 프로파일을 스케치하여 Sweep을 Line type으로 작업한다.
   - Profile type : Line
   - Subtype : With draft direction
8. 이 부분 역시 앞서의 곡면들과 Trim한다.
9. 지정된 모서리들을 모두 Fillet해 준다.
10. Part Design에서 Thick Surface로 솔리드화 해준다.

- 핵심 포인트

  본 작업에서는 두 개의 곡률을 가지는 곡선들을 사용하여 두 개의 곡률을 모두 가지는 3차원 곡선을 만드는 명령인 Combine을 공부하였다.
  Catalog의 작성은 Design과 Excel을 사용하여 작업할 수 있다. 이 부분에 대한 설명은 온라인 강좌를 참고 하기 바란다.

Self Note

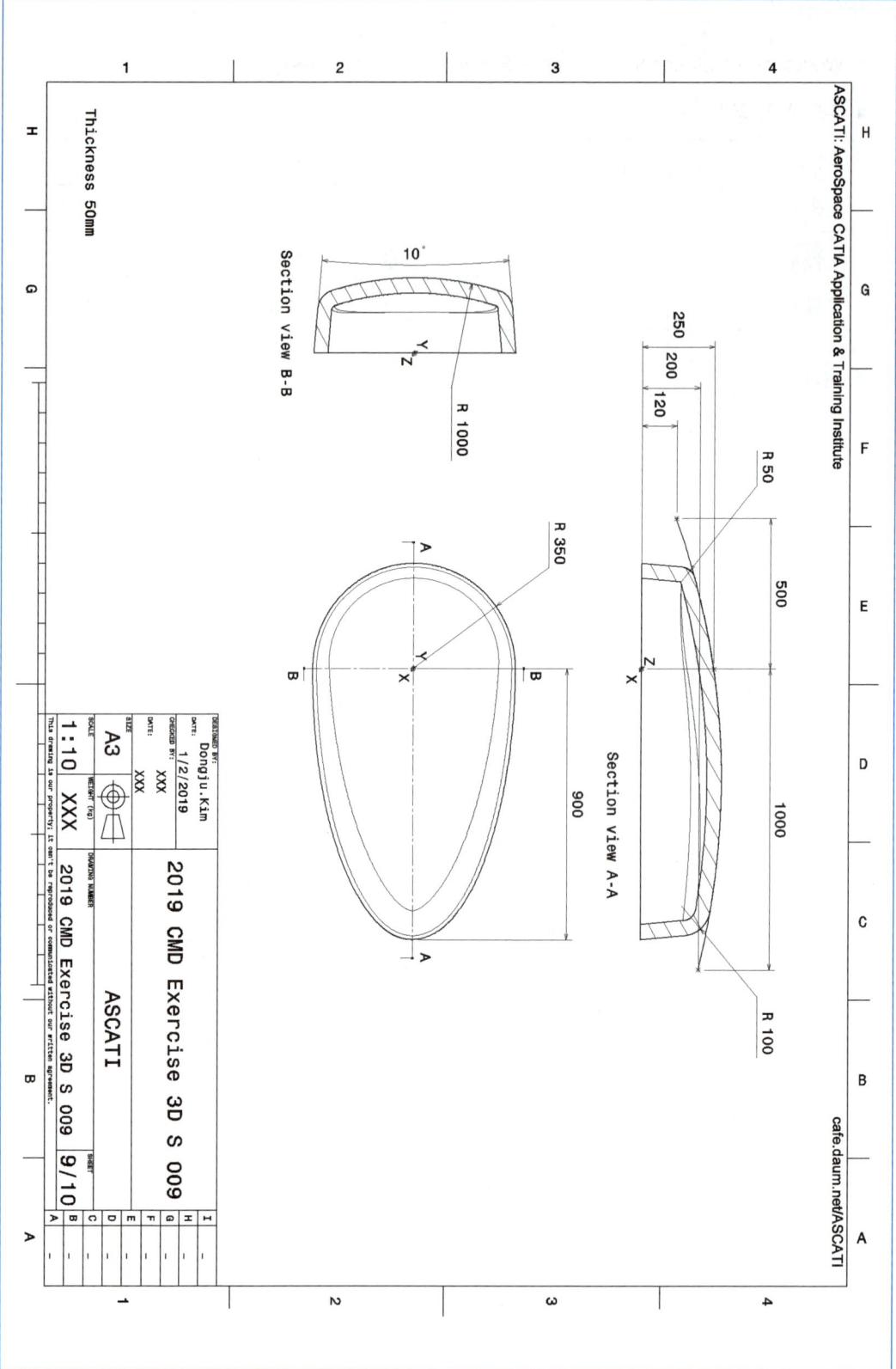

EXERCISE 9

- Workbench : Sketcher, Generative Shape Design, Part Design

- 주요 작업 명령

	Geometrical Set		Sweep
	Extrude		Trim
	Edge Fillet		Close Surface

- 작업 순서

1. Geometrical Set을 추가한다. 그리고 하나의 Geometrical Set 안에 'Sketch', 'Surface' 두 개의 이름으로 새로운 Geometrical Set을 구성한다. Geometrical Set 설정 작업은 설명에서 생략한다.
2. XY 평면에 두 개의 타원을 이용한 단면 프로파일을 생성한다.
3. XZ, YZ 평면에 각 단면 형상을 스케치하여 Sweep으로 곡면을 생성한다.

    - Profile type : Explicit
    - Subtype : With reference surface

4. 앞서 XY 평면에 작업한 스케치를 Sweep하여 곡면을 생성한다.

    - Profile type: Line
    - Subtype: With draft direction

5. 두 곡면을 Trim하고 Fillet한다.
6. Close Surface로 곡면을 솔리드화 한 후에 Shell로 내부 솔리드를 두께 50으로 제거한다.

- 핵심 포인트

    본 작업 역시 단순히 Thick Surface로 작업할 수 있는 형상이기는 하나 Thick Surface의 특성이 곡면에 수직한 방향으로 솔리드를 생성하기 때문에 앞서 Draft 각 5에 의해서 Thick Surface한 결과가 바르게 나오지 않는다. 이러한 경우에는 Close Surface를 수행하고 Shell 작업으로 마무리 한다.

Self Note

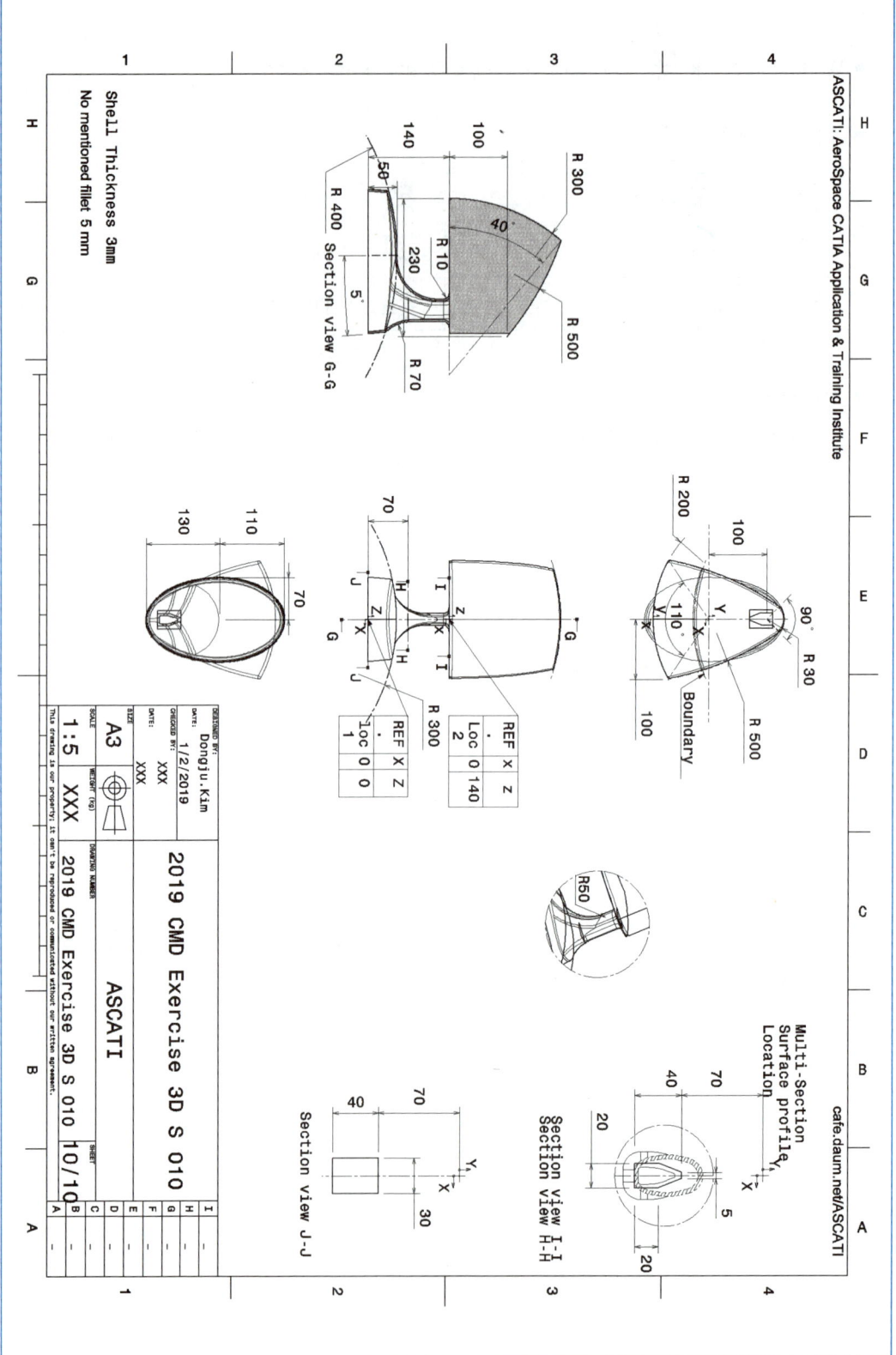

EXERCISE 10

- Workbench : Sketcher, Generative Shape Design, Part Design

- 주요 작업 명령

	Geometrical Set		Axis
	Sweep		Extrude
	Multi-Sections Surface		Trim
	Join		Boundary
	Close Surface		Thick Surface

- 작업 순서

1. Geometrical Set을 추가한다. 그리고 하나의 Geometrical Set 안에 'Sketch', 'Surface' 두 개의 이름으로 새로운 Geometrical Set을 구성한다. Geometrical Set 설정 작업은 설명에서 생략한다.
2. XY 평면에 타원형 단면 형상과 곡률 400, 300짜리 단면으로 바닥 형태를 Sweep을 사용하여 작업한다.
3. 스피커의 목 부분은 Multi-Sections Surface로 작업을 수행해야 하며 따라서 우측의 단면도와 같은 형상을 각 위치에 만들어 준다. Multi-Sections Surface를 작업할 때는 Closing Point와 Coupling을 맞춰 준다.
4. 스피커 목 형상에 정의된 부분을 Fillet한다.
5. 스피커 받친 부분과 Trim을 수행하고 Fillet한다. 여기서의 Fillet은 형상 보다 큰 값을 가지기 때문에 'Edge9s0 to keep'을 반드시 작업해 주어야 한다.
6. XY 평면에서 Offset 된 위치에 단면 형상을 스케치하고 각 단면을 방향에 따라 Extrude와 Sweep으로 곡면을 만들어 준다. 필요에 따라 단면을 모두 사용하지 않고 필요한 부분만을 Extract나 Boundary를 사용하여 추출한 후 작업한다.
7. Fillet이 들어갈 부분을 마저 Fillet해준다.
8. Part Design에 들어가 스피커 머리 부분은 Close Surface를, 목과 받침 부분은 Thick Surface를 수행한다.

- 핵심 포인트

실생활에 근접하게 볼 수 있는 형상으로 단계적으로 작업을 수행해야 완성할 수 있는 도면이다. 각 부분을 작업하면서 Geometrical Set을 보다 세부적으로 나누어 작업하기를 권장한다. 본 예제의 실습 강좌는 카페 강좌 란을 참고 하기 바란다.

Self Note

CATIA MECHANICAL DESIGN

CHAPTER 04

Assembly Design Workbench

여기서는 이전 챕터에서 다루었던 단품 모델링 과정을 벗어나 조립 제품의 형상 모델링에 관해서 공부할 것이다. 일반적으로 양산에 이르는 제품들은 그 크기가 작지 않으며 하나의 파트로 이루어진 경우가 드물다. 심지어 하나의 파트라 하더라도 제작 방법이나 기술에 따라 형상을 나누어 제작하는 경우가 있다.

따라서 본 챕터의 파트 조립 방법을 통하여 제품 조립과 완성체 구축의 과정을 학습하기 바란다.

1. Assembly Design이란?

1. 개요

Assembly Design 은 앞서 Part Design과 GSD와 같이 모델링 Workbench에서 작업한 단품 형상을 기초로 조립 형상을 만드는 Workbench이다. 여러 개의 Part 도큐먼트 또는 Sub Assembly 들을 성분 요소로 불러와 작업을 하기 때문에 Assembly Design Workbench에서는 모델링 작업은 수행되지 않는다. Assembly Design Workbench에서는 대신 앞서 만들어진 Component들 사이의 위치 구속 관계를 부여하여 각각의 Component들로 하여금 전체 형상을 구성할 수 있도록 한다.

이렇게 Assembly Design에서 만들어진 형상은 단순히 여러 개의 Component들의 조립으로 끝나는 것이 아니고 각 구성 Component들 간의 간섭이나 충돌여부 체크, BOM(Bill Of Material) 작성과 같은 Assembly 형상의 분석 작업을 수행 할 수 있으며 Assembly 작업 이후의 DMU(Digital Mock Up)에 의한 기구학적 시뮬레이션 등에 사용될 수 있다. 또한 Assembly DesignWorkbench를 공부하면서 Mechanical Design의 기본 Workbench인 Part Design과 GSD, Assembly Design, Drafting 간의 연계 작업을 이해하게 될 것이다.

2. Assembly Design 시작하기

Assembly Design Workbench에서의 작업은 Product 도큐먼트를 사용한다. 따라서 Part Design이나 GSD Workbench와 직접적인 연동을 하지는 않는다. 다시 말하자면 Part Design Workbench에서 작업 후 Assembly Design Workbench를 선택하면 작업 환경을 옮기는 것이 아니라 새로운 Product 도큐먼트가 실행되는 것이다. 앞서도 설정 부분에서도 언급 하였지만 같은 도큐먼트를 사용하는 Workbench끼리는 도큐먼트를 공유할 수 있다. 즉, Component들을 그대로 두고 Workbench만 전환이 가능하다는 것이다.

Product 도큐먼트는 설계 대상의 형상 데이터를 가지지 않고 단순히 Component들 사이의 구속 관계 및 응용 작업에 대한 정보만을 가지게 된다. 지금까지 공부한 Sketcher 나 Part Design, GSD Workbench와 다른 Product 도큐먼트를 사용하고 있다는 점을 기억하면서 작업에 임하기 바란다.

Assembly Design의 시작은 단축키를 지정하거나 또는 시작 메뉴에서 경로를 따라 직접 명령을 선택해 줄 수 있으나 편의를 위해 시작 메뉴에 단축키를 지정해 놓기를 권장한다.

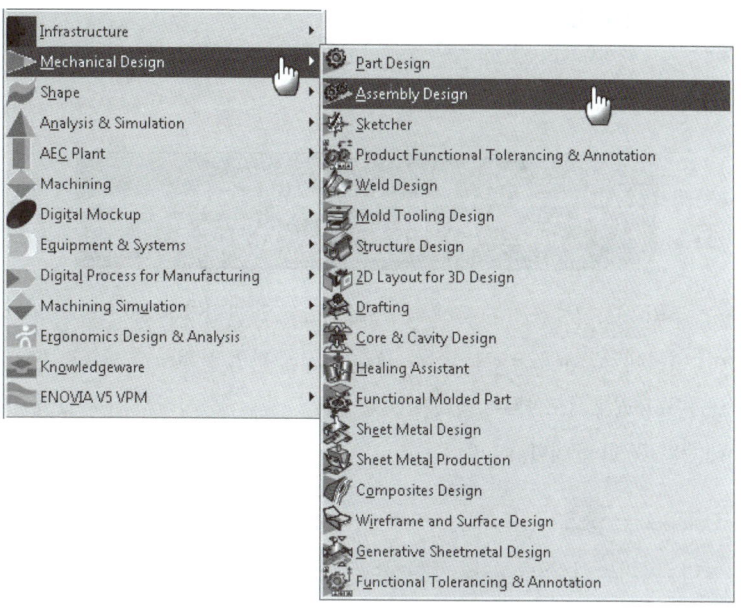

Assembly Design Workbench에 들어가면 다음과 같은 화면을 구성을 볼 수 있을 것이다.

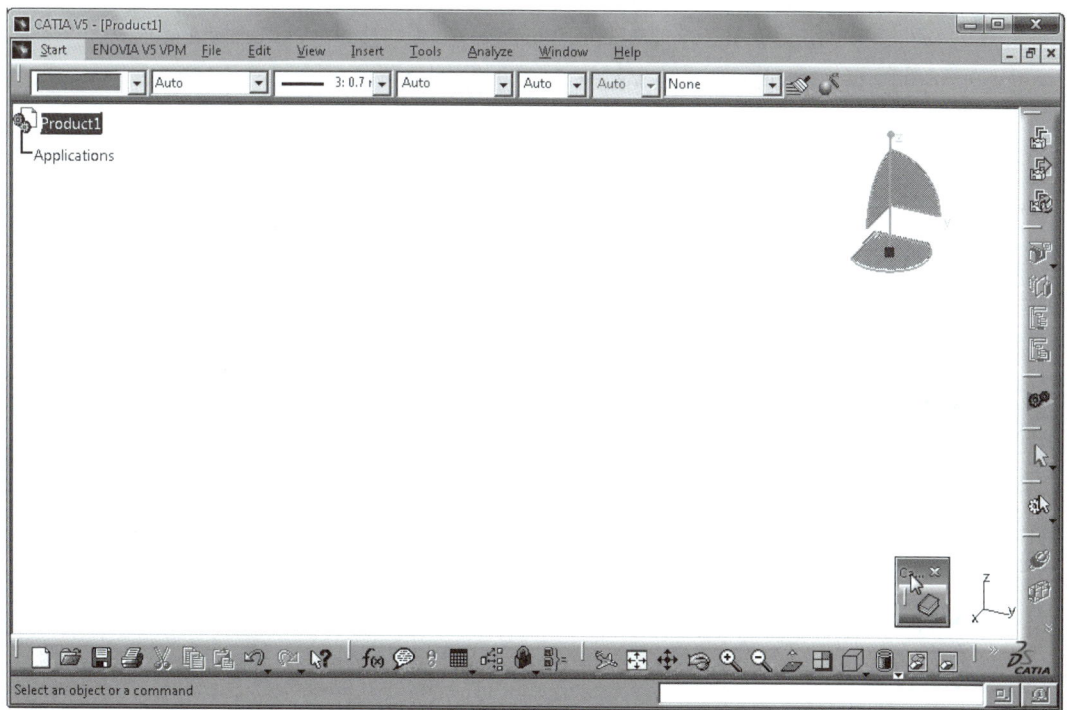

Spec Tree의 구조가 다음과 같이 Product로 시작하는 것을 확인할 수 있다. Product의 Spec Tree의 성분은 앞으로 작업을 하면서 Component나 Constraints, Application이 추가되게 된다.

2. Assembly Design Toolbar

1. Product Structure Tools

이 Toolbar의 주된 기능은 Product안에 Component들을 관리하는 역할을 한다. 빈 Component들을 추가하여 여기에 Modeling 작업이나 Assembly 작업을 할 수 있다. 또는 이미 만들어진 Component들을 불러오게도 할 수 있다. Assembly Design을 시작하는데 있어 가장 먼저 Product에 작업을 해주는 Toolbar이다.

- New Component

  이 명령은 기존의 Assembly 형상에 Component를 추가하는 기능을 한다. 이러한 Component를 추가함으로써 Root Assembly의 Sub Assembly를 구성하는데 사용하기도 한다. New Component 명령을 실행 시키고 추가하고자 하는 상위 Product를 선택해 준다. 명령을 실행 시킨 후에 상위 Product를 선택해주지 않으면 Component가 추가되지 않는다. 다른 방법으로 Component를 추가하고자 하는 Product를 선택하고 Contextual Menu를 선택하면 Components ⇨ New Component를 선택할 수 있다.

- New Product

  이 명령은 기존의 Assembly 형상에 빈 Product를 추가하는 명령이다. 이러한 빈 Product를 추가하여 이곳에 Sub Assembly를 구성해 줄 수 있다. Top-Down 방식으로 형상을 조립할 때 Sub Assembly를 만들기 위해 사용한다고 보면 된다.

- New Part

  이 명령은 빈 Part 도큐먼트를 추가해 주는 명령으로 Part 도큐먼트를 추가해 줌으로써 이 빈 Part 도큐먼트에 모델링 작업을 해줄 수 있다. Top-Down 방식에서 빈 Part 도큐먼트들을 추가하여 조립 형상의 각 부분을 만드는 경우에 사용하는 명령이다.

- Existing Component

  이 명령은 이미 만들어진 Part 도큐먼트나 Product 도큐먼트를 현재 선택한 상위 Product에 추가해 주는 명령으로 Bottom-Up 방식으로 조립을 하는 과정에서 사용하는 명령이다. Part 도큐먼트나 Product 도큐먼트 모두 추가가 가능하기 때문에 Sub Assembly 형상을 앞서 작업에서 만들어 놓고 그 상위 Product에서 불러올 경우나 하나의 Assembly 상에서 각 구성 품들을 불러 모으는데 사용한다.

- Existing Component With Positioning

  이 명령은 기존에 존재하던 Component를 현재 선택한 상위 Product에 위치를 잡아서 추가해 주는 명령이다. Existing Component명령과 큰 차이라 함은 Component를 원하는 위치를 잡아서 그 위치에 단순히 불러오거나 또는 구속까지 포함하여 위치를 잡고 Component들을 불러온다는 것이다.

- Replace Component

  이 명령은 현재 Product에 들어있는 Component를 다른 Component로 바꾸어 주는 명령이다. 단순히 형상만을 바꾸어 주는 명령이라면 큰 중요성은 없어 보일 수 도 있다. 그러나 Replace Component는 Component를 바꾸어 줌과 동시에 원본 Component를 다른 기존 Component들과 맺은 구속들까지 바꾸고자 하는 Component에 적용 시켜 준다.

- Graph tree Reordering

  이 명령은 Product에 불러와진 Component들의 순서를 재정렬 시켜주는 명령이다. Component를 불러 올 때 마구잡이로 Component를 불러왔다거나 순서상에 재정렬이 필요한 경우 이 명령을 사용하면 된다.

- Generate Numbering

  이 명령은 Assembly의 각 Component에 번호를 부여하는 매기는 명령이다. 이렇게 Component들에 번호를 매기는 것은 Assembly 상에서 각 Component들을 표현하는데 있어 간략하게 표현이 가능하며, BOM을 생성할 경우에 단품 품번으로 활용할 수 있다. 이는 나중에 Drafting에서도 BOM을 표로 가져오는데 연동이 가능하다.

- Selective Load

  이 명령은 전체 Product에 대해서 부분적으로 Sub Assembly 형상을 불러오게 하는 명령이다. 일반적으로 Assembly 된 Product를 불러오면 전체 Component들이 모두 불러와지기 때문에 이 명령을 사용하려면 우선 다음과 같이 옵션을 설정해 주어야 한다. 옵션을 설정하지 않으면 기능을 상용할 수 없습니다.

- Manage Representations

  이 명령은 선택한 Part의 형상 정보를 여러 개의 도큐먼트들로부터 불러와 형상 표현을 여러 가지로 할 수 있게 해주는 명령이다. 즉, 하나의 Part의 형상을 만들어 놓고 이 Part에 이미 만들어진 다른 형상 파일을 적용시킬 수 있으며 이렇게 여러 개의 Part 형상을 저장해 놓고 원하는 형상을 활성화 시켜 나타나게 할 수 있다.

① Multi--Insanitation Sub Toolbar

- Fast Multi-Insanitation

이 명령을 학습하기에 앞서 다음의 Defining a Multi-Instantiation 명령을 먼저 공부하기를 권장한다. 이 명령은 하나의 Component를 복수로 불러올 경우에 사용하는 명령이다. 뒤에 배우게 될 Defining a Multi-Instantiation 를 통하여 복수로 불러올 형상의 수와 방향을 정한 설정대로 이 명령에서는 설정 없이 바로 동일한 Component를 복수로 불러올 수 있다. 여기서 복수로 불러올 수 있는 Component는 Part 도큐먼트나 Sub Assembly를 가진 Product 도큐먼트 모두 가능하다.

- Defining a Multi-Instantiation

이 명령은 현재의 Product에 불러와진 Component들 중에 복수로 여러 개의 Component를 불러오고자 할 때 그 수량과 방향을 정하여 한 번에 불러오는 명령이다. Assembly상에서 동일한 형상의 Component가 여러 곳에서 사용이 된다면 이를 모두 따로 만들어 줄 필요가 없습니다. 원하는 수량만큼 불러와 주기만 하면 된다. Component를 일일이 Existing Component로 불러오는 방법도 있으나 다량의 Component를 복사하고자 할 경우에는 이 명령을 사용하는 것이 바람직한다.

2. Move

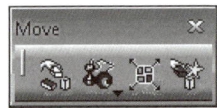

- Manipulate

이 명령은 선택한 Component를 직선 방향 또는 평면, 회전축 기준으로 단순 이동시키는데 사용하는 명령이다. Manipulate를 실행시키면 다음과 같은 Manipulation Parameters 창이 나타납니다.

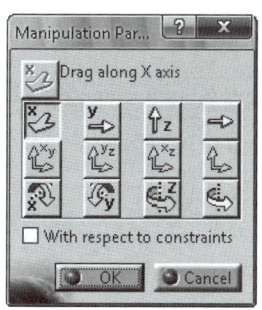

여가서 만약 선택한 Component를 X방향으로 이동시키고자 한다면 Drag along X axis를 선택한 뒤에 Component를 선택하여 드래그하면 선택한 Component가 X방향으로 움직이는 것을 볼 수 있을 것이다. 여기서 다시 다른 방향 요소를 Manipulation Parameters에서 선택한 후 에 Component를 드래그 하면 다시 그 방향으로 움직이는 게 가능하다.

한가지 기억할 것은 OK를 눌러야 현재 이동한 위치로 옮겨지고 만약에 Cancel을 누르면 Manipulate를 하기 전의 위치로 돌아간다는 것이다.

① Snap Sub Toolbar

- Snap

  이 명령은 Component들과 Component들 간에 접촉을 통하여 이동을 시키는 명령으로 Component들 간의 면과 면을 선택하여 이 면을 일치시키게 움직이거나 또는 Component들의 모서리나 축 요소를 선택하여 이들 간에 일치하도록 이동시킨다. 한가지 기억할 것은 항상 처음 선택한 Component가 이동한다는 것이다. 즉, 두 대상간의 이동시에 처음 선택한 Component가 이동하여 일치되는 것이다.

- Smart Move

  이 명령은 Snap 명령과 Constraints생성 기능이 복합된 명령으로 Component들을 이동시키면서 이 이동 조건과 일치하는 구속 명령을 동시에 부여할 수 있다.

- Explode

  이 명령은 현재 Product에 불러와진 모든 Component들을 화면 전체 공간으로 퍼트리는 명령이다. 주로 처음엔 Component들을 불러왔을 때 불러온 위치가 한곳에 뭉쳐있어 구속을 주기 힘들 때 일단 퍼트린 뒤에 구속을 주어 다시 하나의 위치를 가지게 하는 경우나 전체 형상에 구속을 부여한 후 일부 위치를 재설정하거나 구속 상태를 확인하기 위해서 퍼트리기도 한다. 말 그대로 Product의 Component를 공간상에 터트려 버린다.

- Manipulate on Clash

  이 명령은 Manipulate 명령을 실행 시에 사용할 수 있는 추가 옵션으로 Component들을 이동시킬 때 다른 Component와 충돌이 발생할 경우 그 이동을 멈추도록 하는 명령이다. 이 명령을 활성화하고 Manipulate에서 with respect to Constraints를 체크하고 Manipulate를 실행하면 이제 Component를 이동 시 다른 Component와 만나게 되면 이동이 멈추면서 충돌하는 대상을 하이라이트 해줄 것이다.

  그 외에도 다른 명령어가 Component들 간의 간섭이나 충돌을 감지할 수 있는 구조의 경우 이를 감지하여 단품간의 충돌이나 겹치는 현상을 방지할 수 있다.

3. Constraints

Assembly상에서의 구속은 Component와 Component사이에 구속이다. 따라서 Component들 간에 일치나 평행 거리, 각도 등을 부여할 수 있으며 이렇게 부여된 구속은 Component들을 이동시켜 구속을 성립시킨다. Assembly를 구성하는 각각의 Part나 Product들은 그들만의 원점을 기준으로 만들어 집니다. 그렇기 때문에 전체 형상을 구성하는 Product에서는 다시금 그 것들의 정해진 위치를 찾아 주어야 하기 때문에 이러한 Assembly상에서 Constraint가 필요하게 된다.

Product에 Component를 불러온 상태에서는 Component들 간에 아무런 구속이 존재하지 않는다. 따라서 원점에 대한 구속 및 Component들 간의 구속을 반드시 잡아 주어야 한다.

원점에 대한 개념도 Product상에서 중요하게 사용된다. 특히 현재의 Product로 작업이 끝나는 것이 아니고 또 다른 상위 Product로 작업이 더 있는 경우에는 원점과 '+'축 방향을 잘 잡아 주어야 나중에 번거로움이 적습니다.

Constraint는 다음과 같은 몇 가지 규칙을 가지고 있다.

- 구속은 현재 활성화된 Product의 Component들 사이에서만 가능하다.
- Sub Assembly의 Component들은 Root Product에서는 하나의 묶음으로 움직이다.
- Sub Assembly의 Component들을 구속하려면 Sub Assembly의 Product를 더블 클릭하여 활성화 시켜야 한다.

  - Coincidence Constraint

    이 명령은 선택한 두 Component의 요소에 일치 구속을 주는 명령이다. Sketcher에서 사용한 Coincidence 명령과 유사하다고 보면 된다.

  - Contact Constraint

    이 명령은 두 면(face) 간의 일치 구속을 주는 명령이다.

- Offset Constraint

  이 명령은 두 대상간의 거리 구속을 주는 명령이다. 선택한 대상 간에 일정한 거리 값을 부여하여 대상들을 구속 시킨다.

- Angle Constraint

  이 명령은 두 대상 간에 각도 구속을 주는 명령이다.

- Fix

  이 명령은 말 그대로 선택한 Component에 대해서 현재 위치에 고정 시키는 명령이다. 기준이 될 요소나 원점이 될 대상을 Fix 시키고 다른 Component들을 이 Fix 된 Component에 맞추어 구속을 주면 유용하게 사용할 수 있다.

- Quick Constraint

  이 명령은 Sketcher의 Auto Constraints처럼 간단히 형상들 사이에 접촉에 관련된 구속을 주는 명령으로 아래의 구속에 대해서 두 대상을 선택하면 선택한 대상과 선택 요소에 따라서 구속이 들어간다.

- Flexible Sub Assembly

  현재 활성화된 Product에서 그 하위의 Sub Assembly의 Component들은 모두 하나로 묶여서 각각을 따로 움직이게 할 수 없습니다. 즉, 하나의 Sub Assembly는 그 상위 Product에서는 하나의 묶음처럼 취급된다. 즉, 그 각각에 대해서 따로 구속을 주거나 움직일 수 없고 모두 하나의 Sub Product 안에서 마치 강체처럼 움직이다.
  이 명령은 이런 Sub Assembly의 구성 요소들을 그 상위 Product에서도 각각을 따로 구속하고 움직이게 하는 명령이다. 마치 상위 Product에 위치한 것 같이 Sub Product의 Component들을 구속하거나 따로 이동이 가능하게 하는 것이다.

- Change Constraint

  이 명령은 현재 Component들 간에 맺어진 구속을 다른 구속으로 바꾸어주는 명령이다. 현재 구속을 지우고 새로운 구속을 주는 과정을 간략하게 할 수 있다.

- Reuse Pattern

  이 명령은 Part 도큐먼트에서 형상을 만드는데 사용하였던 Pattern 명령을 다시 사용하여 Component들 간에 구속을 주는 방법이다. 즉, Pattern을 만드는데 사용한 원본 형상 위치에 어떠한 Assembly 구속으로 Component를 구속하였다고 했을 때 나머지 Pattern 위치에는 일일이 Component들을 불러와 구속하지 않고 형상을 만드는데 사용한 Pattern 명령을 사용해 그 위치에 Component들과 구속을 모두 적용하는 것이다. Pattern으로 Component들을 Assembly한다고 생각하면 된다.

4. Constraints Creation

이 Toolbar의 기능은 구속을 부여할 때 이 구속 사이에 관계를 정의하는 방법을 결정하게 된다. 3가지 방법을 이용하여 구속 관계를 조절할 수 있는데 다음과 같이 Default Mode, Chain Mode, Stack Mode가 있다. 일반적인 경우에는 따로 선택하지 않고 Default Mode로 하는 것이 일반적이다.

- Default Mode

  Default Mode로 설정된 상태에서 Constraints는 Component들끼리 1 대 1로 구속된다. 즉, 다른 기준 Component가 없이 구속하고자 하는 두 대상 간에 구속을 주고자 할 때 사용한다. 디폴트 옵션이기 때문에 일반적인 구속에서 이용하게 된다.

- Chain Mode

  Chain Mode로 구속을 주는 경우에는 처음에 선택한 두 Component들 중에 한 Component는 반드시 다음 구속에 포함이 되어야 한다. 즉, 하나의 Component씩 구속할 때마다 중간에 공유하게 된다. 그림에서 화살표가 있는 부분을 기준으로 다음 대상과 구속을 이어가게 된다. Chain Mode를 나타내면 다음과 같이 표현할 수 있다.

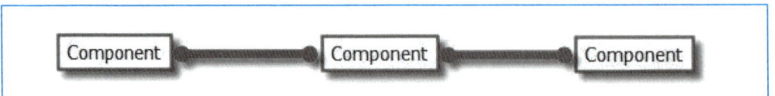

- Stack Mode

  Stack Mode는 처음에 구속하려는 두 Component중에 한 Component를 기준 삼아 다른 요소들과의 구속에도 한 Component는 무조건 처음의 기준 Component를 사용하여 구속하는 방법이다. 결국 Stack Mode인 상태에서는 하나의 기준 Component와 1대 다의 구속 관계를 맺게 된다.

  그림에 표시된 화살표 위치를 기준으로 다른 대상과 구속을 맺게 된다. Stack Mode는 다음과 같이 표현할 수 있다.

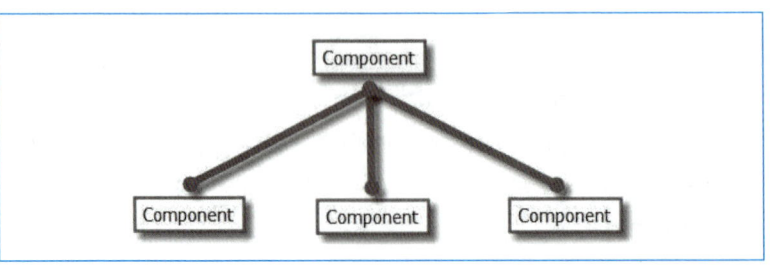

5. Update

이 Toolbar의 Update 명령은 Assembly상에서 구속이나 형상의 변경 사항에 대해서 Update를 해주는데 사용하는 명령이다. Update를 해주어야 변경 된 사항에 대해서 현재의 도큐먼트에 적용이 가능하기 때문에 필요에 맞게 이 작업을 수행한다.

- Update

  이 명령은 앞서 언급한 대로 현재의 대상에 대해서 수정된 부분이나 새로이 추가된 구속 따위에 대해서 Update를 해주어야 할 경우에 사용한다. 간단히 아이콘을 누르거나 CTRL + U 키를 입력해 주어도 된다.

- Updated

  Update할 대상이 없거나 Update가 완료된 상태를 가리킨다.

- Not Updated

  Update할 대상이 있는 경우를 나타냅니다. Update를 실행해 준다.

- Update state in unknown

  Visualization Mode에서 나타나는 표시로 정확히 Update가 필요한지 확신하지 않는 경우를 가리킨다. 이것은 Visualization mode가 형상에 대한 정보를 완전히 Load하지 않기 때문이다. 이 경우도 마찬가지로 Update를 실행해 주어야 한다.

6. Assembly Features

이 Toolbar의 기능은 Assembly에 불러온 Component들끼리 절단이나 불리한 연산, 대칭 복사와 같은 작업을 가능하게 해준다. 즉, Assembly 안에서 형상을 만들어 주는 작업을 수행하는 Toolbar이다. 물론 실제로 어떠한 프로파일을 그리거나 하는 일은 없으며 현재 불러와진 형상들을 이용만 하게 된다.

① Assembly Features Sub Toolbar

- Split

이 명령은 Assembly 상에서 각각의 Component를 임의의 기준 Component의 면 요소를 기준으로 절단하는 명령이다. Part Design이나 GSD에서 사용하였던 Split와 그 기능은 같다고 보면 된다. 다만 다른 것은 절단하는 기준과 절단하려는 대상들이 서로 다른 Component들이라는 것이다. 따라서 Split 실행 후 형상을 각각의 Component 별로 분리해 사용이 가능하다. 한 번에 여러 개의 Part 도큐먼트를 Split하는 것이 가능하기 때문에 매우 생산적인 방법이다.

- Hole

이 명령은 Assembly 상에서 동시에 여러 Component에 Hole형상을 만들어 주는 명령이다. 여러 개의 Component에 동시에 Hole 작업을 할 수 있어 효율적이며 Top-Down 방식으로 모델링 할 때 사용한다. 명령을 실행시키기 전에 앞서 Hole의 중심으로 삼고자 하는 위치에 포인트를 생성해 준다. Sketch에서 만든 포인트도 가능하고 3차원 상에서 만든 포인트도 가능하다.

- Pocket

이 명령은 Assembly 상에서 여러 개의 Component들에 Pocket형상을 한 번에 만들어 주는 명령이다. 역시나 Top-Down 방식으로 모델링 하는 방식에서 자주 사용되는 원리이다.(명령을 실행시키기에 앞서 하나의 Component에 Pocket 하고자 하는 Profile이 존재해야 한다.)

- Add

이 명령은 Assembly 상에서 Component와 Component끼리 불리한 연산중에 합(Add) 연산을 수행하는 명령이다. 즉, Component들끼리, 다시 말해 다른 도큐먼트들을 하나로 합치는 일이 가능하다는 것이다.

- Remove

이 명령은 위의 Add와 마찬가지로 Assembly 상에서 Component들끼리 불리한 연산을 수행하는 명령이다. 여기서는 차(Remove) 집합을 수행한다.

- Symmetry

이 명령은 Assembly 상에서 Component의 대칭 형상을 복사하거나 평행 이동, 회전을 시키는데 사용하는 명령으로 Type에 따라 Component 자체를 이동시키거나 새로운 Component를 만들어냅니다. 따라서 대칭 형상을 가진 부품을 따로 만들어 내지 않고 Assembly 상에서 Symmetry를 이용해 만들어 낼 수 있다.

- Associativity

    이 명령은 Assembly를 구성하고 있는 각 Part들의 3차원 요소들을 동기화하여 하나의 Part를 구성할 수 있게 한다. 즉, Assembly가 구성된 각 단품들 사이의 관계를 고려하여 하나의 Part에 이 모든 형상 정보를 복사하여 새로운 Part를 만들어 내는 것이다.

- Add To Associated Part

    이 명령은 앞서 Associated Part로 생성한 Part에 추가적으로 다른 요소를 추가하고자 할 경우에 사용한다.

7. Annotations

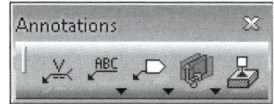

이 Toolbar는 Component에 주석을 다는 명령이다. 각 Component에 View를 생성하여 그 view에 주석을 생성한다. 실제적인 Assembly 작업에서의 의미는 없지만 각 Component에 대해서 표시나 설명을 달아 발표나 전사 설명 등에 유용하게 사용할 수 있다.

- Weld Feature

    이 명령은 용접이 들어가는 부분에 대해서 주석을 입력하는 경우에 사용한다. 명령을 실행시키고 용접이 들어가게 될 모서리를 선택해 준다.

- Text with leader

    이 명령은 선택한 부분에 대해서 view를 생성하여 그 곳에 Text상자로 주석을 다는 명령이다.

- Flag Note with Leader

    이 명령은 Flag Note와 함께 다른 대상과 Link를 만들어 주는 명령이다. 즉, URL을 입력할 수 있어 원하는 웹사이트 또는 파일에 Link를 걸 수도 있다. 또한 More에서 Hidden Text에 메시지를 담아 놓을 수도 있다.

8. Space Analysis

이 Toolbar는 Assembly상에서 각 Component끼리 나타날 수 있는 충돌이나 간섭, 겹침을 잡아내거나 Assembly Product의 단면을 생성하거나 Component들 사이의 거리를 측정하는 명령을 이용하여 3차원 상에서 Assembly를 분석하는 기능을 담고 있다. 우리가 가상으로 컴퓨터 상애서 물체들 간의 공간 분석을 하는데 사용하는 중요한 Toolbar이다. 이 Toolbar는 원래 DMU Space Analysis Workbench에서 주 사용하는 Workbench이다.

- Clash

  이 명령은 Assembly를 구성하는 Component들 사이의 간섭 여부를 분석하는 기능을 가지고 있다.

- Sectioning

  이 명령은 Assembly Product의 단면을 절단하여 단면 형상을 만들어 주는 기능을 한다. 복잡한 형상의 경우 내부의 형상이나 절단면을 직접 들어다 볼 수 없는 경우가 많기 때문에 사용하는 명령이다.

- Distance

  이 명령은 Component간에 최소 거리를 탐지하여 그 값을 알려주는 명령이다. 명령을 실행시키면 다음과 같은 Edit Distance and Band Analysis 창이 나타납니다.

3. Useful Tips

- Assembly Design 시작에 앞서 반드시 원점 고정의 기준이 되는 컴포넌트를 지정해야 한다.
- 컴포넌트들 사이의 구속은 기준이되는 컴포넌트와 상관관계 및 조립되는 체결 부위에 맞추어 구속해야 한다.
- Assembly 구속 과정에서 발생하는 업데이트 오류는 주로 구속이 대상이 잘못 선택되었거나 현재의 구속 요건과 형상의 치수가 온전하지 않음을 의미한다. 따라서 컴포넌트의 형상 치수 수정 또는 구속 조건의 변경이 필요하다.
- Assembly 상에 서로 다른 컴포넌트들을 불러올 때 Part Number가 중복되지 않도록 주의해야 한다. 중복될 경우 Conflict 정의 창을 통해서 변경해 주어야 한다.
- Assembly 형상을 정의하면서 구속의 자유도(DOF)를 고려할 수 있어야 한다.
- Assembly 컴포넌트들 사이에 간섭이나 충돌이 발생하지 않는지를 검수할 수 있어야 실제 제품 제작에 있어 오류를 잡을 수 있다.

4. 실습 예제

2019 CATIA Mechanical Design 도면집

Assembly Design에 대한 실습의 경우 아래와 같은 동력 전달 장치 형상에 대한 조립 과정을 학습해 보도록 할 것이다. 동영상 강좌 또는 교재 예제 파일을 통하여 단품을 준비한 후 조립 과정을 학습해 보기 바란다..

실습의 이해를 돕고자 아래 각 도면에 대한 작업 과정의 설명은 ASCATI 유튜브 채널에서 "2019 CATIA Mechanical Design 도면집"을 검색하거나 왼편의 QR 코드로도 간편하게 학습이 가능하다.

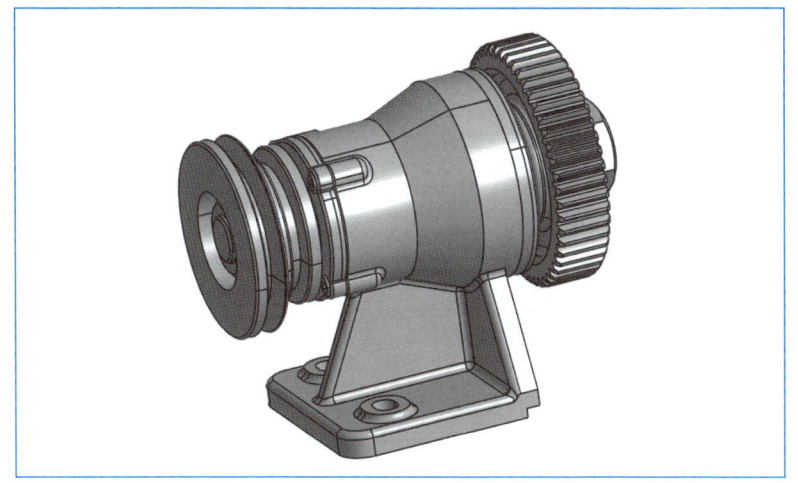

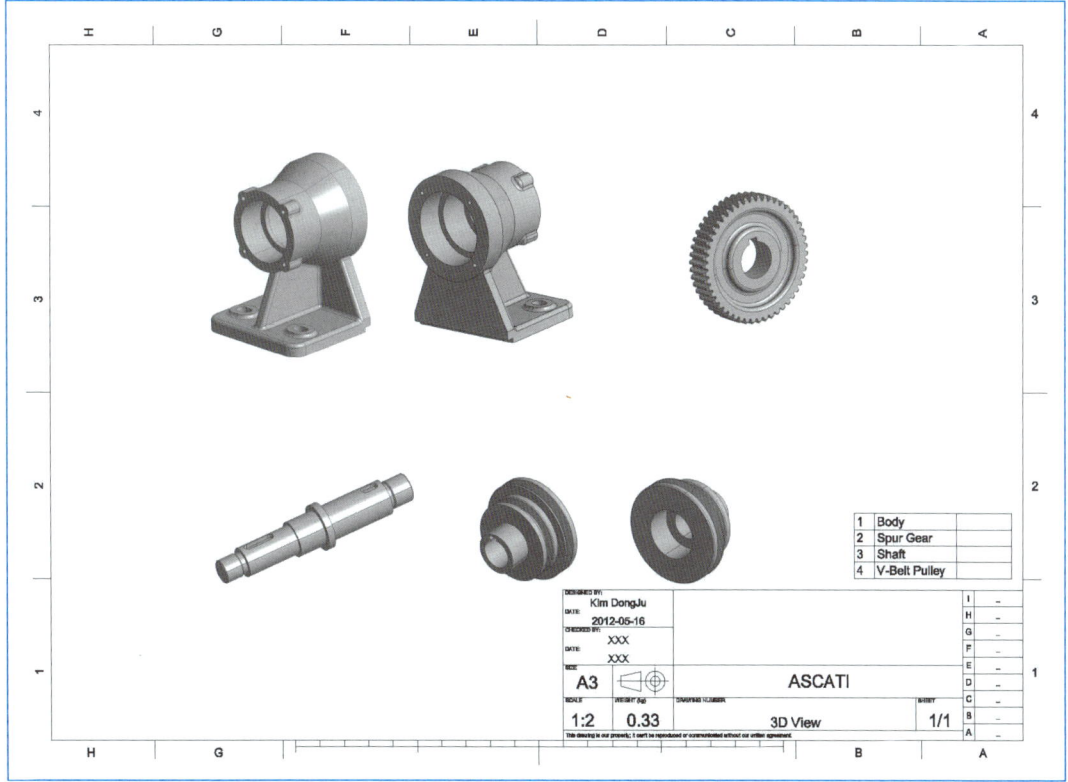

1	Body
2	Spur Gear
3	Shaft
4	V-Belt Pulley

CHAPTER 4. Assembly Design

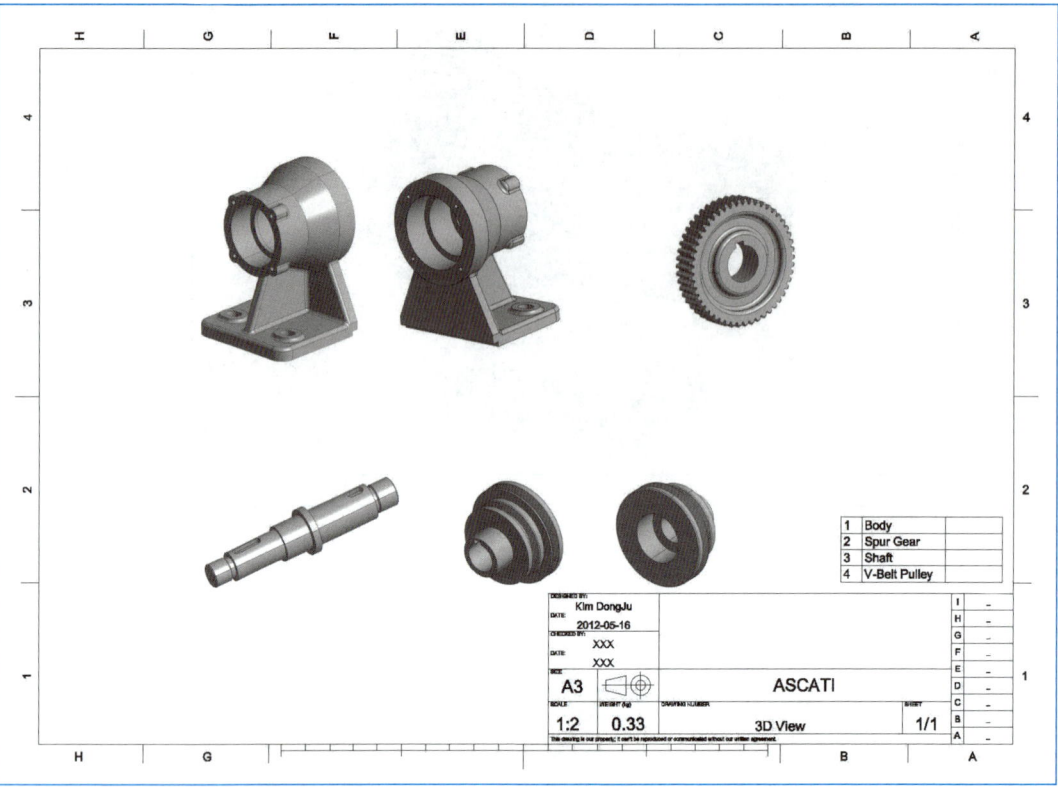

Bill of Material: Body_Product

Number	Part Number	Type	Quantity	Owner
1	01-Body	Part	1	Body_Product
2	Spur_Gear	Part	1	Body_Product
3	03_Shaft	Part	1	Body_Product
4	05_V-Belt Pulley	Part	1	Body_Product
5	05_Cover1	Part	1	Body_Product
6	06_Cover2	Part	1	Body_Product
7	07_Bearing_6206	Part	1	Body_Product
8	07_Bearing_6205	Part	1	Body_Product
9	08_Nut(M20_1.5)	Part	1	Body_Product
10	08_Nut(M24_2)	Part	1	Body_Product
11	Key_8_7	Part	1	Body_Product
12	Key_7_7	Part	1	Body_Product
13	10_Collar	Part	1	Body_Product
14	11_Seal_02	Part	1	Body_Product
15	11_Seal_01	Part	1	Body_Product
16	09_Bolt(M4)	Part	8	Body_Product

Recapitulation of: Body_Product
Different parts: 16
Total parts: 23

Number	Part Number	Type	Quantity	Owner
1	01-Body	Part	1	01-Body.CATPart
2	Spur_Gear	Part	1	02-Spur_Gear.CATPart
3	03_Shaft	Part	1	03_Shaft.CATPart
4	05_V-Belt Pulley	Part	1	05_V-Belt Pulley.CATPart
5	05_Cover1	Part	1	06_Cover1.CATPart
6	06_Cover2	Part	1	06_Cover2.CATPart
7	07_Bearing_6206	Part	1	07_Bearing_6206.CATPart
8	07_Bearing_6205	Part	1	07_Bearing_6205.CATPart
9	08_Nut(M20_1.5)	Part	1	08_Nut(M20_1.5).CATPart
10	08_Nut(M24_2)	Part	1	08_Nut(M24_2).CATPart
11	Key_8_7	Part	1	Key_8_7.CATPart
12	Key_7_7	Part	1	Key_7_7.CATPart
13	10_Collar	Part	1	10_Collar.CATPart
14	11_Seal_02	Part	1	11_Seal_02.CATPart
15	11_Seal_01	Part	1	11_Seal_01.CATPart
16	09_Bolt(M4)	Part	8	09_Bolt(M4).CATPart

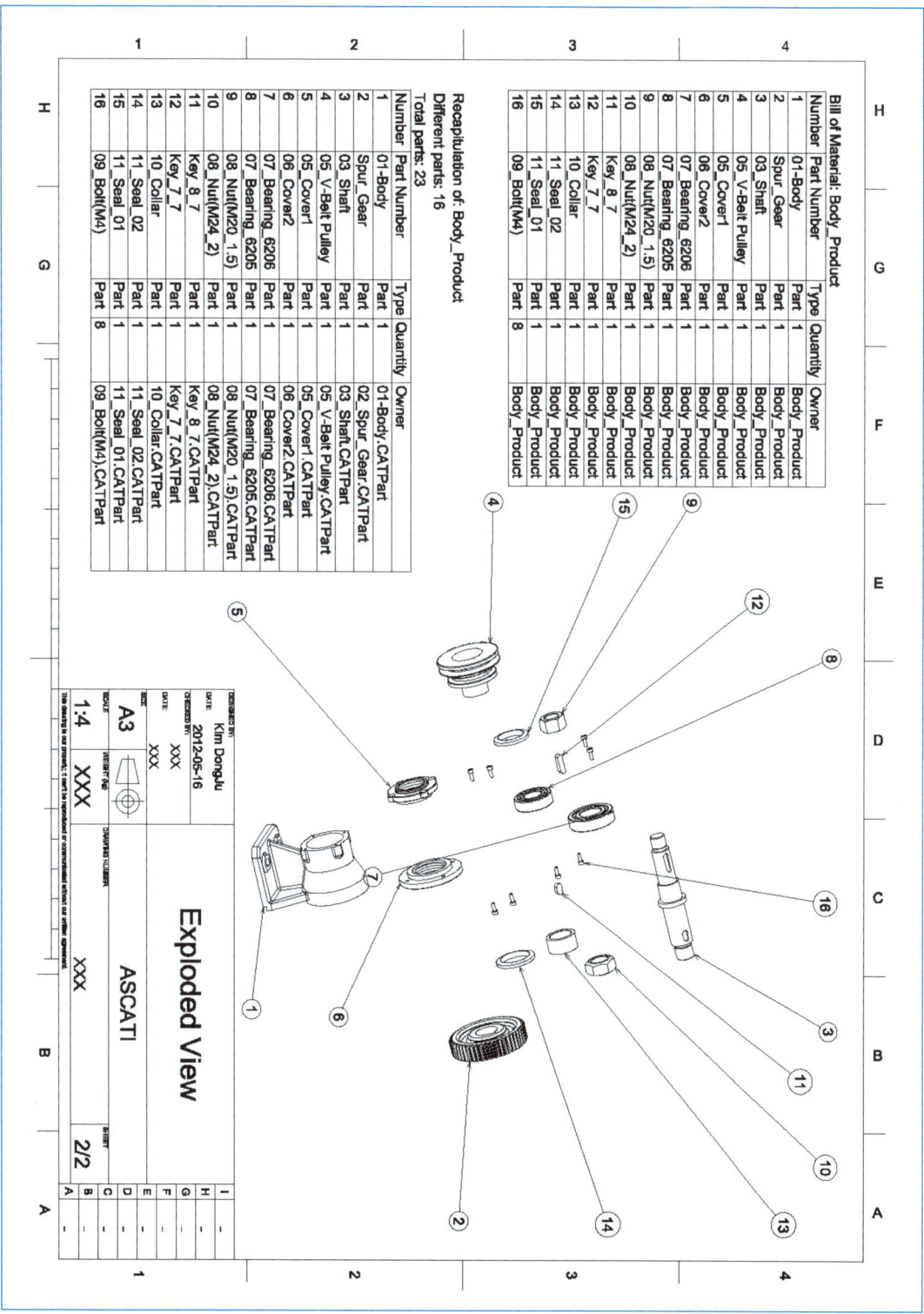

Exploded View — ASCATI

DESIGNED BY: Kim Dongju
DATE: 2012-05-16
SCALE: 1:4 — A3
SHEET: 2/2

CATIA MECHANICAL DESIGN

CHAPTER **05**

Drafting

여기서는 앞서 모델링 작업에 사용하였던 도면들을 다시 생성해 봄으로써 제작도 작업을 실습해 볼 수 있을 것이다.

도면 작업이 도면을 보는 작업자로 하여금 제품을 제작할 수 있도록 하는 역할을 하기 때문에 최대한 간단히 그리고 읽기 쉽도록 작업하는 것이 중요함을 인지하기 바란다.

1. Drafting이란?

1. Drafting 개요

Drafting ![] Workbench는 앞에서 작업한 3차원 형상을 이용하여 2차원 도면을 생성하는 Workbench이다. 일반적인 도면 생성 방법이 빈 시트에 형상들의 정면도나 측면도를 직접 그려주었던 이전 시대 방법과 달리 CATIA의 Drafting Workbench는 3차원으로 완료된 Part 도큐먼트나 Product 도큐먼트의 형상을 그대로 빈 시트에 불러와 View를 만들어 낸다.

> 3D Parts & Assembly → Drawing

즉, 3차원 형상만 있으면 얼마든지 원하는 2차원 도면을 만들어 낼 수 있다는 것이다. 이러한 CATIA의 Drafting 기능의 탁월함은 2차원으로 형상을 다시 구현 하는데 있어 큰 어려움을 겪었던 사용자들에게 편리한 이점을 제공한다. 물론 2차원 요소를 그리는 작업 또한 가능하여 3차원 형상이 미처 표현하지 못하는 숨은선이나 형상 요소들을 표현해 줄 수 있다. 또한 이렇게 만들어진 View에 가장 중요하게 전달해야 할 치수 구속 요소들 역시 사용자의 요구에 맞추어 쉽게 적용할 수 있다. 이러한 2차원 도면을 생성하는 Drafting Workbench는 하나의 작업 대상을 만들어 낸다는 의미에서는 다른 Workbench와 차이가 없다. 그러나 앞서 Workbench들은 정보를 읽어드려 형상을 만들어 내지만 Drafting Workbench는 위와 같은 과정을 통해서 만들어진 결과 형상을 다른 사용자가 읽어 볼 수 있도록 정보화 한다는 점에서 약간의 차이가 있다고 말 할 수 있다. 물론 궁극적인 목적을 도면의 생성을 목표로 할 수도 있으나 일반적인 경우에 있어 앞서 모델링에 관계된 Workbench와 이 Drafting Workbench는 차이를 가지고 있다고 할 수 있다.

2. Drafting 시작하기

① Workbench 들어가기

Drafting Workbench는 앞서 배운 Workbench와 다른 도큐먼트를 사용한다. 바로 CATDrawing 이라는 도큐먼트인데 따라서 Drafting을 실행 시키면 새로운 도큐먼트가 실행된다. 시작 메뉴에서 다음과 같이 경로를 따라 선택해 주어도 된다.

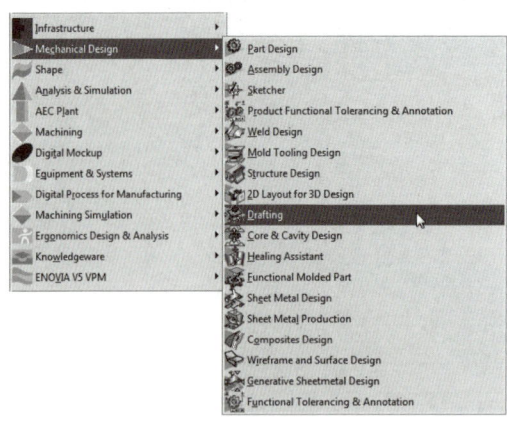

Drafting Workbench가 실행되면 다음과 같이 New Drawing 창이 나타난다.

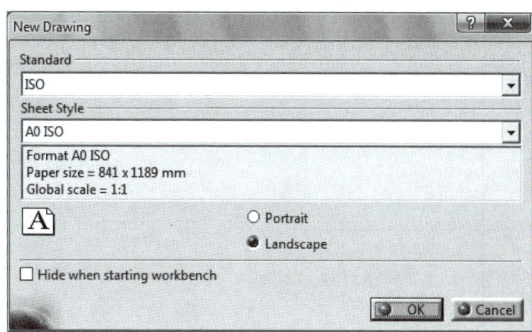

여기에서 새로 만들 도면의 규격이나 Sheet 크기를 설정할 수 있다. 만약에 다른 작업 중인 Part 또는 Product 도큐먼트가 열려있는 상태라면 다음과 같은 New Drawing Creation 창이 나타난다.

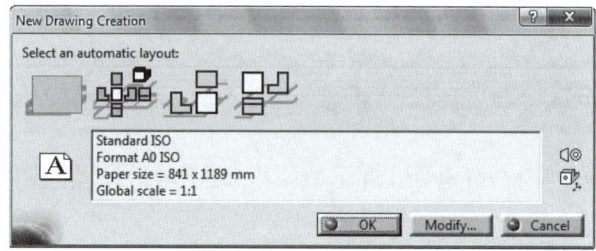

이 창에서 열려있는 도큐먼트의 View layout을 잡거나 또는 빈 Sheet로 Drafting을 선택할 수 있다.

또한 Modify 버튼을 클릭하면 New Drawing 창이 열려 Sheet를 설정할 수 있다.

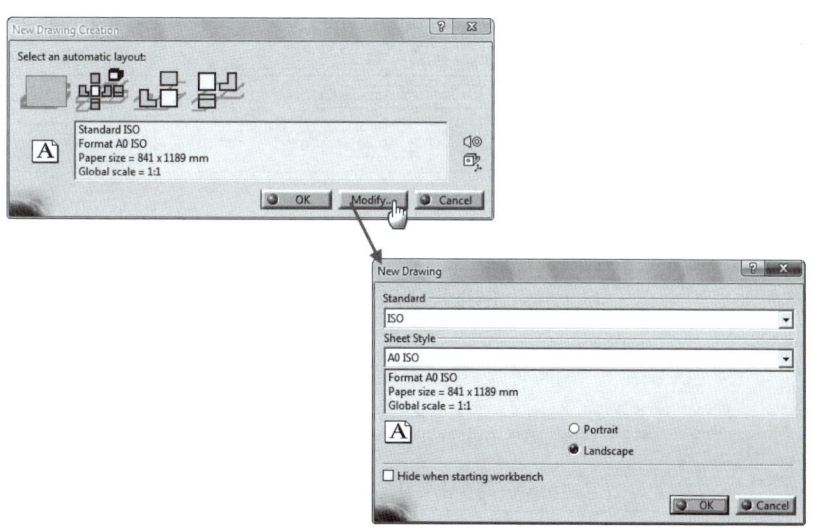

설정을 마치고 OK를 눌러 주면 다음과 같은 Drawing 도큐먼트가 실행된다.

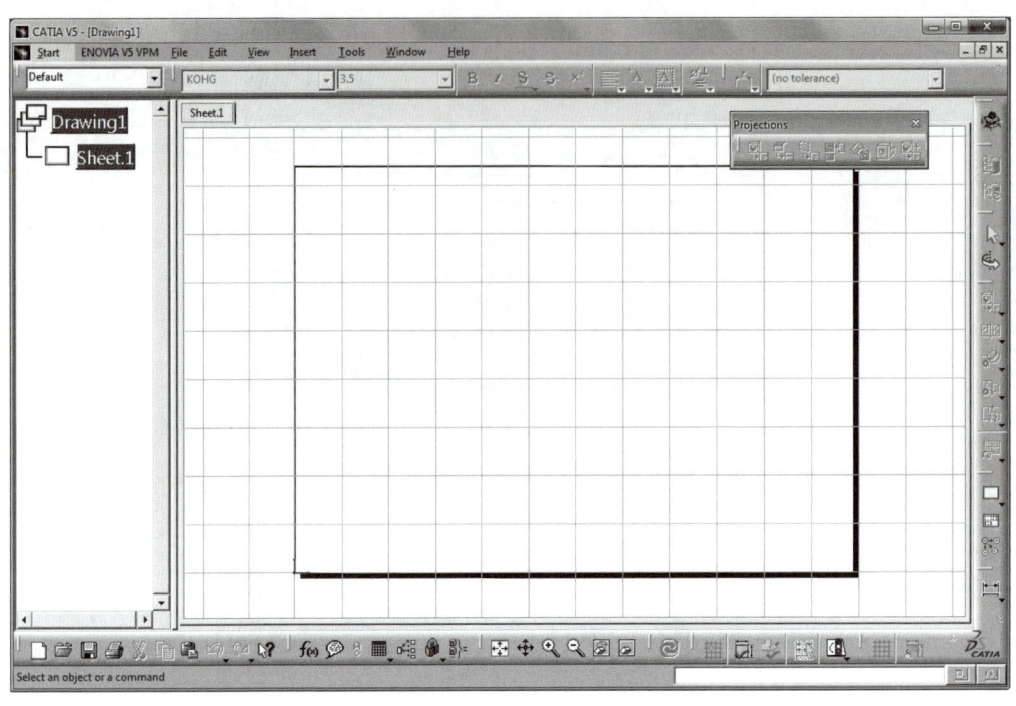

Drafting의 화면 배치 역시 좌측의 Spec Tree와 오른쪽의 작업 공간을 확인할 수 있다.

② Importing & Exporting Drawing 도큐먼트

CATIA Drawing Workbench에서는 다른 프로그램의 작업 파일이나 공동 파일 규격을 읽어 들이거나 저장할 수 있는데 그 종류는 파일 형식은 다음과 같다.

Format	Documentation	호환성
.CATDrawing	CATIA의 도면 파일 형식	Import/Export
.cgm	컴퓨터 그래픽스 메타파일	Import/Export
.svg	가변 벡터 도형 처리	Export
.gl2		Export
.ps		Import/Export
.catalog	CATIA의 라이브러리 기능을 하는 파일 형식	Export
.pdf		Import/Export
.tif		Export
.jpg	이미지 파일 형식	Export
.dxf	AutoCAD에서 작업한 파일 형식	Import/Export
.dwg	AutoCAD에서 작업한 파일 형식	Import/Export
.ig2 (2D IGES)		Import/Export
.3dxml		Import/Export

이들 파일형식 중에 가장 많이 사용되고 중요한 파일 형식은 dwg와 dxf 형식으로 이 들에 대해서 간단히 설명하도록 하겠다. 이 두 파일 형식은 2차원 CAD 프로그램으로 유명한 AutoCAD의 파일 규격으로 사용되는데 특히 DXF(data exchange file) 형식은 타 프로그램과 데이터 호환성을 위해 제정한 자료 공유 파일이다.

이러한 도면 파일 형식을 CATIA에서 읽어 들일 수 있는데 파일을 선택하여 열게 되면 Drawing 도큐먼트로 Converting이 된다. 여기서 앞서 이 책의 Options 부분에서 자세히 다루지 않았던 Compatibility 부분의 DXF탭을 설명하도록 하겠다.

Tools ➔ Options ➔ General ➔ Compatibility 에서 DXF 탭을 선택한다. 여기서는 DXF 파일의 Import/Export 설정을 해줄 수 있다.

③ Import

- Standards

    여기서는 도면의 규격을 설정해 줄 수 있는데 ANSI, ASME, ASME_3D, ISO, ISO_3D, JIS, JIS_3D로 선택해 줄 수 있다. 일반적으로 국제 표준 규격(ISO)으로 사용하나 거래하는 업체나 용도에 따라 변경하여 준다.

- Unit of the file

    여기서는 도면의 단위를 맞추어 줄 수 있는데 Automatic으로 해 놓을 경우 자동으로 가장 적합한 치수를 잡아준다. 변환 가능한 단위로는 Millimeter(mm), Centimeter(cm), Meter(m), Inch(in), Foot(ft), Scale Factor이다.

- Paper Spaces in Background

    ☐ Paper Spaces in Backgound

    AutoCAD 파일은 paper Space와 Model Space로 구성된다. 이 명령은 paper Space를 Background View에 포함하게 된다.

- Keep Model Space

    ☐ Keep Model Space

    Model Space는 형상 요소를 가지고 있는 부분인데 이 옵션을 체크하면 하나의 Sheet에 모든 형상 요소가 표시된다.

- Create end points

    Create end points: ● Never ○ For few entities ○ Always

    이 옵션은 DXF로 불러온 파일의 형상 요소들에 대해서 끝점을 만들어 주게 한다. 일반적으로 Converting해서 불러온 형상 요소를 수정하는 일은 쉽지가 않다. 그러나 CATIA의 Sketcher에서 형상을 그리는 것처럼 양 끝에 포인트가 있다면 보다 쉽게 수정이 가능하다.

그러나 성능 면에서는 옵션을 체크하면 손실이 있다.
위와 같이 세 가지로 선택을 할 수 있다.

- Convert Dimensions as

  Convert dimensions as: ○ Dimensions ○ Details ● Geometry

  이 옵션은 아마도 도면 파일을 다루는 CATIA 사용자들에게 가장 유용한 기능이라고 생각한다. 바로 DWG나 DXF 파일을 Converting해 불러왔을 때 치수와 치수선이 깨져 Geometry로 나오게 되는데 이것을 CATIA의 치수선으로 불러오게 변경이 가능하다. 즉, CATIA의 Drafting에서 치수나 치수 보조선을 그대로 인식하여 수정하거나 변경하는 일이 가능하다는 것이다.

  이 옵션을 선택하고 Drafting의 형상을 Sketcher로 가져오면 치수나 치수선은 따라오지 않는다.

④ Export

- Export Sheets

  Exported sheets: ● All ○ Only current

  이 옵션은 DWG나 DXF파일을 Export할 때 현재 Sheet만을 Export할 것인지 전체 Sheet를 Export할 것인지를 선택할 수 있다. (하나의 Drawing 도큐먼트에는 여러 개의 Sheet가 들어 갈 수 있다.)

- Version

  CATIA에서 Export할 수 있는 AutoCAD 프로그램의 버전은 다음과 같다.

- Export Mode

  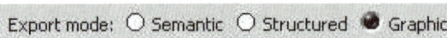

  CATIA는 Drafting한 결과를 Export할 때 다음과 같은 Mode로 나누어 저장할 수 있다. Export Mode를 Semantic mode로 할 경우 Export한 대상을 AutoCAD에서 수정이 가능하다. Structured mode역시 수정할 수 있도록 Export하나 완전히 수정 가능한 것은 아니어서 Line이나 Arc에 대해서는 수정이 어렵다. 그러나 Graphic mode는 Export한 형상을 수정할 수 없다.

⑤ Drafting 작업 순서

CATIA에서의 도면 생성 작업은 3차원 형상을 지닌 도큐먼트로부터 시작해서 Mechanical Design 의 마무리 작업 개념으로 진행된다. 따라서 다음과 같은 작업 순서를 가지고 있다. 여기서의 작업 순서는 3차원 형상이 마무리된 것을 감안하고 설명하도록 하겠다. 전체 작업에 대한 흐름은 앞서 Drafting 도입 부분에 도시한 표를 참고하기 바란다.

- 3차원 작업으로 Part에서의 모델링과 Product에서의 Assembly 작업을 마무리한다.
- Drafting을 실행시키고 도면이 만들어질 Sheet에 대해서 설정한다.
- 만들어진 Drawing 도큐먼트에 3차원 형상으로부터 View를 가져온다. 그리고 이 View를 이용 하여 필요한 나머지 특수한 형태의 View를 만들어 낸다.
- 불러온 View에 필요한 경우에 한해서 Geometry를 그려준다.
- Sheet를 구성하는 View들의 각 형상 요소에 치수(Dimension)를 기입해 준다.
- Annotation과 Table을 이용하여 필요한 부분에 대해서 주석을 달아 준다.
- 위와 같은 과정을 반복하여 Drawing의 각각의 Sheet에 작업을 해준다.
- 마지막 단계로 도면의 Frame과 Title Block을 만들어 작업을 마무리한다.

다음은 간단한 형상을 이용해 위 과정을 예를 들어 보도록 하겠다. 우선 다음과 같이 도면으로 만 들고자 하는 형상에 대한 작업이 모두 마무리 되었다고 했을 때 그 이후로의 작업을 설명하도록 할 것이다.

이와 같은 작업 과정은 Product Life Cycle에서 한 번의 순환을 가리킨다. 제품의 초기 버전에서 부터 중간의 수정 작업과 새 버전에 이르기까지 모든 주기를 감안한다면 앞서의 표처럼 순환 루프 를 가지게 될 것이다. 또한 앞에서도 언급하였지만 하나의 단품에서부터 조립품, 그리고 도면에 이르기 까지 각 대상들은 연결 되어 있기 때문에 일련의 작업 폴더 관리와 도큐먼트들의 관리가 필요하다는 것을 명심하여야 한다. 데이터 관리를 소홀히 하지 않기를 당부 또 당부한다.

제품을 얼마큼 잘 디자인하는가도 중요하다. 그리고 그러한 제품의 데이터를 얼마나 잘 관리하는 가가 역시 무시할 수 없다.

2. Drafting Toolbar

1. Drawing

이 Toolbar는 Drafting의 Sheet나 View를 추가하는 가장 기본적인 명령이 들어있다.

① Sheet Sub Toolbar

- New Sheet

이 명령은 현재의 Drawing 도큐먼트에 새로운 Sheet를 추가하는 명령이다. CATIA의 Drawing 도큐먼트는 여러 장의 Sheet를 추가하여 이 각각의 Sheet에 여러 개의 도면을 생성할 수 있다. Sheet 하나당 하나의 도면 작업이 가능하다고 생각하면 된다. 따라서 필요에 따라서 Sheet를 추가해 주면 하나의 Drawing 도큐먼트 하나로 여러 장의 도면을 생성 관리 할 수 있다.

Drawing 도큐먼트에서 이 명령을 실행시키면 다음과 같이 빈 Sheet가 추가된다.

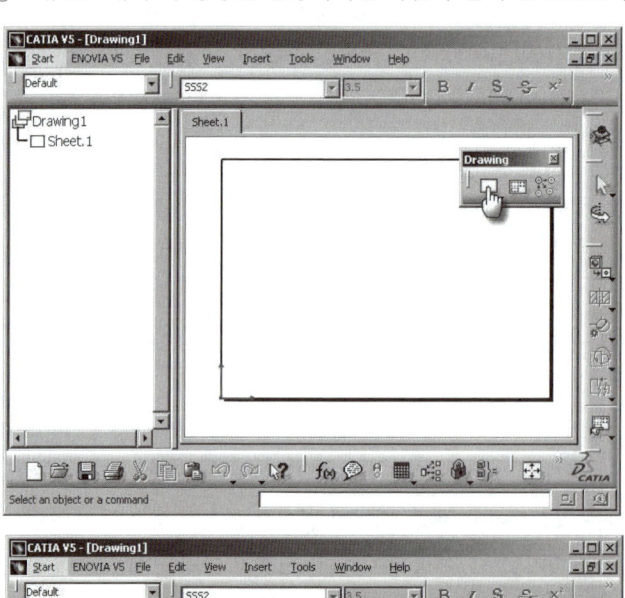

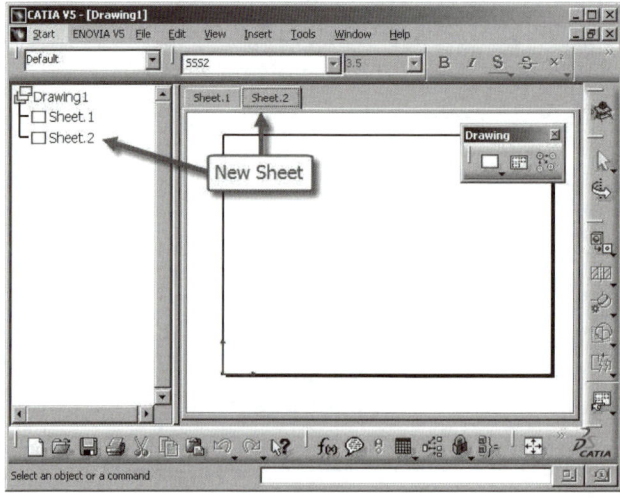

일반적으로 하나의 Assembly 작업 대상에 대해서 각 Component들과 Sub Assembly, Total Assembly에 대해서 하나의 Drawing 도큐먼트에 작업을 해주는 게 일반적이다.

- New Detail Sheet

이 명령은 현재의 Drawing에서 자주 사용하는 상용화된 2차원 형상이나 기호를 만들어 주는 명령이다. 명령을 실행시키면 현재 Drawing에 Detail Sheet가 추가된다. 그리고 그 안에 2D Component가 만들어진다.

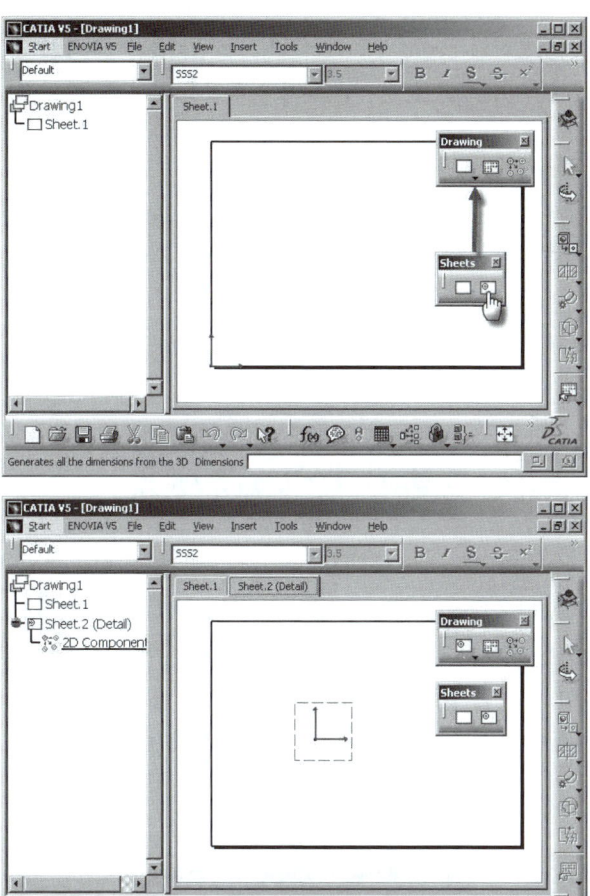

여기에 어떠한 2차원 형상을 Geometry 명령을 사용해 그려주면 현재의 Drawing 안에서 임의의 Sheet 원하는 위치마다 이것을 복사하여 사용할 수 있다. 즉, 반복되어 사용되는 일정한 형상을 일일이 그려주지 않고 기호처럼 불러와 사용할 수 있다. 다음과 같이 위에서 만들어진 Detail View의 2D Component에 Geometry로 형상을 그려준다.

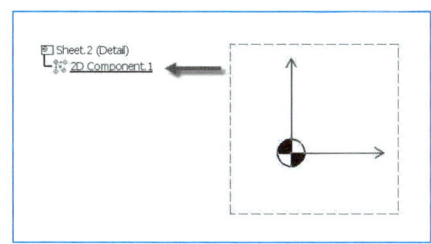

이렇게 만들어진 2차원 형상은 필요한 경우 Instantiate 2D Component 명령을 사용하여 원하는 위치마다 불러와 사용할 수 있다.

- New View

  이 명령은 현재의 Sheet에 새로운 View를 추가하는 명령이다. 일반 Sheet의 경우에는 New View 명령을 사용하면 Front View를 시작으로 위치에 따라 Left View, Right View, Top View, Bottom View, Isometric View가 만들어진다.

- Instantiate 2D Component

  이 명령은 앞서 Detail View에서 만든 2D Component를 현재의 Sheet에 불러오는 명령이다. 즉, 앞서 만들어둔 형상을 자유롭게 원하는 Sheet로 불러와 반복해서 그리지 않고 사용할 수 있다.

2. View

이 Toolbar의 기능은 3차원 형상으로부터 View를 생성해내는 명령을 가지고 있다. 또한 3차원 형상으로부터 가져온 View에서 Section View나 Detail View와 같은 특수한 View를 생성하는 기능을 가지고 있다. CATIA의 Drafting에서는 형상을 직접 그려서 도면을 만드는 경우가 드물기 때문에 도면 생성 과정에서 제일 먼저 수행되는 작업들이 바로 View를 불러오는 것이다. 일반적으로 View Wizard로 일정 View들을 불러오고 여기에 Section View나 Detail View를 만들어 낸다.

① Projections Sub Toolbar

이 Sub Toolbar 들의 명령들은 모두 3차원 형상으로부터 직접 View를 가져오는 명령들이다. 따라서 도면을 만드는 단계에서 가장 먼저 진행되어야 할 부분이기도 한다.

② Front View

Front View는 도면 생성에서 가장 중심이 되는 정면도를 생성하는 명령이다. 따라서 형상의 모습을 가장 잘 표현하는 방향을 기준면으로 잡아준다.

- Unfolded View

  이 명령은 Sheet Metal로 만든 형상에 대해서 구부러진 Sheet 구조를 펼쳐진 모습으로 View를 가져오는 명령이다. 그러나 반드시 명심할 것은 Sheet Metal의 경우에만 사용이 가능한

View 생성 명령이다. Sheet Metal은 generative Sheetmetal Design Workbench에서 작업이 가능하다.

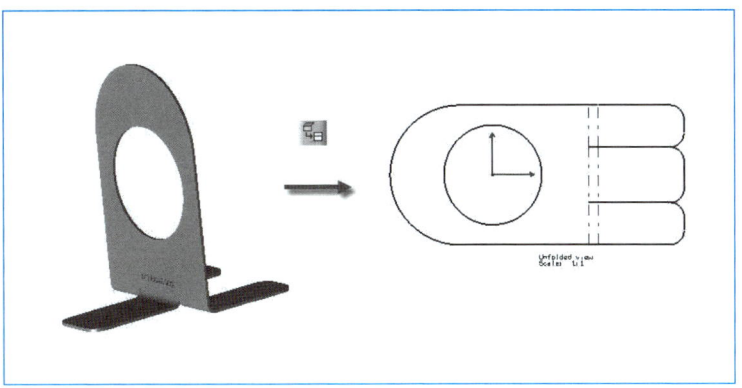

- View From 3D

  이 명령은 Product Workbench에서 (Assembly Design과 같은) Section View 나 Section Cut View 로 만든 View를 Drawing으로 가져오는 명령이다.

- Projection View

  이 명령은 현재 활성화 되어있는 View의 측면 View를 project하여 새로운 View로 생성하는 명령이다. 현재 활성화 된 View라 함은 View Frame이 붉은 색을 띠는 View를 말한다.

- Auxiliary View

  이 명령은 활성화된 View에 대해서 임의선 보조선을 이용하여 형상의 View를 만들어 내는 기능을 한다. 즉, 활성화된 형상에 대해서 임의의 직선을 그려주게 되면 그 직선에 수직 방향으로 형상의 모습을 View로 만들어 준다.

- Isometric View

  이 명령은 형상의 Isometric한 View를 만드는 명령으로 형상의 실질적인 치수를 위한 View가 아닌 주로 조감용으로 사용되는 View를 만들 때 사용한다. 명령을 실행시킨 뒤에 CTRL + Tab Key를 이용 3차원 형상으로 이동하여 3차원 형상을 클릭해 주면 현재의 모습 그대로 Isometric View로 만들어진다.

- Advanced Front View

  이 명령은 Front View를 생성할 때 View name과 scale을 지정해서 View를 생성하는 명령이다. 명령을 실행시키면 다음과 같은 View parameters 창이 나타난다.

③ Sections Sub Toolbar

이 Sub Toolbar의 명령들은 3차원 형상으로부터 가져온 View를 이용하여 절단면을 가지는 View를 만들어 주는 기능을 가지고 있다. 형상의 절단 부위를 지정하여 따로 스케치하거나 복잡한 작업 없이 실제의 형상으로부터 직접 만들어 준다.

- Offset Section View

  이 명령은 3차원 형상을 직선 타입으로 절단면을 선택하여 Section View를 생성하는 명령이다. 절단되는 면을 기준으로 한쪽 방향을 바라보았을 때의 절단면과 그 방향으로 보이는 나머지 형상 부분을 View로 만들어 준다. 명령을 실행 시키고 활성화된 View에서 절단하고자 하는 방향으로 선을 그어 준다.

- Aligned Section View

  이 명령은 형상을 임의의 직선 프로파일을 따라 선이 지나가는 모든 방향에 대해서 Section View를 만들어주는 명령이다. 위 명령과 다른 점은 절단면으로 사용되는 Section Profile의 모든 방향을 따라 Section View를 만들어 준다는 것이다.

- Offset Section Cut

  이 명령은 앞서 Offset Section View명령과 큰 차이는 없으나 절단 선으로 절단되는 위치에서 빈 공간이 나타나는 부분을 표시하지 않습니다. 즉, 절단되는 면 자체만을 본다고 생각하면 된다.

- Aligned Section Cut

  이 명령 역시 위의 Aligned Section View와 큰 차이는 없으나 절단되면서 나타나는 빈 공간은 표시가 되지 않습니다. 즉, 절단되는 면 자체만을 본다고 생각하면 된다.

④ Details Sub Toolbar

이 Sub Toolbar는 형상의 View에서 특정 부분을 자세하게 확대한 View를 만들어 주는 명령이다.

- Detail View & Quick Detail View

  이 명령은 활성화된 View에서 원형으로 형상의 Detail View를 만들어 낸다. Detail View를 만들고자 하는 위치를 선택하여 원을 그리듯 중심을 찍고 반경을 잡아 주면 현재 View의 Scale의 두 배 크기로 Detail View가 만들어진다.

- Detail View Profile & Quick Detail View Profile

    이 명령은 Detail View를 만들 때 형상을 원형이 아닌 임의의 Profile을 사용하여 만든 형상으로 Detail View를 만든다. 명령을 실행시키고 Profile로 다각형을 그리듯이 Detail View를 만들고자 하는 지점에 형상을 만들어 준다. 여기서 시작점과 끝점이 일치되면 그 형상대로 Detail View가 만들어진다.

⑤ Clippings Sub Toolbar

이 Sub Toolbar이 명령은 만들어진 View의 일부만을 잘라내고 나머지는 지워버리는 명령이다. 표시하고자 하는 특정 부위만 남기고 나머지는 제거시키기 때문에 불필요한 부분 없이 형상의 View를 표현하고자 할 때 적합하다.

- Clipping View

    이 명령은 Clip하고자 하는 형상을 원형으로 잡아서 그 부분만이 남겨진 View를 만들어 준다. 활성화된 View에 원하는 지점을 원을 그리듯 중점을 찍고 반경을 넣어 잡아 준다.

- Clipping View Profile

    이 명령은 위와 비슷하게 Clipping View를 만드는 명령이나 Clip하고자 하는 형상을 원이 아닌 다각형 형태의 Profile로 만들어 주는 것이 다르다. Profile의 시작점과 끝점이 만나도록 형상을 그려주면 그 부분만을 남기고 나머지 부위가 삭제되어 Clipping View가 만들어진다.

⑥ Break View Sub Toolbar

이 Sub Toolbar는 View 형상의 일부를 잘라내어 새로운 View를 만들어 내는 명령이다. 필요에 따라 형상의 중간 부분을 잘라 내거나 형상을 완전히 절단하지 않고 어느 정도 깊이만큼으로 잘라내어 View를 만들어 내는 특수한 View를 만들어 낸다.

- Broken View

    이 명령은 활성화된 View형상을 선택한 간격만큼을 잘라내어 생략해 표시해 주는 명령이다. Beam과 같은 긴 형상을 도면상에 표시하려 할 경우 문제 되는 것이 불필요하게 긴 길이로 인하여 하나의 도면 안에 다 표시를 못하거나 더 큰 치수의 도면을 사용하는 불편이 발생하는 것을 방지해 준다.

■ Breakout View

이 명령은 활성화된 View를 임의의 Profile 형상을 만들어 임의의 깊이만큼 파 낸 형상을 View로 만들어 주는 명령이다. 즉, 형상의 일부를 임의 깊이만큼을 제거하여 그 안을 보여주 도록 View를 만들어 주는 명령이다.

⑦ Wizard Sub Toolbar

이 Sub Toolbar의 명령은 하나의 3차원 형상의 View를 View 생성 마법사를 통하거나 이미 정해 진 몇 개의 짝을 이루어 Sheet에 View들을 만들어 내는 명령이다.

■ View Creation Wizard

3차원 형상으로부터 View를 가져오는 가장 일반적인 방법으로 바로 View 생성 마법사를 사용하여 한 번에 선택한 모든 View를 가져오는 명령이다. 명령을 실행시키면 다음과 같은 View Wizard창이 나타난다. 여기서 가져오고자 하는 View들을 선택해 준다. 왼쪽에 있는 미리 정의된 View 생성 모드를 선택해 줄 수 있다. 원하는 View 생성 모드를 선택하면 다음과 같이 wizard창에 나타난다.

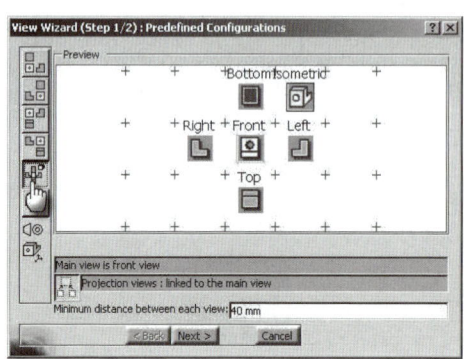

■ Front, Top and left

이 명령은 View 생성에 있어 정면도, 평면도, 좌측면도를 동시에 만들어 주는 명령이다. 명령을 실행 후 3차원 형상에서 정면도를 지정해 주면 이를 기준으로 각 View들이 만들어진다.

■ Front, Bottom and Right

이 명령은 View 생성에 있어 정면도, 평면도, 우측면도를 동시에 만들어 주는 명령이다. 명령을 실행 후 3차원 형상에서 정면도를 지정해 주면 이를 기준으로 각 View들이 만들어진다.

- All Views 🔲

    이 명령은 View 생성에 있어 정면도, 평면도, 좌측면도, 우측면도, 배면도, 등각 투상도를 동시에 만들어 주는 명령이다. 명령을 실행 후 3차원 형상에서 정면도를 지정해 주면 이를 기준으로 각 View들이 만들어진다.

3. Generation

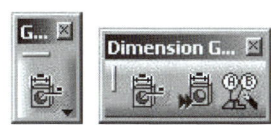

이 Sub Toolbar는 3차원 형상을 만드는데 사용한 치수를 Drawing에 불러와 사용할 수 있도록 해주는 명령과 Assembly에서 만들어준 Numbering을 Drafting으로 불러오게 하는 명령을 가지고 있다.

- Create Dimensions 🔲

    이 명령은 앞서 Part 도큐먼트를 만들 때 사용한 치수들을 현재의 Drawing에 불러와 치수로 사용하는 명령이다. 이 명령을 사용하면 치수를 만드는 일을 덜어줄 수 있다. 명령을 실행시키면 구속에 사용한 치수들이 나타나면서 다음과 같은 Generated Dimension Analysis창이 나타난다. 여기서 원하는 값을 선택해 주어 치수 값을 가져오게 할 수 있다.

- Generate Dimensions Step by Step 🔲

    이 명령은 앞서 Create Dimension을 한 단계씩 나누어 구속 하나하나를 만들어 내는 명령이다. 한 번에 모든 구속을 만들어 내면 이를 모두 한 번에 확인하기 어렵기 때문에 이러한 명령을 두었습니다.

- Generate Balloons 🔲

    이 명령은 앞서 Assembly상에서 각각의 Part 도큐먼트에 Numbering을 해 둔 경우 이 Number를 Drawing에 가져와 각각의 Part에 대해서 Balloons로 표시해 준다. 이 명령을 실행하려면 우선 Assembly상에서 Generate Numbering 🔲 을 통해 Numbering이 되어 있어야 한다.

4. Dimensioning

앞서 Sheet를 만들고 만들어진 Sheet에 각 View들을 불러오는 것을 배웠습니다. 이 Toolbar의 명령은 이러한 Sheet의 View들에 각각의 치수를 입력해 주는 작업을 한다. 도면 생성에서 빼놓을 수 없는 가장 중요한 작업 중에 하나이다. CATIA에서의 치수 생성은 Constraints를 만드는 것처럼 쉽게 응용할 수 있다. 이러한 치수 입력을 통하여 도면 형상에 정보를 입력하는 방법을 배우게 될 것이다.

① Dimensions Sub Toolbar

이 Sub Toolbar에는 기본적인 치수 생성 명령이 들어있다. 이 명령들을 통하여 형상의 치수를 만들거나 Geometry에 구속을 부여할 수 있다. 처음의 4가지 치수 모드는 한 번에 여러 개의 치수를 잡아주는 복합모드 이며 나머지는 특정한 조건에 맞추어 사용하는 치수 명령이다.

- Dimension

    이 명령은 선택한 대상에 대해서 알맞은 치수 종류로 변경하여 그 치수 값을 나타내어 준다. 즉, 선 요소를 선택하면 그 길이를 나타내고 원을 선택하면 그 지름을 나타낸다. 명령을 실행시키고 치수를 측정하고자 하는 대상을 선택하면 그에 대한 치수가 나타난다. 여기서 치수를 한 번 더 클릭을 해주면 Dimension이 완성된다.

- Chained Dimension

    이 명령은 치수를 잡을 때 하나의 치수와 다른 치수가 이어지도록 가운데 형상요소를 공유하여 마치 체인처럼 치수가 이어지도록 치수를 잡는 명령이다.
    명령을 실행시키고 형상 요소들을 선택하면 다음과 같이 두 대상 사이에 치수가 만들어 지면서 다음 번 치수를 생성할 경우에 반드시 이전 형상에서 하나의 요소를 공유하여 치수를 만들게 된다.

- Cumulated Dimension

    이 명령은 치수를 생성하는 데 있어 처음 선택한 요소를 기준으로 모든 치수가 만들어지게 하는 명령이다. 따라서 하나의 요소를 기준으로 치수선이 만들어진다.

- Stacked Dimension

    이 명령은 위의 명령과 비슷하게 하나의 요소를 기준으로 다른 요소들과 치수를 측정하는 명령이다. 명령을 실행 시키고 처음 선택하는 요소가 기준이 되어 치수를 잡고자 하는 대상을 선택해 주면 연속적으로 치수를 만들어 줄 수 있다.

- Length/Distance Dimensions

    이 명령은 두 요소간의 거리나 길이를 측정하여 치수를 만들어 주는 명령이다. 점과 점 사이 거리나 직선과 직선 사이의 거리, 원형 형상 사이의 거리 등과 같은 거리적인 개념의 수치를 모두 만들어 낸다.

- Angle Dimensions

    이 명령은 형상 사이의 각도를 측정하는 명령이다. 각도를 측정하고자 하는 형상을 차례대로 선택하면 그 각도가 나타난다.

- Radius Dimensions

    이 명령은 형상의 반지름을 잡아 주는 명령이다. 일반적으로 반지름은 완전한 원형이 아니거나 Fillet이 들어간 부분을 표현하기 위해 사용한다.

- Diameter Dimensions

    이 명령은 원형 형상의 지름을 만들어 주는 명령이다. 명령을 실행 시키고 지음을 잡고자 하는 형상을 선택해 준다.

- Chamfer Dimension

    이 명령은 형상 모델을 하는 과정에서 사용한 Chamfer의 치수를 잡아 주기 위한 명령으로 치수를 표시하기 어려운 Chamfer 부위를 간결하게 나타낼 수 있다.

- Thread Dimensions

    이 명령은 형상의 Hole 요소 중에 나사선 가공인 Thread가 들어있는 경우에 이를 표현해주기 위한 명령이다. Thread는 따로 고유 Type과 Thread Depth가 있는데 이를 도면상에 나타내주게 된다.

- Coordinate Dimension

    이 명령은 3차원 형상이나 현재의 Drawing에서 만든 포인트의 위치를 좌표를 이용하여 표시해 주는 명령이다. 아래 포인트는 Part 디자인에서 3차원 좌표를 이용하여 만들어 낸 포인트이다. 명령을 실행시키고 포인트를 선택한다.

- Hole Dimension Table

    이 명령은 Drawing 상의 원의 위치와 지름 등을 하나의 테이블을 이용하여 표시하도록 하는 명령이다. 많은 수의 원의 치수를 하나의 Sheet에 나타낼 경우에 적합하다.

- Points Coordinates Table

    이 명령은 앞서 원의 위치를 좌표 게로 나타낸 것과 유사하게 포인트의 위치를 좌표계로 나타내어 주는 명령이다. 대상의 선택이나 Definition창을 설정하거나 원점의 위치를 잡는 것은 위의 Hole Dimension Table 명령을 참고하기 바란다.

② Dimension Edition Sub Toolbar

이 Sub Toolbar에는 만들어진 치수를 다른 형상으로 옮기거나 치수선을 중첩이 일어나는 부위에서 잘라 내거나 다시 이것을 잇는 등의 기능을 가지고 있다. 치수를 만들고 도면상에 치수의 배치에 관해 수정할 때 사용할 수 있다.

- Re-routing Dimension

  이 명령은 현재 만들어진 치수를 다른 형상들 사이의 치수로 이동시키고자 할 때 사용할 수 있는 명령이다. 명령을 실행시키고 이동시키고자 하는 치수를 선택한다. 다음으로 이 치수를 옮기고자 하는 다음 곳에서 이 치수에 맞는 조건대로 형상의 요소를 선택해 준다. 그러면 현재 위치에 있던 치수가 앞서 형상 요소를 선택한 위치로 이동하는 것을 확인할 수 있다.

- Create Interruption(s)

  이 명령은 치수선이 많아 중첩되거나 겹치는 위치 등에서 보조선의 일부를 잘라내어 주는 명령이다. 이 명령을 사용함으로써 치수선으로 인한 복잡함이나 판독의 난해함을 줄일 수 있다.

- Remove Interruption(s)

  이 명령은 앞서 만들었던 Interruption을 제거하는데 사용하는 명령이다. 명령을 실행시키고 Interruption을 제거하고자 치수 보조선을 그림과 같이 두 번 클릭해 준다.

③ Tolerance Sub Toolbar

이 Sub Toolbar는 도면 형상에 Datum이나 Geometrical Tolerance를 입력해 주는 명령을 가지고 있다.

- Datum Feature

  아 명령은 도면 형상에 Datum을 만들어 주는 명령으로 명령을 실행 시키고 형상이나 치수와 같은 대상 요소를 선택하면 다음과 같은 Datum Feature Creation창이 나타난다.

- Geometrical Tolerance

  이 명령은 치수가 아닌 형상에 공차를 입력해 주는 기능으로 치수 자체에 들어가는 공차가 아니기 때문에 Annotation 기능으로 봐도 된다.

5. Dress-Up

이 Toolbar에는 만들어진 View들에 대해서 중심선이나 중심축과 같은 요소를 첨부하거나 형상의 면이나 단면 요소에 색을 입히거나 해칭 면을 표시할 때 또는 화살표를 만들어 줄 수 있는 명령들을 담고 있다. 도면을 그리는데 있어 좀 더 세밀한 부분을 표현하거나 꾸미는 과정에서 필요한 명령들을 가지고 있다고 할 수 있다.

① Axis and Threads Sub Toolbar

이 Sub Toolbar에는 Axis나 Center line과 같은 보조선을 그려주는 명령을 가지고 있다. 이러한 명령들을 사용하여 만들어진 요소를 이용하여 필요한 치수를 만드는데 기준 요소로 사용하거나 기호적인 표시로 사용이 가능하다.

- Center Line

    이 명령은 원형이나 타원 형상의 중심을 만들어 주는 명령이다. 명령을 실행시키고 원하는 대상을 선택해 준다.

- Center Line with Reference

    이 명령은 Center Line을 만드는데 있어 원형이나 타원 요소와 더불어 기준이 될 원점을 선택해 주어 그 원점을 기준으로 Center Line이 만들어 지게 하는 명령이다.

- Thread

    이 명령은 원형 형상(Hole)에 나사선 가공인 Thread가 들어간 경우를 표현해 주는 명령이다. 실제로 Thread를 사용하지 않았더라도 기호로 표시가 가능하다.

- Thread with Reference

    이 명령은 앞서 설명한 Thread를 만드는데 있어 원점의 위치까지 잡아줄 수 있게 하는 명령이다.

- Axis Line

    이 명령은 두 대칭 요소에 대해서 그 중심 라인을 그려 주는 명령으로 나란한 두 대상 요소를 선택해 주었을 때 그 이등분 위치에 Axis Line이 만들어진다.

- Axis Lines and Center Lines

    이 명령을 사용하면 Axis Line과 Center Line을 동시에 만들어 줄 수 있다. 명령을 실행 시키고 다음과 같이 두 대상을 선택해 주면 된다. 나머지 수정이나 대산 선택에 대한 설명은 앞서 Axis Line과 Center Line을 참고하기 바란다.

- Area Fill

    이 명령은 도면 형상 중에 닫혀 있는 면적에 단면 특성을 부여하는 명령이다. 명령을 실행하려면 반드시 선택한 부분이 Geometry나 형상으로 하여금 닫혀 있어야 한다.

- Arrow

    이 명령은 표시 또는 기타 목적으로 도면상에 화살표를 그리는 명령이다. 명령을 실행시키고 화살표의 시작 위치가 될 지점을 먼저 선택해 준다. 다음으로 화살표 머리가 생길 마지막 지점을 선택해 준다. 그러면 다음과 같이 두 지점을 통하여 화살표가 만들어진다.

6. Annotations

이 Toolbar는 Drawing에 Annotation을 만들어 주는 명령으로 일반적인 텍스트 상자나 지시 선이 달린 텍스트, 테이블 등을 만들어 줄 수 있어 도면상의 주석을 다는데 유용하게 사용할 수 있다.

① Text Sub Toolbar

이 Sub Toolbar에는 Annotation 기능 중에 글 상자와 관련된 명령들이 모여 있다.

- Text

    이 명령은 도면상에 텍스트를 쓰기 위해 투명한 글 상자를 만드는 명령이다. 명령을 실행시키고 활성화된 View나 Sheet위를 드래그 하면 다음과 같이 녹색 경계로 만들어진 텍스트 상자와 Text Editor 상자가 보일 것이다.

- Text with Leader

    이 명령은 텍스트와 함께 지시 선을 그려주는 명령이다. 명령을 실행시킨 후에 지시 선을 표시하고자 하는 지점을 클릭해 준다.

- Text Replicate

    이 명령은 Text attribute에 의해 Link가 걸린 글 상자의 문구를 다른 곳에도 Link 값만 다르게 마찬가지 형식으로 적용하여 주는 명령이다.

- Balloon

    이 명령은 지시선과 함께 풍선 모양의 글 상자를 만들어 주는 명령이다. 명령을 실행 시키고 화살 표시가 위치할 곳을 선택해 준다.

- Datum Target

    이 명령은 지시선이 달린 Datum을 만드는 명령이다. 명령을 실행시키고 Datum을 표시하고자 하는 부분을 선택한다.

- Text Template Placement

    이 명령은 CATIA Catalog에 저장한 Text template를 사용하여 Annotation을 하는 명령이다. 그러나 이 책의 수준을 넘는 기능으로 생각하여 이번 기초 서에서는 설명을 생략하였다. 중고급자를 위한 매뉴얼을 참고하기 바란다.

② Symbols Sub Toolbar

이 Sub Toolbar에는 용접이나 표면 거칠기 등을 표시하는 Annotation 기능이 담겨있다. 일반적으로 이와 같은 설명을 직접 도면상에 표현하기 어렵기 때문에 Annotation 기능을 사용한다. 일반적으로 모든 경우에 사용하는 명령들이 아니므로 필요로 하는 경우가 아니라면 생략해도 되는 부분이다.

- Roughness Symbol

    이 명령은 표면 거칠기에 대한 정보를 입력하는 Annotation 명령이다. 명령을 실행 시키고 거칠기를 표시할 부분을 선택하면 다음과 같은 Roughness Symbol창이 나타난다. 이것을 정리하여 나타내면 다음과 같다.

- Welding Symbol

    이 명령은 용접 부위에 대한 정보를 입력해 주는 Annotation 명령으로 명령을 실행 시킨 뒤에 원하는 부분을 차례대로 선택해 주면 다음과 같이 지시 선이 따라 나옵니다. 적당한 위치에서 클릭해 준다.

- Geometry Weld

    이 명령은 용접 표시를 기호가 아닌 시각적인 형상을 이용하여 표현해 주는 명령이다. 명령을 실행시키고 용접 표시를 해주고자 하는 부분의 교차 선을 차례대로 선택해 준다.

③ Table Sub Toolbar

이 Sub Toolbar에는 도면상에 Table을 만드는 명령이 들어있다. 이 Table을 이용하여 정렬된 데이터를 입력해 줄 수 있다. 또한 데이터 파일을 입력 받아 Table을 불러올 수 도 있다.

- Table

    이 명령은 Table의 행과 열값을 입력 받아 표를 만들고 각 셀에 데이터를 입력할 수 있는 명령이다.

- Table From CSV

    이 명령은 파일 형식이 .csv 인 파일을 불러 들여 Table을 구성하는 명령이다. 메모장이나 엑셀과 같은 프로그램에서 파일을 저장할 수 있으며 다음과 같이 파일에 정보를 입력하고 파일 이름을 xxx.csv 로 저장한다.

④ Graphic Properties

이 Toolbar는 형상 요소들의 그래픽인 속성을 조절해 주는 Toolbar이다. Element의 색상이나 선의 굵기, 선의 종류, 포인트의 종류를 설정 할 수 있으며 앞서 배운 단면 속성을 정의해 줄 수 있다. 앞서 Common Toolbar에서 설명한 바와 같이 원하는 대상을 선택한 후에 이 Toolbar에서 속성을 변경해 주면 된다. 물론 Element를 복수 선택 할 수 있다.

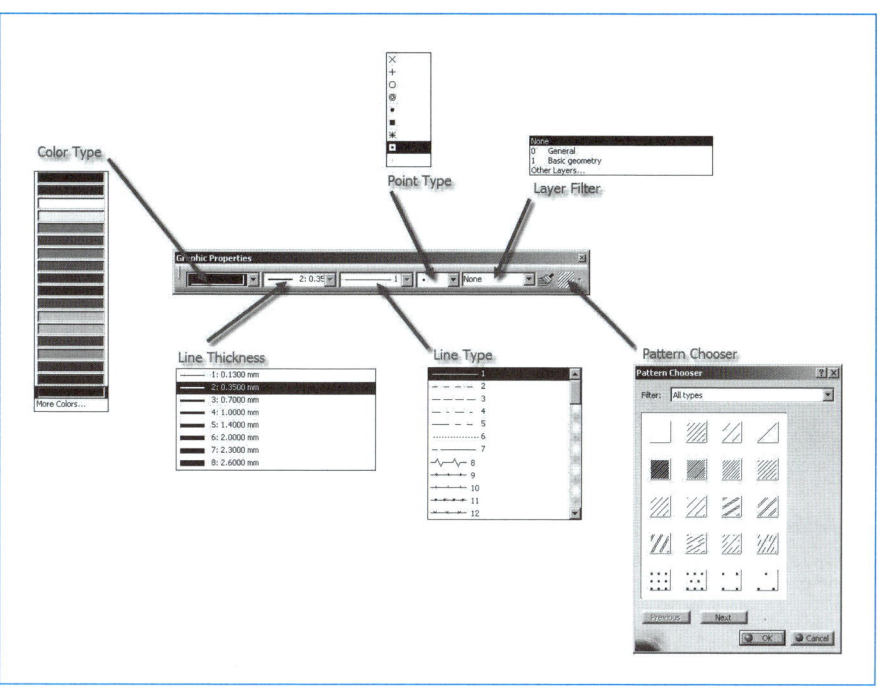

이러한 Graphic 속성은 대상의 Properties (Alt + Enter)에서도 변경이 가능하다.

7. Text Properties

이 Toolbar에서는 텍스트나 글 상자, Table에 대해서 속성을 변경해 줄 수 있다.

8. Dimension Properties

이 Toolbar는 치수선의 스타일이나 공차, 단위계, 유효 자리 수 등을 설정해 주는 중요한 Toolbar이다. 여기서도 마찬가지로 선택한 대상에 대해서만 값을 변경하게 된다는 것을 기억하기 바란다.

9. Tools

이 Toolbar는 도면 생성을 하는데 있어 보조 설정을 하는 Toolbar로 도면 작업을 하는데 있어 필요한 간단한 설정을 가지고 있다.

- Grid

  이 명령은 Drawing Sheet에 격자를 표시하는 명령이다. 이것이 체크되어 있으면 격자가 표시되고 해제되어 있으면 격자가 표시되지 않는다.

- Snap to Point

  이 명령은 Drawing 상에서 Geometry등을 그리는데 있어 포인터가 격자와 격자 사이만을 오가게 하는 명령이다. 이것이 체크되어 있으면 격자 사이만을 지나고 이것이 해제되어 있으면 격자와 상관없이 포인터가 자유롭게 이동할 수 있다.

- Analysis Display Mode

  이 명령은 치수선을 색상을 그 종류에 따라 다른 색으로 표현하게 하는 명령이다. 이 명령을 체크해 두면 형상에서 가져온 치수나 도면상에서 측정한 치수 등에 대해서 앞서 설정한대로 색상을 표현하도록 할 수 있다.

- Show Constraints

  이 명령을 도면상의 Geometry에 대해서 만들어지는 형상이 가지게 되는 Geometrical Constraints를 탐지하여 만들어 주는 명령이다. 이 명령이 체크되어있으면 geometry를 그리는 과정에서 Smart Pick에 의해 탐지되는 구속이 표시된다.

- Create Detected Constraints

  이 명령은 도면상에서 형상을 그리면서 탐지되는 구속을 자동으로 생성해 주는 기능을 한다.

- Filter Generated Elements

  이 명령은 실제 3차원 형상으로부터 가져온 형상 요소와 Drafting 상에서 그린 형상 요소를 분리하여 표현해 주는 명령이다. 이 명령이 체크되어 있으면 3차원 형상으로부터 가져온 형상 요소는 회식을 띠며 Drafting상에서 제도한 요소는 검은색을 띱니다. 이 두 가지 대상에 대해서 구별이 필요한 경우 유용하게 사용할 수 있다.

- Display View Frame as Specified for Each View

  이 명령은 Sheet 상의 각 View들의 Frame을 출력해 주는 명령이다. 이 명령이 체크되어 있어야 각 View의 Frame 표시가 출력된다.

  이렇게 Frame이 출력되어야 각 View들을 이 Frame을 잡고 움직일 수 있다. 여기서 나타나는 View Frame들은 View 단위 작업을 위해 필요로 하며 활성화 된 View를 기준으로 도면 작업이 진행된다는 것을 기억하기 바란다. View Frame은 Drafting 작업상에서만 출력이 되며 나중에 JPG나 PDF와 같은 외부 파일 형식으로 저장을 하면 나타나지 않습니다.

- Dimension system selection mode

    이 명령은 치수를 잡는 방법 중에 세 가지 모드 Chained Dimension system, Cumulated Dimension system, Stacked Dimension system를 사용하는데 사용하는 부수적인 명령이다.

3. Drawing Properties

Drafting Workbench는 도면상에 상대방이 볼 수 있도록 정보를 입력하는 기능을 하기 때문에 일반 모델링보다 작업을 하면서 신경 써야 할 부분이 많다. 다음의 각 속성을 다루는 방법을 습득함으로써 보다 정확하고 이해하기 쉬운 도면을 만들어 보는 연습을 해보도록 하겠다.

1. Edit Sheet Properties

우리가 Drawing 작업을 하는 한 장의 종이라 생각할 수 있는 Sheet에 대한 설정이다. Drawing에는 여러 장의 Sheet를 추가하여 작업을 할 수 있으며 이들 각각에 대해서 독립적인 설정이 가능하다. 속성을 들어가고자 하는 Sheet를 선택한 후에 Contextual Menu(MB3 버튼)에서 Properties(Alt + Enter)를 선택한다. 그러면 다음과 같이 Sheet의 속성 창이 나타난다.

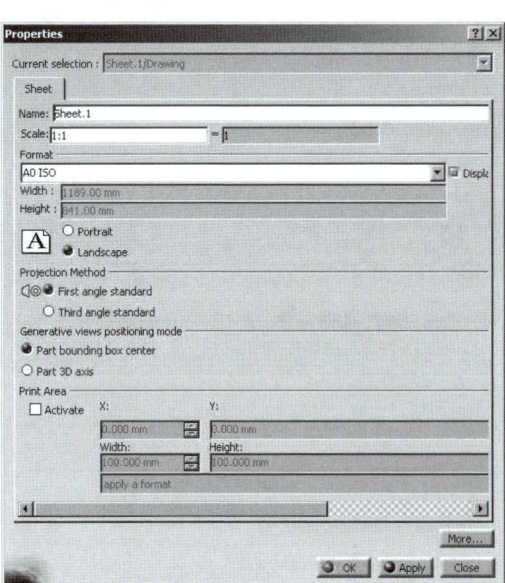

2. Edit View Properties

우리가 하나의 Sheet에 여러 개의 View들을 이용하여 한 장의 도면을 만들게 된다. 이때 이 각각의 View에 대해서 설정이 가능하다.

속성을 들어가고자 하는 View를 선택한 후에 Contextual Menu(MB3 버튼)에서 Properties(Alt + Enter)를 선택한다. 그러면 다음과 같이 View의 속성 창이 나타난다.

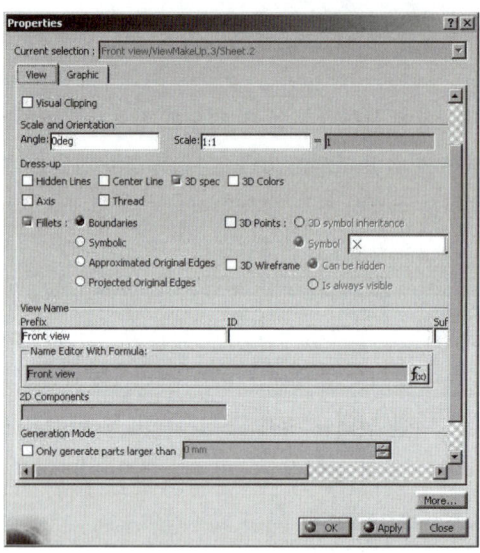

3. Edit 2D geometry feature Properties

여기서는 Drawing에서 직접 그려준 Geometry에 대해서 속성을 설정하는 방법을 설명한다. 속성을 들어가고자 하는 Geometry를 선택한 후에 Contextual Menu(MB3 버튼)에서 Properties(Alt + Enter)를 선택한다. 그러면 다음과 같이 Geometry의 속성 창이 나타난다.

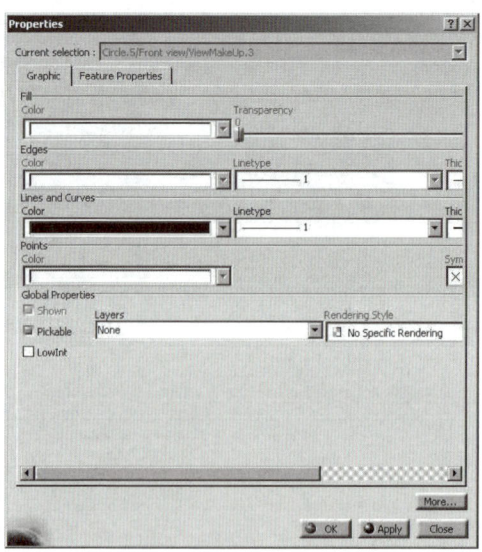

4. Edit Pattern Properties

여기서는 우리가 Area Fill을 사용하거나 형상의 Section View 또는 Breakout View등에서 단면 표시를 하는 Pattern 형상의 속성을 다루는 방법을 설명할 것이다. Pattern이 들어간 단면 형상을 선택하고 Contextual Menu(MB3 버튼)에서 Properties(Alt + Enter)를 선택한다. 그러면 다음과 같이 속성 창이 나타난다.

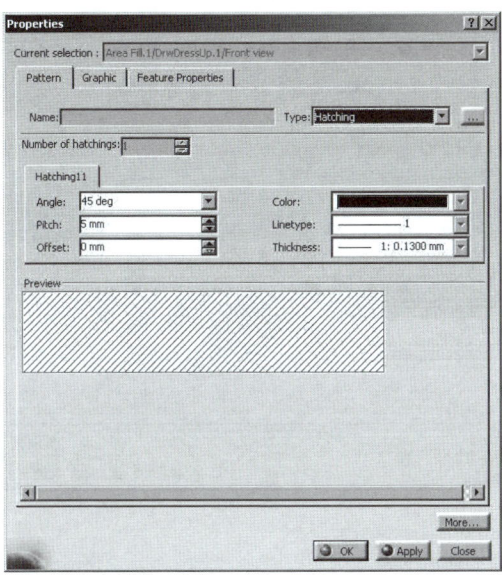

5. Edit Annotation font Properties

Annotation에 사용한 글꼴을 수정할 수 있다. 글꼴을 수정하고자 하는 Annotation을 선택한 후에 Contextual Menu(MB3 버튼)에서 Properties(Alt + Enter)를 선택한다. 그러면 다음과 같이 속성 창이 나타난다.

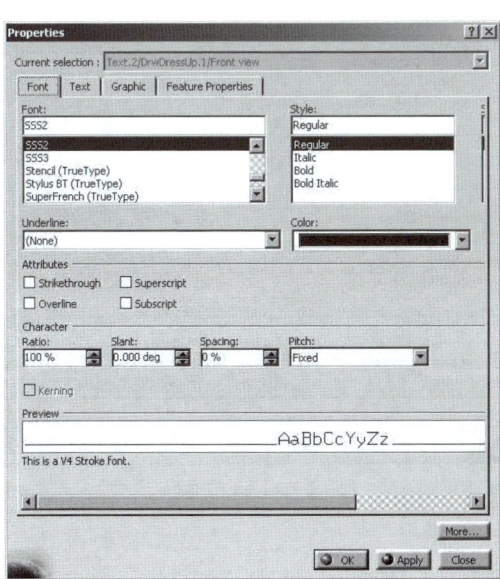

6. Edit Picture Properties

Drawing에 입력한 그림 파일에 대해서 설정이 가능하다. 다음과 같이 그림 형상을 선택한 후에 속성에 들어가면 다음과 같은 속성 창을 확인할 수 있다.

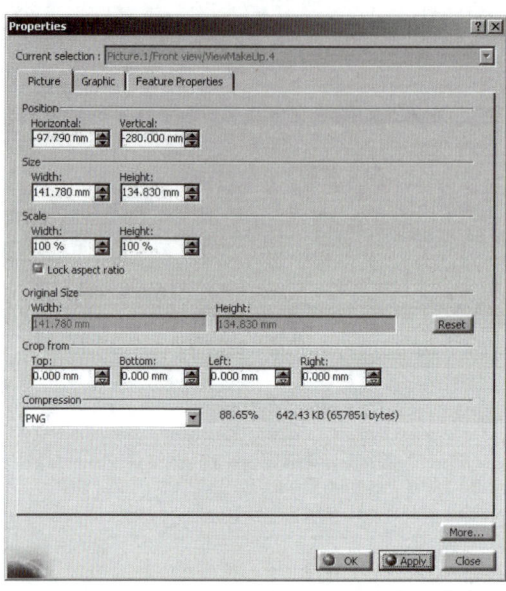

7. Edit Dimension Value Properties

여기서는 Drawing의 치수 값(들)에 대한 설정을 할 수 있다. 속성을 변경하고자 하는 치수선을 선택 또는 복수 선택하여 속성을 들어가면 다음과 같이 Dimension Vale 탭을 확인할 수 있다.

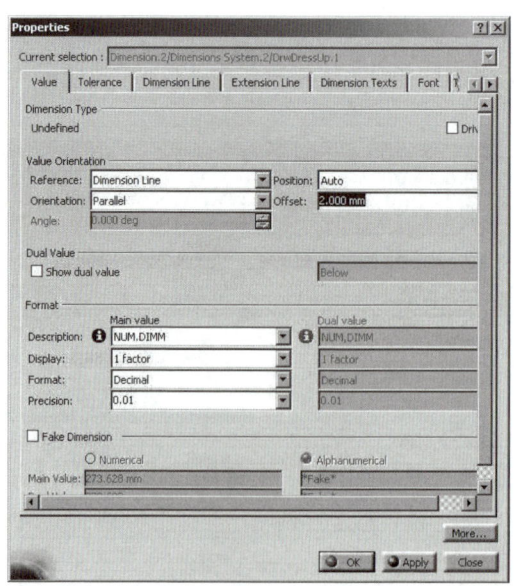

8. Edit Dimension Tolerance Properties

Dimension Tolerance 탭에서는 선택한 치수(들)에 대해서 공차를 주는 기능을 한다. 구성은 다음과 같으며 원하는 공차 Type을 선택해 주면 아래의 세부 사항을 조절해 줄 수 있다.

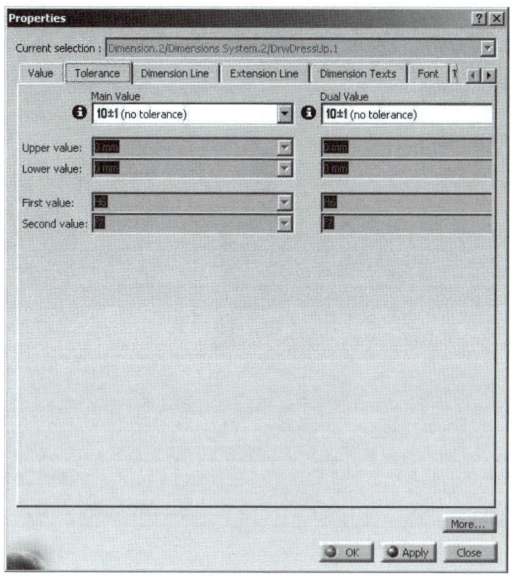

9. Edit Dimension Line Properties

Dimension Line 탭에서는 치수선에 대한 여러 가지 설정을 잡아 줄 수 있다. 대부분의 기능은 Dimension Properties Toolbar에서 설명한 부분과 동일한다.

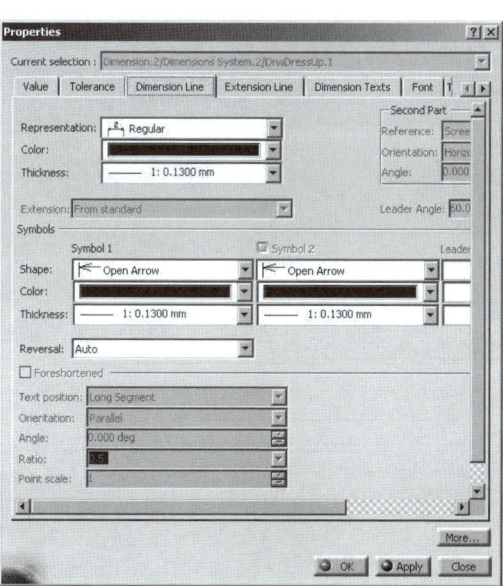

10. Edit Dimension Extension Line Properties

Dimension Extension Line 탭에서는 치수 보조선에 대한 설정을 해준다.

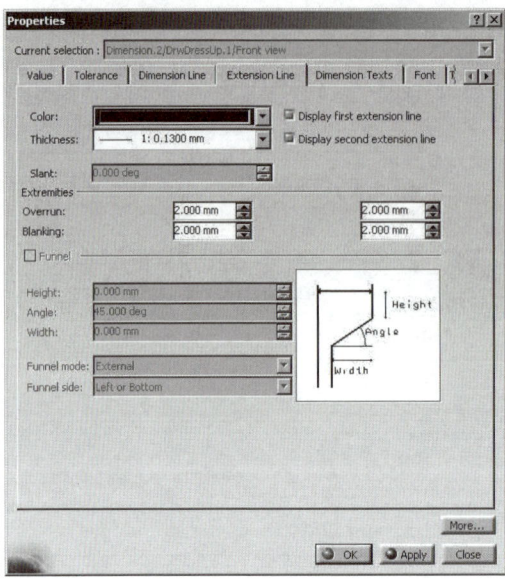

11. Edit Dimension Text Properties

Dimension Text 탭에서는 치수에 관계하여 추가적인 글이나 기호 등을 입력하게 해준다. 단순히 치수만으로 표현하기 어려운 부분에 대해서 텍스트를 첨가하여 설명을 도울 수 있다.

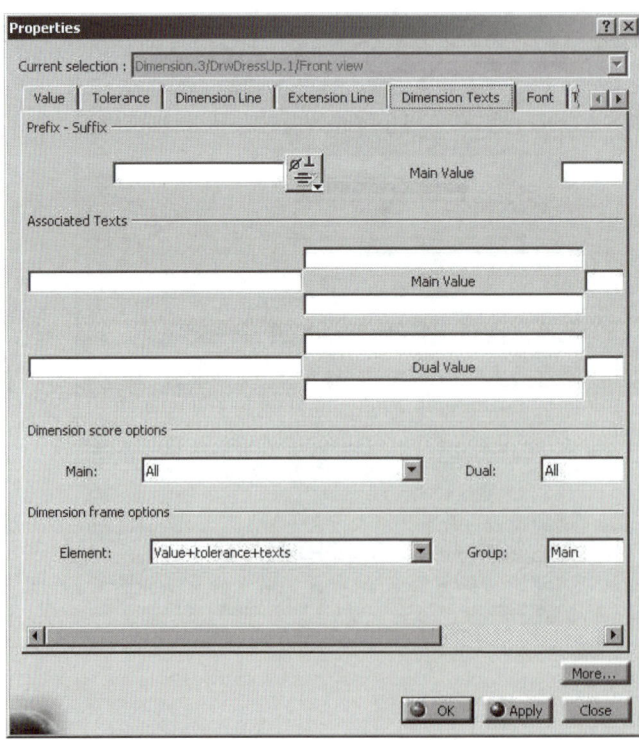

4. Sheet Frame 및 Title Block

Sheet에 입력하는 정보는 형상에 대한 정보뿐만 아니라 Sheet 자체에 입력하는 정보도 있다. Sheet Frame과 Sheet Title Block은 형상 요소와 관계된 작업과 별도로 Sheet Background에서의 작업으로 분류된다. View에 관련된 작업을 마친 상태에서 이제 위 두 가지 요소를 설정하는 방법을 설명하도록 하겠다.

풀다운 메뉴의 Edit → Sheet Background를 선택한다.

그러면 다음과 같이 화면이 색상이 어둡게 변하면서 형상의 View와 독립적인 작업을 할 수 있게 된다. 이 상태에서는 View에 관한 작업은 수정할 수 없으며 오로지 Sheet의 배경에 관계된 작업만이 가능하다.

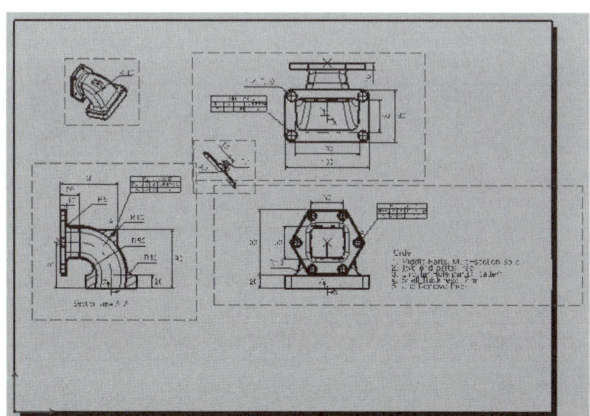

여기서 Drawing Toolbar를 찾아보면 다음과 같이 아이콘들이 변경된 것을 확인할 수 있다.

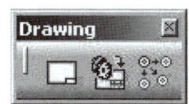

Frame Creation 명령을 실행 시키면 다음과 같은 Insert Frame and Title Block창이 나타난다.

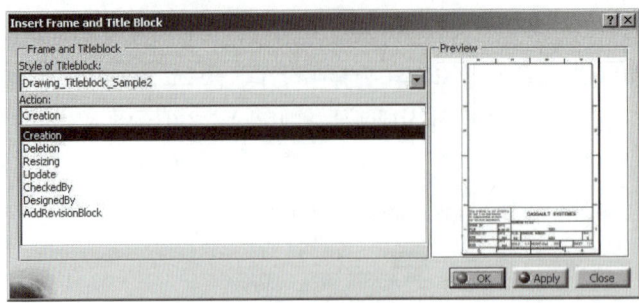

여기서 적당한 Style of Title Block을 선택한 후에 Creation을 선택해 준다. 그럼 선택된 스타일 형식으로 정의 된 샘플 형식의 Frame과 Title Block이 나타난다.

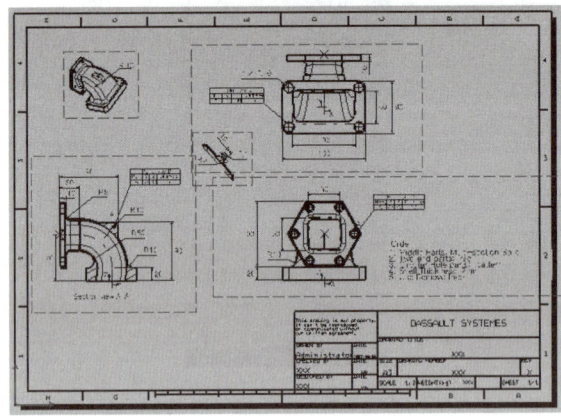

이 상태에서는 Frame과 Title Block을 구성하는 모든 선 요소 및 글 상자 요소들을 수정해 줄 수 있다. 따라서 불필요한 요소나 필요한 요소를 그려주거나 삽입하여 원하는 Frame과 Title Block으로 작업이 가능하다.

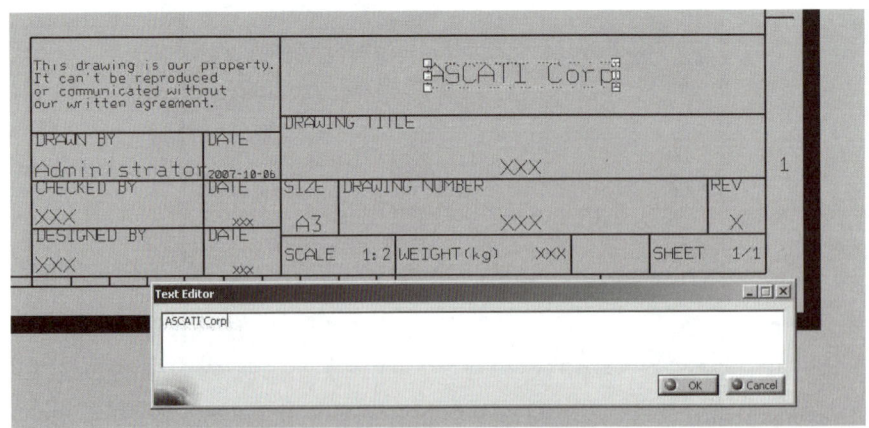

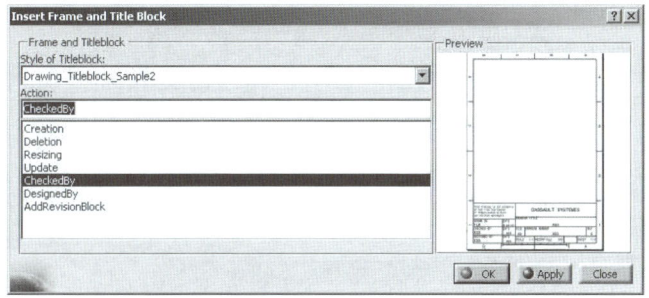

수정을 하면서 도면 이름이나 작업자, 스케일 등과 같은 정보를 입력해 준다. 일반적인 사항은 거의 자동적으로 생성이 되어 있다.

도검자의 경우에는 다시 Frame Creation 명령을 실행시켜 이번에는 CheckedBy를 선택하여 창을 적용 시킵니다.

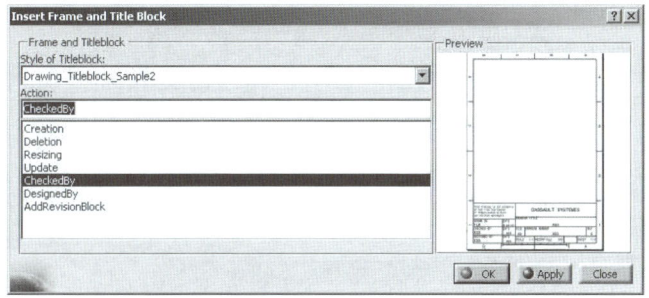

그러면 다음과 같이 도검자의 이름을 기입하는 창이 나타난다.

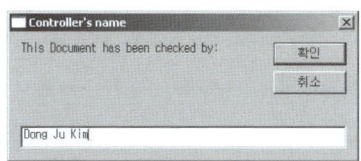

만약에 작업을 하면서 형상에 수정이 가해진 경우 다시 Frame Creation 명령을 실행 시키고 이번에는 AddRevisionBlock을 선택해 준다.

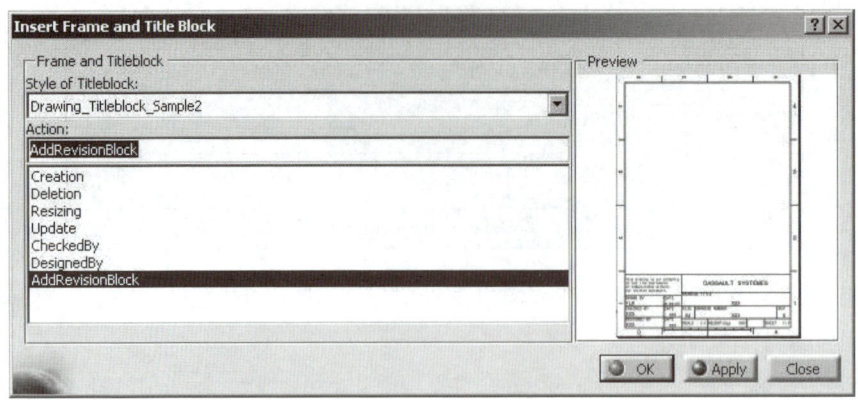

그리고 작업자나 코멘트 사항을 입력해 준다.

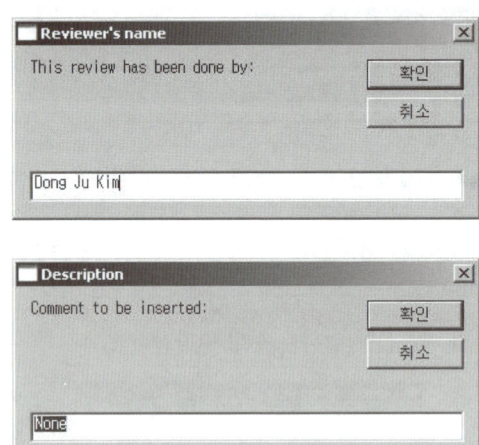

이 작업을 반복해 주게 되면 다음과 같이 Revision Block이 연장되어 나타난다.

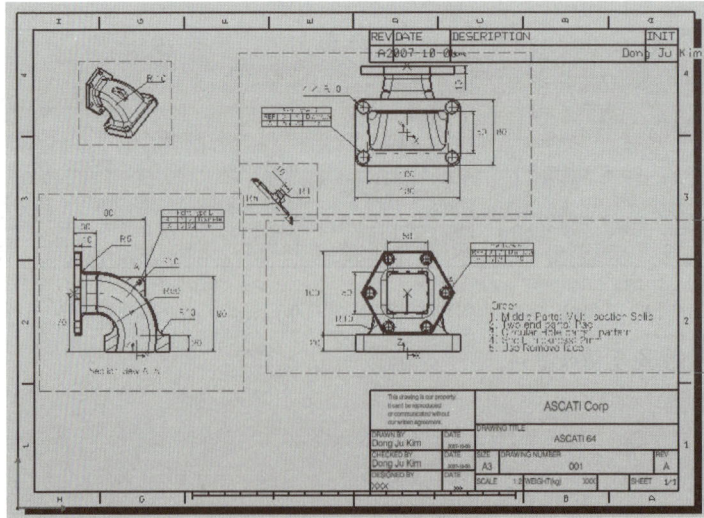

이러한 Revision Block 역시 조절이 필요한 것은 자유롭게 수정할 수 있다.

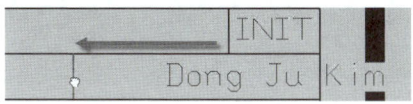

글꼴까지 수정해 주면 마무리 된다.

REV	DATE	DESCRIPTION	INIT
A	2007-10-06	None	Dong Ju Kim

Frame과 Title Block작업이 마무리 되면 다시 View를 수정하고자 할 경우에는 풀다운 메뉴에서 Edit → Working View를 선택해 준다.

이 상태에서는 다시 Frame과 Title Block을 수정해 줄 수 없게 된다.

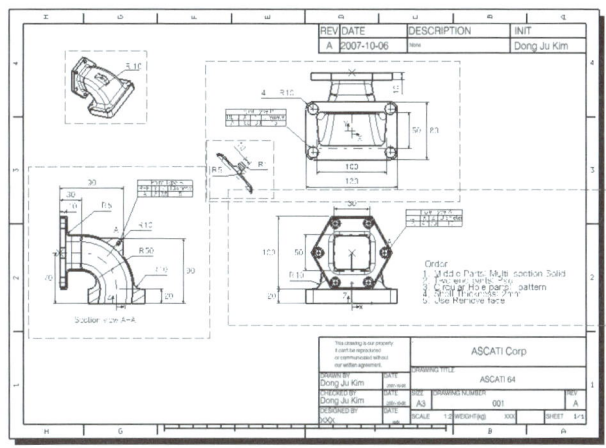

이러한 Frame과 Title Block은 회사나 작업자에 따라서 정해진 한 가지 형식을 가지고 사용하기를 원하게 되는데 그럴 경우에는 빈 Sheet에 앞서 설명과 같은 방법으로 Frame과 Title Block을 작업해 주고 .CATDrawing 형식으로 저장을 한다.

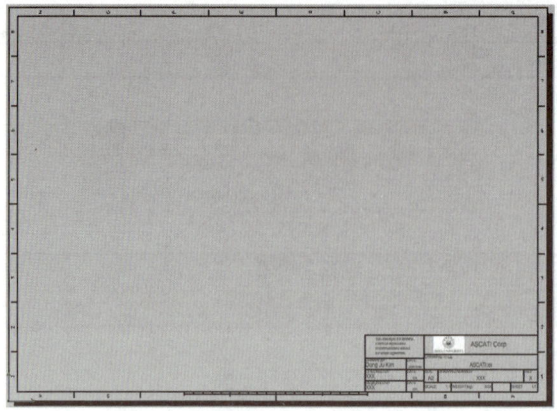

그러고 나서 이 형식의 Frame과 Title Block이 필요한 경우 풀다운 메뉴의 File ➜ Page Setup을 선택하여 Insert Background View를 이용 앞서 만든 Frame과 Title Block을 불러 올 수 있다.

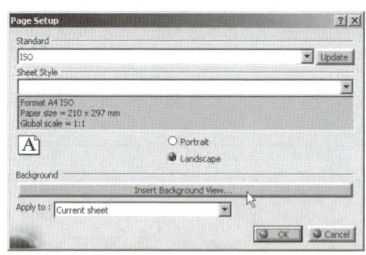

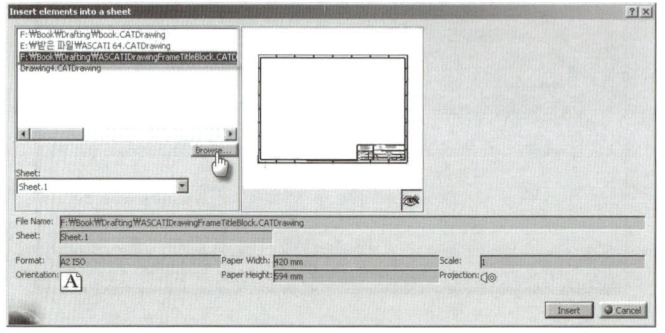

이와 같은 방법을 사용하게 되면 매번 반복하여 Frame과 Title Block을 수정해 가며 만들어 줄 필요 없이 이미 만들어진 자신만의 틀을 불러와 사용할 수 있다.

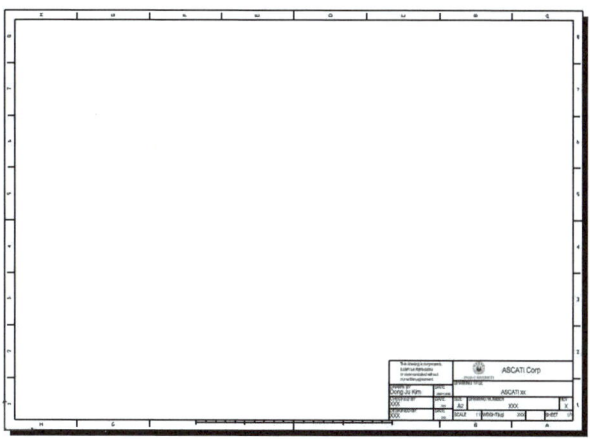

부차적으로 Sheet Background 상태에서 BOM의 입력 또한 가능한데 이렇게 Sheet Background에 BOM을 만들게 되면 View들과 충돌이 발생하지 않도록 위치 설정에 유의해야 한다. 따라서 Working View일 때와 Sheet Background일 때를 오가면서 이 두 요소들 간의 겹침이 발생하지 않게 위치를 조절하는 작업도 해주어야 한다.

5. Useful Tips

- CATIA의 도면 작업은 기본적으로 완성된 3차원 형상을 바탕으로 View를 추출하여 작업한다.
- 형상의 적절한 Front View를 지정하는 것이 가장 중요하다.
- View의 수가 많은 것 보다 최소한으로 형상의 모든 정보를 담을 수 있어야 한다.
- View가 구성되면 치수 정보를 바르게 입력하여야 한다. 작업 사람은 인지하지 못해도 치수를 알아챌 수 있지만 다음 도면을 읽는 사람의 경우 이해를 못할 수 있다. 도면은 항상 다음 읽는 사람을 기준으로 작성해야 한다.
- 중복되는 치수나 주석 기입이 없도록 충분한 연습이 필요하다.
- 3차원 형상과 도면 객체는 Link 관계가 유지되기 때문에 이러한 관계를 고려한 수정이나 업데이트 작업이 필요하다.
- Link 관계를 끊으면(Isolate) 독립적인 수정이 가능하다.

6. 실습 예제

여기서는 앞서 공부하였던 실습 도면을 직접 그려봄으로써 도면 작업에 대한 실습을 진행하도록 할 것이다. 다음의 페이지에 수록된 도면과 여러분이 작업한 모델링 형상을 바탕으로 실습을 진행해 보기 바란다.

실습의 이해를 돕고자 아래 각 도면에 대한 작업 과정의 설명은 ASCATI 유튜브 채널에서 "2019 CATIA Mechanical Design 도면집"을 검색하거나 왼편의 QR 코드로도 간편하게 학습이 가능하다.

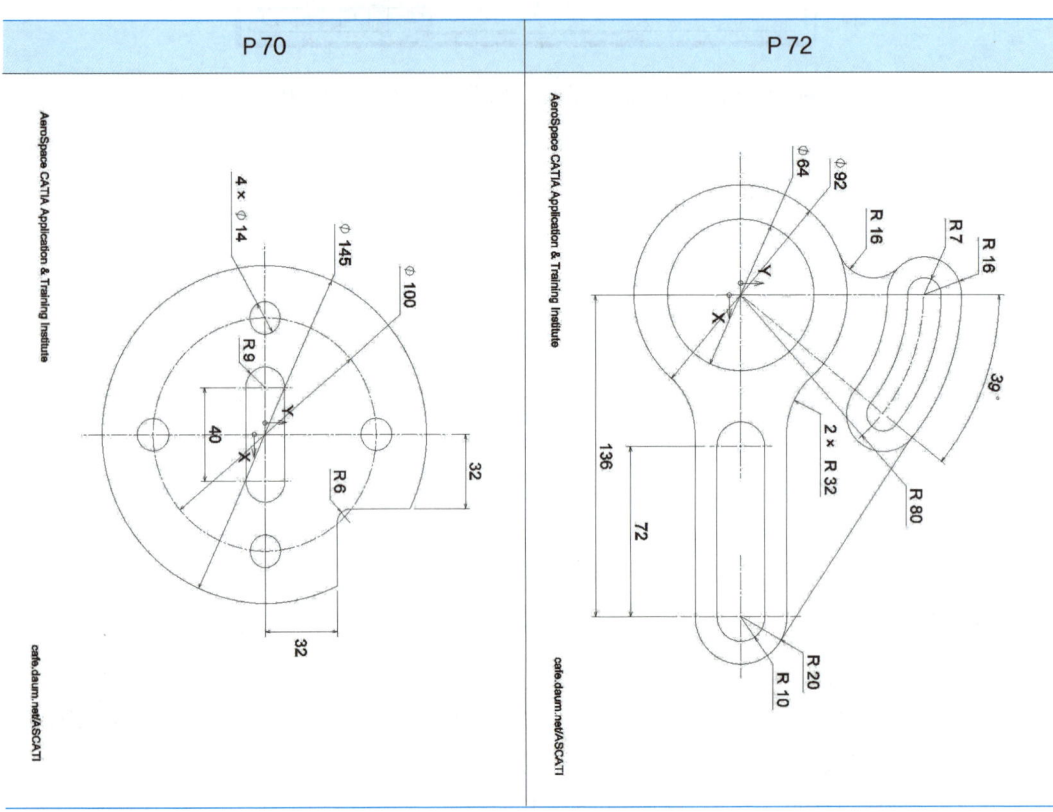

CHAPTER 5. Drafting

P 196

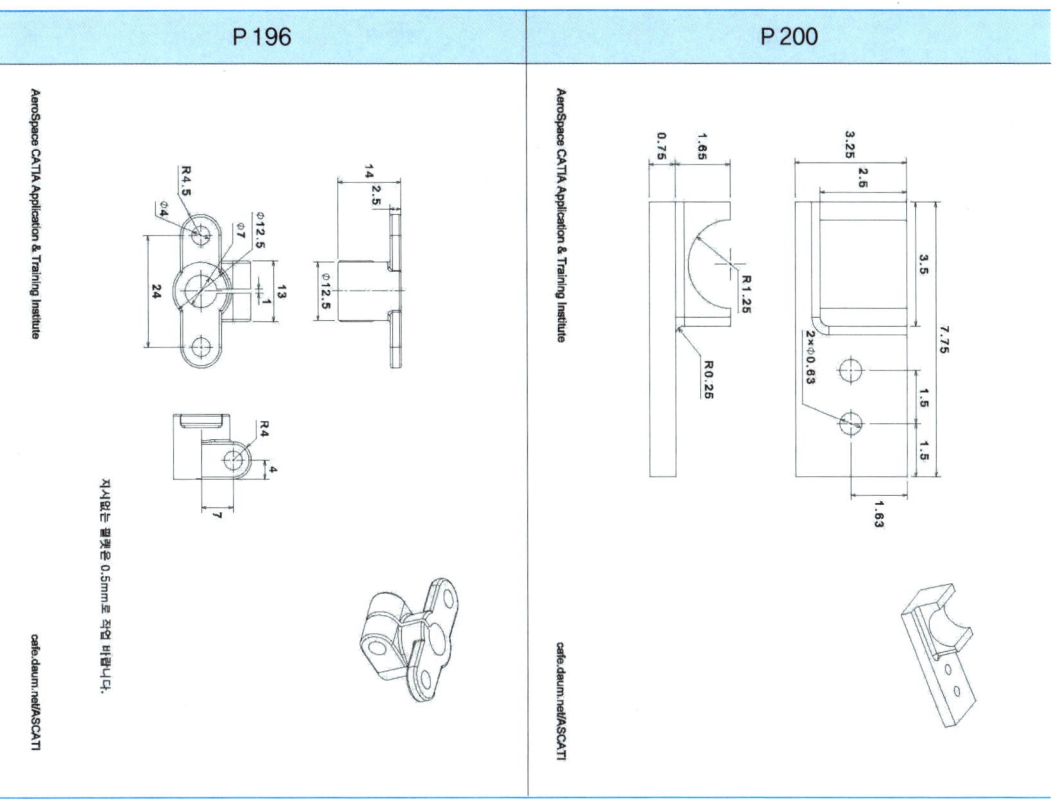

P 200

P 202

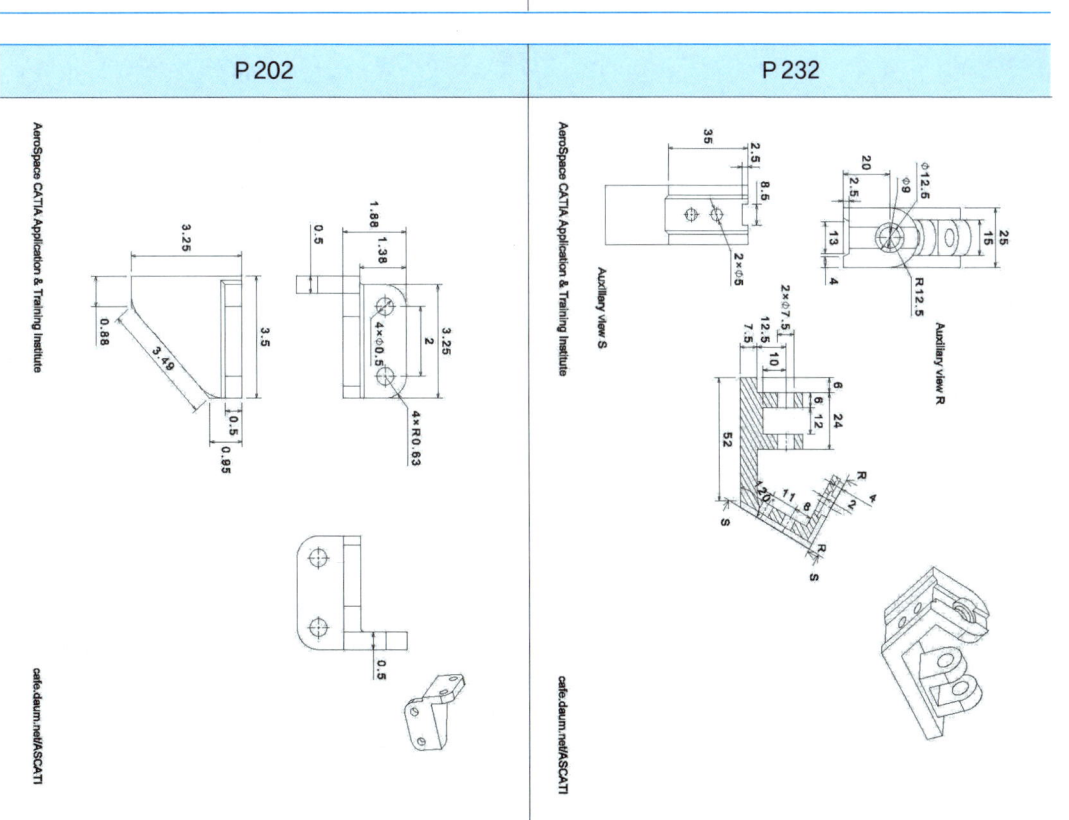

P 232

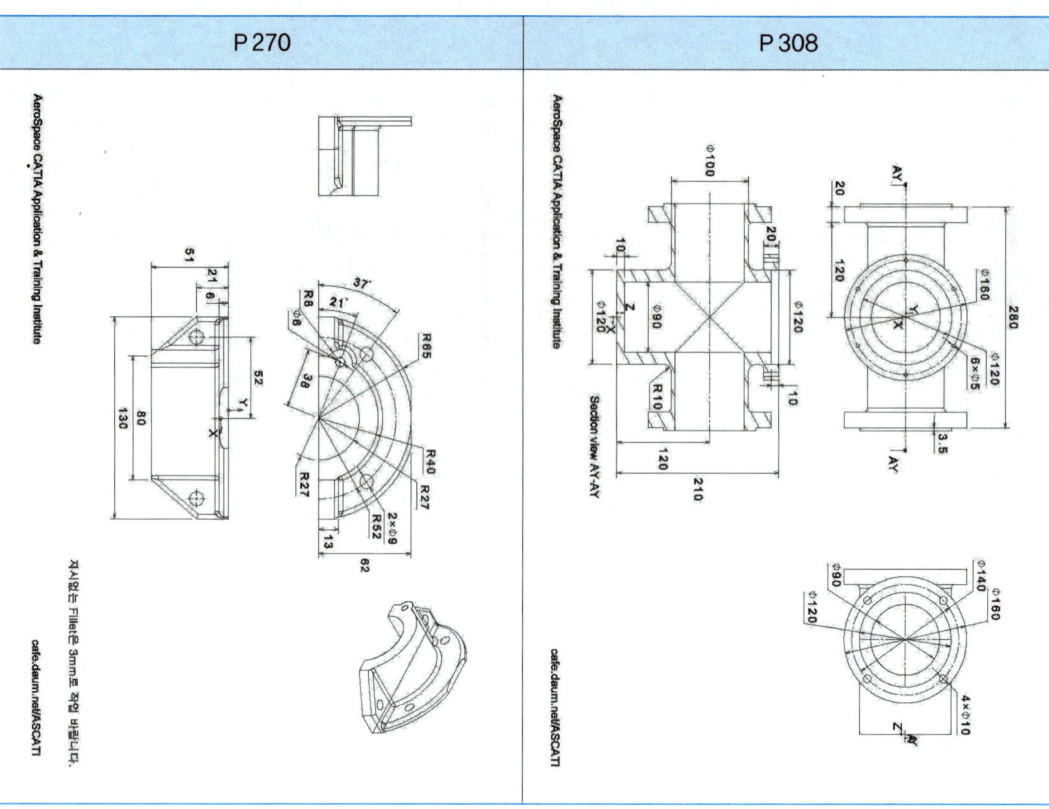
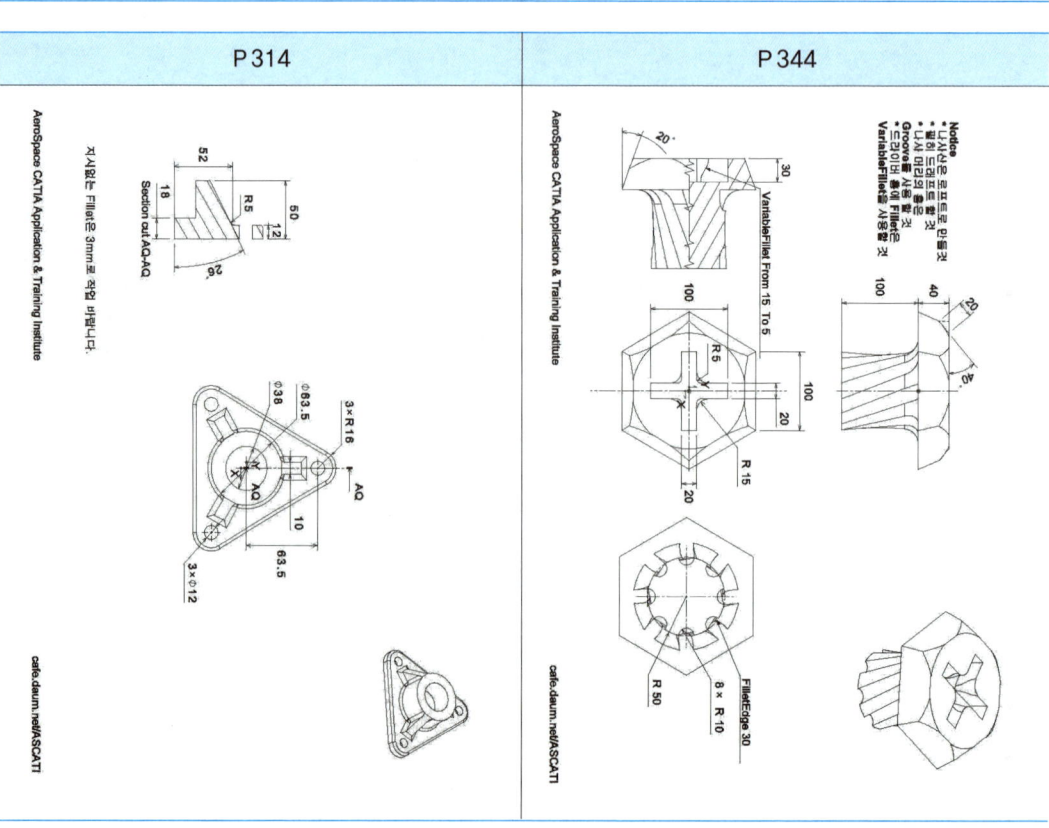

Appendix 01

Catalog Editor

실습의 이해를 돕고자 아래 각 도면에 대한 작업 과정의 설명은 ASCATI 유튜브 채널에서 "2019 CATIA Mechanical Design 도면집"을 검색하거나 왼편의 QR 코드로도 간편하게 학습이 가능하다.

1. Catalog Editor

1. Catalog란?

Catalog Editor는 CATIA의 사용자 정의 라이브러리를 만드는 Workbench로 CATIA에서 가장 강력한 도큐먼트의 저장 및 분류(Storing & Classifying) 방식이다. 즉, Catalog Editor란 각 타입에 따라 동일 형상의 서로 다른 치수 값들을 가지는 형상들을 라이브러리처럼 만들어 놓고 필요한 경우에 불러와 사용할 수 있게 하는 것이다. 이와 같은 작업을 통하여 작업자는 자신이 작업하는 형상에 대해서 분류하고 세분화하여 제품 형상의 구성 요소들을 분류할 수 있다.

이러한 Catalog를 만들어 놓게 되면 동일 형상을 가지면서 치수만 다른 형상들을 매번 일일이 만들거나 또는 불러와서 수정하지 않고 하나의 카탈로그 잡지에서 제품을 고르듯 원하는 치수들의 묶음을 가지는 일련의 타입을 선택해서 도큐먼트를 불러오기만 하면 된다. 따라서 Catalog는 동일 형상에 대해서 각 타입별로 치수가 이미 정해진 경우에 사용하는 것이 유용하다. 이와 같은 Catalog의 이용은 동일 형상의 반복 사용 또는 간단한 치수 변경에 따른 형상의 Re-Design의 시간 낭비를 절약하여 보다 손쉽게 제품을 완성할 수 있다.

2. Catalog 만들기

Catalog Editor에서는 다음과 같은 작업 용어를 사용하므로 이를 알아두면 유용하다.

- chapters : 하나의 Catalog를 구분하는 가장 큰 단위의 그룹이다.
- families : Component들의 묶음으로 Chapter의 하위에 속하다.
- part families : 이것은 오로지 Part 도큐먼트들의 Component 묶음으로 Design Table에 의한 각 Part 도큐먼트의 변수들을 목록화한 것을 저장하다.
- components : 각 형상을 저장하고 있는 도큐먼트들을 말한다.
- keywords : chapter와 family를 구성하는 형상을 구성하는 각 주요 변수들을 뜻하다.

Catalog를 구성하기 위해서는 원본 파일과 데이터 목록들이 들어있는 엑셀 파일(또는 메모장)이 구비되어 있어야 하다. 따라서 기본적으로 MS Office나 메모장의 작업자의 컴퓨터에 설치되어 있는지를 확인해 두어야 하다. (참고로 데이터 시트의 관리는 엑셀이 메모장보다 수월하다.) 데이터가 든 엑셀 파일(또는 메모장)은 CATIA Knowledge 기술 중에 하나인 Design Table을 이용해서 만들 수 있다. 다음은 전반적인 Catalog 제작 과정이다.

- CATIA 시작 메뉴에서 Infrastructure ➜ Catalog Editor를 선택한다.
- Add Family 를 사용하여 선택한 Chapter에 묶음을 만든다.
- 만약에 현재의 Chapter가 아닌 새로운 Chapter를 구성하고자 할 경우 Add Chapter 를 이용하여 새로운 Chapter를 만들어 준다.
- 만들어준 Family에 Component를 Add component 를 사용해 불러옵니다. 단품 형상으로부터 Component를 불러오고자 할 경우에는 Add part family component 를 사용한다.

- 불러온 형상에 이미 Design Table로 Keywords ✷가 구성이 되어있다면 따로 Keywords를 만들어 주지 않지만 그렇지 않은 경우에는 Keywords를 정의해 준다.
- 작업하는 대상에 맞게 위와 같은 과정을 반복하여 하나의 제품 또는 한 작업군의 Component들을 목록화 한다.

3. Catalog Exercise

■ Catalog Exercise 1

Catalog Editor를 배우는 과정으로 연습할 형상은 다음과 같다.

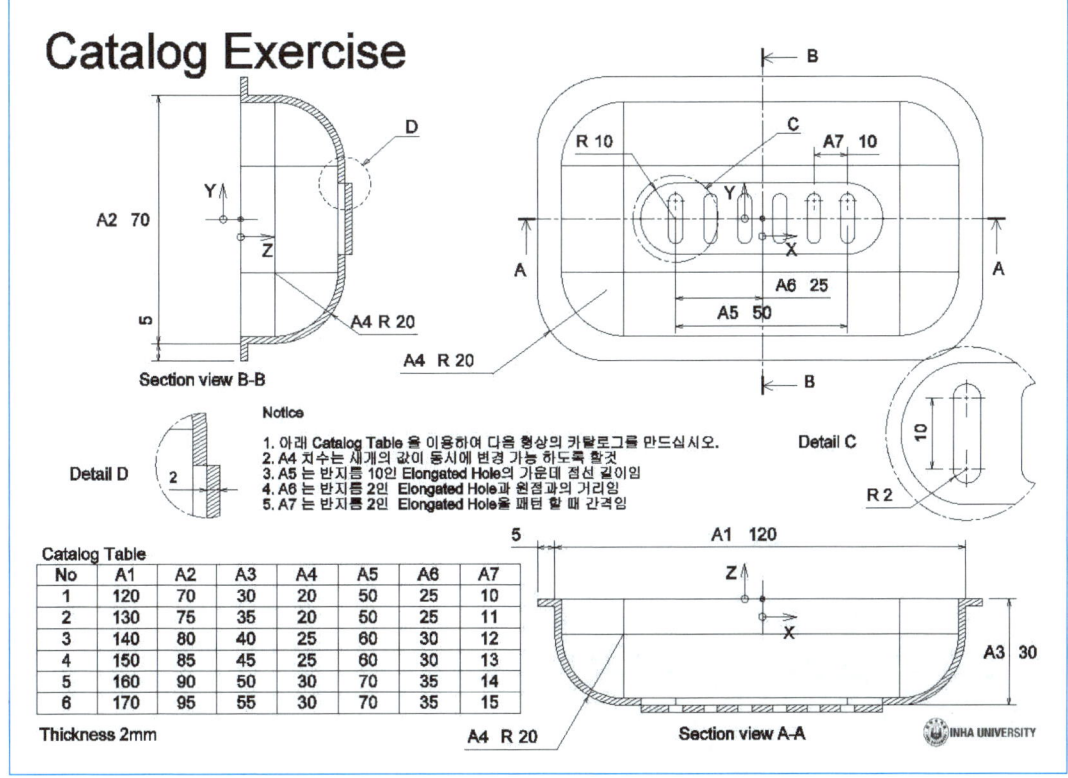

- 작업 Workbench

⚙	Part Design	🏁	Sketcher
📦	Catalog Editor	⚙	Assembly Design

- 사용 명령

▦	Design Table	📄	Add Family
📇	Add Family	📖	Catalog Browser

위와 같은 간단한 형상을 통해 Catalog의 개념을 잡아 보도록 할 것이다. 도면에 보이는 형상에 일정 치수에는 A1, A2와 같이 표시가 되어 있을 것이다. 이 각각의 표시는 도면의 좌측 하단에 있는 Table에 명시된 대로 각 번호에 따라 치수가 정해져있다. 따라서 이번 작업에서는 본 형상을 만듦과 동시에 Design Table을 활용한 형상 데이터 시트를 만들어야 하다. 이러한 변수들을 잘 고려하여 모델링 방법을 생각해 보기 바란다.

1. 우선 XY 평면에 다음과 같이 스케치 한다. Centered Rectangle을 이용하며 여기서 가로와 세로 치수는 각각 A1, A2 변수이다.

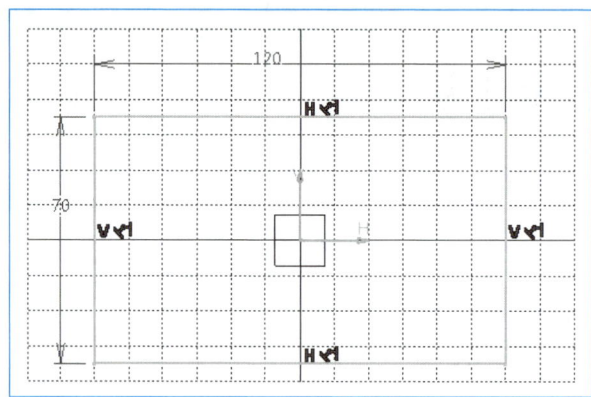

2. 그리고 Pad해 준다. 여기서 Length는 30mm로 하며 A3 변수로 입력될 것이다.

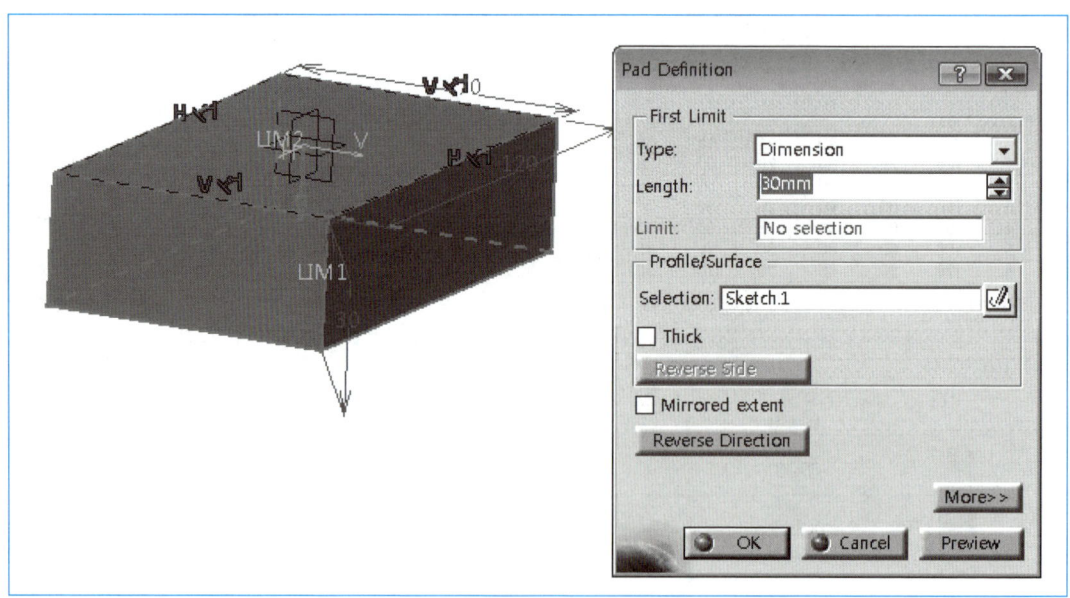

3. 다시 XY 평면에 스케치를 들어가 다음과 같이 Centered Rectangle로 사각형을 그려준다. 그런데 여기서의 치수 입력은 아래 보이는 바와 같이 앞서 그려서 만들어준 형상을 기준으로 일전 간격을 유지하도록 치수를 입력하다. 이렇게 입력을 해주어야 나중에 Table에 의한 형상 치수가 변하더라도 다른 형상의 치수가 자동적으로 업데이트 될 수 있을 것이다.

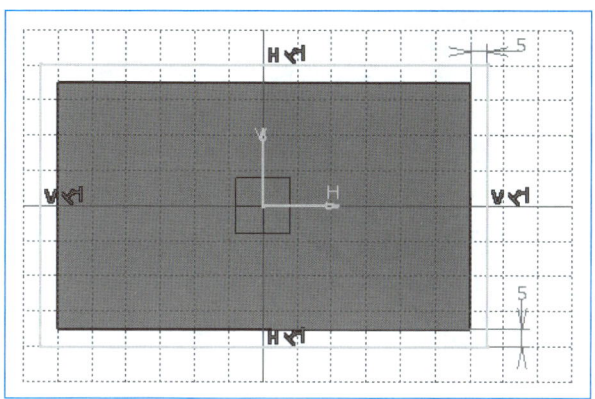

4. 마찬가지로 Pad를 해준다. Length를 2mm로 입력한다.

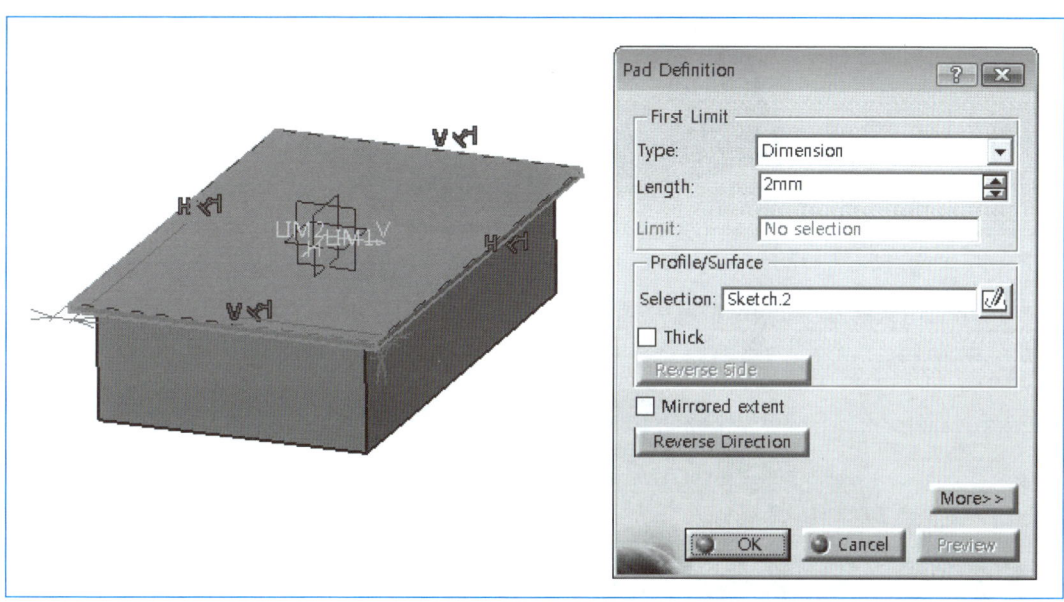

5. 다음으로 EdgeFillet을 사용하여 다음과 같이 선택한 부분을 동시에 라운드 처리해 준다. 방금 동시에 선택한 부분들은 도면에서 확인할 수 있듯이 함께 치수가 변하는 부분이기 때문에 이렇게 작업 시에 묶어서 작업을 해주면 나중에 편리하다. Fillet될 부분을 선택할 때 바닥 면과 8개의 각 모서리를 선택해 준다. 여기서 곡률값 20mm는 A5 변수가 된다.

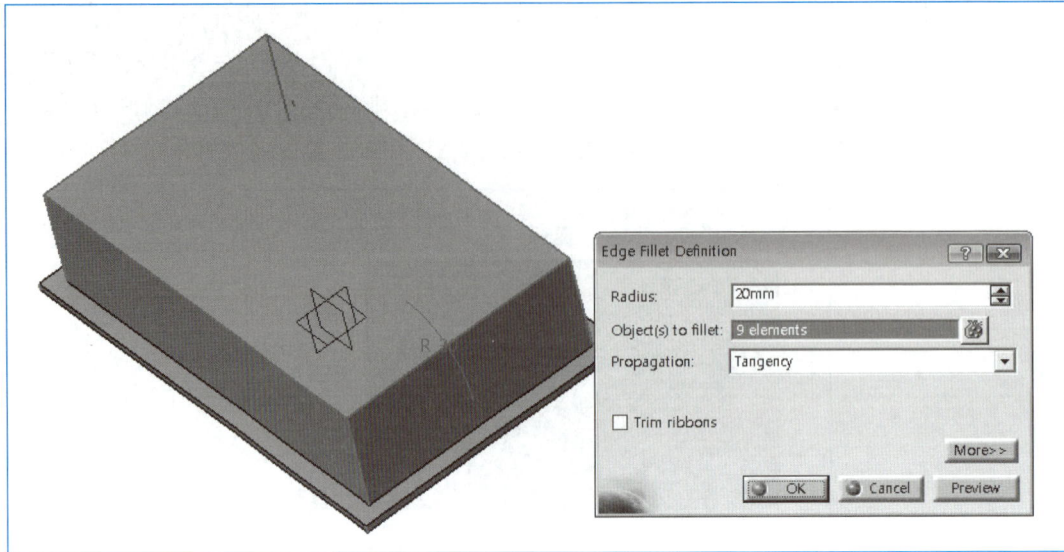

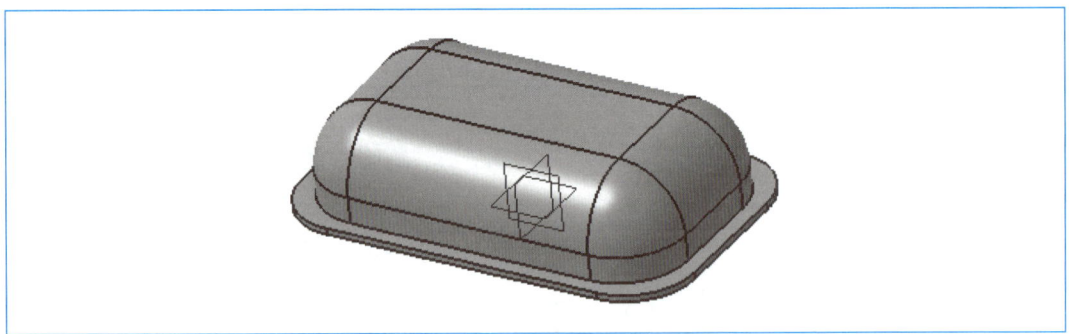

6. 다음으로 형상의 안쪽을 비우기 위해 Shell을 해준다. 두께는 2mm로 해준다.

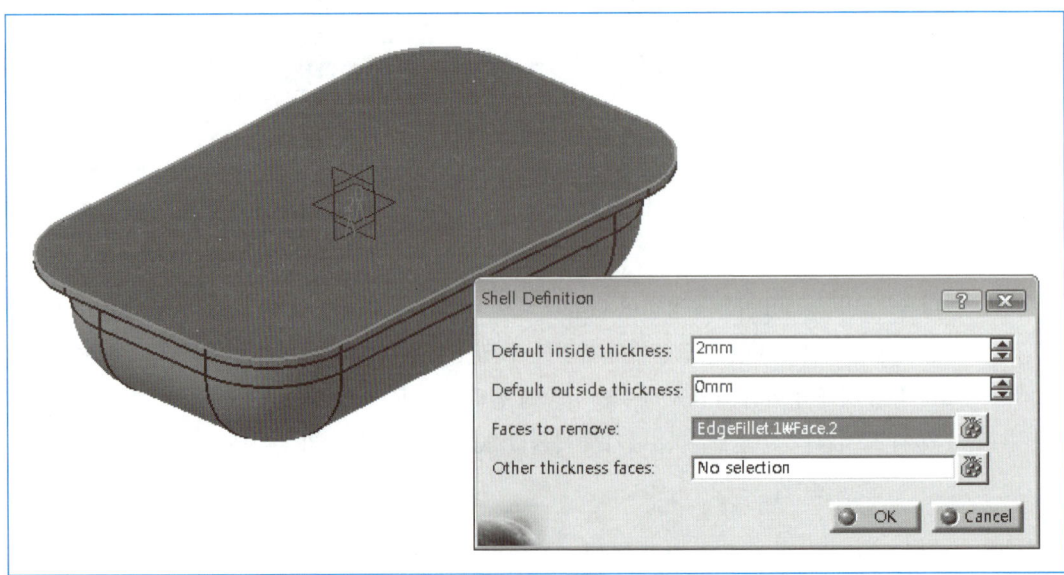

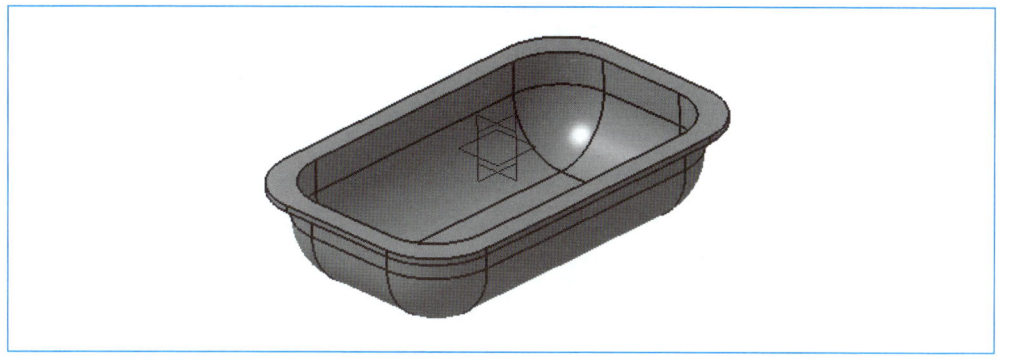

7. 형상의 바닥면을 선택하여 다음과 같이 Elongated Hole 형상을 그려준다. 여기서 두 중심 간의 거리가 A5 변수가 되며 형상을 그려줄 때 대칭 구속을 함께 주어야 형상이 완전히 구속된다.

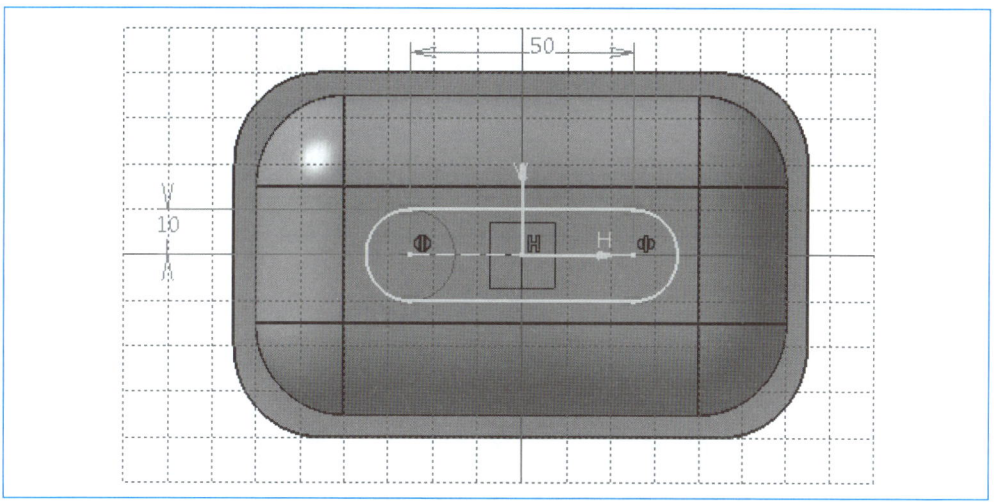

8. 위에서 이 형상을 기준으로 2mm로 Pad해 준다.

9. 그리고 다시 위에서 Pad해 준 Elongated Hole 형상의 스케치를 다시 선택하여 이 스케치를 다음과 같이 Pocket에 사용한다.

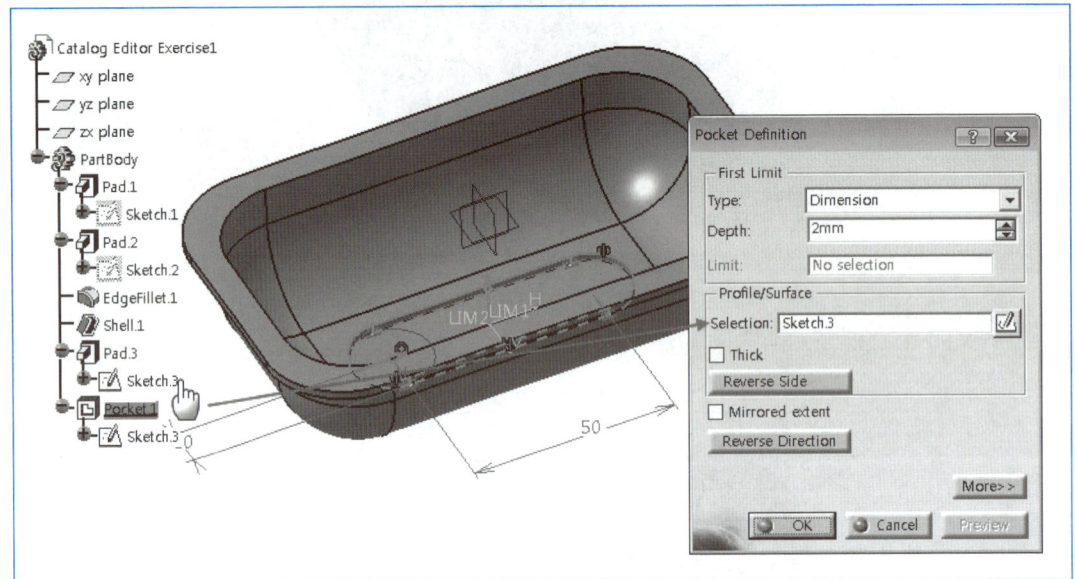

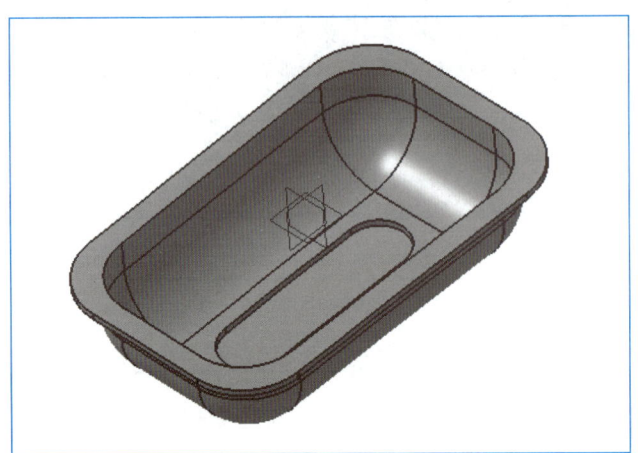

10. 다음으로 다시 형상의 바닥 면에 다음과 같은 Elongated Hole 형상을 그려주고 Pocket해 준다. 여기서 Table의 구속에 맞게 구속을 주어야 하는 점을 잊지 말기 바란다. 중심에서부터 이 형상까지의 거리가 A6 변수가 된다.

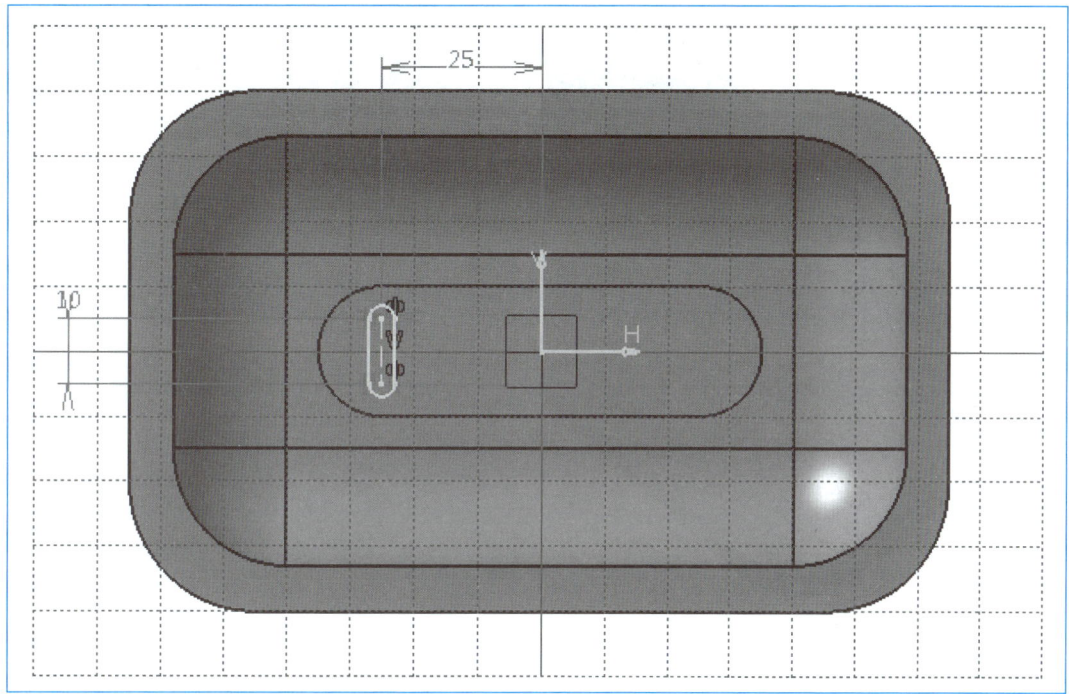

11. 다음으로 Rectangular Pattern을 이용하여 다음과 같이 형상을 완성하다. 여기서 각 형상간의 거리가 마지막 변수인 A7이 될 것이다. Instance는 6개를 입력하고 기준에는 XY 평면을 선택해 준다.

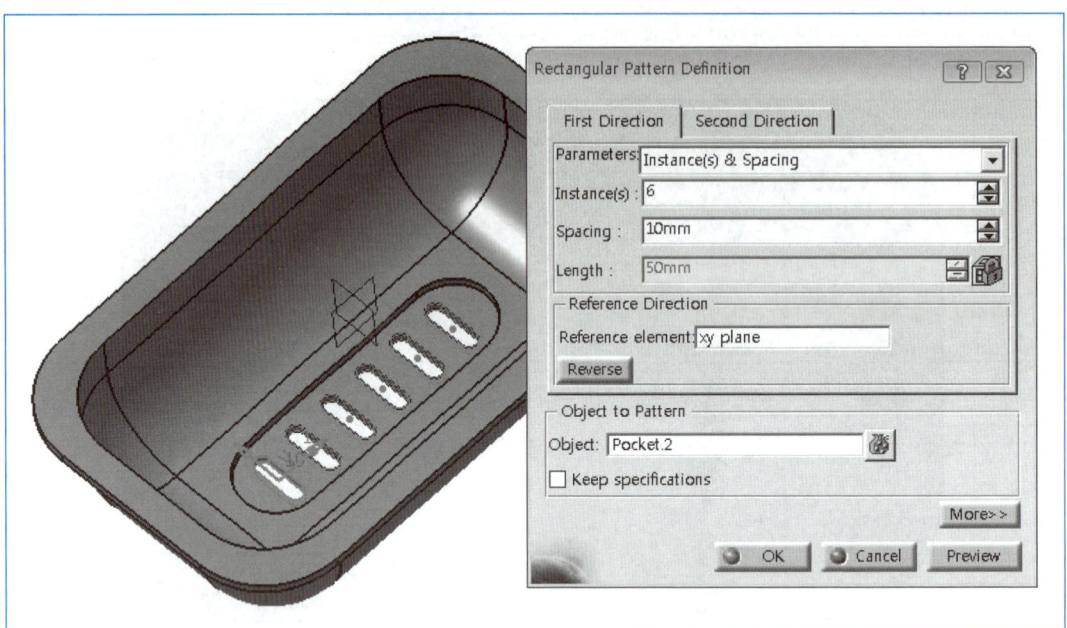

12. 이제 모델링이 모두 완료되었으므로 Design Table을 구성하도록 할 것이다. Design Table 명령을 실행한다. 그럼 다음과 같은 Creation of a Design Table 창이 나타날 것이다.

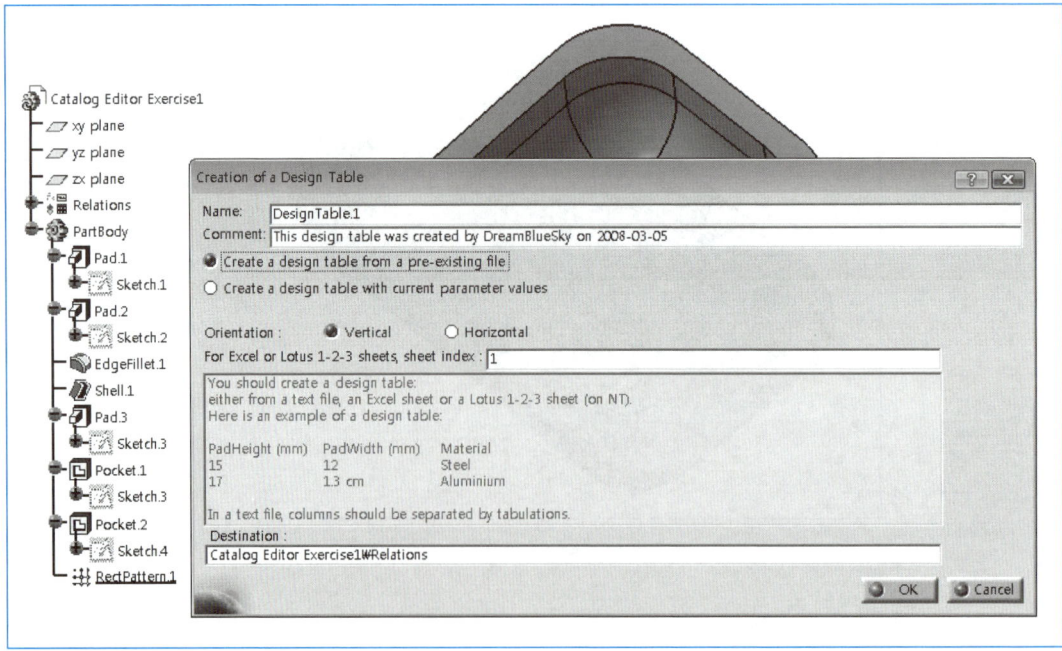

13. 여기서 Create a design table with current parameter value를 체크하고 OK를 누릅니다.

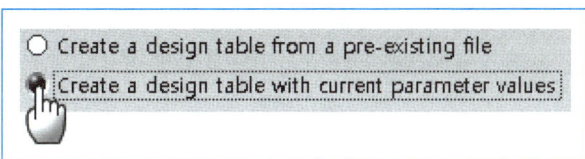

14. 그럼 다음과 같이 Design Table에 삽입할 변수를 선택하는 창이 나타납니다. 여기서 앞서 작업하면서 언급된 A1부터 A7까지의 변수를 왼쪽에서 찾아 오른쪽으로 ➔ 를 이용하여 이동시켜 준다. 변수를 일일이 선택하기 힘들 경우에 마우스를 사용하여 Spec Tree에서 형상을 선택하면 해당 변수가 노출되므로 이렇게 노출된 변수를 선택해주어도 된다.

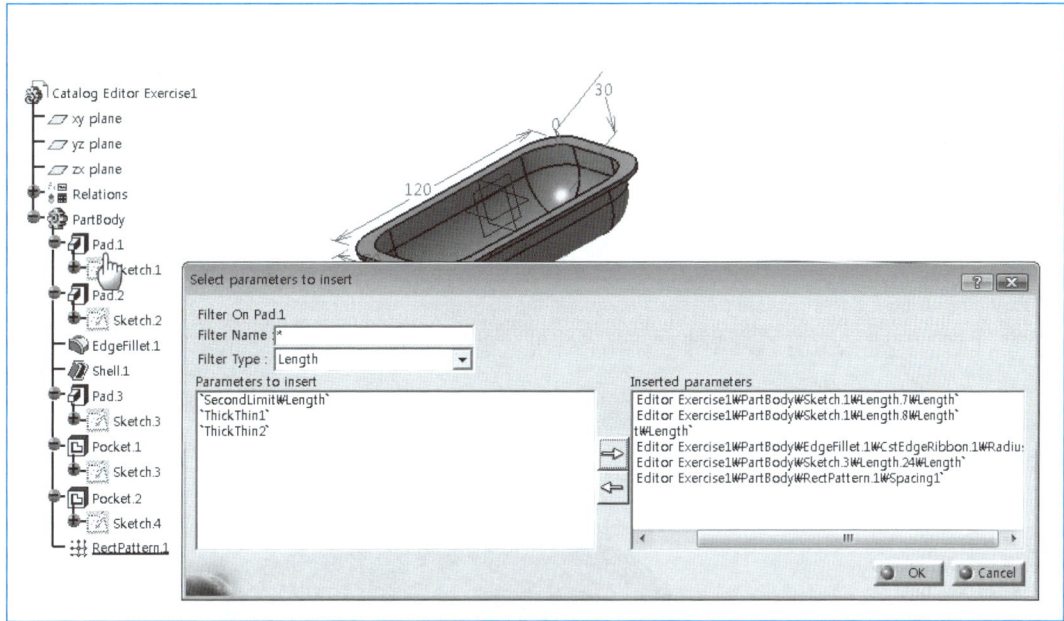

15. 다음과 같이 변수들이 선택되었는지 확인한다. 순서도 아래와 같이 맞추어 주는게 좋다.

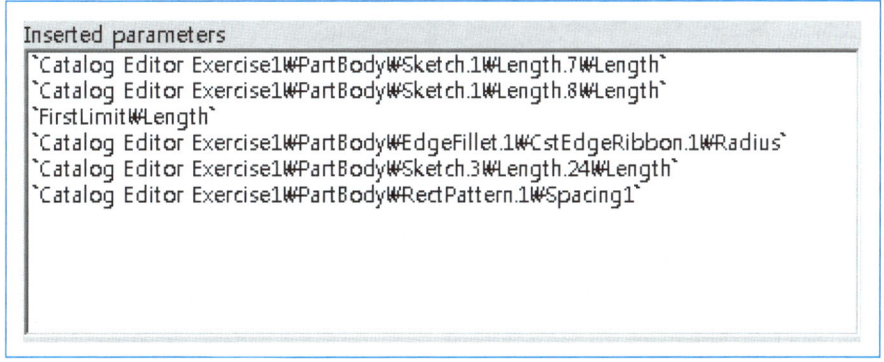

16. 이제 OK를 누르면 다음과 같이 Excel 파일을 저장하는 창이 나타납니다. 앞서 작업한 Design Table의 데이터가 저장되는 것이므로 주의 깊게 현재 작업한 도큐먼트가 있는 위치를 선택하여 저장해 준다. 저장 파일명은 파트 도큐먼트에 맞게 적절히 변경해 주는 게 좋다.

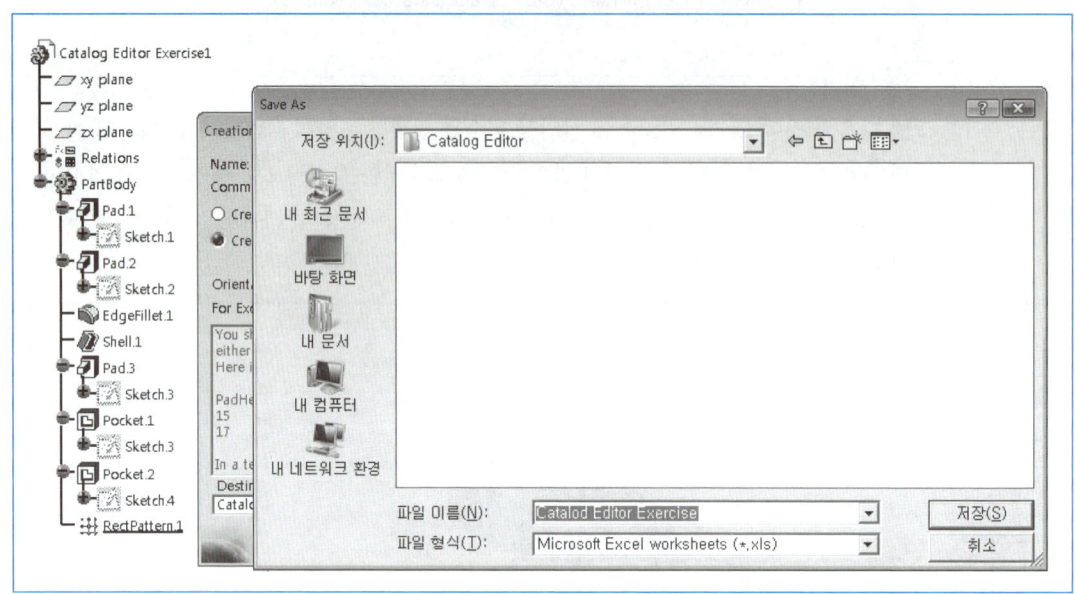

17. 저장을 누르면 잠시 후에 아래와 같이 앞서 입력한 변수가 입력된 창이 나타나는 것을 확인할 수 있을 것이다.

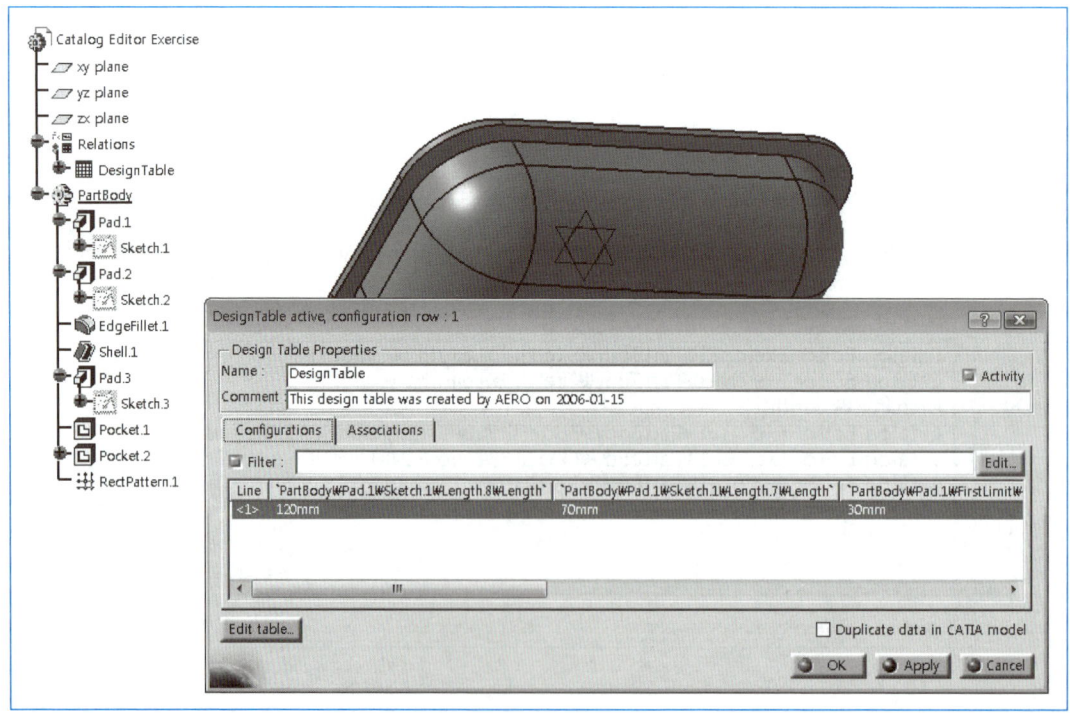

18. 여기서 좌측 하단의 Edit table 버튼을 클릭하면 다음과 같이 Excel 창이 열리는 것을 확인할 수 있을 것이다.

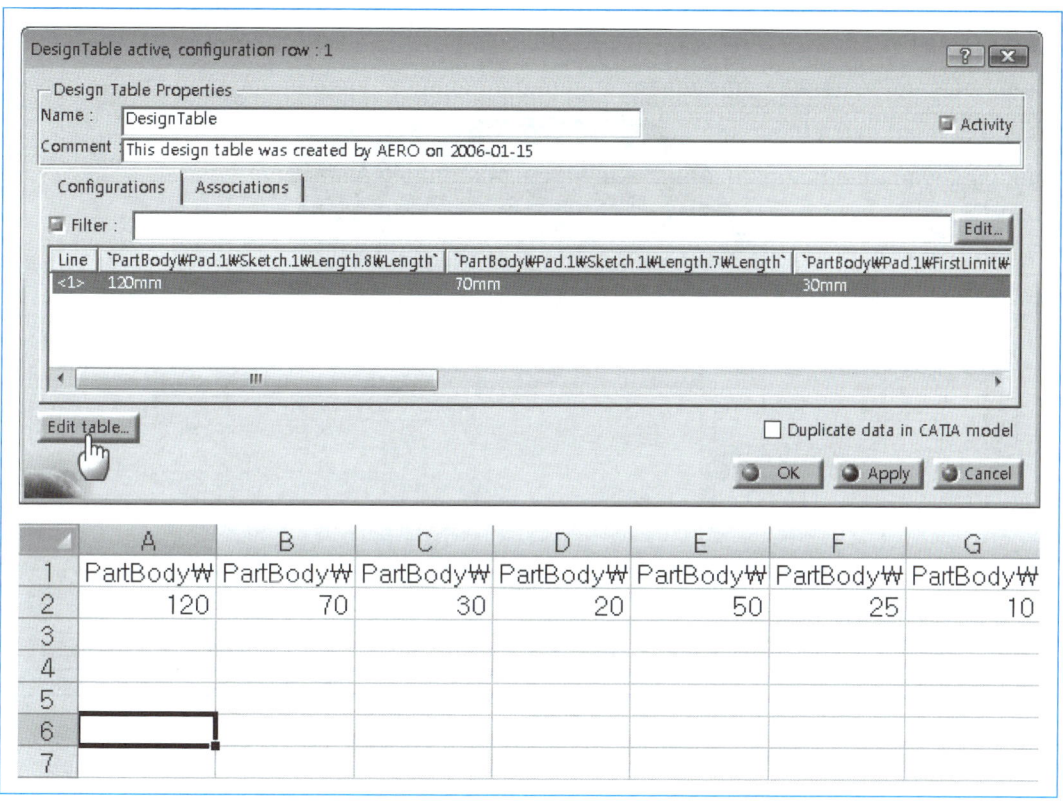

19. 이제 앞서 도면에 나온 모든 테이블 값을 Excel에 만들어 준다. 각 테이블 값을 넣어 줄 때 현재 시트의 끝에 다음과 같이 표시를 해주어야 하는 것을 잊지 말기 바란다.

PartBody₩	PartBody₩	PartBody₩	PartBody₩	PartBody₩	PartBody₩	PartBody₩	PartNumber
120	70	30	20	50	25	10	x1

Catalog Table

No	A1	A2	A3	A4	A5	A6	A7
1	120	70	30	20	50	25	10
2	130	75	35	20	50	25	11
3	140	80	40	25	60	30	12
4	150	85	45	25	60	30	13
5	160	90	50	30	70	35	14
6	170	95	55	30	70	35	15

PartBody₩	PartBody₩	PartBody₩	PartBody₩	PartBody₩	PartBody₩	PartBody₩	PartNumber
120	70	30	20	50	25	10	x1
130	75	35	20	50	25	11	x2
140	80	40	25	60	30	12	x3
150	85	45	25	60	30	13	x4
160	90	50	30	70	35	14	x5
170	95	55	30	70	35	15	x6

20. 그러고 나서 Excel 파일을 저장하고 닫으면 다음과 같이 Design Table창에 각 변수들이 나타나는 것을 확인할 수 있을 것이다.

21. 이제 OK를 누르면 Design Table과 형상이 모두 완성된다. 다음 단계로 Catalog를 만들기이다. 앞서 작업한 모든 도큐먼트를 종료하고 다음과 같이 시작 메뉴에서 Infra Structure → Catalog Editor 에 들어간다. 그럼 다음과 같은 창이 나타날 것이다.

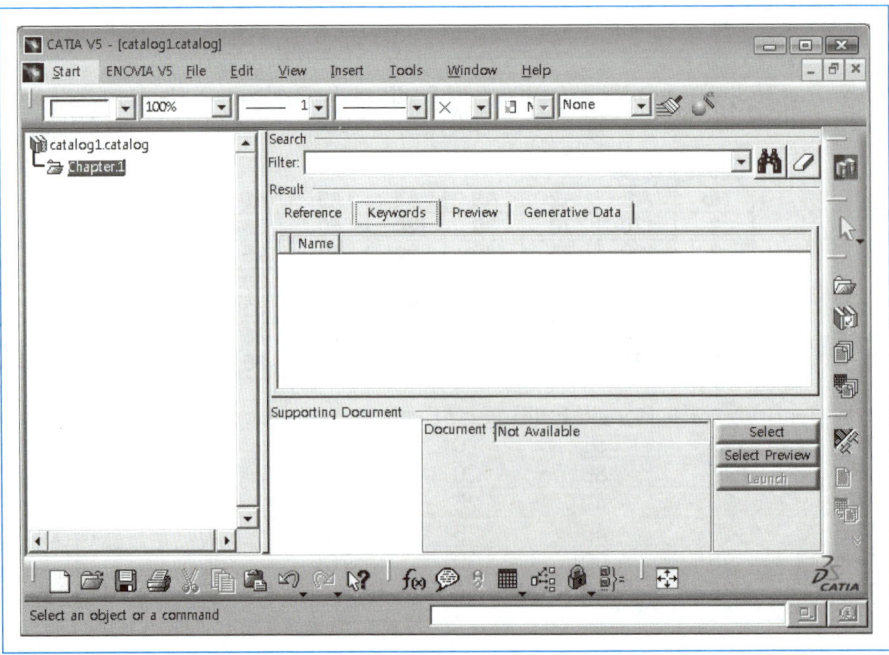

22. 현재 좌측 상단에 Chapter가 이미 있으므로 다음으로 이 Chapter 안에 Add Family 명령을 사용하여 새로운 그룹을 만들어 준다. 새로운 Family의 이름은 작업에 맞게 변경해 주어도 된다. 구분할 수 있는 쉬운 이름을 사용한다.

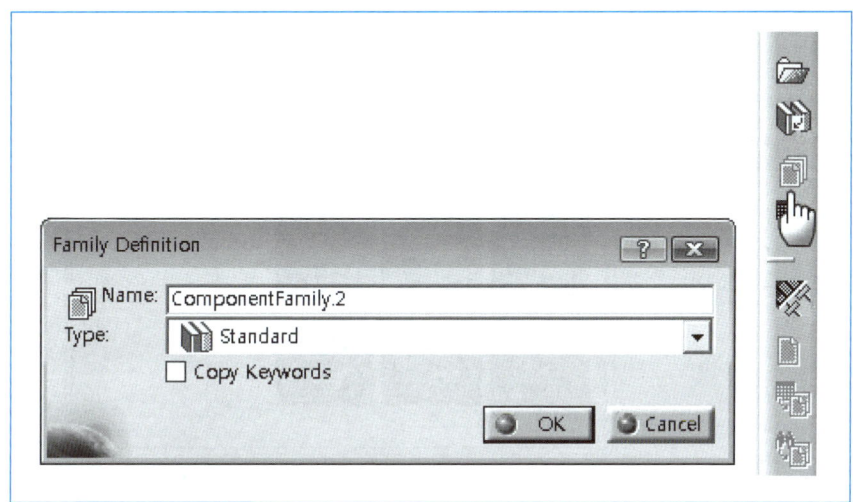

23. 그리고 이 Family를 더블 클릭하여 이번에는 Add Part Family Component 로 Component를 불러온다. 그리고 여기서 Select Document 버튼을 클릭한다.

24. 그림 다음과 같이 도큐먼트를 불러오는 창이 뜨는데 여기서는 Design Table이 들어간 Part 도큐먼트를 선택해 주는 것이다. 앞서 만들어준 파일을 선택하고 열기를 누릅니다. 그림 앞서 작업한 형상들이 테이블별로 나타나는 것을 확인할 수 있을 것이다. (Preview 선택)

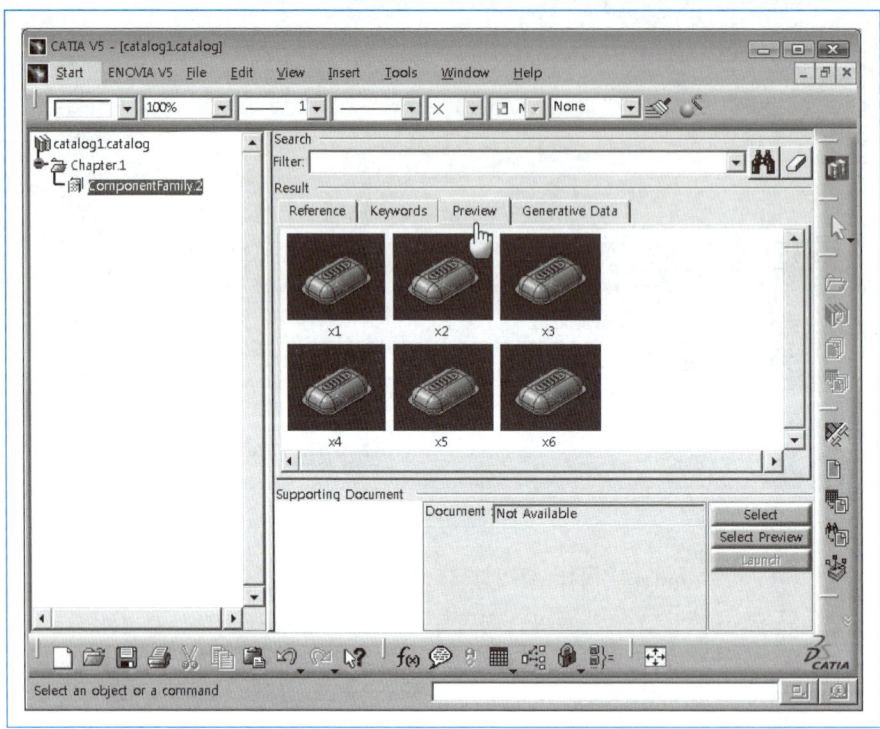

- 만약에 입력한 치수 값이 형상을 구성할 수 없는 조건이 된다면 화면에 나타나지 않을 것이다. 이런 경우 Keywords에 가서 변수를 수정해 준다.

25. 이제 이 Catalog 도큐먼트를 저장한다. Catalog가 완성되고 이제 이 형상들을 불러오는 방법에 대한 설명이다. Part 도큐먼트들을 불러올 수 있도록 새 Product를 실행한다. (Assembly Design을 실행하면 된다.) 그리고 여기서 Catalog Browser 라는 아이콘을 찾습니다. 그리고 이것을 실행시키면 다음과 같은 창이 나타날 것이다.

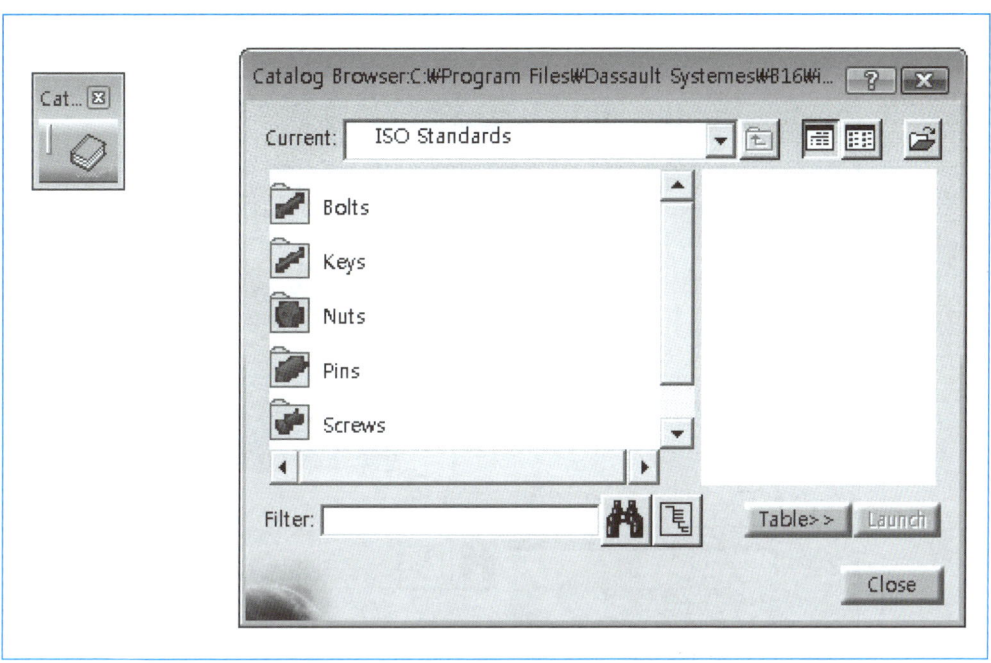

26. 현재 보이는 것들은 CATIA에서 기본적으로 가지고 있는 ISO 규격의 Catalog이다. 기본적인 볼트나 너트, 핀과 같은 형상들을 만들어 놓은 것이다. (이것들을 사용하는데 제한은 없다.) 여기서 우측 상단의 열기 버튼(Browse another catalog)을 실행하면 다른 Catalog 파일을 찾아 줄 수 있다. 여기서 앞서 만들어준 Catalog 파일을 선택해 연다. 그럼 다음과 같이 표시 될 것이다. 그럼 여기서 ComponentFamily2를 더블클릭한다.

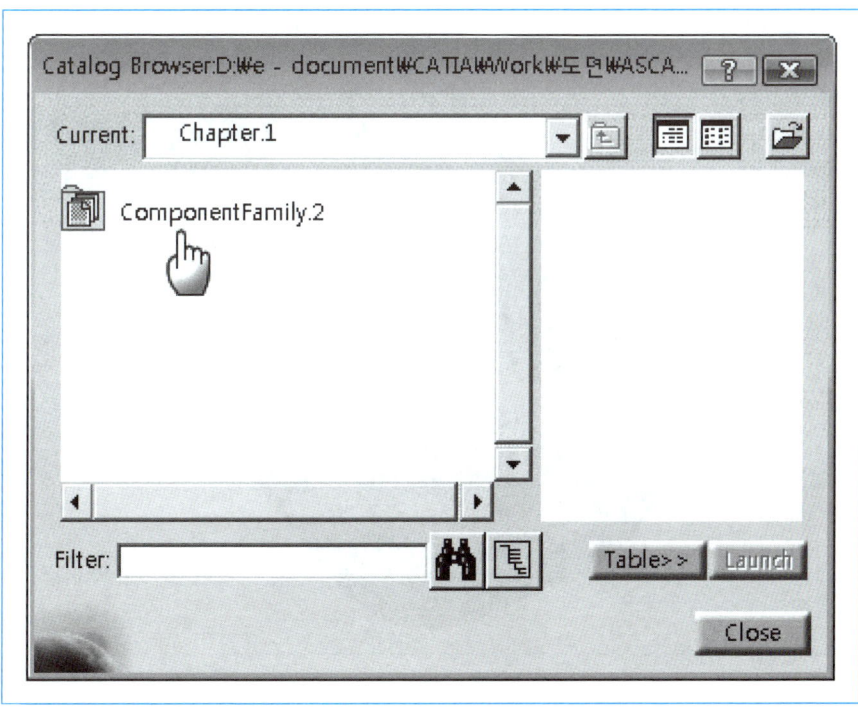

27. 이제 각 Component들을 확인할 수 있을 것이다. 원하는 Type을 선택하여 더블클릭해 본다.

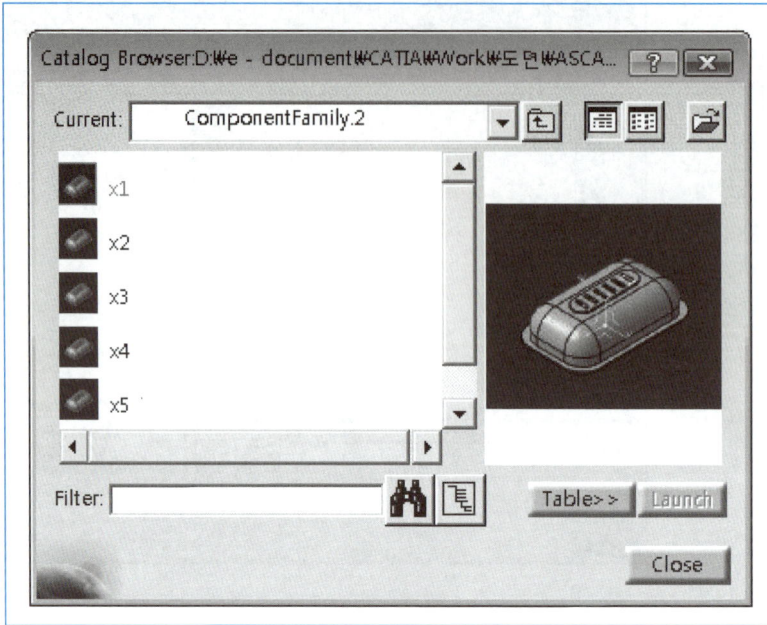

28. 그림 아래와 같이 선택한 Component가 불러와 지는 것을 확인할 수 있을 것이다. 여기서 원하는 수만큼 각 Component들을 불러올 수 있으며 각 Type 별로 아무런 제한 없이 형상들을 불러와 작업에 이용할 수 있다.

Appendix 02

Geometrical Set

실습의 이해를 돕고자 아래 각 도면에 대한 작업 과정의 설명은 ASCATI 유튜브 채널에서 "2019 CATIA Mechanical Design 도면집"을 검색하거나 왼편의 QR 코드로도 간편하게 학습이 가능하다.

2. Geometrical Set

Geometrical Set은 Surface 또는 Wireframe, Sketch 형상을 나누어 보관하는 꾸러미 역할을 한다. 작업 순서와 상관없이 위의 형상 요소들을 묶어 두는 기능을 하기 때문에 우리가 필요한 형상들만을 모아서 새로운 Geometrical Set을 구성할 수도 있으며 하나의 Geometrical Set을 다른 Geometrical Set에 넣을 수도 있다.

이러한 Geometrical Set의 특성을 잘 이용한다면 현재 작업한 형상을 보다 수정하기 쉽도록 Spec Tree를 구성할 수 있는데 우리가 모델링을 하면서 우선적으로 고려해야 할 사항 중에 하나이다.

> "수정이 용이한 모델링"

물론 간단한 형상에서는 금방 변경 사항이 무엇이고 오류가 무엇인지 찾아내기 쉽다. 그러나 Spec Tree가 화면을 넘어가는 수준부터는 맘먹고 Spec Tree를 관찰하지 않고서는 웬만한 사람들의 경우 수정할 엄두를 내지 못한다. 특히 Surface 모델링 방식은 형상을 순서대로 쌓아 나가는 방식이 아니기 때문에 어떠한 요소를 어디에 사용했는지 단번에 찾아내기 힘들다. 이러한 이유로 하여금 우리는 Spec Tree상의 작업 관리 필요성을 강조한다. 무조건 형상만 맞게 만든다고 만점이 되지는 않는다는 것이다. 이제 Geometrical Set을 다루는 방법을 통하여 보다 효율적이고 수정이 용이한 모델링 작업 방식을 소개하겠다.

1. Geometrical Set 만들기

앞서 기본 설정 단계에서 우리를 Geometrical Set을 Part에 손쉽게 추가하도록 단축키(alt+o)를 지정하였다.

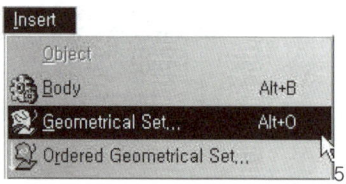

또한 Option을 이용하여 Part 도큐먼트가 시작하면서 Axis System과 더불어 Geometrical Set을 가진 채 시작할 수 있도록 하는 방법도 공부하였다.

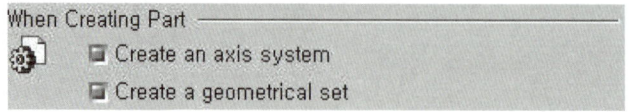

현재 Part의 Spec Tree가 다음과 같다고 할 때 이제 여기에 새로운 Geometrical Set을 추가해 보도록 하자.

단축키를 설정한 경우라면 단축키를 실행하여 다음과 같이 Insert Geometrical Set 창이 나타날 것이다. 또는 Insert에서 Geometrical Set을 선택한다.

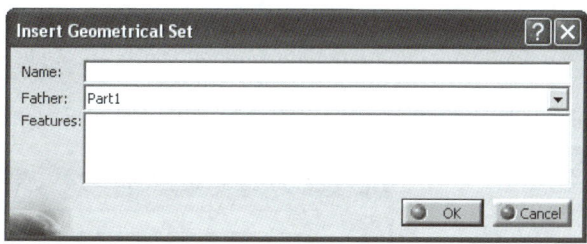

여기서 원하는 Geometrical Set의 이름을 Name에 입력을 해준다. Name을 공란으로 두면 자동으로 Geometrical Set. X와 같이 나타난다.(X는 숫자이다.)

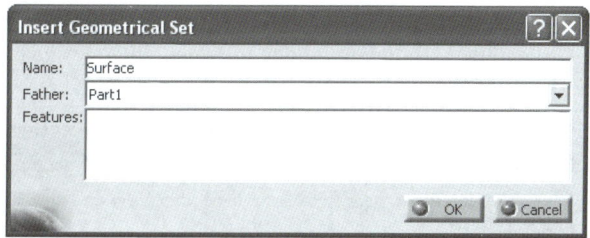

그리고 이 상태에서 바로 OK를 입력하면 현재의 Spec Tree에서 Define 된 곳의 다음 부분에 Geometrical Set이 추가된다. 이것은 위의 Geometrical Set의 Father가 루트인 Part1으로 되어 있다는 점을 생각하면 쉽게 이해할 수 있을 것이다. 자식 요소(Children)은 반드시 부모 요소(Parents/Father)의 안에 위치하게 된다.

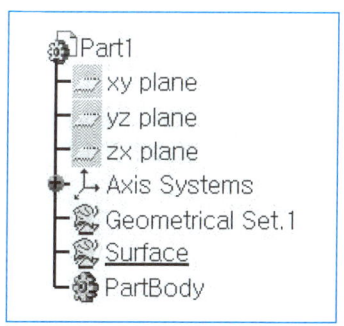

만약에 Insert Geometrical Set을 추가하는 과정에서 이미 Spec Tree에 있는 Geometrical Set을 선택해 보도록 하자.

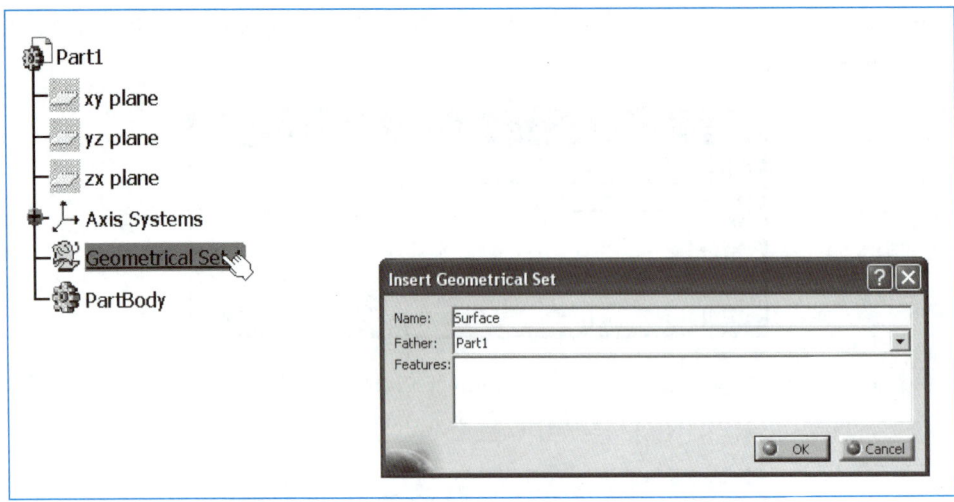

그러면 다음과 같이 Feature Selection 창이 나타나는 게 보일 것이다.

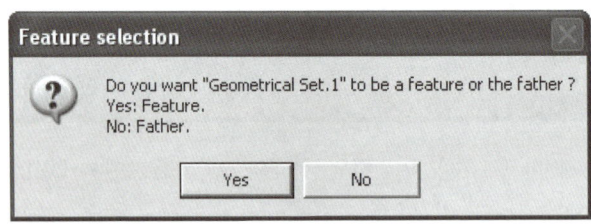

여기서 아니오(N) 를 선택하면 현재 선택한 Geometrical Set을 상위 Geometrical Set으로 놓고 새로이 만들어지는 현재 Geometrical Set을 그 하위 Geometrical Set으로 놓는 구조를 만들 수 있다. 즉, 현재 만들려는 Geometrical Set의 Father를 루트인 Part1에서 Geometrical Set.1을 선택하게 되는 것이다.

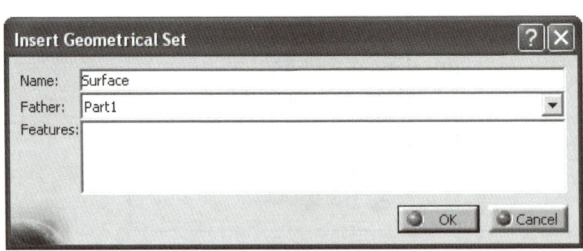

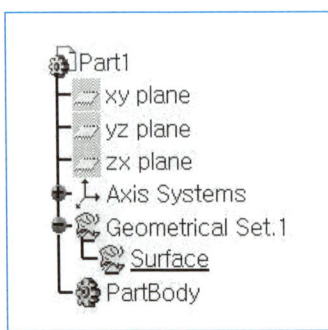

만약에 'Yes'를 선택한다면 그 반대로 새로이 만들어지는 현재 Geometrical Set을 상위 Geometrical Set으로 놓고 선택한 Geometrical Set을 그 하위 Geometrical Set으로 하는 구조를 갖게 할 수 있다. 아래의 예에서는 이해의 편의를 돕기 위해 기존의 Geometrical Set. 1의 이름을 Surface로 변경하였다.

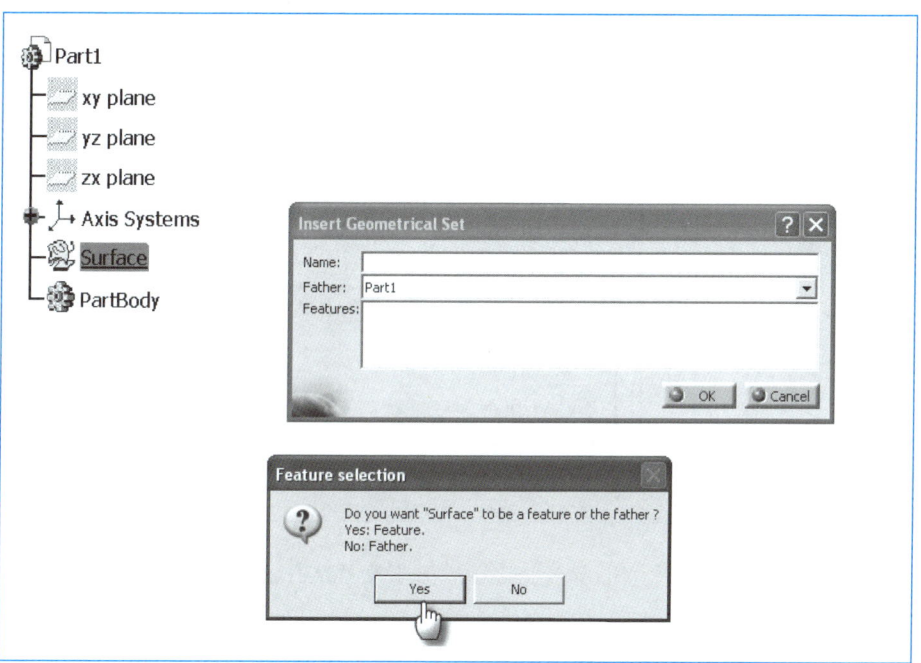

Features에 Surface라는 Geometrical Set이 첨가되는 것을 Definition 창에서 볼 수 있다.

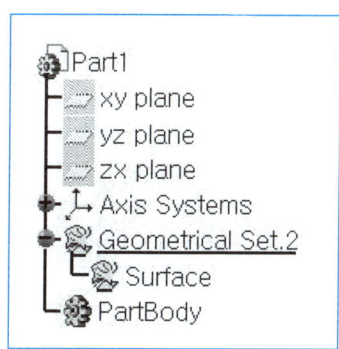

이러한 Geometrical Set 속의 또 다른 Geometrical Set을 적절히 이용하면 각 작업을 분류하여 정리하는데 큰 도움을 줄 수 있다.

2. Geometrical Set을 이용한 Spec Tree 구성

앞서 Geometrical Set을 추가하는 방법을 사용하여 다음과 같은 구조를 만들 수 있다.

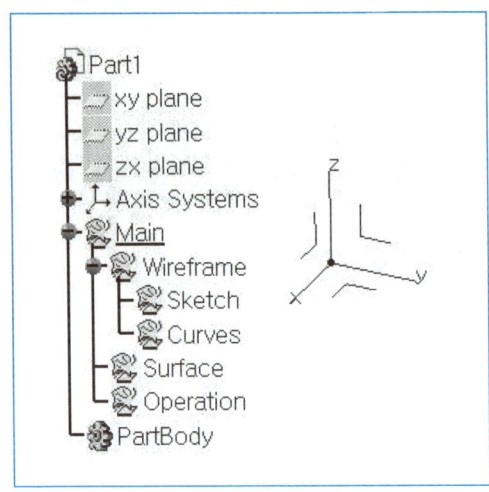

하나의 Main Part에 대한 Geometrical Set 아래에 Wireframe, Surface, Operation의 하위 Geometrical Set을 만들어 주었다. 이렇게 Spec Tree를 구성하여 스케치나 Wireframe 요소는 Wireframe의 Sketch 혹은 Curves Geometrical Set에 모아두고 Surface 관련 명령은 Surface라는 Geometrical Set에 모아둔다. 그리고 이들에 대한 작업은 Operation이라는 Geometrical Set에 정리해 준다.

물론 이와 같은 구조는 간단히 Toolbar의 이름으로 나누어준 예에 지나지 않는다. 작업의 효율을 생각하여 또 다른 분류 목록을 작성하여 Geometrical Set으로 구조를 만들어 주어도 된다.

그리고 이러한 Geometrical Set의 구조는 앞서 설명한 Duplicate Geometrical Set 명령을 사용하여 현재 도큐먼트에 여러 개를 복사하여 틀로 사용할 수 있다.

이렇게 Geometrical Set 구조를 완성한 후에 Main Part에 해당하는 Geometrical Set을 Group으로 바꾸어 주면 한층 더 정돈된 상태로 Spec Tree를 구성할 수 있다. Main Part에 해당하는 상위 Geometrical Set을 선택하고 Contextual Menu (MB3 버튼)에 들어가 가장 아래 있는 Geometrical Set. X object에서 Create Group을 선택한다.

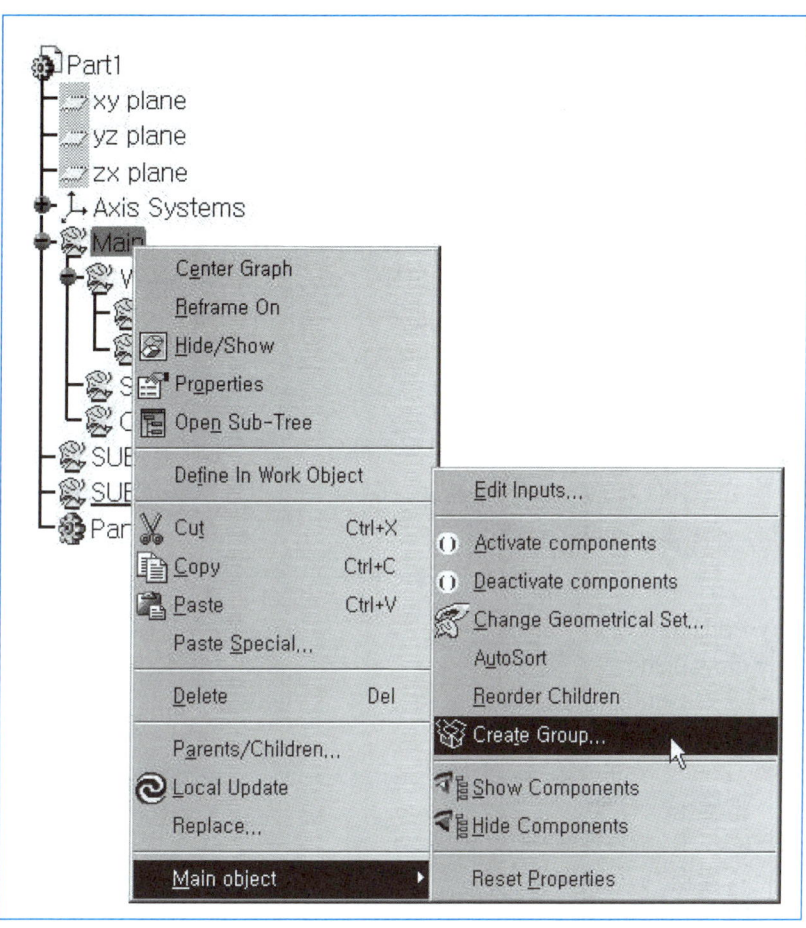

그러면 다음과 같이 Group을 정의하는 창이 나타난다.

생성될 Group 이름을 변경하거나 다른 Input 요소를 추가하려는 요소를 선택을 해주고 OK 를 누르면 다음과 같이 Geometrical Set이 Group으로 바뀌는 것을 볼 수 있다.

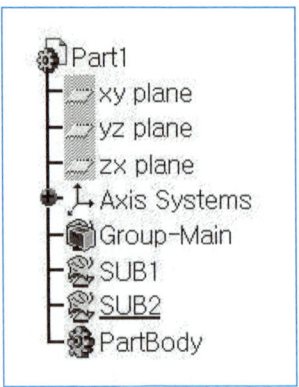

Group을 처음 만들게 되면 Group의 요소가 보이지 않고 접혀있는데 다시 Contextual Menu (MB3 버튼) 를 선택하여 Geometrical Set, X object로 이동 그 안의 Expand Group를 이용하면 Group 안의 성분을 열어 볼 수 있다.

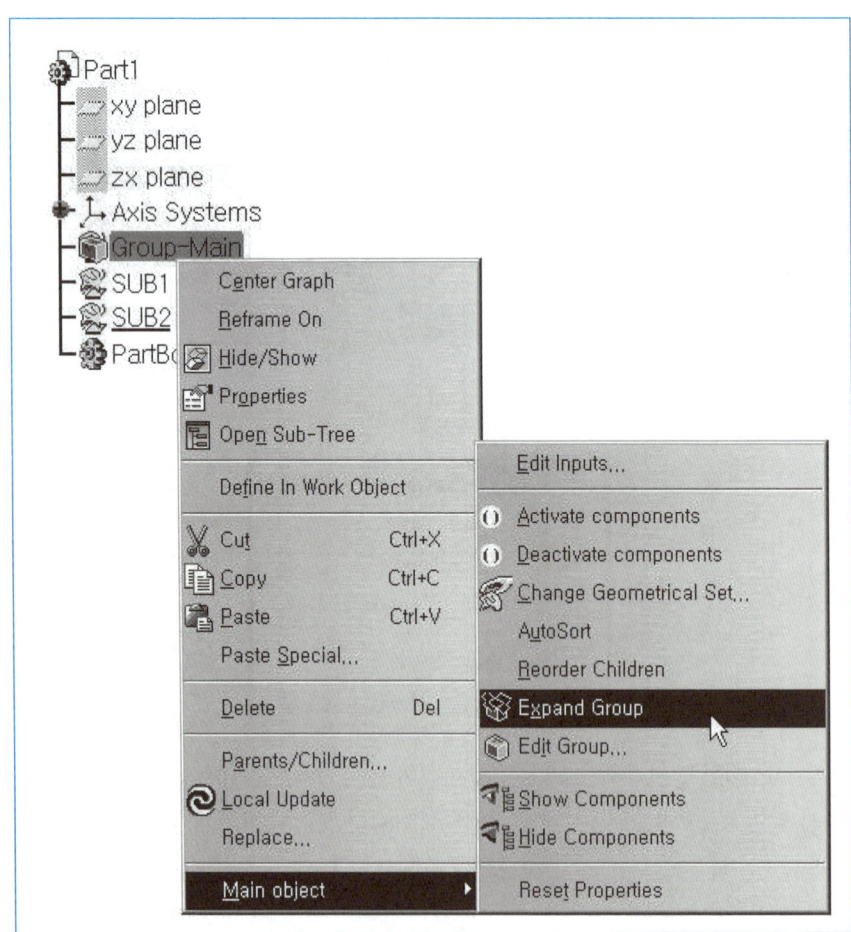

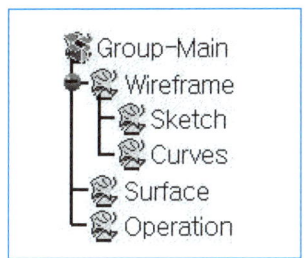

반대로 Group을 접어서 성분을 보지 않으려면 같은 메뉴로 이동하여 이번엔 Collapse Group을 선택해 준다.

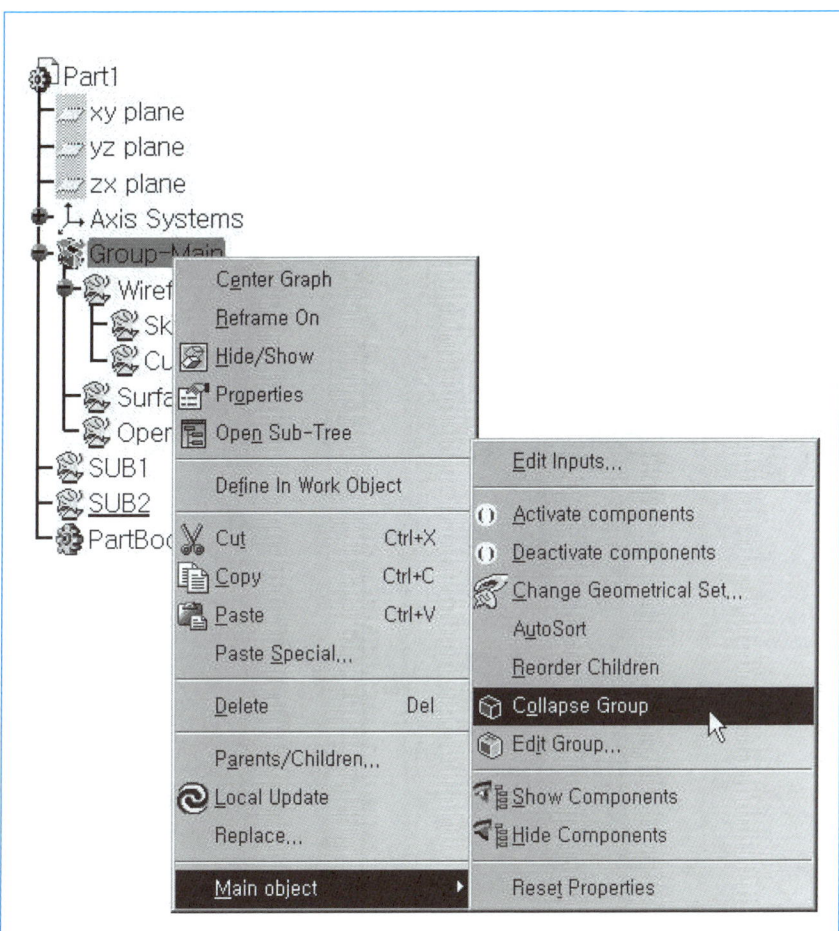

3. Geometrical Set으로 형상 요소 정렬하기

위에서 Geometrical Set을 구조적으로 정렬하였다면 다음으로 할 일은 이곳에 각각의 형상에 맞는 Geometrical Set으로 요소들을 이동시켜 주어야 한다. 작업을 하면서 즉각적으로 각 요소에 맞게 Define in work object를 원하는 Geometrical Set에 걸어 작작업할 도 있다. 물론 가장 바람직한 방법일 것이다.

그러나 항상 이렇게 Define을 여러 곳으로 정의하여 작업을 하기가 쉬운 것은 아닐 수도 있다. 따라서 어떤 경우에는 Main Part에서 작업을 모두 진행하고 작업이 완료된 후 이것을 각 하위 Geometrical Set으로 옮기는 방법도 생각할 수 있다. 이렇게 작업을 할 때는 우선 이동하고자 하는 요소들을 CTRL 키를 이용하여 복수 선택한다. 그리고 Contextual Menu (MB3 버튼) 를 열어 가장 아래 보이는 Selected object로 이동해 그 안에 Change Geometrical Set을 이용하여 형상 요소들을 원하는 Geometrical Set으로 이동 시킨다.

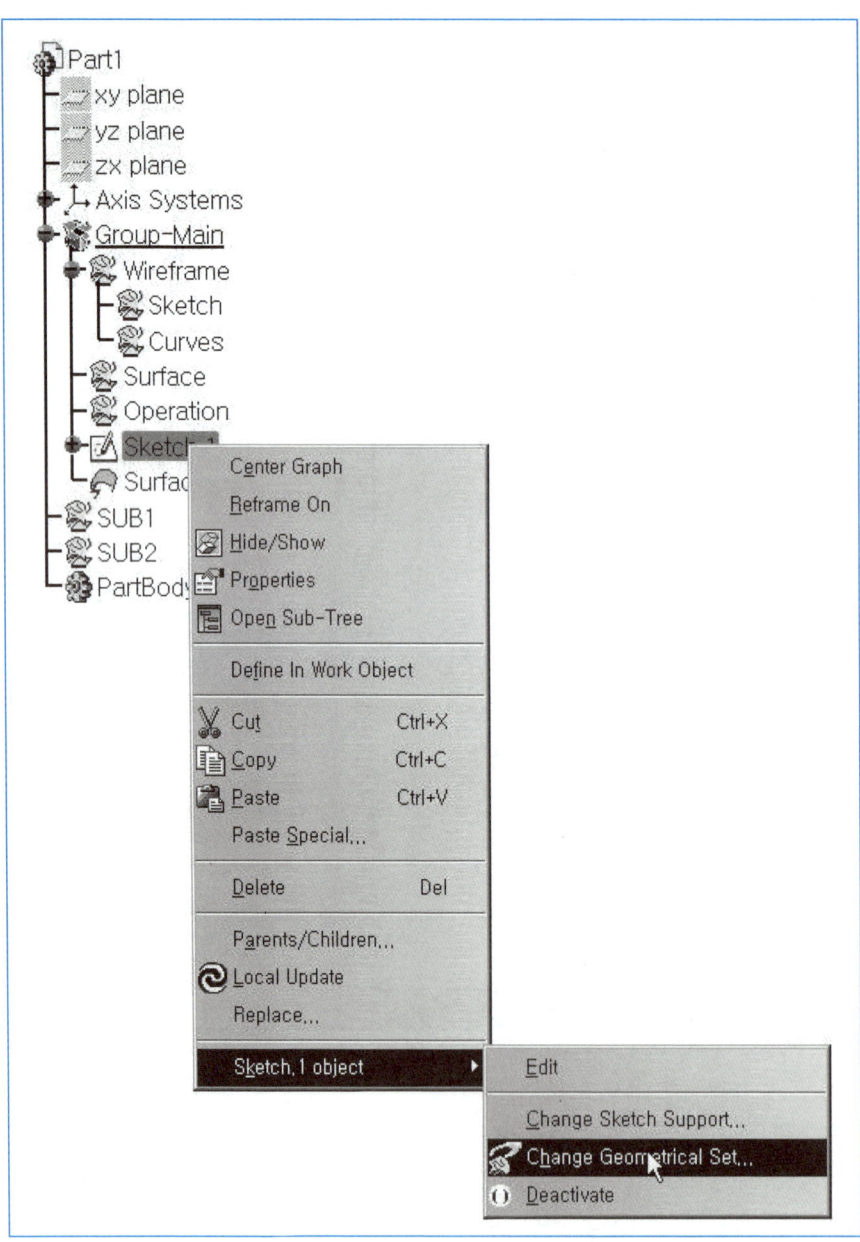

Change Geometrical Set을 선택하면 다음과 같은 창이 나타날 것이다. 여기서 옮기고자 하는 Geometrical Set을 선택해 준다.

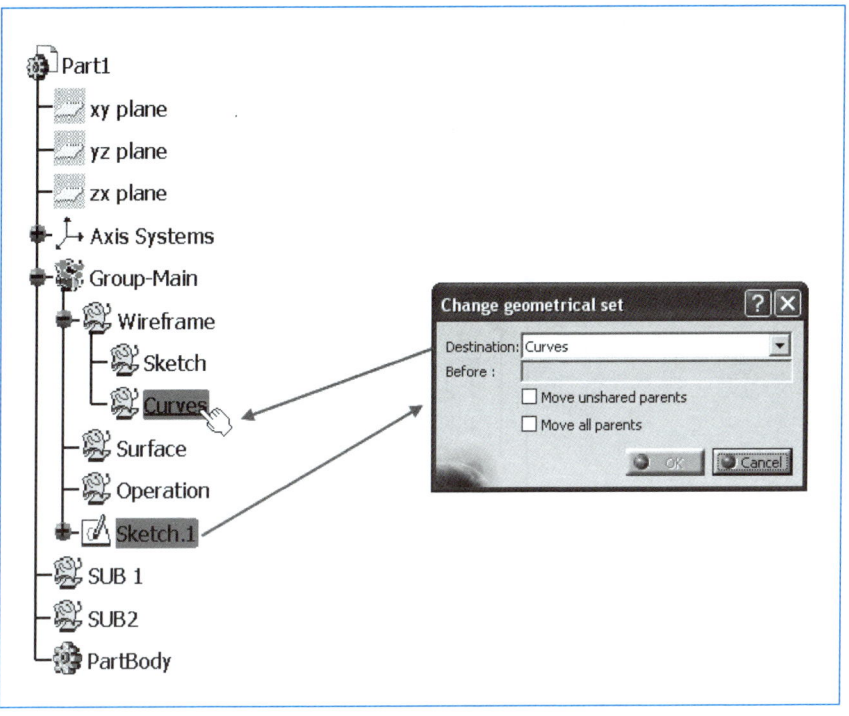

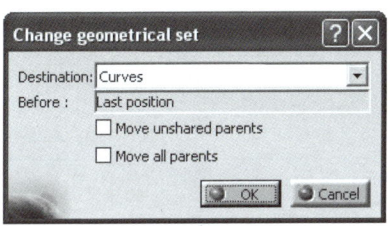

다음과 같이 형상이 옮겨지는 것을 볼 수 있다.

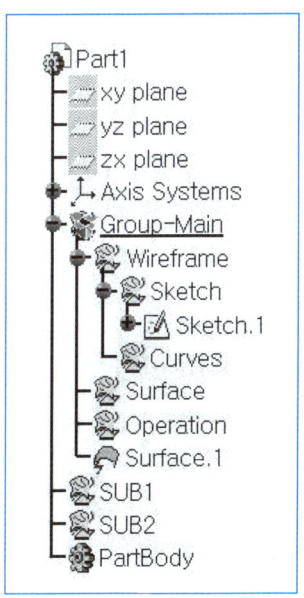

Spec Tree의 Surface. 1에 대해서도 같은 방법으로 Geometrical Set을 변경해 주면 다음과 같다.

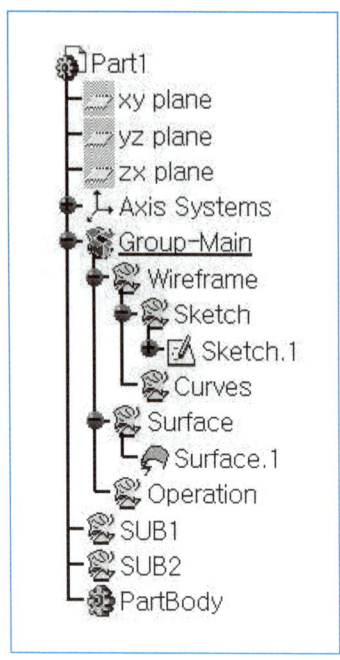

Change Geometrical Set 명령은 Geometrical Set 자체를 이동시키는 데에도 사용할 수 있으며 아래와 같이 복수 선택으로 대상을 한 번에 이동시킬 수 있다. 복수 선택은 CTRL 키를 누르고 대상을 선택하면 된다.

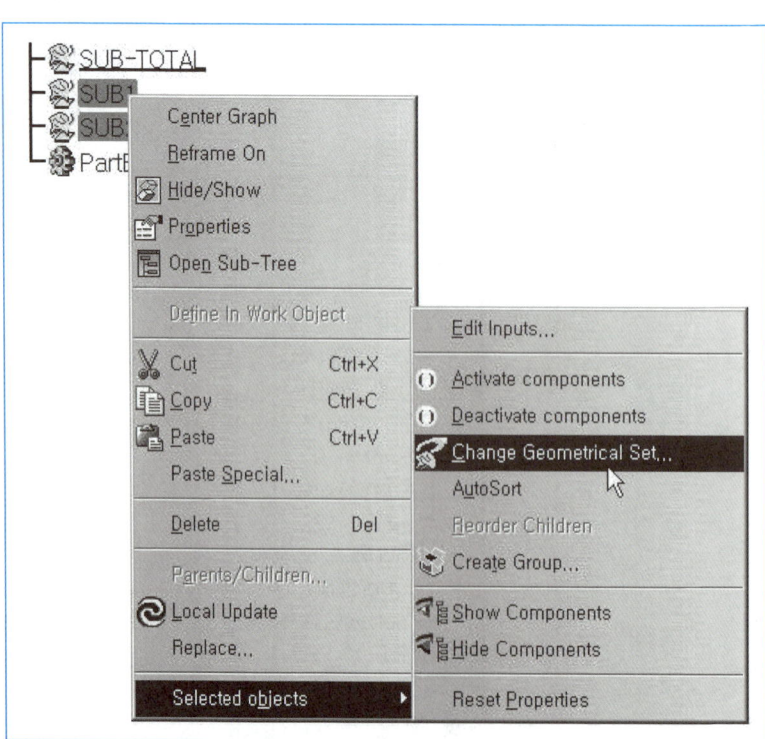

다음과 같은 창이 나타나면 선택된 형상들을 옮기고자 하는 위치의 Geometrical Set을 선택해 준다.

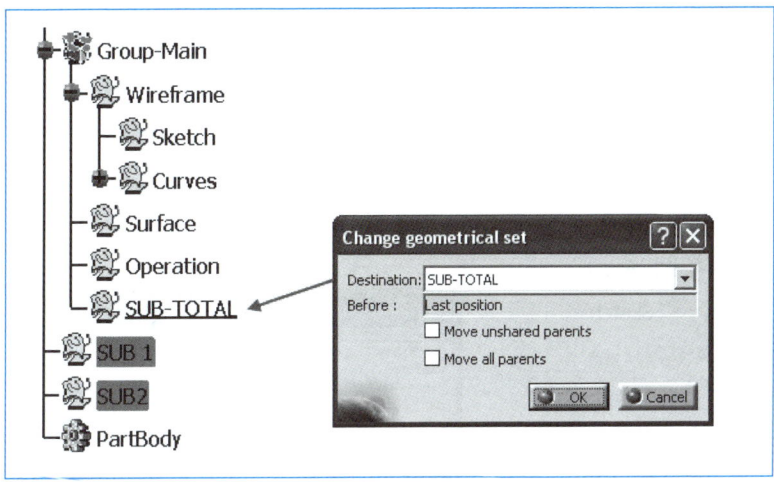

결과는 다음과 같다.

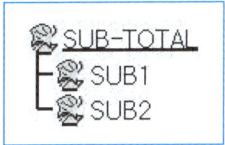

이러한 방법을 사용하여 원하는 Geometrical Set을 작업 하는 중간에 구성할 수 있다.

다음으로 이렇게 옮겨진 형상 요소들을 정렬하는 방법을 소개한다. Geometrical Set의 Contextual Menu (MB3 버튼) 에 들어가 가장 아래 있는 Geometrical Set, X object 가면 Reorder Children 이 보일 것이다. 이것을 선택하게 되면 현재 선택한 Geometrical Set안에 있는 형상 요소 및 Geometrical Set들의 순서를 정렬할 수 있다.

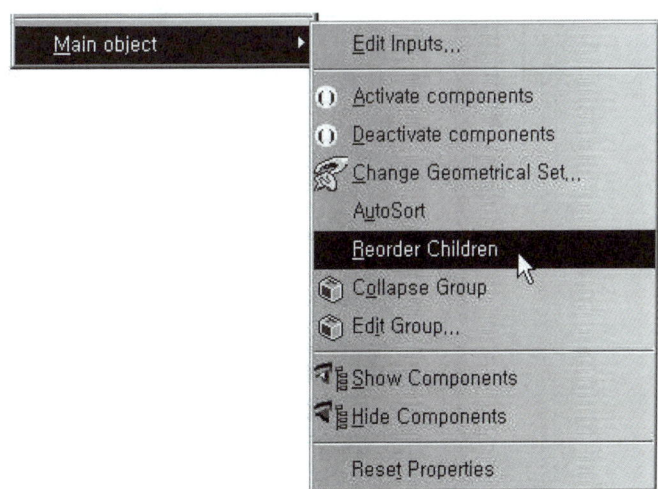

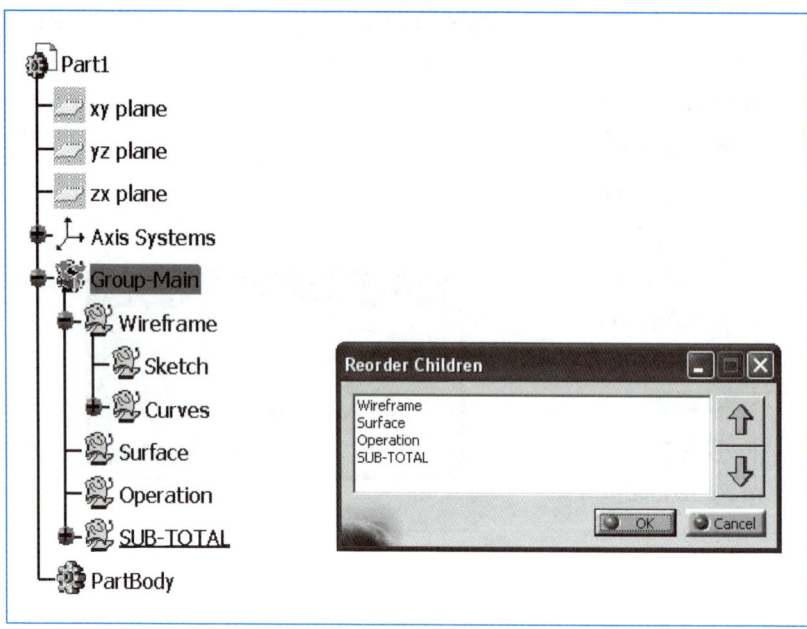

4. Geometrical Set 삭제하기

Geometrical Set을 삭제하고자 한다면 Delete 키를 누르면 된다. 물론 이렇게 할 경우 그 안에 들어 있던 모든 성분 역시 모두 사라지게 된다.

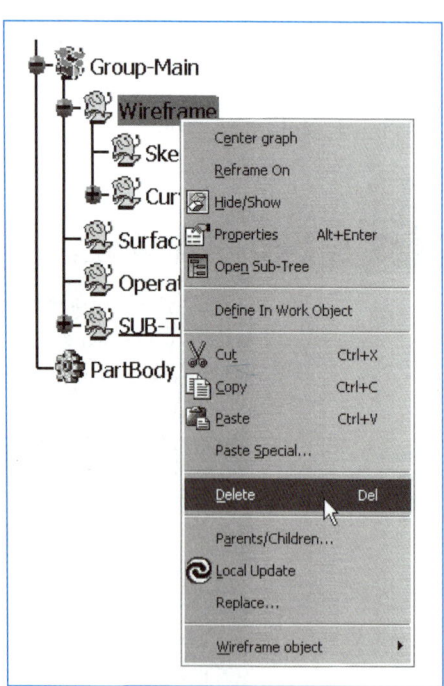

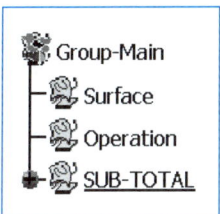

만약에 Geometrical Set만 지우고 내부 구성 요소는 보존하고자 할 때는 어떻게 해야 할까? 이런 경우라면 다음과 같이 제거하고자 하는 하위 Geometrical Set의 Contextual Menu (MB3 버튼)를 열어 여기서 가장 아래 있는 Geometrical Set. X object 에서 Remove Geometrical Set을 선택해 준다.

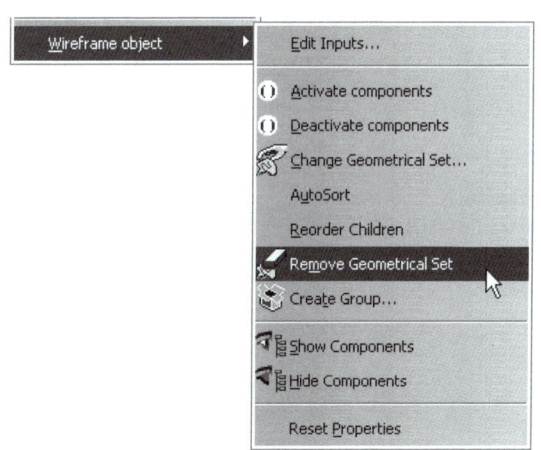

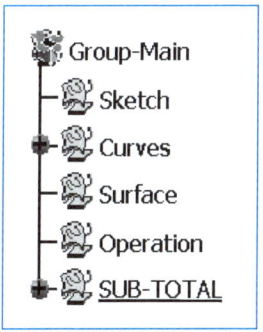

그러면 Geometrical Set만 삭제가 되고 그 안에 들어있던 요소들은 상위 Geometrical Set으로 옮겨진다.

루트에 직접 나와 있는 메인 Geometrical Set에는 이러한 Remove Geometrical Set 명령이 없으니 유의하기 바란다. 오로지 하나의 Geometrical Set에 속한 하위 Geometrical Set에서만 Remove Geometrical Set 명령 사용이 가능하다.

• 김동주

  인하대학교 항공우주공학과 졸업
  인하대학교 공과대학 유동소음제어 연구실 연구원
  한국생산기술연구원 성형기술연구그룹 연구원
  - 금형 설계 및 레이저 가공, 소성가공 연구
  - 3D 프린터 전략기술 로드맵 보고서 작업 참여
  現 제조업 IT 회사 R&D Technical Support팀

  인하대학교 기계공학부 CATIA 응용 연구 소모임 회장
  인터넷 CATIA 동호회 다음 카페 ASCATI 카페 지기
  (cafe.daum.net/ASCATI)
  수원 직업 전문학교 CATIA 기초 과정 강사('07)
  부평 UniForce 정보기술 교육원 CATIA 강사('08, '09)
  전북대 TIC CATIA 해석 과정 강사('10)
  국민대학교 자동차공학과 강사('11)
  3D Digital Mock-Up Plant 설계 용역(프리랜서)
  시사주간지 '일요시사' 인물탐구 634호 기재

  주요 저서

  CATIA를 이용한 Audi TT 만들기
  CATIA Basic Mechanical Design Master 상, 하
  CATIA Basic Mechanical Design Master 예제집
  KnowHow CATIA Knowledge Advisor
  CATIA DMU kinematics Simulator
  CATIA Imafine & Shape foe Designer
  CATIA를 이용한 항공기 제도

  CATIA Harness Assembly
  CATIA Functional Molded Part
  CATIA Sheet Metal Design
  CATIA Mechanical Design 도면집
  CATIA Structural Analysis
  CATIA Surface Design Master
  CATIA V5 R19 for Beginners
  CATIA를 이용한 Audi TT 만들기 개정2판
  CATIA CAE Application 예제집
  CATIA PartDesign Specialist 대비 안내서
  CATIA를 이용한 굴삭기 만들기
  CATIA Surface의 정석
  CATIA를 이용한 구조해석
  CATIA MDM 예제집
  3D Printer와 3D Scanner를 위한 CATIA STL Master
  CATIA를 이용한 2Generation AutiTT 만들기
  CATIA V5-6R2016 For Beginner vol1, vol2
  3D Printer 운용기능사

• 황지연

  現 다쏘시스템 코리아 근무

  주요 저서

  3D Printer 운용기능사

저자와 협의 후 인지생략

CATIA
MECHANICAL DESIGN 도면집

발행일 1판1쇄 발행 2019년 1월 10일
발행처 듀오북스
지은이 김동주·황지연
펴낸이 박승희

등록일자 2018년 10월 12일 제2018-000281호
주소 서울시 마포구 환일2길 5-1
편집부 (070)7807_3690
팩스 (050)4277_8651
웹사이트 www.duobooks.co.kr

이 책에 실린 모든 글과 일러스트 및 편집 형태에 대한 저작권은 듀오북스에 있으므로 무단 복사, 복제는 법에 저촉 받습니다.
잘못 제작된 책은 교환해 드립니다.

정가 28,000원 **ISBN** 979-11-965450-2-4 13550